Mercedes-Benz

心所向 驰以恒

北京梅赛德斯-奔驰销售服务有限公司

北京梅赛德斯-奔驰销售服务有限公司由戴姆勒与北汽集团共同出资成立，负责梅赛德斯-奔驰进口与国产乘用车、梅赛德斯-奔驰轻型商务车在华市场的销售、售后服务、经销商网络的发展，运营梅赛德斯-奔驰、梅赛德斯-迈巴赫和梅赛德斯-AMG品牌及Mercedes-me服务子品牌。

2019年，梅赛德斯-奔驰与经销商合作伙伴在中国市场延续了核心业务的稳健增长，并交付702,088台梅赛德斯-奔驰及smart新车，同比增长4%，中国继续保持梅赛德斯-奔驰全球最大单一市场的地位。进入中国市场以来，梅赛德斯-奔驰乘用车的累积销量已超400万台，力求实现在华业务的强劲可持续增长。

梅赛德斯-奔驰星愿基金

2010年6月，梅赛德斯-奔驰与经销商合作伙伴携手中国青少年发展基金会共同设立梅赛德斯-奔驰星愿基金（后简称“星愿基金”），以更加科学、系统、有效的方式，不断深化企业社会责任践行，为中国社会的可持续发展积蓄动力。

2020年是星愿基金成立十周年，在公益领域累计投入将超过2亿元，惠及人数超过150万人。十载公益探索，星愿基金公益理念从“奔驰之道 自然之道”向“奔驰之道 人文之道”拓展延伸，梅赛德斯-奔驰企业社会责任体系也实现了专业化、系统化、科学化的发展与蜕变。

发力生态扶贫，助推乡村振兴

2017年，梅赛德斯-奔驰携手联合国教科文组织（UNESCO）开启首个中国世界遗产地可持续生计项目，首批覆盖四川雅安高山蜂蜜、云南石林撒尼刺绣以及贵州赤水竹艺项目，旨在通过精准扶贫、生态脱贫，直接使世界遗产地居民在经济上受益，进而反哺自然生态保护管理，实现山水与人的永续平衡发展，赋予遗产地全新的生命力。

2019年3月，可持续生计项目联袂梅赛德斯-奔驰专属女性社区She's Mercedes共同发起“巾帼梦”计划，链接都市女性与世界遗产地乡村女性，以女性力量助力遗产地乡村振兴，促进生态与产业和谐可持续发展。同年11月，“巾帼梦”计划首次发布世界遗产地创新成果：赤水竹编现代简约竹篮和撒尼手工刺绣腰包；发布会上，可持续生计赤水竹艺项目与新增的松桃苗绣项目还正式被纳入文旅部“非遗+扶贫”重点支持范围。

截至目前，首批可持续生计项目初见成效，已有超过500名遗产地居民直接参与到项目中，其中女性占比超过60%，逾20,000人在项目惠及下迎来更美好的生活，项目开始从合作社模式向乡村产业化发展转型。今年4月，可持续生计雅安高山蜂蜜项目下仁娜斯巴高山百花蜜产品开始进行专业加工罐装，并正式取得国家标准食品生产许可证编码。

普及传统文化，坚定文化自信

2018年1月，星愿基金和故宫博物院正式达成长期公益战略合作伙伴关系，双方就古建/文物保护修缮、中华传统文化的普及教育、国际文化交流等领域开展深入合作。截至目前，星愿基金已组织开展了27场故宫文化童趣行活动，带领广大青少年儿童走进故宫博物院，感悟传统文化之博大精深与不朽魅力，引导孩子们争做中华文化传播小卫士；该活动累计惠及近800名儿童，其中包括400多位打工子弟学校学生。

2019年6月，继故宫博物院后，星愿基金再度携手敦煌研究院达成公益战略合作伙伴，成为唯一同时与故宫、敦煌这两大文化精粹开展公益合作的外资品牌。星愿基金不仅助力莫高窟文化遗产保护，针对第285及428窟的玻璃屏风保护设施开展设计改造；还积极开展文化教育扶贫，并在2019年10月组织了500多位广至藏族乡学区的孩子们赴敦煌开展研学活动，帮助提升欠发达地区文化教育水平，同时激发青少年儿童对地区传统文化的热情，增强文化荣誉感与使命感，提升文化自信。

点亮学子未来，促进教育现代化

2017年，星愿基金链接戴姆勒中国人力资源平台创新启动“职教助学计划”，通过为职校学子筑牢“求学保障”+“技能保障”+“就业保障”这三重保障，全力扶持寒门职校学子通过教育掌握一技之长，立身社会，改变命运。2019年9月，在“教育现代化2035”和国家职业教育改革政策领导下，职教助学计划全面升级，从原来全国16所职业院校扩大至18所，累计资助300位优秀学子；同时增设星愿奖教金，将服务于戴姆勒铸星教育项目的优秀教师纳入资助范围，首批共资助了50位教师。

与此同时，星愿基金乡村学校心理健康教育提升计划也在稳步推进。通过前期调研与考察，项目计划在云南省兰坪县、河北省承德市滦平县的农村学校，以及云南省会泽县浑水塘梅赛德斯-奔驰希望小学、四川省雅安市天全县梅赛德斯-奔驰希望小学、什邡市梅赛德斯-奔驰小学开展心理健康教育培训。该项目计划培训乡村教师600人次，为约5万名农村青少年带来专业心理健康辅导。

统筹“双线”战役，稳步走向“双胜利”

突如其来的新冠肺炎疫情犹如一场大考，梅赛德斯-奔驰作为社会一份子，以强劲的体系力、灵活的应对力、高效的执行力与全国人民“星”手相牵、同舟共济，并通过爱心捐款、员工安全保障、客户服务、经销商支持等多维举措，强劲发力疫情防控与经济社会发展“双线战役”，积极助力从“双统筹”稳步走向“双胜利”。

疫情爆发后，梅赛德斯-奔驰累计向抗击新冠肺炎疫情项目捐赠爱心资金3000万元，不仅是首批参与战疫捐赠汽车企业之一，抗疫项目更是兼顾紧急防控物资驰援和长效防疫工作。3000万元爱心资金中，首笔1000万元火速驰援全国范围内疫情防控紧急需求，主要用于武汉及全国其他省市疫情严重地区的医院配置口罩、护目镜、防护服及试剂盒等医用物资，同时奖励有突出贡献的医护人员以及资助困难家庭患病青少年等；追加捐款2000万元则重点支持疫情防控长效工作，

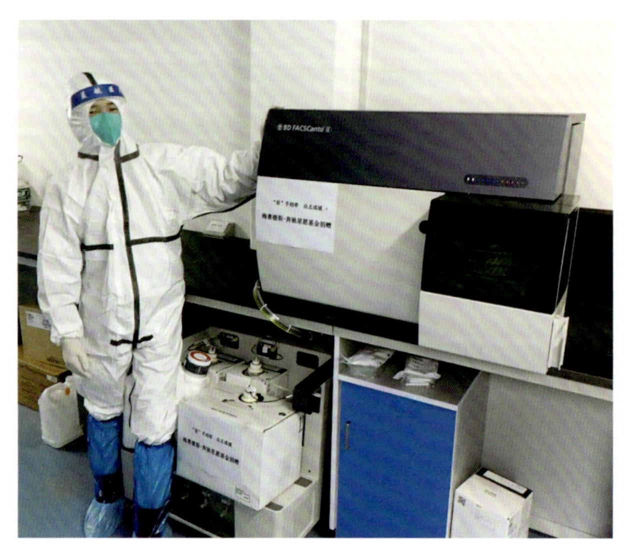

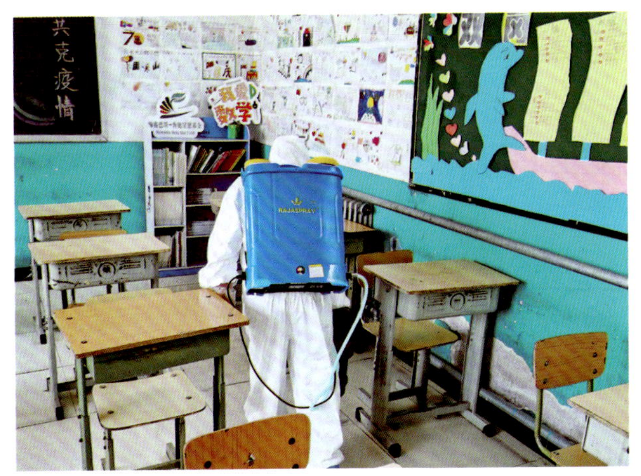

以期能够立足长远，助力提升国家公共卫生应急管理水平、健全国家公共卫生管理体系，包括在国家卫生健康委指导与支持下资助开展全国“疫情防控与公共卫生应急”专项培训、支持武汉和湖北定点医院及北京地坛医院提升疫情后期防疫水平、支持北师大心理研究所开展“抗击疫情心理健康援助项目”、支持北京市疾控中心推进疫情相关科研工作、支持星愿基金长期支持的北京打工子弟学校和奔驰希望小学做好开学前疫情防控和开学后校园常态化防控工作等。

随着国内疫情防控步入常态化阶段，梅赛德斯-奔驰根据政府相关安排有序复工复产，促进经济社会发展。奔驰销售公司采取灵活的工作机制，同时严格执行办公区域消毒、个人防护保障、员工情况汇报、坚持健康监测和追踪等机制，力求确保安全的工作环境。奔驰销售公司和经销商合作伙伴更加紧密协作，以确保在终端及时响应，为客户提供安全到位的服务：探索疫情期间的数字化解决方案，包括线上看车、订车、维修保养预约以及投保等多种服务；并将消毒程序和标准引入经销商网络，以确保经销商同事和每一位走进展厅的客户的安全。

持续责任践行，绘就璀璨公益画卷

作为扎根中国的汽车品牌，梅赛德斯-奔驰始终紧跟国家大政方针，并以企业责任为己任，继续在脱贫攻坚、乡村振兴、文化自信、教育现代化等多个维度助推国家政策落实，助力全面建成小康社会。2020年也是星愿基金成立十周年。展望新十年，星愿基金仍将矢志不渝深耕神州大地，展现中国精神，推动全社会可持续发展。

利星行汽车

星系疫情 砥砺同行

自2020年以来，新冠肺炎疫情来势汹汹，牵动着所有中华儿女的心。战“疫”时刻，全国一盘棋，政府、公益组织、企业、家庭和个人都在行动。随着新冠疫情在中国得到逐步控制，利星行汽车（中国）和经销商配合各地政府和相关政策要求，在保障业务安全、员工健康的前提下，陆续开启有序复工，勇担社会责任，多措并举参与这场没有硝烟的战斗。

加强自身防治，众志共克时艰

保障员工的职业安全和身心健康是利星行汽车（中国）一贯的宗旨。公司和各地经销商根据政府的指示，在特殊时期为员工安排轮班，并为上班的员工准备口罩和消毒湿巾；也为家中有儿童的员工提供儿童口罩，帮助员工保护家属的健康安全，使他们无后顾之忧。

作为企业小家的各个经销商网点复工后第一时间采取了一级防疫措施，例如成立‘疫情专项小组’负责公司的疫情教育宣传及防控工作；提前采购必需的防护用具一次性口罩,护目镜，一次性手套等物资。客户可以通过线上预约，进店前测量体温和了解基本信息的方式，避开人流，在合理时间安排进店；经销店还为客户精心准备了健康礼包，守护客户安全与健康。销售顾问会佩戴基本护具在一米外为到店顾客讲解和功能介绍，做到零接触办理新车手续等。车辆售后技师们也会在完成工位、工具消毒后再进行车辆保养和维护。完成保养/维修后，车辆都会进行高温蒸汽消毒后，再安全交付于客户。

利星行经销商网点每日进行店内消毒

为了让顾客居家防疫时也能及时获得产品的全面资讯，利星行汽车（中国）的一线销售和市场团队集思广益，推出线上展示平台和即时沟通工具。例如，运用抖音直播360度全景展示车辆，即时解答顾客的问题，让顾客有如身临其境。另外，利星行还推出预约和到付等加值服务，确保即使处在特殊期间，仍保持关怀顾客的服务水准。

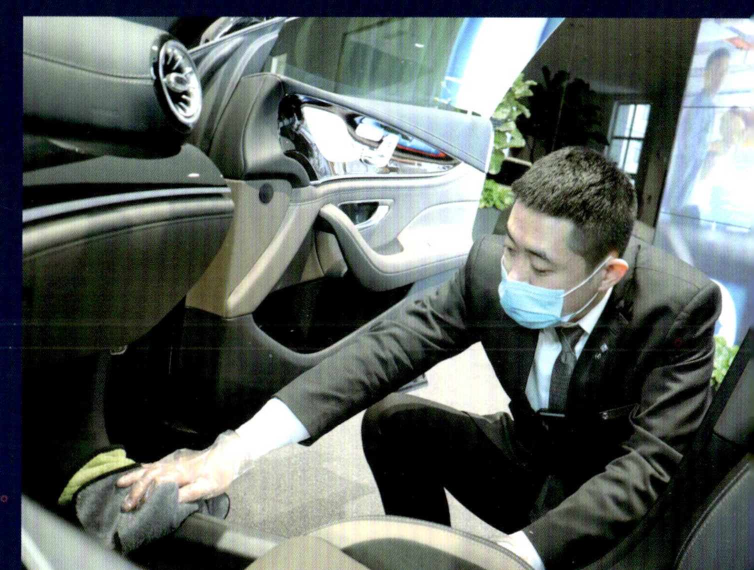

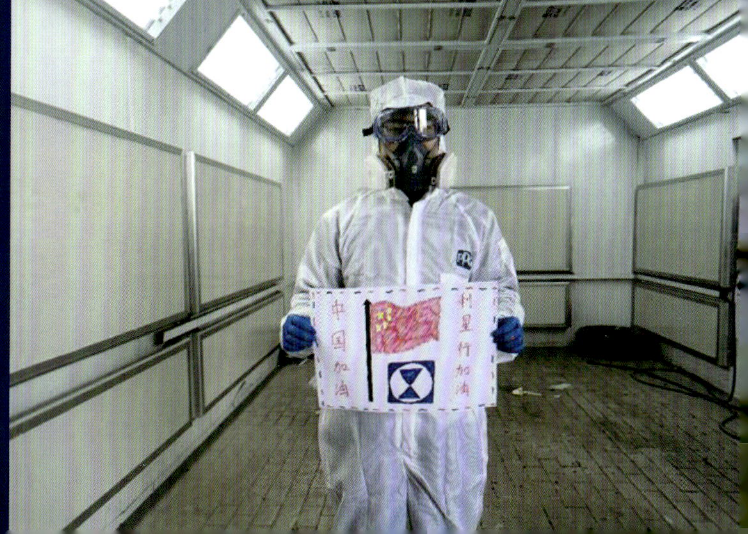

践行公益初心，利星行助力防疫公益

作为一家有企业责任担当的公司，利星行汽车（中国）在这段特殊时期积极投身于紧急公益活动，回馈社会。在很多城市的疫情公益中，都能看到利星行汽车经销商的身影。

3月以来，首都北京在疫情防控形势持续积极向好、生产生活秩序加快恢复的态势下，正经历关键的攻坚阶段。北京的利星行汽车管理公司第一时间加入由北京青少年发展基金会发起的“抗击疫情·希望同行 —— 向抗疫医务奉献者奉献关爱行动”，公司和员工都慷慨解囊，通过北京利星行慈善基金会向217家医院的1,401位一线医护人员的家人们送去爱心蔬果盒子，向这些疫情中可贵的逆行者表达深深的敬意与感激。

部分华东地区的利星行汽车经销商展开利星行植树节主题公益活动，为疫情下的春天增添色彩。活动邀请了60名小朋友一起参加，除了为他们带来一抹翠绿之外，也旨在培养他们的社会责任感。一位经销商同仁如此描述这系列植树活动：“活动不仅是种下绿植，更是种下希望，让孩子给疫情下的中国打打气，期待疫情早日结束，我们可以回归春天的怀抱。”

利星行汽车加入‘关爱行动’计划，为最美逆行者们送去爱心蔬果盒子

暖心盒子以新鲜蔬菜、水果等食材为主

利星行汽车

2019年度营收总收入（亿元）

856.51

销量台次（含二手车）

258,316

2020中国汽车经销商集团百强排行榜利星行营业收入第三，综合竞争力第二

时代必定会赋予不同的挑战。自进入中国以来，利星行汽车的发展始终与中国同行，与时势相伴、与风浪相搏。在2020年中国汽车流通行业经销商集团百强排行榜中，利星行取得了营业收入第三，综合竞争力第二的成绩。同时，这是利星行汽车（中国）连续第十一年跻身百强前五。这些成绩不仅彰显了利星行汽车（中国）对于中国市场的辛勤耕耘，同时也进一步加强了利星行汽车对于中国市场的信心。

未来，利星行依然会不忘初心，以卓越的服务满足中国客户需求，恪守市场规则，积极履行企业社会责任，致力于成为中国汽车流通行业内的最佳合作伙伴和用户最喜爱的经销商品牌。

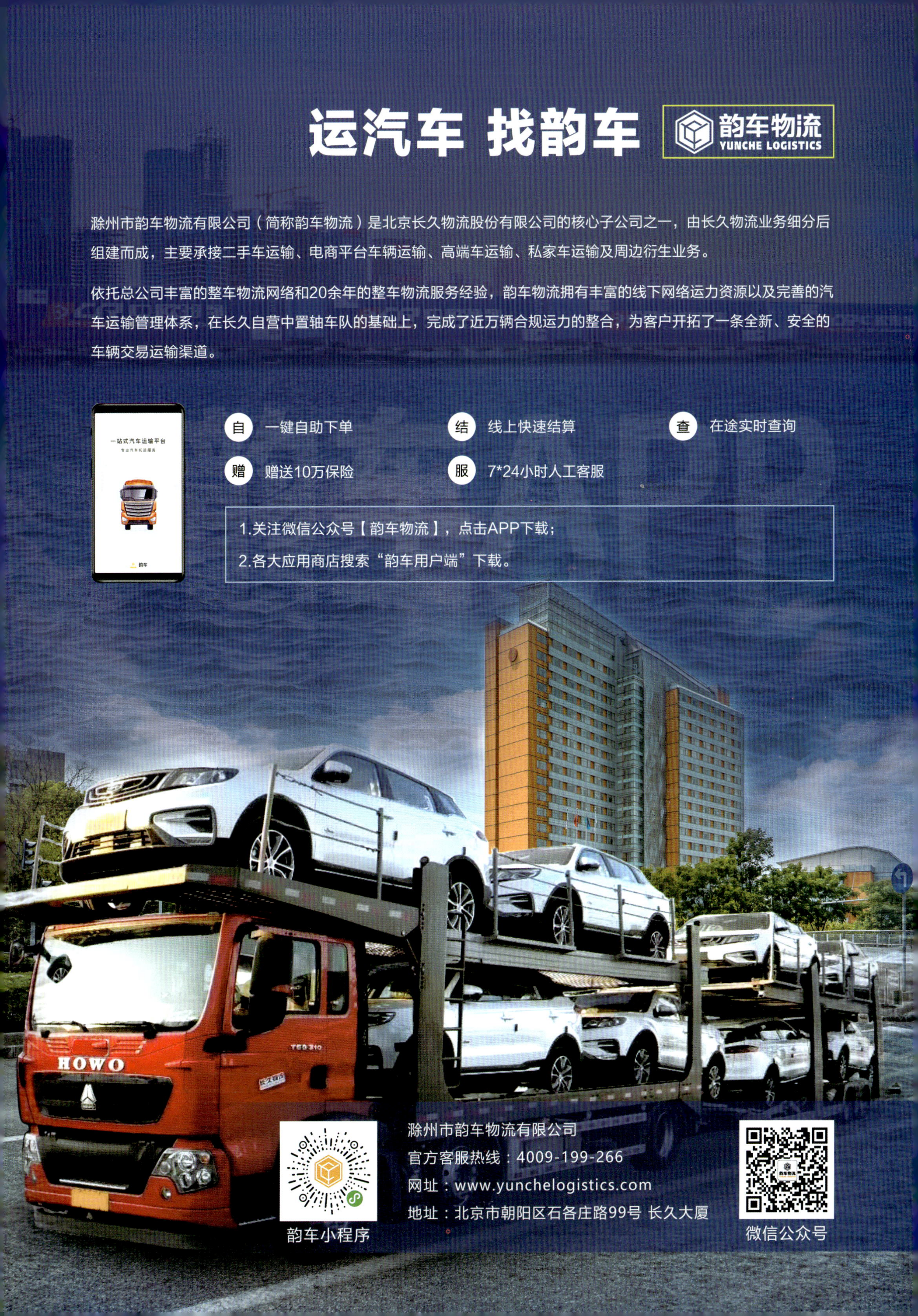
运汽车 找韵车
韵车物流
YUNCHE LOGISTICS
滁州市韵车物流有限公司（简称韵车物流）是北京长久物流股份有限公司的核心子公司之一，由长久物流业务细分后组建而成，主要承接二手车运输、电商平台车辆运输、高端车运输、私家车运输及周边衍生业务。
依托总公司丰富的整车物流网络和20余年的整车物流服务经验，韵车物流拥有丰富的线下网络运力资源以及完善的汽车运输管理体系，在长久自营中置轴车队的基础上，完成了近万辆合规运力的整合，为客户开拓了一条全新、安全的车辆交易运输渠道。
自 一键自助下单
结 线上快速结算
查 在途实时查询
赠 赠送10万保险
服 7*24小时人工客服
1.关注微信公众号【韵车物流】，点击APP下载；
2.各大应用商店搜索“韵车用户端”下载。
HOWO
韵车小程序
滁州市韵车物流有限公司
官方客服热线：4009-199-266
网址：www.yunchelogistics.com
地址：北京市朝阳区石各庄路99号 长久大厦
微信公众号

2020
中国汽车市场年鉴

2020 China's Auto Market Almanac

中国汽车流通协会　编著

中国商业出版社

图书在版编目（CIP）数据

2020中国汽车市场年鉴 / 中国汽车流通协会编著
-- 北京 ：中国商业出版社，2020.11
ISBN 978-7-5208-1324-2

Ⅰ. ①2… Ⅱ. ①中… Ⅲ. ①汽车工业－国内市场－中国－2020－年鉴 Ⅳ. ①F724.76-54

中国版本图书馆CIP数据核字（2020）第216551号

责任编辑：刘加莹　武维胜

中国商业出版社出版发行
010-63180647　www.c-cbook.com
（100053　北京广安门内报寺1号）
新华书店经销
廊坊市旭日源印务有限公司印刷

* * * * *

889毫米×1194毫米　16开　26.75印张　420.7千字
2020年11月第1版　2020年11月第1次印刷
定价　980.00元

* * * *

（如有印装质量问题可更换）

《2020 中国汽车市场年鉴》协作单位

（排名不分先后）

北京梅赛德斯 - 奔驰销售服务有限公司

利星行汽车

北京长久物流股份有限公司

《2020 中国汽车市场年鉴》编辑委员会

刘　义	北京北汽鹏龙汽车服务贸易股份有限公司党委书记兼董事长
刘　波	沈阳汽车流通协会会长
刘士耀	河北省汽车流通协会会长
刘文姬	中国汽车流通协会副秘书长
刘志强	湖南省二手车流通协会秘书长
刘美良	沈阳大众企业集团有限公司集团总经理
孙绍先	北京运通国融投资集团有限公司董事长
严　斐	广东省汽车流通协会会长
李　彬	深圳市深业车城有限公司董事长
李伟利	国家信息中心经济咨询中心副主任
李沛熠	河北省旧机动车流通协会会长
李建平	广汇汽车服务股份公司董事长
李晨迪	大昌行集团有限公司董事
李颜伟	新浪汽车副主编
杨　桦	四川华星汽车集团有限公司董事长
杨晓勇	蓝池集团有限公司董事长
束长生	江苏省汽车流通协会执行会长
肖荣臣	商务部市场体系建设司处长
吴　强	力天集团有限公司董事兼总经理
吴正纲	广西省汽车流通协会会长
邱　萍	深圳市佳鸿集团控股有限公司总裁
何　戬	懂车帝总裁
余　德	安吉汽车物流有限公司总经理
余海军	宝利德控股集团有限公司董事长兼总经理
宋　涛	中国汽车流通协会副秘书长
张　毅	新华社资深财经记者
张文义	云南省资源再生利用行业协会会长
张序安	易车公司 CEO
张宝林	长安汽车（集团）有限责任公司总经理
赵铁流	庞大汽贸集团股份有限公司总裁
张桂阳	盈众控股集团有限公司董事长
张爱群	浙江吉利控股集团有限公司副总裁
张鲁晋	润华集团股份有限公司总裁
张献忠	河南威佳汽车贸易集团有限公司集团总裁
张德安	上海永达控股（集团）有限公司董事局主席
张德志	中国消费者协会投诉部主任
陈士华	中国汽车工业协会副秘书长
陈可人	浙江省汽车流通协会会长
陈有权	国机汽车股份有限公司党委书记、董事长
陈学勤	重庆市汽车商业协会秘书长
陈祥达	深圳市澳康达名车广场有限公司董事总经理
邵维民	山东省汽车流通协会秘书长
武　峰	北京朗诚律师事务所主任
林建忠	欧龙汽车贸易集团有限公司董事长
罗　磊	中国汽车流通协会副秘书长

周　昆　　山东远通汽车贸易集团有限公司董事长
周　育　　上海信宝博通电子商务有限公司董事长兼 CEO
周小波　　北京百得利汽车进出口集团有限公司首席执行官
周金锋　　河南省二手车流通协会会长
周黎明　　湖南汽车城有限公司董事长兼总经理
郑维桢　　中国出版协会年鉴工作委员会副主任（副会长）
郎学红　　中国汽车流通协会副秘书长
赵宏良　　上海览海汽车发展有限公司常务副总裁
赵铁流　　庞大汽贸集团股份有限公司总裁
胡　伟　　成都宏盟二手车交易市场管理有限公司董事长
钟　师　　《智驾网》总编辑
钟翔平　　腾讯公司副总裁
姚军红　　浙江大搜车融资租赁有限公司创始人兼 CEO
载　万　　北京现代汽车有限公司总经理
贾　可　　《汽车商业评论》总编辑
钱金彪　　北京祥龙博瑞汽车服务（集团）有限公司党委副书记、总经理、董事
高延莉　　中国物资再生协会秘书长
唐　华　　上海市汽车销售行业协会会长
黄　毅　　中升集团控股有限公司集团主席
黄志强　　利星行汽车首席执行官
黄炯彬　　广物汽贸股份有限公司党委书记兼董事长
黄晓军　　北京惠通陆华汽车销售有限公司董事长
崔东树　　中国汽车流通协会汽车市场研究分会（乘联会）秘书长
康　鹏　　天津捷通达汽车投资集团有限公司董事长
章新挺　　江西省汽车流通协会常务副会长兼秘书长
葛致诺　　福特汽车（中国）有限公司执行董事长
蔡　宾　　上海市汽车服务行业协会会长
蔡仲民　　上海市二手车行业协会会长
蔡真法　　一汽贸易总公司总经理
颜广彤　　天津市浩物机电汽车贸易有限公司党委书记兼董事长、总经理兼
章新挺　　江西省汽车流通协会常务副会长兼秘书长
葛致诺　　福特汽车（中国）有限公司执行董事长
蔡　宾　　上海市汽车服务行业协会会长
蔡仲民　　上海市二手车行业协会会长
蔡真法　　一汽贸易总公司总经理
臧奉江　　贵州通源集团董事长
颜广彤　　天津市浩物机电汽车贸易有限公司党委书记兼董事长、总经理
颜景辉　　原北京北辰亚运村汽车交易市场副总经理
薄世久　　北京长久物流股份有限公司董事长
戴　琨　　优信集团董事长兼 CEO

《2020 中国汽车市场年鉴》特约编辑

（按姓氏笔画排序）

马剑锋　　天津捷通达汽车
王　存　　国机汽车股份有限公司
王宏昌　　中国汽车流通协会有形市场分会
石　红　　中国汽车技术研究中心有限公司
邢明发　　国家统计局服务业统计司
刘兆杰　　杭州百优卡网络科技有限公司
孙明霞　　广州宝利捷二手车交易市场
孙露谊　　国机汽车股份有限公司
李永卓　　哈尔滨汽车交易市场
李彤梅　　中国汽车流通协会售后零部件分会
李新波　　中国汽车技术研究中心有限公司
杨学谈　　欧龙汽车贸易集团有限公司
吴宝峰　　现代首选二手车经营有限公司
吴炳锋　　南宁广隆二手车交易市场
沈　庆　　中国汽车技术研究中心有限公司
张　腾　　保定腾运二手车交易市场
郝庆丰　　中国法学会消费者权益保护法学研究会
胡　伟　　成都宏盟二手车交易市场管理有限公司
胡昌晨　　上汽大众汽车有限公司
钟渭平　　中国汽车流通协会商用车专业委员会
姚鹏程　　河北诚实实业集团
徐士刚　　江苏省汽车流通协会
栾尽晖　　国家统计局服务业统计司
高　凌　　中国汽车售后服务质量监测大数据平台
唐　华　　永达汽车
唐奕奕　　中国汽车流通协会汽车市场研究分会
曹　阳　　重庆长安汽车股份有限公司
常　亮　　中国汽车流通协会互联新出行分会
谢　晶　　利星行汽车
雷　滨　　中国汽车工业协会

《2020 中国汽车市场年鉴》编辑部

主　　编　　沈进军
执行主编　　王　都
编辑部主任　　杨俊丽
编辑部副主任　　石雪莲
责任编辑　　文思婧　李　鑫　李　婷　田　甜　林　逊　石正忠　崔　玮

编辑说明

一、《2020 中国汽车市场年鉴》是由中国物流与采购联合会主管，中国汽车流通协会主办，《中国汽车市场年鉴》编辑部编辑出版。由商务部、国家发改委、国家市场监督管理总局、国家统计局、交通部、生态环境部等国家有关部门、行业组织和中国主要汽车生产、流通企业及各地汽车流通协会共同参与编撰的大型资料性工具书。创办于 1995 年，已连续出版了 1995—2019 年各年卷。

二、《2020 中国汽车市场年鉴》的编纂宗旨是科学、全面、系统、翔实，逐年反映中国汽车行业的发展和汽车市场的变化，内容涵盖中国汽车生产、流通、消费、服务与行业管理的各个方面，以丰富的资料信息为市场、政府、行业和广大消费者服务。

三、《2020 中国汽车市场年鉴》反映的内容都是上一年度的史实和资料信息。2020 年卷设有专文、大事记、新车市场、汽车进出口、新能源汽车、二手车、汽车后市场、汽车报废、汽车流通核心企业、政策法规和标准、统计数据等共计 12 个部类，力求专业、翔实、全面、系统地记录中国汽车流通的发展历程。在编排上分部类（类目）、栏目、分目、条目 4 个层次。条目是基本文献形式，除此之外的文献形式还有专文、大事记、统计图表、政策法规等。

四、《2020 中国汽车市场年鉴》所有文稿、资料、数据都经有关部门审该；有关条目的数据以国家统计局、海关总署等部门提供的数据为准；各地方和部门的数据以地方和部门提供的数据为准。由于各地、各部门的统计口径不同，个别数字与全国统计数据可能有出入。

五、香港、澳门特别行政区和台湾省的资料暂缺。

六、《2020 中国汽车市场年鉴》在编辑、出版过程中得到了国家有关部门和相关行业组织、汽车生产、流通企业以及各地汽车流通协会的大力支持与帮助，在此深表感谢。本书在编辑和印装等方面的不足之处，敬请广大读者批评指正。

《2020 中国汽车市场年鉴》编辑部

2020 年 10 月

目 录

第一部类 专文

第二部类 大事记

第三部类 新车市场

第四部类　新能源汽车市场

第五部类　汽车进出口

第六部类　二手车市场

第七部类　汽车后市场

第八部类　汽车报废

第九部类　汽车流通核心企业

第十部类　政策法规和标准

第十一部类　统计数据

第十二部类　附录

第一部类

DIYIBULEI | ZHUANWEN

2019 年国民经济运行总体平稳　预期目标较好实现

国家统计局

2019 年，面对国内外风险挑战明显上升的复杂局面，在以习近平同志为核心的党中央坚强领导下，各地区各部门认真贯彻党中央、国务院决策部署，坚持稳中求进工作总基调，坚持新发展理念，坚持以供给侧结构性改革为主线，积极推动高质量发展，扎实做好稳就业、稳金融、稳外贸、稳外资、稳投资、稳预期工作，三大攻坚战取得关键进展，国民经济运行总体平稳，发展质量稳步提升，主要预期目标较好实现，为全面建成小康社会奠定了坚实基础。

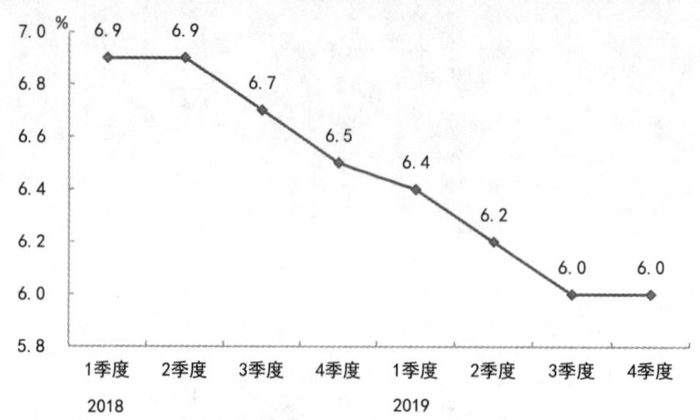

图 1　国内生产总值增速度（季度同比）

初步核算，全年国内生产总值 990865 亿元，按可比价格计算，比上年增长 6.1%，实现了 6%-6.5% 的预期目标。分季度看，一季度同比增长 6.4%，二季度增长 6.2%，三季度增长 6.0%，四季度增长 6.0%。分产业看，第一产业增加值 70467 亿元，比上年增长 3.1%；第二产业增加值 386165 亿元，增长 5.7%；第三产业增加值 534233 亿元，增长 6.9%。

一、粮食产量创历史新高，牛羊禽蛋奶实现增长

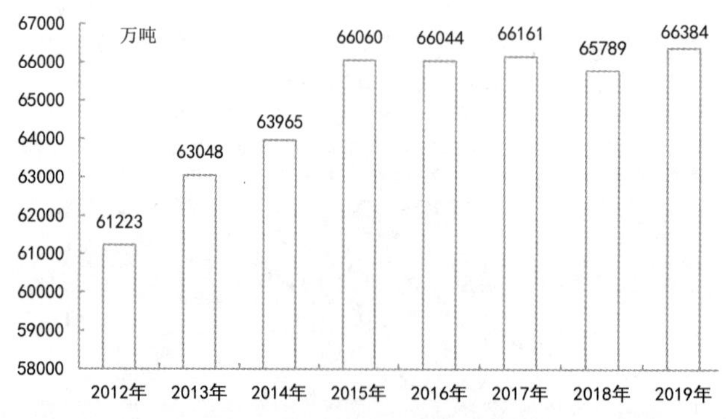

注：粮食产量历史数据根据第三次农业普查结果进行了修正

图 2　全国粮食产量

全年全国粮食总产量 66384 万吨，比上年增长 0.9%，增产 594 万吨，连续 5 年保持在 65000 万吨以上。其中，夏粮产量 14160 万吨，增长 2.0%；早稻产量 2627 万吨，下降 8.1%；秋粮产量 49597 万吨，增长 1.1%。分品种看，小麦产量 13359 万吨，增长 1.6%；玉米产量 26077 万吨，增长 1.4%；大豆产量 1810 万吨，增长 13.3%。全年猪牛羊禽肉产量 7649 万吨，比上年

下降10.2%。其中，牛肉产量667万吨，增长3.6%；羊肉产量488万吨，增长2.6%；禽肉产量2239万吨，增长12.3%；禽蛋产量3309万吨，增长5.8%；牛奶产量3201万吨，增长4.1%；猪肉产量4255万吨，下降21.3%。

二、工业生产持续发展，高技术制造业和战略性新兴产业较快增长

全年全国规模以上工业增加值比上年增长5.7%。分经济类型看，国有控股企业增加值增长4.8%，股份制企业增长6.8%，外商及港澳台商投资企业增长2.0%，私营企业增长7.7%。

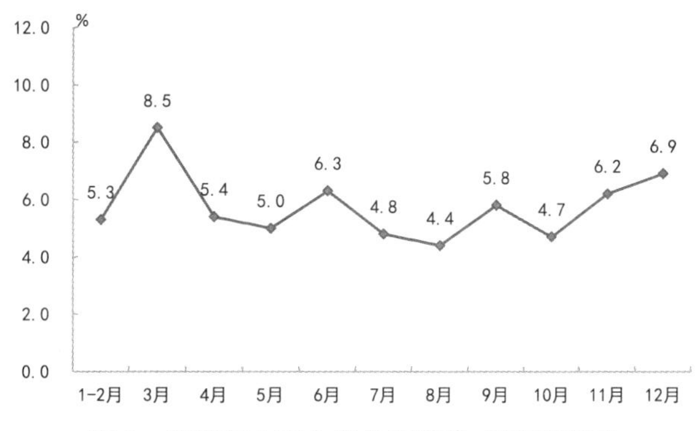

图3 规模以上工业增长值增速（月度同比）

从三大门类看，采矿业增加值增长5.0%，制造业增长6.0%，电力、热力、燃气及水生产和供应业增长7.0%。高技术制造业和战略性新兴产业增加值分别比上年增长8.8%和8.4%，增速分别比规模以上工业快3.1和2.7个百分点。12月份，规模以上工业增加值同比增长6.9%，比上月加快0.7个百分点，环比增长0.58%。12月份，制造业采购经理人指数（PMI）分项指数中，生产指数、新订单指数和供应商配送时间指数分别为53.2%、51.2%和51.1%，均高于临界点。制造业生产经营活动预期指数为54.4%，位于较高景气区间。

三、服务业较快发展，现代服务业增势良好

全年全国服务业生产指数比上年增长6.9%。信息传输、软件和信息技术服务业，租赁和商务服务业，金融业，交通运输、仓储和邮政业增加值分别增长18.7%、8.7%、7.2%和7.1%，增速分别快于第三产业11.8、1.8、0.3和0.2个百分点。1—11月份，规模以上服务业企业营业收入同比增长9.4%，其中，战略性新兴服务业、科技服务业和高技术服务业企业营业收入分别增长12.4%、12.0%和12.0%，增速分别快于全部规模以上服务业3.0、2.6和2.6个百分点；规模以上服务业企业营业利润增长3.5%。

12月份，服务业商务活动指数为53.0%，继续位于荣枯线以上。其中铁路运输业、住宿业、电信广播电视和卫星传输服务、互联网软件信息技术服务、金融业、租赁及商务服务业等行业商务活动指数均位于55.0%以上的较高景气区间。从市场预期看，服务业业务活动预期指数为59.1%，增长势头较好。

四、市场销售平稳增长，网上零售占比明显提高

全年社会消费品零售总额411649亿元，比上年增长8.0%。其中，限额以上单位消费品零售额148010亿元，增长3.9%。按经营单位所在地分，城镇消费品零售额351317亿元，增长7.9%；乡村消费品零售额60332亿元，增长9.0%。按消费类型分，餐饮收入额46721亿元，增长9.4%；商品零售364928亿元，增长7.9%。消费升级类商品较快增长，全年限额以上单位化妆品类、通信器材类、体育娱乐用品类、家用电器和音像器材类商品零售额增速分别比限额以上消费品零售额增速快8.7、4.6、4.1、1.7个百分点。12月份，社会消费品零售总额同比增长8.0%，环

比增长 0.53%。

全年全国网上零售额 106324 亿元，比上年增长 16.5%。其中，实物商品网上零售额 85239 亿元，增长 19.5%，占社会消费品零售总额的比重为 20.7%，比上年提高 2.3 个百分点。

五、固定资产投资平稳增长，高技术产业投资增长较快

全年全国固定资产投资（不含农户）551478 亿元，比上年增长 5.4%。分领域看，基础设施投资增长 3.8%，制造业投资增长 3.1%，房地产开发投资增长 9.9%。全国商品房销售面积 171558 万平方米，下降 0.1%；商品房销售额 159725 亿元，增长 6.5%。分产业看，第一产业投资增长 0.6%，第二产业投资增长 3.2%，第三产业投资增长 6.5%。民间投资 311159 亿元，增长 4.7%。高技术产业投资增长 17.3%，快于全部投资 11.9 个百分点，其中高技术制造业和高技术服务业投资分别增长 17.7% 和 16.5%。社会领域投资增长 13.2%，快于全部投资 7.8 个百分点，其中教育，文化、体育和娱乐业投资分别增长 17.7% 和 13.9%。12 月份，固定资产投资环比增长 0.44%。

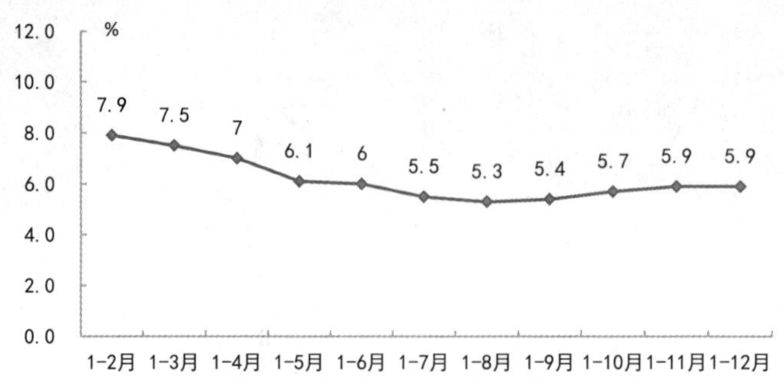

图 4　固定资产投资（不含农户）增速（累计同比）

六、对外贸易逆势增长，一般贸易占比继续提升

全年货物进出口总额 315446 亿元，比上年增长 3.4%。其中，出口 172298 亿元，增长 5.0%；进口 143148 亿元，增长 1.6%。进出口相抵，顺差为 29150 亿元。一般贸易进出口占进出口总额的比重为 59.0%，比上年提高 1.2 个百分点。机电产品出口增长 4.4%，占出口总额的 58.4%。中国对欧盟、东盟进出口分别增长 8.0% 和 14.1%；与“一带一路”沿线国家进出口增势良好，对“一带一路”沿线国家合计进出口增长 10.8%，高出货物进出口总额增速 7.4 个百分点。全年规模以上工业企业实现出口交货值 124216 亿元，比上年增长 1.3%。

七、居民消费价格涨幅符合预期目标，工业生产者价格小幅下降

全年居民消费价格比上年上涨 2.9%，实现了 3% 左右的预期目标。

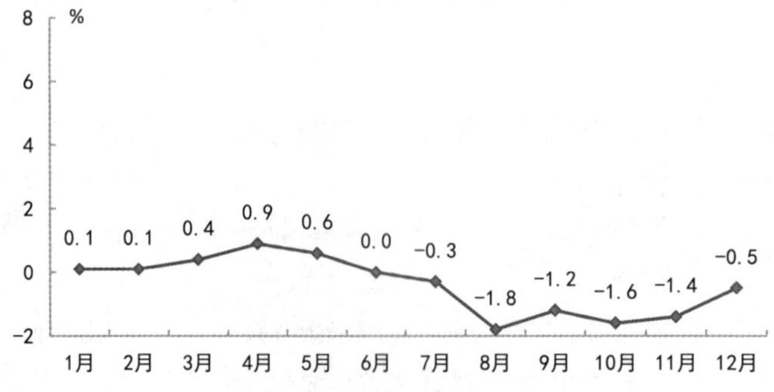

图 5　工业生产者出厂价格上涨情况（月度同比）

其中，城市上涨2.8%，农村上涨3.2%。分类别看，食品烟酒价格上涨7.0%，衣着上涨1.6%，居住上涨1.4%，生活用品及服务上涨0.9%，交通和通信下降1.7%，教育文化和娱乐上涨2.2%，医疗保健上涨2.4%，其他用品和服务上涨3.4%。在食品烟酒价格中，粮食价格上涨0.5%，鲜菜价格上涨4.1%，猪肉价格上涨42.5%。扣除食品和能源价格的核心CPI上涨1.6%，涨幅比上年回落0.3个百分点。12月份，居民消费价格同比上涨4.5%，环比与上月持平。全年工业生产者出厂价格比上年下降0.3%，12月份同比下降0.5%，环比与上月持平。全年工业生产者购进价格比上年下降0.7%，12月份同比下降1.3%，环比与上月持平。

八、就业形势保持稳定，城镇调查失业率符合预期目标

全年城镇新增就业1352万人，连续7年保持在1300万人以上，明显高于1100万人以上的预期目标，完成全年目标的122.9%。12月份，全国城镇调查失业率为5.2%，2019年各月全国城镇调查失业率保持在5.0%～5.3%之间，实现了低于5.5%左右的预期目标。

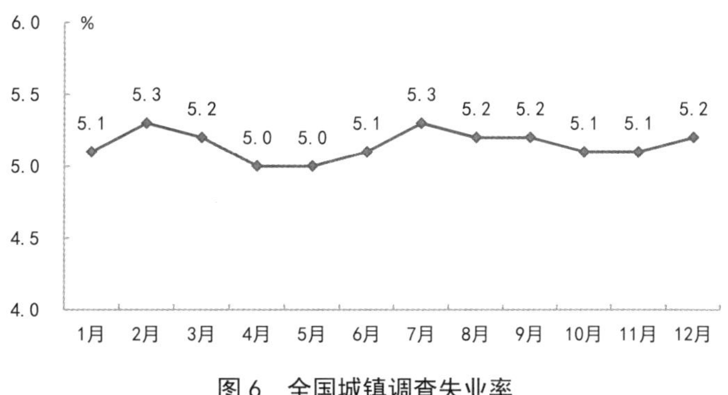

图6 全国城镇调查失业率

全国主要就业人员群体25—59岁人口调查失业率为4.7%。12月份，31个大城市城镇调查失业率为5.2%。2019年末，城镇登记失业率为3.62%，比上年末降低0.18个百分点，符合4.5%以内的预期目标。年末全国就业人员77471万人，其中城镇就业人员44247万人。全年农民工总量29077万人，比上年增加241万人，增长0.8%。其中，本地农民工11652万人，增长0.7%；外出农民工17425万人，增长0.9%。农民工月均收入水平3962元，比上年增长6.5%。

九、居民收入增长与经济增长基本同步，城乡居民人均收入比值继续缩小

全年全国居民人均可支配收入30733元，比上年名义增长8.9%，增速比上年加快0.2个百分点；扣除价格因素实际增长5.8%，与经济增长基本同步，与人均GDP增长大体持平。按常住地分，城镇居民人均可支配收入42359元，比上年名义增长7.9%，扣除价格因素实际增长5.0%；农村居民人均可支配收入16021元，比上年名义增长9.6%，扣除价格因素实际增长6.2%。城乡居民人均收入比值为2.64，比上年缩小0.05。全国居民人均可支配收入中位数26523元，比上年名义增长9.0%。按全国居民五等份收入分组，低收入组人均可支配收入7380元，中间偏下收入组人均可支配收入15777元，中间收入组人均可支配收入25035元，中间偏上收入组人均可支配收入39230元，高收入组人均可支配收入76401元。

全年全国居民人均消费支出21559元，比上年名义增长8.6%，增速比上年加快0.2个百分点；扣除价格因素实际增长5.5%。按常住地分，城镇居民人均消费支出28063元，名义增长7.5%；农村居民人均消费支出13328元，名义增长9.9%。

十、重点改革和攻坚任务扎实推进，经济转型升级态势持续

供给侧结构性改革成效显著。2019年全国工业产能利用率为76.6%，比上年提高0.1个

百分点；其中石油和天然气开采业、黑色金属冶炼和压延加工业产能利用率分别为 91.2% 和 80.0%，分别比上年提高 2.9 和 2.0 个百分点。企业资产负债率下降。11 月末，规模以上工业企业资产负债率为 56.9%，同比下降 0.3 个百分点。年末全国商品房待售面积 49821 万平方米，比上年末下降 4.9%。企业单位成本费用比年初继续下降。补短板方面，薄弱环节投资较快增长。全年生态保护和环境治理业、环境监测及治理服务投资分别增长 37.2%、33.4%，分别快于全部投资 31.8、28.0 个百分点。微观主体活力增强。2019 年，新登记市场主体 2377 万户，日均新登记企业 2 万户，活跃度 70% 左右，年末市场主体总数达 1.2 亿户。三大攻坚战取得关键进展。全年 1109 万农村贫困人口实现脱贫。初步核算，天然气、水电、核电、风电等清洁能源消费量占能源消费总量的比重比上年提高 1.0 个百分点；万元国内生产总值能耗比上年继续下降，降幅为 2.6%。11 月末，全国地方政府债务余额 213333 亿元，控制在全国人大批准限额内。

经济结构继续优化。全年第三产业增加值占国内生产总值的比重为 53.9%，比上年提高 0.6 个百分点，高于第二产业 14.9 个百分点；对国内生产总值增长的贡献率为 59.4%。消费作为经济增长的主动力作用进一步巩固，最终消费支出对国内生产总值增长的贡献率为 57.8%，高于资本形成总额 26.6 个百分点。居民消费升级提质。全国居民恩格尔系数为 28.2%，比上年下降 0.2 个百分点。全年全国居民人均消费支出中，服务性消费支出占比为 45.9%，比上年提高 1.7 个百分点。

十一、人口总量平稳增长，城镇化率继续提高

2019 年末中国大陆总人口（包括 31 个省、自治区、直辖市和中国人民解放军现役军人，不包括香港、澳门特别行政区和台湾省以及海外华侨人数）140005 万人，比上年末增加 467 万人。全年出生人口 1465 万人，人口出生率为 10.48‰；死亡人口 998 万人，人口死亡率为 7.14‰；人口自然增长率为 3.34‰。从性别结构看，男性人口 71527 万人，女性人口 68478 万人，总人口性别比为 104.45（以女性为 100）。从年龄构成看，16—59 周岁的劳动年龄人口 89640 万人，占总人口的比重为 64.0%；60 周岁及以上人口 25388 万人，占总人口的 18.1%，其中 65 周岁及以上人口 17603 万人，占总人口的 12.6%。从城乡结构看，城镇常住人口 84843 万人，比上年末增加 1706 万人；乡村常住人口 55162 万人，减少 1239 万人；城镇人口占总人口的比重（城镇化率）为 60.60%，比上年末提高 1.02 个百分点。全国人户分离人口（即居住地和户口登记地不在同一个乡镇街道且离开户口登记地半年以上的人口）2.80 亿人，比上年末减少 613 万人；其中流动人口 2.36 亿人，比上年末减少 515 万人。

总的来看，2019 年国民经济继续保持了总体平稳、稳中有进的发展态势。同时也要看到，当前世界经济贸易增长放缓，动荡源和风险点增多，国内结构性体制性周期性问题交织，经济下行压力依然较大。下阶段，要坚持以习近平新时代中国特色社会主义思想为指导，按照党中央、国务院决策部署，坚持稳中求进工作总基调，坚持新发展理念和推动高质量发展，坚持以供给侧结构性改革为主线，坚持以改革开放为动力，坚决打赢三大攻坚战，全面做好“六稳”工作，统筹推进稳增长、促改革、调结构、惠民生、防风险、保稳定，保持经济运行在合理区间，确保全面建成小康社会和“十三五”规划圆满收官。

附注：

（1）国内生产总值、规模以上工业增加值及其分类项目增长速度按可比价计算，为实际增长速度；其他指标除特殊说明外，按现价计算，为名义增长速度。

（2）根据季节调整模型自动修正结果，对近一年来各期国内生产总值、规模以上工业增加值、固定资产投资（不含农户）、社会消费品零售总额环比增速进行修订。修订结果及 2019 年四季度 GDP 环比数据、2019 年 12 月份其他指标环比数据如下：

2018 年及 2019 年各季度 GDP 环比增速分别为 1.5%、1.8%、1.6%、1.5% 和 1.4%、1.6%、1.4%、1.5%。

表 1 2019 年各月份其他指标环比数据表

	规模以上工业增加值环比增速（%）	固定资产投资（不含农户）环比增速（%）	社会消费品零售总额环比增速（%）
1 月	0.45	0.46	0.83
2 月	0.44	0.45	0.40
3 月	0.86	0.44	0.92
4 月	0.27	0.43	0.41
5 月	0.46	0.42	0.66
6 月	0.51	0.45	0.90
7 月	0.30	0.43	0.21
8 月	0.35	0.41	0.67
9 月	0.59	0.44	0.71
10 月	0.41	0.41	0.47
11 月	0.66	0.42	0.80
12 月	0.58	0.44	0.53

（3）规模以上工业的统计范围为年主营业务收入 2000 万元及以上的工业企业。由于规模以上工业企业范围每年发生变化，为保证本年数据与上年可比，计算产品产量等各项指标同比增长速度所采用的同期数与本期的企业统计范围尽可能相一致，和上年公布的数据存在口径差异。主要原因：一是统计单位范围发生变化。每年有部分企业达到规模纳入调查范围，也有部分企业因规模变小退出调查范围，还有新建投产企业、破产、注（吊）销企业等影响。二是部分企业集团（公司）产品产量数据存在跨地区重复统计现象，根据专项调查对企业集团（公司）跨地区重复产量进行了剔重。

（4）服务业生产指数是指剔除价格因素后，服务业报告期相对于基期的产出变化。

（5）社会消费品零售总额统计范围是：从事商品零售活动或提供餐饮服务的法人企业、产业活动单位和个体户。其中，限额以上单位是指年主营业务收入 2000 万元及以上的批发业企业（单位）、500 万元及以上的零售业企业（单位）、200 万元及以上的住宿和餐饮业企业（单位）。由于限额以上批发和零售业、住宿和餐饮业企业（单位）范围每年发生变化，为保证本年数据与上年可比，计算限额以上单位消费品零售额等各项指标同比增长速度所采用的同期数与本期的企业（单位）统计范围相一致，和上年公布的数据存在口径差异。主要原因：一是每年都有部分企业（单位）达到限额标准纳入调查范围，同时也有部分企业（单位）因规模变小达不到限额标准退出调查范围，还有新开业企业、破产、注（吊）销企业（单位）的影响。二是 2019 年月报结合第四次全国经济普查单位清查（2018 年 8—12 月）结果，对 2018 年底限额以上单位重新核实认定，对于未达到限额标准的企业（单位）纳入限额以下单位调查范围。网上零售额是指通过公共网络交易平台（包括自建网站和第三方平台）实现的商品和服务零售额之和。商品和服务包括实物商品和非实物商品（如虚拟商品、服务类商品等）。社会消费品零售总额包括实物商品网上零售额，不包括非实物商品网上零售额。

（6）根据第四次全国经济普查、统计执法检查和统计制度规定，对上年同期固定资产投资数据进行修订，增速按可比口径计算。

（7）就业人员是指 16 周岁及以上，有劳动能力，为取得劳动报酬或经营收入而从事一定社会劳动的人员。

（8）农民工是指户籍仍在农村，进城务工和在当地或异地从事非农产业劳动 6 个月及以上的劳动者。本地农民工是指在户籍所在乡镇地域内从业的农民工。外出农民工是指在户籍所在乡镇地域外从业的农民工。

（9）全国居民人均可支配收入中位数是指将所有调查户按人均可支配收入水平从低到高顺序排列，处于最中间位置的调查户的人均可支配收入。

全国居民人均可支配收入五等份分组是指将所有调查户按人均收入水平从低到高的顺序排列，平均分为五个等份，处于最高 20% 的收入群体为高收入组，依此类推依次为中间偏上收入组、中间收入组、中间偏下收入组、低收入组。

（10）进出口数据来源于海关总署；城镇新增就业人口、城镇登记失业率数据来源于人力资源和社会保障部；市场主体相关指标数据来源于国家市场监督管理总局；地方政府债务余额数据来源于财政部。

（11）部分数据因四舍五入的原因，存在总计与分项合计不等的情况。

中国汽车市场及汽车流通行业现状与发展变化

中国汽车流通协会会长　沈进军

2014—2019 年，我国经济稳中向好、稳中趋缓、稳中有难，面临持续较大的下行压力，正处在增速换挡和结构调整的关键时期，改善结构效益，推进供给侧改革，成为布局经济发展新空间的首要任务。汽车市场作为稳增长、促消费的重要领域，呈现出以下几个方面的特征。

一、新车市场从中低速增长转向微幅增长进而出现负增长

受宏观经济、市场周期、国际环境等多重因素叠加影响，新车市场呈现出新特征、面临着新挑战，五年间，新车市场从中低速增长转向微幅增长进而出现负增长，进入了新常态。

2015 年，汽车产销量分别为 2450.33 万辆和 2459.76 万辆，同比增长 3.25% 和 4.68%。2016 年，购置税优惠政策等因素影响下，汽车产销量分别为 2811.88 万辆和 2802.82 万辆，同比增长 14.46% 和 13.65%。2017 年，汽车产销量分别为 2901.54 万辆和 2887.89 万辆，同比增长 3.19% 和 3.04%。自 2018 年，中国汽车产销分别出现 -4.2% 和 -2.8% 的负增长以来，2019 年，汽车产销分别达到 2572.1 万辆和 2576.9 万辆，同比下降 7.5% 和 8.2%，降幅比上年扩大 3.3 个百分点和 5.4 个百分点。可以看到，尽管由于出台 1.6L 及以下排量乘用车车辆购置税减半征收政策，2016 年新车产销出现较大幅增长，但是短期刺激政策的效应仅维持和拉动了一年，新车产销增速总的趋势没有发生根本变化，新车产业增长面临新的挑战，汽车存量市场的特征已显著体现。

二、二手车市场稳步提升

成熟汽车市场发展规律表明，新车和二手车是汽车市场可持续健康发展的鸟之两翼，缺一不可。在汽车市场进入存量市场阶段后，二手车对于盘活存量、拉动增量的作用越发凸显。五年间，二手车市场保持较快速发展，2016 年，李克强总理在政府工作报告中明确提出“活跃二手车市场”，国务院办公厅随即出台了《关于促进二手车便利交易的若干意见》，当年二手车交易量首次突破千万辆，市场信心得到极大提振，并有望取得更大突破。

2015 年，全国二手车市场累计交易量为 941.71 万辆，同比增长 2.32%。2016 年，全国二手车市场累计交易量为 1039 万辆，同比增长 10.33%。2017 年，全国二手车市场累计交易量为 1240.09 万辆，同比增长 19.33%。2018 年，全国二手车市场累计交易量为 1382.19 万辆，同比增长 11.46%。2019 年全国共交易二手车 1492 万辆，同比增长 7.96%，交易额 9356.86 亿元，同比增长 8.76%。伴随着中国汽车保有量的不断攀升，国家促进二手车便利交易若干意见的出台，二手车市场呈现出持续活跃和快速发展态势。二手车“限迁”政策逐步突破，全国性市场和流通环境得以形成并改善；二手车交易市场、二手车经销商、二手车电商、经销商集团、生产企业、二手车金融保险检测等各类主体纷纷入场，经营与服务模式多元化；二手车市场交易量与交易额出现双增长。交易的品牌和档次上移，市场消费升级特征明显。同时我们也清醒地看到，一些长期以来阻碍二手车市场进一步发展的制度性障碍仍未打破，二手车税收制度不合理、二手车商品登记制度缺失还严重制约着市场内生动力的形成，二手车行业自身存在的诚信度不高、信息化不充分、经营不规范问题也亟待解决。二手车市场增长带动汽车市场整体发展的巨大潜力还有待挖掘。

三、汽车流通行业集中度提高，进入调整洗牌期

五年来，中国汽车市场已从卖方市场转变为买方市场，由高速发展的增量市场转向更加注

重质量的存量市场，汽车流通引导生产和指导消费的作用越发凸显。在经济环境、市场变化和消费升级的共同作用下，汽车流通行业在转型中迎接机遇、面对挑战。

五年间，百强汽车经销商集团营收增加 4 千亿元，销售量增加 270 万台，平均年增幅分别为 13% 和 10%，百亿级经销商企业从 38 家增加到 45 家，百强集团销售量占全国总销量比重从 25% 攀升至 30%。我们先后见证了 2 家千亿级经销商集团的诞生：2016 年，广汇集团营收首次突破千亿元大关，超过美国最大的汽车经销商集团 AutoNation，一跃成为全球最大的汽车经销商集团；2018 年，中升集团成为中国第二家营收突破千亿级的经销商集团。

上市融资，是汽车流通企业实现发展的重要途径。五年来，成功上市、登陆资本市场的汽车经销商集团已达 14 家，作为行业佼佼者，其主要业绩指标稳步提升，盈利能力增长，库存周转率改善，后市场业务扩大，零服吸收率高于行业平均水平，企业收入与利润结构持续优化。但 2019 年，受国内外经济环境和汽车市场的变化影响，上市的十多家汽车经销商集团整体盈利能力相比 2018 年同期有所降低，各集团表现各有优劣。经过五年发展，汽车经销商以全面精细化管理为抓手，规模化拓疆与区域化深耕并行发展，加快布局汽车金融、二手车等创新业务，经营规模和运营体量快速增长，企业的集团化趋势在不断增强，行业集中度得到进一步提升。在取得这些成绩的同时，汽车流通行业也面对着经济新的常态，进入了调整洗牌期，汽车市场优胜劣汰将会进一步加剧。面对日趋激烈的竞争，持续调整优化业务结构，不断增强提升管理效能，实现从产品服务向客户价值的跃升，是汽车流通企业亟待解决的问题。

四、汽车后服务市场迎来百花齐放的发展新阶段

2018 年，我国汽车保有量为 2.4 亿辆，驾驶人数达 3.7 亿人，汽车后市场的需求与日俱增，伴随利润与服务由销售向售后环节延伸，汽车后市场已快速发展成为多业态并存、经营模式多元、年产值突破万亿元的庞大市场，互联网巨头和汽车生产企业也纷纷布局汽车后市场寻找新机会。新一轮汽车贸易服务市场正悄然兴起，集展示交易、品牌专卖集群、二手车交易、金融与租赁、配件与用品、汽车运动与文化于一体，全方位多功能服务于汽车流通链各个环节和主体。五年来，中国汽车保有量极速增加，2019 年，中国汽车保有量为 2.5 亿辆，驾驶人数达 3.7 亿人，汽车后市场的需求与日俱增，伴随利润与服务由销售向售后环节延伸，汽车后市场已快速发展成为多业态并存、经营模式多元、年产值突破万亿元的庞大市场，互联网巨头和汽车生产企业也纷纷布局汽车后市场寻找新机会。新一轮汽车贸易服务市场正悄然兴起，集展示交易、品牌专卖集群、二手车交易、金融与租赁、配件与用品、汽车运动与文化于一体，全方位多功能服务于汽车流通链各个环节和主体。五年来，汽车金融渗透率逐步提升，拉动汽车消费的引擎作用不断增强；汽车维保配件打破垄断，推进标准化高质量发展；汽车精品美容改装发展成为经销商衍生业务的核心之一；汽车俱乐部迈向多元化、标准化经营，营业额突破 20 亿元。随着汽车市场逐步成熟和消费需求不断升级，对解决后市场发展过程中存在的行业集中度低、缺乏规范标准、品牌专业度低等问题也提出了更高要求。

五、汽车市场政策与营商环境逐步得到改善

经过多年发展，中国汽车市场在取得一系列丰硕成果的同时，也暴露出了行业发展中存在的一些问题与矛盾。为解决市场发展中出现的问题，优化政策环境与营商环境，国家陆续出台了《完善促进消费体制机制实施方案（2018—2020 年）》《汽车销售管理办法》《家用汽车产品修理、更换、退货责任规定》《缺陷汽车产品召回管理条例》《汽车贷款管理办法》《中华人民共和国车辆购置税法》《二手车流通管理办法》《关于促进二手车便利交易的若干意见》《关于汽车业的反垄断指南》《报废机动车回收管理办法》等政策法规，为汽车市场和流通行业的发展指明了方向。自 2016 年以来，“放管服”改革持续向纵深推进，已经开始更有力地激发和释放汽车市场活力，汽车流通行业营商环境正逐步得到改善。

2019 年汽车工业发展

中国汽车工业协会 雷滨

2019 年，中国经济继续保持了总体平稳、稳中有进的态势，但随着国内外经济形势风险与挑战不断增多，特别是中美贸易摩擦导致中国经济下行压力有所上升，同时与自身发展所面临的不充分、不平衡矛盾相叠加，也使得稳增长、防风险的难度加大。此外，国内汽车市场““国六””标准提前实施，新能源补贴退坡，也在一定程度上抑制了需求。由于诸多不利因素的影响，汽车产销整体仍然处于低位运行状态。尽管 2019 年国家出台了一系列鼓励汽车市场消费的政策措施，但有效落地的情况不理想，导致消费者观望情绪依然较大，消费动能明显不足。

一、2019 年汽车工业经济运行分析

（一）汽车产销降幅较大

1．汽车产销降幅超过 7%，四季度产销形势略有好转

2019 年，汽车产销依然延续了上年下降趋势且降幅有所扩大。产销分别达到 2572.1 万辆和 2576.9 万辆，同比下降 7.5% 和 8.2%，降幅比上年扩大 3.3 个百分点和 5.4 个百分点。

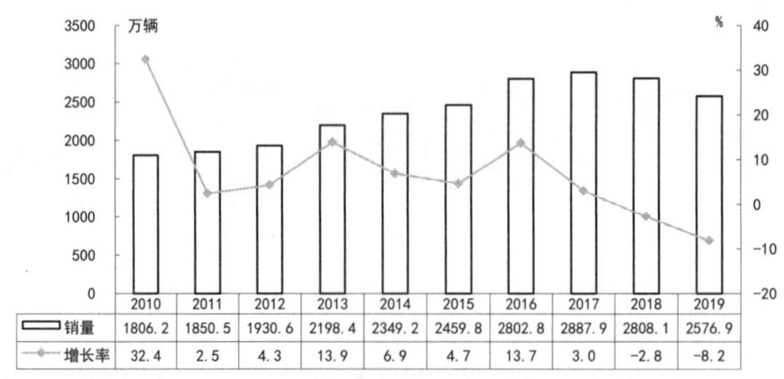

	2010	2011	2012	2013	2014	2015	2016	2017	2018	2019
销量	1806.2	1850.5	1930.6	2198.4	2349.2	2459.8	2802.8	2887.9	2808.1	2576.9
增长率	32.4	2.5	4.3	13.9	6.9	4.7	13.7	3.0	-2.8	-8.2

图 1　2010-2019 年汽车销量及同比增长变化情况

与上年相比，2019 年行业整体运行继续面临较大的压力，产销量低于年初的预期，收入和利润等主要经济效益指标也有所下降。同时市场消费依然乏力，消费者信心不足，也给企业和经销商进一步增添了压力。从全年汽车产销月度同比增长变化情况来看，自 2018 年 7 月起同比呈连续下降，四季度产销形势虽略好于前三季度，但总体下降趋势未得到根本缓解。

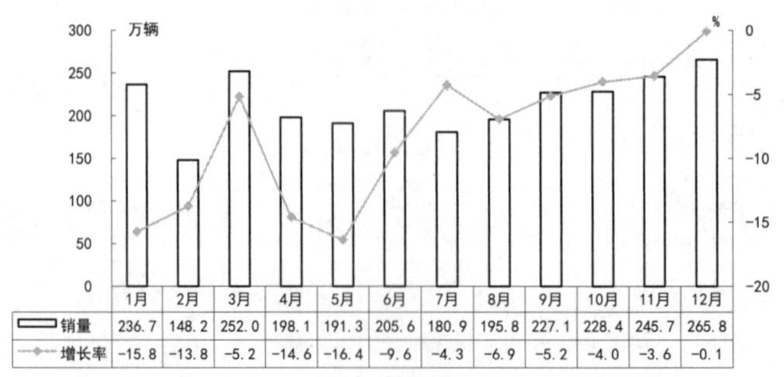

	1月	2月	3月	4月	5月	6月	7月	8月	9月	10月	11月	12月
销量	236.7	148.2	252.0	198.1	191.3	205.6	180.9	195.8	227.1	228.4	245.7	265.8
增长率	-15.8	-13.8	-5.2	-14.6	-16.4	-9.6	-4.3	-6.9	-5.2	-4.0	-3.6	-0.1

图 2　2019 年汽车月度销量及同比增长变化情况 [1]

四季度以来，““国六””产品供应状况基本好转且在国家一系列稳就业、稳金融、稳外贸、

[1]　由于调整的数据在累计中体现，故各月数据相加与全年累计略有出入。下同。

稳外资、稳投资、稳预期等政策的作用下，汽车市场总体下降趋势略有减缓，但恢复速度仍低于预期，特别是市场消费动能和消费者信心未完全恢复，行业整体下行压力依然较大。

在产销下行压力下，生产企业普遍采取放缓生产节奏的策略，因而库存水平特别是乘用车库存较往年明显下降，包括终端库存水平，因此批发数据降幅明显高于终端市场销量。截至2019 年底，生产企业库存 108.2 万辆，同比下降 6.6%。其中乘用车库存 78.3 万辆，同比下降14.4%；受四季度利好因素影响，商用车全年库存有所增加，达到 29.9 万辆，同比增长 22.6%。

2．行业主要经济效益指标呈现下滑态势

在产销下行的影响下，行业经济效益主要指标也呈一定下降趋势。据国家统计局公布的数据显示，2019 年，规模以上汽车工业企业完成营业收入 80846.7 亿元，同比下降 1.8%；利润总额 5086.8 亿元，同比下降 15.9%，降幅比上年扩大 11.2 个百分点；汽车制造业固定资产投资同比下降 1.5%，表现同样低迷；汽车类零售总额累计完成 39389 亿元，同比下降 0.8%，占全社会消费品零售总额的比重为 9.6%，低于上年同期水平。

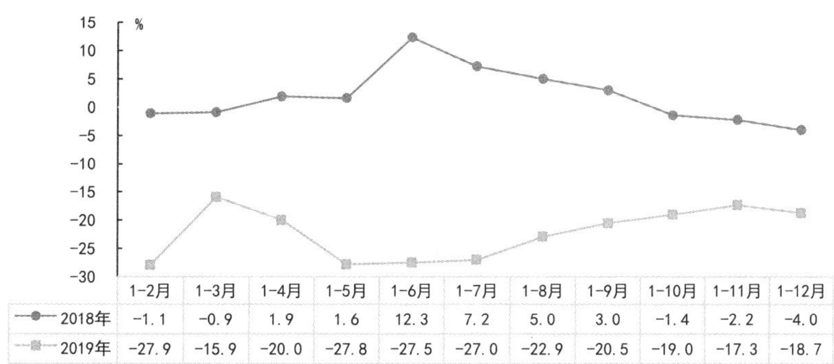

图 3　2019 年各月汽车工业重点企业（集团）实现利润累计增长

从细分各小行业经济指标运行情况来看，新能源汽车生产企业一些主要经济指标均明显高于行业降幅，全行业已处于亏损状况。

根据行业内 17 家汽车工业重点企业（集团）报送的主要经济指标快报显示，2019 年，17 家汽车工业重点企业（集团）各主要经济指标也呈一定下降走势，且降幅略高于同期规模以上汽车工业企业。其中：汽车工业重点企业（集团）累计实现利润 3123 亿元，同比下降 18.7%，占规模以上汽车工业企业实现利润总额的 61.4%；完成营业收入 40441.2 亿元，同比下降 3.1%，占规模以上汽车工业企业营业收入总额的 50%。

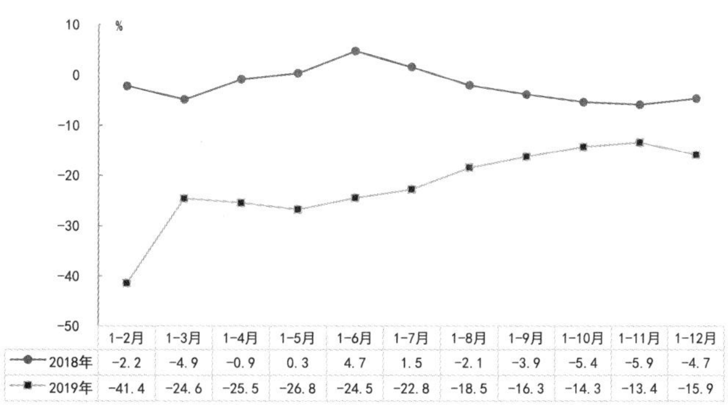

图 4　2019 年各月规模以上汽车工业企业实现利润累计增长

2019 年汽车制造业利润下滑明显大于其他指标，第一个原因是：今年部分地区轻型车“国六”标准提前实施，由于消费者对于“国五”车残值、“国五”车未来在行驶方面可能存在的限制等问题的担忧，造成消费观望，进而导致企业产品准备不足，“国五”库存压力陡增，企业为消化大量“国五”库存，不得不采取折价销售的方式，从而极大吃掉了企业利润，同时“国六”

车型的平均成本要高于“国五”车型，受行业下行压力加大的影响，企业为保证市场份额，在“国六”提前实施后，有限地调整了产品价格，被迫承担了部分成本上升带来的利润损失；第二个原因是企业运营成本持续提升，一方面原材料、人力成本等各方面运行成本提升，第二方面中美贸易摩擦升级导致出口美国的零部件关税成本提升，第三方面，新能源补贴资金拖欠增加企业融资成本，部分企业未到补贴资金达几十亿元，这也对行业利润产生了负面影响。

（二）乘用车产销降幅超出预期，中高端品种带动产品升级逐渐显现

1．四大类品种产销依然下降，中国品牌市场占有率降幅明显

2019 年，乘用车产销 2136 万辆和 2144.4 万辆，同比下降 9.2% 和 9.6%，降幅分别比上年扩大 4.0 个百分点和 5.5 个百分点。乘用车产销降幅依然高于行业总体，成为拉动行业产销下滑的主要因素。从四大类乘用车主要品种看，与上年相比，交叉型乘用车产销降幅有所收窄，其他三大类品种均呈一定扩大，其中多功能乘用车（MPV）降幅更为明显。从全年乘用车销量月度同比增长变化情况来看，各月销量同比均呈下降，下半年降幅总体有所收窄。

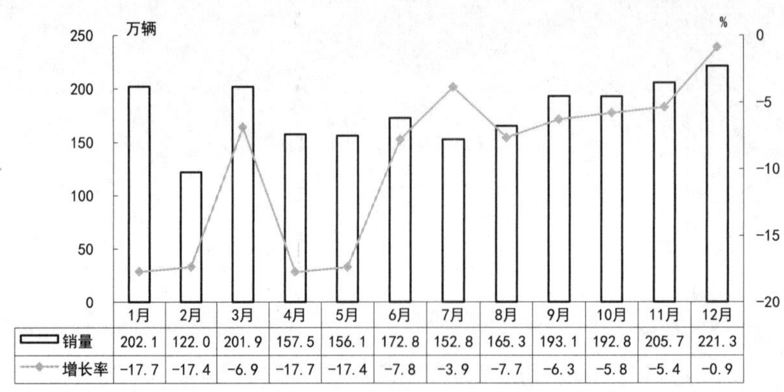

	1月	2月	3月	4月	5月	6月	7月	8月	9月	10月	11月	12月
销量	202.1	122.0	201.9	157.5	156.1	172.8	152.8	165.3	193.1	192.8	205.7	221.3
增长率	-17.7	-17.4	-6.9	-17.7	-17.4	-7.8	-3.9	-7.7	-6.3	-5.8	-5.4	-0.9

图 5　2019 年乘用车月度销量及同比增长变化情况

乘用车下滑的原因主要受宏观经济下行，居民消费预期不足的影响较大，观望情绪浓厚。从全国居民人均可支配收入同比增速来看，全国增速虽然变化不大，但是中低收入人群的收入水平确实是在下降，这一点也刚好解释了 2019 年分线城市销量增速所呈现的特点，即随着城市等级越低，销量降幅越大。由于中国品牌乘用车的目标市场主要集中在低线城市，因此在这一轮市场下滑中，中国品牌所受冲击也大于合资品牌。

尽管四季度乘用车市场略有好转，但部分地区“国六”标准提前切换等对市场的不利影响对全年的销量影响很难短时间弥补上来，再加上 9 月后楼市有所回暖，更是侧面影响了汽车消费需求。虽然，企业和经销商在中秋和国庆双节期间进一步加大了激励措施，推出了各类促销优惠以吸引消费者，但因市场消费信心仍处于恢复期，消费者热情依然不足，经销商也谨慎提车，对市场走势的判断更趋于理性，因而四季度乘用车市场虽有所恢复但仍旧低于预期。

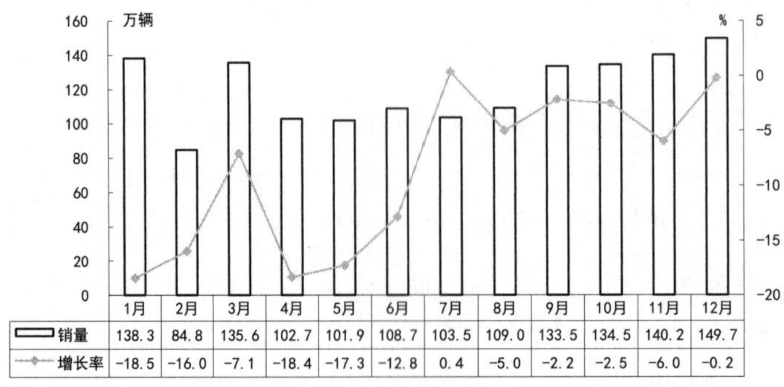

	1月	2月	3月	4月	5月	6月	7月	8月	9月	10月	11月	12月
销量	138.3	84.8	135.6	102.7	101.9	108.7	103.5	109.0	133.5	134.5	140.2	149.7
增长率	-18.5	-16.0	-7.1	-18.4	-17.3	-12.8	0.4	-5.0	-2.2	-2.5	-6.0	-0.2

图 6　2019 年 1.6 升及以下乘用车品种月度销量及同比增长变化情况

2019 年，1.6 升及以下小排量乘用车品种共销售 1443.4 万辆，同比下降 8.9%，占乘用车销售总量的 67.3%，比上年略有提升，主要还是 1 升以下乘用车品种保持快速增长，但 1 升＜排量≤ 1.6 升系列降幅较为明显。此外，1.6 升＜排量≤ 2.0 升和 2.0 升＜排量≤ 2.5 升两大系列品种销量也呈明显下降。值得一提的是，2.5 升以上中高端品种在 2019 年表现较为突出，销量呈快速增长，共销售 13.1 万辆，同比增长 51.9%，结束了上年快速下降势头。目前，乘用车市场已经进入存量市场竞争时代，以前靠低端产品、低价位以赢得消费者的模式将不复存在。乘用车行业已率先进入高质量增长新阶段，产品品质升级、质量不断完善，并充分满足消费者个性化需求将成为未来市场的发展主流，这也在很大程度上促进企业制订和完善品牌向上发展战略，以带动自身产品全面升级。

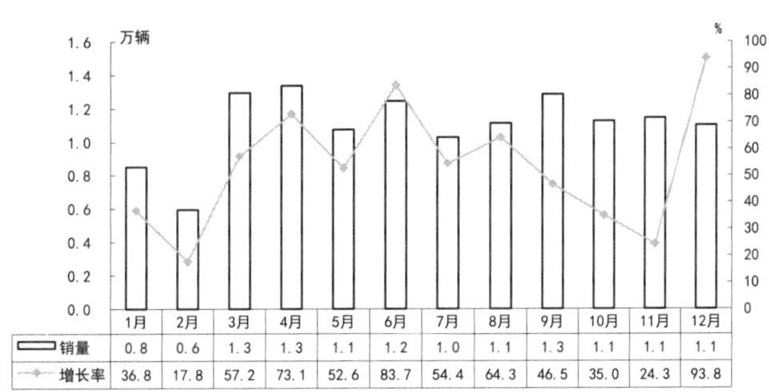

	1月	2月	3月	4月	5月	6月	7月	8月	9月	10月	11月	12月
销量	0.8	0.6	1.3	1.3	1.1	1.2	1.0	1.1	1.3	1.1	1.1	1.1
增长率	36.8	17.8	57.2	73.1	52.6	83.7	54.4	64.3	46.5	35.0	24.3	93.8

图 7　2019 年 2.5 升及以上乘用车品种月度销量及同比增长变化情况

乘用车销量排名前十家的生产企业分别是一汽 - 大众、上汽大众、上汽通用、吉利控股、东风有限（本部）、上汽通用五菱、长城汽车、长安汽车、东风本田和广汽本田，分别销售 204.6 万辆、200.2 万辆、160 万辆、136.2 万辆、127.7 万辆、124.2 万辆、91.1 万辆、81.5 万辆、80 万辆和 77.1 万辆，与上年相比，东风本田销量呈较快增长，广汽本田和一汽 - 大众增速略低，其他七家企业呈不同程度下降，其中上汽通用五菱和上汽通用降幅更为明显。2019 年，上述十家企业共销售 1282.5 万辆，占乘用车销售总量的 59.8%。

中国品牌乘用车销量和市场占有率延续了上年下降趋势，共销售 840.7 万辆，同比下降 15.8%，占乘用车销售总量的 39.2%，占有率比上年下降 2.9 个百分点。

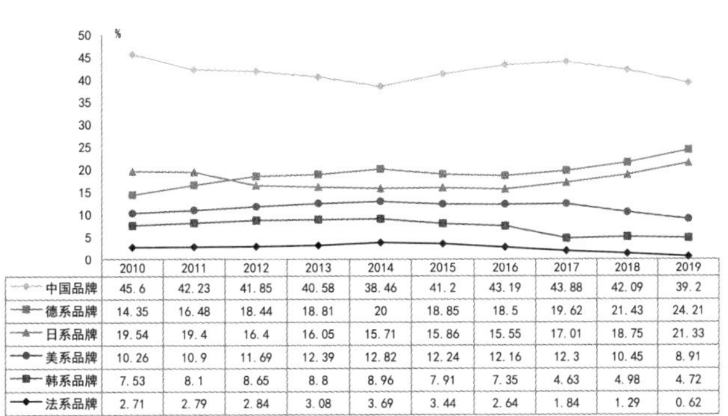

	2010	2011	2012	2013	2014	2015	2016	2017	2018	2019
中国品牌	45.6	42.23	41.85	40.58	38.46	41.2	43.19	43.88	42.09	39.2
德系品牌	14.35	16.48	18.44	18.81	20	18.85	18.5	19.62	21.43	24.21
日系品牌	19.54	19.4	16.4	16.05	15.71	15.86	15.55	17.01	18.75	21.33
美系品牌	10.26	10.9	11.69	12.39	12.82	12.24	12.16	12.3	10.45	8.91
韩系品牌	7.53	8.1	8.65	8.8	8.96	7.91	7.35	4.63	4.98	4.72
法系品牌	2.71	2.79	2.84	3.08	3.69	3.44	2.64	1.84	1.29	0.62

图 8　2010-2019 年乘用车品牌分国别市场占有率变化情况

2019 年，中国品牌车企市场表现不尽相同，但总体下降比较明显，主要还是受市场结构调整的影响。从统计数据来看，在乘用车市场中，12 万元以上的中高级市场总体变化不是太大，影响比较大的是 12 万元以下的汽车市场，尤其是 8 万元以下的区间。恰恰很多中国品牌汽车主要定位在这个区间，因此受到的影响比较大。最近几年中国品牌车企致力于向高端化发展，随着其产品转型和改造不断调整，未来在竞争中也会回归主流。

外国品牌乘用车共销售 1287.5 万辆，同比下降 5.1%，占乘用车销售总量的 60%。其中：德系、日系、美系、韩系和法系乘用车分别销售 519.3 万辆、457.5 万辆、191 万辆、101.1 万辆和 13.3 万辆，分别占乘用车销售总量的 24.2%、21.3%、8.9%、4.7% 和 0.6%。与上年相比，德系、日系品牌销量小幅增长，其他品牌均呈明显下降。

2. 基本型乘用车（轿车）产销降幅高于同期，中国品牌市场占有率再度下降

在市场需求低迷态势的影响下，基本型乘用车（轿车）产销也继续呈下降趋势，且降幅比上年有所扩大。2019 年轿车产销分别达到 1023.3 万辆和 1030.8 万辆，同比下降 10.9% 和 10.7%，降幅比上年扩大 6.9 个百分点和 8.0 个百分点。

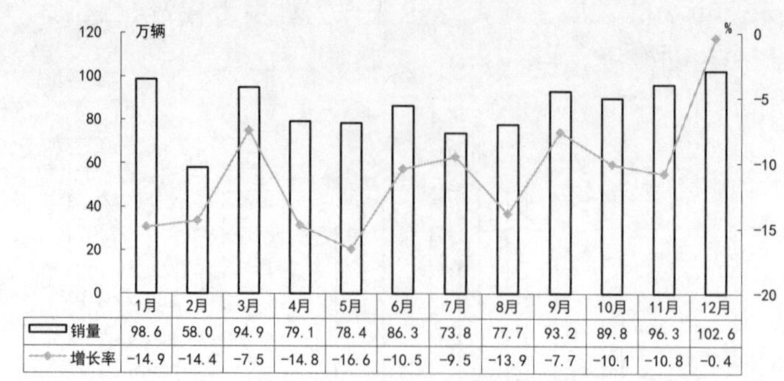

	1月	2月	3月	4月	5月	6月	7月	8月	9月	10月	11月	12月
销量	98.6	58.0	94.9	79.1	78.4	86.3	73.8	77.7	93.2	89.8	96.3	102.6
增长率	−14.9	−14.4	−7.5	−14.8	−16.6	−10.5	−9.5	−13.9	−7.7	−10.1	−10.8	−0.4

图 9 2019 年基本型乘用车（轿车）月度销量及同比增长变化情况

从轿车分排量细分品种销售情况来看，在合资品牌价格下探且继续推出涡轮增压产品刺激下，排量≤ 1 升系列延续了上年高速增长势头，共销售 43.9 万辆，同比增长 1.3 倍。1 升＜排量≤ 1.6 升和 1.6 升＜排量≤ 2.0 升系列呈明显下降，分别销售 717.2 万辆和 188.8 万辆，同比下降 12.9% 和 18.8%。2.0 升及以上系列销量呈较快增长，共销售 21.9 万辆，同比增长 15.7%。此外，纯电动轿车共销售 58.9 万辆，同比下降 1.7%；插电式混合动力轿车销售 11.7 万辆，同比下降 8.4%，表现均不如上年。

随着消费者对产品品质需求的不断提升，自动挡轿车市场表现仍明显好于手动挡。2019 年，自动挡轿车虽结束上年快速增长，呈一定下降，但降幅明显低于行业平均水平，共销售 737.8 万辆，同比下降 2.0%；手动挡轿车继续呈明显下降，共销售 192.3 万辆，同比下降 31.2%。

近些年，SUV 市场占有率明显提升，在很大程度上挤占了两厢车轿车市场，因而两厢车轿车市场在 2019 年降幅依然明显，共销售 98.4 万辆，同比下降 33.2%。三厢轿车降幅明显低于行业且所占比重依然最大，共销售 931.4 万辆，同比下降 7.3%，占轿车销售总量的 90.4%，比上年高出 3.2 个百分点。

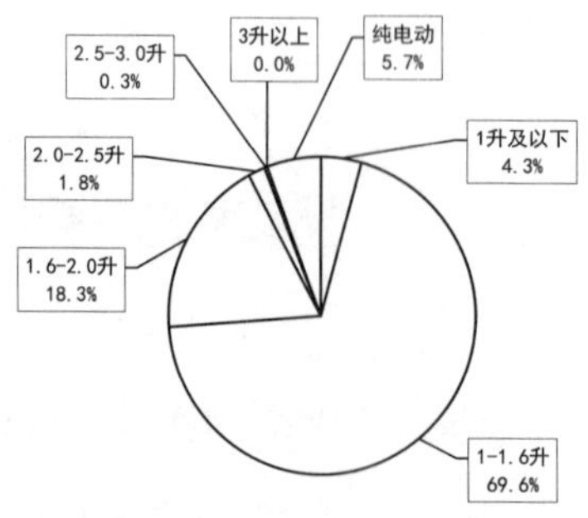

图 10 2019 年基本型乘用车（轿车）主要品种市场占有率

中国品牌轿车表现也不如上年，市场占有率再度下降，共销售 204.6 万辆，同比下降 15.2%，占轿车销售总量的 19.9%，占有率比上年下降 1.1 个百分点。德系、日系、美系、韩系和法系轿车分别销售 350.5 万辆、279.7 万辆、119.3 万辆、62.2 万辆和 6.1 万辆，占轿车销售总量的 34.0%、27.1%、11.6%、6.0% 和 0.6%。与上年相比，日系品牌轿车销量呈小幅增长，其他外国品牌均呈下降，法系和美系降幅更明显。

轿车销量排名前十位的生产企业依次为：一汽－大众、上汽大众、上汽通用、东风有限（本部）、吉利控股、广汽丰田、一汽丰田、广汽本田、北京现代和北京奔驰，分别销售 146.3 万辆、134 万辆、105.4 万辆、77.4 万辆、54.4 万辆、52.4 万辆、51.5 万辆、51.2 万辆、48 万辆和 38.1 万辆，与上年相比，北京奔驰和广汽丰田销量呈较快增长，广汽本田、一汽丰田和东风有限（本部）增速略低，其他五家企业均呈下降。2019 年，上述十家企业共销售 758.7 万辆，占轿车销售总量的 73.6%。

2019 年，销量超过 10 万辆的轿车品牌共有 32 个，比上年减少了 11 个，累计销售 636.2 万辆，占轿车销售总量的 61.7%。其中，轿车销量排名前十位的品牌依次为朗逸、轩逸、卡罗拉、宝来、速腾、英朗、桑塔纳、思域、雅阁和雷凌，分别销售 53.3 万辆、47.1 万辆、35.8 万辆、33.4 万辆、30.7 万辆、27.9 万辆、25.6 万辆、24.4 万辆、22.4 万辆和 22.2 万辆，与上年相比，轩逸、卡罗拉、速腾和桑塔纳销量呈小幅下降，其他品牌呈不同程度增长，其中宝来和雅阁增速更为明显。2019 年，上述十个品牌共销售 322.7 万辆，占轿车销售总量的 31.3%。

销量排名前十位的中国品牌轿车依次为：帝豪、荣威 i5、逸动、D50、缤瑞、远景、帝豪 GL、启辰 D60、艾瑞泽 GX 和 MG6。分别销售 21.1 万辆、15.9 万辆、12.4 万辆、9.8 万辆、8.4 万辆、8.0 万辆、7.9 万辆、7.4 万辆、7.2 万辆和 6.1 万辆，与上年相比，荣威 i5、D50、缤瑞、启辰 D60 和艾瑞泽 GX 销量增长明显，逸动略有下降，其他品牌均呈较快下降。2019 年，上述十个品牌共销售 104.2 万辆，占轿车销售总量的 10.1%，占中国品牌轿车销售总量的 50.9%。

3．运动型多用途乘用车（SUV）产销依然下降，中国品牌受到严峻挑战

2019 年，运动型多用途乘用车（SUV）延续了上年下降趋势，产销分别为 934.4 万辆和 935.3 万辆，同比下降 6.0% 和 6.3%，降幅比上年扩大 2.8 个百分点和 3.8 个百分点。在乘用车行业市场需求整体下降的形势下，SUV 并未完全跑赢大市，也呈现出一定下降，但降幅仍明显低于全行业，同时市场占有率继续维持在 40% 以上，且比上年还有所提升，达到 43.6%，高于上年 1.4 个百分点。

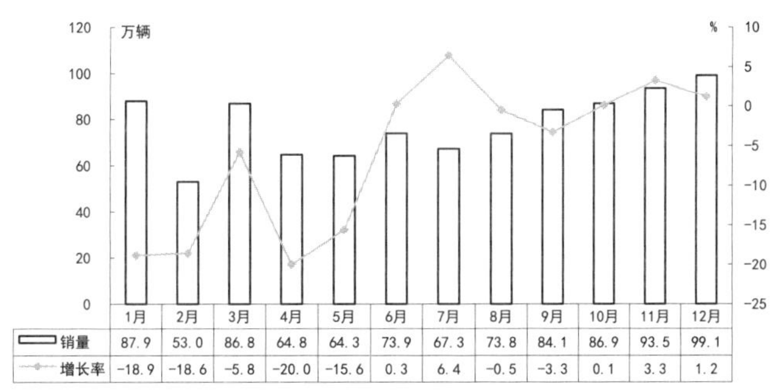

	1月	2月	3月	4月	5月	6月	7月	8月	9月	10月	11月	12月
销量	87.9	53.0	86.8	64.8	64.3	73.9	67.3	73.8	84.1	86.9	93.5	99.1
增长率	−18.9	−18.6	−5.8	−20.0	−15.6	0.3	6.4	−0.5	−3.3	0.1	3.3	1.2

图 11 2019 年运动型多用途乘用车（SUV）月度销量及同比增长变化情况

从 SUV 产销月度变化趋势来看，前 5 月各月销量同比呈不同程度下降，6 月和 7 月需求有所恢复，同比也呈小幅增长，8 月后再度呈现下降，但降幅比前 5 月有所收窄，10 月后同比回归小幅增长，总体来看，四季度表现好于前三季度。

目前，SUV 市场格局也正在发生深刻的变化，SUV 市场的增长已经从原来的 10 万元以下低端市场需求带动，转变为 15 万元以上中高端市场需求带动。中低端产品需求日益萎缩，因此中国品牌企业承受着较大的压力，与此同时合资品牌 SUV 受产品矩阵的不断完善，在强品牌力、产品力、降价促销带动下，市场占有率得到较快的提升。

2019 年，中国品牌 SUV 市场占有率虽然继续保持第一，但总体依然呈现下降趋势，共销售 492 万辆，同比下降 15.0%；占 SUV 销售总量的 52.6%，占有率比上年下降 5.4 个百分点。日系、德系、美系、韩系和法系 SUV 分别销售 168.2 万辆、164.3 万辆、51.5 万辆、39 万辆和 7.2 万辆，占 SUV 销售总量的 18.0%、17.6%、5.5%、4.2% 和 0.8%，与上年相比，德系品牌销量增速超过 40%，表现最为突出，日系略有增长，其他外国品牌均呈明显下降。

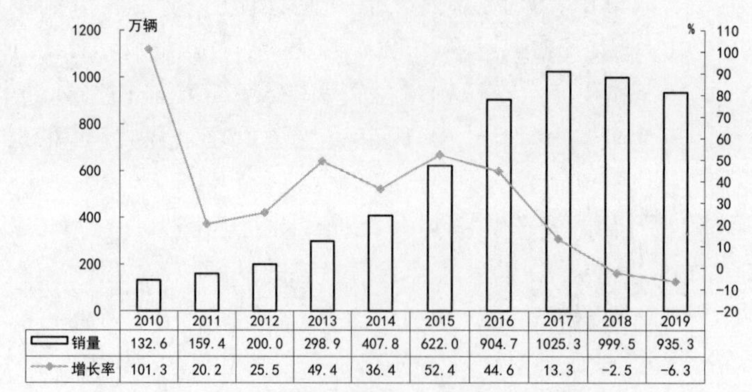

图 12　2010-2019 年运动型多用途乘用车（SUV）销量及同比增长变化情况

在销量排名前十位的 SUV 品牌中，中国品牌受到严峻挑战，只有哈弗 H6、博越、CS75 和宝骏 510 四席入围，其他均为外国品牌。与上年相比，CS75 销量呈较快增长，其他三个品牌均呈下降，宝骏 510 降幅更为明显。在销量排名前十的外国品牌中，探岳和本田 CRV 表现较为出色，销量同比均呈明显增长。

此外，SUV 行业骨干企业总体继续保持较高市场占有率，前十强企业销量保持在 50% 以上。2019 年，销量排名前十位的 SUV 生产企业依次为长城汽车、吉利控股、上汽大众、一汽－大众、长安汽车、东风有限（本部）、奇瑞汽车、东风本田、上汽股份和上汽通用，分别销售 88 万辆、78.5 万辆、64.5 万辆、58.3 万辆、58.2 万辆、50 万辆、40.1 万辆、39 万辆、37.2 万辆和 34.5 万辆，与上年相比，一汽－大众销量增速最为显著，奇瑞汽车和上汽大众也呈较快增长，东风本田和长安汽车增速略低，其他五家企业呈一定下降。2019 年，上述十家企业共销售 548.3 万辆，占 SUV 销售总量的 58.6%。

近两年，SUV 市场需求虽呈一定下降，但降幅依然低于其他乘用车品种，与此同时，中高端产品逐渐成为市场主流，相信随着消费信心的逐步恢复，SUV 市场还会继续呈现增长。

4．多功能乘用车（MPV）产销降幅依然明显，中国品牌市场占有率降幅略有收窄

2019 年，多功能乘用车（MPV）市场延续了低迷走势，产销分别达到 138.1 万辆和 138.4 万辆，同比下降 18.1% 和 20.2%，降幅比上年分别扩大 0.2 个百分点和 4.0 个百分点。

从 MPV 月度销量同比增长变化情况来看，各月同比降幅均超过 10%，且上半年降幅总体高于下半年，其中 1 月、2 月和 4 月降幅超过 25% 以上。近两年来，SUV 市场需求迅速上升，同时轿车产品也不断改善升级，受此影响，MPV 产品需求日益萎缩，今后也很难出现增长的迹象，其产品调整和提升的压力更加紧迫。

在分排量 MPV 主要品种中，1.6 升＜排量≤ 2.0 升系列销量呈较快增长，共销售 28.6 万辆，同比增长 30%。其他系列品种均呈下降，其中占比最大的 1.6 升及以下小排量 MPV 降幅比上年有所扩大，共销售 100.4 万辆，同比下降 22.9%，降幅比上年扩大 3.0 个百分点；2 升以上品种也呈快速下降趋势，共销售 8.7 万辆，同比下降 56.2%。

中国品牌 MPV 占有率同样延续了下降趋势，但降幅比上年有所收窄，共销售 104.1 万辆，同比下降 21.6%；占 MPV 销售总量的 75.3%，占有率比上年下降 1.3 个百分点，降幅比上年收窄 5.6 个百分点。在销售排名前十位品牌中，中国品牌总体仍然保持了主导地位，共有七个品牌位居前十，与上年相比，传祺 GM6 和吉利旗下的嘉际表现较为出色，而上汽通用五菱旗下的五菱宏光、宝骏 730、宝骏 360 虽然继续位居前十，但销量同比均呈较快下降，表现不如上年。在三个外国品牌中，别克 GL8 销量同比小幅增长，奥德赛略有下降，艾力绅降幅较为明显。

MPV 销量排名前十位的生产企业依次是：上汽通用五菱、上汽通用、东风公司、比亚迪股份、广汽乘用车、长安汽车、上汽大通、东风本田、广汽本田和江淮股份。分别销售 56.7 万辆、20.1 万辆、9.4 万辆、6.8 万辆、5.9 万辆、5.7 万辆、5.3 万辆、4.7 万辆、4.4 万辆和 3.8 万辆。与上年相比，上汽大通和广汽乘用车销量增速明显，上汽通用略有增长，其他七家企业均呈下降。2019 年，上述十家企业共销售 122.8 万辆，占 MPV 销售总量的 88.7%。

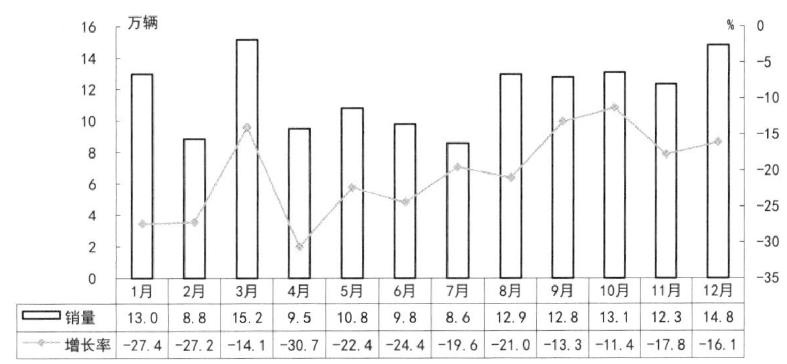

图 13 2019 年多功能乘用车（MPV）月度销量及同比增长变化情况

5．交叉型乘用车产销降幅继续收窄，行业集中度维持较高水平

2019 年，交叉型乘用车产销分别达到 40.2 万辆和 40 万辆，同比下降 4.3% 和 11.7%，降幅比上年收窄 16.5 个百分点和 5.5 个百分点，已经连续两年呈收窄态势。

从交叉型乘用车全年月度销量同比增长变化来看，1—2 月仍然维持了快速下降趋势，3 月和 4 月受需求拉动，同比呈一定增长，5 月后销量同比再次呈现下降，四季度降幅有所收窄。

在交叉型乘用车主要生产企业中，排名前五家的企业共销售 38.9 万辆，占交叉型乘用车销售总量的 97.5%。与上年相比，只有金杯汽车销量保持较快增长，其他四家企业均呈下降，其中奇瑞汽车降幅更为明显，表现明显不如上年。

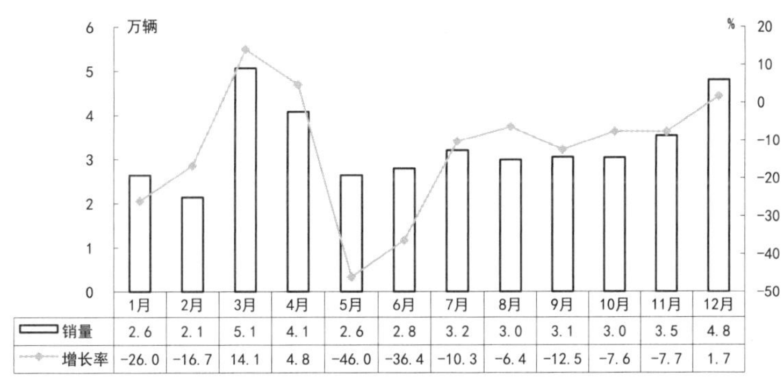

图 14 2019 年交叉型乘用车月度销量及同比增长变化情况

近两年，交叉型乘用车销量同比降幅虽有所收窄，但行业总体低迷态势并未得到实质性的缓解，未来仍然要在积极开拓农村市场的同时，提升产品性能和质量，这才是真正摆脱市场需求长期下降的“王道”。

（三）商用车产销形势总体保持平稳

1．商用车销量稳中略降，四季度表现好于全年

2019 年，宏观经济保持稳步增长，政策持续利好驱动供给，同时，在基建投资增速回升、国 3 汽车淘汰、新能源物流车快速发展等利好因素促进下，中国商用车行业发展总体平稳。与同期乘用车市场持续低迷相比，产销表现也好于乘用车。但随着宏观经济下行压力的增大，前期支撑商用车销量增长的政策因素减弱，基建、房地产投资增速有所回落，导致商用车市场也一度出现了负增长。9 月后，国家一系列“六稳”政策激励逐步深入实施，特别是基建投资的稳

步回升在很大程度上促进了商用车市场再度恢复增长。不过，总体来看，尽管产销表现好于乘用车，但商用车市场也面临调整的压力。

2019 年，商用车产销分别达到 436 万辆和 432.4 万辆，产量同比增长 1.9%，销量下降 1.1%。从商用车月度销售情况来看，1 月销量同比小幅下降，2—4 月呈一定增长，5 月和 6 月同比降幅较明显，7 月后降幅逐步收窄，9 月后再度呈现增长，总体来看，四季度市场表现好于全年。

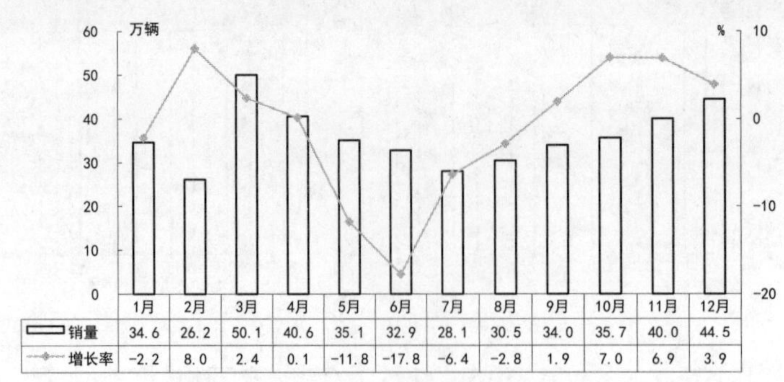

	1月	2月	3月	4月	5月	6月	7月	8月	9月	10月	11月	12月
销量	34.6	26.2	50.1	40.6	35.1	32.9	28.1	30.5	34.0	35.7	40.0	44.5
增长率	-2.2	8.0	2.4	0.1	-11.8	-17.8	-6.4	-2.8	1.9	7.0	6.9	3.9

图 15　2019 年商用车月度销量及同比增长变化情况

从商用车按燃料类型细分品种销售情况来看，天然气车表现较为突出，结束上年下降呈快速增长，共销售 8.8 万辆，同比增长 38.2%。占比最大的柴油汽车依然下降，共销售 283.5 万辆，同比下降 5.4%，降幅比上年有所扩大；汽油车继续保持增长但增速有所回落，共销售 125.8 万辆，同比增长 12.2%，增速比上年回落 17.2 个百分点。纯电动商用车表现不佳，结束了上年增长势头，呈快速下降，共销售 13.4 万辆，同比下降 25.6%。

商用车销量排名前十家的企业依次为东风公司、北汽福田、上汽通用五菱、中国一汽、中国重汽、江淮股份、江铃股份、长安汽车、陕汽集团和长城汽车，分别销售 57.1 万辆、52.7 万辆、41.8 万辆、35.1 万辆、29.6 万辆、25.3 万辆、23.7 万辆、22.3 万辆、18.7 万辆和 14.9 万辆。与上年相比，江铃股份销量呈较快下降，中国重汽、长安汽车和江淮股份降幅略低，其他六家企业均呈小幅增长。2019 年，上述十家企业共销售 321.2 万辆，占商用车销售总量的 74.3%。

近年来，在排放标准升级、管理法规趋严等因素影响下，商用车市场也逐步进入转型升级期，先进技术不断涌入商用车行业，一些智能网联技术也在商用车上陆续得到应用，驱动商用车技术快速迭代升级。当然，至关重要的还是这些先进技术能尽快在车辆运输中对终端用户真正发挥出实用性价值，为用户服务。唯有如此，才是商用车市场健康稳定发展的关键所在。

2．货车销量略有下降，半挂牵引车表现依然出色

2019 年，货车产销形势也总体保持平稳，分别达到 388.8 万辆和 385 万辆，产量同比增长 2.6%，销量下降 0.9%。从月度货车销量情况来看，1 月同比微降，2—4 月均呈一定增长，但自从 5 月 21 日央视曝光“大吨小标”问题以来，货车行业加快了产品治理和整顿，5 月后销量同比呈现下降趋势，9 月后同比恢复增长，主要原因是随着大吨小标事件对自卸车、轻卡市场的影响逐渐退却，同时，在冬季取暖需求的带动下，煤炭、天然气运输量增加较快，牵引车增长势头迅猛，国三车置换对货车市场的影响依然在延续，双 11、双 12 快递单量飞速增长，年底基建投资的回升等都在一定程度上拉动了货车销量的增长。总体来看，四季度销售形势呈一定回暖。

在货车主要品种中，重型货车产销再超百万，分别达到 119.3 万辆和 117.4 万辆，同比增长 7.3% 和 2.3%；中型货车依然呈较快下降，产销分别达到 14.5 万辆和 13.9 万辆，同比下降 16.2% 和 21.4%；轻型和微型货车产销表现均不如同期，与上年相比，产量增速明显减缓，销量结束增长，呈一定下降。其中轻型货车产销分别达到 190.2 万辆和 188.3 万辆，产量同比增长 1.3%，销量下降 0.6%；微型货车产销 64.8 万辆和 65.3 万辆，产量同比增长 3.2%，销量下降 1.8%。

受基建投资恢复刺激，半挂牵引车结束上年下降趋势，呈现增长，尽管增速在 5 月后有所回落，但全年保持了 15% 以上的较快增长势头。2019 年，半挂牵引车产销分别为 58.1 万辆和 56.5 万辆，同比增长 23.6% 和 16.9%，占货车产销总量的 14.9% 和 14.7%，比上年提升 2.5 个百分点和 2.3 个百分点。此外，货车非完整车辆（货车底盘）产销也呈一定增长，表现好于整车。2019 年，货车非完整车辆产销 58.2 万辆和 56.5 万辆，同比增长 10.7% 和 6.3%，与上年相比，产量增速略有提升，销量有所回落。

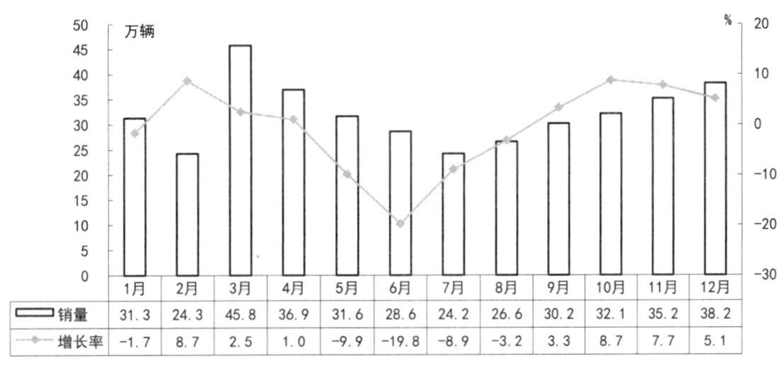

图 16 2019 年货车月度销量及同比增长变化情况

总体来看，货车行业骨干企业依旧保持较高市场占有率。其中，重型货车、中型货车和微型货车销量排名前十企业占比均保持在 90% 以上。2019 年，销量排名前十位的重型货车生产企业分别是：中国一汽、东风公司、中国重汽、陕汽集团、北汽福田、上汽依维柯红岩、江淮股份、成都大运、徐州徐工和安徽华菱。分别销售 27.5 万辆、24.1 万辆、19.1 万辆、17.7 万辆、8.6 万辆、5.8 万辆、3.8 万辆、3.2 万辆、2.1 万辆和 2.0 万辆。与上年相比，北汽福田销量降幅较为明显，江淮股份和安徽华菱降幅略低，其他企业呈不同程度增长，其中徐州徐工和东风公司增速更快。2019 年，上述十家企业共销售 113.9 万辆，占重型货车销售总量的 97.0%。

销量排名前十位的中型货车生产企业分别是：北汽福田、成都大运、东风公司、庆铃汽车、唐骏欧铃、江淮股份、中国一汽、中国重汽、浙江飞碟和陕汽集团。分别销售 3.4 万辆、2.3 万辆、2.1 万辆、1.2 万辆、1.1 万辆、1.1 万辆、0.9 万辆、0.9 万辆、0.3 万辆和 0.2 万辆。与上年相比，北汽福田、中国一汽和陕汽集团销量增长明显，成都大运略增，其他企业均下降，浙江飞碟和中国重汽降幅居前。2019 年，上述十家企业共销售 13.5 万辆，占中型货车销售总量的 96.5%。

销量排名前十位的轻型货车生产企业分别是：北汽福田、东风公司、江淮股份、江铃股份、长安汽车、长城汽车、中国重汽、中国一汽、金杯汽车和保定长安。分别销售 36.5 万辆、19.5 万辆、19.3 万辆、15.5 万辆、15.4 万辆、14.9 万辆、9.5 万辆、6.6 万辆、5.7 万辆和 5.6 万辆。与上年相比，江铃股份、长安汽车和中国重汽销量有所下降，其他七家企业呈不同程度增长，其中东风公司和保定长安增速更明显。2019 年，上述十家企业共销售 148.5 万辆，占轻型货车销售总量的 78.9%。

销量排名前十位的微型货车生产企业分别是：上汽通用五菱、东风公司、长安汽车、奇瑞汽车、山东凯马、金杯汽车、北汽福田、江西昌河、唐骏欧铃和北汽银翔。分别销售 41.8 万辆、8.3 万辆、5.3 万辆、5.3 万辆、2.5 万辆、0.6 万辆、0.5 万辆、0.4 万辆、0.2 万辆和 0.2 万辆。与上年相比，山东凯马和北汽银翔销量呈快速增长，上汽通用五菱增速略低，江西昌河与上年持平，其他六家企业均呈下降，其中唐骏欧铃和长安汽车降幅更为显著。2019 年，上述十家企业共销售 65.1 万辆，占微型货车销售总量的 99.6%。

今后，国家基建投资力度的加大，以及车辆更新淘汰、治超等政策的落地是货车增长的主要因素。因此随着各地国三柴油车淘汰更新、国道短途超载重卡治理，叠加按轴收费新政带来的产品结构变化，都将继续推动 2020 年重型货车销量的提升。此外，以治理“大吨小标”车型、平板自卸半挂车为契机，更多的违规车型将退出历史舞台，将为货车销量增长腾出更多的市场空间。物流业的发展也将间接推动轻型货车的需求升级，特别是随着中国运输结构的调整，城配物流将获得较大发展空间。

在汽车行业“新四化”趋势和车市逐渐下行的当下，货车生产企业也开始重视产品的性能改进和技术开发。随着货车保有量的不断增加，车辆的安全性、经济性等方面也越来越受到用户的重视，特别是在车辆燃油性、动力性与经济性等方面货车产品将有较大的改进和提升空间，未来的货车产品性能也会在追求卓越上进一步做文章。

3. 客车产销降幅有所收窄

尽管面临较大的困难，客车行业产销形势总体未出现明显波动，且降幅比上年有所收窄。2019 年，客车（含客车非完整车辆）产销分别为 47.2 万辆和 47.4 万辆，同比下降 3.5% 和 2.2%，降幅比上年收窄 3.5 个百分点和 5.8 个百分点。在客车主要品种中，与上年相比，大型客车产销降幅均呈明显收窄，分别达到 7.4 万辆和 7.5 万辆，同比下降 5.4% 和 2.8%，降幅比上年收窄 10.8 个百分点和 15.4 个百分点；轻型客车产销降幅均低于全行业，分别达到 33.2 万辆和 33.3 万辆，同比下降 1.3% 和 0.6%；中型客车产销降幅依然明显，分别达到 6.6 万辆和 6.7 万辆，同比下降 11.4% 和 9.1%。

从按燃料细分品种客车市场表现来看，汽油客车结束上年下降，呈较快增长，柴油和天然气客车均呈下降；在新能源客车品种中，除燃料电池客车外，纯电动客车和插电式混合动力客车销量依然延续了上年下降趋势。此外，在统计的客车分米段细分市场中，9 米＜车长≤ 10 米和车长大于 12 米两大系列品种销量均呈增长，其他系列品种呈不同程度下降，其中 6 米＜车长≤ 7 米和 7 米＜车长≤ 8 米两大系列降幅更为明显。

从月度客车销量同比增长情况来看，2 月、3 月、11 月同比略有增长，7 月市场需求有所放大，同比呈现出快速增长势头，其他各月均呈不同程度下降，其中 5 月降幅最为明显。

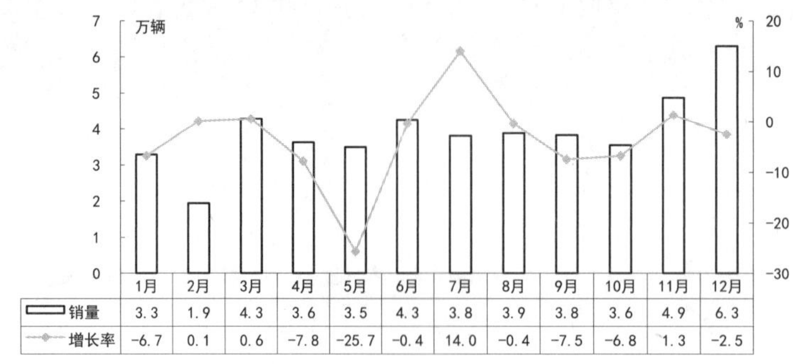

	1月	2月	3月	4月	5月	6月	7月	8月	9月	10月	11月	12月
销量	3.3	1.9	4.3	3.6	3.5	4.3	3.8	3.9	3.8	3.6	4.9	6.3
增长率	-6.7	0.1	0.6	-7.8	-25.7	-0.4	14.0	-0.4	-7.5	-6.8	1.3	-2.5

图 17　2019 年客车月度销量及同比增长变化情况

2019 年，大型客车销量排名前十位的生产企业依次为郑州宇通、苏州金龙、金龙联合、中通客车、中车时代、厦门金旅、比亚迪股份、北汽福田、扬州亚星和珠海广通，分别销售 2.4 万辆、0.6 万辆、0.5 万辆、0.5 万辆、0.5 万辆、0.4 万辆、0.4 万辆、0.4 万辆、0.3 万辆和 0.2 万辆。与上年相比，比亚迪股份、金龙联合和厦门金旅销量呈较快下降，郑州宇通降幅略低，珠海广通与上年持平，其他企业均呈增长，其中北汽福田增速最为显著。2019 年，上述十家企业共销售 6.4 万辆，占大型客车销售总量的 85.6%。

中型客车销量排名前十位的生产企业依次为郑州宇通、东风公司、中通客车、苏州金龙、金龙联合、一汽丰田、厦门金旅、中车时代、比亚迪股份和江淮股份，分别销售 2.6 万辆、0.7 万辆、0.5 万辆、0.3 万辆、0.3 万辆、0.3 万辆、0.3 万辆、0.2 万辆、0.2 万辆和 0.2 万辆。与上年相比，中通客车和中车时代销量呈较快增长，东风公司增速略低，郑州宇通微降，其他六家企业降幅均较为明显。2019 年，上述十家企业共销售 5.5 万辆，占中型客车销售总量的 82.2%。

轻型客车销量排名前十位的生产企业依次为江铃股份、上汽大通、保定长安、北汽福田、南京依维柯、东风公司、金龙联合、长安汽车、金杯汽车和厦门金旅，分别销售 8.0 万辆、3.2

万辆、3.2 万辆、3.2 万辆、2.6 万辆、2.5 万辆、1.8 万辆、1.6 万辆、1.6 万辆和 1.2 万辆。与上年相比，保定长安销量增速最为明显，上汽大通和厦门金旅小幅增长，长安汽车与上年持平，其他企业均呈下降，其中金杯汽车和南京依维柯下降更快。2019 年，上述十家企业共销售 29 万辆，占轻型客车销售总量的 87.3%。

近年来，高铁、私家车、共享出行等多元化交通方式的发展对客车的长期影响仍然在持续。预计短期内，客车市场仍难以明显回暖，客车企业要做好应对市场长期变化的准备。不过，城市公交车仍然是未来一段时间客车市场的主力军，在当前打赢蓝天保卫战的要求下，纯电动客车和清洁能源客车的市场份额将会呈现增长态势。

4．皮卡车产销有所下降

据中国汽车工业协会统计的皮卡车企业数据显示，2019 年，皮卡车产销分别完成 45.6 万辆和 45.2 万辆，同比下降 4.0% 和 4.7%。从月度皮卡车销量情况来看，1 月销量同比有所下降，2—4 月均呈增长，5 月后各月销量同比再次呈现下降趋势，但四季度降幅有所收窄。

分燃料类型情况看，汽油车同比呈现快速增长，产销分别完成 12.9 万辆和 12.8 万辆，同比增长 21.6% 和 18.4%；柴油车产销分别完成 32.6 万辆和 32.4 万辆，同比下降均为 11.7%。

皮卡车销量排名前十家的生产企业依次为长城汽车、江铃股份、郑州日产、江西五十铃、上汽大通、江西大乘、河北中兴、江淮股份、丹东黄海和北汽福田，分别销售 14.9 万辆、5.9 万辆、4.6 万辆、3.1 万辆、2.6 万辆、2.6 万辆、2.4 万辆、2.1 万辆、1.9 万辆和 1.6 万辆。与上年相比，江西大乘和上汽大通销量增长较快，长城汽车增速略低，其他七家企业均呈下降，其中丹东黄海、河北中兴和江铃股份降幅更为明显。2019 年，十家企业销量合计 41.8 万辆，占皮卡销售总量的 92.5%，行业集中度维持较高水平。

近两年，皮卡车市场虽然受到外部政策环境刺激，销量呈一定增长，但 5 月后销量受“国六”汽车断档影响同比持续负增长，三季度累计销售 9.1 万辆，比一、二季度分别减少 2.3 万辆和 2.4 万辆。四季度随着“国六”新车逐渐上市，市场形势略有好转，但仍低于上年。

预计今后随着国内试点地区稳妥有序推进，同时作为一款宜商、宜家以及个性化较强的产品，皮卡车在城镇尤其是在农村地区仍具有独特的优势，相信只要相关利好政策还能继续推出，以及新车型的不断上市，皮卡车需求仍然有望回归正增长。

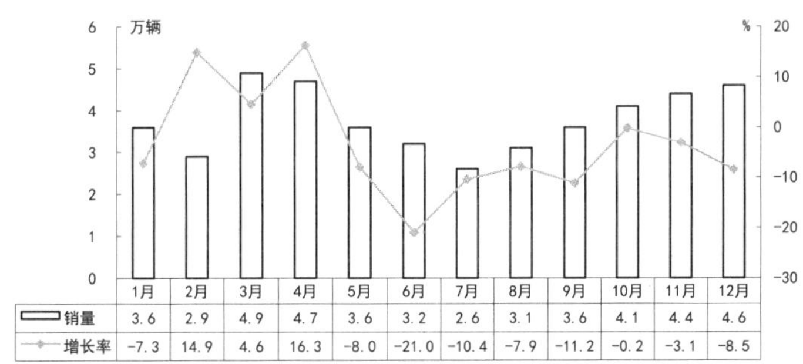

	1月	2月	3月	4月	5月	6月	7月	8月	9月	10月	11月	12月
销量	3.6	2.9	4.9	4.7	3.6	3.2	2.6	3.1	3.6	4.1	4.4	4.6
增长率	-7.3	14.9	4.6	16.3	-8.0	-21.0	-10.4	-7.9	-11.2	-0.2	-3.1	-8.5

图 18　2019 年皮卡车月度销量及同比增长变化情况

（四）新能源汽车产销结束高速增长势头，呈小幅下降

2019 年，新能源补贴政策进一步退坡，补贴额度较 2018 年下降 60% 以上，同时补贴要求涉及的产品技术标准进一步提高。在有新能源产品生产比例硬性要求，同时市场需求不足的情况下，整车售价无法提高，企业效益大幅恶化，补贴力度无法弥补成本，甚至会出现卖车亏钱的现象，由于当前新能源市场尚处于培育期，价格的变化对于市场接受度的影响非常大，但同时由于新能源市场销量规模小，单车成本仍处在高水平区间，且降本空间有限，主要是三电成本降幅赶不上退坡幅度，无法覆盖退坡补贴带来的影响，因此这一轮补贴的下调在一定程度上打击了企业对于生产销售新能源产品的积极性。据协会的不完全统计，多数企业针对新能源补贴的退坡

调整了本企业新能源产品的销售策略，即在满足积分政策要求的前提下，通过推出高端产品或原有产品减配的方式来保证利润空间，但此举必将对市场原有的增长规模产生负面影响，同时还会降低产品的品牌溢价能力。

2019 年，新能源汽车产销结束了前几年高速增长势头，呈一定下降，分别达到 124.2 万辆和 120.6 万辆，同比下降 2.3% 和 4.0%。其中纯电动汽车产销分别完成 102 万辆和 97.2 万辆，产量同比增长 3.4%，销量下降 1.2%；插电式混合动力汽车产销分别完成 22 万辆和 23.2 万辆，同比下降 22.5% 和 14.5%，结束了上年高速增长态势。

随着企业和地方政府投资力度的不断加大，以氢能源为主的燃料电池汽车在 2019 年总体呈现出爆发式增长。2019 年，燃料电池汽车产销 2833 辆和 2737 辆，同比增长 85.5% 和 79.2%。

从新能源汽车月度销售情况来看，1—3 月销量同比继续保持快速增长，4-5 月增速明显回落，6 月受补贴到期影响再度呈现出高速增长，但 7 月后同比均呈下降，9 月后降幅更为明显。总体来看，下半年表现明显不如上半年。

2019 年新能源汽车产销下滑的更深层次原因还是在产品质量上，与传统燃油车相比，新能源汽车整车制造技术水平总体仍存在较大的差距，以前靠所谓政府“高额”补贴以及受地方限购影响，新能源汽车保持了高速增长势头，但面临补贴大幅退坡的背景下，新能源汽车产品质量和技术水平没有得到实质性的提高，同时电池的安全性、稳定性和衰减等问题的频繁爆发以及一些车企频发的安全事故更让消费者对新能源汽车产品信心下降，加重了消费者购车的疑虑。

与新能源乘用车相比，新能源商用车下跌幅度有持续扩大的趋势，根据市场表现情况来看，新能源商用车在燃料成本节省方面并不明显，同时购置成本较高，与传统能源商用车相比没有显著优势，并且，新能源商用车在使用过程中仍然面临着续驶里程短、充电不方便等难题，行驶稳定性难以满足商用车高频次、高使用率的需求，为此，新能源商用车距离真正的大规模商用还有很长的路要走。

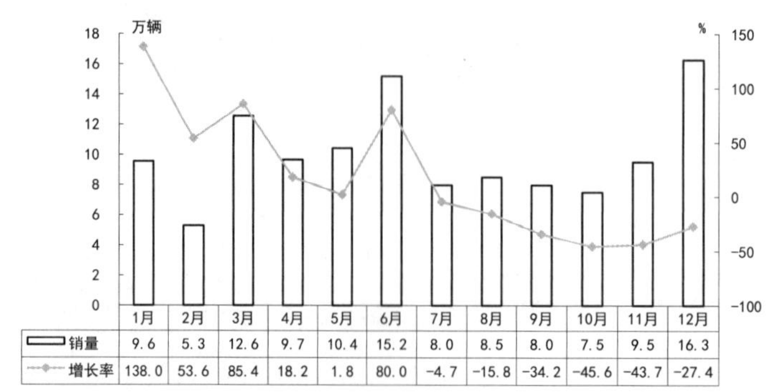

	1月	2月	3月	4月	5月	6月	7月	8月	9月	10月	11月	12月
销量	9.6	5.3	12.6	9.7	10.4	15.2	8.0	8.5	8.0	7.5	9.5	16.3
增长率	138.0	53.6	85.4	18.2	1.8	80.0	-4.7	-15.8	-34.2	-45.6	-43.7	-27.4

图 19　2019 年新能源汽车月度销量及同比增长变化情况

尽管在 2019 年新能源汽车产销有所下降，然而，这并意味着新能源汽车产业也因此跌入“低谷”。总体来看，新能源汽车作为国家战略性新兴产业的地位依旧会长期保持不变，尤其是在 12 月初工信部对外发布了《新能源汽车产业发展规划（2021-2035 年）》（征求意见稿），其中明确提出在 2025 年新能源汽车新车销量占比达到 25%左右，无疑对于低迷的新能源汽车市场起到了一定的提振作用。此外，虽然新能源汽车补贴退坡，但国家及各地方政府对新能源汽车的支持仍在继续，比如新能源汽车购置税优惠以及上路不限号等。更为重要的是，充电基础设施数量和保有量的不断增多，将逐步提升充电便利性，为新能源汽车的进一步普及提供基础保障。与此同时，随着合资品牌新能源汽车研发的全面提速，未来新能源汽车车型的可选择性也会不断增多，产品质量也将逐步提升。外资品牌、合资品牌新能源汽车的推出也将在一定程度上提升新能源汽车产品整体质量和品牌影响力，这或许也能给新能源汽车市场带来利好因素。当然，这也会进一步加剧市场竞争，新能源汽车市场格局也将产生较大的变化。产品品质提升，能给消费者带来更好的消费体验，消费者的消费意愿自然会增强，而提供相关产品的企业也一定能在竞争中胜出。过去依赖新能源汽车补贴生存的企业终将会被市场淘汰，因此，一些自主品牌的新能源汽车企业将会面临更大的危机和生存压力。

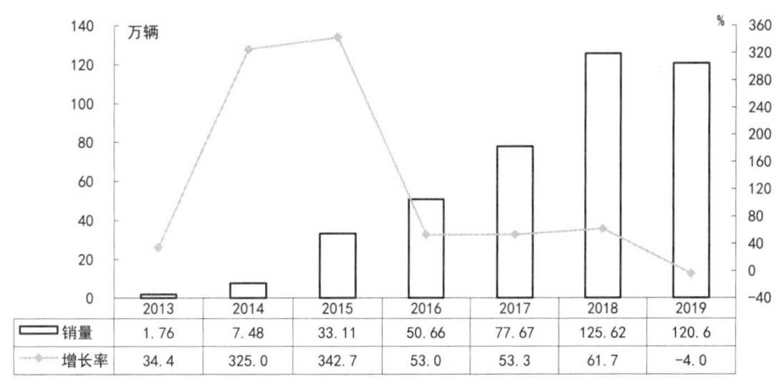

图 20 2013-2019 年新能源汽车销量及同比增长变化情况

2019 年，造车新势力生产企业中仅有蔚来、威马、小鹏、零跑等 12 家车企实现了交付，但是仅有 4 家企业交付量过万，分别是蔚来汽车、威马汽车、小鹏汽车和合众汽车。在不能交付现车、资金紧缺、补贴退坡、信任危机等多重困难下，未来造车新势力或将出现大的变动，多数企业甚至可能要面临破产危机。同时，特斯拉汽车国产下线，model3 第一批已经正式交付，价格下探至 30 万元内，如果随着其计划的年终 80% 的国产化率的实现，成本将再一次下降，中国品牌新能源汽车将面临严峻的挑战。

（五）企业分化不断加剧，行业骨干企业依然保持较高市场占有率

2019 年，在车市长期呈下行压力的态势下，汽车企业进一步加速了优胜劣汰的步伐，一些企业已经接近了濒临破产的边缘。行业内骨干企业同样经历了较大的压力，多数企业也出现产销增速放缓，旗下主导企业利润大幅下滑的不利局面。为此，行业内骨干企业“凝神聚力”，通过“供给侧改革”，不断提升产品质量以满足消费者多样化需求。在企业内部也加强了改革，一些企业已经引入了外部资金，实现了混改。与此同时，企业之间也打破壁垒，采取了全新的合作方式，以“抱团取暖”，共度寒冬。除此之外，骨干企业还进一步加强了与跨国公司、造车新势力企业以及智能网联、出行服务等行业内外企业深入地交流与合作。通过一系列有益的举措不断夯实了自身的实力，拓展了服务边界，也在很大程度上继续成为行业“奠基石”和“定盘星”，生产集中度和市场占有率也继续保持了较高水平。

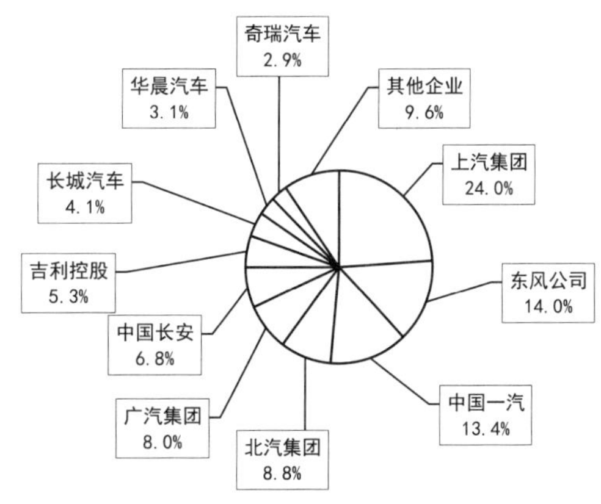

图 21 2019 年前十家汽车生产企业销量占有率

据统计，2019 年，汽车销量排名前十位的生产企业依次为上汽集团、东风公司、中国一汽、北汽集团、广汽集团、中国长安、吉利控股、长城汽车、华晨汽车和奇瑞汽车，分别销售 617.3 万辆、360.9 万辆、345.9 万辆、226.1 万辆、206.2 万辆、176 万辆、136.4 万辆、106 万辆、80.1 万辆和 74.4 万辆。

与上年相比，一汽、长城、华晨和奇瑞销量小幅增长，其他六家企业均呈下降。2019 年，上述十家企业共销售 2329.4 万辆，占汽车销售总量的 90.4%。中国品牌汽车销量排名前十家企业依次是上汽集团、吉利控股、中国长安、东风公司、长城汽车、北汽集团、奇瑞汽车、中国一汽、比亚迪股份和江淮股份。分别销售 254.4 万辆、136.4 万辆、133.1 万辆、115.4 万辆、106 万辆、95.1 万辆、69.1 万辆、58.4 万辆、46.3 万辆和 41.7 万辆。与上年相比，长城、奇瑞和一汽销量呈小幅增长，其他企业有所下降。2019 年，上述十家企业共销售 1056.1 万辆，占中国品牌汽车销售总量的 84.1%。

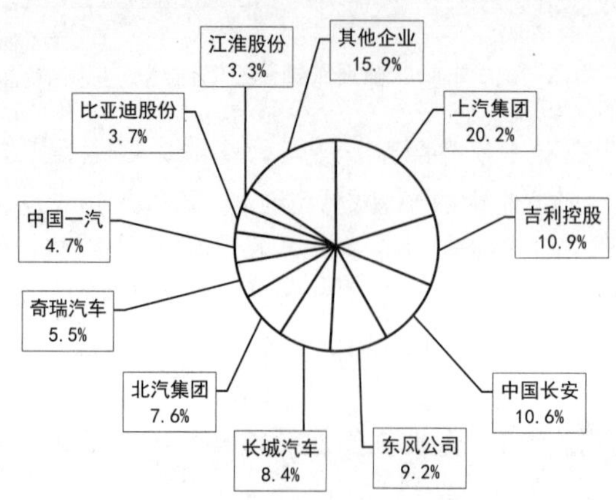

图 22　2019 年前十家中国品牌汽车生产企业销量占有率

（六）汽车出口再超百万，四季度同比明显增长

2019 年，与上年相比，全球经济处于同步放缓状态，贸易壁垒的增加和地缘政治紧张局势的加剧，继续削弱了经济增长。此外，一些新兴市场经济体的特定因素，以及发达经济体中出现的诸如生产率增长低下、人口老龄化等结构性问题，也不同程度拖累了经济增长。从中国出口情况来看，除受上述因素影响外，中美贸易摩擦时断时续，以及以美国为首的西方国家对于伊朗、叙利亚、委内瑞拉等国家的经济制裁也在很大程度上抑制了对于上述国家的出口。

为规避危机，党和政府继续大力推动“人类命运共同体”建设，与“一带一路”沿线国家经贸合作也逐渐向纵深发展，对外开放的深度和广度较上年又进一步加强，这些积极因素也帮助中国出口企业稳定了出口形势。因此，虽然汽车出口在 2019 年也经历了诸多危机，但总体出口形势保持稳定，出口量继上年后再度超过百万辆。

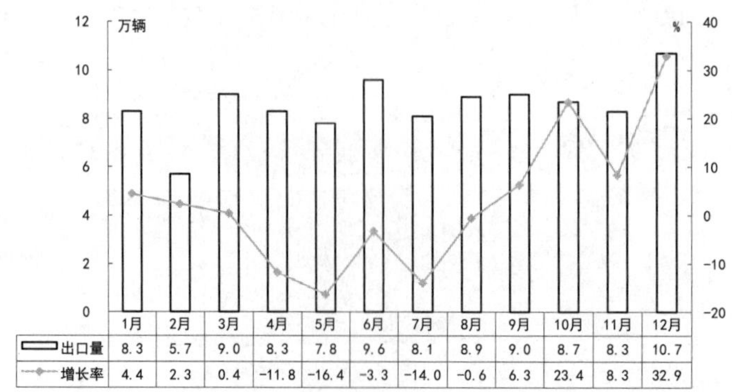

	1月	2月	3月	4月	5月	6月	7月	8月	9月	10月	11月	12月
出口量	8.3	5.7	9.0	8.3	7.8	9.6	8.1	8.9	9.0	8.7	8.3	10.7
增长率	4.4	2.3	0.4	-11.8	-16.4	-3.3	-14.0	-0.6	6.3	23.4	8.3	32.9

图 23　2019 年汽车企业月度出口量及同比增长变化情况

据对行业内整车企业报送的出口数据统计，2019 年，汽车企业共出口 102.4 万辆，同比下降 1.6%。从全年汽车企业出口情况来看，1—3 月出口量同比呈小幅增长，4—8 月呈一定下降，9 月出口量同比再次呈现增长，10 月后受同期基数较低影响，出口量同比增长较明显，总体来看，四季度出口表现较好，从而保证了全年出口再次稳定在百万辆规模。

尽管新能源汽车国内需求有所减缓，但出口却呈现出高速增长势头。2019 年，新能源汽车共出口 3.7 万辆，同比增长 3.0 倍。其中纯电动汽车出口 2.3 万辆，同比增长 3.5 倍；插电式混合动力汽车出口 1.4 万辆，同比增长 2.5 倍。

2019 年，乘用车出口结束上年快速增长，呈小幅下降，共出口 72.5 万辆，同比下降 4.3%。在四大类乘用车出口品种中，与上年相比，多功能乘用车（MPV）增速最快，运动型多用途乘用车（SUV）增速略低，基本型乘用车（轿车）和交叉型乘用车有所下降。

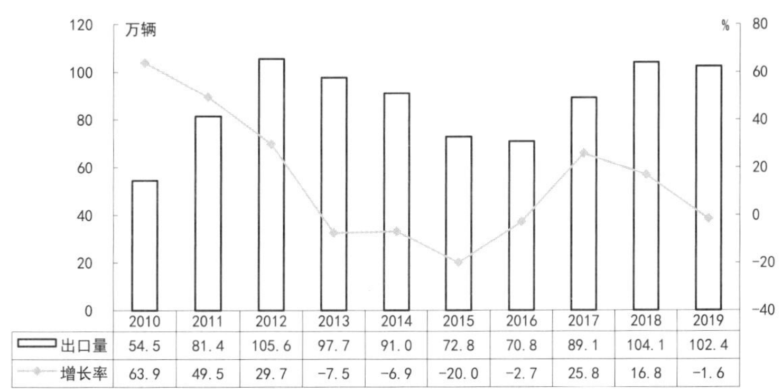

图 24 2010-2019 年汽车企业整车出口量及同比增长变化情况

乘用车出口累计下降的主要原因是由于目标国伊朗市场不稳定造成的，今年由于美国对伊朗实施经济制裁，造成对伊朗出口的汽车产品不能享受信用担保，同时，由于伊朗市场占中国乘用车出口份额较大，因此这一部分市场的波动明显影响了整体出口的运行态势。如果剔除这部分原因，中国汽车出口实际仍呈现增长态势。

商用车出口增速比上年有所减缓，共出口 29.9 万辆，同比增长 5.7%，增速比上年减缓 6.8 个百分点。在商用车主要出口品种中，货车（含货车非完整车辆、半挂牵引车）增速比上年有所减缓；客车（含非完整车辆）增速呈一定提升。

出口量位居前十位的企业依次为上汽、奇瑞、东风、北汽、长安、长城、吉利、江淮、大庆沃尔沃和重汽，分别出口 28.5 万辆、9.6 万辆、8.6 万辆、8 万辆、6.8 万辆、6.5 万辆、5.8 万辆、4.5 万辆、4.4 万辆和 4 万辆。与上年相比，奇瑞、江淮和大庆沃尔沃出口量呈较快下降，其他企业呈不同程度增长，其中吉利、长城和上汽增速更为明显。2019 年，上述十家企业共出口 86.7 万辆，占汽车企业出口总量的 84.6%。

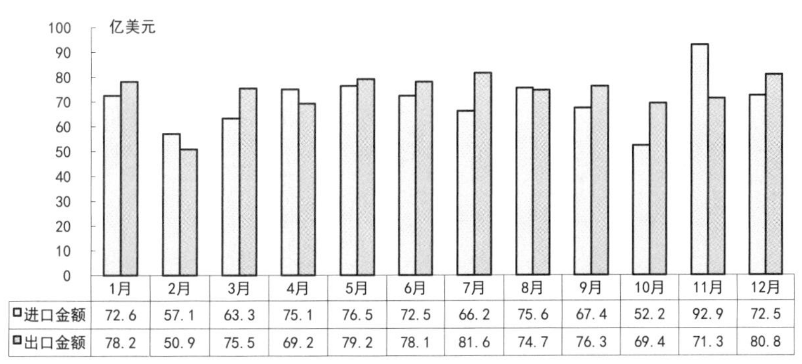

图 25 2019 年各月汽车商品进、出口金额情况

根据海关总署提供的汽车商品进出口数据显示，2019 年，汽车整车进口金额同比结束增长，呈一定下降，市场表现明显不如上年。汽车商品进口金额 843.9 亿美元，同比下降 7.9%。其中：汽车整车共进口 105.3 万辆，同比下降 7.5%；进口金额 487.2 亿美元，同比下降 4.3%。此外，汽车商品出口金额885.2亿美元，同比下降2.9%。其中汽车整车共出口124.7万辆，同比增长6.8%；出口金额 161.8 亿美元，同比增长 4.6%。

（七）2019 年汽车工业重点企业（集团）经济效益分析

2019 年汽车市场下行压力加大，全年产销降幅较上一年有所增加。受产销下降影响，汽车工业重点企业（集团）主要经济效益指标表现亦不理想，营业收入、利润总额、企业产出和企业负债等指标均出现明显的下滑，且利润总额受“国六”标准提前实施、成本增加等方面的影响，下滑幅度大于其他指标。

但是，工业经济效益综合指数的全年情况好于去年，工业增加值全年降幅较上一年收窄，这表明中国汽车产业发展到今天，已经进入产业转型升级的新阶段。在持续推进供给侧改革，向高质量发展的过程中，汽车行业表现出经营效率不断提高，市场应对能力不断提升、行业韧性不断加强等诸多积极的方面。同时，下半年，伴随产销形势的逐渐恢复，相关经济效益指标的降幅也逐渐收窄。

1. 工业经济效益综合指数高于上年

2019 年，汽车工业重点企业（集团）工业经济效益综合指数为 541.01，同比提高 11.25。从 2019 年工业经济效益综合指数的变动情况来看，一季度为 545.91；上半年为 541.23，比一季度略降 4.68；前三季度为 528.23，比上半年下降 13；全年为 541.01，比前三季度提高 12.78。从 2019 年各月累计经济效益综合指数走势来看，年初呈上升走势，之后呈现波动态势，前 11 个月各月累计值均低于上年同期，但全年指数高于去年同期水平。

从汽车工业重点企业（集团）工业经济效益综合指数的构成情况来看，与上年相比，资产负债率、产品销售率、全员劳动生产率高于上年；总资产贡献率、流动资产周转率、成本费用利润率和资产保值增值率均低于上年水平。

2．产出指标增速均呈现负增长

2019 年，汽车工业重点企业（集团）累计完成工业增加值 7544.09 亿元，同比下降 1.69%，降幅较上一年有所收窄，对比汽车产销降幅较上一年扩大这一情形，这说明汽车产业主流企业的经营质量在提高，表现出较强的恢复能力；从其他指标表现来看，汽车工业重点企业（集团）累计完成工业总产值 34654.58 亿元，同比下降 3.35%；累计完成工业销售产值 34538.83 亿元，同比下降 2.6%。

从 2019 年汽车工业重点企业（集团）产出指标增长变动走势来看，各月累计汽车工业增加值增速、汽车工业总产值增速和汽车工业销售产值增速均处在负增长区间；从全年走势来看，三个指标均呈现降幅逐渐收窄的态势。

上半年工业增加值增速和工业总产值增速的降幅分别比一季度进一步扩大了 5.5 和 2.18 个百分点，工业销售产值增速比一季度收窄了 0.82 个百分点；前三季度工业增加值增速基本与上半年一致，降幅仅比上半年扩大 0.08 个百分点，工业总产值增速和工业销售产值增速的降幅则分别比上半年收窄了 1.68 和 1.01 个百分点；之后三个指标的降幅开始明显收窄，全年工业增加值增速、工业总产值增速和工业销售产值增速的降幅分别比前三季度收窄了 5.49、4.21 和 3.34 个百分点。

2019 年，汽车工业重点企业（集团）产销率为 99.67%，同比提高 0.77 个百分点。 2019 年汽车工业重点企业（集团）各月累计产销率在 98.6%-100.68% 之间。

3. 营业收入同比下降，但降幅逐月收窄

2019 年，汽车工业重点企业（集团）累计实现营业收入 40441.16 亿元，同比下降 -3.12%，增速由正转负。

从2019年汽车工业重点企业（集团）营业收入增长变动走势来看，1—6月前呈现出较大幅度下滑的态势；1—7月后基本呈降幅收窄走势，全年各月增速均低于上年同期水平。一季度汽车工业重点企业（集团）营业收入同比下降7.59%；上半年营业收入同比下降8.08%，降幅比一季度扩大了0.49个百分点；前三季度营业收入同比下降6.16%，降幅比上半年收窄了1.92个百分点；全年营业收入同比下降3.12%，降幅比前三季度收窄3.04个百分点。

在17家重点企业（集团）中，7家企业营业收入高于上年（上年为12家），营业收入为16916.26亿元，占重点企业营业收入的42%；10家企业营业收入低于上年（上年为5家）营业收入为23524.9亿元，占重点企业营业收入的58%。

2019年，营业收入排名前5位的企业依次为：上汽集团、一汽集团、东风公司、北汽集团和广汽集团。从前五家企业的营业收入情况来看，一汽集团和北汽集团营业收入高于上年，上汽集团、东风公司和广汽集团营业收入低于上年。

从其余12家企业营业收入情况来看，华晨集团、中国重汽、陕汽集团、奇瑞汽车和宇通集团营业收入高于上年；中国长安、吉利控股、比亚迪公司、江淮集团、金龙集团、庆铃汽车和东南汽车营业收入低于上年。

4.利润、利税总额同比呈现大幅下降

2019年，汽车工业重点企业（集团）累计实现利润总额3123.01亿元，同比下降18.65%，降幅较2018年扩大16.13个百分点。累计实现利税总额5125.19亿元，同比下降15.88%，降幅较2018年扩大11.91个百分点，其中：营业税金及附加为1116.63亿元，同比下降9%；应交增值税为885.55亿元，同比下降13.73%。2019年，汽车工业重点企业（集团）投资收益为1120.35亿元，同比下降19.95%，投资收益占重点企业（集团）利润总额的比重为35.87%，增幅同比下降0.34个百分点。

从2019年汽车工业重点企业（集团）利润、利税总额增长率变动图来看，各月增速均位于负增长区间，且均低于去年同期水平，1-6月前呈现波动下行的态势，从7月开始，降幅逐渐收窄，但全年呈现出大幅下降的局面。从具体数据上看，一季度，利润总额、利税总额同比分别下降16.67%和15.88%；上半年，利润总额、利税总额同比分别下降30.39%和27.54%，降幅较一季度分别扩大13.72和11.66个百分点；之后两个指标降幅开始收窄。前三季度，利润、利税总额同比分别下降23.63%和20.53%,降幅较上半年收窄7.26和7.01个百分点;全年利润总额、利税总额同比分别下降18.65%和15.88%，降幅较前三季度继续收窄了4.98和4.65个百分点。

今年汽车制造业利润下滑明显大于其他指标，主要原因有2个，一是今年部分地区轻型车“国六”标准提前实施，由于消费者对于“国五”车残值、“国五”车未来在行驶方面可能存在的限制等问题的担忧，造成消费观望，进而导致企业产品准备不足，“国五”库存压力陡增，企业为消化大量“国五”库存，不得不采取折价销售的方式，从而极大吃掉了企业利润，同时“国六”车型的平均成本要高于“国五”车型，但受今年行业下行压力加大的影响，企业为保证市场份额，在“国六”提前实施后，有限地调整了产品价格，被迫承担了部分成本上升带来的利润损失；二是企业运营成本持续提升，一方面原材料、人力成本等各方面运行成本提升，第二方面中美贸易摩擦升级导致出口美国的零部件关税成本提升，第三方面，新能源补贴资金拖欠增加企业融资成本，部分企业未到补贴资金达几十亿元，这也对行业利润产生了负面影响。

从汽车工业重点企业（集团）实现利润总额的具体情况看，2019年，在17家重点企业（集团）中，有5家企业利润总额高于上年同期（上年为9家），实现利润总额为553.78亿元，占重点企业利润总额的18%，其中1家企业扭亏（上年为1家）；9家企业利润总额为负增长（上年为7家），实现利润总额为2646.58亿元，占重点企业利润总额的85%；3家企业亏损（上年为1家），亏损额为77.34亿元。

5.应收票据及应收账款、存货低于上年

2019年末，汽车工业重点企业（集团）应收票据及应收账款为6287.81亿元，同比下降4.37%，减少资金占用 287.19 亿元。2019 年末，汽车工业重点企业（集团）存货为 2982.49 亿元，同比下降 5.49%，减少资金占用 173.41 亿元。2019 年末，汽车工业重点企业（集团）应收账款、存货占流动资产的比重为 38.39%，比上年末下降 4.81 个百分点。

6. 重点企业负债同比大幅增加

2019 年末，汽车工业重点企业（集团）负债总计 27518.17 亿元，同比增长 12.54%；其中短期借款 2774.11 亿元，同比增长 20.17%，占负债总计的 10%；应付票据及应付账款 10475.8 亿元，同比增长 4.47%，占负债总计的 38%。

2019 年末，汽车工业重点企业（集团）的资产负债率为 63.09%，比上年末提高 2.33 个百分点。

二、2019 年汽车市场主要影响因素

（一）宏观经济环境方面

2019 年中国 GDP 增速为 6.1%，低于同期。从 GDP 增速与汽车销量增速的历史走势来看，汽车销量受 GDP 增速影响较大。自 2018 年以来，私营企业利润总额累计值持续处于负增长，2019 年国有企业利润总额同样处于负增长水平，影响居民收入，人均收入及支出增速下滑，居民收入和消费预期下降，汽车消费作为大宗消费，在居民消费中占比较大，收入增速的降低对汽车消费冲击明显。受收入下滑影响，汽车消费自 2018 年起出现明显下滑态势。

从采购经理人指数上来看，自进入 2019 年起，中国 PMI 多数处于荣枯线之下，整体经济处于收缩状态，虽然 11 月、12 月连续出现荣枯线之上水平，但是未来经济增长动力依然略显不足，仍会限制制造业发展。此外，汽车市场内部需求的动力不足，也影响了消费信心。这主要包括首购车的动力和再购车的动力。其中，首购动力不足的原因是：中小企业工作的群体占中国工作群体总数的 80% 左右，新增就业人员占 90% 左右。中国经济结构变化，民营经济下行压力较大，导致低收入群体收入降低、购车欲望大幅下滑。再购动力不足的原因是：整体经济有下行的压力，导致整体情况发生影响，换车周期延长。研究调查发现，在置换购车群体中，部分人开始换车延期，这与居民收入预期存在一定相关关系。

2019 年 GDP 增速稳中有降，收入放缓、企业家信心不足、就业压力等传导影响消费信心，影响了汽车需求，中国汽车市场总体表现较弱。汽车市场与经济发展呈正相关，经济下行压力较大，汽车市场进入低速增长平台期。2015 年开始供给侧结构性改革，经济进入调整期，2018 年至今的车市下滑主要缘于经济结构分化影响新购主体购买力及消费信心。

（二）政策环境方面

快速推进的改革政策对汽车行业带来显著冲击。2019 年上半年至少有三大政策冲击行业，对汽车行业发展产生了显著影响。第一是“国五”燃油标准向“国六”燃油标准切换，带来市场的剧烈震动。既引发了消费者观望情绪，也对汽车厂家生产、经销商进货意愿、库存的处理带来了不小的影响，去库存促销影响企业盈利能力及市场价格秩序；同时透支消费需求，汽车市场短期承压。第二是新能源汽车补贴快速退坡，带来新能源汽车成本升高，销量降低。受 2018 年以来汽车行业下滑影响，主要车企均出现了现金流紧张的状况，2019 年 6 月新能源汽车补贴的大幅退坡，更加加剧了这一状况。致使各车企原有的部分畅销车型，由于盈利能力不足，不得不退出市场。

既带来了企业的损失，也导致整个行业的销量受到冲击。补贴退坡后，新能源汽车发展也进一步承压。第三是“大吨小标”治理冲击货车销售。由于市场需求带动，中国轻货领域普遍存在大吨小标现象。受“大吨小标”治理冲击，轻货行业也承受了较大的压力。

（三）消费能力方面

去产能及“蓝天保卫战”的持续，中小企业被迫关停整改，相关从业人员收入降低或失业，限制了其购车能力，且在重新找到稳定收入后也会在数年内难以恢复购买力；中美贸易摩擦的持续，直接或间接地影响了相关从业人员的收入，随着摩擦升级发酵，短期影响加剧；同时城

市生活成本逐渐增高，部分城市打工人员选择返乡创业谋生，短期内收入受损；P2P爆雷事件也在一定范围内影响了新车消费潜在用户的需求，在短期内难以恢复消费能力。根据国家统计局公布的五档收入群体的收入增速来看，中低层收入者收入增速从2014年开始持续下滑，2015年开始低于全国人均可支配收入增速，2018年更是只有4%，这必然会对汽车销售增速造成不利影响。

（四）产业格局将调整

当前，伴随新增市场规模趋于稳定，汽车市场进入深度调整期，产业格局正发生着重大改变，呈现出多方竞合的复杂态势，市场集中度不断提升，新的平衡正在加速重构。无论是中国品牌还是合资品牌内部，头部企业优势都越发明显，体现为优势企业仍呈现逆势增长态势，且回旋余地大，弱势品牌市场份额不断下降，且未来提升空间有限，或将濒临淘汰。在行业完成淘汰后，优秀企业将获得更多的市场资源，促进企业进一步做大做强。

（五）二手车消费意识逐渐发展，推动存量市场结构优化

据中国汽车流通协会提供的统计数据，2019年，全国二手车累计交易量为1492.3万辆，同比增长8.0%，增速比上年有所回落。预计截止到2019年底，二手车保有量有望达到2.5亿辆。二手车市场的发展虽然短期将部分替代新车，但长期将为新车市场培育用户，因为二手车客户在换购车辆时更倾向于选择新车，故二手车的交易也有利于盘活新车消费。随着消费者价值观越发现代化和成熟，加之各行业二手车平台的涌现，二手车越来越受到80后、90后甚至95后等年轻消费群体的青睐，二手车消费意识逐渐萌芽。

（六）中国乘用车区域市场发展不均衡，需要因城施策，挖掘各级市场消费潜力

2019年汽车市场延续了“城市级别越高增长越好，城市级别越低，增长越差”的特征，省会等核心一二线城市是当前乘用车市场增长的重点区域，三线城市受经济下行压力影响，增长较为乏力，且随着二手车市场的发展，低线市场或为二手车市场净流入的主要区域，也在一定程度上影响了低线市场的新车销售。未来因城施策，继续放宽限购，扩大高级别市场消费潜力，激活低线城市潜在需求，盘活农村市场，将成为扭转汽车市场增长的关键。

（七）新能源汽车发展迎来挑战，亟须激发和推进新能源市场化进程

2019年新能源市场由原来的超高速增长转变为连续数月的负增长，主要原因为补贴大幅退坡，由此表明过去的超高速增长主要是政策推动带来的，离开强有力的政策支持，新能源市场短期将面临较大的困难。新能源市场内部结构也在发生着变化，从面向的主要市场看，新能源销售市场中的非限购城市比重不断提高，从车型结构看，新能源乘用车中的A级车占比扩大，高端化趋势明显，从品牌结构看，新能源市场伴随补贴退坡和合资品牌的逐渐布局，中国品牌新能源领跑的形势将面临挑战。

后补贴时代，中国新能源汽车市场面临重新洗牌，为更好地促进市场发展，有必要通过强产品力的车型驱动新能源市场转型，同时国家应给予新能源汽车牌照等路权优惠政策，加以在特定领域指定推广。且长期看，为更好地发挥新能源的市场主导作用，落实《新能源发展规划（2021—2035年)》，应不断推动新能源汽车与电网能量互动及可再生能源、和智慧出行服务及绿色物流交通与信息通信的融合发展。

（八）产业开放不断深化，竞争压力持续加大，需要集中优势资源打造本土领军汽车品牌

国家坚定汽车产业的开放政策，发改委发布汽车行业逐步放开外资股比限制，2020年取消商用车外资股比限制，2022年乘用车也将取消外资股比限制，产业开放一方面有利于释放市场空间，另一方面也将暴露出新矛盾和新问题，产业安全的风险增加，中国品牌的竞争压力进一步加大。

商用车领域，2020年将直接引入外资竞争，参与抢夺中国品牌商用车市场份额。乘用车领域，当前中国汽车本土品牌数量众多且远多于合资品牌，国内尚未形成成熟市场那样以本土品牌为主导的头部阵营，随着股比放开，中国品牌市场份额仍将有继续被挤压的风险；此外，受新车市场消费升级、三线低端消费市场需求释放不足影响，10万元以下以中国品牌为主导的市场仍将继续下滑；SUV 市场合资品牌的纷纷布局和价格定位逐步下探，中国品牌依靠中低端 SUV 带动增长的红利逐渐消失。为争夺行业地位，国内亟须培育形成领军的汽车品牌，一方面可以巩固国内市场份额，另一方面也更好地参与全球竞争。

（九）“国六”标准的提前实施可能会带来一系列后续问题

企业在应对“国六”排放标准实施时，涉及产品研发、试验验证、产品认证、生产准备等多个环节，提前实施增加了技术升级试验和验证的压力（任何一款车上市前通常要进行两冬两夏的道路标定试验，考虑气温因素，一般夏季试验会在每年的 7、8 月份进行。

对于轻型车而言，2019 年 7 月 1 日提前实施“国六”，新上市车型会因为缺少第二轮夏季标定试验而导致“国六”车型的性能验证不充分），带来了开发周期缩短的风险，加剧了企业违规的风险。此外，柴油车“国六”排放标准发布更晚，企业准备时间更短，大范围提前实施会带来更大的市场、产业波动风险。

2020 年是“十三五”收官之年，经济总体“稳字当头”，如果没有疫情影响，协会预测可能会比 2019 年降幅有所减缓，但新冠肺炎疫情的影响明显加大了预测的不确定性。一季度受疫情影响，预计降幅将会达到 45% 左右，上半年可能会有所减缓，但也可能在 25% 左右，全年能否比上年降幅收窄，目前还很不确定，主要还要看疫情结束之后国家发布的鼓励消费政策能否尽快落地，并起到实质性刺激作用。但总体而言，2020 年全年产销形势不容乐观。

第二部类

DIERBULEI | DASHIJI

2019年汽车行业大事记

1月

1日 国家发改委等七部委联合发布公告，自2019年1月1日起，全面供应“国六”标准车用汽柴油，同时停售低于该标准的车用汽柴油。根据公告，全国全面供应符合第六阶段强制性国家标准VIA车用汽油（含E10乙醇汽油）、VI车用柴油（含B5生物柴油），同时停止国内销售低于标准的车用汽油柴油。公告要求成品油生产、流通、销售企业按照现行国家标准，强化油品质量管理和控制，保障清洁油品市场供应。

同日 从2019年1月1日起，昆明新增网约车必须是纯电动汽车，燃油车、混动汽车将不予发放车辆营运证。昆明对新能源网约车的轴距要求是2600毫米，续航里程300公里，车价在12万元及以上。除昆明外，深圳和佛山也已经明确网约车必须使用纯电动车型。

2日 第十三届全国人民代表大会常务委员会第七次会议通过《中华人民共和国车辆购置税法》，自2019年7月1日起施行。车辆购置税法规定，车辆购置税的税率为百分之十，五种车辆免征车辆购置税。

3日 众泰汽车股份有限公司发布公告，众泰汽车与江苏江南农村商业银行股份有限公司签署《江苏众泰汽车金融有限公司出资协议》，众泰汽车以自有资金投资12亿元与江苏江南农商行出资3亿元共同设立江苏众泰汽车金融有限公司（暂定名），出资完成后，项目公司注册资本为15亿元。

6日 南京市印发《南京市打造新能源汽车产业地标行动计划》，提出力争2020年新能源乘用车产销量达到30万辆，2025年力争达到100万辆，新能源商用车的产销量分别达到5万辆和10万辆。

8日 神州优车联合宝沃汽车在京发布全新战略，推出神州宝沃汽车新零售平台，通过产业链改造和平台赋能，全面实现产销分离、渠道重塑，重构汽车消费。

9日 江淮旗下移动出行品牌“和行约车”正式上线，这标志着江淮汽车正式进军网约车行业。“和行约车”平台采用自有车辆，配备专职司机，确保平台、车、人三证齐全，计划2019年内完成一万辆新能源车投放。

同日 河南森源电动汽车有限公司收到关于年产5万辆纯电动乘用车建设项目核准的批复。康迪电动汽车集团是由吉利汽车控股有限公司与康迪科技集团双方的旗下公司按各占50%股权投资组建，主要从事纯电动汽车的投资、研发、生产、营销等相关业务。

10日 国家发改委发布《汽车产业投资管理规定》，自2019年1月10日起施行。主要内容为，取消汽车投资项目核准事项、提高投资项目准入标准。严格控制新增传统燃油汽车产能，提高新建纯电动汽车企业项目条件等。另外混合动力汽车、插电式混合动力汽车将划归燃油汽车类，电动车只针对由电动机驱动的汽车。对于消费者来说，购买插电式混合动力汽车不影响享受国家的补贴政策。

13日 公安部公布统计信息显示，2018年全国新注册登记机动车3172万辆，机动车保有量已达3.27亿辆，其中汽车2.4亿辆，小型载客汽车首次突破2亿辆；机动车驾驶人突破4亿人，达4.09亿人，其中汽车驾驶人3.69亿人。

14日 中国电动汽车充电基础设施促进联盟发布的数据显示，2018年全年，充电基础设施新增33.1万台，相比于2017年全年的24.2万台，增长36.8%，新能源增量车桩比近3:1(2018年纯电动汽车销售98.4万辆)，公共类充电基础设施稳定增长。截止2018年底，全国充电基础设施累计数量为77.7万台，同比增速为74.2%。

15日 恒大健康发布公告，同意以9.3亿美元收购瑞典的全球性电动汽车公司NEVS 51%股权。恒大完成了新能源汽车基地、研发、生产、销售及售后服务全产业链的布局。

同日 北汽新能源与麦格纳成立合资公司，麦格纳卫蓝新能源汽车技术（镇江）有限公司在江苏镇江正式揭牌，麦格纳卫蓝新能源汽车试验中心的建设也同步启动。

16日 5G自动驾驶应用示范公共服务平台启动仪式在四川召开，中国汽车工程研究院股份有限公司、中国电信股份有限公司重庆分公司（简称中国电信重庆公司）、中国信科集团大唐移动通信设备有限公司三家企业签订平台共建战略协议，标志着中国首个5G自动驾驶应用示范公共服务平台正式启动，年内将实现基于5G通讯的自动驾驶落地示范应用，自动驾驶汽车将有条件在5G通讯环境下开展测试研究。

17日 重庆力帆汽车有限公司更名为重庆理想智造汽车有限公司，这意味着车和家收购重庆力帆资质已取得进展。 除了收购资质外，双方此前还计划在多个领域展开合作，包括增程式纯电动动力模块控制技术的研发成果共享，车载人机交互系统的研发成果共享，针对B端共享和网约车领域定制车型的研发成果共享。

21日 公安部交通管理科学研究所发布消息，根据工业和信息化部、公安部、江苏省人民政府共建“国家智能交通综合测试基地”的总体规划和建设要求，及《中华人民共和国公路法》等有关规定，经过多方专家会审，并经江苏省相关管理部门批准同意，建成了中国首个专门用于自动驾驶测试的封闭高速公路环境。该封闭高速公路测试环境位于无锡市通锡高速公路（S19）南通方向，全长4.1公里。

28日 在以“进化共生”为主题的北汽新能源全球伙伴大会上，北汽新能源与百度共同设立的汽车信息安全联合实验室宣告揭牌成立。双方将在汽车信息安全产品、技术、服务等领域开展深入合作，基于北汽新能源整车设计开发的经验以及百度在汽车信息安全方面的技术，进行汽车信息安全方案、技术及服务上的联合研究与合作，以提升双方在智能网联汽车信息安全的市场竞争力和影响力。

30日 国务院审议通过《报废机动车回收管理办法（修订草案）》，这是汽车市场发展史上具有里程碑意义的大事，将对中国汽车业以至整个经济高质量发展产生深远影响。

2月

5日 生态环境部等九部委联合印发了《废铅蓄电池污染防治行动方案》，进一步规范废铅蓄电池的收集处理。要求通过打击查处涉废铅蓄电池企业违法犯罪行为、加强对再生铅企业的税收监管和开展联合惩戒三种方式，对违法生产、销售假冒伪劣铅蓄电池行为进行严厉打击。

11日 日产中国联手雷诺在上海成立了阿利昂斯汽车研发公司，双方各占50%的股份。该研发公司将聚焦于新能源汽车和智能汽车软件及零部件的设计、研究和开发。

同日 北京市生态环境局发布《关于北

京市实施第六阶段机动车排放标准的通告（征求意见稿）》，表示为进一步加大机动车污染防治力度，改善北京市环境空气质量，拟提前第六阶段机动车排放标准时间表，从2019年7月1日起分步实施“国六”排放标准，第一步先主要针对重型燃气车和公交环卫领域的重型柴油车。

13日 商务部发布的相关数据显示，截至2018年底，中国城镇每百户汽车拥有量从2013年的21.5辆提升到40辆，与发达国家相比，中国城镇汽车消费需求还有很大提升空间。

15日 奇瑞汽车与京东汽车商城联合宣布，签约建立战略合作关系，双方将围绕三至六线汽车市场，从金融、车源、大数据等多个领域作为切入口，通过线上、线下结合连接厂商、车商和用户，以解决三至六线汽车市场营销效率偏低的问题，探索汽车新零售模式。

16日 国内汽车保养服务平台兔师傅在其官方网站宣布，公司与美国润滑油品牌“胜牌”（Valvoline）达成战略合作。在中国地区共建汽车保养社区店，合资项目将落地山东青岛。

18日 PSA集团对丰车（上海）信息技术有限公司进行战略投资，以开拓集团在华的二手车市场业务。丰车于2015年成立于上海，是国内二手车供应链管理和交易服务提供商。其业务包括为汽车主机厂、汽车经销商集团、二手车市场参与者及大中型二手车经销商提供二手车管理和销售运营系统、B2B交易平台以及二手车业务战略咨询等。

19日 国家市场监管总局、国家标准化管理委员会正式批准发布新一批646项国家标准，其中就包括提出了全球首个针对纯电动车能耗指标的技术标准——《电动汽车能量消耗率限值》。该标准规定，对于具有三排以下座椅且最高车速大于或等于120公里/小时的电动汽车车型，当整车整备质量在750公斤及以下时，能量消耗率限值应在13.1千瓦时/100公里。

24日 中国汽车工程研究院股份有限公司与新能源汽车国家大数据联盟正式发布了“中国新能源汽车评价规程”的体系框架。该评测体系将主要围绕“能耗”、“安全”以及“体验”三个方面进行标准和测试方法的制定。

26日 滴滴出行与大众汽车联合成立的合资公司“上海桔众汽车科技有限公司”落户上海嘉定，合资公司注册资本达6400万元人民币。其中，滴滴持股60%，大众汽车持股40%，大众是与滴滴合作的唯一股东。

3月

1日 天际汽车与首汽集团旗下分时租赁平台GoFun出行举行战略合作签约暨EV10 Pro 300车型GoFun平台首发上线仪式，双方将在车辆运营合作、车辆集采、品牌宣传和新车试驾体验、供应链金融、信息数据共享等领域深化战略合作关系。

4日 华晨雷诺金杯汽车有限公司与京东集团在北京正式签署战略合作协议。展开O2O营销模式，不仅将进行汽车新品联合上市的尝试，还会通过互联网+思维进行创新营销。另外，双方将在电子商务、金融、物流、后市场、车联网等方面进行深度合作。

5日 国务院发布《政府工作报告》，继2018年减税降费约1.3万亿元之后，2019年将实施更大规模的减税，制造业等行业现行16%的税率降至13%，交通运输业、建筑业等行业现行10%的税率降至9%。增值税减税利好政策的出台，是完善税制、优化收入分配格局的重要改革，有益于整个汽车行业的发展。

同日 58集团以7.136亿美元（约为

47.85亿元人民币）总价，向第三方投资者出售其在车好多集团一定比例股权，交易结束后，58同城将继续持有车好多集团少数股权。

8日 威马汽车完成总额30亿元人民币的C轮融资，本轮融资由百度集团领投，太行产业基金、线性资本等参与投资，融资将主要用于用户体验与技术研发。至此威马汽车累计融资金额已近230亿元人民币。

11日 保定市长城控股集团有限公司与上海复星高科技（集团）有限公司正式签署战略合作协议，进一步加大加深在动力电池产业的战略合作。双方旗下子公司蜂巢能源（长城控股子公司）和捷威动力（复星高科子公司）将共同组建合资公司，成立江苏威蜂动力工业有限公司。其中，捷威动力持股51%，蜂巢能源持股49%，合资公司计划生产三元锂离子软包动力电池，持股双方将打通在动力电池产业中各关键环节。

12日 中国消费者协会发布的《2018年全国消协组织受理汽车产品投诉情况分析》显示，2018年全国消费者协会投诉与咨询信息系统共录入汽车产品（含零部件）投诉19,283件，相比上一年下降了5.8%。这一方面是受到2018年乘用车销售量下降4.1%的影响，另一方面也与市场监管部门开展专项整治改善消费环境有关。

18日 国家市场监管总局办公厅发布了“关于进一步加强新能源汽车产品召回管理的通知”，对新能源汽车交通碰撞、火灾等相关事故，新能源汽车三电核心零部件缺陷等问题建立召回机制，并对新能源汽车召回管理制度进行了完善。

同日 长江汽车发布消息称，与联想集团签署了战略合作协议，双方将围绕5G应用开发、智能驾驶、车联网、工业4.0建设、全球业务合作以及海外市场开拓等领域展开全方位、多维度战略合作，全力打造AI+IoV（智能车联网平台）产品与服务。

19日 工信部、国家发改委、科技部、生态环境部、交通运输部、公安部等八部门联合发布了《关于在部分地区开展甲醇汽车推广应用的指导意见》，正式将甲醇汽车提到汽车产业和消费市场的面前。《指导意见》明确指出，要坚持因地制宜、积极稳妥、安全可控，在具备应用条件的地区发展甲醇汽车。

20日 北京市统计局、国家统计局北京调查总队发布的《北京市2018年国民经济和社会发展统计公报》显示，截至2018年末，北京全市机动车保有量达608.4万辆，比上年末增加17.5万辆，民用汽车达574.6万辆，增加10.8万辆。其中，私人汽车为479万辆，增加11.8万辆；私人汽车中轿车为307.1万辆，减少4.3万辆。

同日 车音智能和CDK Global在北京举办战略合作发布会，双方将联合推出汽车新零售解决方案，以更好的服务汽车主机厂和经销商集团。双方提出的解决方案将覆盖售前和售后环节，重点针对当前汽车融资租赁行业痛点，重新打造汽车新零售生态圈。

同日 天际汽车长沙新能源项目在湖南长沙启动建设，该项目总占地面积500亩，总投资51亿元，主要建设焊装车间、涂装车间、总装车间及生产辅助设施。工厂计划2020年11月竣工，主要用于生产天际汽车旗下高端电动车型。项目建成达产后，将形成年产6万辆新能源乘用车生产能力。

21日 京东宣布汽车业务自有品牌“京安途”正式上线。京安途是由京东打造的汽车品类自有品牌，其产品线主要包括润滑油、蓄电池、轮胎、易损件、汽车养护、设备工具等系列，可通过线上线下，为消费者提供产品和服务，从而满足消费者个性化、多样化及多场景的消费需求。

22日 苏宁汽车和妙优车签订战略合作协议。利用苏宁在线上线下零售领域、供应链领域、金融资本领域等方面拥有的多年流量、数据、物流、金融服务的累积基础，和妙优车在汽车领域具备的金融产品能力、风险管理能力和线下服务能力，双方合作涉及汽车销售、汽车金融、汽车服务等方面。

25日 北汽蓝谷发布关于子公司与麦格纳设立制造合资公司项目立项的公告，内容显示，子公司北京新能源汽车股份有限公司拟与麦格纳国际奥朗爱尔兰有限公司共同出资设立制造合资公司，打造高端纯电动乘用车制造基地。项目规划产能15万辆/年，投资金额约为20亿元人民币。

26日 财政部、工业和信息化部、科技部、发展改革委联合发布了《关于进一步完善新能源汽车推广应用财政补贴政策的通知》，新一轮补贴退坡政策浮出水面。

同日 北斗航天卫星应用科技集团在北京国家会议中心举办新能源汽车发布会，宣布集团旗下子公司北斗航天汽车（北京）有限公司开启全新的品牌战略，正式对外宣布进入汽车制造领域。

27日 汽轿车发公告称，一汽轿车拟以资产置换、发行股份购买资产等方式购买中国第一汽车股份有限公司持有的一汽解放汽车有限公司股权并募集配套资金。

28日 中国汽车流通协会发布关于经销商数量和生存现状的相关报告。报告指出，2018年中国共有授权4S店29664家，同比增长3.9%，增速比2017年减少约3.5%。经销商生存状况表现为总体满意度下降，得分为79.3分，比2017年降低5.5分。其中，豪华品牌满意度最高，得分为85分，合资品牌和中国品牌满意度下降较为明显，较2017年分别下降6.0分和5.0分。

4月

1日 中国全面实施增值税税率下调政策，增值税税率下调之后，相当于成本下降，汽车价格也应该下降。豪华品牌首先发力响应国家政策，下调产品指导价，随后以南北大众为首的主流合资品牌以及部分自主品牌纷纷响应，形成了车市大规模官降。

8日 润东汽车发布公告称，公司与昆明彦恒汽车销售服务有限公司签订转让股份的意向协议。公司拟向昆明彦恒出售公司四家间接全资附属公司（即润东汽车集团有限公司、徐州润东汽车营销管理有限公司、徐州悦美汽车营销管理有限公司及徐州润东交广汽车营销管理有限公司）的全部股权。

9日 按照《乘用车企业平均燃料消耗量与新能源汽车积分并行管理办法》（工业和信息化部 财政部 商务部 海关总署 市场监管总局令 第44号）要求，工信部官网将企业递交的2018年乘用车企业平均燃料消耗量与新能源汽车积分执行情况年度报告进行公示。总体来看，境内乘用车生产企业中，有接近40%的车企燃料消耗量积分为负。

同日 长安汽车全球研发中心正式启用。该研发中心历时八年，总投资43亿元，拥有设计、试验、管理等7大功能，仿真分析、噪声振动、被动安全等12大领域，混合动力、空调系统、非金属材料等180个实验室以及运用云技术打造的数据中心。

11日 一段“女子30岁生日喜提66万大奔，未出4S店大门，发动机开始漏油”的视频在网上流传，该事件引发各方的广泛关注。在4月18日，事件主角奔驰女车主和西安利之星达成和解。

12日 雷诺集团与日产汽车宣布在中国上海成立“阿利昂斯汽车研发（上海）有限公司”，也称为“联盟创新中心-上海(Alliance Innovation Lab Shanghai)”。其中雷诺集团、日产汽车各占合资公司股比50%，该研发公司将主要致力于自动驾驶、智能网联汽车和电动车等方面的研究、开发工作。该研发公司所有的先进技术成果将被应用于雷诺集团与日产汽车中国区及全球地区销售的车型上。

16日 汽车流通服务平台卖好车，与厦门国贸控股集团旗下投资企业国贸盈泰租赁（厦门）有限公司签署战略合作协议，在汽车流通服务、进口汽车、供应链金融、仓储物流等领域开展全面合作。

同日 汉腾汽车和百度宣布签署合作协议，将在L3级自动驾驶领域继续深化合作，合作内容新增了包括高速公路自动驾驶（L3级）、自主泊车相关技术等，同时双方正积极推动自动驾驶车型的联合研发，自动驾驶车型计划将在2021年实现量产。

25日 北京首钢新能源汽车材料科技有限公司正式成立，注册资本9.5亿元人民币。该公司的经营范围包括技术开发、技术咨询、技术转让、技术服务，销售机械设备、钢材，技术进出口、代理进出口等等。

26日 美团打车正式在上海、南京上线"聚合模式"，通过接入首汽约车、曹操出行、神州专车等主流出行服务商，用户可以在美团一键呼叫多个不同平台的车辆，享受到不同品类的打车服务。美团打车将以"聚合模式"在更多城市试点。

28日 上海汽车集团股份有限公司正式宣布，将整合现有出行业务服务，对旗下移动出行战略品牌"享道出行"进行服务升级，正式启动企业级出行服务品牌"享道租车"。推出租车服务对于上汽集团而言，将进一步优化全产业链带来的竞争优势，赋能企业级出行业务，通过一体化运营和整合型服务，实现企业级租车业务和个人专车业务的协同发展。

同日 开沃汽车与大唐移动、中国铁塔股份有限公司南京市分公司签署了5G智能网联战略合作框架协议，三方将发挥各自优势资源，在5G汽车自动驾驶创新平台建设、区域性汽车自动驾驶城的建设、商用车自动驾驶技术和标准等方面展开合作，共同拓展智能网联汽车市场。

5月

5日 商务部召开二手车出口专题工作会议，会议宣布北京市、天津市、上海市、浙江省（台州）、山东省（济宁）、广东省、四川省（成都）、陕西省（西安）、青岛市、厦门市获商务部、公安部、海关总署三部委批准开展二手车出口业务试点地区。

同日 奇瑞新能源与易同汽车租赁有限公司、北京双创街控股有限公司，一同签署合作协议。按照协议，三方在"创新创业+汽车技术+智慧出行"方向建立长期的战略合作伙伴关系，针对共享汽车的租赁业务、设立"奇瑞新能源汽车VR展示营销中心"、建立以汽车智能技术和智慧出行服务的创新集聚区的目标上展开深入合作。

7日 吉利汽车与天天拍车正式签署协议，开展二手车及置换业务合作。吉利汽车有着广布全国的线下经销商网络，协同天天拍车在车源处置方面的优势，共同为吉利汽车的用户提供一站式的二手车置换服务。

9日 财政部、工业和信息化部、交通运输部和发展改革委联合发布《关于支持新能源公交车推广应用的通知》，明确表示新能源公交车地方补贴不取消。此外，从2019年开始，所有新能源公交车辆上牌后，相关部门将提前为其预拨部分资金，当该车辆行驶足够里程后，可按程序申请清算。

14日 山东国金汽车顺利通过工信部专家组现场审核，成为山东省首个获得国家《道路机动车辆及生产企业公告》独立资质的新能源乘用车企业，实现山东省本地新能源乘用车企业零的突破。

15日 山东低速电动车企业汉唐与长江汽车达成战略合作，双方将在技术研发、生产制造、营销创新、大数据应用等方面进行合作，共同研发、生产微型电动车。

同日 造车新势力小鹏汽车也加入网约车出行大军，根据天眼查信息，小鹏汽车董事长何小鹏与联合创始人夏珩完全控股广州易点智慧出行科技有限公司，注册资本为1000万元人民币。公司设立名为“有鹏出行”的官方网站，并通过网站公开招募网约车司机。

16日 广汇汽车与长安汽车、腾讯科技、中汽协签订《四方战略合作协议》，公司将与长安汽车、中汽协及腾讯科技在渠道、新营销、二手车等领域积极开展合作，特别是新营销、智慧门店的探索和推进，从而加快公司向新时代汽车经销商的转型升级。

17日 滴滴出行与国网电动汽车公司签署了战略合作协议，双方将在“车、桩、网”平台互联互通和数据共享达成合作。滴滴与国网电动汽车拟定初期在浙江、福建、江苏、山东等七个城市作试点，围绕出行、充电、能源和金融等领域，推动“车+电”解决方案。

18日 中国联合网络通信有限公司河南省公司、联通智网科技有限公司与郑州宇通客车股份有限公司共同签订了的“智能网联5G/V2X联合实验室”合作框架协议，将在5G V2X和智能网联等方面展开深度合作。

24日 绿驰汽车与长安汽车战略合作暨绿驰汽车与长安铃木联合制造签约仪式在重庆举行。绿驰汽车和长安铃木的合作，一方面可以有效盘活存量产能，使优质的产业力量得到充分利用；另一方面可以使优质的智能化新能源汽车产品得以快速可靠地实现。

27日 西安高新区市场监管部门通报有关涉嫌违法案件调查处理结果：西安利之星汽车有限公司存在有销售不符合保障人身、财产安全要求的商品，夸大、隐瞒与消费者有重大利害关系的信息误导消费者的两项违法行为，被依法处以合计一百万元罚款。

28日 韩国现代汽车集团旗下物流公司格罗唯视宣布，将与中国汽车销售与物流企业长久集团签署合作协议。双方将在中国成立合资公司，并拓展二手车销售与汽车海运业务。根据合作内容，双方将共同出资在华成立北京长久格罗唯视汽车服务公司和上海长久格罗唯视海运公司，计划到2024年实现二手车销售7万辆的目标。合资公司计划于2020年起在广西率先开启二手车销售业务，到2021年扩展至河南、陕西和四川。

6月

4日 长安汽车发布公告称，公司下属合营企业江铃控股有限公司拟引入战略投资者进行增资。此次增资扩股以现金方式进行，爱驰汽车拟增资17.47亿元，其中10亿元计入注册资本，7.47亿元计入资本公积。目前爱驰汽车已经缴纳保证金人民币3亿元。

5日 全球规模最大、等级最高的氢燃料电池车加氢站在上海化工区正式落成后，6月10日，上海市嘉定区推出了“氢燃料电池汽车产业集聚区规划”和“鼓励氢燃料电池汽车产业发展的有关意见（试行）”。此次嘉定规划的氢燃料电池汽车产业集聚区，位于安亭镇环同济片区。该片区位于盐铁塘以西、曹安公路以北区域，规划范围2.15平方公里。根据目标，到2025年，嘉定区氢能及燃料电池汽车全产业链年产值将突破500亿元。

同日 因实施纵向垄断协议，长安福特被国家市场监管总局对依法处以罚款1.628亿元。据国家市场监管总局发布的信息来看，自2013年开始，长安福特在重庆区域内通过制定《价格表》、签订《价格自律协议》以及限定下游经销商在车展期间最低价格和网络最低报价等方式，限定下游经销商整车最低转售价格，违反《反垄断法》关于禁止经营者与交易相对人达成限定向第三人转售商品最低价格的垄断协议的规定。

6日 发改委等三部门联合印发《推动重点消费品更新升级畅通资源循环利用实施方案（2019—2020年）》，坚决破除乘用车消费障碍。严禁各地出台新的汽车限购规定，已实施汽车限购的地方政府应根据城市交通拥堵、污染治理、交通需求管控效果，加快由限制购买转向引导使用，结合路段拥堵情况合理设置拥堵区域，研究探索拥堵区域内外车辆分类使用政策，原则上对拥堵区域外不予限购。

10日 第九城市发布公告，已经和呼和浩特经济技术开发区沙尔沁工业区发展领导小组办公室签署战略合作磋商备忘录，双方就法拉第未来和九城所共同成立的新能源汽车合资公司在沙尔沁工业区的落户及发展，进行战略合作。

18日 金固股份对外宣布，公司近日成立特维轮氢能科技（杭州）有限公司，特维轮科技由金固股份汽车超人和杭州贝斯特气体有限公司联合成立的，6月14日完成注册，注册资本1亿元，其中金固股份出资8000万元，持股80%。该公司是致力于研究试验汽车加氢业务建设的合资公司。

19日 上汽集团与埃及曼苏尔集团（Mansour Automotive Group）签署了战略合作框架协议，双方宣布成立合资销售公司，此后上汽集团旗下名爵ZS、名爵HS、名爵6等车型将在埃及上市销售。

25日 亿咖通科技（ECARX）与腾讯车联在深圳签署战略合作协议，双方将围绕智能网联服务、联合用户运营、AI及云技术等领域展开深度合作，全面助力推动吉利控股集团加快“电动化、智能化、网联化、共享化”转型升级以及线上能力建设进程。

27日 联想与爱驰汽车签署了战略合作协议，双方将依托各自行业及技术领域的优势，在全球连接、智能车联、智能制造、资本等方面开展全方位的深度合作，共同打造未来智能出行新方式。

28日 财政部、税务总局发布《关于继续执行的车辆购置税优惠政策》公告指出，自2018年1月1日至2020年12月31日，对购置新能源汽车免征车辆购置税，公告自2019年7月1日起施行。

30日 正通汽车公布，全资附属公司智达环球有限公司（目标公司）、怡都控股有限公司（认购人A）、Waterwood Santong Investment，LP（认购人B）及该公司订立认购协议。根据认购协议，预期目标集团成员公司将成为目标公司的间接全资附属公司，而风神物流50%的股权将归属于目标公司。

同日 长城汽车品牌体验中心在北京顺义开门营业，而这也是长城汽车旗下首家品牌体验中心。据长城汽车称，首家品牌体验中心的开业意味着此前以“销售”为主的传统销售模式将转变为以“体验”为主的多业态模式。

7月

1日 中国石油化工集团公司对外宣布，国内首座油氢合建站，中国石化佛山樟坑油氢合建站正式建成，这是全国首座集油、氢、电能源供给及连锁便利服务于一体的新型网点。

3日 威马汽车注册成立威马融资租赁（天津）有限公司，注册资本8亿元人民币，法定代表人为刘宪志，大股东为威马汽车科技集团有限公司，持股比例75%。公司经营范围包括：融资租赁业务；租赁业务；向国内外购买租赁财产；租赁财产的残值处理及维修；租赁咨询。

11日 大众汽车（中国）投资有限公司、中国第一汽车股份有限公司、星星充电、安徽江淮汽车集团股份有限公司，在江苏常州联合成立了开迈斯新能源科技有限公司。

3∶3∶3∶1的股比方式，将四家企业联系到了一起。开迈斯一期注册资金为8.12亿元人民币，未来5年将持续增资至50亿元。其主营业务，将是以星星充电提供技术支持，为大众、一汽及江淮三家股东用户提供定制化的充电产品和一站式解决方案，提升用户的充电体验，未来在满足股东方用户使用的前提下，将面向更多其他新能源车主开放。

同日 中国移动旗下车联网公司中移智行发布消息，中国移动与中国一汽、吉林省长春市政府签署了“打造智能网联汽车产业生态”三方合作协议，并与中国一汽签署战略合作协议。三方将在车联网、自动驾驶、大数据、工业互联网等领域展开合作，将利用长春市的地理区位、汽车产业规模人才优势，中国移动的基础通信网络、用户规模优势及车联网业务平台能力，一汽集团在整车研发制造、智能网联、自动驾驶等领域的生产和科研优势，推进智慧城市、智慧交通、自动驾驶汽车、无人驾驶汽车产业转型升级，打造全新的智能网联汽车产业生态。

12日 交通运输部、国家发展改革委共同研究起草了《交通运输部 国家发展改革委关于深化道路运输价格改革的意见（征求意见稿）》，拟进一步规范网络预约出租汽车价格行为，对网约车实行市场调节价，城市人民政府认为确有必要的可实行政府指导价。并致力于深化道路运输价格市场化改革，促进行业高质量发展。

15日 滴滴出行宣布正式推出网约车开放平台，开放平台将向第三方出行服务商开放，连接开放平台运力和海量用户，解决用户出行问题。随着电气化、共享化、智能化的大趋势，汽车企业集中进入移动出行领域，共享出行和汽车产业也趋向融合共同发展。

18日 威马汽车与充电桩运营商特来电正式签约，达成“两层安全防护技术暨共建充电生态深化战略合作”。未来威马汽车将携手特来电，共同建设、运营与维护威马自有品牌充电站。

19日 宝马集团和腾讯控股表示，双方将联手在中国建立计算中心，推动中国汽车市场自动驾驶车辆的研发。新的计算中心将在2019年底开始运营，为车辆提供数据处理能力，进而实现半自主驾驶或者全自动驾驶。合作双方并没有透露计算中心的具体投资额，宝马指出，新的计算中心将利用腾讯的云计算和大数据优势，为其提供研发自动驾驶车辆所需的基础设施。

22日 由一汽、东风、长安三家车企联合苏宁、腾讯、阿里巴巴等共同打造的出行平台T3出行在南京正式亮相。据悉，T3出行2019年将会进入南京、重庆、武汉、广州、杭州、天津六个城市，在2020年将覆盖绝大多数省会城市。在商业模式上，通过合规实体运营保障运力供给。T3出行的车辆是集中采购的定制化、智能化的新能源车型，司机均经过严格准入审核。

同日 《财富》杂志正式发布2019“世界五百强”榜单。跻身其中的23位车企成员未变，但在排名上整体下滑，排名升降比为5∶18。其中，上汽集团、东风汽车、一汽集团、北京汽车、广汽集团和吉利控股6家中国车企再度上榜，分列第39、82、87、129、189、220位。与2018年公布的数据相比，上汽、东风和北汽分别下降3、17、5位；一汽、广汽和吉利分别上升38、13、47位。

23日 北京汽车集团有限公司宣布，为加强双方长期战略合作，投资戴姆勒股份公司，交易包含2.48%的直接持股以及获得额外等同于2.52%股份投票权的权利。在正式收购戴姆勒5%的股份后，北汽集团的名字终于如愿出现在戴姆勒的股权结构图中，成为继李书福、Kuwait（科威特）之后，第三大个人股东。

25日 丰田汽车公司与滴滴出行达成合作协议，丰田、滴滴将与广汽丰田共同成立合资公司，丰田将向滴滴及上述合资公司投资6亿美元。

8月

1日 海南省发改委网站发布的《关于完善新能源汽车车辆停放服务收费优惠政策的指导意见》提出，海南省各市县要结合实际，按照不同区域、不同位置、不同车型、不同时段，实行新能源汽车停车服务收费应当低于非新能源汽车的差别收费优惠政策，制定新能源汽车停车服务收费标准。

4日 海马汽车旗下青雁新能源科技有限公司正式成立。据其工商信息显示，青雁新能源注册资本为2亿元人民币，主要经营范围为新能源技术开发；新能源汽车及配件的技术服务；汽车配件、包装材料、电子产品、机电设备、汽车等销售。

13日 华晨雷诺金杯汽车有限公司（以下称“华晨雷诺”）与4S店新零售服务平台乐车邦签订战略合作协议。双方将通过线上线下联动，提升服务品质，进一步优化华晨雷诺用户体验。

21日 中兴通讯与奇瑞汽车签订了战略合作协议，双方将共同研究基于5G的车联网、智能制造、智慧园区等业务领域的应用场景，并基于5G网络建设、5G的创新应用场景、方案研究及相关标准、课题的申报等方面进行深度合作，加快5G新应用的研发和商业化进程。

23日 国务院关税税则委员会发布《关于对原产于美国的汽车及零部件恢复加征关税的公告》，自2019年12月15日12时01分起，对原产于美国的汽车及零部件恢复加征关税。

公告指出，为落实中美两国元首阿根廷会晤共识，2018年12月14日，国务院关税税则委员会发布公告，从2019年1月1日起，对原产于美国的汽车及零部件暂停加征关税3个月。2019年3月31日，国务院关税税则委员会发布公告，从2019年4月1日起，继续对原产于美国的汽车及零部件暂停加征关税，暂停加征关税措施截止时间另行通知。

26日 新特汽车发布全新产品品牌“同创”，在销售模式上，新特汽车线下销售品牌D.BOX正式升级并更名为“新特电家”。此前新特销售模式一直以“线上商城+线下D.BOX体验中心”为主。区别于传统4S店商务销售的概念，D.BOX是定位于销售、体验一体化的终端模式，体验中心以“科技、生活、美学”为主题，希望让消费者在休闲轻松的场景下完成整个消费过程。

30日 重庆市政府与北汽集团正式签署了推进北汽银翔战略重组协议。在北汽集团与重庆市正式签署重组协议之前，外界曾有“北汽银翔破产”“北汽银翔解散”等传闻见诸报端。但在8月23日，北汽银翔官微发布《声明》称上述传闻均为虚假信息，并称北汽银翔重组工作正在有条不紊地进行推进，重组完成后北汽银翔目前面临的困难均会得到妥善解决。

同日 商务部发布七部门印发的《关于进一步促进汽车平行进口发展的意见》提出，允许探索设立平行进口汽车标准符合性整改场所。在风险可控、依法合规前提下，允许已开展汽车平行进口工作的有关省市在海关特殊监管区域内设立标准符合性整改场所，明确了整改场所设立的基本程序、整改项目范围，便利企业开展整改业务，降低企业经营成本，并要求有关地区切实加强整改场所监管。《意见》提出，推进汽车平行进口工作常态化制度化。为落实国务院推进“放管服”改革要求，全面扩大试点成效，对经国务院批复的汽车整车进口口岸，汽车整车年进口数量达到1000辆的，可在报备相关工作方案后，执行汽车平行进口相关政策，汽车平行进口工作实现常态化制度化。

同日 一汽轿车披露重组草案，将轿车有限100%股权作为置出资产，与一汽股份持有的一汽解放100%股权中的等值部分进行置换。此次一汽解放100%股权作价270.09亿元，置出资产作价 50.88 亿元，二者差额为 219.21 亿元，其中 199.21 亿元对价由公司以 6.68 元 / 股发行股份的形式支付，其余对价以现金支付。公司同时拟配套募资不超 35 亿元。交易后，上市公司主营业务将变更为商用车整车的研发、生产和销售。

同日 小康股份发布股东权益变动提示性公告显示，公司控股股东小康控股和渝安工业分别与东风汽车集团股份有限公司签署《股份转让协议》，拟通过协议转让方式转让其持有的小康股份无限售条件流通股共计约 6486.39 万股，占公司总股本的 6.89%，其中，小康控股拟转让 5740.93 万股（占比 6.10%），渝安工业拟转让 745.46 万股（占比 0.79%）。

9月

6 日 宝马集团与中国信息通信研究院签署谅解备忘录，共同致力于加速推进智能网联汽车在中国的发展。这是宝马与多家中国顶尖企业携手开展未来出行合作之后的又一笔重量级签约。签约仪式在国务院总理李克强和德国总理默克尔的见证下举行。宝马集团董事长齐普策先生和中国信息通信研究院院长刘多女士共同签署《智能网联汽车领域合作谅解备忘录》。

11 日 工信部官网公布，修改《乘用车企业平均燃料消耗量与新能源汽车积分并行管理办法》并公开征求意见，7 月 9 日，工信部曾发布《乘用车企业平均燃料消耗量与新能源汽车积分并行管理办法》修正案（征求意见稿）。

12 日 贵阳市发布《关于废止有关贵阳市小客车号牌管理相关公告的通告》称，单位和个人办理机动车登记不再需要取得指标，登录贵阳市公安交通管理局官网，按要求填报预约的信息后直接办理。截止到 2019 年，在限购的 9 个城市里，贵阳、广州、深圳、海南已经陆续“解禁”，未“解禁”的城市还有北京、上海、杭州、天津和石家庄等。

17 日 交通运输部办公厅发布了《关于做好道路货物运输及站场管理规定实施工作》的通知，明确了取消“双证”的有关工作要求。

19 日 中共中央、国务院印发了《交通强国建设纲要》指出，到 2020 年，完成决胜全面建成小康社会交通建设任务和“十三五”现代综合交通运输体系发展规划各项任务，为交通强国建设奠定坚实基础；从 2021 年到 21 世纪中叶，分两个阶段推进交通强国建设；到 2035 年，基本建成交通强国；到本世纪中叶，全面建成人民满意、保障有力、世界前列的交通强国。

21 日 中国电动汽车百人会联合交通部公路院，以及全国 82 家自动驾驶领域相关企业，成立了“自动驾驶城市示范与产业协同创新联盟”。从联盟成员来看，既有戴姆勒、宝马、通用、吉利、上汽、东风、一汽、北汽新能源等车企，也有博世、德尔福等零部件企业，还有华为、腾讯、滴滴、小马智行、驭势科技、图森未来等科技、互联网创新企业，是一次跨界联合。

23 日 东风腾讯车联网安全实验室和东风汽车—中国移动 5G 车联网实验室在东风汽车集团有限公司正式揭牌，这意味着东风汽车在智能化、网联化等技术方面启动了实质性的一步。其中，东风腾讯车联网安全实验室主要立足智能网联、数字化转型、智慧出行等多个领域，通过布局前沿车联网安全技术研究、加强车联网安全产品研发与评测、提升内部安全体系能力、落实标准规范建设与监督审计等，助力东风汽车及旗下车型实现数字化。

24 日 滴滴出行在中国国家标准化管理委员会下属企业标准信息服务平台发布了《滴滴网约车安全标准》，涵盖滴滴在安全责任制、驾驶员与车辆管理、安全响应处置、隐患治理与风险管控、安全绩效管理等各方面的详细要求，共包含96项条款和19项安全制度。

同日 华为技术有限公司又与长城汽车股份有限公司签署了战略合作协议，双方将在智能网联、云服务和大数据、出行服务等领域展开合作。

26日 拜腾汽车与韩国汽车零部件制造商MS Autotech旗下子公司Myoung Shin签订战略合作协议，协议涉及销售、生产、供应链及投资等多个领域。此外，Myoung Shin将参与拜腾的C轮融资，这也是拜腾汽车截至目前获得的第一笔海外融资。未来，双方将共同开拓韩国电动车市场。

同日广汽集团与丰田汽车签订《深化战略合作框架协议》。该协议指出，广汽集团与丰田汽车将进一步加强在新能源汽车、节能车及智能网联领域的技术合作，并共享资源和加强人才交流，以进一步提升双方企业竞争力。

27日 汽轿车股份有限公司发布公告，重组方案已获得国资委的批复。 公告显示，本次资产重组和配套融资完成后，相关资产注入中国第一汽车股份有限公司的证券账户将标注“SS”标识。此外，资产重组方案尚需提交公司股东大会审议通过，并须获得中国证券监督管理委员会的核准方可实施。

28日 中国一汽集团与丰田汽车签订了电动化及智能网联领域战略合作框架协议，双方将联合打造混合动力、插电式混合动力、纯电动、氢燃料电池等多种动力类型的产品，实现多元化布局。

10月

8日 为强化新能源汽车产品安全召回监管，进一步规范新能源汽车事故报告制度，市场监管总局质量发展局发布关于进一步规范新能源汽车事故报告的补充通知。其中规定，生产者获知其生产、销售或进口的新能源汽车在中国市场发生冒烟、起火事故的，应在事故发生后12小时内（如造成人员伤亡或重大社会影响的，应在事故发生后6小时内）向市场监管总局质量发展局报告事故基本信息。

9日 市场监管总局质量发展局正式发布的《市场监管总局质量发展局关于进一步规范新能源汽车事故报告的补充通知》要求，生产者获知其生产、销售或进口的新能源汽车在中国市场发生冒烟、起火事故的，应在事故发生后12小时内（如造成人员伤亡或重大社会影响的，应在事故发生后6小时内）向市场监管总局质量发展局报告事故基本信息，应在事故发生后48小时内向市场监管总局质量发展局上报《新能源汽车火灾事故信息表（试行)》。

11日 工业和信息化部联合十二部门颁布制造业设计能力提升专项行动计划（2019-2022年）。总体目标是争取用4年左右的时间，推动制造业短板领域设计问题有效改善，工业设计基础研究体系逐步完备。在汽车等传统优势行业，实现设计优化和提升，推动传统产业转型升级。

15日 北汽集团推出全新品牌“BEIJING”，并首发了BEIJING品牌首款纯电动车EU7和首款概念车Illuminate两款车型。新品牌是北汽集团整合旗下北汽新能源和北京汽车的重塑结果。

同日 滴滴出行与清华大学签署合作协议，共同成立清华大学-滴滴未来出行联合研究中心，双方将在智能共享出行、出行安全、智能网联汽车、大数据与人工智能、智慧城市交通等领域紧密合作，共同推进智能出行前沿研究和科技成果转化。

21日 北汽集团与京东签署战略合作框架协议。双方将围绕汽车与出行场景，在车联网、金融服务以及采购合作等方面进行合作。根据北汽集团官微发布的信息来看，未来北汽集团将利用京东在云平台、车联网、智能供应链及金融技术应用等优势，重点推进车载智能互联应用、车内购物、智能维修保养等探索。

23 日　中国银行保险监督管理委员会发布《关于印发融资担保公司监督管理补充规定的通知》，规定将从严规范融资担保业务牌照管理，做好融资担保名称规范管理工作。这其中汽车金融行业成为监管的重点之一。

26 日　长城汽车平湖整车项目开工仪式在浙江省平湖市举行，该项目总投资约 110 亿元，总占地约 1200 亩，计划年产能 10 万辆。项目集生产、研发于一体，涵盖整车生产基地与平湖研发中心，建成后主要生产长城汽车旗下哈弗品牌及新能源系列产品。

28 日　商务部、公安部，以及海关总署发布《关于加快二手车出口工作有关事项的通知》指出，为加快二手车出口工作，进一步简化工作流程，为出口创造便利环境，简化出口二手车转移登记手续和出口许可办理，企业可自主选择报关地点。

29 日　工业和信息化部装备工业司拟于近期组织开展 2019 年度道路机动车辆产品生产一致性监督抽查工作，坚决查处“大吨小标”及车辆产品质量安全等问题。对已获得《道路机动车辆生产企业及产品准入》许可的道路机动车辆生产企业及产品，进行随机现场检查和抽样送指定检测机构检验。

11 月

7 日　工业和信息化部网站消息显示，为推动新能源汽车动力蓄电池回收利用，引导和规范动力蓄电池回收服务网点建设运营，工信部制定了《新能源汽车动力蓄电池回收服务网点建设和运营指南》，并予以公告。《指南》提出七大总体要求，包括新能源汽车生产和梯次利用企业需要自建或授权回收服务网点，双方也可以共同建设回收网点；加强对废旧动力蓄电池的跟踪，且回收服务网点不得擅自对其进行拆卸；设置明显提示信息和作业流程规范示意图等指导信息；回收服务网点须将电池类型、来源、数量等相关信息保留记录三年备查；等等。

同日　国务院发布了《关于进一步做好利用外资工作的意见》，提出包括深化对外开放、加大投资促进力度、深化投资便利化改革、保护外商投资合法权益等四个方面在内的，共计 20 条政策措施。针对汽车行业，《意见》指出要优化汽车领域外资政策，并要求各地区保障内外资汽车制造企业生产的新能源汽车享受同等市场准入待遇。此外，《意见》还提出修订乘用车企业平均燃料消耗量与新能源汽车积分并行管理办法，在外方与中方合资伙伴协商一致后，允许外方在华投资的整车企业之间转让积分。

同日　丰田汽车公司与比亚迪股份有限公司就成立纯电动车的研发公司签订合资协议。新公司将于 2020 年在中国正式成立，丰田与比亚迪各出资 50%。新公司将开展纯电动车及该车辆所用平台、零件的设计、研发等相关业务。该公司将由双方从事相关业务的人员组建。

8 日　腾讯车联与蘑菇车联在北京宣布将展开全面战略合作，给车联网市场带来了更多的想象空间。汽车行业正在发生一场深刻的变革，智能化、网联化、电动化、共享化的趋势让车变成了移动的智能大脑。5G 的商用开启、汽车芯片的快速发展、政策的频频利好也给车联网的蓬勃发展奠定了坚实的基础。

同日　上汽大众新能源汽车工厂落成，这是大众汽车集团全球首个专为 MEB 平台车型生产而全新建造的工厂。新工厂位于上海安亭，总建筑面积约 61 万平方米，总投入约 170 亿元，规划年产能 30 万辆，计划于 2020 年 10 月正式投产，这也是目前国内生产规模最大、效率最高的纯电动汽车工厂。

13日 华晨集团与力帆集团就乌拉圭汽车组装项目达成战略合作。这是中国汽车行业首个国企—企海外合作的范例，双方将通过合作共享海外产能。

15日 国家发展改革委等15部门联合发布的《关于推动先进制造业和现代服务业深度融合发展的实施意见》提出，要加快汽车由传统出行工具向智能移动空间升级。推动汽车智能化发展，加快构建产业生态体系。加强车况、出行、充放电等数据挖掘应用，为汽车制造、城市建设、电网改造等提供支撑。加快充电设施建设布局，鼓励有条件的地方和领域探索发展换电和电池租赁服务，建立动力电池回收利用管理体系。规范发展汽车租赁、改装、二手车交易、维修保养等后市场。

18日 广汇汽车公告称，公司拟与国网电动汽车服务有限公司共同投资设立国网广汇公司，双方将合计出资1.8亿元。其中，广汇汽车拟出资9000万元，国网电动汽车出资9000万元，双方将分别持有合资公司50%的股权。广汇汽车与国网电动汽车设立合资公司后，双方将发挥各自在资金、品牌、信用、渠道、技术及管理方面的优势，拓展新能源汽车充换电服务及其他新能源汽车后服务市场，通过将智慧车联网平台与智能充换电服务连通，共享充换电设施资源，打造新能源汽车充电、出行、能源一体化服务链条。

22日 广汽本田还在车展上首次发布了全新服务品牌“FUN LINK创享车生活”，广汽本田将通过升级硬件空间提高客户舒适度；通过打造品控管理及大数据系统后台，确保维修品质来提升客户满意度。

29日 光束汽车项目在江苏张家港市正式启动，预计2022年建成，届时将迎来双方合资产品的落地。作为由新环境催生出来的新型合资公司，光束汽车从产品定义、研发阶段就将面向全球市场，采用的是宝马全球研发、生产控制标准；并汲取长城在本地化生产、管理上的优势；同时充分利用中国在新能源汽车领域的政策、技术、配套资源。

同日 北汽蓝谷信息技术有限公司、中电工业互联网有限公司和奇安信科技集团在湖南长沙举行了车联网安全体系实验室揭牌仪式。三方将通过成立实验室，充分发挥在车联网、工业互联网和信息安全领域的各自优势，专注于车联网安全技术研究和安全攻防体系建设，共同开拓车联网安全市场。

12月

3日 工信部正式发布了《新能源汽车产业发展规划（2021—2035年）》征求意见稿。与之前的2016年的《节能与新能源汽车技术路线图》和2017年的《汽车产业中长期发展规划》草稿相比，征求意见稿最显著的变化是将2025年新能源汽车占当年新车销量的占比由原来的20%提升到了25%。

4日 长江股权交易所发布公告称，奇瑞控股集团有限公司与奇瑞汽车股份有限公司的增资扩股项目均已成交，投资方为青岛五道口新能源汽车产业基金企业（有限合伙）。公告显示，青岛五道口对奇瑞控股和奇瑞股份的投资金额分别为75.86亿元和68.63亿元，持股比例分别为30.99%和18.5185%。

9日 交通运输部确定13个地区成为第一批交通强国建设试点，并正在开展第二批交通强国建设试点申报工作。针对这些地区，还将研究建立年度评估考核和动态淘汰机制，督促各项试点工作落到实处。首批13个交通强国建设试点地区分别为河北雄安新区、辽宁省、江苏省、浙江省、山东省、河南省、湖北省、湖南省、广西壮族自治区、重庆市、贵州省、新疆维吾尔自治区和深圳市。

同日 山东省政府常务会议审议通过了《进一步加强和规范全省电动汽车充电基础设施建设运营管理的实施意见》，明确了山东建设充电桩七项重点任务和八项保障措施。《意见》指出，山东计划到2022年底建成充电桩

10万个以。

10日 ST庞大发布公告称，河北省唐山市中级人民法院已批准《庞大集团破产重整计划》并终止庞大集团重整程序。这意味着，庞大集团正式进入破产重整执行阶段。随后，庞大集团公开披露了长达38页的破产重整计划，回应了债权人、投资者和公众关注的债务、偿还、发展等问题，其中显示，庞大集团实际控制人庞庆华将“净身出户”。

18日 标致雪铁龙（PSA）与菲亚特克莱斯勒（FCA）宣布合并，双方以50∶50的比例合并，形成一家世界收入排名第三、全球销量第四的汽车联盟。

20日 长安PSA法方股东PSA（标致雪铁龙）集团所持有的50%股权终于尘埃落定，与宝能集团达成转让协议。长安PSA在2011年11月于广东深圳正式成立，长安汽车和法国PSA集团各占50%股份，注册资金高达40亿。

23日 上汽集团与广汽集团通过官方渠道宣布，两大集团在上海签署战略合作框架协议，达成战略合作。根据协议，双方将在技术研发、资源协同、投资布局、市场拓展、商业模式创新及国际经营等相关领域开展合作。上汽集团和广汽集团通过官方微信指出，此次合作是“长江三角洲经济圈与粤港澳大湾区两大高端制造业龙头企业首度携手合作，双方顺应经济全球化和市场一体化的大趋势，着眼未来可持续发展，实现强强联合、资源共享，共创规模经济和协同效益，从而提升效率，为顾客提供更好的产品和服务，切实推动中国汽车产业高质量发展”。

27日 中国一汽与阿里巴巴在长春签署战略合作协议，双方表示将以斑马智行系统为基础，打造面向未来的下一代智能网联汽车。

第三部类

DISANBULEI | XINCHESHICHANG

2019 年中国汽车市场综述

中国汽车产销量已经连续十年蝉联全球第一，属于全球汽车产销大国。

受宏观经济下行压力加大、楼市挤压消费，居民收入增速放缓、汽车消费理念变化等多重因素叠加影响，2019 年中国汽车销售市场较为低迷。汽车在中国的快速普及已经暂时放缓。

在增速放缓的同时，中国汽车市场已经具备加快实现高质量发展的基础和条件，新能源车市场表现较强，尤其是高端新能源车逐步启动，推动市场高质量增长。

随着国内汽车产销量持续增长，逐步成为全球汽车最大的销售市场，保有量正在快速追赶发达国家，为二手车市场带来可持续发展的良好机遇。

一、中国在世界汽车市场的表现

（一）世界汽车销量：近十年中国的贡献最大

世界汽车销量主要集中在 70 个国家，这 70 个国家在 2019 年的汽车销量为 9000 万辆左右。其他国家能跟踪到的年度销量，2019 年总共 300 万辆左右，占世界总销量的 3% 左右，对总销量走势影响不大。

从主力国家代表的世界销量看，2018 年的世界汽车销量下降 1%。自 2010 年以来首次陷入年度负增长。2019 年的汽车销量 9032 万辆，同比下降 3%。稍差于 2008 年的下滑幅度。

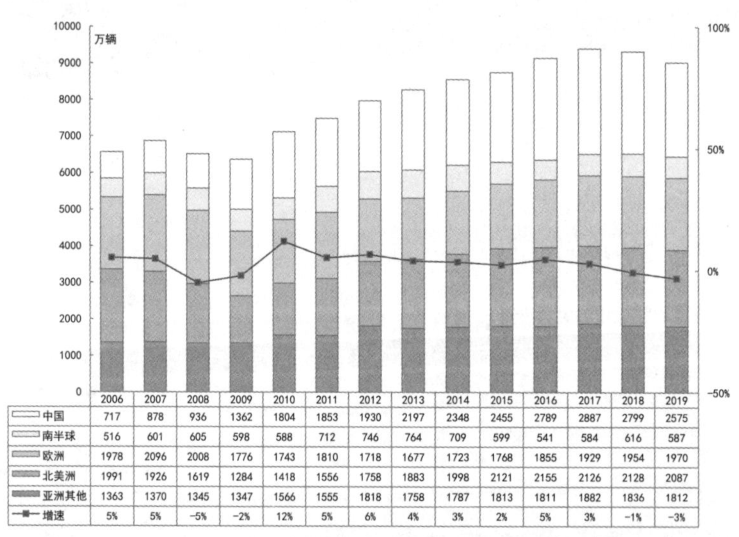

	2006	2007	2008	2009	2010	2011	2012	2013	2014	2015	2016	2017	2018	2019
中国	717	878	936	1362	1804	1853	1930	2197	2348	2455	2789	2887	2799	2575
南半球	516	601	605	598	588	712	746	764	709	599	541	584	616	587
欧洲	1978	2096	2008	1776	1743	1810	1718	1677	1723	1768	1855	1929	1954	1970
北美洲	1991	1926	1619	1284	1418	1556	1758	1883	1998	2121	2155	2126	2128	2087
亚洲其他	1363	1370	1345	1347	1566	1555	1818	1758	1787	1813	1811	1882	1836	1812
增速	5%	5%	-5%	-2%	12%	5%	6%	4%	3%	2%	5%	3%	-1%	-3%

图 1　2006-2019 世界汽车历年销量增速

（二）近两年中国汽车销量增长不强

中国汽车市场对世界汽车市场影响力巨大。2018 年中国汽车销量占世界 30%，2019 年前三季度下降到 28.7%，但仍具有绝对优势。

2018 年中国汽车国内销量 2800 万辆，同比下降 3%，销量下降 88 万辆，相对于全球销量下降 76 万辆，中国销量下降幅度超过全球总量。

2019 年中国汽车销量 2575 万辆，下降 206 万辆，相对于全球销量下降 275 万辆，中国销量下降占比 75%。

市场下降幅度较大的主要是南半球国家，包括南美洲、大洋洲和非洲，从 2014 年到 2016 年下滑持续。

表 1 2009 年 -2019 年汽车销量及增速（单位：万辆，%）

销量	2009 年	2010 年	2011 年	2012 年	2013 年	2014 年	2015 年	2016 年	2017 年	2018 年	2019 年
亚洲其他	1347	1566	1555	1818	1758	1787	1813	1811	1882	1836	1812
北美洲	1284	1418	1556	1758	1883	1998	2121	2155	2126	2128	2087
欧洲	1776	1743	1810	1718	1677	1723	1768	1855	1929	1954	1970
南半球	598	588	712	746	764	709	599	541	584	616	587
中国	1362	1804	1853	1930	2197	2348	2455	2789	2887	2799	2575
总体	6367	7119	7486	7969	8278	8565	8756	9152	9408	9333	9032
增速	**2009 年**	**2010 年**	**2011 年**	**2012 年**	**2013 年**	**2014 年**	**2015 年**	**2016 年**	**2017 年**	**2018 年**	**2019 年**
中国	45%	32%	3%	4%	14%	7%	5%	14%	4%	-3%	-8%
北美洲	-21%	10%	10%	13%	7%	6%	6%	2%	-1%	0%	-2%
欧洲	-12%	-2%	4%	-5%	-2%	3%	3%	5%	4%	1%	1%
亚洲其他	0%	16%	-1%	17%	-3%	2%	1%	0%	4%	-2%	-1%
南半球	-1%	-2%	21%	5%	2%	-7%	-16%	-10%	8%	5%	-5%
总计	-2%	12%	5%	6%	4%	3%	2%	5%	3%	-1%	-3%

（三）国际汽车集团在中国的销量表现

1. 总量表现较强

国际各大主力汽车集团在全球各地布局差异化，大众集团在中国和欧洲表现相对超强，而在北美南半球和其他亚洲国家表现相对偏弱。

表 2 2019 年国际主力汽车集团区域销量（单位：万辆）

2019 年	中国	亚洲其他	欧洲	北美洲	南半球	全球
大众集团	405	29	437	95	77	1042
丰田集团	141	407	97	274	73	992
雷诺日产	135	120	303	178	72	807
通用集团	326	41	3	336	71	776
现代起亚	101	216	147	168	54	686
本田	159	138	13	187	20	516
福特集团	23	28	135	283	44	513
FCA	7	15	110	252	59	443
PSA	12	12	300	1	14	338
德国奔驰	60	26	130	60	15	292
铃木	3	251	26	3	9	291
其他中小集团	64	195	6	0	3	268
德国宝马	55	18	109	43	6	231
吉利集团	153	4	36	12	2	208

2. 各车企市场结构

奔驰和宝马在中国销量占比 20% 左右，而在北美表现相对较强，在亚洲其他国家奔驰宝马的表现也强于大众。

雷诺日产在全球各地表现相对均衡，亚洲和欧洲是日产和雷诺的大本营，两地表现相对较强，作为国际联盟，雷诺日产在北美市场表现相对优秀。

表 3　2019 年国际主力汽车集团区域销量占比

集团	中国	亚洲其他	欧洲	北美洲	南半球	全球
大众集团	39%	3%	42%	9%	7%	0%
丰田集团	14%	41%	10%	28%	7%	-1%
雷诺日产	17%	15%	38%	22%	9%	-6%
通用集团	42%	5%	0%	43%	9%	-11%
现代起亚	15%	31%	21%	24%	8%	-2%
本田	31%	27%	2%	36%	4%	-2%
福特集团	5%	5%	26%	55%	8%	-8%
FCA	2%	3%	25%	57%	13%	-4%
PSA	3%	3%	89%	0%	4%	-5%
德国奔驰	20%	9%	45%	21%	5%	5%
铃木	1%	86%	9%	1%	3%	-10%
其他中小集团	24%	73%	2%	0%	1%	4%
德国宝马	24%	8%	47%	19%	3%	-3%

3. 各车企市场结构特征

丰田汽车在世界各地表现相对均衡，欧洲相对偏弱。现代汽车在欧洲表现强于日本丰田，但在亚洲其他地方表现弱于丰田，也就是日本丰田在东南亚表现相对较强，而现代在欧洲表现较强。本田汽车在北美表现较强，但在南半球和欧洲国家表现相对偏弱，总体布局不如丰田。三菱汽车在中国表现相对偏弱，南半球表现相对较强，在亚洲其他国家尤其是东南亚表现也很好。FCA 和 PSA 在中国市场都很差。FCA 主要是在北美和南半球市场相对较强，PSA 在欧洲市场表现较好。

表 4　2019 年国际主力汽车集团区域销量增速

销量增速	中国	亚洲其他	欧洲	北美洲	南半球	全球
大众集团	-1%	-14%	3%	-1%	-1%	0%
丰田集团	9%	-3%	3%	-1%	-4%	-1%
雷诺日产	-3%	-12%	-2%	-10%	-7%	-6%
通用集团	-19%	1%	-24%	-4%	-4%	-11%
现代起亚	-14%	-2%	2%	4%	-6%	-2%
本田	7%	-10%	-12%	-1%	-7%	-2%
福特集团	-40%	-19%	-3%	-3%	-15%	-8%
FCA	-41%	-2%	-7%	-2%	2%	-4%
PSA	-55%	-4%	0%	13%	-22%	-5%
奔驰	16%	-3%	5%	1%	0%	5%
铃木	-53%	-11%	4%	18%	-5%	-10%
德国宝马	17%	-3%	2%	0%	-8%	4%
吉利集团	-7%	2%	8%	10%	12%	-3%

二、中国汽车市场总体走势

（一）中国汽车上牌保有量增速放缓

2019 年的全国汽车保有量达 2.6 亿辆，同比增速 8.8%，保有量增量达到 2122 万辆，同比保有量净增量的增速出现 -7% 的下降。

2019 年新登记注册汽车数量 2578 万辆，同比下降 3.5%，这也是很好的情况，因为上半年同比下降 10%，下半年得到一个快速的恢复，而汽车保有量的净增长达到了 2122 万辆，这算起来增速达到了负的 7.1%，保有量的增长速度大幅放缓。

2019 年汽车报废数量测算为 456 万辆，相对于 2018 年的 388 万辆大幅增加了近 70 万辆。但低于 2015 年的 600 万辆和 2017 年的 500 万辆水平，目前保有量的报废速度实际上是在放缓之中，这也体现了整个车市的增长，应该说报废更新的速度在放缓。

表 5　2014-2019 年机动车保有量（单位：万辆）

	2014 年	2015 年	2016 年	2017 年	2018 年	2019 年
全国机动车保有量	26400	27900	29000	31000	32700	34800
全国汽车保有量	15400	17200	19400	21700	24000	26000
汽车占机动车比率	58.6%	61.8%	66.9%	70.0%	73.4%	74.7%
新注册登记机动车数量	2777	3115	3252	3352	2172	3214
新注册登记汽车数量	2188	2385	2752	2813	2673	2578
汽车保有量	1707	1781	2212	2304	2285	2122

（二）2019 年汽车市场增长速度低迷

2019 年中国汽车市场增长速度低迷，全年汽车产量达到 2553 万辆，较 2018 年的 2797 万辆下降 8%，是近几年下行幅度最大的一年。

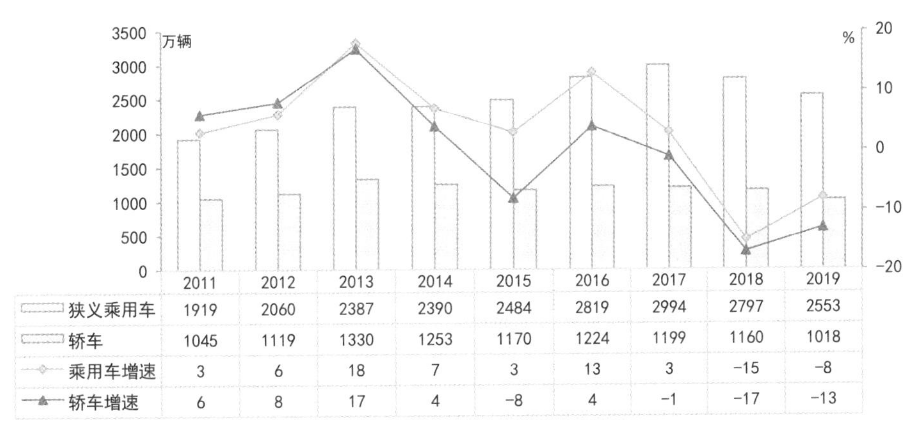

	2011	2012	2013	2014	2015	2016	2017	2018	2019
狭义乘用车	1919	2060	2387	2390	2484	2819	2994	2797	2553
轿车	1045	1119	1330	1253	1170	1224	1199	1160	1018
乘用车增速	3	6	18	7	3	13	3	-15	-8
轿车增速	6	8	17	4	-8	4	-1	-17	-13

图 2　中国汽车市场历年销量增长分析

中国汽车市场下行，尤其是轿车市场持续低迷。轿车市场从 2013 年达到 1330 万辆之后，持续处于下行的区间，2016 年达到 1224 万辆相对高位水平，2019 年又降至 1000 万辆，可见轿车需求相对低迷。

（三）2019 年汽车消费额分析

2019 年汽车消费低迷，消费总额近 4 万亿，同比增速 -0.8%，是消费品领域唯一的负增长消费品。

由于汽车市场消费相对低迷，成品油等消费也相对表现较差。这体现出以汽车和成品油消费拉动规模以上消费的效果较差。

表 6　2018-2019 年社会消费统计（单位：亿元，%）

社会消费统计	2019 年	年同比	2018 年	年同比
商品零售	364928	7.9	338271	8.9
其中：限额以上单位零售	138565	3.7	136075	5.7
汽车	39389	-0.8	38948	-2.4
石油及制品	20042	1.2	19541	13.3
粮油食品	14525	10.2	13776	10.2
服装针织	13517	2.9	13707	8.0
化妆品	2992	12.6	2619	9.6
金银珠宝	2606	0.4	2758	7.4
日用品	6111	13.9	5392	13.7
家电音像	9139	5.6	8863	8.9
中西药品	5907	9.0	5593	9.4
文化办公	3228	3.3	3264	3.0
家具	1970	5.1	2250	10.1
通信器材	4839	8.5	4371	7.1
建筑及装潢	2061	2.8	2498	8.1

2018—2019 年，中西部车市严重低迷的局面，体现了前期政策鼓励楼市的效果突出，分流了购车消费。抑制房地产涨价和高销量增长，保证车市消费的合理增长联动意义重大。2019 年上半年车市消费增长主要是因为 6 月的“国六”去库存，而未来汽车消费潜力较大。

（四）2019 年汽车市场消费月度走势

2019 年汽车消费在 2018 年逐步抬高的基数下增速达到 -1%，2019 年较 2018 年，下行趋势尚未改善。

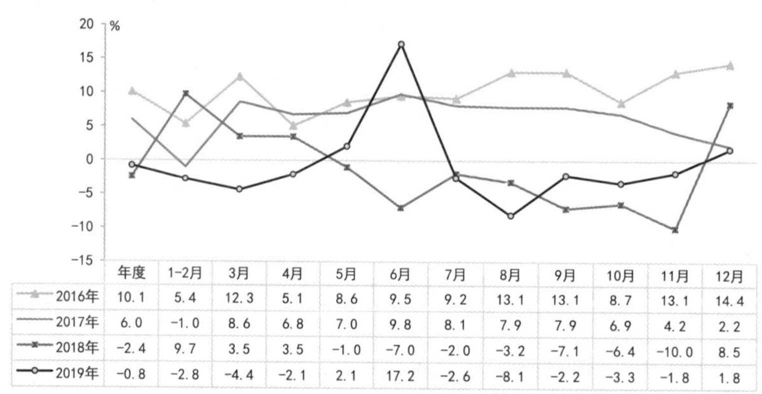

图 3　2016-2019 年汽车消费额月度增速走势

6 月的汽车消费额增速大涨 17%，一方面是 2018 年 6 月的增速为 -7%，另一方面是因“国六”带来的零售走强，“国六”车型的库存清理销售上牌的压力推动。体现了经销商巨大的库存压力和较大的促销价格损失。并非市场真的很好。

7—8 月，汽车零售回落是“国六”透支后的正常反应。9 月汽车消费负增长 2.2%，10 月加大到 -3.3%，11 月的 -1.8% 是低基数的效果，市场未改善。12 月的消费改善既有低基数因素，也有春节前回暖因素。

（五）2019 年新能源汽车表现

2018 年全年生产新能源车 130 万辆，较 2017 年增长了 4 成。2018 年新能源乘用车 100 万，继续保持较强的高增长走势。2019 年共计生产 119 万辆新能源车，增速 -0.6%，偏弱。12 月新能源乘用车增速 -27%，虽然新能源退坡压力大，但 2019 年仍是车市亮点。

表 7 2017-2019 年汽车产量及增速（单位：万辆，%）

汽车产量	2019 年		2018 年		2017 年		总计
	产量	同比增长	产量	同比增长	产量	同比增长	219
汽车	2553	-8	2797	-3.8	2994	3.2	2.0%
轿车	1018	-13	1160	-1.8	1199	-0.8	-16.0%
SUV	876	-6	927	-6.7	1033	9.1	100.0%
新能源车	119	-1	130	40.1	72	51.1	0.0%

数据来源：国家统计局

三、中国汽车市场竞争结构走势

（一）2019 年汽车商用车强乘用车弱的局面稍有改变

2019 年汽车销量总计 2576.87 万辆，累计增速 -8.1%，行业走势压力持续较大。

目前汽车销量走势不强主要受乘用车的影响，商用车压力相对稍好。自 2017 年以来，乘用车市场相对持续走弱，而商用车市场相对持续走强，政策推动商用车走强，而消费不旺导致乘用车需求低迷。2011-2016 年基本都是商用车低于乘用车 10 个点，2017 年商用车增速高于乘用车 12 个点，2018 年高出 9 个点，2019 年商用车高出乘用车 16 个点。

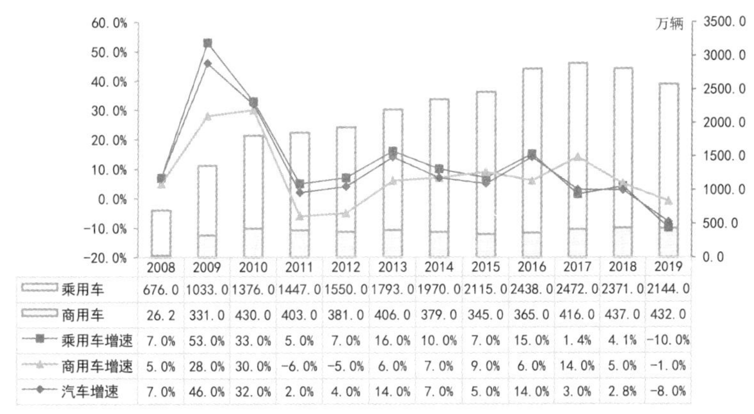

图 4 自主与合资的狭义乘用车批发增速

（二）2019 年主力车企集团的表现均较好

2019 年车市走势不强，各集团因为优势板块的差异化市场需求而走势分化。国有大集团表现不强，民营自主企业的表现很好，比亚迪表现相对稳健。

近几年国有六大集团表现持续分化，三大三小的格局日益复杂，上汽、一汽和东风总体表现较强。上汽前期一枝独秀，一汽和东风表现相近。北汽表现很不错，长安有调整，广汽走势平稳。此外，华晨表现相对较强，江淮仍有走强潜力。

（三）狭义乘用车企业产销走势

2019 年乘用车市场增速仍弱，低于汽车市场的增长速度，12 月份销量下滑速度相对放缓。2019 年乘用车厂家批发销量增速 -9% 是历年最低的，弱于汽车市场走势。

上海大众 2019 年领军，一汽 - 大众稳健。丰田、本田和大众在年底走势较强。

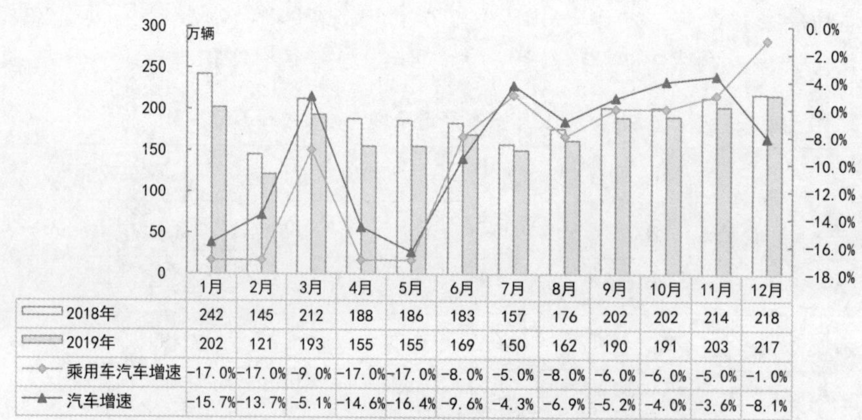

	1月	2月	3月	4月	5月	6月	7月	8月	9月	10月	11月	12月
2018年	242	145	212	188	186	183	157	176	202	202	214	218
2019年	202	121	193	155	155	169	150	162	190	191	203	217
乘用车汽车增速	-17.0%	-17.0%	-9.0%	-17.0%	-17.0%	-8.0%	-5.0%	-8.0%	-6.0%	-6.0%	-5.0%	-1.0%
汽车增速	-15.7%	-13.7%	-5.1%	-14.6%	-16.4%	-9.6%	-4.3%	-6.9%	-5.2%	-4.0%	-3.6%	-8.1%

图 5　2018-2019 年中国汽车及乘用车月度销量和增速

2019 年是中国车市较难的一年，在贯穿全年的促消费政策推动下，2019 年车市走势并未回升，而“国六”标准的实施导致车市的增速放缓。可见政策等外部环境对车市的影响仍然很大。

（中国汽车流通协会汽车市场研究分会　崔东树）

2019 年中国乘用车市场

2019 年轿车市场

随着汽车保有量的不断提升，轿车市场由高速增长期转入调整期。长期来看，年度增速呈逐年下滑趋势，另外受政策变化和消费偏好的影响，市场出现短期波动。2009—2010 年中国乘用车市场在国家“保增长”政策的推动下出现井喷增长，增长率分别达到了 54.9% 和 28.5%。随着政策效应的减弱，2011 年汽车市场进入井喷之后的调整期，提前消费尤其是以首次购车为主的轿车需求透支，使 2011 年的轿车市场增长率回落到 4.6%。2012-2013 年市场开始复苏，轿车市场迎来调整期之后的新一轮增长，2013 年增长率一度达到 12.4%。2014 年中国汽车市场产品多样化，轿车市场增长率下跌至 5.1%。2015 年 SUV 和 MPV 竞争加剧，轿车市场面临着严峻的挑战，轿车市场份额受到严重挤压，增长率近几年来第一次出现负增长，同比下滑 5.6%。2016 年 SUV 市场持续火爆，轿车市场在购置税政策的拉动下，轿车市场增速由负转正，同比增长 6.0%。2017 年，轿车市场受购置税政策退坡效应的影响，全年出现负增长，同比下滑 2.8%，份额持续受到 SUV 市场蚕食。

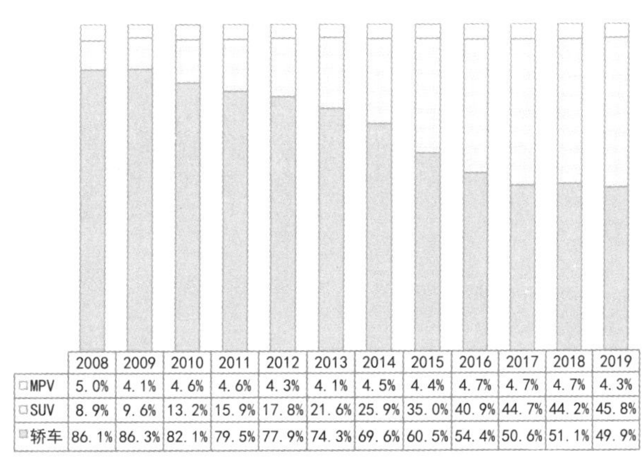

	2008	2009	2010	2011	2012	2013	2014	2015	2016	2017	2018	2019
MPV	5.0%	4.1%	4.6%	4.6%	4.3%	4.1%	4.5%	4.4%	4.7%	4.7%	4.7%	4.3%
SUV	8.9%	9.6%	13.2%	15.9%	17.8%	21.6%	25.9%	35.0%	40.9%	44.7%	44.2%	45.8%
轿车	86.1%	86.3%	82.1%	79.5%	77.9%	74.3%	69.6%	60.5%	54.4%	50.6%	51.1%	49.9%

图 1 2008-2019 年车身形式份额走势

数据来源：乘用车市场信息联席会

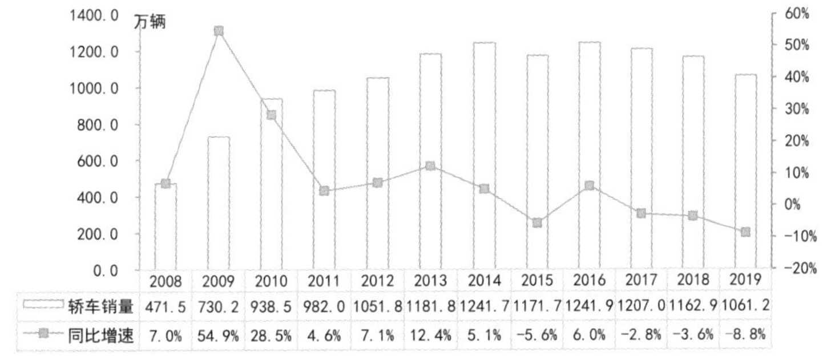

	2008	2009	2010	2011	2012	2013	2014	2015	2016	2017	2018	2019
轿车销量	471.5	730.2	938.5	982.0	1051.8	1181.8	1241.7	1171.7	1241.9	1207.0	1162.9	1061.2
同比增速	7.0%	54.9%	28.5%	4.6%	7.1%	12.4%	5.1%	-5.6%	6.0%	-2.8%	-3.6%	-8.8%

图 2 2008-2019 年轿车市场销量及增速

数据来源：乘用车市场信息联席会

2019 年，国际贸易关系错综复杂，经济下行压力增加，乘用车总体市场全年同比下降 6.5%，是继 2018 年之后连续第二年的负增长。其中轿车市场同比下降 8.8%，一方面，厂商的车型规划在近几年以 SUV 车型为主，市面上主流轿车车型面临车型换代的阵痛。另一方面，美系、韩系、法系厂商在国内市场表现下滑，造成主力轿车市场份额下降。此外，德系厂商 SUV 战略的推行，使部分销量从轿车市场转向 SUV 市场。

一、2019 年宏观环境及总体市场概况

（一）车市宏观环境

2019 年全球经济下行加速，贸易摩擦等不利因素直接导致制造业生产陷入萎缩，一季度经购买意愿处于低位，加上“国六”排放标准提前实施、促消费政策尚未落地，都使消费端产生观望和延迟消费，尽管市场营促销力度持续，增值税下调引发大规模官降，但大多数品牌终端价格没有联动到位，市场作用力有限，一季度延续 2018 年底的低位运行，同比下滑 9.8%。二季度国内政策调整为稳增长和防风险并举，经济对车市的支撑改善低于预期，“国六”切换引发大规模清库促销，大幅拉升了 5—6 月的销量，同时新能源补贴退坡过渡期 6 月底结束，刺激了新能源市场的提前购买，加上部分地区出台了促消费政策，对市场有所拉动，二季度增速降幅有所收窄，同比下滑 6.1%。三季度国内经济延续深化调整趋势，外部中美贸易战暂时缓和，但难有实质性进展，车市外围经济环境持续低迷，且受二季度“国六”切换和新能源退坡影响，消费需求被严重透支，此外产业政策也没有有力的支撑，车市增速延续在低平台上，继续筑底，车市三季度同比下滑 6.6%。进入四季度，居民收入预期仍然低迷，加上物价快速上涨，未能促进消费需求的实质改善，政策对于车市的支撑力度仍然偏弱，且新能源市场的大幅下滑对总体市场形成拖累，但春节提前的因素带来了 12 月的销售冲量，对于整个四季度的增速小幅利好，四季度同比下降 3.7%，降幅阶段性小幅收窄。

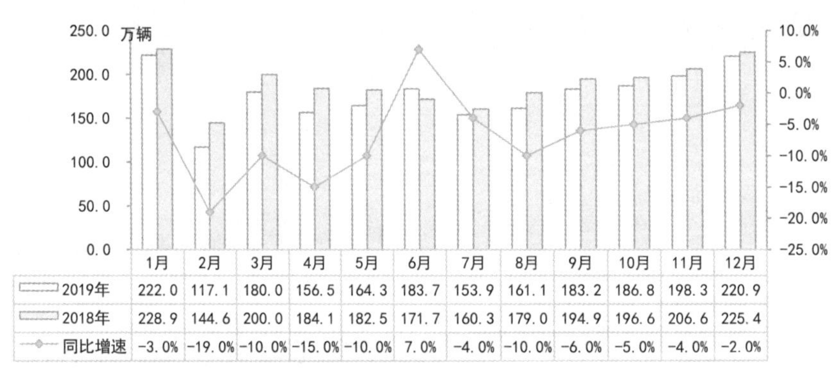

	1月	2月	3月	4月	5月	6月	7月	8月	9月	10月	11月	12月
2019年	222.0	117.1	180.0	156.5	164.3	183.7	153.9	161.1	183.2	186.8	198.3	220.9
2018年	228.9	144.6	200.0	184.1	182.5	171.7	160.3	179.0	194.9	196.6	206.6	225.4
同比增速	-3.0%	-19.0%	-10.0%	-15.0%	-10.0%	7.0%	-4.0%	-10.0%	-6.0%	-5.0%	-4.0%	-2.0%

图 3　2018-2019 年月度总体市场走势

数据来源：乘用车市场信息联席会

（二）2019 年乘用车市场的主要特点

1. 消费需求低迷，低级别车型和低线市场同比下滑明显

全球经济环境的低迷、中美贸易局势的不确定性对国内经济冲击较大，尤其是对中小企业带来了生存的压力，随之造成居民收入下滑，消费需求下降。2019 年，一、二线城市全年负增长 1%，而三线至五线城市同比下降 4%。分级别方面，A 级及以下车型同比下降 9 个百分点，相反，受收入下降影响较小的 B 级及以上车型同比增长 1%。

2. 豪华市场表现强劲，日系品牌逆势上扬

分品牌表现来看，尽管外部环境低迷，市场陷入困境，但由于豪华品牌近年产品战略逐渐下探，充分布局 B 级及以下细分市场，且近年来汽车消费升级的趋势持续，2019 年豪华市场同比增长 9%，而自主品牌和合资品牌分别下滑 13% 和 6%。市场内部竞争趋于激烈，分国别品牌表

现出现明显的分化，日系品牌得益于更有活力的产品生命周期以及营销节奏的良好控制，同比增长 4%，成为表现最好的品牌集群。欧系品牌得益于豪华品牌的良好表现，同比去年基本持平。其余国别的品牌同比去年均有不同程度的下滑。

3. 补贴退坡，新能源市场低于预期

2019 年新能源市场低于预期，全年销量 107 万辆，同比仅小幅增长 6%。分上下半年来看，在新能源补贴退坡的刺激下，上半年新能源市场同比增长 65%，保持了高速增长的良好势头，而进入下半年，补贴退坡，销量的提前透支加上消费需求的下滑，导致下半年出现了连续的负增长，整个下半年新能源市场下降 26%。结构方面，自主品牌新能源产品因价格较为敏感，全年销量下滑明显，而合资品牌、豪华品牌主力产品纷纷上市，市场份额有所提升。

二、2019 年轿车市场发展特点

自 2008 年以来总体市场主要受到 SUV 迅猛增长的推动，受到挤压的轿车市场增速长期低于总市场。随着市场饱和度增加，消费者的 SUV 购买欲望下降，轿车产品更新换代，不断推出造型更吸引眼球、科技互联配置更高端的车型，在市场下行的大环境中，销量表现相对稳定。

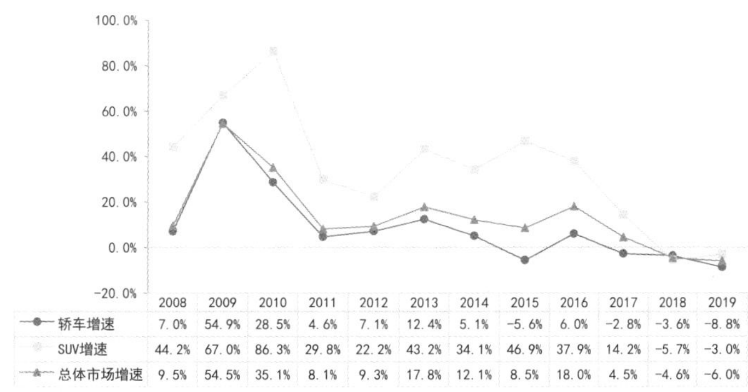

	2008	2009	2010	2011	2012	2013	2014	2015	2016	2017	2018	2019
轿车增速	7.0%	54.9%	28.5%	4.6%	7.1%	12.4%	5.1%	-5.6%	6.0%	-2.8%	-3.6%	-8.8%
SUV增速	44.2%	67.0%	86.3%	29.8%	22.2%	43.2%	34.1%	46.9%	37.9%	14.2%	-5.7%	-3.0%
总体市场增速	9.5%	54.5%	35.1%	8.1%	9.3%	17.8%	12.1%	8.5%	18.0%	4.5%	-4.6%	-6.0%

图 4　2008-2019 年总体市场、轿车及 SUV 市场增速

数据来源：乘用车市场信息联席会

（一）轿车分级别市场

受收入下降影响，低级别车型份额下滑，但轿车市场消费升级的趋势依然存在。2019 年 B 级及以上车型份额同比去年增长 2.9%，A 级细分市场份额则保持稳中有降，同比下降 0.1 个百分点。此外，新能源补贴退坡，低级别车型受到较大冲击，A00、A0 级别轿车份额下降明显。2019 年同比数据方面，A00、A0、A、B、C 级轿车同比分别为 -46%、-25%、-9%、2%、-1%。

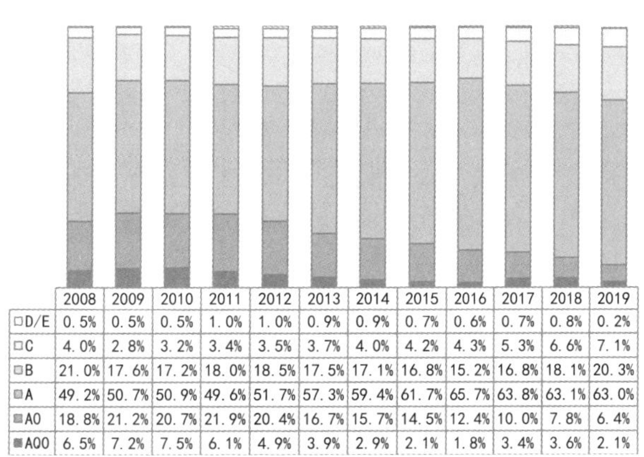

	2008	2009	2010	2011	2012	2013	2014	2015	2016	2017	2018	2019
D/E	0.5%	0.5%	0.5%	1.0%	1.0%	0.9%	0.9%	0.7%	0.6%	0.7%	0.8%	0.2%
C	4.0%	2.8%	3.2%	3.4%	3.5%	3.7%	4.0%	4.2%	4.3%	5.3%	6.6%	7.1%
B	21.0%	17.6%	17.2%	18.0%	18.5%	17.5%	17.1%	16.8%	15.2%	16.8%	18.1%	20.3%
A	49.2%	50.7%	50.9%	49.6%	51.7%	57.3%	59.4%	61.7%	65.7%	63.8%	63.1%	63.0%
A0	18.8%	21.2%	20.7%	21.9%	20.4%	16.7%	15.7%	14.5%	12.4%	10.0%	7.8%	6.4%
A00	6.5%	7.2%	7.5%	6.1%	4.9%	3.9%	2.9%	2.1%	1.8%	3.4%	3.6%	2.1%

图 5　2008-2019 年轿车市场分级别份额变化

数据来源：乘用车市场信息联席会

2019年的外部环境给车市带来了较明显的冲击，而B级以上的高端轿车市场受影响较小，成为轿车市场中表现最好的级别细分市场。2019年，B级轿车同比增长2%，轿车市场中份额较上一年增长了2.2%。一方面，豪华品牌价格持续下探，挤占主流合资品牌的销量空间，富有竞争力的售价叠加与消费升级趋势的合力，促使消费者更多地选择豪华品牌车型。此外，在经济下行的大环境下，处于价位段上层的豪华品牌所遭受的冲击最小。另一方面，日系新产品亚洲龙、Inspire陆续上市，主力车型雅阁、凯美瑞、天籁等迎来改款换代，产品竞争力得到了提升，在2019年市场中表现出色。德系迈腾、帕萨特则保持稳健的销量表现，而美系品牌车型销量有不同程度的下滑。值得一提的是，自主品牌红旗B级车在2019年有较强的同比增长，进口车型特斯拉Model 3表现不俗，国产化之后的后劲可期。

2019年A级轿车销量同比下降9%，在整个轿车市场中的份额与去年基本持平。A级轿车的头部效应更加明显，排名前十的A级轿车市场占比从去年的39%提升至43%。老牌的德系、日系、美系主力轿车保持了稳健的市场竞争力：朗逸、轩逸、卡罗拉、宝来等车型持续领跑市场，合资品牌新车型科鲁泽、享域的上市也迅速获得了市场认可，此外自主品牌车型荣威ei5、艾瑞泽GX、领克03等表现较好。尽管2019年新能源市场进入调整期，补贴的退坡倒逼新能源厂商升级换代，但A级新能源轿车中北汽EU系列、广汽埃安S、吉利几何A等车型销量上升较快。

表1 2019年B级轿车销量Top10车型（单位：辆）

排名	车型	销量	市场份额
No. 1	帕萨特	218, 506	10. 1%
No. 2	雅阁	217, 899	10. 1%
No. 3	凯美瑞	182, 702	8. 5%
No. 4	迈腾	173, 805	8. 1%
No. 5	奥迪A4	168, 473	7. 8%
No. 6	奔驰C级	159, 180	7. 4%
No. 7	君威	127, 541	5. 9%
No. 8	宝马3系	110, 156	5. 1%
No. 9	天籁	93, 345	4. 3%
No. 10	迈锐宝	78, 517	3. 6%

表2 2019年C级轿车销量Top10车型（单位：辆）

排名	车型	销量	市场份额
No. 1	宝马5系	174, 244	23. 1%
No. 2	奔驰E级	163, 876	21. 7%
No. 3	奥迪A6	131, 273	17. 4%
No. 4	雷克萨斯ES	91, 418	12.1%
No. 5	凯迪拉克XTS	50, 024	6. 6%
No. 6	沃尔沃S90	43,130	5. 7%
No. 7	凯迪拉克CT6	21, 375	2. 8%
No. 8	大众辉昂	13, 860	1. 8%
No. 9	林肯MKZ	12, 592	1. 7%
No. 10	红旗H7	12, 021	1. 6%

数据来源：乘用车市场信息联席会

C级车市场中，宝马5系、奔驰E级和奥迪A6仍然处于市场领跑地位，且三辆车的市场份额合计超过C级轿车市场的60%。近年来，自主和合资品牌车型纷纷向上升级，辉昂、红旗H7等C级车产品获得了积极的市场反馈，进入了销量排名前10行列。

表3 2019年A级轿车销量Top10车型（单位：辆）

排名	车型	销量	市场份额
No. 1	朗逸	490, 944	7. 3%
No. 2	卡罗拉	350, 755	5. 2%
No. 3	宝来	323, 438	4. 8%
No. 4	速腾	309, 788	4. 6%
No. 5	新轩逸	258, 582	3. 9%
No. 6	全新英朗	256, 837	3. 8%
No. 7	桑塔纳	244, 890	3. 7%
No. 8	思域	234, 933	3. 5%
No. 9	轩逸经典	216, 481	3. 2%
No. 10	帝豪	209, 825	3. 1%

表4 2019年A级新能源轿车销量Top10车型（单位：辆）

排名	车型	销量	市场份额
No. 1	北汽EU系列	44, 377	26. 3%
No. 2	比亚迪E5	43, 902	7. 6%
No. 3	埃安S	36, 860	7. 4%
No. 4	秦Pro	33, 347	7.2%
No. 5	荣威ei5	31, 788	7. 0%
No. 6	帝豪电动	26,007	6. 7%
No. 7	逸动电动	10, 679	5. 3%
No. 8	风神E70	6, 913	3. 6%
No. 9	荣威ei6	5, 930	3. 0%
No. 10	几何A	5, 000	2. 9%

数据来源：乘用车市场信息联席会

在外部环境严峻、经济下行的影响下，消费需求受到冲击，其中低端消费群体的损失尤为严重。同时新能源补贴在年中大幅退坡，进一步影响了下半年低级别轿车的需求。2019年A0级轿车份额进一步下滑至6.4%，细分市场的领跑产品仍然为本田飞度和大众Polo，车型排名没有太大的变化，份额高度集中。受补贴退坡影响，A00级轿车2019年销量仅为去年的一半左右，车型方面，宝骏E100、奇瑞eQ、欧拉R1处于领跑地位。市场对于新能源乘用车续航里程以及综合性价比提出了越来越高的要求，在补贴逐年下降的前提下，A00新能源轿车能否解决电池成本，保持代步车的竞争力，将决定未来该细分市场的发展方向。

表5 2019年A0级轿车Top 5车型（单位：辆）

排名	车型	销量	市场份额
No. 1	飞度	114, 665	16. 9%
No. 2	Polo	81, 241	12. 0%
No. 3	雅力士	65, 537	9. 6%
No. 4	威驰	60, 789	8. 9%
No. 5	瑞纳	48, 848	7. 2%

表6 2019年A00级轿车Top 5车型（单位：辆）

排名	车型	销量	同比
No. 1	宝骏E100	48, 098	21. 2%
No. 2	奇瑞eQ	39, 041	17. 4%
No. 3	欧拉R1	26, 955	11. 9%
No. 4	北汽EC系列	25, 640	11. 3%
No. 5	江淮iEV6E	18, 379	8. 1%

数据来源：乘用车市场信息联席会

（二）轿车市场车系表现

从不同车系的发展情况来看，2019年轿车市场竞争格局基本延续了上一年的趋势。总体来看，日系品牌份额上升，欧系保持稳定，其余系别均有不同程度的下滑。

欧系轿车的稳定表现来源于老牌头部产品的支撑。受经济环境影响，小型入门级和紧凑级SUV产品销量下滑明显，消费者回归轿车市场。

传统A级三厢轿车市场中，朗逸、宝来、速腾等不论在销量还是份额上都延续了上一年的稳健表现。

B级轿车中，帕萨特、迈腾保持销量排名的前两名，奥迪A4、奔驰C级、宝马3系也为欧系轿车提供了稳健的销量支撑。

同时豪华轿车市场中，欧系尤其是德系轿车也处于强势地位，奥迪、宝马、奔驰的产品在C级轿车细分市场中占据超过五成的市场份额。凭借良好的消费者口碑和自身的技术优势储备，欧系轿车继续保持自己的市场领先优势。

日系轿车在2019年市场份额进一步提升，主要得益于新产品和换代产品带来的增量，如卡罗拉、雷凌、轩逸、天籁等主流产品在2019年迎来换代，英诗派、亚洲龙、享域等新车陆续上市，凭借出色的产品力、合理的价格定位、有效的营销策略获得了良好的市场反馈。

近年来，日系的中高级轿车采用年轻化的产品定位，如雅阁、凯美瑞等主流车型通过改款和换代在造型上更加年轻化、潮流化。逐渐与德系、美系等竞争对手产生了定位上的差分，保持了旺盛的产品竞争力。

韩系品牌在2019年轿车市场中的份额继续下滑，全新悦纳、起亚焕驰、现代菲斯塔等车型表现抢眼，同比均为正增长，但受到消费基本面低迷的影响，韩系众多低价位段轿车下滑尤为明显。

品牌层面，在2018年低基数的基础上，现代以-2%的同比增速跑赢大盘，止住了近年来持续下滑的趋势，而起亚则仍呈现同比深度负增长。

自主品牌轿车份额下滑，2019年销量同比下降11%，市场内部结构也产生了明显的分化。厢型方面，三厢轿车2019年同比微增长4%，而两厢轿车（含旅行车）同比大幅下滑50%。

燃料类型方面，传统燃油车下滑13%，新能源车型尽管受到微型电动车大幅下降的影响，但新兴产品如埃安S、几何A等的上市，使自主品牌新能源轿车同比仅下滑6%。

价格段方面，受到经济环境低迷影响，低端消费人群需求下降幅度最大，自主轿车 10 万元以下销量占比从 2018 年的 71% 下降至 2019 年的 61%。

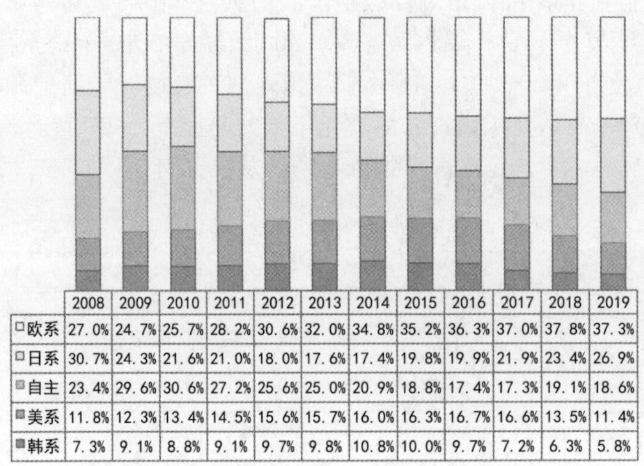

	2008	2009	2010	2011	2012	2013	2014	2015	2016	2017	2018	2019
欧系	27.0%	24.7%	25.7%	28.2%	30.6%	32.0%	34.8%	35.2%	36.3%	37.0%	37.8%	37.3%
日系	30.7%	24.3%	21.6%	21.0%	18.0%	17.6%	17.4%	19.8%	19.9%	21.9%	23.4%	26.9%
自主	23.4%	29.6%	30.6%	27.2%	25.6%	25.0%	20.9%	18.8%	17.4%	17.3%	19.1%	18.6%
美系	11.8%	12.3%	13.4%	14.5%	15.6%	15.7%	16.0%	16.3%	16.7%	16.6%	13.5%	11.4%
韩系	7.3%	9.1%	8.8%	9.1%	9.7%	9.8%	10.8%	10.0%	9.7%	7.2%	6.3%	5.8%

图 6 2008-2019 年轿车市场各车系份额变化

数据来源：乘用车市场信息联席会

（上汽大众汽车有限公司 胡昌晨）

2019 年 SUV 市场

2019 年中国乘用车市场持续低迷，其中 SUV 市场的深度下滑是重要因素。自主品牌 SUV 在 2019 年受到“国六”提早实施、中西部市场低迷和楼市挤压消费问题等因素影响而剧烈下滑。随着 SUV 价格体系下移，车企生存压力加大，其中部分车企逐步边缘化。2020 年 SUV 市场主要是合资车企的 SUV 新品推动 SUV 企稳，但随着合资 SUV 进一步下压，SUV 市场的挤出效应日益明显，车市的竞争压力进一步加大。

一、SUV 市场总体走势

（一）SUV 市场销量走势

SUV 的发展动力主要是消费者生活方式改变，消费者工作时间减少，个人休闲时间增加，扩大生活半径的需求越来越高。SUV 能很好满足用户周末出行、回老家探亲等假期出行需求。

近两年 SUV 市场从爆发式增长逐步进入调整期。SUV 市场总量从 2007 年的 38 万台到 2019 年的 935 万台呈现高增长态势。其中 2017 年 SUV 达到 1028 万台，过千万大关，成为近期的历史高点。

2018 年中国 SUV 市场总销量达到 1000 万台，同比下滑 2.7%，但 2019 年进一步持续下滑到 935 万台，年度同比下滑 6.5%。

从 2019 年的月度走势来看，SUV 上半年的月度销量都在下降。从 7 月份开始，SUV 市场的同比增速进入零增长的波动之间。由于 SUV 市场的下滑，主要是 2018 年下半年较为严重，2019

年下半年开始了恢复增长。随着“国六”实施，SUV 市场逐步走过调整期。

	1月	2月	3月	4月	5月	6月	7月	8月	9月	10月	11月	12月
2018年	108	65	91	82	77	75	64	74	88	87	91	99
2019年	89	54	84	65	64	74	67	75	84	87	94	99
SUV增速	-18%	-18%	-7%	-21%	-16%	-1%	5%	1%	-4%	0%	2%	0%
乘用车增速	-17%	-17%	-9%	-17%	-17%	-8%	-5%	-8%	-6%	-6%	-5%	-1%

图 1　2018-2019 年 SUV 月度销量走势

（二）2019 年 SUV 新品走势

SUV 新品是填补市场空白地带、拉动市场增量的核心推动力，因此新品对 SUV 市场至关重要。

2019 年 SUV 新品相对较少，国产新车只有 102 款相，对于 2017 年和 2018 年的 130 款新车的高强度新品刺激的力度大幅下降。而且 2019 年新品的填补市场空白区间的效果明显减弱，大部分新品增量表现较差。

2019 年的换代车型相对平稳，而作为国产换代车型达到 10 个，进口换代车有 4 款。

表 1　2015-2019 年 SUV 新产品数量统计（单位：款）

产地	新品	2015 年	2016 年	2017 年	2018 年	2019 年
国产	新车	75	101	127	128	102
	换代	9	8	10	8	10
	大改款	16	34	30	28	18
国产汇总		100	143	167	164	130
进口	新车	11	9	12	6	12
	换代	15	2	8	9	4
	大改款	10	9	4	8	4
进口汇总		36	20	24	23	20
总计		136	163	191	187	150

（三）SUV 市场价格走势

乘用车市场中的 A、B 级整体市场指导价都稳步上涨，但相应的 SUV 市场指导价则呈现大幅下滑趋势。仅在以自主品牌为主导的 A0 级市场，近期由于合资产品的进入导致 A0 级和 A0 级 SUV 市场指导价出现回升。近两年的 SUV 促销力度增加较大，2019 年经销商生存压力增大。由于受到“国六”标准提早实施的影响，导致 2019 年在 3 月份降价之后，4-6 月份促销剧烈的增长，导致 SUV 市场的艰难程度加剧。

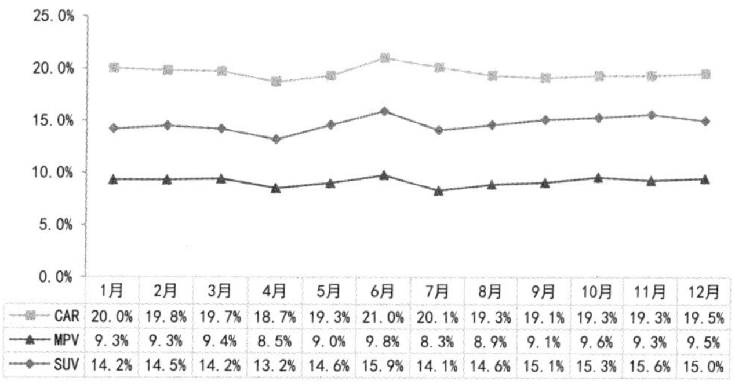

图 2　2019 年分车型促销走势

近年来，SUV 市场成交价降幅明显大于整体市场，成为价格下行的驱动因素。2019 年下半年 SUV 市场的促销持续增大，SUV 的促销增长幅度从 14.1% 上升到 15.6%，可见 SUV 市场竞争的激化。

（四）SUV 主力厂家走势

2019 年 SUV 市场主力厂家是自主品牌，其中长城、吉利和长安汽车表现很强。合资品牌表现优秀的是上汽大众和一汽 - 大众，南北大众持续高增长成为合资 SUV 的新贵，往年一贯优秀的是长城汽车始终保持第一的位置。2019 年长城 SUV 的下降相对较明显，2016 年开始连续登顶之后，近三年相对稳定，2019 年出现了一定下滑。

吉利汽车在 2016 年爆发，2018 年呈现超强的第二位地位，2019 年出现下滑特征。

大众品牌的 SUV 开始逐步地发力，过去两年大众品牌的 SUV 市场一直缺少产品，近期也呈现出快速补充产品的特征，呈现类似吉利的爆发式增长特征。

日系品牌 SUV 潜力较大，但目前表现相对偏弱。韩系 SUV 近期表现相对低迷。

二、SUV 市场结构特征

（一）SUV 产品结构

2019 年 SUV 市场销量同比下降 6%，SUV 市场在 2017 年阶段性见顶后，2018—2019 年连续两年持续下滑。

表 2　2016-2019 年 SUV 分级别销量、增速及占比（单位：万辆）

SUV 级别	2016 年			2017 年			2018 年			2019 年		
	销量	增速	占比	销量	增速	占比	销量	增速	占比	销量	增速	占比
A00	0.0	-	0%	2.0	-	0%	1.3	-	0%	1.0	-	0%
A0	227.5	21%	25%	228.3	0%	22%	229.7	1%	23%	208.4	-9%	22%
A	577.5	57%	64%	650.3	13%	63%	636.6	-2%	63%	602.1	-5%	64%
B	95.1	36%	11%	143.1	50%	14%	130.5	-9%	13%	129.5	-1%	14%
C	4.2	38%	0%	6.5	53%	1%	6.7	4%	1%	6.2	-7%	1%

A 级 SUV 在 SUV 市场中占比最高，与三厢车级别占比类似。SUV 级别演变趋势，与三厢车历史演变趋势类似，三厢车当前状态或是 SUV 短期级别发展方向。

在 SUV 结构上影响车市下滑的主要原因还是总体的 A 级和 A0 级 SUV 型的市场表现相对偏弱。从内部结构来看，2019 年 SUV 市场 A0 级份额持续下行。

（二）SUV 市场品牌结构

SUV 市场的品牌结构呈现持续高端化的趋势，尤其是豪华型 SUV 占比不断增加，合资品牌的市场份额呈现回暖的态势，从 2017 年的低位逐步回升到 2019 年的 37% 的较高份额。

豪华品牌 B 级 SUV 市场折扣力度较大，推动增长。合资车企同价位的轿车产品价格策略激进，侵蚀自主 SUV 市场用户。在新产品的不断推动下，自主品牌 A 级 SUV 市场份额降幅收窄，合资品牌 A 级 SUV 市场份额快速增长。

表 3　2016-2019 年 SUV 分品牌销量、增速及占比（单位：万辆）

SUV 级别	2016 年			2017 年			2018 年			2019 年		
	销量	增速	占比	销量	增速	占比	销量	增速	占比	销量	增速	占比
豪华	58	44%	6%	67	15%	6%	72	8%	7%	91	27%	10%
主流合资	314	26%	35%	335	7%	33%	338	1%	34%	349	3%	37%
自主	533	56%	59%	629	18%	61%	595	-5%	59%	507	-15%	53%

自主品牌 SUV 的市场份额从 2017 年的 61%，下行到 2019 年的 53%。呈现 SUV 市场的重新布局特征。2019 年 A 级 SUV 尤其是自主品牌 A 级 SUV 车型份额下滑明显，三线、四线和五线城市

受经济影响，汽车市场疲软，这些城市是自主 SUV 的主要市场。

（三）SUV 市场价格区间

从自主品牌与合资品牌的产品结构来看，自主品牌轿车主要是在 8 万元以下，占到 60%，而合资品牌 8 万元以下轿车占比仅有 10%。

自主品牌 SUV 主要在 8—12 万元和 8 万元以下市场，总体来看，SUV 的自主品牌相对来说中高端表现会能够跟随市场的走势。

表 4 2012-2018 年分车型级别市场份额

价格段	豪华	合资	自主	CAR 汇总	豪华	合资	自主	SUV 汇总
25 万元以上	83%	1%	0%	12%	89%	3%	2%	12%
16-25 万元	17%	19%	1%	16%	11%	53%	3%	26%
12-16 万元	-	15%	22%	14%	-	38%	12%	22%
8-12 万元	-	55%	16%	43%	-	5%	44%	22%
8 万元以下	-	11%	60%	15%	-	1%	39%	18%

（四）SUV 主力车型零售的表现

2019 年 SUV 市场主力车型以自主品牌为主，哈佛 H6 一枝独秀达到 38 万台水平。20 万台规模的有吉利博越和上海大众的途观，以及东风本田的 CRV、东风日产的奇骏。

表 5 2019 年 SUV 车型批发销量和增速（单位：辆）

2019 年批发前十			2018 年批发前十	
车型	销量	增速	车型	销量
哈弗 H6	386405	-15%	哈弗 H6	452552
博越	232327	-9%	宝骏 510	361403
途观	228951	165%	博越	255695
CR-V	213305	48%	传祺 GS4	246636
奇骏	207776	0%	途观 L	216973
长安 CS75	193227	38%	奇骏	207951
逍客	179773	3%	荣威 RX5	202108
探岳	179428	787%	昂科威	201776
荣威 RX5	166114	-18%	逍客	175045
宝骏 510	158201	-56%	XR-V	168250

表 6 2019 年 SUV 批发增减量前五（单位：辆）

车型	增量
探岳	159193
途观	142550
哈弗 F7	123661
缤越	114167
途岳	113362
车型	**减量**
昂科威	69208
远景 SUV	113309
传祺 GS4	141467
宝骏 510	203202
途观 L	216973

相对于 2018 年的自主品牌占绝对优势的前三位特征变化相对较大，宝骏 510、传祺 GS4 在 2018 年都是在前 5 名之内，2019 年下滑较大的主要是这些自主 SUV 产品。2019 年增量相对较强的主要是合资品牌，大众的探岳和大众的途岳等产品表现相对突出。自主品牌 SUV 表现相对突出的都是新品，哈佛 F7 和吉利缤越表现相对较强，这也奠定了吉利跟长城的 SUV 强势市场地位。

三、SUV 细分市场

（一）A0 级 SUV 市场

A0 级 SUV 2019 年产量累计增幅为 -11%，厂家批发销售累计增幅为 -9%。2019 年的 A0 级 SUV 市场表现相对优秀的主要是宝骏 510、长安 CS35 和宝骏 RS3 等车型。

从 2019 年走势看，宝骏 510 始终保持相对较强的地位，持续保持 A0 级 SUV 的领军地位。由于“国六”排放升级影响，部分车型上半年的下滑较大，年末逐步改善。

（二）A 级 SUV 市场

A 级 SUV 在 2019 年产量累计增幅 -8%，厂家批发销售累计增幅 -7%。A 级 SUV 市场内部主力车型月度走势表现波动剧烈。哈佛 H6 等车型表现走弱。而长安 CS75 等车型年中走势低于万台，随后四季度暴增。2019年自主品牌优势车型的表现走弱，合资品牌车型下压后的表现走强。

（三）B级SUV市场

B级SUV市场在2019年产量累计增幅-7%，厂家批发销售累计增幅-2%，处于明显的去库存特征。豪华SUV成为B级SUV的主力，尤其是以奥迪Q5、奔驰GLC和宝马X3等强势车型的表现成为核心增量。由于豪华SUV的产品数量相对较少，消费升级动力较强，形成了SUV消费升级特别强的表现特征。

四、SUV市场特征

（一）SUV市消费群体走势

从调研看，消费者购买SUV主要是功能与情感兼具。消费者对SUV的功能和情感认知高，SUV既“卖功能”，又“卖梦想”。

从功能特征来看，SUV除经济性外其余功能特征都很突出。SUV产品相对于轿车在很多方面具有优势，尤其是在安全性高、视野好，马力大，外观好看、车内空间大等方面相对轿车有明显优势。能体现自己的与众不同，充满时尚感与活力感。

SUV更适合于自驾游、SUV更体现个性、SUV产品更体现更高档次和更体面、SUV产品造型更有活力和安全感。综合来看消费者对SUV的偏好度更高。

（二）SUV区域特征

与整体市场发展特征不同，SUV市场的发展由中西部向东部蔓延。SUV产品是从越野车发展而来的，对山区道路适应更好。从产品选择看，SUV市场发展与各省地貌特征及经济发展紧密相关，东部主要省份受经济驱动，西部省份更多受功能性驱动。因此在东部地区豪华SUV和合资SUV表现相对优秀，而在中西部地区自主SUV功能性效果相对较好，认可度较高。

（三）SUV溢价回归合理区间

前期SUV产品主要是以四驱车型为主，伴随着城市SUV的兴起，SUV的轿车配置趋势明显。4WD装车率由最初的近90%跌落至不足35%，消费者对于SUV的认知发生了巨大的转变。

SUV车身形式的溢价能力在逐渐减弱，SUV市场开始面临更加激烈的内外部竞争，同时也说明SUV市场的发展日趋成熟。

从热销SUV&NB成交价走势可见，SUV的溢价幅度逐步缩小。尤其是强势品牌的SUV溢价逐步地缩小，回归正常水平，像CRV和途观等车型价格逐步的走低，形成较好的促销效果。

SUV市场中售价20万元以下的占比八成，其中又以12万元为分界线，12—20万元不断抢占12万元以下市场。12万元以内SUV市场自主品牌销量占绝对主导，但开始逐步被合资品牌挤压。

尽管SUV市场近年来成交价降幅较大，但目前SUV市场的成交价折扣率依然明显小于同级别的轿车市场，SUV车型降价势能依然存在。

市场竞争越来越激烈，SUV的成交价逐年降低。消费者越来越理性，购买低配置的比例越来越高。因此SUV与三厢车的装备差异越来越小，很多轿车上有的装备，在SUV的溢价相对估值偏高，现在逐步回归到合理水平，消费者逐渐将SUV作为城市代步车使用。

（四）SUV的7座化替代了MPV的部分功能属性

6-7座SUV已经成为三排座车型的主流，在一定程度上影响了MPV市场的发展。由于消费者对SUV感情相对较强，因此在选择7人座出行时，消费者一般都会选择以SUV为主，而不会选择MPV家用7座。目前，在6-7座的车型中，MPV占比仅有28%左右，6-7座的车型SUV占比达到70%以上水平。尤其是随着合资的大型化发展趋势，B级SUV强势发展，汉兰达、锐界、冠道等表现较好，而对应的奥德赛等MPV表现不温不火。

（五）SUV装备偏好差异

SUV大型化趋势成为鲜明的中国特色。由于中国人对大车的喜爱，所以长轴距SUV的销量逐年增长。

SUV 动力经济化趋势明显。随着 SUV 消费回归理性，“小马拉大车”的争议声音减弱，“够用即可”成为主流选择。双积分政策驱使 OEM 将 SUV 动力总成向小排量发展。

日系车型装备偏重舒适性、装饰性配置，如大屏、镀铬亮条等。德系车型更关注安全性、功能性配置，如底护板、安全气囊、定速巡航等。

SUV 的自主合资性价比差异化。自主品牌配置越高，性价比越高；合资品牌与之相反，配置越高的车型性价比越低。

伴随合资品牌纷纷布局 SUV 产品线，且价格定位逐步下探，自主品牌 SUV 优势不再。

（六）增换购趋势下 SUV 是最大受益者

2014-2016 年第一波 SUV 需求爆发，当时 SUV 爆发来自首购用户，自主品牌数量领先夺得先机。

存量市场争夺战中 SUV 成为增换购用户的心仪之选，合资品牌质量领先新入者破局。增换购用户已经成为存量市场的增量来源。高品牌忠诚度有助于品牌夺得增换购用户。SUV 可承接首购为 NB 的换购需求。SUV 增换购会流向其他 SUV。

SUV 受益于女性消费崛起。随着经济独立，职场女性在家用车上的话语权逐渐提升。25—44 的岁职业女性更愿主动关注汽车信息，汽车类 APP 渗透率较高。近十年来，SUV 中男性使用者比例逐渐降低，在主力车型上其趋势也得到验证。

SUV 逐步成为女性首选。女性青睐 TOP20 车型，凸显时尚、豪华、精致、精品等特性。而男性喜欢的主流如加长、大空间等并非女性的“菜”。

SUV 的 Coupe 风格或将开辟红海蓝湾。Coupe 风格 SUV 给用户的感觉是舒适、稳重、安全、有品位的。八成用户表示会考虑 Coupe 类 SUV，其中九成用户表示会购买。从市场表现来看，Coupe 风格 SUV 的典型代表车型已由“跨界”逐渐变为主流。

SUV 的 Cross 风格或将开辟新市场。作为 SUV 和 MPV 的融合，SMV 给用户的感觉是稳重、安全、个性独特的。近七成用户表示会考虑 SMV，其中近九成用户表示会购买。

（中国汽车流通协会汽车市场研究分会　崔东树）

2019 年 MPV 市场

最近几年，因经济下压、市场不振、消费者兴趣转移、竞争加剧等多种原因，造成国产 MPV 市场容量连续 3 年下降。2019 年国产 MPV 生产 138.1 万辆，同比下降 18.1%；销售 138.4 万辆，同比下降 20.2%。与 2016 年巅峰时期相比，2019 年销量减少了 45%。2019 年 MPV 市场呈现的特点是大型、高端品牌销量上涨与小型、低端产品下滑并存的局面。

一、产销概况

（一）国产 MPV

2019 年国产 MPV 销售 138.4 万辆，同比下降 20.2%，MPV 在狭义乘用车中的比重不断压缩，目前为 6.6%，较去年同期继续下降 0.9 个百分点。

从月度销量曲线来看，从 2016 年后的连续几年，销量持续下滑（见图 1）。2019 年全年销量仅为2016年巅峰时期销量的55%。2019年月均销量11.5万辆,2016年月均销量为20.8万辆。

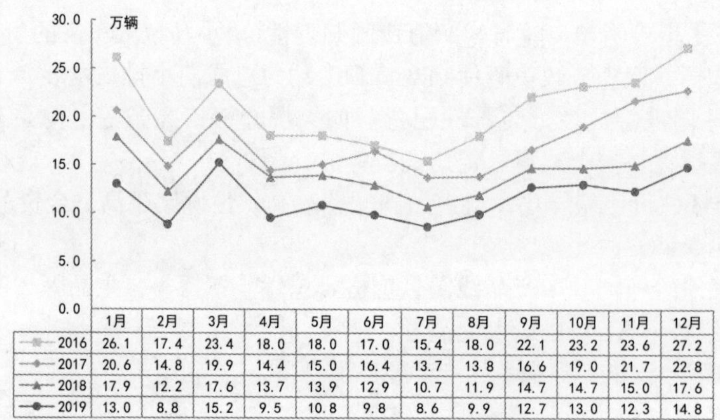

	1月	2月	3月	4月	5月	6月	7月	8月	9月	10月	11月	12月
2016	26.1	17.4	23.4	18.0	18.0	17.0	15.4	18.0	22.1	23.2	23.6	27.2
2017	20.6	14.8	19.9	14.4	15.0	16.4	13.7	13.8	16.6	19.0	21.7	22.8
2018	17.9	12.2	17.6	13.7	13.9	12.9	10.7	11.9	14.7	14.7	15.0	17.6
2019	13.0	8.8	15.2	9.5	10.8	9.8	8.6	9.9	12.7	13.0	12.3	14.8

图1 2016-2019年国产MPV市场月度销量走势对比

(二)进出口MPV与内需

2019年受经济下压和中美贸易战的影响,进口数量有所下降,MPV进口量为3.9万辆,同比下降4.9%;出口MPV累计达2.0万辆,同比增长33.3%,中国2019年MPV内需销量为140.3万辆(见表1),同比下降20.3%,进口MPV在内需中的占比为2.8%。

表1 2019年中国MPV进出口及内需销量(单位:万辆)

MPV	2019年	2018年	2017年	2019年增长率	2019年占有率
国产	138.4	173.5	207.1	-20.2%	97.2%
出口	2.0	1.5	2.0	33.3%	-
进口	3.9	4.1	5.0	-4.9%	2.8%
内需合计	140.3	176.1	210.1	-20.3%	100.0%

二、市场发展情况

(一)影响MPV排量结构的因素

在2019年中国MPV市场上,1.0—1.6L排量占绝对主流地位,市占率为72.5%,销量达100.3万辆。为了在消费税、车船税与动力之间取得平衡,市场上涌现了不少配备小排量涡轮增压发动机的产品,从2019年MPV的销量看,配备涡轮增压发动机的产品占整个MPV市场的约1/3,同比增长了20%,如传祺GM8和GM6的全部车型都采用了涡轮增压发动机,说明市场对增压发动机的接受度很高。

在整体MPV市场下滑的大趋势下,1.6—2.0L排量段的产品仍保持了30.0%的增长,销量达28.6万辆,占有20.7%的份额,这是MPV唯一增长的子市场;2.0L以上的排量段产品则大幅下滑;国内市场上2.5L以上的产品销量可以忽略不计(见表2)。

表2 2015-2019年MPV各排量销售情况(单位:辆)

排量	2015年	2016年	2017年	2018年	2019年	2019年增长率	2019年占有率
新能源*	0	0	6,185	15,087	6,896	-54.3%	0.5%
1.0—1.6L	1,766,757	2,196,263	1,623,804	1,301,116	1,003,615	-22.9%	72.5%
1.6—2.0L	117,953	140,685	264,959	220,348	286,355	30.0%	20.7%
2.0—2.5L	197,885	143,058	175,254	197,708	86,601	-56.2%	6.3%
2.5—3.0L	23,942	16,234	452	378	217	-42.6%	0.0%
>3.0	192	289	0	0	0	0.0%	0.0%
合计	2,106,729	2,496,529	2,070,654	1,734,637	1,383,684	-20.2%	100.0%

新能源车是近三年来新增的子市场，也是市场的亮点。从纯电动车来讲，2019 年新能源车销量是下降的，但如果计入插电混合动力车（PHEV）销量的话（国内有些省市认为 PHEV 也是新能源），则新能源车销量合计为 1.5 万辆，同比增长 11.2%。

根据国家最新的政策规定，新能源补贴将延长 2 年，即到 2022 年底结束，这对新能源车有一定的支持作用。

（二）MPV 品系加速分化

2019 年 MPV 车系之间的市场特点是“美系 MPV 产品一枝独秀”，虽然美系车销量只增长了 4.1%，与 MPV 整体下降 20% 相比，微增非常可贵，其市场份额继续扩大了 3.4 个百分点，达到 14.5%。自主品牌车型销量同比下降 21.5%（见表 3），但仍占有市场 3/4 的份额（75.4%）；德、日系等合资品牌车型也是大幅下滑，分别下滑了 33.6% 和 34.7%，由此可见品系间销量及份额在加速分化。

表 3　2019 年全年 MPV 车型来源地分析（单位：辆）

来源地	2019 年	2018 年	增长率	2019 份额	2018 份额	份额变化
中系	1,042,753	1,328,229	-21.5%	75.4%	76.60%	-1.20%
德系	44,600	67,164	-33.6%	3.2%	3.90%	-0.60%
美系	200,694	192,757	4.1%	14.5%	11.10%	3.40%
日系	95,637	146,488	-34.7%	6.9%	8.40%	-1.50%
合计	1,383,684	1,734,638	-20.2%	100.0%	100.00%	0.00%

（三）MPV 区域销售特点

1. 合资品牌与自主品 MPV 的比较

MPV 区域流向呈现与经济水平高度契合的特征。合资品牌 MPV 在东部经济发达地区的销量占绝对优势，广东、山东、上海分列前三位；自主品牌 MPV 在中东部地区的销量靠前，广东、山东、河南分列前三位。2019 年广东、山东两省呈现市场规模大、市场层次多的特点，对品牌接纳度高，因此在两大品类的流向排名中分列第一和第二（见表 4）。与往年广西、云南排名靠前不同，2019 年由于经济下压，预期收入不高，房地产市场火爆，压制了部分购车需求，所以广西云南等西部地区区域流向排位靠后（第 7、第 8 位）。

表 4　2019 年 MPV 区域流向排名表（单位：辆）

部分合资品牌 MPV				部分自主品牌 MPV			
No.	区域	销量	占比	No.	区域	销量	占比
1	广东	34,786	11.1%	1	广东	112,663	13.7%
2	山东	31,199	10.0%	2	山东	99,849	12.2%
3	上海	30,418	9.7%	3	河南	86,995	10.6%
4	江苏	28,321	9.1%	4	江苏	84,548	10.3%
5	河南	19,638	6.3%	5	河北	65,403	8.0%
6	北京	24,256	7.8%	6	浙江	58,762	7.2%
7	浙江	19,571	6.3%	7	广西	56,602	6.9%
8	河北	17,118	5.5%	8	云南	50,125	6.1%
9	安徽	9,471	0.7%	9	贵州	45,225	3.3%
10	山西	8,489	0.6%	10	浙江	42,763	3.1%

2. 美系与日系 MPV 的比较

地产车在当地销售具有天然优势，如别克 GL8 在上海和本田奥德赛在广东都毫无争议地排位第一。在 TOP5 区域的排名中，两个系品排名省份都有山东、江苏、北京和广东；唯一的差别是上海、浙江，说明上海是美系高端 MPV 的天下，日系车在浙江受欢迎程度高于上海（见表 5）。

表 5　2019 年合资品牌高端 MPV 产品的区域流向表（单位：辆）

排名	美系高端		日系高端	
1	上海	17,837	广东	14,041
2	山东	16,146	北京	7,211
3	江苏	15,777	浙江	6,780
4	北京	12,990	山东	5,834
5	广东	10,394	江苏	5,455

注：美系高端是指别克 GL8，日系高端是指奥德赛和艾力绅的合计。

三、细分市场发展变化

按功能分类，MPV 分为五个子市场：（1）合资商务型 MPV 销量 25.4 万辆，同比下降 5.0%，占有率却提高了 3 个点，为 18.4%；（2）合资兼用型 MPV 销量为 8.9 万辆，同比剧降 36.3%，市场占有率缩到 6.4%，是由于市场上无鲜明特点的明星产品所致；（3）自主商务型 MPV 在逆境中进取，是唯一增长的子市场，销量 21.0 万辆，同比增长 6.9%，市占率提高到 16.5%；（4）自主兼用型 MPV 销量 39.9 万辆，同比速降 26.2%；（5）自主商用型 MPV 是具有中国特色的车型，是市场上最大的一个板块，生产资料属性突出，近年来占比逐步在缩减，2019 年销量只有 41.8 万辆，同比大降 27.7%，与经济大环境有关（见表 6）。

表 6　各功能 MPV 销量及市占率增减变化（单位：辆）

功能	2019 年	2018 年	同比	2019 年占比	2018 年占比
合资商务	253,944	267,340	-5.0%	18.4%	15.4%
合资兼用	88,519	139,069	-36.3%	6.4%	8.0%
自主商务	225,005	210,497	6.9%	16.3%	12.1%
自主兼用	398,629	540,061	-26.2%	28.8%	31.1%
自主商用	417,587	577,671	-27.7%	30.2%	33.3%
合计	1,383,684	1,734,638	-20.2%	100.0%	100.0%

四、主要企业销售情况和市场份额

（一）MPV 市场集中度在提升

在国内总共 33 家生产 MPV 的企业中，有 4 家企业停产。国产 MPV 销量前 10 的企业集中度为 86.5%（前一年为 84.5%），市场上在销的有 58 个产品品牌，而 TOP10 企业以 29 个产品，占居 86.5% 的市场份额，其中上汽通用五菱力拔头筹，以 4 个车型品牌占有了 41.0% 的市场份额。

表 7　2019 年销量 Top10 的 MPV 企业集中度（单位：辆）

2017 年排名	2018 年排名	厂商	2018 年	2017 年	增长率	2018 年市占率	份额增减
1	1	上通五菱	566,636	694,145	-18.4%	4	41.0%
2	2	上汽通用	200,694	192,757	4.1%	3	14.5%
3	3	比亚迪	68,175	141,068	-51.7%	5	4.9%
6	4	东风柳汽	63,405	62,270	1.8%	1	4.6%
-	5	广汽乘用车	58,760	32,745	79.4%	2	4.2%
4	6	长安汽车	57,443	105,408	-45.5%	4	4.2%
-	7	上汽大通	52,899	24,857	112.8%	2	3.8%
5	8	东风本田	47,039	91,809	-48.8%	2	3.4%
8	9	广汽本田	44,481	45,498	-2.2%	1	3.2%
7	10	江淮瑞风	37,566	55,783	-32.7%	5	2.7%
Top10			1,197,098	1,446,340	-17.2%	29	86.5%
MPV 总量			1,383,684	1,734,637	-20.2%	58	100.0%
Top10 占比			86.5%	83.4%	-	50%	-

排名第 5 和第 7 的广汽乘用车和上汽大通，值得本年度推介。新推出的传祺 GM6 和大通 G50，分别为 GM8 和 G10 填补了市场空隙，为自家企业跻身 10 强奠定了基础。

2019 年的 TOP10 产品占有 69.4% 的市场份额（见表 8），其中新产品广汽乘用车传祺 GM6 和吉利汽车嘉际力压群雄，挤入今年榜单中的第 9 第 10 名，这进一步说明了新品精品得到用户的追捧，市场只认好产品。

表 8 2019 年 MPV 销量 TOP10 品牌（单位：辆）

No.	厂家	车型	2019 年	2018 年	增长率	2019 份额
1	上汽通用五菱	宏光	374,878	476,537	-21.30%	27.10%
2	上汽通用	别克 GL8	148,121	144,308	2.60%	10.70%
3	上汽通用五菱	宝骏 730	98,221	111,507	-11.90%	7.10%
4	东风柳州	菱智	63,405	62,269	1.80%	4.60%
5	比亚迪	宋 Max	63,018	141,068	-55.30%	4.60%
6	上汽通用五菱	宝骏 360	62,284	106,099	-41.30%	4.50%
7	广州本田	奥德赛	44,481	45,498	-2.20%	3.20%
8	江淮瑞风	瑞风	37,566	55,783	-32.70%	2.70%
9	广汽乘用车	传祺 GM6	35,663	1,976	1704.80%	2.60%
10	吉利汽车	嘉际	32,961	-	-	2.40%
Top10			960,598	1,145,045	-16.10%	69.40%
MPV 总量			1,383,684	1,734,637	-20.20%	100.00%

（二）MPV6 座的需求逐步走高

MPV 历来是以多座位、大空间赢得用户的青睐，以 7 座为主。自从上汽通用推出 6 座 MPV 后，它的优势慢慢显示出来，据一项研究结果表明，6 座受部分年轻人的喜爱，从 3 年前的 3%，提升到 10%。

（三）新品在于精而不在于多

由于经济下压、房地产消费的挤压，国内汽车业自 2018 年以来市场一直不振，连续两年滑坡。2019 年 MPV 市场上推出的新产品也只有 6 个，其中嘉际是吉利公司新产品，为吉利汽车开辟了 MPV 市场，上市当年就挤入国内 MPV 销量前 10 榜单，值得赞赏；上汽通用五菱的宝骏 RM-5 也是相当有竞争力的产品，排名新车第二位，再次诠释了新品在于精而不在于多的道理。另外吉利和江铃是 2019 年间全新进入 MPV 领域的企业，它们为家庭用车市场添加了更多选择。

表 9 2019 年 MPV 新车销量排名（单位：辆）

厂商	新车型	2019 年	厂商该年的 MPV 销量	新车在该公司 MPV 销量的占比
吉利汽车	嘉际	32,961	32,961	100.0%
上汽通用五菱	宝骏 RM-5	31,253	566,636	5.5%
华晨金杯	金杯新快运	15,258	23,173	65.8%
昌河汽车	威旺 M60	5,725	13,292	43.1%
比亚迪	宋 MAX（PHEV）	5,157	68,175	7.6%
江铃股份	福特途睿欧	1,532	1,532	100.0%
合计		91,886	705,769	13.0%

（四）MPV 混动版大受欢迎

东风本田推出的新艾力绅混动版和奥德赛混动版，与混动版匹配的是 2.0L 发动机，与汽油版的 2.4L 发动机相比，既降低发动机排量，减少消费税和车船税支出，又利用混动技术降低油耗，让用户得到全新的用车体验，因此在 MPV 界刮起了一阵旋风，两个混动版车型都成为本系列中的明星款，其中艾力绅的混动版占其销量的 40%，奥德赛混动版占其销量的 55%（超过了汽油版的销量）。

（五）新能源 MPV 不仅仅有纯电动

2019 年含纯电动（EV）和插电式混合动力（PHEV）新能源 MPV 总体销量为 1.5 万辆，同比增长 11.6%。2019 年两款 PHEV（宋 MAX 和嘉际）成为新能源市场中不可错过的看点。同时也有三款车停产（欧力威、开瑞、创业者，见表 9）。

表 10　2018-2019 年新能源 MPV 销售情况汇总（单位：辆）

No	新能源车型	2019 年	2018 年	增长率
1	宋 MAX（PHEV）	5,157	-	-
2	欧尚（BEV）	5,094	6,706	-24.0%
3	嘉际 1.5T（PHEV）	3,670	-	-
4	菱智（BEV）	768	488	57.4%
5	帅客（BEV）	502	1,176	-57.3%
6	上汽大通 G10（BEV）	218	180	21.1%
7	上汽大通 G50（BEV）	213	-	-
8	四川野马 E32（BEV）	95	1,831	-94.8%
9	欧力威（BEV）	-	2,917	-100.0%
10	开瑞 K50（BEV）	-	618	-100.0%
11	创业者（BEV）	-	169	-100.0%
合计		15,717	14,085	11.6%

五、影响 MPV 市场的几个因素

（一）利好因素

政策鼓励。国内市场已经出现了连续两年的销量负增长，2020 年初的新冠疫情，直接“冰封”了春节逛车消费的市场。在国内疫情缓解和各方面的呼吁下，各地政府部门也都纷纷出台鼓励汽车消费的通知与措施，内容包括增加限购车牌资源、补贴新购和换购、降低二手车交易税、取消限迁等。这些对 MPV 市场都有一定的促进作用。

（二）不利因素

2019 年继续处在中美贸易战的压力中，国际政治经济不确定因素增加，国内经济增速放缓，汽车产能过剩，SUV 蚕食了 MPV 的份额，年中“国五”车型甩卖，造成一定量的需求透支，加上消费者信心不足，年底出现持币待购现象。

（中国汽车流通协会汽车市场研究分会　唐奕奕）

2019 年微型客车市场

一、市场发展概况

（一）2019 年交叉型乘用车市场销量概况

2019 年，交叉型乘用车（不含小型 MPV）共销售 39.95 万辆，同比下降 11.72%，与 2018 年 17.26% 的降幅相比，下滑幅度有所减小。2019 年除了华晨等少数车企增长，大部分微客企业在大幅下滑，另有数家企业停产。

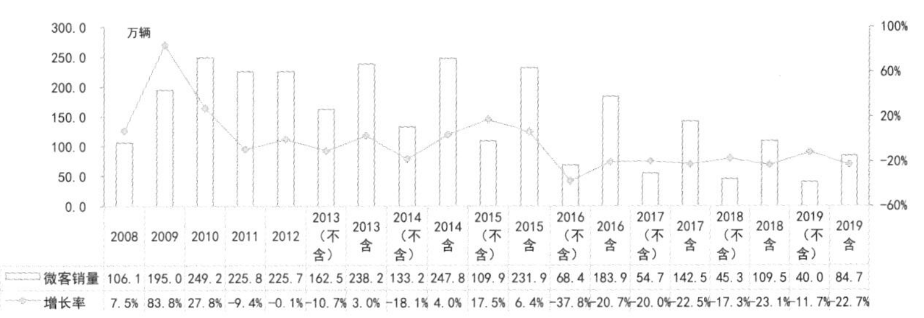

图 1　历年交叉型乘用车整体销量走势

数据来源：中国汽车工业协会

从企业表现来看，销售排名前五家的企业分别是上汽通用五菱、华晨汽车、东风小康、长安汽车和奇瑞汽车，分别销售 26.31 万辆、7.10 万辆、4.06 万辆、1.13 万辆和 0.35 万辆。行业排名前五名中，华晨汽车同比增长 18.84%，而其他车企则同比下滑，五菱、小康、长安及奇瑞分别下滑 14.29%、8.95%、24.50% 和 58.94%。

表 1　2019 年国内交叉型乘用车企业销量情况（单位：辆）

企业简称	2019 年	2018 年	同比增长（%）	2019 年占比（%）
上汽通用五菱	263062	306920	-14.29	65.84
华晨汽车	70973	59723	18.84	17.76
东风小康	40626	44619	-8.95	10.17
长安汽车	11280	14940	-24.50	2.82
奇瑞汽车	3486	8491	-58.94	0.87
福田汽车	2858	2586	10.52	0.72
北汽有限	2738	4774	-42.65	0.69
北汽银翔	2000	700	185.71	0.50
海马新能源	1003	11	-	0.25
中国一汽	683	3375	-79.76	0.17
重庆力帆	292	1425	-79.51	0.07
众泰汽车	245	389	-37.02	0.06
新龙马	205	1293	-84.15	0.05
航天成功	87	168	-48.21	0.02
北汽股份	0	2911	-100.00	0.00
昌河	0	254	-100.00	0.00
海马商务	-	-	-	0.00%
东南汽车	-	-	-	0.00%
浙江飞碟	0	23	-	0.00%
广汽吉奥	0	3	-	0.00%

数据来源：汽车工业协会（不含小 MPV，不含微货）

2019 年，上述五家企业共销售 38.94 万辆，占交叉型乘用车销售总量的 97.47%，集中度较 2018 年的 96.01% 略有提升。另外，2019 年有销量的企业为 14 家，比去年减少 2 家。

2019 年，从交叉型乘用车细分品种销量来看，总共有 22 款车型，较去年减少 4 款。过万辆车型仅 7 款（2018 年有 8 款），销量最大的是前置后驱的荣光 V 销量上升 1.22%，金杯 X30L 增长 7.42% 排名第三，金杯 X30、东风小康 C 系有较大幅度增长，而其他主要车型大多出现了下降。

表 2 2019 年国内交叉型乘用车产品销量情况（单位：辆）

产品名称	2019 年	2018 年	同比增长（%）
五菱荣光 V	159806	157887	1.22
五菱荣光	60318	68727	-12.24
金杯 X30L	43606	40595	7.42
五菱之光	42938	78035	-44.98
金杯 X30	27367	19128	43.07
东风小康 K 系	23663	23970	-1.28
东风小康 C 系	16540	13449	22.98
星光 4500	6668	12338	-45.96
新长安之星	4612	1642	180.88
伽途 V	2858	2586	10.52
北汽有限交叉乘用车	2738	4774	-42.65
威旺 206	2000	700	185.71
开瑞优优加长	1779	3115	-42.89
开瑞优优	1707	5376	-68.25
海马荣达（BEV）	1003	11	-
佳宝	683	3375	-79.76
EC36（BEV）	419	7200	-94.18
力帆丰顺	292	1425	-79.51
众泰 V10	245	389	-37.02
新龙马启腾 M70	205	1293	-84.15
航天新星	87	168	-48.21
EC35（BEV）	4	0	0.00
五菱之光 V	0	2271	-100.00
长安之星 3	0	960	-100.00
威旺 306	0	2911	-100.00
福瑞达	0	254	-100.00

（二）交叉型乘用车市场发展特点及趋势

面对持续大幅下滑的传统微客市场，厂家重视度大幅降低，对开发传统微车新品投入也大幅减少，并减产、停产部分车型系列，主要产品基本以年度款维持为主。

随着消费升级，随着微车企业的重心转移，主力微车企业推出的 MPV 和 SUV 等车型越来越多，包括跨界 SUV 等车型，产品造型风格进一步丰富，智能化水平越来越高，微车企业产品持续呈多元化发展趋势。

另外，在 2016 年至 2019 年，小 MPV 出现持续负增长，销量大幅下滑，截止到 2019 年总量已降到了四十几万辆，并拉动了整个 MPV 市场下滑。

需要指出的是，微车厂家之前向小 MPV、中型 MPV 领域发展，同时也借 SUV 行业大势，持续开发 SUV 车型，拓展新市场。但近年 MPV 市场持续下降，SUV 市场格局也随着合资品牌的成谱系进入发生了明显变化，合资 SUV 逐渐挤压自主 SUV 生存空间。

为此，微车厂家一方面完善 MPV、SUV 产品，另一方面寻找市场机会点和向上突围之路。如五菱推出宏光 PLUS，促进满足目标用户需求的有效升级；同时，五菱于 2019 年 4 月 11 日发布了新宝骏品牌，并推出了新宝骏 RM-5，RC-6，RS-3，RS-5 等系列车型。长安推出科尚中大型 MPV，中型 SUV 科赛 GT、紧凑型 SUV 欧尚 X7 等；东风小康推出风光 580Pro，继推出轿跑 SUV 风格的 ix5 后，2019 年又推出首款中型 SUVix7。可见，各厂家借新的产品及风格，甚至发布新品牌，拓展新的市场机会，为产品调整和品牌升级积极努力。

预计 2020 年交叉型乘用车（不含小 MPV）将继续下滑，全年预计销售 36 万辆，比 2019 年同比下滑 10% 左右。

二、重点生产企业发展概况

2019 年，交叉型乘用车行业没有全新新品推出，大改款车型也很少，近三年微车市场主要以推出年度款为主。

上汽通用五菱：2019 年交叉车型销量为 26.31 万辆，同比下滑 14.29%。主力产品五菱之光销售 4.29 万辆，大幅下降 44.98%；五菱荣光销售 6.03 万辆，下降 12.24%；前置动力车型荣光 V，前置后驱的荣光 V 销售 15.98 万辆，增长 1.22%。

2019 年五菱继续向乘用车拓展，在其擅长的 MPV 领域推出新品宏光 PLUS，丰富了宏光产品谱系，满足了不同用户的多功能需求。

五菱于 2019 年 4 月 11 日发布了新宝骏品牌，并连续推出了新宝骏 RM-5，RC-6，RS-3，RS-5 等系列车型。新宝骏承载着上汽通用五菱再创全新品牌的使命，并寻求在乘用车市场上获得新的突破。

长安汽车：2019 年长安交叉车型销售 1.13 万辆，下滑 24.50%，相比 2018 年的 77.08% 下降幅度明显减缓。

2019 年，长安汽车进行了系列调整，一是旗下的欧尚汽车加大了向乘用车领域的转型发展，推出科尚 MPV，SUV 车型科赛 GT 和欧尚 X7 等，其中欧尚 X7 上市后首月销量过万辆成为爆款，提振了欧尚汽车的信心；二是，长安汽车开始从市场需求的功能角度整合微客、轻客，拟发挥系列化产品阵营，更好地满足市场需求。

东风小康：2019 年，东风小康交叉车型实现销售 4.06 万辆，下滑 8.95%。其主力微客东风小康 K 系销售 2.40 万辆，下降 21.95%。东风小康交叉车型虽稍微落后于华晨汽车，但小康在向乘用车拓展转型中取得了持续效果，2019 年又推出风光 580Pro，继推出轿跑 SUV 风格的 ix5 后，2019 年又推出首款中型 SUV ix7，体现了小康产品向上、品牌向上的决心。

华晨汽车：2019 年，交叉车型实现销售 7.10 万辆（金杯 X30L、X30 车型），同比增长 18.84%，继续排名第二，华晨汽车抓住了长安和小康向乘用车大力转型的时机，巩固了市场地位。

至此，主要微车企业根据自身战略和实力向乘用车转型的战略方向非常明确，其在交叉车市场的效果差异也体现明显。

三、交叉型乘用车出口概况

2019年交叉型乘用车出口总量为27812辆，同比下降12.75%。其中，行业前三强的上汽通用五菱出口9004辆，长安汽车4690辆，东风小康3056辆，前三强合计16750辆，占比60.23%，相对2018年略有提升，优势明显。

表3 2019年交叉型乘用车企业出口量情况（单位：辆）

企业	2019年	2018年	同比增长（%）
上汽通用五菱	9004	8046	11.91
长安汽车	4690	2664	76.05
东风小康	3056	4133	-26.06
北汽福田	2783	2430	14.53
华晨汽车	2661	2436	9.24
奇瑞汽车	2578	5965	-56.78
北汽银翔	1400	700	100.00
一汽吉林	1201	2571	-53.29
福建新龙马	202	265	-23.77
力帆汽车	136	1104	-87.68
航天圆通	80	135	-40.74
北京汽车	14	1428	-99.02
东风汽车	7	0	-

四、行业运行存在的问题

消费趋势的升级变化，促使微车企业的重心已向乘用车转移，产品转型是微车企业首先要考虑的问题，由于车型结构、用途、价格、用户特征等因素影响，之前小型MPV市场成为各厂家转型的首选，后以MPV+SUV的产品组合拓展乘用车市场。

自2018年以来，部分微车企业在产品向上、品牌向上的努力探索，如长安欧尚汽车推出定价明显高于之前产品欧尚COS1°（科赛）SUV，东风小康推出ix5，但销量较低。

当前，MPV和SUV车型已成为企业主力车型，微车企业产品呈多元化发展趋势，而整个传统微客市场进一步持续萎缩。2019年交叉车型销量过万辆的仅7款，销量最多的是前置后驱的荣光V，中置后驱的传统微客车型大幅下滑。

在现有16家微车企业中，年销量过万辆的企业仅4家，企业总数少于去年，未来还将有企业退出微客市场。

进入狭义乘用车领域后，微车企业面对的竞争层次将明显升级，狭义乘用车领域竞争大势不容乐观。汽车整体市场连续下滑，SUV市场格局也随着合资品牌的成谱系进入发生了明显变化，自主SUV红利已消失，SUV市场已成为红海，这给以SUV车型为主力的自主微车企业带来巨大压力，不少企业出现负增长，北汽银翔、力帆等企业已退出市场。2020年，SUV领域激烈竞争态势更加激烈。

近年MPV市场也持续下降，小型MPV更是快速下滑，各细分市场一些强势自主车企进入，新品不断，但销量并不大，包括五菱等车企在MPV市场压力很大，宝骏730等车型销量下降。

2019 年中国商用车市场

2019 年载货车市场

一、2019 年中国载货车产业发展的宏观环境

2019 年，在世界经济低迷以及中美贸易争端的影响下，中国 GDP 增速为 6.1%，相比 2018 年增速有所下降，但在世界主要经济体中处于领先水平。影响载货车产业发展的固定资产投资增速 5.4%，进一步下滑，创多年来新低。分产业看，第一产业投资 12633 亿元，比上年增长 0.6%，1—11 月下降 0.1%；第二产业投资 163070 亿元，增长 3.2%，增速加快 0.8 个百分点；第三产业投资 375775 亿元，增长 6.5%，增速回落 0.2 个百分点。

图 1 2005-2019 年 GDP 增速（单位：%）

2019 年，中国公路物流运价指数较平稳，说明公路货运行业景气度尚可，且比 2018 年同期景气度更高，公路货物运价的景气程度是载货车产业需求端保持稳定的有力保障。

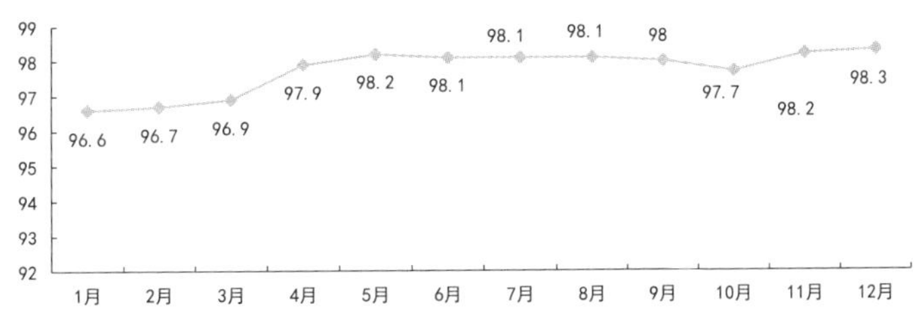

图 2 2019 年中国公路物流运价指数

2019 年，中国公路货物周转量较 2018 年明显增长，货物周转量的增加是载货车产品需求的关键支撑，说明中国经济活动仍较景气。

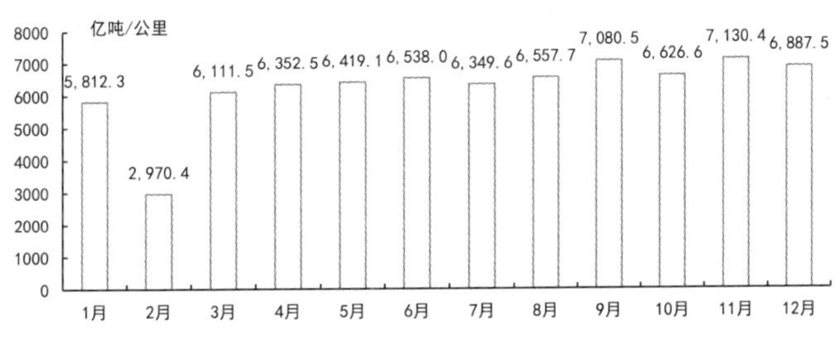

图 3 2019 年中国分月度公路货物周转量

二、2019 年中国载货车市场发展情况

近五年来，载货车细分市场构成也发生了变化。三类细分市场中，半挂牵引车销量与份额均较好增长，其市场份额从 2013 年的 8% 提升至 2019 年的 14.7%。2019 年，牵引车共销售 564920 辆，比 2018 年增长 17%。牵引车是高效物流运输的主要产品，未来仍有进一步增长空间。普通载货车市场份额较稳定，货车非完整车辆份额下滑。

2019 年中国载货车共销售 385.0 万辆，同比小幅下降 0.9%。细分领域中，仅有重型载货车销量实现正增长，同比增加 2.3%，其余车型均下跌。其中中型载货车降幅高达 21.37%，轻型和微型载货车同比分别小幅下降 0.62% 和 1.38%。

表 1　2015-2019 年中国载货车分车型销售情况（单位：辆）

车型	2015 年	2016 年	2017 年	2018 年	2019 年
重型载货车	550716	732919	1116851	1147884	1174252
中型载货车	200414	229063	229113	177206	139338
轻型载货车	1558543	1539820	1718943	1894978	1883166
微型载货车	546208	606058	568444	665557	653402
合计	2855881	3107860	3633351	3885625	3850158

数据来源：中国汽车工业协会

分月度来看，2019 年中国载货车销量年初和年末销量较高，六月至八月份为销量低谷。

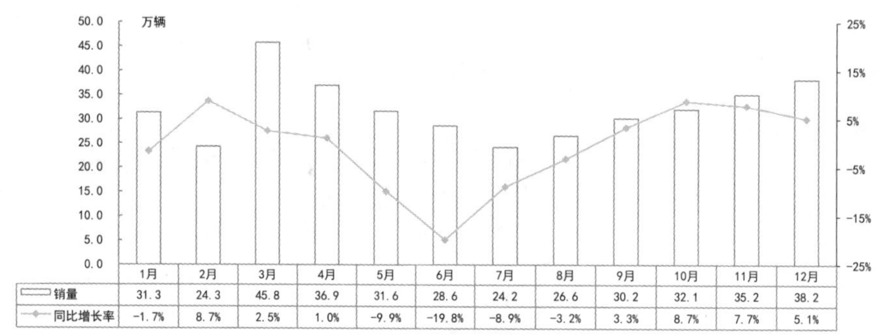

图 4　2019 年中国载货车分月度销量

由于新能源汽车补贴大幅下降，2019 年纯电动载货车销量 41090 辆，大幅下降 46.7%。燃料电池货车销量为 159 辆，比 2018 年的 39 辆实现较大增幅，长远来看，燃料电池技术路线更适合载货车产品，在中国大力发展燃料电池汽车的背景下，未来这一细分市场有较大发展潜力。

表 2　2018-2019 年中国载货车分燃料类型销量及增速（单位：辆，%）

车型	2018 年	2019 年	同比增加
柴油汽车	1730085	1513049	-12.54%
汽油汽车	1054003	1161913	10.24%
普通混合动力	940	0	-100.00%
插电式混合动力	0	159	-
纯电动	77093	41090	-46.70%
燃料电池	39	159	307.69%
天然气	8624	3883	-54.97%
其他替代燃料	0	28	-
合计	2870784	2720281	-5.24%

三、载货车主要企业发展情况

（一）重型载货车企业

相比于 2018 年，2019 年重型载货车企业前十排名变化不大，安徽华菱由第九名降至第十名，其他名次保持不变。前十名企业仅北汽福田、安徽江淮和安徽华菱是负增长，其他企业均实现销量增加，徐工汽车增幅最高，为 18.92%。

表 3 中国重型载货车分企业销量（单位：辆，%）

排名	企业	2018 年	2019 年	同比增加
1	中国第一汽车集团有限公司	261013	275239	5.45%
2	东风汽车集团有限公司	217027	240618	10.87%
3	中国重型汽车集团有限公司	189705	190915	0.64%
4	陕西汽车集团有限责任公司	172009	177321	3.09%
5	北汽福田汽车股份有限公司	110305	85978	-22.05%
6	上汽依维柯红岩商用车有限公司	58037	58077	0.07%
7	安徽江淮汽车集团股份有限公司	40564	38124	-6.02%
8	成都大运汽车集团有限公司	32300	32341	0.13%
9	徐州徐工汽车制造有限公司	17276	20545	18.92%
10	安徽华菱汽车有限公司	21733	20184	-7.13%

（二）中型货车企业

2019 年，中型载货车企业排名变化较大，北汽福田升至第一，销量同比大幅增加 165.67%，达到 34293 辆。浙江飞碟销量大幅下降 87%，排名由 2018 年的第一名下降至第九名。

表 4 中国中型载货车分企业销量（单位：辆，%）

排名	企业	2018 年	2019 年	同比增加
1	北汽福田汽车股份有限公司	12908	34293	165.67%
2	成都大运汽车集团有限公司	22999	23018	0.08%
3	东风汽车集团有限公司	30101	21182	-29.63%
4	庆铃汽车（集团）有限公司	11993	11925	-0.57%
5	山东唐骏欧铃汽车制造有限公司	11337	10593	-6.56%
6	安徽江淮汽车集团股份有限公司	11731	10528	-10.25%
7	中国第一汽车集团有限公司	7051	9359	32.73%
8	中国重型汽车集团有限公司	17551	8605	-50.97%
9	浙江飞碟汽车制造有限公司	23578	2853	-87.90%
10	陕西汽车集团有限责任公司	480	2166	351.25%

（三）轻型货车企业

2019 年，北汽福田仍稳居轻型货车销量排名第一，且实现同比 10.99% 的销量增幅，扩大了领先优势。东风汽车销量大幅增长 18.53%，排名升至第二名。江淮与 2018 年销量基本持平，同比微增 0.53%。

表 5　中国轻型载货车分企业销量（单位：辆，%）

排名	企业	2018 年	2019 年	同比增加
1	北汽福田汽车股份有限公司	328598	364713	10.99%
2	东风汽车集团有限公司	164598	195096	18.53%
3	安徽江淮汽车集团股份有限公司	191797	192809	0.53%
4	江铃汽车股份有限公司	181903	155451	-14.54%
5	重庆长安汽车股份有限公司	168327	153527	-8.79%
6	长城汽车股份有限公司	138000	148830	7.85%
7	中国重型汽车集团有限公司	117844	95473	-18.98%
8	中国第一汽车集团有限公司	61697	65523	6.20%
9	金杯汽车股份有限公司	52621	57461	9.20%
10	保定长安客车制造有限公司	48672	56480	16.04%

（四）微型货车企业

微型载货车行业较稳定，上汽通用五菱多年来居行业第一，2019 年销量 418041 辆，同比增长 5.18%，进一步扩大领先优势。江西昌河 2019 年销量 4201 辆，进入前十名。

表 6　中国微型载货车分企业销量（单位：辆，%）

排名	企业	2018 年	2019 年	同比增加
1	上汽通用五菱汽车股份有限公司	397471	418041	5.18%
2	东风汽车集团有限公司	86753	82625	-4.76%
3	重庆长安汽车股份有限公司	74218	52994	-28.60%
4	奇瑞汽车股份有限公司	56598	52673	-6.93%
5	山东凯马汽车制造有限公司	16586	24863	49.90%
6	金杯汽车股份有限公司	6365	5768	-9.38%
7	北汽福田汽车股份有限公司	6098	5286	-13.32%
8	江西昌河汽车有限责任公司	0	4201	-
9	山东唐骏欧铃汽车制造有限公司	6035	2366	-60.80%
10	北汽银翔汽车有限公司	1348	2100	55.79%

四、载货车出口情况

2019 年，中国共出口各类货车 236547 辆，同比大幅增加 19.26%。分月度来看，前三个月出口量较大，实现较大同比增幅；分企业来看，中国重汽、北汽福田和陕汽排名前三。

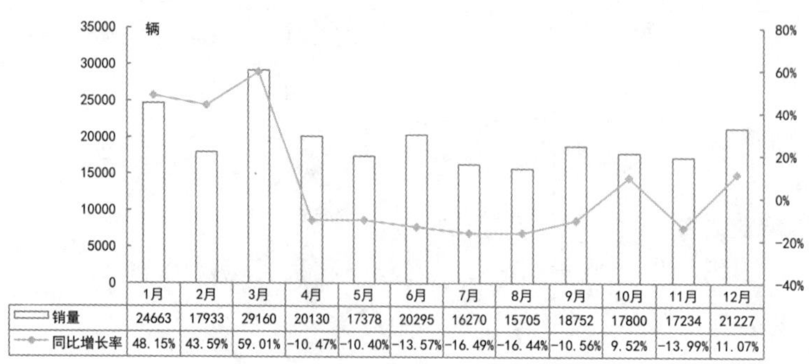

图 5　2019 年载货车月度出口量

表 7 中国微型载货车分企业销量（单位：辆，%）

排名	企业	2018 年	2019 年	同比增加
1	上汽通用五菱汽车股份有限公司	397471	418041	5.18%
2	东风汽车集团有限公司	86753	82625	-4.76%
3	重庆长安汽车股份有限公司	74218	52994	-28.60%
4	奇瑞汽车股份有限公司	56598	52673	-6.93%
5	山东凯马汽车制造有限公司	16586	24863	49.90%
6	金杯汽车股份有限公司	6365	5768	-9.38%
7	北汽福田汽车股份有限公司	6098	5286	-13.32%
8	江西昌河汽车有限责任公司	0	4201	-
9	山东唐骏欧铃汽车制造有限公司	6035	2366	-60.80%
10	北汽银翔汽车有限公司	1348	2100	55.79%

五、2019 年货车企业加速布局智能网联业务

2019 年，智能网联在货车领域应用大幅提高，自动驾驶将会优先在限定场景商业化。部分领先企业已经开始生产 L2 级别自动驾驶货车，并着手布局限定场景下的更高级别自动驾驶产品。

表 8 一汽解放和中国重汽 L2 级自动驾驶车型情况

企业	车型	应用场景	测试应用情况	主要功能	适用情况
一汽解放	燃油重卡 - 解放 J7	高速物流	量产	车道居中控制、主动智能巡航、智能主动刹车、解放行车联网系统（远程故障诊断、驾驶行为深度分析、FOTA 远程数据推送）	-
中国重汽	燃油重卡	高速物流、区域物流	量产	车道偏离预警、前碰撞预警、自动紧急制动、停走式自适应巡航、车道保持辅助、预见性驾驶节油功能、智能缓速制动器管理功能、交通限速标识提醒	全车速范围、固定车道

表 9 货车企业限定场景自动驾驶车辆布局情况

排名	企业	2018 年	2019 年	同比增加
1	上汽通用五菱汽车股份有限公司	397471	418041	5.18%
2	东风汽车集团有限公司	86753	82625	-4.76%
3	重庆长安汽车股份有限公司	74218	52994	-28.60%
4	奇瑞汽车股份有限公司	56598	52673	-6.93%
5	山东凯马汽车制造有限公司	16586	24863	49.90%
6	金杯汽车股份有限公司	6365	5768	-9.38%
7	北汽福田汽车股份有限公司	6098	5286	-13.32%
8	江西昌河汽车有限责任公司	0	4201	-
9	山东唐骏欧铃汽车制造有限公司	6035	2366	-60.80%
10	北汽银翔汽车有限公司	1348	2100	55.79%

（李新波）

2019 年客车市场

一、2019 年客车市场概况

中国汽车工业协会数据显示，近五年，客车的产销量逐年下滑，2019 年降幅比 2018 年有所收窄。2019 年，客车（含客车非完整车辆）产销分别为 47.2 万辆和 47.4 万辆，同比下降 3.5% 和 2.2%，降幅比上年收窄 3.5 个百分点和 5.8 个百分点。

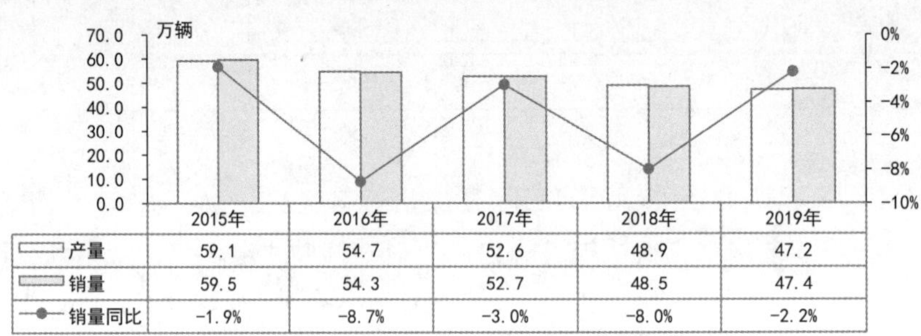

	2015年	2016年	2017年	2018年	2019年
产量	59.1	54.7	52.6	48.9	47.2
销量	59.5	54.3	52.7	48.5	47.4
销量同比	-1.9%	-8.7%	-3.0%	-8.0%	-2.2%

图 1　2015-2019 年客车产销量及销量同比

数据来源：中国汽车工业协会

从月度客车销量同比增长情况来看，2 月、3 月、11 月同比略有增长，7 月市场需求有所放大，同比呈现出快速增长势头，其他各月均呈不同程度下降，其中 5 月降幅最为明显。

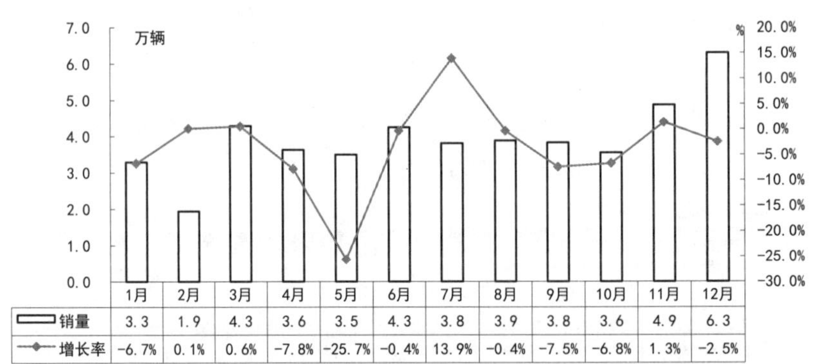

	1月	2月	3月	4月	5月	6月	7月	8月	9月	10月	11月	12月
销量	3.3	1.9	4.3	3.6	3.5	4.3	3.8	3.9	3.8	3.6	4.9	6.3
增长率	-6.7%	0.1%	0.6%	-7.8%	-25.7%	-0.4%	13.9%	-0.4%	-7.5%	-6.8%	1.3%	-2.5%

图 2　2019 年客车月度销量及同比

数据来源：中国汽车工业协会

二、2019 年客车细分市场

2019 年，大型客车同比产销降幅均呈明显收窄，分别达到 7.4 万辆和 7.5 万辆，同比下降 5.4% 和 2.8%，降幅比上年收窄 10.8 个百分点和 15.4 个百分点；轻型客车产销降幅均低于全行业，分别达到 33.2 万辆和 33.3 万辆，同比下降 1.3% 和 0.6%；中型客车产销降幅依然明显，分别达到 6.6 万辆和 6.7 万辆，同比下降 11.4% 和 9.1%。

2019 年，大型客车销量排名前十位的生产企业依次为郑州宇通、苏州金龙、金龙联合、中通客车、中车时代、厦门金旅、比亚迪股份、北汽福田、扬州亚星和珠海广通，分别销售 2.4 万辆、0.6 万辆、0.5 万辆、0.5 万辆、0.5 万辆、0.4 万辆、0.4 万辆、0.4 万辆、0.3 万辆和 0.2 万辆。

与上年相比，比亚迪股份、金龙联合和厦门金旅销量呈较快下降，郑州宇通降幅略低，珠海广通与上年持平，其他企业均呈增长，其中北汽福田增速最为显著。2019 年，上述十家企业共销售 6.4 万辆，占大型客车销售总量的 85.6%。

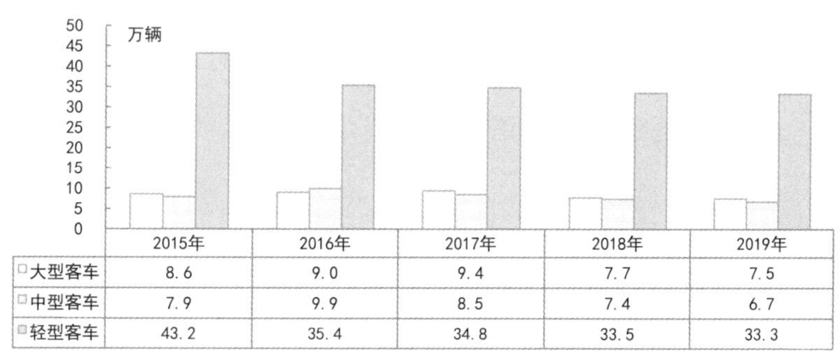

	2015年	2016年	2017年	2018年	2019年
大型客车	8.6	9.0	9.4	7.7	7.5
中型客车	7.9	9.9	8.5	7.4	6.7
轻型客车	43.2	35.4	34.8	33.5	33.3

图 3　2015-2019 年客车分车型销量

数据来源：中国汽车工业协会

中型客车销量排名前十位的生产企业依次为郑州宇通、东风公司、中通客车、苏州金龙、金龙联合、一汽丰田、厦门金旅、中车时代、比亚迪股份和江淮股份，分别销售 2.6 万辆、0.7 万辆、0.5 万辆、0.3 万辆、0.3 万辆、0.3 万辆、0.3 万辆、0.2 万辆、0.2 万辆和 0.2 万辆。与上年相比，中通客车和中车时代销量呈较快增长，东风公司增速略低，郑州宇通微降，其他六家企业降幅均较为明显。2019 年，上述十家企业共销售 5.5 万辆，占中型客车销售总量的 82.2%。

轻型客车销量排名前十位的生产企业依次为江铃股份、上汽大通、保定长安、北汽福田、南京依维柯、东风公司、金龙联合、长安汽车、金杯汽车和厦门金旅，分别销售 8.0 万辆、3.2 万辆、3.2 万辆、3.2 万辆、2.6 万辆、2.5 万辆、1.8 万辆、1.6 万辆、1.6 万辆和 1.2 万辆。与上年相比，保定长安销量增速最为明显，上汽大通和厦门金旅小幅增长，长安汽车与上年持平，其他企业均呈下降，其中金杯汽车和南京依维柯下降更快。2019 年，上述十家企业共销售 29 万辆，占轻型客车销售总量的 87.3%。

2019 年，从按燃料细分品种客车市场表现来看，汽油客车结束上年下降，呈较快增长，柴油和天然气客车均呈下降；在新能源客车品种中，除燃料电池客车外，纯电动客车和插电式混合动力客车销量依然延续了上年下降趋势。

此外，在统计的客车分米段细分市场中，9 米＜车长≤ 10 米和车长大于 12 米两大系列品种销量均呈增长，其他系列品种呈不同程度下降，其中 6 米＜车长≤ 7 米和 7 米＜车长≤ 8 米两大系列降幅更为明显。

近年来，高铁、私家车、共享出行等多元化交通方式的发展对客车的长期影响仍然在持续。预计短期内，客车市场仍难以明显回暖，客车企业要做好应对市场长期变化的准备。不过，城市公交车仍然是未来一段时间客车市场的主力军，在当前打赢蓝天保卫战的要求下，纯电动客车和清洁能源客车的市场份额将会呈现增长态势。

2019 年专用车市场

一、2019 年专用车市场概况

2019 年中国专用汽车及普通自卸车、半挂车八大类产品累计生产 336.63 万辆，同比增长 36.36%，其中厢式类专用汽车累计生产 85.54 万辆，同比增长 6.4%；罐式类专用汽车累计生产 15.48 万辆，同比增长 24.9%；专用自卸车累计生产 10.13 万辆，同比增长 5.4%；仓栅类专用车累计生产 3518 万辆，同比增长 14.9%；举升类专用车累计生产 7.38 万辆，同比增长 41.4%；特种类专用汽车累计生产 8.88 万辆，同比增长 5.6%；普通自卸车累计生产 35.55 万辆，同比增长 4.0%；半挂车累计生产 138.48 万辆，同比增长 109.8%。从车型吨位上分，重型（包括超重型）车占 60.32%、中型车占 3.31%、轻型（包括微型）车占 36.36%，与去年同期相比重型车比例增长 11.92%，中型车下滑 0.78%，轻型车下滑 11.14%。

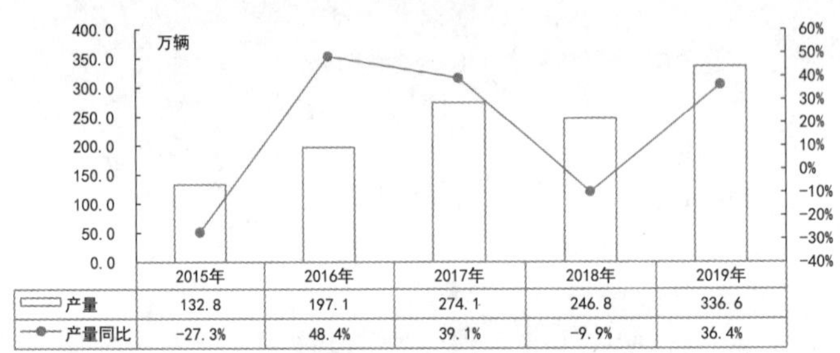

图 1　2015-2019 年专用车产量及同比

数据来源：中国汽车工业协会

分类别看，2019 年，厢式类专用汽车累计生产 85.54 万辆，同比增长 6.4%；罐式类专用汽车累计生产 15.48 万辆，同比增长 24.9%；专用自卸车累计生产 10.13 万辆，同比增长 5.4%；仓栅类专用车累计生产 35.18 万辆，同比增长 14.9%；举升类专用车累计生产 7.38 万辆，同比增长 41.4%；特种类专用汽车累计生产 8.88 万辆，同比增长 5.6%；普通自卸车累计生产 35.55 万辆，同比增长 4.0%；半挂车累计生产 138.48 万辆，同比增长 109.8%。

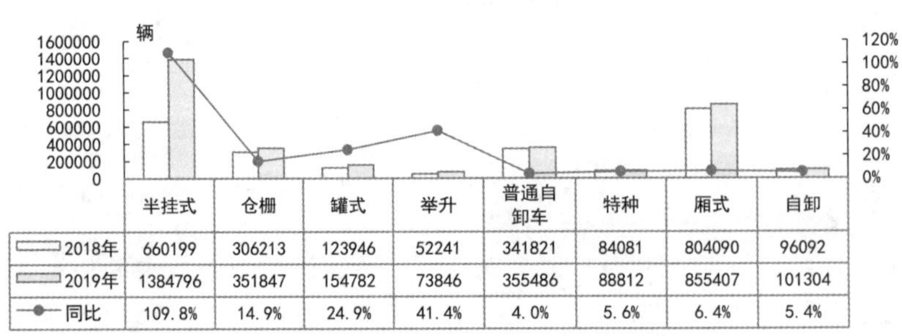

图 2　2018-2019 年专用车分类别产量及同比

数据来源：中国汽车工业协会

二、2019 年专用车生产企业概况

截至 2019 年 12 月（《车辆生产企业及产品公告》327 批次），中国专用汽车、半挂车及普通自卸车八大类公告内企业有 1600 余家，在产企业 1362 家，全年新增专用车企业 219 家，与

去年同期相比增长23.03%。

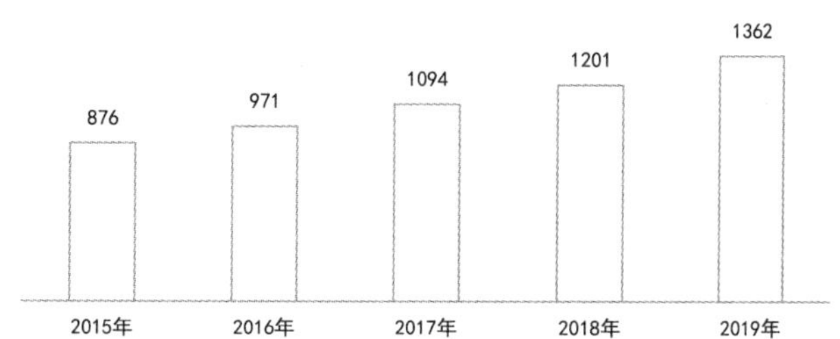

图3 2015-2019年中国专用车在产企业数量（单位：家）

数据来源：中国汽车工业协会

从产业布局来看，山东是中国专用汽车生产第一大省，省内在产企业达到348家（见表1）。专用汽车生产企业主要集中在中、东部地区。在产企业前5的省份，占全国总生产企业的58.12%（山东384家、湖北128家、河北118家、江苏118家、河南85家）。

表1 2019年分区域专用车产量及在产企业数量

序号	生产区域	产量（辆）	产量同比（%）	在产企业（家）
1	山东省	1193267	58.37	348
2	河北省	376929	130.34	118
3	湖北省	325516	17.56	128
4	重庆市	218510	11.24	28
5	安徽省	184501	-1.88	57
6	河南省	170796	56.45	85
7	江苏省	130131	3.82	118
8	四川省	102671	-4.7	35
9	广西壮族自治区	100327	28.16	14
10	湖南省	98756	55.86	45
11	江西省	76264	-2.25	27
12	辽宁省	60398	71.03	59
13	吉林省	52279	8.89	22
14	陕西省	52185	-10.54	25
15	山西省	48889	127	24

数据来源：中国汽车工业协会

近年来专用汽车产业投资热情高涨，各地方政府也愿意接纳新项目落户本地，同时也给予了很大的优惠政策，加之产业准入政策相对宽松，因此大批企业进入行业生产，推动了行业的发展。通过调研，新增企业主要由相关机械加工企业、专用汽车经销商、专用汽车修理厂以及部分新能源商用汽车生产企业构成。

从长远来看，中国专用汽车生产企业没有保持较高增长数量的基础支撑，同时行业内龙头企业正逐步进行产线的升级改造，产能释放更加迅速，普通运输类产品产能过剩情况比较明显，中小企业生存压力加大。加之受国内汽车行业总体发展偏软的影响，地方政府在引进新企业力度方面会有所减慢。

2019 年中国区域汽车市场

2019 年北京市新车市场

北京市统计局、国家统计局北京调查总队发布的《北京市 2019 年国民经济和社会发展统计公报》显示，2019 年，北京市实现工业增加值 4241.1 亿元，按可比价格计算，比上年增长 3.0%。其中，规模以上工业增加值增长 3.1%；汽车制造业比上年增长 2.7%，占比达到 17.4%。

2019 年，北京市机动车保有量为 636.5 万辆，比上年末增加 28.1 万辆。民用汽车 590.8 万辆，增加 16.2 万辆。其中，私人汽车 497.4 万辆，增加 18.4 万辆；私人汽车中轿车 303 万辆，减少 4.1 万辆。

一、2019 年北京市新车市场概况

2019 年北京市狭义乘用车累计销售 566594 辆，同比增长 12.48%。从同比增幅看，6 月，北京车市出现 54.09% 的高增长，主要是受“国六”排放标准实施影响所致。

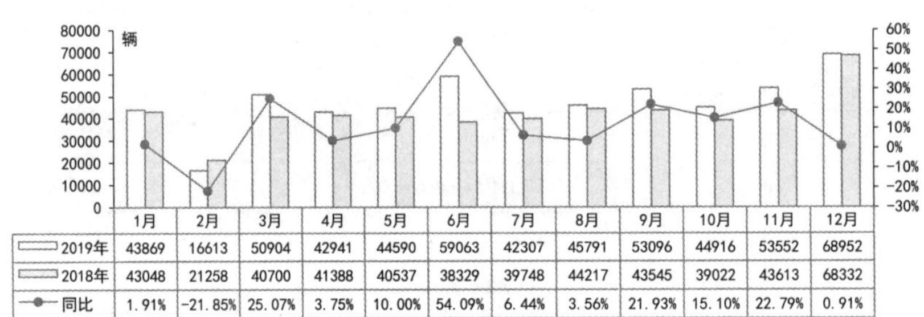

	1月	2月	3月	4月	5月	6月	7月	8月	9月	10月	11月	12月
2019年	43869	16613	50904	42941	44590	59063	42307	45791	53096	44916	53552	68952
2018年	43048	21258	40700	41388	40537	38329	39748	44217	43545	39022	43613	68332
同比	1.91%	-21.85%	25.07%	3.75%	10.00%	54.09%	6.44%	3.56%	21.93%	15.10%	22.79%	0.91%

图 1　2018-2019 年北京市乘用车月度销量及同比（含交叉型）

分系别看，2019 年北京市销量最高的分别为德系品牌、自主品牌和日系品牌。其中，日系较 2018 年同比增幅最大，达到 28.88%。法系品牌较 2018 年下降幅度最大，同比增长 -38.79%。

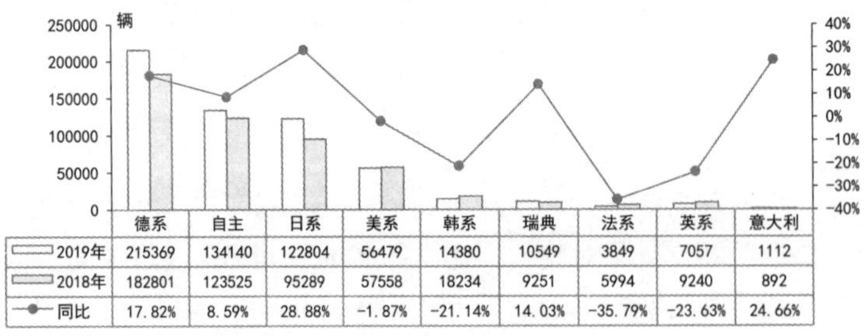

	德系	自主	日系	美系	韩系	瑞典	法系	英系	意大利
2019年	215369	134140	122804	56479	14380	10549	3849	7057	1112
2018年	182801	123525	95289	57558	18234	9251	5994	9240	892
同比	17.82%	8.59%	28.88%	-1.87%	-21.14%	14.03%	-35.79%	-23.63%	24.66%

图 2　2018-2019 年北京市分系别狭义乘用车销量及同比

分车型看，2019 年北京车市销量最高的为轿车，同比增长 10.71%。SUV 是所有车型中增速最快的，同比增长 15.47%。

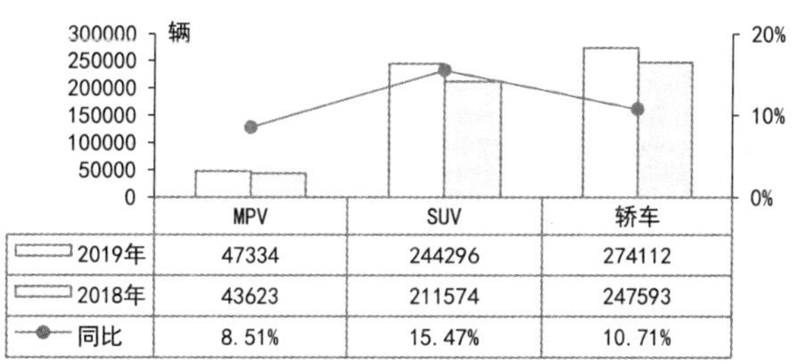

	MPV	SUV	轿车
2019年	47334	244296	274112
2018年	43623	211574	247593
同比	8.51%	15.47%	10.71%

图 3　2018-2019 年北京市分车型狭义乘用车销量及同比（轿车、SUV、MPV）

二、2019 年北京市新能源汽车市场

2019 年北京市新能源乘用车累计销售 81848 辆，同比增长 -13.12%。从月度销量看，7 月和 12 月出现了较大增幅，尤其是 12 月，同比增长达到 174.14%。

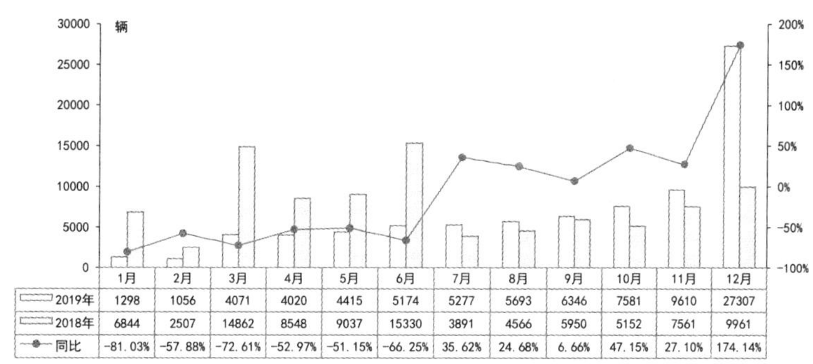

	1月	2月	3月	4月	5月	6月	7月	8月	9月	10月	11月	12月
2019年	1298	1056	4071	4020	4415	5174	5277	5693	6346	7581	9610	27307
2018年	6844	2507	14862	8548	9037	15330	3891	4566	5950	5152	7561	9961
同比	-81.03%	-57.88%	-72.61%	-52.97%	-51.15%	-66.25%	35.62%	24.68%	6.66%	47.15%	27.10%	174.14%

图 4　2018-2019 年北京市新能源乘用车销量及同比

三、2019 年北京市新能源汽车市场

2019 年北京市乘用车进口量为 78200 辆，同比增长 8.93%。分月份看，销量最好的两个月为 6 月和 12 月，6 月增幅较大是受“国六”排放标准实施的影响，12 月增幅较大则属于年底消费翘尾。

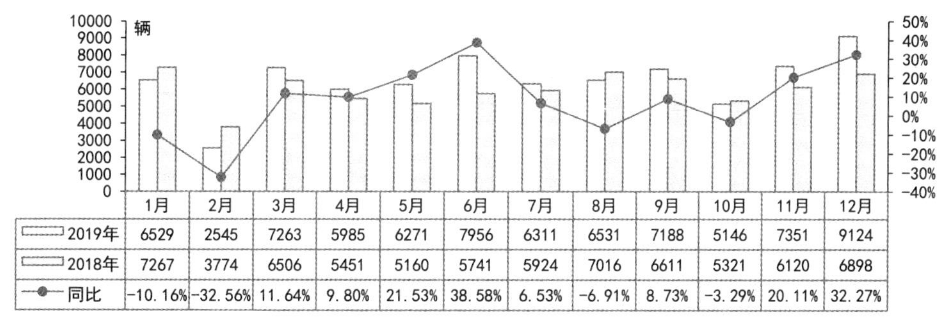

	1月	2月	3月	4月	5月	6月	7月	8月	9月	10月	11月	12月
2019年	6529	2545	7263	5985	6271	7956	6311	6531	7188	5146	7351	9124
2018年	7267	3774	6506	5451	5160	5741	5924	7016	6611	5321	6120	6898
同比	-10.16%	-32.56%	11.64%	9.80%	21.53%	38.58%	6.53%	-6.91%	8.73%	-3.29%	20.11%	32.27%

图 5　2018-2019 年北京市进口乘用车月度销量及同比

北京是全国汽车保有量最高的城市，作为全国最大的单一城市汽车市场，在全国车市低迷下行的情况下，2019 年北京车市逆势维持了良好的增长态势。

2019年上海市新车市场

2019年底上海市拥有常住人口2428万，市域面积6340平方公里，人口密度为每平方公里3830人。外环以内（即市中心）的面积约660平方公里，仅为市域面积的1/10。

2019年全市从2012年GDP总量跨上2万亿元台阶；2017年晋级到3万亿元台阶；2019年，GDP达到了38155万亿元，同比增长6.0%，基本与全国平均增长率保持同步。上海的三产产值比例已超过七成，2019年达到了72.7%，后工业时代特征非常明显。按常住人口计算，上海市人均生产总值为15.7万元，高于国内各省市。

表1 2015-2019年上海GDP规模、增长率及三产的占比

上海	2015年	2016年	2017年	2018年	2019年
GDP(万元)	25,659.2	28,183.5	30,633.0	32,679.9	38,155.3
增长率	7.0%	6.8%	6.9%	6.6%	6.0%
三产占比	67.3%	69.8%	69.2%	69.9%	72.7%

一、汽车保有量425.9万辆

截至2019年底，上海汽车保有量为425.9万辆，千人汽车保有量是175辆，上海按每户3.5个人计算，则约有693万户，每百户汽车拥有量是61辆。上海小型客车保有量是371.7万辆，千人乘用车保有量是153辆，相比发达国家，上海仍有上升空间。

二、车市旺衰取决于牌照供应量

上海车市的旺衰取决于牌照供应量，从历年的区域市场占有率来看，上海基本上只有全国销量的2%左右，但高端车比例高（见表2）。

表2 2015-2019年上海私车上牌量和全国零售量的比较（单位：万辆）

狭义乘用车	2015年	2016年	2017年	2018年	2019年
上海上牌量	37.87	49.25	46.09	46.87	43.22
全国零售量	1963.31	2326.11	2374.73	2237.87	2069.69
上海上牌量/全国零售量	1.9%	2.1%	1.9%	2.1%	2.1%

从过去10年的拍卖牌照投放量来看，每年净增牌照量都稳定在10万张以上，只有2014—2015年回落到9万张左右，主要是2013年时，有个别月份车牌拍卖价格史无前例地蹿到了9万元以上，于是2014年上海市试行了新的车牌拍卖方法，即锁定一个年度警示价，当年和次年供应量都减少了；2016年起上海实施了道路交通管理大整治行动，全市道路交通秩序明显改善，由此也为牌照供应量的增加创造了道路条件；2016—2018年，供给量重又回升，达13万张以上；2019年由于车市整体处于下行通道，供应量也顺减到11.2万张（见表3）。

表 3 2010-2019 年上海私人牌照投放量和拍卖均价

	年份	牌照投放量（万张）	拍卖均价（万元）
1	2010	10. 32	3. 89
2	2011	10. 35	4. 86
3	2012	10. 83	6. 18
4	2013	11. 00	7. 95
5	2014	9. 12	7. 39
6	2015	9. 29	8. 07
7	2016	13. 24	8. 58
8	2017	13. 34	9. 07
9	2018	13. 49	8. 79
10	2019	11. 21	8. 96

三、车市新购比较分析

近五年来，上海乘用车每年上牌数（含拍卖牌照、沪 C 牌照、换购量）在 37—50 万辆之间，其中拍卖牌照和沪 C 牌照数共同组成了上海市的新购群体。现在换购比例在逐年提升，2019 年达到了 58%（见表 4），这是成熟市场的体现。

表 4 上海 2015-2019 年新购与换购比例一览（单位：万辆）

年份	总上牌数	拍卖牌照（新购）	沪 C 牌照（新购）	换车量（换购）	新购比例	换购比例
2015	37. 87	9. 29	15. 67	12. 90	66%	34%
2016	49. 25	13. 24	21. 07	14. 94	70%	30%
2017	46. 09	13. 34	16. 57	16. 18	65%	35%
2018	46. 87	13. 49	11. 82	21. 56	54%	46%
2019	43. 22	11. 21	6. 86	25. 15	42%	58%

沪 C 牌照是上海特有的车牌种类，它只允许在上海市区（即外环线以外）的外围道路上行驶。由于不方便，再加上近几年上海又增加了年度拍卖牌照的投放量，所以沪 C 牌照到 2019 年时减量到 6. 8 万辆，仅占当年上牌数的 15%。

四、车市换购分析

上海的换购率在逐年攀升，有波浪式起伏、螺旋式上升的趋势。原因有，2009—2010 年是国内车市第二轮井喷期，到 2016 年，这第二轮井喷期购入的车辆已经到了换车年份（按中国公安部质检总局规定，六年以内的在用私家小汽车免予上线检验，之后便要实现一年一度的验车程序，所以国内六年换车也是众多车主的普遍选择）。因此到了 2016 年，上海换购达到一个小高峰。到 2018—2019 年时，尽管有中美贸易战，经济下压等消息不绝于耳，但是上海的换车比例仍是“步步高”，2019 年达 6. 8%（见表 5），也是一个合理的比例。

表 5 2015-2019 年上海保有量、换购量及换购率（单位：万辆）

年份	换车量（换购）	上海乘用车保有量	换购率
2015	12. 90	247. 43	5. 2%
2016	14. 94	284. 33	5. 3%
2017	16. 18	318. 19	5. 1%
2018	21. 56	349. 06	6. 2%
2019	25. 15	371. 65	6. 8%

*注：换购率 = 换购数量 / 保有量。

五、上海车市消费结构特点分析

(一) SUV 占比越来越好

从每年的上海上牌数量来看，国产乘用车三大车种板块的占比展现了不同的特点：(1) 轿车占据主导地位，但下降趋势明显；(2) MPV 有波折，整体向下；(3) SUV 一路向上，攻城掠地，渗透率极强。到 2019 年，轿车占 47.6%、MPV 占 7.9%、SUV 占 44.5%，轿车与 SUV 占比仅差 3 个百分点（见图 1）。

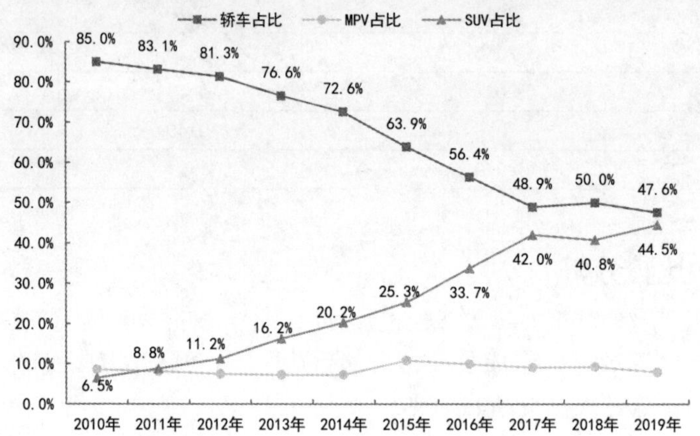

图 1　2010-2019 年上海乘用车三大车种销量占有率比较

(二) 进口车和高端乘用车比例高

1. 进口车

上海是国内一线城市，在经济允许的条件下，人们对高端车的追求也是不遗余力。笔者查看过去三年的数据发现，上海进口车上牌量维持在 6.0—6.5 万辆之间，渗透率为 13%—14%，排名前五位的进口车有雷克萨斯、奔驰、宝马、奥迪、保时捷等。

2. 高端车

上海是个讲究品牌的社会，也一直践行着成熟国家的换车理论，即从年轻时的入门级开始拥车，随着收入和社会地位的提高，一直换购到高端车。高端车占比的提高有多方面原因，一是市场上高端品牌的产品数在增加，产能也在提高，目前除雷克萨斯和保时捷外，其他豪华品牌在国内都有国产，大大提高了购买实现的可能，二是高端车的价格在下压，对普通品牌的合资产品和自主产品都形成了全面挤压态势。

表 6　2015-2019 年上海国产轿车占有率、高端车及小型车占比比较（单位：万辆）

上海	2015 年	2016 年	2017 年	2018 年	2019 年
高端车 *	29.0%	33.3%	39.2%	39.9%	44.1%
中级	42.6%	38.8%	35.6%	34.6%	35.7%
小型车 **	28.4%	27.9%	25.3%	25.6%	20.2%
轿车合计	100.0%	100.0%	100.0%	100.0%	100.0%

注：* 高端车含豪华车和中高级车；** 小型车含普及型车和微型车。

(三) 新能源乘用车比例高

在上海除了参加拍牌的“华山一条道”之外，还有一条捷径可以让无车族实现梦想，那就是申请新能源车免费牌照。这部分人，他们既是传统燃油车拍牌未中的一群人，也是对新科技具有猎奇心理的一群人，还可能是对环境充满敬意的一群人。

由于发展新能源车是今后汽车产业发展的重点方向，在上海，政府鼓励使用新能源车，为新能源车使用创造了一个宽松的环境，即允许纯电动车和插电式混合动力车这两种车都可以申请新能源牌照，而且上海新能源车牌照供需之比也比北京宽松（见表7），总体需求呈上升的趋势。

表7 2015-2019年上海新能源乘用车牌照发放量比较（单位：万张）

私人牌照	2015年	2016年	2017年	2018年	2019年
新能源车	4.1	4.5	6.6	7.4	7.0

六、上海经销商队伍特点分析

在上海，经销商队伍也很强大，现有在沪4S店总数635家，在全国4S店数排名前10的整车厂家或品牌中，落户上海的有159家，占上海4S店总数的1/4，其中本地厂商上汽大众和通用别克表现非常抢眼，上汽大众在上海落户的占它全国布局的4.1%，别克品牌占4.0%，另外东风日产、一汽-大众、北京现代和吉利汽车在沪的4S店比例相对都是比较高的。

表8 全国TOP10经销商集团在上海分布特点

No.	全国TOP10	全国4S店数	上海4S店	上海店占比
1	上汽通用五菱	1729	5	0.3%
2	吉利汽车	1142	13	1.1%
3	上汽大众	990	41	4.1%
4	长安汽车	944	9	1.0%
5	别克品牌	902	36	4.0%
6	一汽-大众	880	14	1.6%
7	东风日产	819	16	2.0%
8	东风风行	807	6	0.7%
9	江淮汽车	797	8	1.0%
10	北京现代	739	11	1.5%

在中国汽车流通协会颁发的2019年百强榜中，永达集团和上海汽车工业销售有限公司分别排名在百强榜的第4位和第6位，营业总收入为764亿元和581亿元，成为业界翘楚之一，彰显了汽车经销集团的综合实力。

（中国汽车流通协会汽车市场研究分会 唐奕奕）

2019 年重庆市新车市场

2019 年重庆市坚持稳中求进工作总基调，深入贯彻新发展理念，落实高质量发展要求，深化供给侧结构性改革，持续打好“三大攻坚战”，大力实施“八项行动计划”，统筹推进稳增长、促改革、调结构、惠民生、防风险、保稳定，全市经济稳中有进，符合预期，经济高质量发展势头强劲。2019 年全市实现地区生产总值 23605.77 亿元，按可比价格计算，比上年增长 6.3%。分产业看，第一产业实现增加值 1551.42 亿元，增长 3.6%；第二产业实现增加值 9496.84 亿元，增长 6.4%;第三产业实现增加值 12557.51 亿元，增长 6.4%。人均 GDP 达到 75828 元，增长 5.4%。社会消费品零售总额实现 8667.34 亿元，比上年增长 8.7%。2019 年重庆市完成广义乘用车销量 462525 辆，同比下降 7.5 个百分点，为 2019 年全国 TOP10 销量城市中降幅最大的城市；本年度名次位居全国第六位，与 2018 年名次保持一致。北京市 2019 年销量完成 563101 辆，同比上升 12.3 个百分点，大举挺进前三名。成都市与重庆市同属西南地区重要的销量城市，2019 年完成 59 万辆，继续稳居第二。重庆市汽车保有量 463.21 万辆，千人汽车保有量 148 辆。

一、2019 年重庆市汽车市场销量状况

（一）乘用车市场

1. 月度产量

根据国家统计局统计数据显示，2019 年重庆市汽车产量为 138.57 万辆，同比 2018 年大幅下降 19.7%。月度产量方面，2019 年 11 月重庆市汽车产量为 14.23 万辆，同比上升 25.3%，12 月当月产量为 16.75 万辆，同比上升 38.9%。其余月份当月产量均出现负增长，4 月、6 月和 9 月产量更为明显。

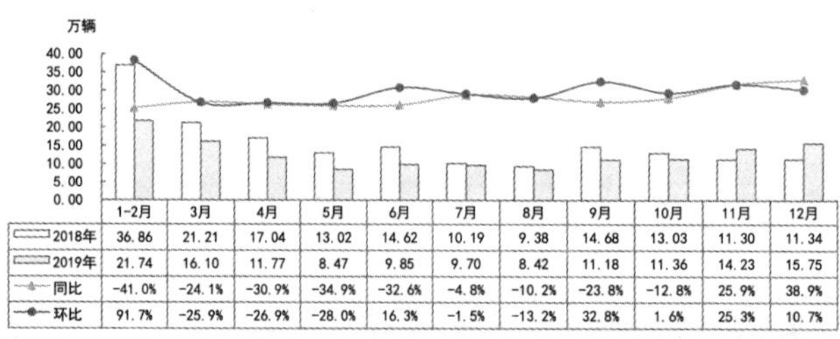

	1-2月	3月	4月	5月	6月	7月	8月	9月	10月	11月	12月
2018年	36.86	21.21	17.04	13.02	14.62	10.19	9.38	14.68	13.03	11.30	11.34
2019年	21.74	16.10	11.77	8.47	9.85	9.70	8.42	11.18	11.36	14.23	15.75
同比	-41.0%	-24.1%	-30.9%	-34.9%	-32.6%	-4.8%	-10.2%	-23.8%	-12.8%	25.9%	38.9%
环比	91.7%	-25.9%	-26.9%	-28.0%	16.3%	-1.5%	-13.2%	32.8%	1.6%	25.3%	10.7%

图 1　2018-2019 年重庆市汽车产量

2. 广义乘用车市场月度销量

2019 年重庆市广义乘用车整体市场销量累计完成 462525 辆，同比 2018 年的 500481 辆大幅下降 7.6%。

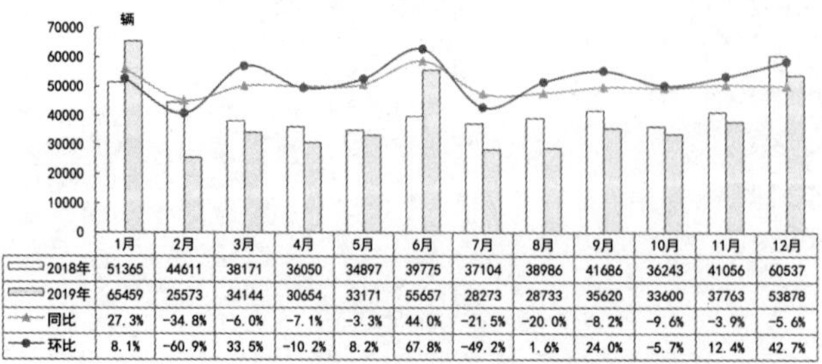

	1月	2月	3月	4月	5月	6月	7月	8月	9月	10月	11月	12月
2018年	51365	44611	38171	36050	34897	39775	37104	38986	41686	36243	41056	60537
2019年	65459	25573	34144	30654	33171	55657	28273	28733	35620	33600	37763	53878
同比	27.3%	-34.8%	-6.0%	-7.1%	-3.3%	44.0%	-21.5%	-20.0%	-8.2%	-9.6%	-3.9%	-5.6%
环比	8.1%	-60.9%	33.5%	-10.2%	8.2%	67.8%	-49.2%	1.6%	24.0%	-5.7%	12.4%	42.7%

图 2　2018-2019 重庆市广义乘用车整体市场月度销量

2019 年重庆市的乘用车市场呈现两个小高峰，是受 2019 年春节前汽车消费的集中释放以及新能源补贴退坡的影响，其余月份同比均低于 2018 年月度销量。

3. 广义乘用车市场销量累计增速

累计增速方面，重庆市广义乘用车整体市场从 2018 年开始呈现疲态。2018 年累计增速从 2 月的 28.21% 一路下滑至 12 月的 -7.68%，而到 2019 年，汽车市场累计增速更是一蹶不振。

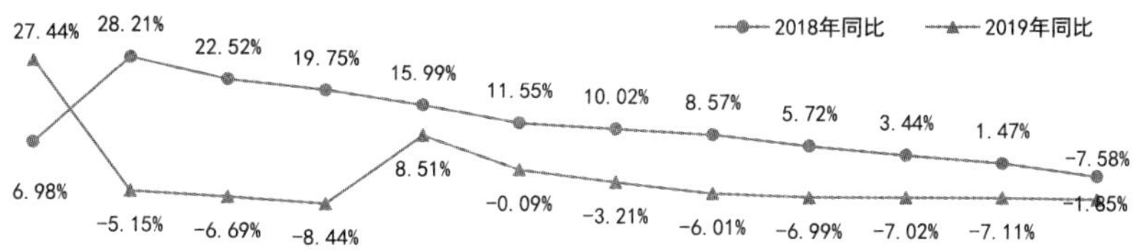

图 3　2018-2019 重庆市广义乘用车整体市场月度销量

4. 乘用车市场品牌属性销量

2019 年度重庆市厂商属性销量方面，合资品牌完成 247143 辆，累计占比 53.43%，同比上升 1.95%；自主品牌完成 192238 辆，累计占比 41.56%，同比下降 2.49%；进口品牌完成 23144 辆，累计占比 5%，同比上升 0.53%。合资和自主品牌的份额差值从 2018 年的 7.43% 扩大至 11.87%。相对于北上广深等其他一线城市以合资为主的厂商属性份额状况，重庆市合资和自主的占比相对均衡。

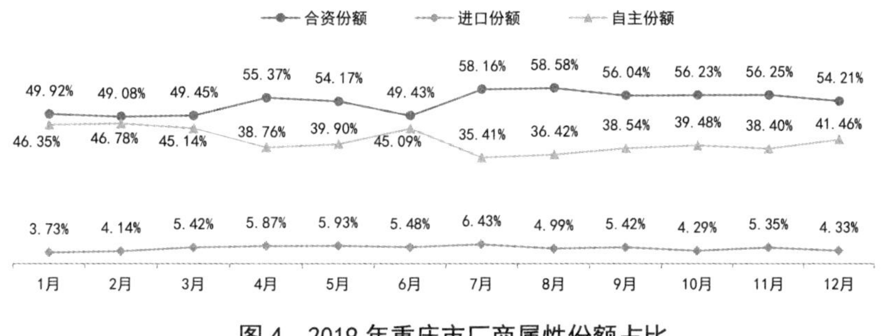

图 4　2019 年重庆市厂商属性份额占比

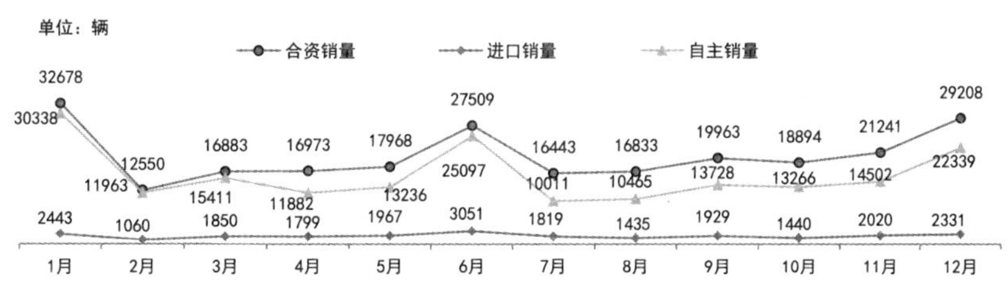

图 5　2019 年重庆市厂商属性销量

5. 细分市场销量

2019 年，乘用车的五大车型类型销量均为负增长。其中，轿车细分市场完成销量 205909 辆，销量同比下降 7.77%；份额占比 44.52%，同比微降 0.2%。

紧凑型轿车年度销量 128656 辆，同比下降 8.14%；份额占比 27.82%，同比下降 0.61%；中型及以上级别的轿车细分为轿车细分的主要增长部分，共占份额 15.16%，中型轿车和大型轿车销量同比上升。

表1　2019 年重庆广义乘用车市场销量（单位：辆）

细分市场	份额	份额同比	销量	销量同比
轿车	44.52%	-0.20%	205909	-7.77%
微型轿车	0.21%	-68.51%	959	-70.90%
小型轿车	1.33%	-36.75%	6165	-41.55%
紧凑型轿车	27.82%	-0.61%	128656	-8.14%
中型轿车	11.65%	9.90%	53885	1.56%
中大型轿车	3.14%	7.02%	14527	-1.10%
大型轿车	0.37%	15.18%	1717	6.45%
MPV	3.81%	-23.48%	17605	-29.29%
紧凑型 MPV	2.32%	-36.81%	10742	-41.60%
中大型 MPV	1.48%	14.21%	6863	5.55%
SUV	50.06%	4.66%	231520	-3.28%
小型 SUV	6.52%	-9.91%	30135	-16.74%
紧凑型 SUV	27.24%	6.25%	125993	-1.81%
中型 SUV	13.73%	8.76%	63490	0.51%
中大型 SUV	2.31%	11.36%	10701	2.91%
大型 SUV	0.26%	1.13%	1201	-6.54%
跑车	0.09%	0.36%	422	-7.25%
微客	1.53%	-38.86%	7069	-43.49%

MPV 细分方面，2019 年累计销量 17605 辆，销量同比下降 29.29%；份额占比 3.81%，同比大幅度下降 23.48%。SUV 细分方面，2019 年完成销量 231520 辆，同比下降 3.28%，为 2019 年度下降幅度最小的细分；累计份额占比 50.06%，同比上升 4.66%。微客累销 7069 辆，累计销量同比下降 43.4%，份额占比 1.53%，同比 2018 年上升 0.36%。2019 年跑车累计销量 422 辆，累计份额占比不足 0.1 个百分点。

（二）商用车市场

1. 月度销量

2019 年，重庆市商用车销量为 59719 辆，相比 2018 年的 60965 辆同比下降了 2.04%。月度销量方面，3 月完成 7082 辆，是重庆市 2019 年度销量最高的月份，之后的月份则呈现不同程度的下降趋势。

总体来看，2019 年在基建投资回升、国Ⅲ汽车淘汰、治超加严等、“国六”排放标准实施等利好新车销售的因素促进下，商用车整体销量环境要好于乘用车，2019 年中国商用车行业发展总体平稳。

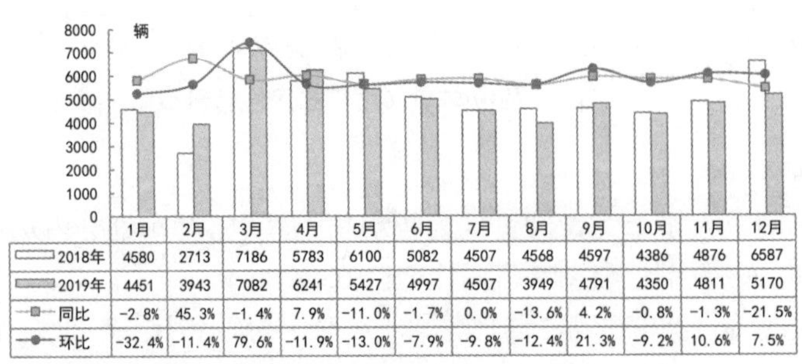

图 6　2018-2019 年重庆市商用车月度销量

2.TOP10 品牌销量

2019 年，分列重庆市商用车前十销量的品牌依次为：东风、长安、福田、解放、长城、红岩、乘龙、江铃、金杯、豪沃。其中东风汽车在 2019 年实现了销量 7682 辆的成绩占据榜首位置，同比升幅达到 22.4%；重庆本土品牌长安本年则完成 7108 辆，同比下降了 15.2%；福田完成 4423 辆位居第三。

与 2018 年相比，进入 TOP10 销量榜的品牌升幅最大的是红岩，而豪沃则受挫下降了 22.9%，位居第十位。

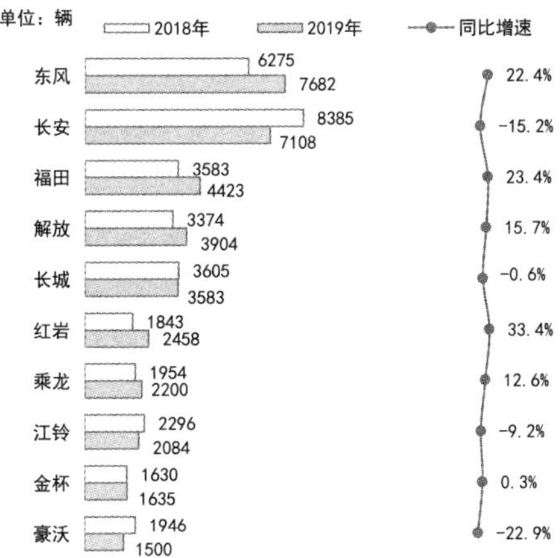

图 7 2018-2019 年重庆市商用车 TOP10 品牌销量

3.TOP10 厂商销量

2019 年厂商销量方面，北汽福田年度累计销量 4423 辆位居榜首，同比上升 23.4%；东风商用车完成 4212 辆，紧咬北汽福田，同比涨幅 23 个百分点；重庆长安 2019 年度销量 3598 辆位居第三，但 2019 年度同比却下降 11.5%。TOP10 厂商依次为：北汽福田、东风商用车、重庆长安、长城汽车、河北长安、一汽、上汽依维柯、东风柳汽、江铃汽车、东风汽车。

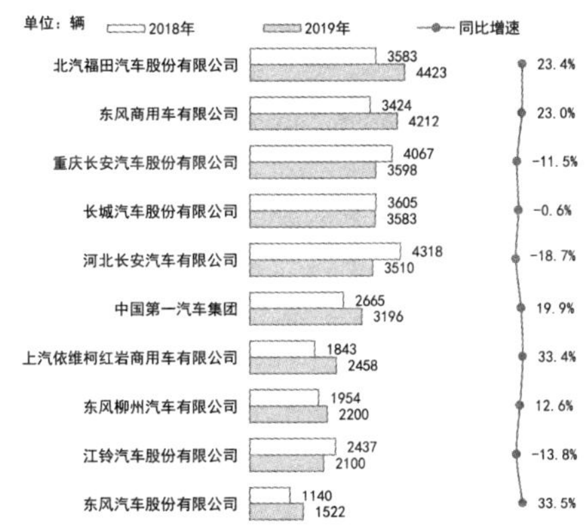

图 8 2018-2019 年重庆市商用车 TOP10 厂商销量

4. 车辆类别销量

车辆类别销量方面，货车类别的销量仍然是商用车市场中的主力，2019 年度实现销量 51340 辆，累计占商用车整体市场的 86%。其中，货车类别中轻型货车销量最高，2019 年完成销量 31168 辆，同比下降 5.33%；重型货车完成销量 17937 辆，同比上升 6.04%；轻型货车在 2019 年度则下降了 6.65%，销量完成 6243 辆。

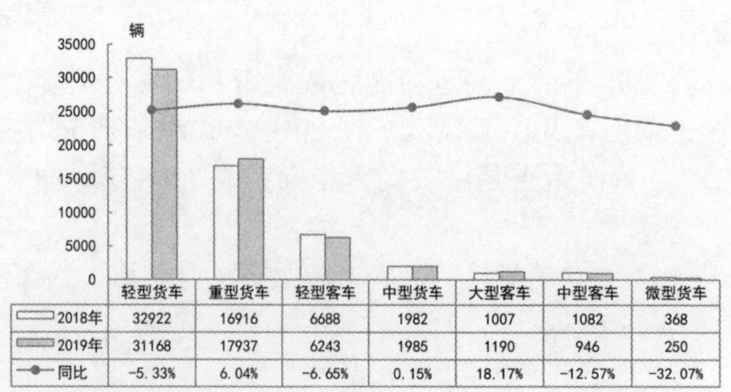

	轻型货车	重型货车	轻型客车	中型货车	大型客车	中型客车	微型货车
2018年	32922	16916	6688	1982	1007	1082	368
2019年	31168	17937	6243	1985	1190	946	250
同比	-5.33%	6.04%	-6.65%	0.15%	18.17%	-12.57%	-32.07%

图 9　2018-2019 年重庆市商用车汽车类别销量

二、2019 年新能源汽车市场

2019 年重庆市新能源全年完成销量 14283 辆，同比上升 5.50%。从月度销量可见，国家政策对新能源乘用车市场具有较大影响，受政策因素影响，重庆市新能源车市场销量呈大起大落态势。

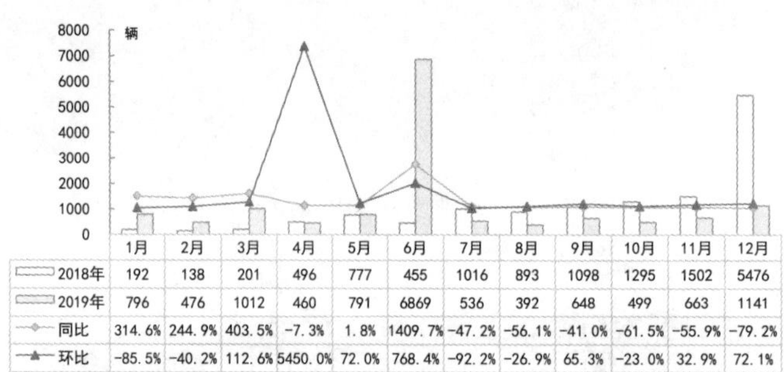

	1月	2月	3月	4月	5月	6月	7月	8月	9月	10月	11月	12月
2018年	192	138	201	496	777	455	1016	893	1098	1295	1502	5476
2019年	796	476	1012	460	791	6869	536	392	648	499	663	1141
同比	314.6%	244.9%	403.5%	-7.3%	1.8%	1409.7%	-47.2%	-56.1%	-41.0%	-61.5%	-55.9%	-79.2%
环比	-85.5%	-40.2%	112.6%	5450.0%	72.0%	768.4%	-92.2%	-26.9%	65.3%	-23.0%	32.9%	72.1%

图 10　2018-2019 年重庆市新能源汽车月度销量

其中在补贴退坡的影响下，2019 年 6 月重庆市新能源的销量猛涨 14 倍，完成销量 6869 辆；但到了 7 月，环比却大幅跳水，下降近 9 成，仅完成销量 536 辆。从销量图可以看出，一直到 2019 年 12 月，重庆市的新能源销量均处于低位状态。另外，重庆不限牌，新能源汽车并非市民出行的刚需，再加上新能源汽车补贴政策已经进入低补贴时代，重庆市新能源汽车销量在整个低迷的 2019 年能够逆势上涨已经是难能可贵。

2019 年重庆市的新能源车型销量基本和去年持平，完成 11899 辆；而插电混动的车型则上升超四成，完成 2336 辆的销量；增程型电动汽车仍相对小众，2019 年整个重庆市的销量仅有 48 辆。

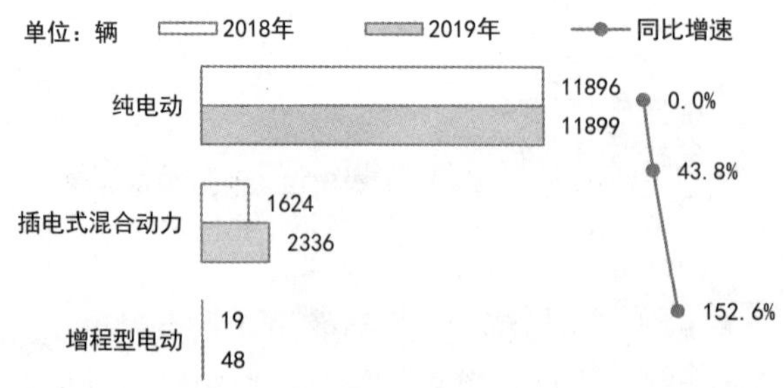

图 11　2018-2019 年重庆市新能源汽车年度销量

（重庆市汽车商业协会　陈学勤）

2019 年山东省新车市场

2019 年，山东省聚焦新旧动能转换，深化供给侧结构性改革，全省全年 GDP 为 71067.5 亿元，同比增长 5.5%，增长率比 2018 年下降了 0.9 个百分点，比年初预期目标下降了 1 个百分点，低于全国 6.1% 的增速 0.6 个百分点，在全国 31 省市中排名第三。社会消费品零售总额达到 35770.6 亿元，比上年增长 6.4%；在新兴消费领域，新能源汽车消费表现可圈可点，同比增长 63.2%。2019 年，山东省累计销售乘用车 159.35 万辆，同比下降 1.48%（2018 年降幅为 10.85%），占全国比重的 7.70%（2018 年比重为 7.24%），全国同期乘用车市场销量为 2069.76 万辆，同比下降 7.4%。

2019 年，山东省二手车交易量（包含但不限于乘用车）262.30 万辆，同比增长 25.66%，市场随政策而动，受惠于二手车限迁政策的逐步放开，山东二手车交易量已连续三年保持在 20% 以上的增速，远高于全国 7.96% 的增幅。2019 年山东新车市场受“国五”升级“国六”因素的影响，在年中出现了短暂的销量冲顶，带动了全年车市的表现；二手车市场继续保持较高的活跃度和增长势头，成为重要的增长引擎。

截至 2019 年 12 月末，全国汽车保有量达 2.62 亿辆，山东省汽车保有量 2350.98 万辆，占全国比重的 9%，千人汽车保有量为 233.46 辆 / 千人，与全国的比例是 1.35 ∶ 1，已处于乘用车发展阶段的普及后期。

一、2019 年山东车市表现

（一）保有量的历史变化趋势

山东省汽车保有量增长较快，2013—2018 年，年增长率均保持在 10% 以上。2013 年以后，由于广州、深圳等地陆续执行限购政策，汽车销量增长随之放缓。而山东人口基数大，潜在需求量大，山东城市结构以二三线中小城市为主，16 地市无一执行限购，用车成本相对一线城市较低，2016 年，山东省汽车保有量以 1754.3 万辆跃居全国第一位，并在此后继续保持。中国是全球第一大汽车消费国，而山东是全国第一汽车消费大省，山东汽车市场一直以来都是车企品牌重点关注和布局的区域市场。

对比图 1 和图 5，汽车保有量增速与汽车上牌量之间存在一定程度的正相关性。2016 年，汽车上牌量 226 万辆，达到近年来峰值，带动当年汽车保有量增长率达到高点。2015-2019 年期间，因车辆购置税税率的变化，汽车上牌量（销量）增长率出现了波峰波谷的剧烈震荡。税率政策的改变传导到销售终端，直接左右消费者的购买决策。可见，税率杠杆的撬动作用对车市的影响最为直接而深刻，成为政策介入期间影响车市走势的主导因素，税率政策的进入和退出，会造成车市可预见性的剧烈扰动。

2015 年 10 月，国家推出“1.6L 及以下排量车型购置税减半”的政策，为车市注入强心剂，随后两年税率逐年退坡，政策退出效应明显。

2015—2018 年，市场跟随税率的变化起伏，呈现一波购置税的政策市，市场的最终表现也成为政府决策的一个重要参考。2018 年 12 月 29 日，国家出台了《中华人民共和国车辆购置税法》，该法于 2019 年 7 月 1 日正式实施，将购置税从现行的条例级别上升为法律级别，10% 的法定税率被固定下来。

图 1 2013-2019 年山东省汽车保有量及增速

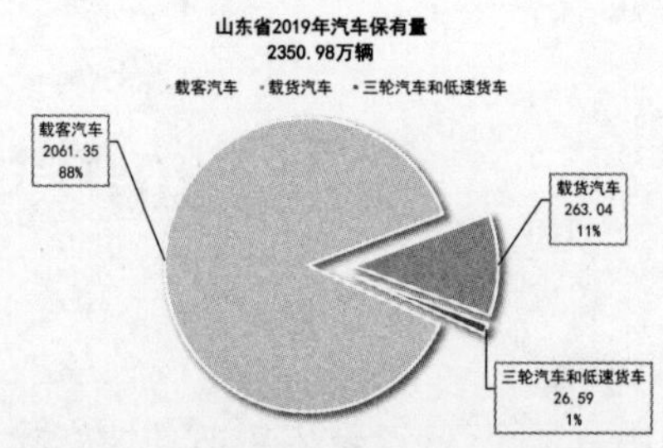

图 2 2019 年山东省汽车保有量构成

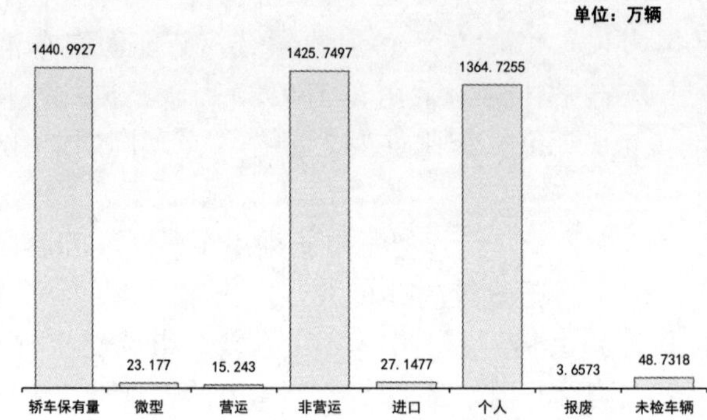

图 3 2019 年山东省轿车保有量构成

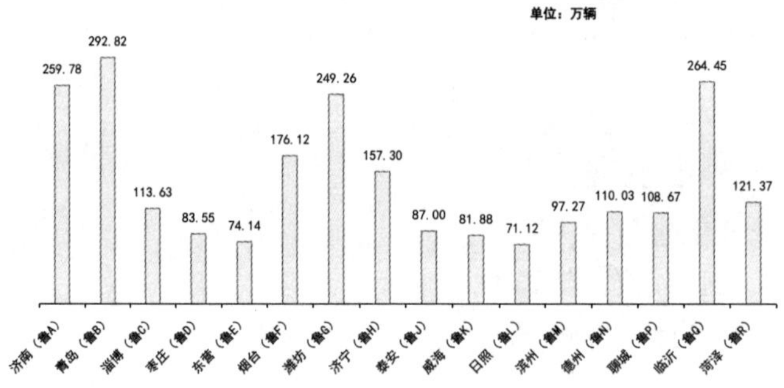

图 4 2019 年山东省分城市汽车保有量

（二）上牌量的历史变化趋势

2019 年市场比 2018 年市场有更好的表现，主要由于“国五”升级“国六”带来了 6 月“国五”库存车的大规模降价清库，以价换量，带动了一波增换购消费。但数字背后，也隐含着绝大多数主机厂和经销商企业不同程度的利润折损，汽车行业大变革已进入深水区，一场“百年未遇之大变局”正在加剧演进。

表 1 2013-2019 年山东省汽车上牌量

年份	2013 年	2014 年	2015 年	2016 年	2017 年	2018 年	2019 年
汽车上牌量 / 万辆	183.74	203.72	206.94	226.28	2159588	1976015	2014849
汽车增速（%）	7.21%	10.87%	1.58%	9.35%	-4.56%	-8.50%	1.97%
轿车上牌量 / 万辆	113.08	126.21	130.02	133.6	1181143	1048743	1041021
轿车增速（%）	8.13%	11.61%	3.02%	2.76%	-11.59%	-11.21%	-0.74%
乘用车占比（%）	61.54%	61.95%	62.83%	59.04%	54.69%	53.07%	51.67%

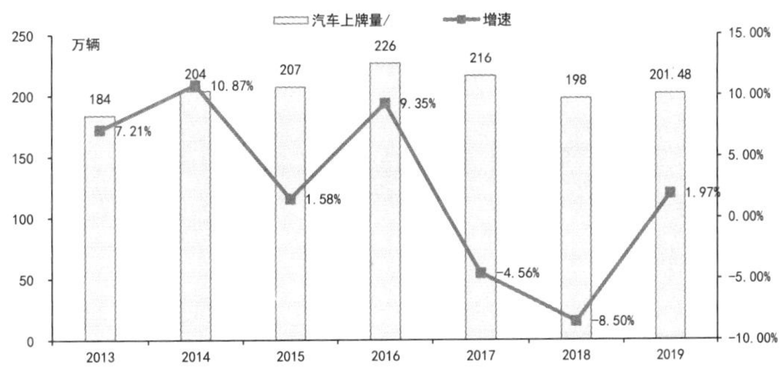

图 5　2013-2019 年山东省汽车上牌量变化趋势

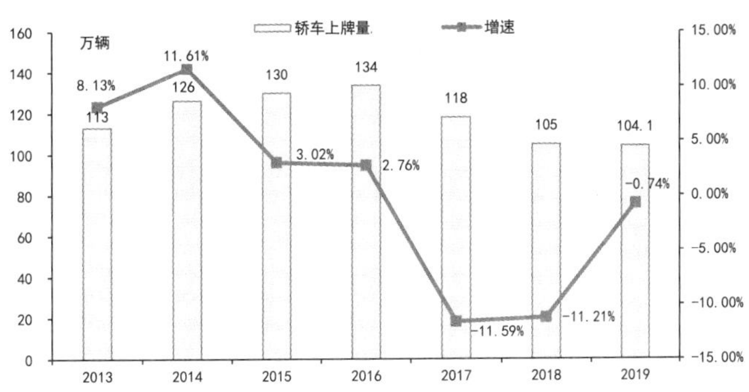

图 6　2013-2019 年山东省轿车上牌量变化趋势

（三）2019 年乘用车市场分月度表现

2019 年，山东省狭义乘用车累计销量 159.35 万辆，占全国比重的 7.70%，同比下降 1.48%，下降幅度收窄（2018 年同比下降 10.85%，2017 年同比下降 5.94%），降幅小于全国同期 7.4% 的降幅。

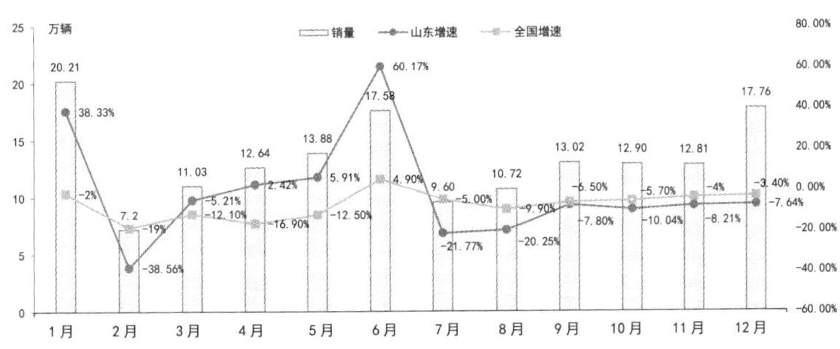

图 7　2019 年山东省乘用车（狭义）月度销量及增速

2019 年，购置税效应不再，市场主要受到“国五”升级“国六”政策的影响。年中，市场有非常明显的拉升。图 9 可见，山东省乘用车市场与全国市场相比，2 月份降幅较大，6 月有更高的冲顶。2018 年 2 月，山东市场曾出现小幅高潮，因为春节在月中，春节前旺盛的购车需求集中爆发释放，而 2019 年春节假期在月初，假期后整体购车需求都不强烈，休眠时间长，使 2 月降幅高于全国降幅。节前旺季和节后淡季使 1 月高点和 2 月低点对比明显。

1 月 22 日，山东省生态环境厅联合山东省工业和信息化厅、山东省公安厅、山东省市场监督管理局共同下发了鲁环发〔2019〕30 号文《关于山东省实施国家第六阶段机动车排放标准的通告》，明确了“自 2019 年 7 月 1 日起，在山东省行政区域内进口、销售和注册登记的新生产轻型汽车应当符合国家 6a 或 6b 阶段排放标准要求；同时，停止进口、销售和注册登记达不到国家 6a 阶段排放标准的新生产轻型汽车。”给出了“国六”执行时间表，山东也成为全国提前实施“国六”的省份之一（京津冀、江浙沪、珠三角、成渝等），这对于省内的新车、二手车（济南）、平行进口车经销企业影响深刻。

4月中下旬，“国五”库存车清库压力陡增，经销商普遍反映希望能够延期执行，留出合理的清库消化时间。为此，协会也代表会员单位向多个政府部门建言。5月开始，市场上出现恐慌性压价抛售，豪华、合资、自主品牌及平行进口车各自面临不同窘境，但在大限之前尽可能消化库存是其共同的目标。

6月，成为“国五”车型最后的狂欢，也成为大部分经销商不得不折价抛售的隐痛，于是，市场出现了预期中的冲顶，图7中也可以看出，山东销量走势与全国汽车消费走势基本一致。紧接着，7、8月份，市场进入深幅回调，断崖式下跌呈现出消费透支后的惨淡表现，使淡季更淡。9—12月，山东市场与全国市场走势相差无几，继续在负增长区间低位、平缓运行。市场短暂繁荣后进入持续深度低迷状态。

总体来说，2019年汽车市场受宏观经济下行因素影响，继续承压，汽车经销商库存预警指数全年均位于警戒线之上，即使在冲销量的6月份，依然是50.40%。

（四）2019年乘用车市场分城市表现

分城市来看，全省16地市中，2019年狭义乘用车销量排名前三位的城市分别是：济南22.19万、青岛21.39万、临沂17.63万。

此外，销量超过10万的城市还有：潍坊13.67万、烟台11.89万、济宁10.80万。同比2018年的销量，实现正增长的城市是：威海4.98%、济南3.88%、烟台2.79%、青岛1.23%、淄博0.89%、东营0.04%。2018年则无一城市正增长。

2018年受经济周期和汽车市场周期调整叠加的影响，车市整体呈现下降走势；2019年受“国五”清库带动，车市出现短时性上扬。

（五）2019年山东车市销量TOP10车型

2019年，在山东市场上销量排名前10位的车型下表所示，南北大众和上汽通用占据主要席位。

表2　2019年山东市场销量排名前10位

品牌	车型	销量（万辆）
上汽大众	朗逸	4.28
上汽大众	桑塔纳尚纳	3.22
一汽-大众	宝来	3.01
东风日产	轩逸	2.98
长城汽车	哈弗H6	2.58
一汽-大众	速腾	2.45
上汽通用	别克英朗GT	2.36
上汽通用五菱	五菱宏光S	2.23
上汽通用五菱	宝骏510	2.11
上汽大众	帕萨特	2.00

二、2019 年山东新能源汽车市场概况

（一）新能源汽车销量的历史变化趋势

受惠于政策的推动，新能源汽车市场从 2014 年开始发力，产销量大幅上升。2015—2018 年间，每年以 40% 以上的速度在增长，实现了跨越式发展。受补贴退坡因素的影响，2019 年，新能源汽车销量增速放缓。

一般而言，在产业孕育和兴起初期，政府通常会通过补贴的形式加以培育。但随着产业逐步成熟，补贴最终会退出，从而实现由政策驱动向市场驱动的转变。

近年来，蔚来、小鹏、零跑、威马、爱驰等造车新势力异军突起，快速扩张布局，对传统车企的市场格局带来一定的冲击。但由于新能源汽车目前市场竞争力尚且不足，现有七成销量还是主要来自于限购城市。

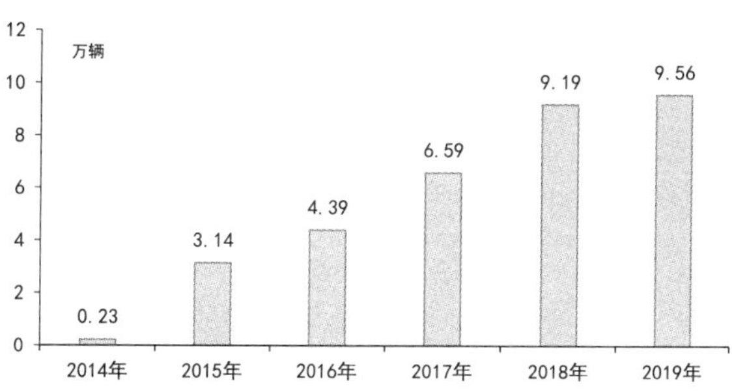

图 8　2014-2019 年山东省新能源汽车销量

（二）2019 年新能源汽车市场分月度表现

2019 年，中国新能源汽车销量为 120.6 万辆，山东省新能源汽车销量 9.56 万辆，占比 7.93%。

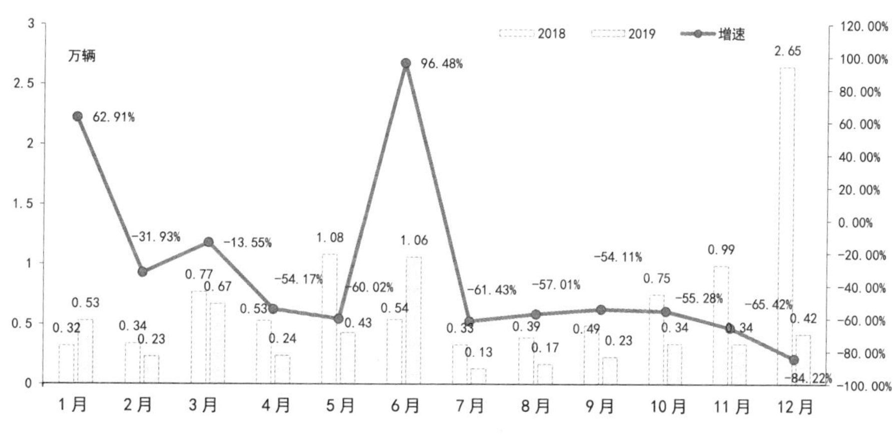

图 9　2018-2019 年山东省新能源汽车分月度销量及增速

如图 9 所示，2018 年 12 月和 2019 年 6 月分别有一次跳高冲量的小高峰，这是历次国补退坡导致，类似于车购税之于新车市场的表现。由此可见，汽车市场在相似宏观环境下，政策是主导市场发展的关键性因素，掌控市场发展命脉，新车（新能源汽车）、二手车市场均概莫能外。网约车和出租车市场依然是政府政策主导下的刚性消费。比如，某城市网约车、出租车要换成新能源汽车，就会短时间内带来销量的大幅上涨，2019 年存在这个因素。

（三）2019 年新能源汽车市场分城市表现

分地市来看，全省 16 地市中，2019 年新能源汽车销量表现异常突出的城市是德州市，增长率达到 77.78%，这与德州紧邻的京津地区属于限购城市有关。该地区消费者在德州挂牌后，回本地用车。同年，德州市的汽车、二手车也都有格外突出的表现。16 地市中保持正增长的城市

还有青岛 6%，其次，威海以 -14.29% 紧随其后。其余城市，均在 50% 以上的降幅。由此可见，通常情况下，车市受政策因素影响和作用非常强烈。

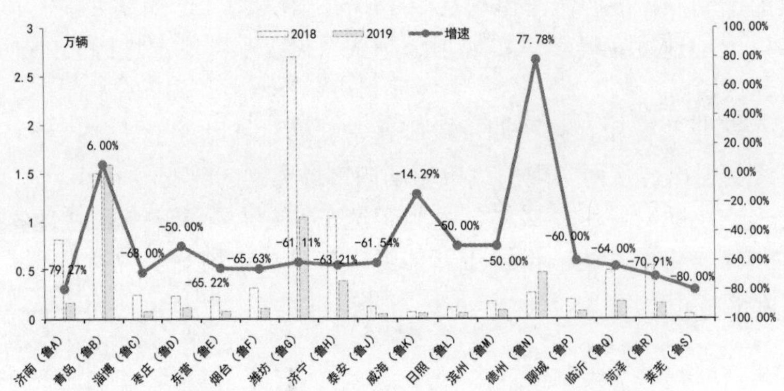

图 10　2018-2019 年山东省新能源汽车分城市销量及增速

三、2019 年山东省汽车进出口市场

2019 年中美贸易摩擦跌宕起伏，扰动外贸市场。在汽车进口领域，8 月 1 日出台的《山东省人民政府关于大力拓展消费市场加快塑造内需驱动型经济新优势的意见》中指出，要“开展好青岛市汽车平行进口试点工作”。2019 年，山东省进口车市场规模达到 70.05 万辆，同比增长 13.99%，然而，数量背后尚存重大隐忧。由于 2019 年 7 月 1 日起山东新车上牌切换至“国六”排放标准，平行进口车面临着国外标准与国内标准的匹配问题，一部分在途和在港的平行进口车面临严重的滞销，尤其是青岛口岸滞留车辆较多，豪车品牌单价高，占压资金数额大，达几十亿。天津港也面临类似情况，平行进口商户无法正常周转，损失较大，急盼政府给出有效的解决措施。

作为新兴业态，二手车出口业务在 2019 年仍处于打基础和扫障碍阶段。2019 年 5 月初，商务部、公安部、海关总署联合下发《关于支持在条件成熟地区开展二手车出口业务的通知》，公布了首批开展二手车出口业务试点地区的 10 省市名单，山东省青岛、济宁两市均在其中。2019 年，山东省企业共出口二手车 223 辆，出口数量居全国试点省份第三名。其中，济宁市重型货车因国外市场需求稳定、流通渠道成熟，成为山东省出口二手车的主力，约占全省二手车出口量的 90% 以上，产品远赴东南亚、非洲、中东、中亚等地区十余个国家。

2019 年 10 月份，商务部办公厅、公安部办公厅、海关总署办公厅又联合下发了《关于加快推进二手车出口工作有关事项的通知》，简化二手车出口异地转移登记手续，二手车出口许可证由“一车一证”改为“一批一证”，并适用全国通关一体化模式，企业可自主选择出口报关地和出境口岸，这大大提高了二手车出口的便利化水平。

（山东省汽车流通协会　任静）

2019 年江苏省新车市场

一、2019 年江苏省汽车流通行业概况

（一）江苏全省汽车保有量

根据车管数据显示，截至 2019 年底，江苏省机动车保有量 2187.5 万辆，其中汽车保有量 1919.2 万辆，增长 7.6%，占全国汽车保有量的 7.4%。

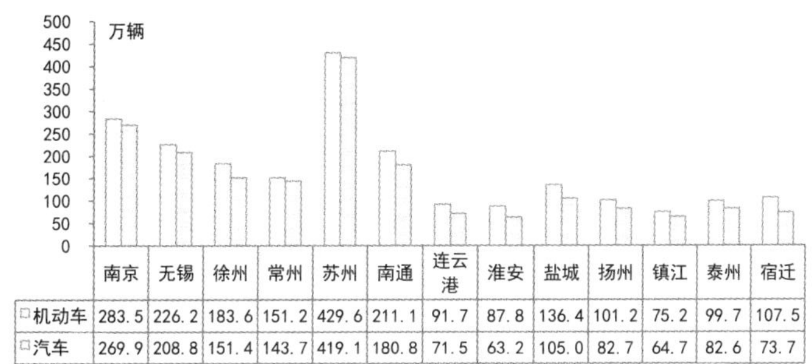

	南京	无锡	徐州	常州	苏州	南通	连云港	淮安	盐城	扬州	镇江	泰州	宿迁
机动车	283.5	226.2	183.6	151.2	429.6	211.1	91.7	87.8	136.4	101.2	75.2	99.7	107.5
汽车	269.9	208.8	151.4	143.7	419.1	180.8	71.5	63.2	105.0	82.7	64.7	82.6	73.7

图 1　2019 年江苏各地机动车和汽车保有量

江苏省汽车保有量超过百万辆的城市为：苏州 419.1 万辆，南京 269.9 万辆，无锡 208.8 万辆，南通 180.8 万辆，常州 143.7 万辆，徐州 151.4 万辆，盐城 105 万辆。徐州、宿迁、连云港、淮安、盐城等苏北五市汽车保有量增长率高于全省平均水平。

按照车辆用途分，截至 2019 年底江苏省保有汽车中私人轿车 1762.4 万辆，其他载客汽车 15.5 万辆，载货商用车 141.3 万辆。

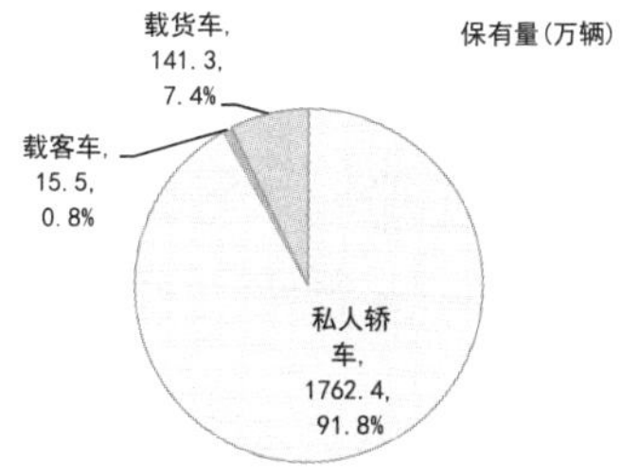

图 2　2019 年江苏省分类型车辆保有量

（二）汽车注册登记情况

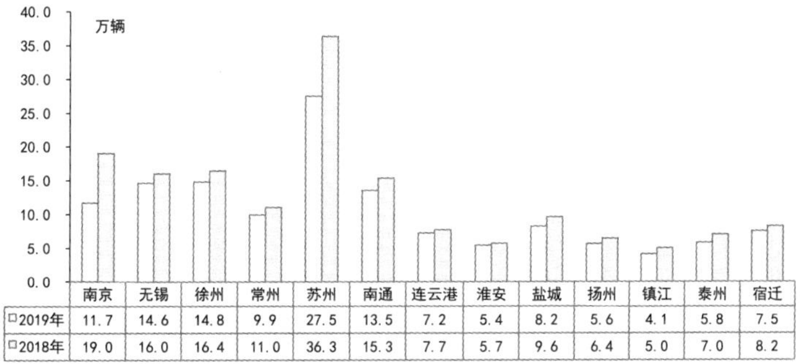

	南京	无锡	徐州	常州	苏州	南通	连云港	淮安	盐城	扬州	镇江	泰州	宿迁
2019年	11.7	14.6	14.8	9.9	27.5	13.5	7.2	5.4	8.2	5.6	4.1	5.8	7.5
2018年	19.0	16.0	16.4	11.0	36.3	15.3	7.7	5.7	9.6	6.4	5.0	7.0	8.2

图 3　2018-2019 年江苏省新增汽车情况

（三）乘用车销售情况

根据新售乘用车上险数据显示，2019 年江苏省销售乘用车 165.7 万辆，占全国乘用车销量的 7.7%，同比下降 2.6%，好于全国同比降幅 7 个百分点。其中徐州、苏州和南通三市实现小幅增长。

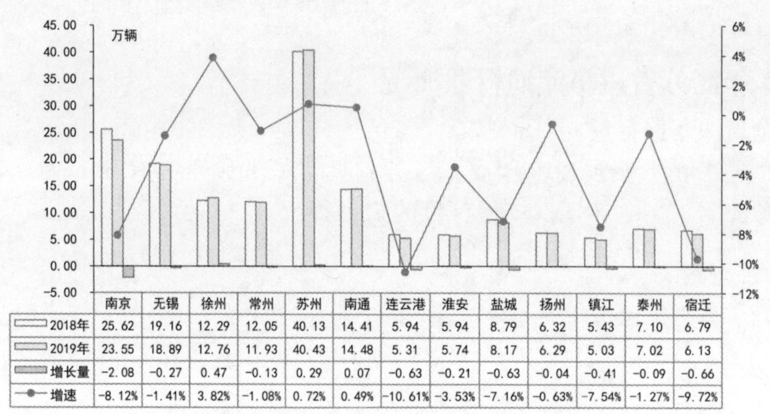

	南京	无锡	徐州	常州	苏州	南通	连云港	淮安	盐城	扬州	镇江	泰州	宿迁
2018年	25.62	19.16	12.29	12.05	40.13	14.41	5.94	5.94	8.79	6.32	5.43	7.10	6.79
2019年	23.55	18.89	12.76	11.93	40.43	14.48	5.31	5.74	8.17	6.29	5.03	7.02	6.13
增长量	-2.08	-0.27	0.47	-0.13	0.29	0.07	-0.63	-0.21	-0.63	-0.04	-0.41	-0.09	-0.66
增速	-8.12%	-1.41%	3.82%	-1.08%	0.72%	0.49%	-10.61%	-3.53%	-7.16%	-0.63%	-7.54%	-1.27%	-9.72%

图 4　2018-2019 年江苏省各市上险情况

乘用车销量前三十家品牌中：合资汽车品牌 17 家，比上年度减少 3 家，中国汽车品牌 9 个，同上年度持平；全进口汽车品牌 4 个，比上年度增加 3 家。其中上汽大众、一汽 - 大众和通用别克位列前三，豪华品牌销量明显增长。

2019 年乘用车销量较多的城市是：苏州 40.4 万辆，占全省的 24.4%；南京 25.6 万辆，占全省 14.2%；无锡 19 万辆，占全省的 11.4%。

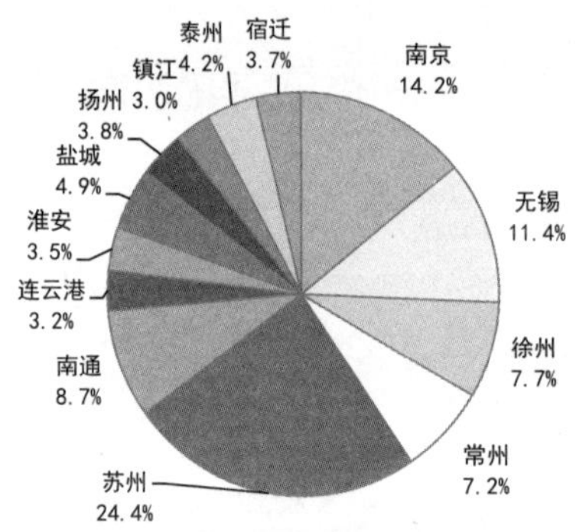

图 5　2019 年江苏省各市乘用车销量

2019 年江苏省进口乘用车销售 10.3 万辆，占汽车销量总量的 6.2%，与上年度持平。其中奔驰、宝马、雷克萨斯进口乘用车销量最大。

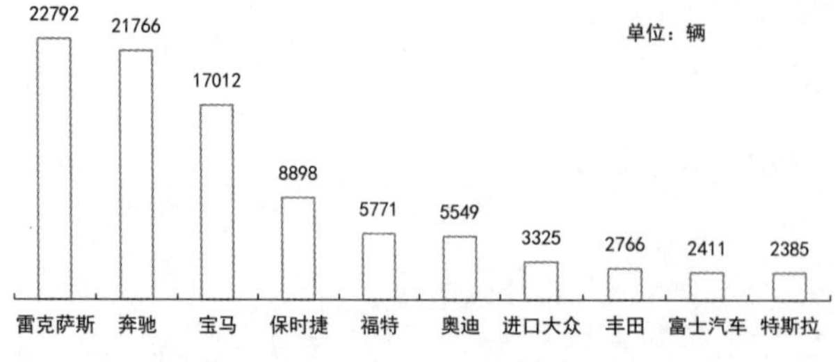

图 6　2019 年江苏省进口乘用车销量

2019 年江苏省新能源乘用车销售 2.1 万辆，占全省乘用车销量的 1.3%，同比下降 12.5%。

销量前十的品牌分别是：奇瑞汽车、吉利汽车、特斯拉、蔚来汽车、上汽乘用车、北汽新能源、威马汽车、比亚迪汽车、合众新能源、小鹏汽车。

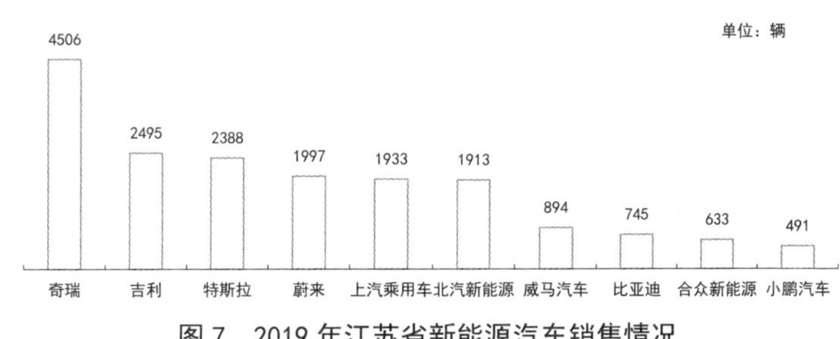

图 7　2019 年江苏省新能源汽车销售情况

二、2019 年江苏省汽车销售市场特点

（一）全省汽车销售市场仍处于下行形势

2019 年全年江苏省新增注册汽车 135.8 万辆，同比下降 17.0%，除苏州、徐州、南通地区外，其他城市均有较大幅度下降。由于江苏省汽车保有量基数较高，首次购车群体较少，汽车新增注册量远高于全国平均水平。

（二）豪华品牌汽车市场占比持续增长，自主品牌汽车销量大幅下降

近年来，江苏省汽车市场需求（特别是苏南地区）处于更新提档阶段，2019 年乘用车销售 165.7 万辆，其中豪华品牌汽车 33.4 万辆，同比增长 2.5%；国产品牌汽车 37.8 万辆，同比下降 20.6%。2020 年一季度全省乘用车销售 261201 辆，其中进口车销售 16588 辆，占比 6.4%，高于去年同期 0.3 个百分点，雷克萨斯、保时捷、奔驰、奥迪、宝马等豪华品牌汽车销量均有较快增长，在同行业中这些品牌的汽车经销商成为最具盈利能力的企业。

（三）汽车经销商集团化进程加速

江苏省拥有 10 个以上 4S 店的经销商集团近 40 家，其中列入 2019 年度全国百强经销商集团企业有 10 家，比上年度增加 1 家。其中具有国资背景的汽车经销商集团加快了收购扩张进展。

（四）新能源汽车逐步得到市场认可，品牌车企处于激励竞争阶段

得益于补贴政策和充电设施逐步增设，2019 年江苏省新能源乘用车销售 21961 辆，2020 年一季度新能源车销售 4757 辆，占乘用车销量的 1.8%，高于去年同期 0.9 个百分点；同比增长 34.1%。东风、特斯拉、奇瑞、蔚来、北汽、荣威、吉利、宝骏、长城等品牌新能源汽车年销超过千辆，目前尚未量产或是销售惨淡的新造车企业逐步被市场淘汰。

（五）市场竞争加剧，经销商生存压力越来越大

汽车市场整体下滑导致汽车品牌和经销商间竞争加剧，除一线豪华品牌之外，大量经销商长期面临品牌影响力下降、主机厂压库、物业租金上升、融资成本上升、员工流失等多方压力，盈利、持平（以售后弥补）和亏损的经销商各占三分之一，2019 年江苏省在商务系统备案的汽车经销企业比上年度减少 55 家，品牌汽车退市和 4S 店关停、转让、兼并常态化。

（六）互联网发展和疫情促使汽车销售服务模式发生转变

随着移动互联网科技快速发展，汽车类网站和直播平台在信息宣传和引流方面已经成为汽车销售的重要渠道。据调查，超过 70% 的客户都是通过汽车类网站和直播平台了解意向品牌和车型，并通过评论、团购、微信、电话等方式了解价格区间，才确定到店试驾或达成购买。特别是在疫情发生以来，由于经销商无法正常营业，客户也不便出门看车，各汽车主机厂、新车经销商、二手车商除加强电销推广外，先后开启的在线直播、云赏车、云车展等渠道，线上集客线下体验成为汽车销售服务的主要形式。

（江苏省汽车流通协会）

2019年广东省新车市场

一、2019年广东省汽车保有量增长幅度放缓

（一）全省汽车保有量连续3年放缓

据广东省汽车流通协会统计的数据显示，截至2019年底，广东省机动车保有量达到3115万辆，同比增长7.59%；汽车保有量达到2327万辆，同比增长9.92%。

近年来，我省的机动车和汽车保有量增长均高于全国平均增速，但从2018年开始增速明显放缓，2017年汽车保有量增长率为13.1%，而2018年就微降到11%左右，到了2019年保有量增长率不到10%，保有量增长率连续3年下降。

从整体汽车市场来看，经济下行空间压力加大、行业持续低迷、产销连续负增长，再加上提前实施"国六"等因素叠加影响。其次，我省的汽车消费市场增量空间已经逐步缩小，我省汽车行业从增量市场向存量市场转变的趋势已经越来越明显。

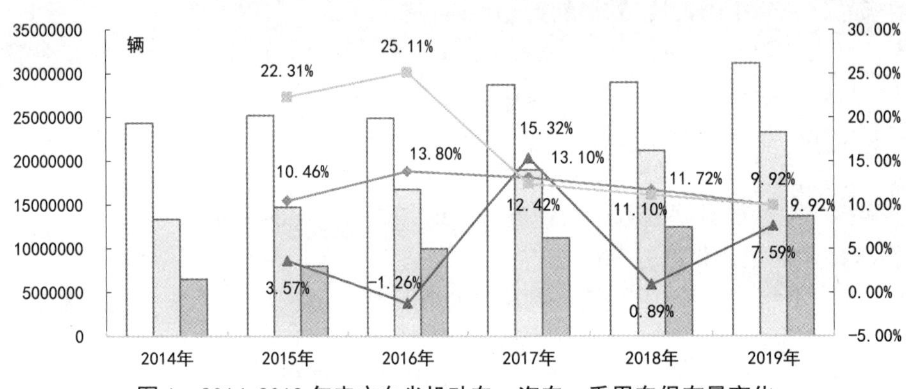

图1 2014-2019年来广东省机动车、汽车、乘用车保有量变化

（二）珠三角保有量同比增长幅度较非珠三角低

2019年，我省机动车保有量排名前五的城市为深圳、东莞、佛山、广州、江门，汽车保有量排名前五的城市为深圳、东莞、广州、佛山、惠州。深圳的汽车保有量一直保持在3%左右的微增，2019年增加了11万辆，增长率为3.53%，总量343万辆；广州近几年的汽车保有量都有较大幅度的增长，保持在8%—9%之间，2019年增加了21万辆，增长率为8.38%，总量为278万辆。2019下半年，广州深圳分别增加了4万个燃油车购车指标，直接拉动汽车保有量明显增长。惠州表现最为亮眼，2019年汽车保有量同比增长达到28%，比2018年增长了33万辆，远高于其他城市，总量为130万辆。东莞2019年汽车保有量增长率虽然有所下降，为9.78%，但比2018年增加了28万辆，总量达到323万辆，位居全省第二。佛山2019年的汽车保有量增加了20万辆，总量达到273万辆，全省排名第四。除了深圳、广州、惠州这几个城市之外，广东其他地区的汽车保有量增长率均呈逐年放缓的趋势。

从区域市场来看，珠三角地区的汽车保有量同比增长幅度较非珠三角地区要低，2019年珠三角9市汽车保有量同比增长率为9.47%；非珠三角地区汽车保有量同比增长为14.98%，各地市的增长率基本都在10%以上，而且大部分在15%—20%区间。珠三角地区的汽车市场已经逐步进入存量置换阶段，首购需求下降，换购需求上升；而非珠三角地区的汽车消费还是以首购需求为主，刚需性更强。

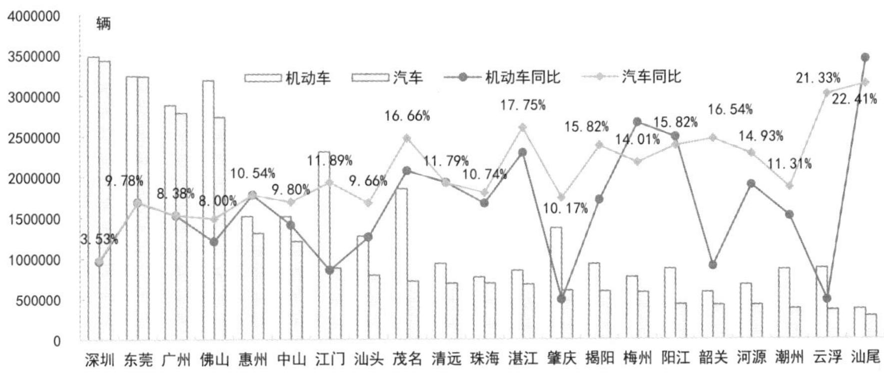

图 2 2019 年广东省各地区机动车、汽车保有量对比

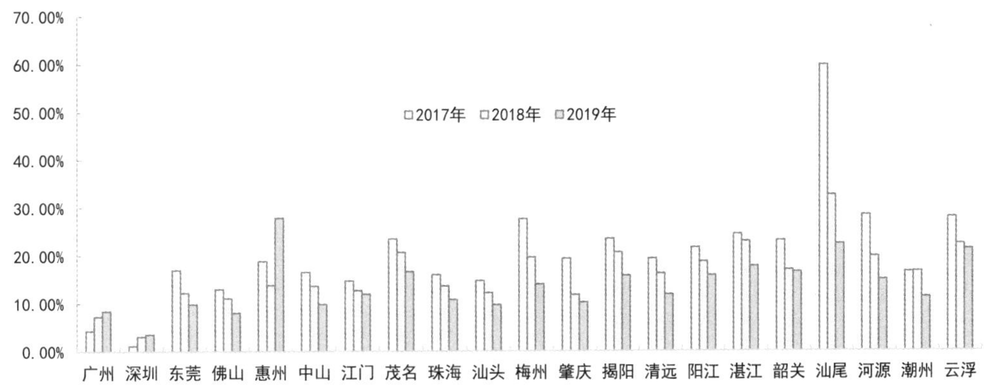

图 3 广东各地近三年汽车保有量增长率对比

二、零售量微增车企利润下滑

（一）“国五”清仓、广深增加指标拉动零售量回升

零售量方面，整体情况较 2018 年略有回升。2019 年广东省机动车零售量为 335 万辆，同比增长 1.61%；汽车零售量为 258 万辆，同比增长 0.86%；乘用车零售量为 237 万辆，同比增长 2.29%。2019 年汽车零售量有所回升，与我省提前实施“国六”、经销商大量降价清“国五”库存以及广州深圳增加购车指标有直接关系。

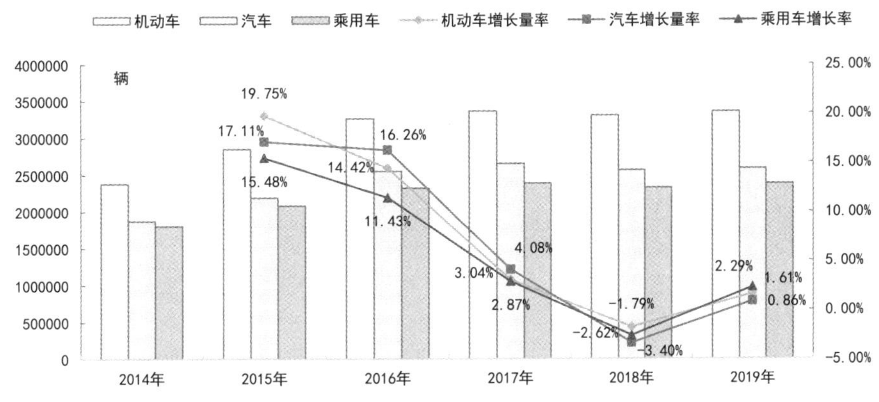

图 4 2014-2019 年来广东省机动车、汽车、乘用车零售量变化情况

从汽车零售量的月度走势可以反映：我省汽车市场受政策变化影响强烈，波动较大。一季度由于广州深圳相关政府部门表示有可能在 3 月提前实施“国六”，刺激经销商提前清库，1 月汽车零售量达到 24 万辆，2、3 月汽车零售量同比增长高达 55.73%、44.6%。二季度，在基本明

确 7 月开始全省提前实施“国六”，而是否有过渡期无法确定的情况下，传统的淡季也出现了较大幅度的增长，5 月单月汽车零售量突破 20 万辆，同比增长 13.61%，6 月汽车销售量达到 27 万辆，同比增长高达 55.18%。6 月 29 日晚，省政府正式发布提前实施“国六”的通告，明确省内“国五”库存车有 3 个月过渡期，避免了我省在实施“国六”后市场出现断崖式下跌。三季度汽车零售量出现阶梯性下降，7 月汽车零售量达到 28 万辆，为全年单月零售量最高的月份，同比增长达到 37.68%；8 月汽车零售量回落到 20 万辆，同比增长 6.7%；9 月微降到 19 万辆，同比下降 8.46%。四季度，由于广州深圳陆续增加购车指标，利好政策拉动了零售量再次回升，11、12 月的单月汽车零售量均超过 24 万辆，同比增长分别为 10.04% 和 0.79%。

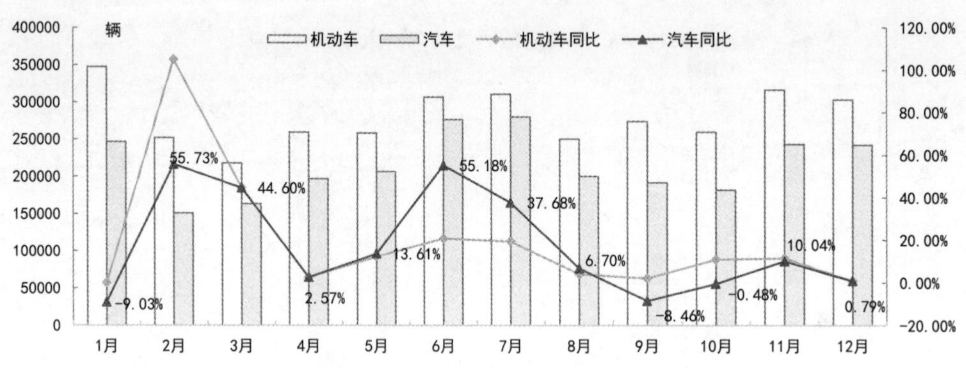

图 5　2019 年广东省机动车、汽车月度零售量变化

（二）高保有量地区普遍汽车零售量负增长

2019 年，我省汽车零售量排名前六的地区是：广州、深圳、东莞、佛山、惠州、中山，（汽车保有量在 120—340 万辆区间）除广州外，2019 年的汽车零售量同比均下降。广州以 34 万辆位列第一，同比增长达 15.3%；深圳、东莞以几百辆的微弱差距位列第二第三，零售量在 33 万辆左右，同比为 -5.67%、-9.12%；佛山零售量为 29 万辆，位列第四，同比为 -5.97%。惠州、中山的汽车零售量为 16、15 万辆，同比为 -9.28%、-3.03%。广州受“国五”清仓、购车指标增加等因素影响，汽车零售量有大幅度提升；而深圳虽然也有“国五”清仓和购车指标增加的拉动，但由于在实施“国六”时没有 3 个月的过渡期，因此零售量低于广州，且同比下降明显。

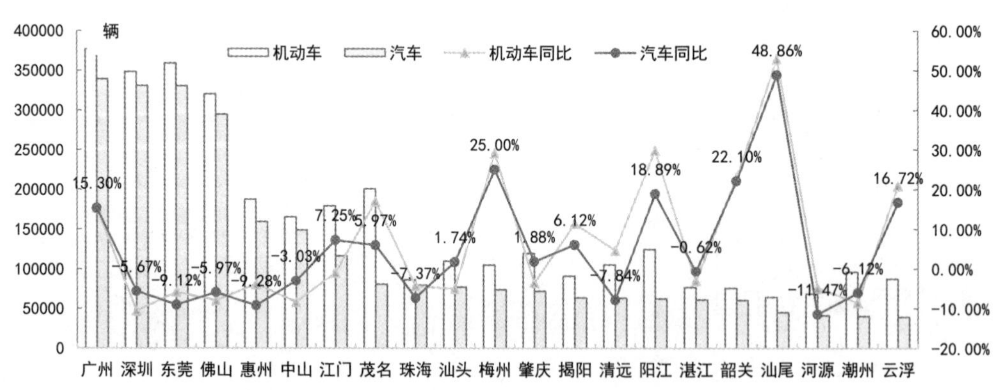

图 6　2019 年广东省各地区机动车、汽车零售量对比

江门、汕头、茂名、清远、珠海、湛江、肇庆、揭阳、梅州，这几个城市汽车保有量在 50—100 万辆区间，清远、珠海、湛江 2019 年汽车零售量分别下降 7.84%、7.37% 和 0.62%。此外，其他地区均有不同程度的增长，其中，梅州同比增长超过 20%。

阳江、韶关、河源、潮州、云浮、汕尾，这几个城市汽车保有量在 50 万辆以下，除河源、潮州略有下降外，其他几个地市 2019 年汽车零售同比增长都超过了 15%。

（三）行业利润大幅下降

虽然 2019 年广东省汽车零售量较 2018 年有所上升，然而由于提前实施“国六”，大批经销商的“国五”库存车降价清仓，引发一系列的连锁反应。汽车产业链长，终端销售企业的经营情况不佳直接影响汽车上下游企业业绩的下滑，导致行业整体利润大幅下降。据广东省统计局公布的数据显示，2019 年，广东省汽车类商品消费总额降幅扩大，比上年下降 2.1%，由于汽车类消费占我省社会消费品零售总额的 30%，因此拖累我省社消零总额的增长放缓。

广东省汽车流通协会通过抽样调查全省 30 家大中型汽车经销商集团及 100 多家标杆汽车经销店 2019 年的经营数据，总结分析我省汽车经销商的基本运营情况如下：

2019 年，我省汽车经销商集团总体营收同比增长 4.40%，较 2018 年同比 7.68% 下降了 3 个百分点。其中，整车销售依然是经销商最大的营收来源，同比增长 5.42%；维修业务收入同比增长 7.18%，二手车业务同比增长仅为 1.34%；金融保险及其它增值服务收入有较为明显的提升，同比增长 16.22%，而其他关联产业在 2019 年却下滑了 7.71%。总体来看，广东汽车经销商集团的总体表现要优于全国大盘，当然，这些抽样的集团也是我省排名靠前、规模较大的企业。

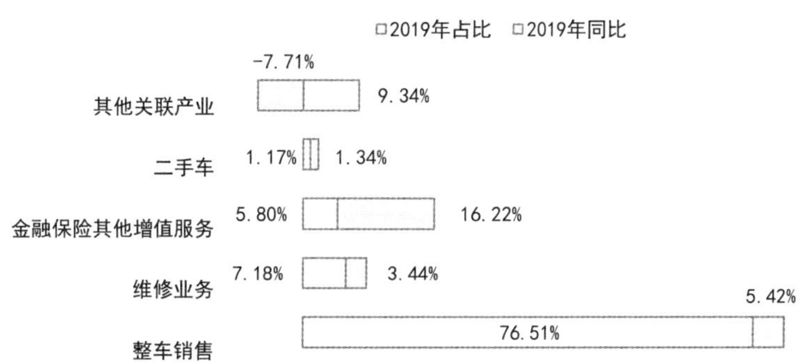

图 7 2019 年广东省汽车经销商集团营收项目比重及同比

在汽车经销店方面，百家标杆汽车经销店总体营收同比增长 13.17%，其中，整车销售收入同比增长 14.99%；维修业务收入同比增长 7.63%，金融保险及其它增值服务收入同比增长 11.08%，二手车业务板块非常亮眼，同比增长达到 55.29%。由此可见，经营状况较好的汽车经销店，都是比较重视二手车业务的，因此业务增长明显。

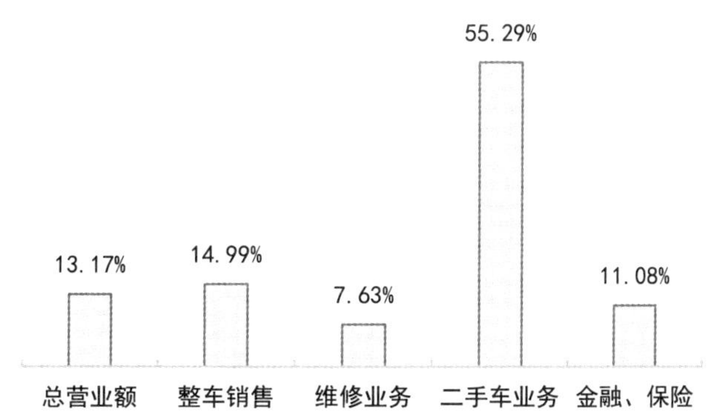

图 8 2019 年广东百家标杆汽车经销店营收项目同比增长情况

虽然营业收入总体有所提升，但是通过对比这一百多家经销店的车辆销售均价就会发现，有 50% 的店车辆销售均价都是低于 2018 年的，销量上升但车价下降，由此也可以从侧面反映“国五”清仓带来的影响。

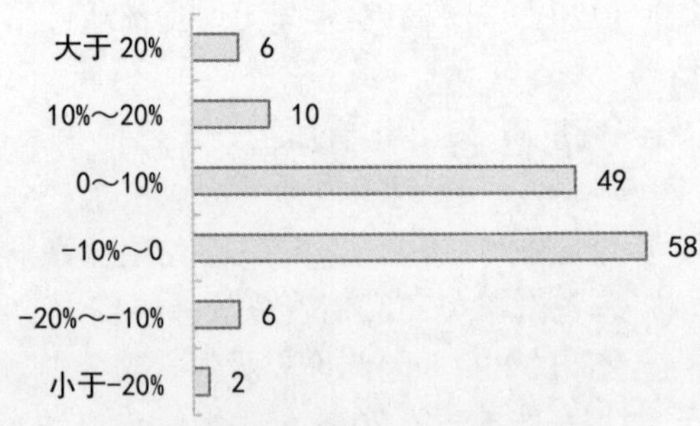

图 9　2019 年广东百家标杆汽车经销店销售均价同比

其次，值得注意的是近几年，汽车经销集团还是 4S 店和金融保险业务板块的收入一直是保持两位数增长的，对应了汽车 4S 店依然是汽车保险首购的最主要渠道，渗透率远高于其他渠道，而且呈逐年上升的趋势，对企业的利润贡献越来越重。

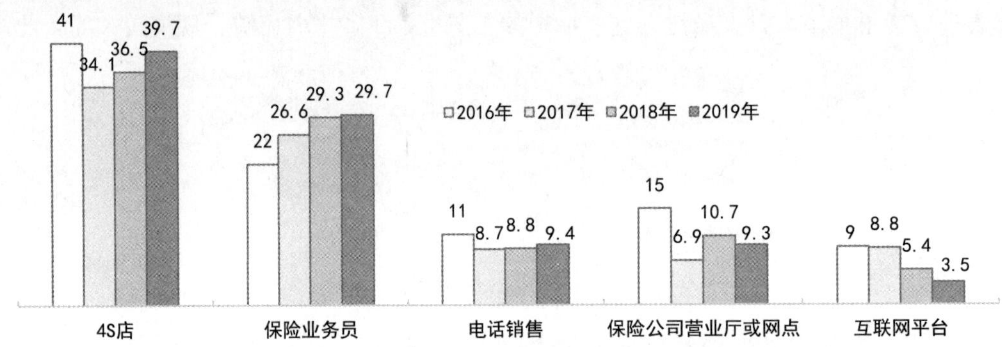

图 10　2016-2019 年汽车保险渗透率变化

数据来源：尼尔森

（广东省汽车流通协会）

2019年汽车经销商集团百强专题研究报告

一、中国汽车流通行业与百强排行榜的发展与变革

2019年是中国全面建设小康社会的关键之年，中国汽车流通市场进入了新的发展阶段。尽管寒冬仍在，但中国汽车经销商仍然是意气风发的少年，寒冬可以暂时掩盖行业的辉煌，却不能冰冻其锋芒。中国汽车经销商集团百强排行榜将站在2019的新起点上，继续为百强企业助力，引领行业发展，推动行业变革，打造行业新趋势，促进行业市场新繁荣。

从2009年至今，中国汽车流通协会已连续十年发布中国汽车经销商集团百强排行榜。该排行榜由中国汽车流通协会打造，吸引了近百家社会媒体的关注，得到了各地汽车流通行业组织及全国汽车经销商集团的大力支持，尤其是得到了国家政府部门及汽车生产厂商、金融机构相关服务机构的广泛认可。在社会与行业内引起了强烈反响。“中国汽车流通行业经销商集团百强排行榜”已成为中国汽车流通行业反映企业实力的具有权威性和影响力的全国性品牌活动之一。

二、百强排行榜全面特征分析

（一）十年发展：从“量变”到“质变”

2019年，受宏观经济下行、中美贸易摩擦持续、消费信心不足，以及“国六”排放标准提前实施、新能源汽车补贴大幅退坡等诸多因素影响，中国汽车市场需求低迷，连续18个月出现负增长。

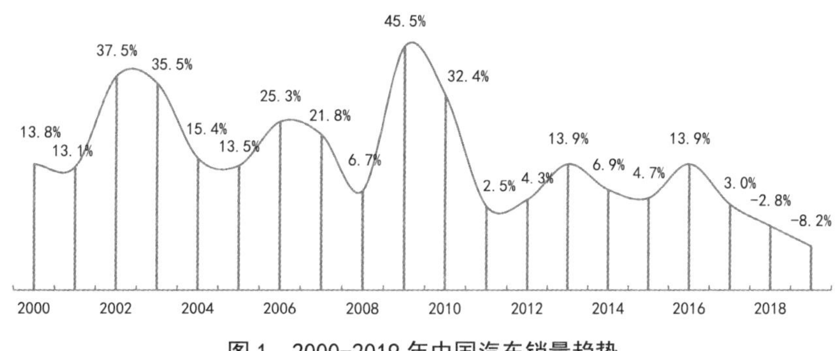

图1　2000-2019年中国汽车销量趋势

尽管车市低迷，但百强经销商集团依旧以一组组重量级的数字，展现了它们在中国汽车流通行业发展中起到的主体作用，也正是这些行业标杆、市场典范，推动着中国汽车市场不断繁荣与发展。

（二）市场规模与综合指标的评述、经销商运营架构的系统化剖析

为协助更多企业完成由强向优的转型升级，2020中国汽车经销商大会在发布百强经销商集团营收榜单的基础上，突破性地为所有经销商集团、经销商单店提供三大对标服务：净资产收益率对标、抗风险能力对标、运营效能对标。通过建立完善的对标体系，促进厂商关系平衡，助力经销商集团提升服务运营能力，进而提升整体发展水平。

标杆值的发布帮助经销商全面分析获利能力、抗风险性及经营效率，从区域、店龄、规模等维度，全面剖析，为行业提供标杆，为经销商提供预警机制。并通过“四分位法”清晰准确地帮助经销商进行对标赋能。

表 1　区域龙头经销商集中度和占有率

营收规模	集团
500 亿元以上	中升集团控股有限公司
	利星行汽车
	永达集团
	广汇汽车服务集团股份公司
	恒信汽车集团股份有限公司
200-500 亿元	大昌行集团有限公司
	贵州通源集团
	江苏万帮金之星车业投资集团有限公司
	北京北汽鹏龙汽车服务贸易股份有限公司
	广物汽贸股份有限公司
100-200 亿元	四川华星汽车集团有限公司
	北京奥吉通投资（集团）有限公司
	厦门建发汽车有限公司
	北京祥龙博瑞汽车服务（集团）有限公司
	欧龙汽车贸易集团有限公司
50-100 亿元	宁波轿辰集团股份有限公司
	新丰泰集团控股有限公司
	华宏汽车集团有限公司
	无锡商业大厦集团东方汽车有限公司
	广州南菱汽车股份有限公司
50 亿元以下	山东大友集团有限公司
	泉州华奥汽车销售集团
	江苏华海汽车销售集团有限公司
	江苏益昌集团有限公司
	东风鸿泰汽车销售有限公司

1. 净资产收益率

净资产收益率体现企业的资金使用效率，综合反映了所有者投入资本的获利能力。主要涉及指标：

净资产收益率 = 销售净利率 × 总资产周转率 / 权益比率

销售净利率 = 销售净利润 / 营业收入

总资产周转率 = 营业收入 /[（总资产期初 + 期末余额）/2]

权益比率 =(总资产 - 总负债)/ 总资产

（1）行业整体表现

2019 年百强汽车经销商净资产收益率行业均值为 11.3%。

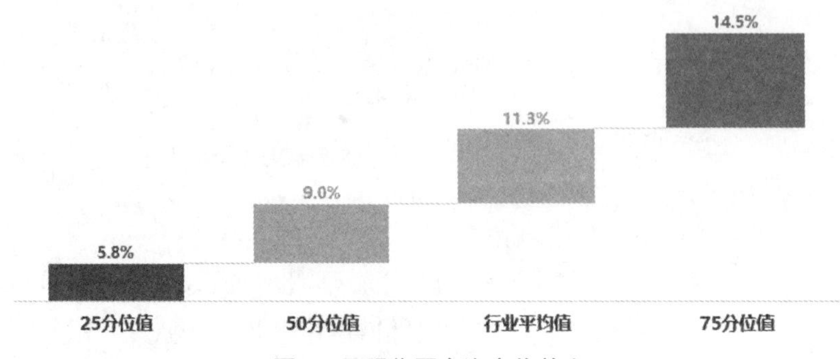

图 2　百强集团净资产收益率

（2）营收规模表现

按照经营规模划分，营收在 30 亿元以下的汽车经销商集团净资产收益率最低，平均值为 4.2%；营收在 200 亿—500 亿元的汽车经销商集团净资产收益率最高，平均值为 14.9%。

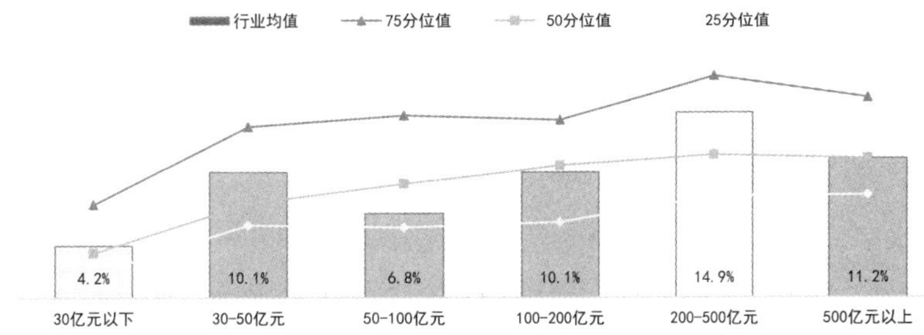

图 3 经销商百强净资产收益率—营收规模分布特点

（3）区域表现

按照行政区域划分，西北区域净资产收益率最低，均值为 4.9%；华中区域净资产收益率最高，均值为 21.5%。

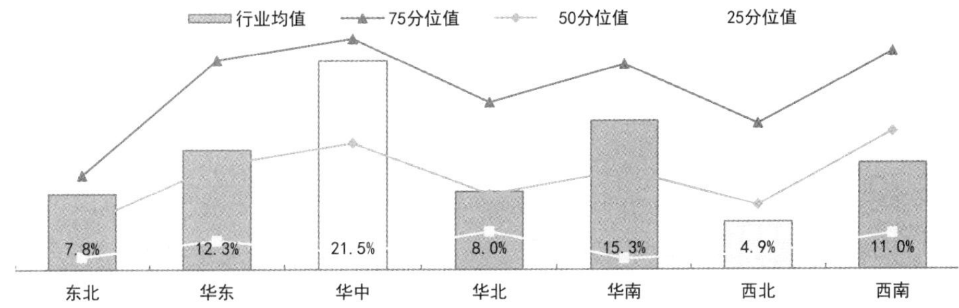

图 4 经销商百强净资产收益率—区域分布特点

2. 抗风险能力

抗风险能力描述企业生存与发展的临界点，体现企业的经营安全。

主要涉及指标：

销售利润率 =（销售毛利 - 总费用）/ 营业收入

新车毛利率 =（裸车销售收入 - 主营成本）/ 裸车销售收入

零服吸收率 = 售后毛利 /（总费用 - 销管新车变动费用）

（1）行业整体表现

2019 年百强汽车经销商集团销售利润率均值为 2.9%，新车毛利率行业均值为 1.9%；零服吸收率行业均值为 83.5%。

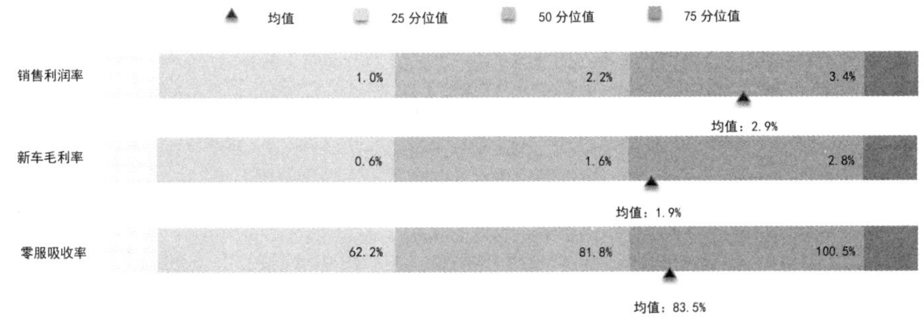

图 5 经销商百强抗风险能力—行业整体表现

（2）销售利润率

按照经营规模划分，营收在 30 亿元以下的汽车经销商集团销售利润率最低，平均值为 0.7%；营收在 500 亿元以上的汽车经销商集团销售利润率最高，平均值为 3.3%。

按照店龄划分，开业在 3 年以内的店销售利润率最低，平均值为 2.4%；开业在 3—5 年之间的店销售利润率最高，平均值为 3.6%。

按照行政区域划分，西南区域销售利润率最低，均值为 2.4%；华中区域销售利润率最高，均值为 3.7%。

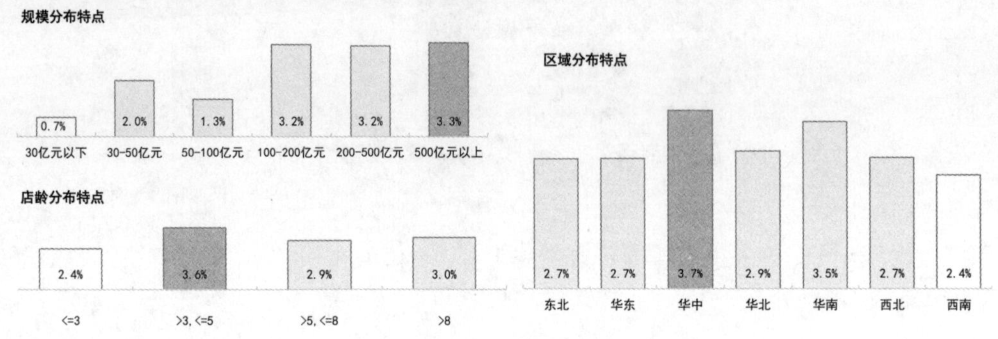

图 6　经销商百强抗风险能力—销售利润率

（3）新车毛利率

按照经营规模划分，营收在 30 亿元以下和 50-100 亿元的汽车经销商集团新车毛利率最低，平均值为 0.8%；营收在 100-200 亿元以上的汽车经销商集团新车毛利率最高，平均值为 2.7%。

按照店龄划分，开业在 3 年以内的店新车毛利率最低，平均值为 1.2%；开业在 3—5 年之间的店新车毛利率最高，平均值为 2.9%。

按照行政区域划分，东北区域销售利润率最低，均值为 0.4%；西北区域新车毛利率最高，均值为 2.7%。

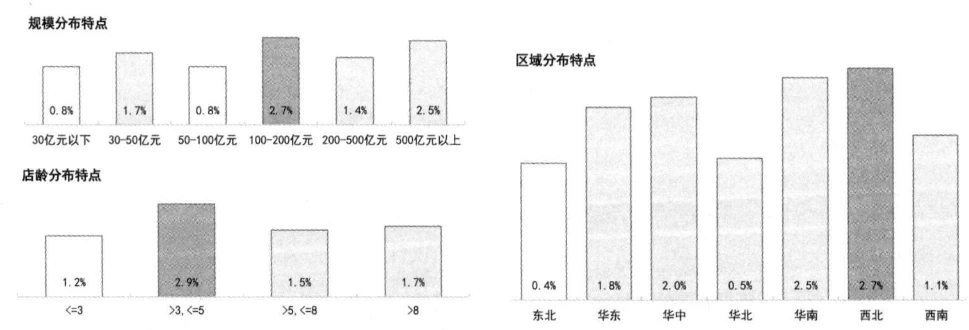

图 7　经销商百强抗风险能力—新车毛利率

（4）零服吸收率

按照经营规模划分，营收在 30 亿元以下的汽车经销商集团零服吸收率最低，平均值为 66.3%；营收在 500 亿元以上的汽车经销商集团零服吸收率最高，平均值为 86.4%。

按照店龄划分，开业在 3 年以内的店零服吸收率最低，平均值为 67.4%；开业在 8 年以上的店零服吸收率最高，平均值为 108.8%。

按照行政区域划分，华东区域零服吸收率最低，均值为 73.3%；华北区域零服吸收率最高，均值为 120.9%。

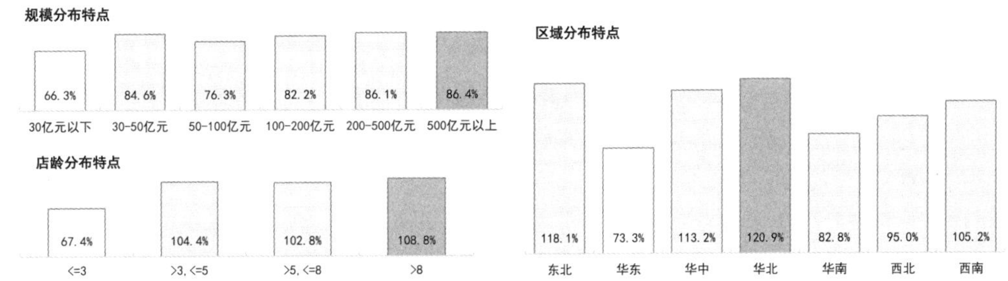

图 8 经销商百强抗风险能力—零服吸收率

3. 运营效能

运营效能评价业务运营效率，体现了企业的健康程度。

主要涉及指标：

业务运营：

销售利润率 =（销售毛利 – 总费用）/ 营业收入

新车毛利率 =（裸车销售收入 – 主营成本）/ 裸车销售收入

零服吸收率 = 售后毛利 /（总费用 – 销管新车变动费用）

库存系数 = 期末库存 / 月均销量

售后毛利率 = 售后毛利 / 售后收入

成本管控：

销管费用率 =（销管固定费用 + 销管变动费用）/ 营业收入

财务费用率 = 财务费用 / 营业收入

人工效能：

员工流失率 = 员工流失人数 /（员工流失人数 + 总人数）

人工成本利润率 = 总毛利 /（员工福利成本 + 薪酬成本）

（1）行业整体表现

从业务运营上看，2019 年百强汽车经销商集团销售利润率行业均值为 2.9%；新车毛利率行业均值为 1.9%；零服吸收率行业均值为 83.5%；售后毛利率行业均值为 40.9%；库存系数行业均值为 1.29。

从成本管控上看，2019 年百强汽车经销商集团销管费用率行业均值为 4.5%；财务费用率为 0.7%。

从人工效能上看，2019 年百强汽车经销商集团员工流失率行业均值为 17.4%；人工成本利润率行业均值为 2.9%。

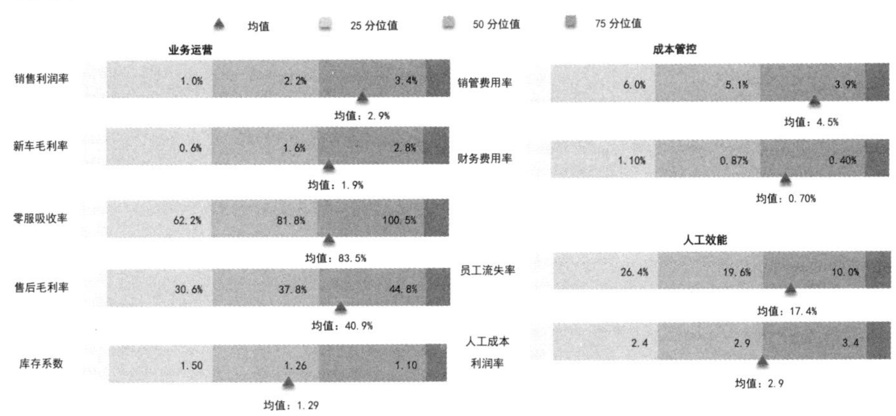

图 9 经销商百强运营效能—行业整体表现

（2）售后毛利率

按照经营规模划分，营收在 30 亿元以下的汽车经销商集团售后毛利率最低，平均值为 38.9%；营收在 100 亿—200 亿元的汽车经销商集团售后毛利率最高，平均值为 41.6%。

按照店龄划分，开业在 3 年以内的店售后毛利率最低，平均值为 40.2%；开业在 3—5 年的店售后毛利率最高，平均值为 42.3%。

按照行政区域划分，西北区域售后毛利率最低，均值为 37.3%；华南区域售后毛利率最高，均值为 43.1%。

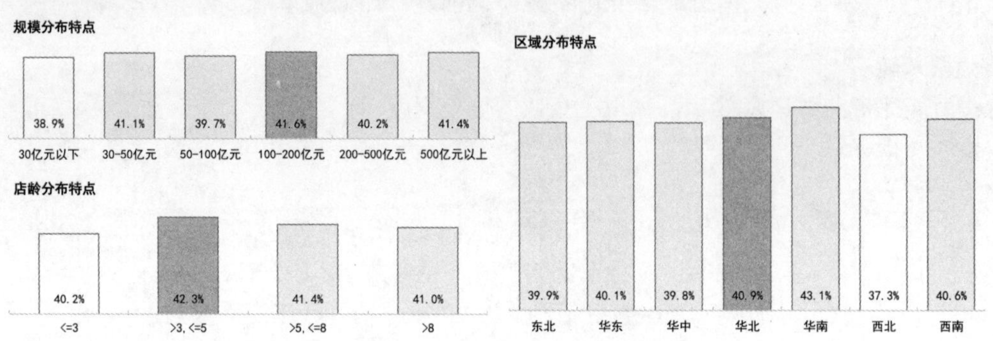

图 10　经销商百强运营效能—销售利润率

（3）库存系数

按照经营规模划分，营收在 200 亿—500 亿元的汽车经销商集团库存系数最低，平均值为 1.17；营收在 30 亿元以下的汽车经销商集团库存系数最高，平均值为 1.50。

按照店龄划分，开业在 8 年以上的店库存系数最低，平均值为 1.27；开业在 3 年以内的店库存系数最高，平均值为 1.35。

按照行政区域划分，西南区域库存系数最低，均值为 1.07；东北区域库存系数最高，均值为 1.57。

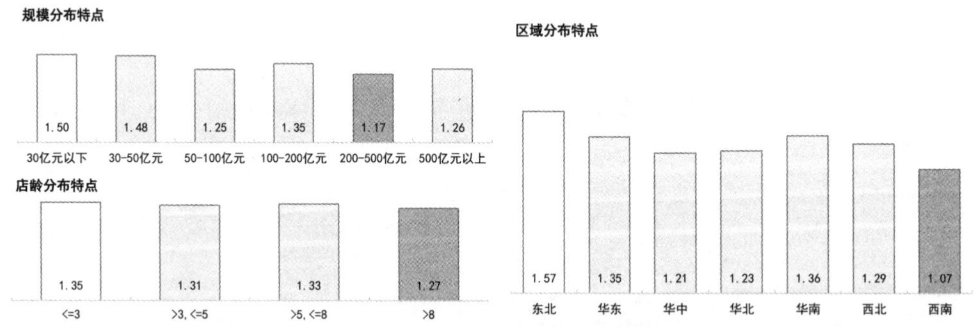

图 11　经销商百强运营效能—库存系数

数据来源：国际四大咨询公司分析

（4）销管费用率

按照经营规模划分，营收在 500 亿元以上的汽车经销商集团销管费用率最低，平均值为 4.0%；营收在 30 亿元以下的汽车经销商集团销管费用率最高，平均值为 6.5%。

按照店龄划分，开业在 8 年以上的店销管费用率最低，平均值为 4.5%；开业在 3 年以内的店销管费用率最高，平均值为 5.5%。

按照行政区域划分，华中区域销管费用率最低，均值为 3.7%；华南区域销管费用率最高，均值 5.3%。

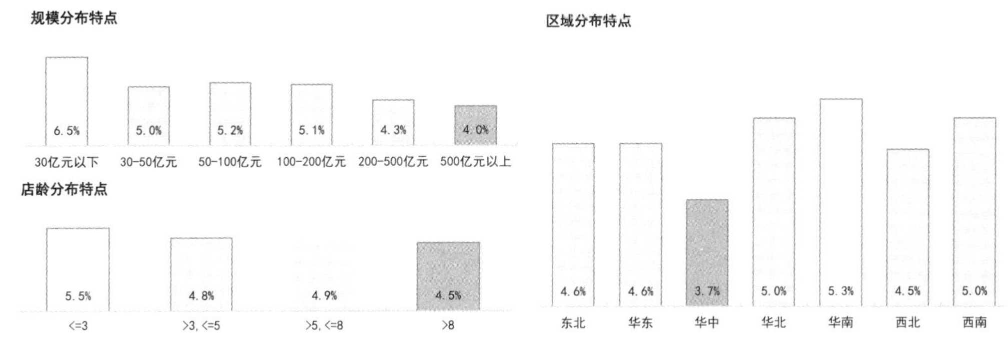

图 12 经销商百强运营效能—销管费用率

（5）财务费用率

按照经营规模划分，营收在 30 亿—50 亿元的汽车经销商集团财务费用率最低，平均值为 0.73%；营收在 50 亿—100 亿元的汽车经销商集团财务费用率最高，平均值为 0.96%。

按照店龄划分，开业在 8 年以上的店财务费用率最低，平均值为 0.56%；开业在 3 年以内的店财务费用率最高，平均值为 0.91%。

按照行政区域划分，西南区域财务费用率最低，均值为 0.46%；东北区域财务费用率最高，均值为 1.12%。

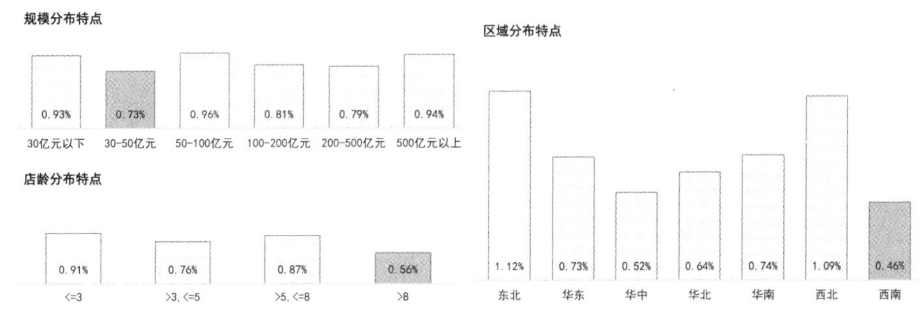

图 13 经销商百强运营效能—财务费用率

（6）员工流失率

按照经营规模划分，营收在 500 亿元以上的汽车经销商集团员工流失率最低，平均值为 10.6%；营收在 30 亿—50 亿元的汽车经销商集团员工流失率最高，平均值为 23.5%。

按照店龄划分，开业在 3—8 年的店员工流失率最低，平均值为 22%；开业在 3 年以内的店员工流失率最高，平均值为 25.6%。

按照行政区域划分，西北区域员工流失率最低，均值为 20.2%；华东区域员工流失率最高，均值 27.7%。

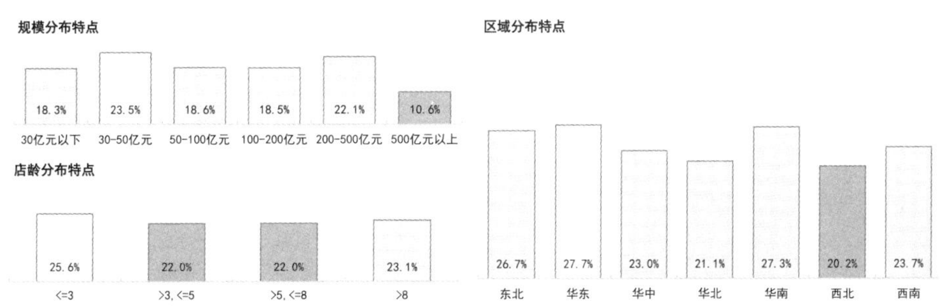

图 14 经销商百强运营效能—员工流失率

（7）人工成本利润率

按照经营规模划分，营收在 30 亿元以下的汽车经销商集团人工成本利润率最低，平均值为 2.4%；营收在 100 亿—500 亿元的汽车经销商集团人工成本利润率最高，平均值为 3.1%。

按照店龄划分，开业在 3 年以下的店人工成本利润率最低，平均值为 3.3%；开业在 3-5 年的店人工成本利润率最高，平均值为 3.9%。

按照行政区域划分，西南区域人工成本利润率最低，均值为 2.5%；华中区域人工成本利润率最高，均值 3.9%。

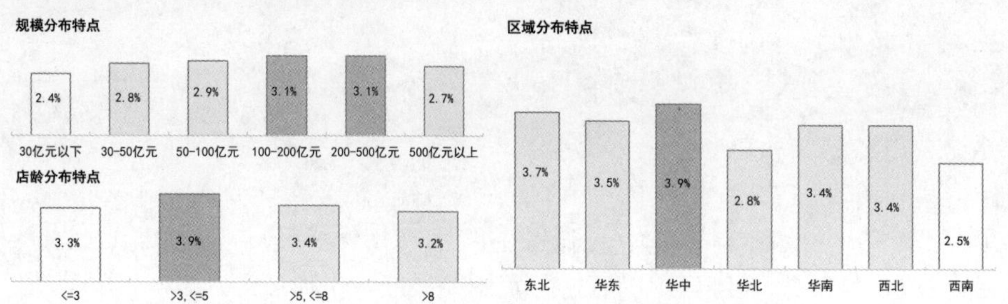

图 15　经销商百强运营效能—人工成本利润率

三、中国汽车品牌竞争力研究报告

（一）对标体系一：净资产收益率

该对标体系体现企业的资金使用效率，综合反映了所有者投入资本的获利能力。研究结果表明：日系品牌经销店的净资产收益率最高，其次是欧系品牌，美系、韩系和中系品牌的净资产收益率偏低且水平基本一致。豪华品牌的净资产收益稍高于主流合资品牌，自主品牌在该指标上的表现明显落后。报告对经销商的销售净利率、总资产周转率和权益比率、净资产收益率四个指标进行了详细解读。

1. 销售净利率

日系品牌的销售净利率最高，其次是欧系和韩系品牌，美系和中系品牌最低。豪华品牌的销售净利率远高于主流合资品牌，三倍于自主品牌。

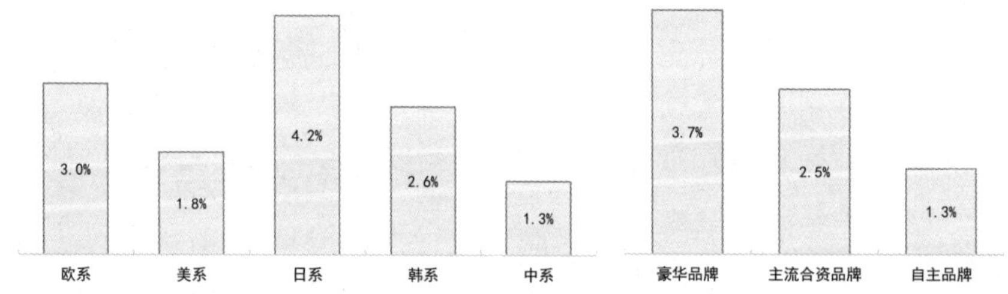

图 16　分国别品牌销售净利率

2. 总资产周转率

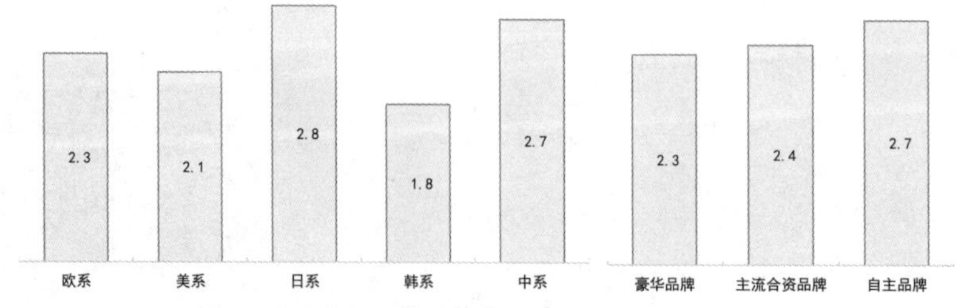

图 17　分国别品牌总资产周转率

日系、中系品牌总资产周转率较高，欧系、美系次之，韩系最低。豪华品牌和主流合资品牌总资产周转率基本一致。

3. 权益比率

日系品牌权益比率显著高于其他品牌，欧系、韩系居中。豪华品牌权益比率显著高于主流合资品牌和自主品牌，主流合资品牌与自主品牌差别不大。

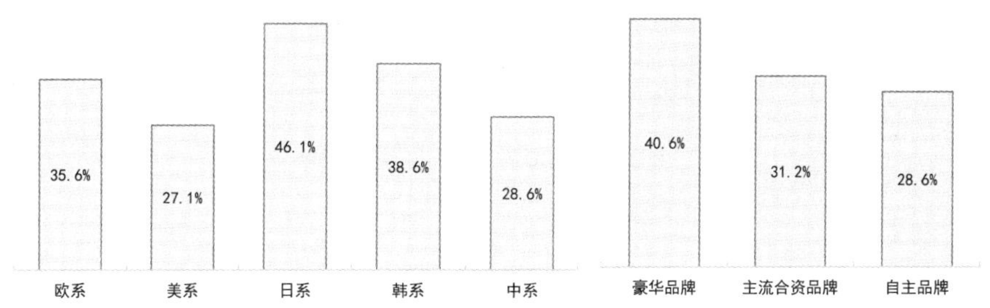

图 18 分国别品牌权益比率

4. 净资产收益率

日系品牌的净资产收益率最高，其次是欧系品牌，美系、韩系和中系品牌水平基本一致。豪华品牌净资产收益率最高，稍高于主流合资品牌，自主品牌落后明显。

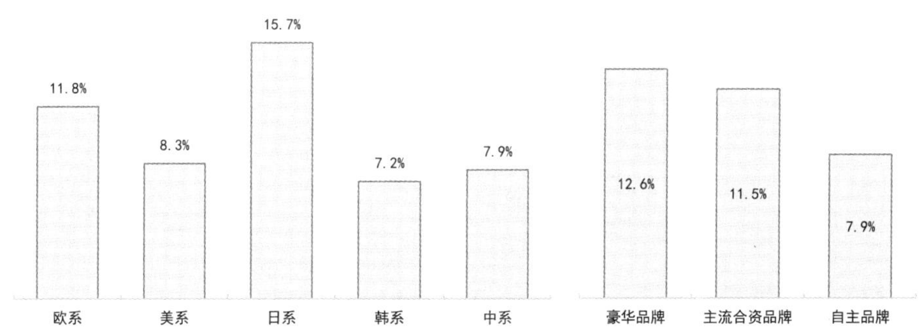

图 19 分国别品牌净资产收益率

（二）对标体系二：抗风险能力

该对标体系描述企业生存与发展的临界点，体现了企业的经营安全。研究结果表明：日系品牌经销店的抗风险能力最高，表现在新车毛利率和销售利润率均最高；欧系品牌排名第二，表现在零服吸收率和销售利润率水平较高；韩系品牌经销店的特点是零服吸收率最高、销售利润率居中、新车毛利率较低；中系品牌的新车毛利率水平较高；美系品牌经销商在三个指标上均表现一般。

1. 销售利润率

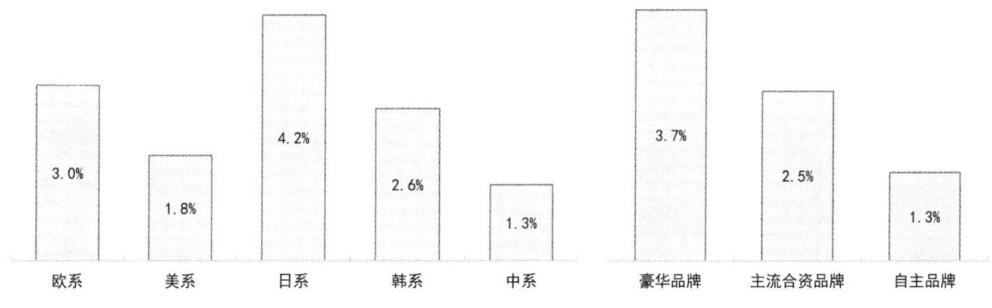

图 20 分国别品牌销售利润率

日系品牌的销售利润率最高，其次是欧系和韩系品牌，美系和中系品牌最低。豪华品牌的销售利润率远高于主流合资品牌，三倍于自主品牌。

2. 新车毛利率

中系和日系品牌的新车毛利率远高于其他品牌，其次是韩系和欧系品牌，美系品牌最低。豪华品牌新车毛利率高于主流合资品牌，但高出并不明显。

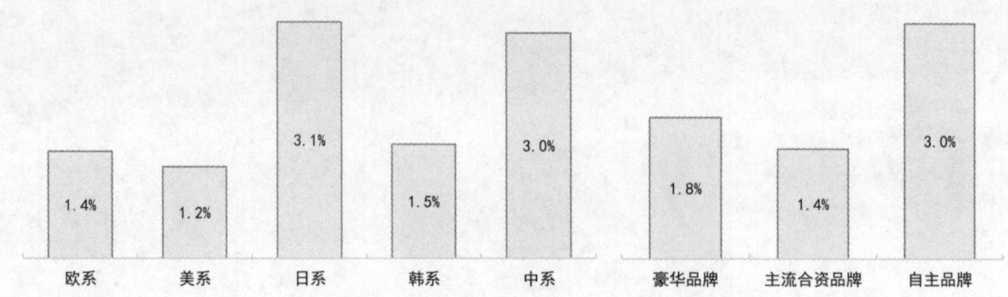

图 21　分国别品牌新车毛利率

3. 零服吸收率

欧系品牌的零服吸收率最高，其次是韩系和日系品牌，中系品牌落后较多。豪华品牌的零服吸收率显著高于主流合资品牌，两倍于自主品牌。

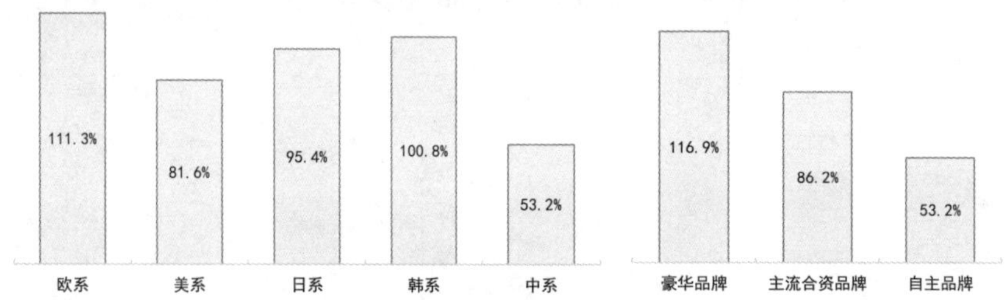

图 22　分国别品牌零服吸收率

（三）对标体系三：运营效能

该对标体系评价企业的业务运营效率，体现了企业的健康程度及盈利稳定性。研究结果表明：从衡量业务运营的库存系数和售后毛利率两个指标来看，日系品牌经销店的业务运营优势依然突出，不仅库存系数低，售后毛利率水平也处于领先水平；欧系品牌经销商的运营效能紧随其后，售后毛利率水平与日系品牌一致，库存系数依然排名靠前；美系品牌表现居中；韩系和中系品牌呈现库存系数高、售后毛利率低的特点。

1. 库存系数

中系、韩系品牌库存系数最高，欧系、美系其次，日系最低。豪华品牌和主流合资品牌库存深度基本一致，自主品牌最高。

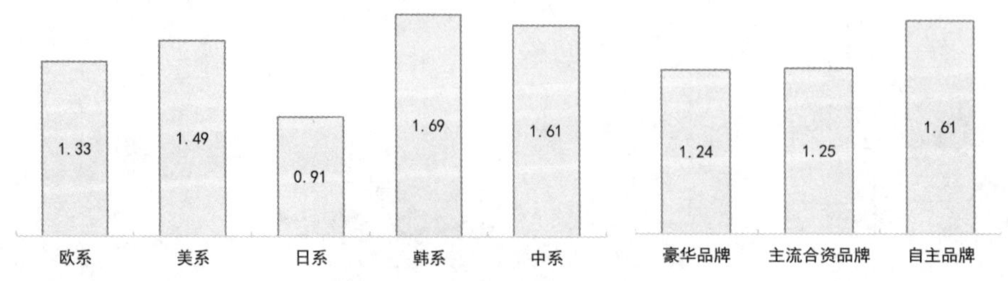

图 23　分国别品牌库存系数

2. 售后毛利率

韩系和中系品牌售后毛利率低于 40%，其他系别品牌略高，但差异不大。豪华品牌售后毛利率优势明显，高于主流合资品牌和自主品牌。

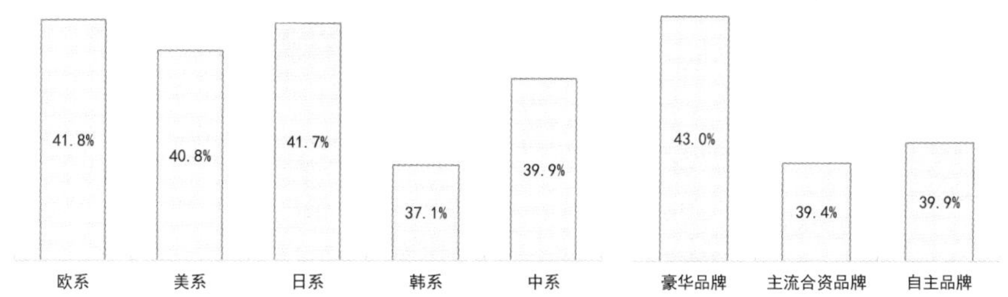

图 24　分国别品牌售后毛利率

3. 销管费用率

欧系销管费用率最低，其次是日系品牌，其他系别品牌水平一致。自主品牌销管费用率显著高于豪华品牌和主流合资品牌。

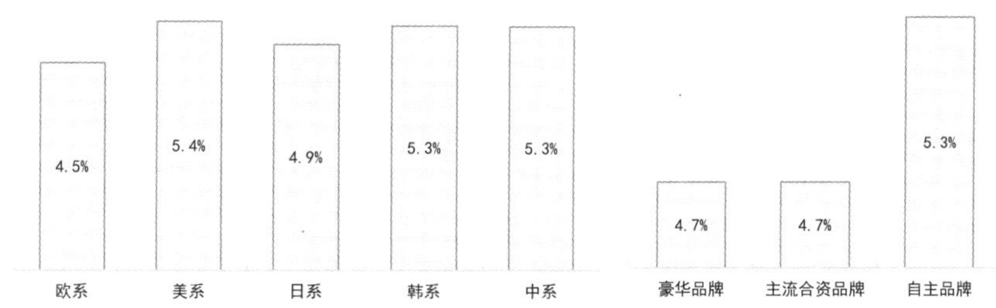

图 25　分国别品牌销管费用率

4. 财务费用率

日系和中系品牌的财务费用率相对较优，欧系、美系和韩系水平基本一致。自主品牌财务费用率最低，豪华品牌财务费用率高于主流合资品牌。

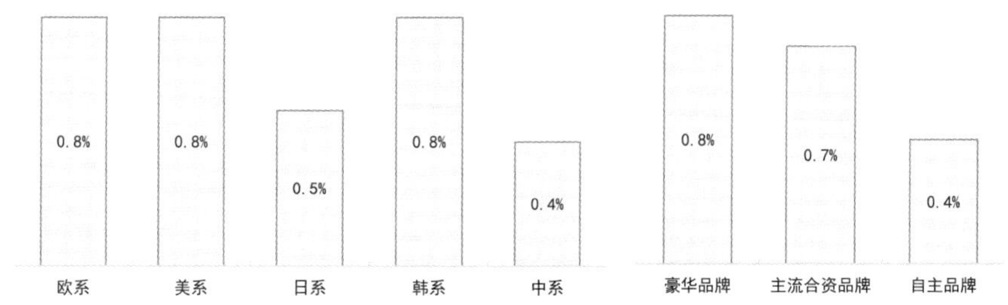

图 26　分国别品牌财务费用率

5. 员工流失率

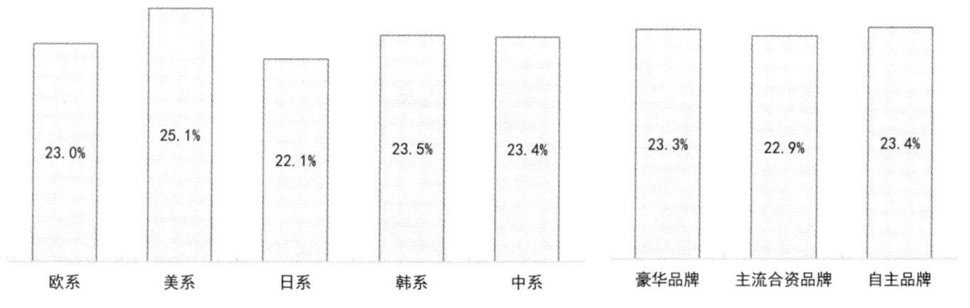

图 27　分国别品牌员工流失率

美系品牌员工流失率最高，日系品牌最低，精细化管理程度高，有助增强于员工的稳定性。各级别品牌员工流失率差异不大，豪华品牌对稳定人才流失的优势在减小。

6. 人工成本利润率

欧系、日系品牌人工成本利润率最高，与该系别车型盈利水平高直接相关。豪华品牌明显优于其他品牌，人员薪酬效率更高，主流合资品牌和自主品牌差别不大。

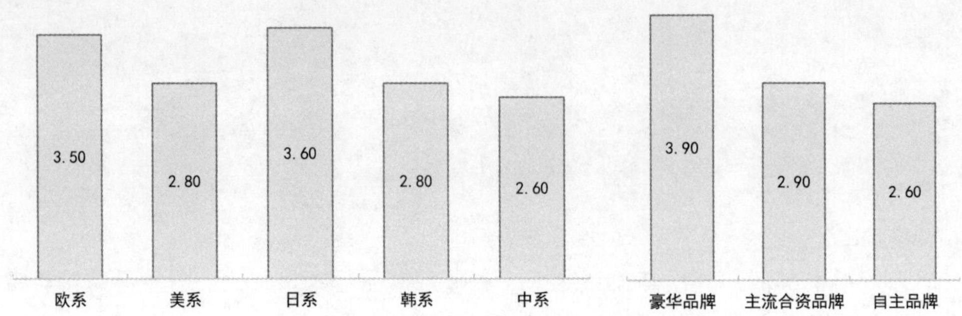

图 28 分国别品牌人工成本利润率

（四）2019 年品牌综合竞争力榜单

该榜单根据税前利润率、库存系数、终端销量综合分析得出各品牌的综合竞争力矩阵图，处于第一象限的品牌综合竞争力最强，为绿灯区品牌，处于第三象限的品牌综合竞争力最弱，为红灯区品牌。

我们呼吁处于红灯区的品牌，在 2020 年，与经销商保持紧密的伙伴关系，将经销商的生存当成头等大事，并与经销商一起携手揽腕、共克时艰。

1. 方法论：用逻辑矩阵分析法展示各品牌的市场表现

关键指标选择：2019 年各品牌税前利润率、库存系数、品牌销量。

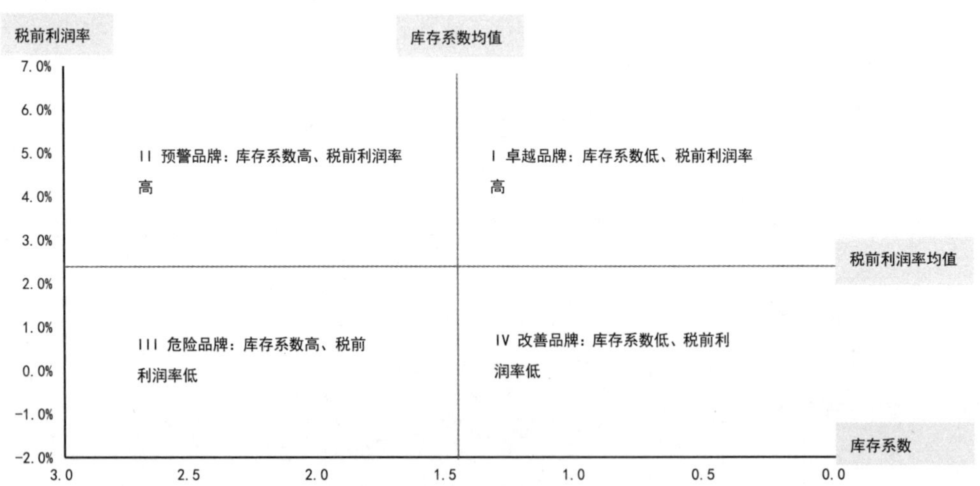

图 29 各品牌的市场表现

2. 品牌竞争力榜单— 豪华品牌

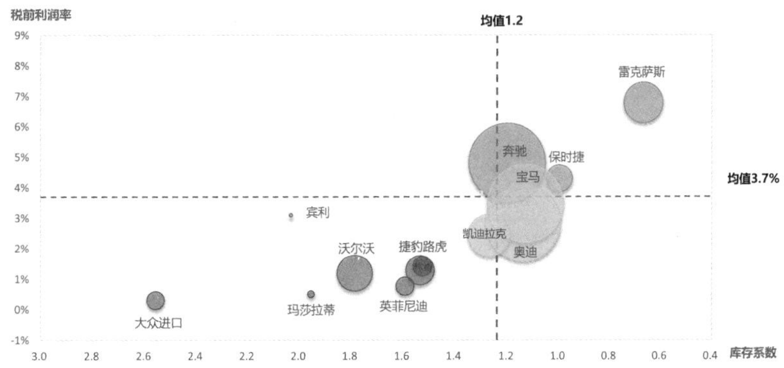

图 30　品牌竞争力榜单—豪华品牌

3. 品牌竞争力榜单—主流合资品牌

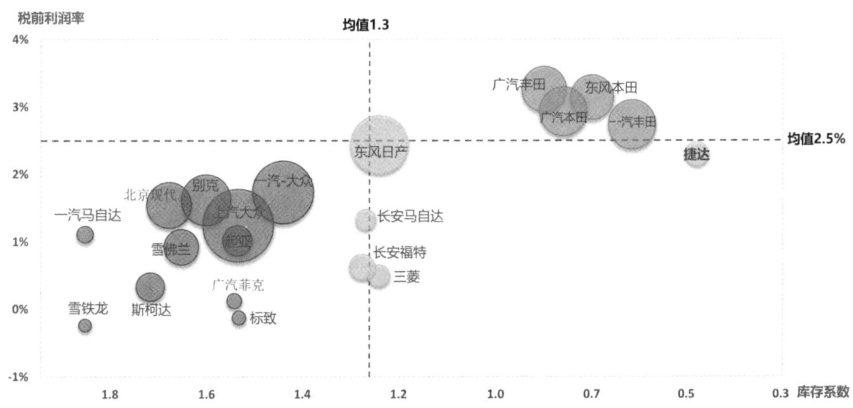

图 31　品牌竞争力榜单—主流合资品牌

4. 品牌竞争力榜单— 自主品牌

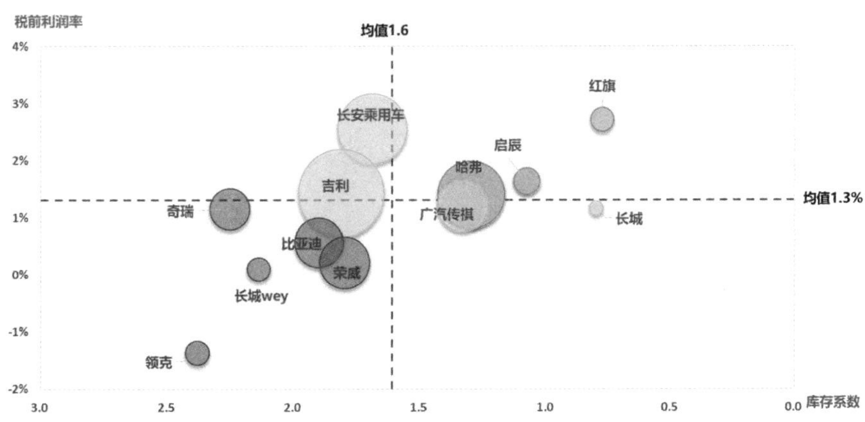

图 32　品牌竞争力榜单—自主品牌

2019年经销商库存指数及预警

一、2019年经销商库存系数分析

2019年中国汽车经销商平均库存系数为1.61，相比2018年的1.73，同比下降7.0%。同时，2019年经销商库存系数波动较大，主要由于汽车购置税恢复、“国六”排放标准提前施行等政策所导致。

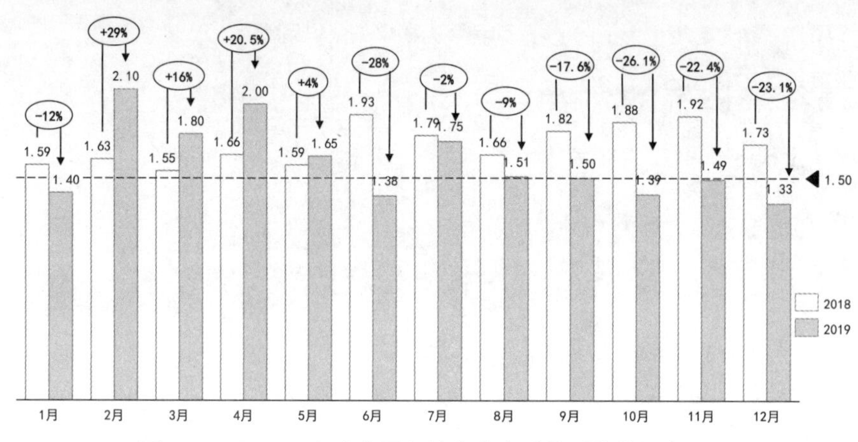

图1 2018-2019年度中国经销商库存系数（单位：个月）

2019年中国汽车市场延续了下滑趋势，厂家和经销商面临的库存压力较大。2019年上半年库存压力较大，2月经销商库存系数上升至2.10，达到近24个月以来最高值。部分厂家为缓解经销商库存压力，实施一系列去库存的折扣政策，使2019年下半年经销商库存水平已回落至合理低位。

调查结果显示，2019年高端豪华以及进口、合资、自主品牌平均库存系数相对2018年均有所下降，但合资、自主品牌库存仍位于警戒线以上。

高端豪华以及进口品牌2019年平均库存系数为1.41，较2018年下降13.8%；主流合资品牌2019年平均库存系数为1.52，较2018年下降6.7%；自主品牌2019年平均库存系数为1.87，较2018年下降8.1%。

2019年，高端豪华以及进口品牌有4个月库存系数位于警戒线以上；主流合资品牌有5个月库存系数位于警戒线以上；自主品牌全年各月库存系数均位于警戒线以上。

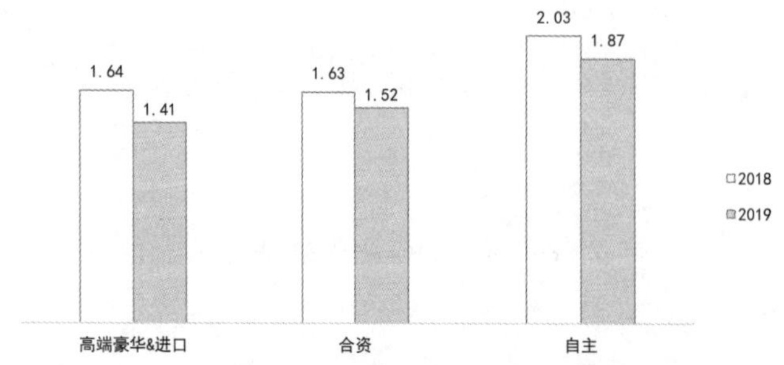

图2 2018-2019年合资、高端豪华以及进口、自主品牌的平均库存系数（单位：个月）

2019 年，多个品牌库存系数超过 2.0，其中奇瑞有 9 个月的库存系数超过 2.00，荣威有 7 个月库存系数超过 2.00，华晨中华、上汽大众有 6 个月库存系数超过 2.00。

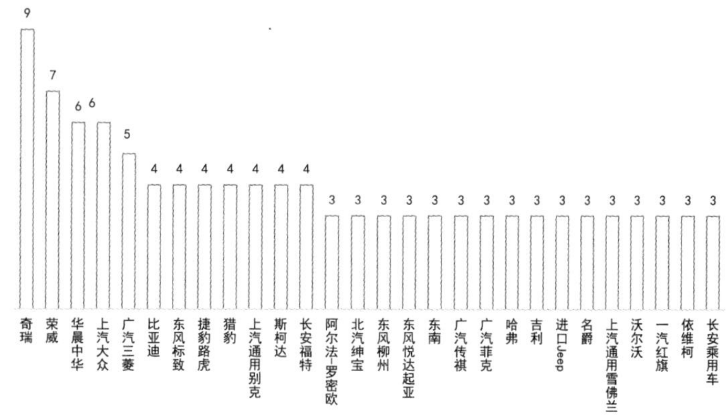

图 3 2019 年库存系数超过 2.0 的品牌所占月数（单位：个月）

二、2019 年经销商库存预警分析

2019 年，汽车经销商库存预警指数全年都在警戒线以上，且有 6 个月的库存预警指数高于 2018 年。

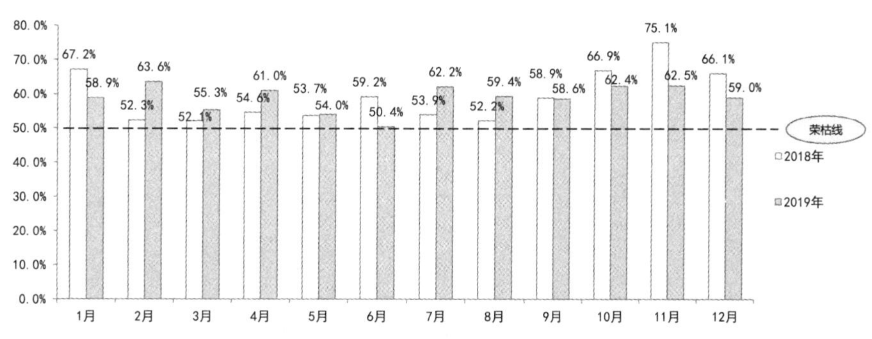

图 4 2018-2019 年月度经销商库存预警指数

2019 年，汽车经销商全年平均库存预警指数为 58.9%，相比 2018 年下降 0.7 个百分点，但仍位于荣枯线之上，全年市场压力较大。

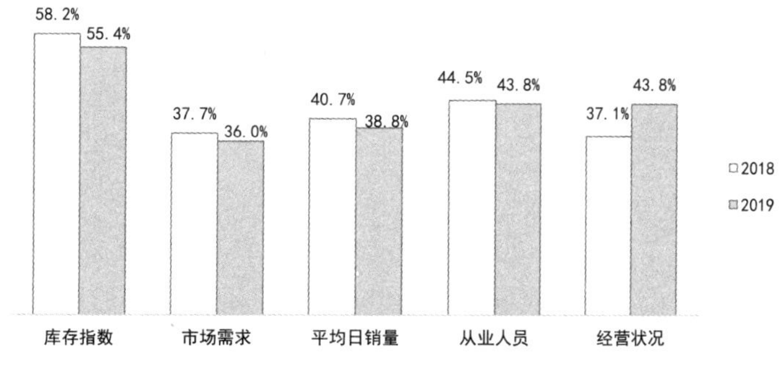

图 5 2019 年经销商库存预警分指数图

2019 年，经销商平均经营状况指数为 43.8%，相比 2018 年同比上升 18.0%，库存量指数、市场需求指数、平均日销量指数、从业人员指数均低于 2018 年。

2019 年，南区平均库存预警指数高于其他各区。北区平均库存预警指数为 55.1%，东区平均库存预警指数为 53.8%，西区平均库存预警指数为 56.6%。

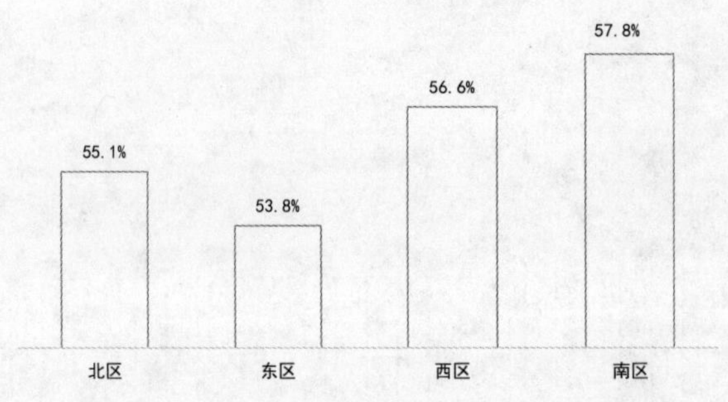

图 6　2019 年库存预警区域分指数情况

区域划分标准：

北区包含省份及地区：北京、河北、河南、黑龙江、吉林、辽宁、内蒙古、山西

南区包含省份及地区：福建、广东、广西、海南、湖北、湖南、江西

东区包含省份及地区：安徽、江苏、山东、上海、天津、浙江

西区包含省份及地区：甘肃、贵州、陕西、四川、新疆、云南、重庆、宁夏、青海、西藏

库存系数及库存预警指数调查对象及范围：

2019 年，库存系数的调查对象以中国汽车流通行业百强经销商集团为主，通过组织地方经销商沙龙等活动增加单店样本；调查范围涉及 4S 店近 2000 家，覆盖全国大部分省份；调查的品牌涵盖国内市场上主要量产销售的品牌 55 个品牌，包括进口品牌，合资品牌，自主品牌。

2019 年全国经销商经营状况调查

2019 年，汽车消费市场出现持续下滑，众多经销商处于亏损状态。传统经销商业务盈利能力下降，市场竞争加剧，“国六”排放标准、新能源补贴退坡等相关政策相继实施，供需矛盾突出，经销商以价换量，市场竞争加剧，厂家和经销商的生存状况受到了前所未有的挑战。本次调查于 2020 年初正式启动，历时一个多月，覆盖了 40 余家汽车经销商集团，超过 1400 个单店经销商，共回收有效问卷 1418 份。

中国汽车流通协会正式发布《2019 年全国汽车经销商生存状况调查》。调查显示，2019 年经销商总体满意度得分为 78.1 分，比去年大幅下降 1.2 分。

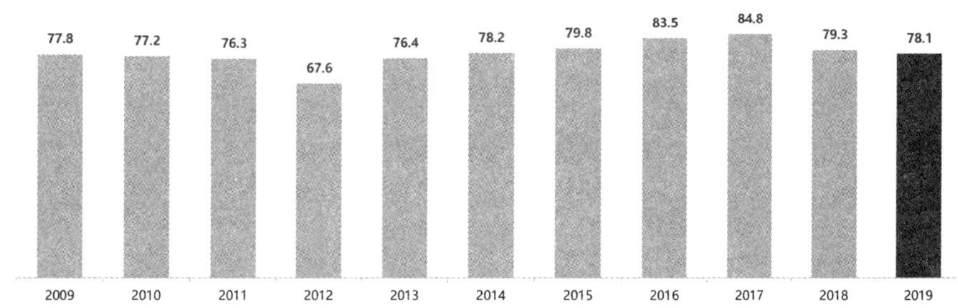

图 1 2009-2019 年经销商总体满意度情况

一、2019 年经销商满意度

调查结果显示，2019 年经销商总体满意度为基本满意，为 78.1 分。从品牌类型来看，合资、高端、自主品牌的满意度均有不同程度下降。其中高端 / 进口品牌的得分最高，为 82.5 分，下降 2.5 分；自主品牌得分最低，为 74.9 分，同时下降幅度最大，降幅达到 7.9 分。总体来看，2019 年，经销商生存压力较大，盈利能力亟待提升。

二、2019 年经销商经营数据

据调查，2019 年经销商平均员工人数为 70 人，较上一年度减少 9 人。其中管理人员数量平均为 12 人；新车销售人员数量平均为 12 人；二手车业务人员数量平均为 2 人；售后服务顾问人数平均为 8 人，技工人数平均为 16 人。

2019 年，完成全年销售目标的经销商占比仅为 28.9%，另有 7.4% 的经销商目标完成率在 50% 以下。豪华 / 进口品牌完成情况相对较好，34.4% 的经销商完成年度目标。经销商平均收入为 2.02 亿元；平均毛利率出现负值，为 -0.01%，新车毛利率进一步下降，出现“销售即亏损”的情况。

2019 年，仅有 20.1% 的经销商未出现价格倒挂情况，其中合资品牌价格倒挂现象严重，超过 40% 的经销商出现价格倒挂 20% 以上。

三、2019 年经销商经营状况分析

据调查，2019 年汽车经销商全年的库存水平好于 2018 年。在经历了 2018 年下半年汽车销量大幅下滑，库存高企后，在 2019 年经销商集团加大对库存的管理，对下属店设立对库存的熔

断机制，超过熔断值（多设定在 1.2—1.5），则无条件停止进货。因此 2019 年全年经销商库存系数有所下降。在营业收入方面，2.7% 的经销商年收入不足千万元。2019 年营业收入在 1—3 亿元范围内的经销商占比最多，为 41.4%，其中新车收入占总收入的比例依然最高，其次是售后收入，占比 17.5%。

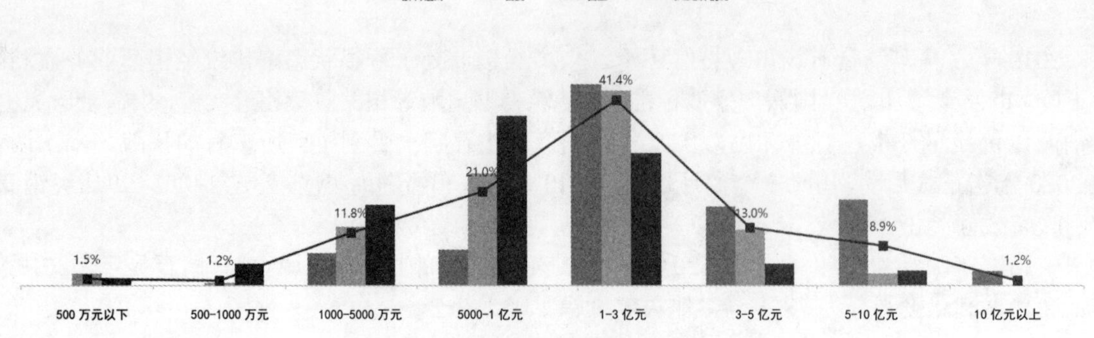

图 2　2019 年经销商收入情况

在盈利情况方面，相比 2018 年，2019 年经销商的亏损面扩大至 41.0%，亏损比例大幅增加。而盈利经销商比例减少至 29.7%。导致这一变化的主要原因是经济环境下行，消费者消费信心不足，减缓汽车消费。豪华 / 进口品牌 35.8% 的经销商实现盈利，而自主品牌盈利经销商占比仅为 21.3%。日系品牌经销商中，43.1% 的经销商实现盈利，25.9% 的经销商出现亏损。

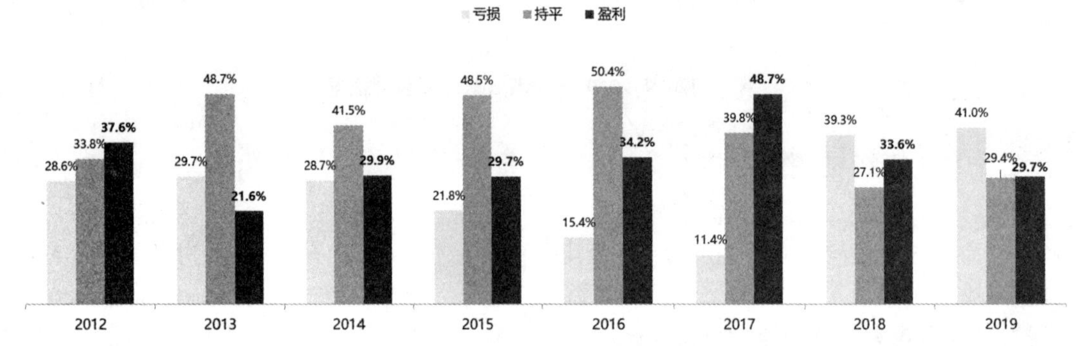

图 3　2012-2019 年经销商盈利状况

通过调查我们发现，2019 年新车销售利润降至新低，占利润总额的 3.4%。售后服务利润增至 58.2%。2019 年，合资品牌新车利润值为负，无法与豪华 / 进口及自主品牌相比。

豪华 / 进口品牌主要经营成本体现在工资及社保支出上，总支出超过 600 万元。

2019 年，新车金融渗透率达到 45.0%，车辆延保渗透率为 13.5%。

另外，我们还关注了经销商 2019 年遇到的经营困难和压力。通过调查反馈：市场环境差、库存压力大、市场竞争激烈、新车利润下滑、成本上涨、盈利困难等是困扰经销商的主要因素。经销商希望厂家能够制定并落实好区域管控措施，减少库存，增加返利。经销商普遍反馈厂家制定销量任务指标不合实际，过高的销量目标是大面积价格倒挂的罪魁祸首。

第四部类

DISIBULEI | XINNENGYUANQICHESHICHANG

2019 年中国新能源汽车市场

2019 年中国新能源汽车销量达 120.6 万辆，占全球市场份额的 53%，产销规模自 2015 年起连续五年居世界首位。与传统燃油车相比，新能源汽车市场规模仍较小，2019 年新能源汽车市场渗透率为 4.7%。

2019 年中国新能源汽车产销出现首次下滑，同比分别下降 2.3% 和 4.0%，产业成熟度不高、市场驱动乏力、企业韧性不足等问题日益凸显。从车型结构来看，新能源乘用车呈现中大型化发展趋势、客车集中在 8—12 米区间、货车则以轻型货车为主。从动力类型来看，纯电动车型仍占据中国新能源汽车市场主导地位，插电式混合动力车型集中在乘用车领域，燃料电池车型以商用车为主并逐步加快应用。从区域分布来看，新能源汽车主销区域正由限购城市向非限购地区及二、三、四线城市下沉。

中国高度重视新能源汽车产业发展，近年来在政策和市场的双轮驱动下，产业逐步由政策扶持向市场化转变，产销规模全球领跑，产业发展成效显著。

一、市场规模连续五年居全球首位，2019 年首次同比下滑

2019 年中国新能源汽车销量达 120.6 万辆，占全球总销量的 53%，较 2018 年 57% 的全球占比有所下降，产业规模连续五年居世界首位。从销量来看，新能源汽车占汽车总销量的比例由 2018 年的 4.5% 提升至 4.7%；从保有量来看，截至 2019 年底，全国汽车保有量达 2.6 亿辆，其中新能源汽车保有量 381 万辆，占整体汽车保有量的比例由 2018 年的 1.09% 提升至 1.46%。

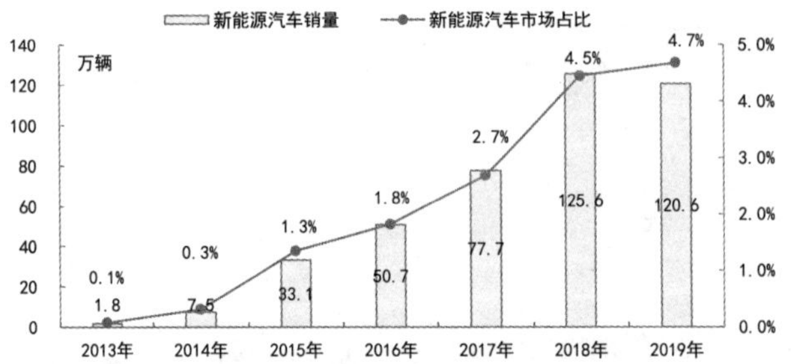

图 1　2013-2019 年中国新能源汽车销量及市场占比

数据来源：中国汽车工业协会

2019 年产销同比分别下降 2.3% 和 4.0%。其中，2019 年上半年仍保持同比增长，但下半年以来市场出现加速下滑态势，同比降幅由 7 月的 -4.7% 下滑至 12 月的 -27.4%。

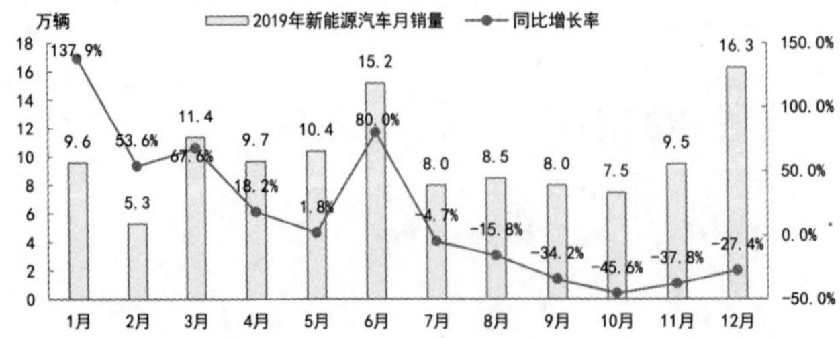

图 2　2019 年新能源汽车月销量走势及同比增长率

数据来源：中国汽车工业协会

二、车型结构：乘用车维持正增长趋势，商用车市场出现明显下滑

中国新能源汽车市场车型结构分化明显，2019 年新能源乘用车市场销量仍保持小幅增长趋势，新能源商用车市场同比出现较大降幅。

（一）新能源乘用车市场规模小幅增长，车型呈中大型化发展趋势

1. 乘用车市场规模维持正增长，纯电动车比例提升至近八成

根据中国汽车工业协会统计，2019 年中国新能源乘用车销量达 106 万辆，同比增长 0.7%，占新能源汽车整体销量的比例由 2018 年的 83.8% 提升至 87.9%，新能源乘用车市场渗透率也由 2018 年的 4.4% 提升至 4.9%。分动力类型来看，纯电动、插电式混合动力乘用车销量分别为 83.4 万辆和 22.6 万辆，同比分别增长 5.9% 和 -14.7%，纯电动车型比例由 2018 年的 74.8% 提升至 78.7%。

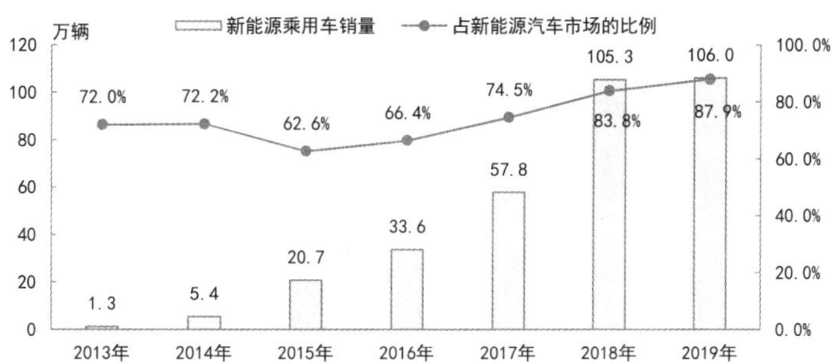

图 3 2013-2019 年新能源乘用车销量及占比（单位：万辆）

数据来源：中国汽车工业协会

2. 前十企业产量占比超七成，新能源乘用车车型不断丰富

数据显示，2019 年中国有产量的新能源乘用车企业约 80 家，排名前十的企业产量合计 75.9 万辆，占整体新能源乘用车产量的 70%。其中，比亚迪产量达 21.8 万辆，占比近 20%，领先优势明显；北汽、上汽、吉利、江淮位居第二位至第五位，产量均超 5 万辆，占比均超 5%。分车型来看，2019 年中国在产的新能源乘用车车型近 270 款，较 2018 年增长 22%，排名前十的车型产量合计 40.7 万辆，占整体新能源乘用车的近 40%。北汽 EU5、比亚迪 e5、比亚迪元 EV 位居前三，产量均超 4 万辆；宝马 5 系 PHEV 产量近 2.8 万辆，为前十车型中唯一的插电式混合动力车型。

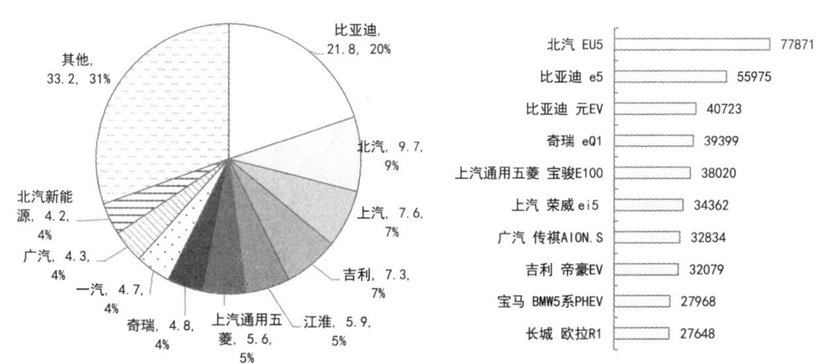

图 4 2019 年新能源乘用车前十企业及车型产量分布

数据来源：中国汽车工业协会、机动车产量数据

3. 车型级别逐步向中大型化发展，A 级以上车型比例快速提升

自 2018 年以来，新能源乘用车市场呈现中大型化发展趋势，A00 级乘用车市场占比快速下降，2018 年新能源乘用车 A00 级车型占比为 32%，较 2017 年（56%）下降 24 个百分点。2019 年延续中大型化发展趋势，根据机动车上险数据统计，2019 年新能源乘用车 A00 级车型占比为 14%，

较 2018 年（32%）下降约 18 个百分点；A0 级车型占比为 5%，较 2018 年（7%）下降约 2 个百分点；A 级车型占比迅速上升至 45%，较 2018 年（28%）提高约 16 个百分点；B 级以上车型占比上升至 9%，较 2018 年（3%）提高约 6 个百分点，销量超 10 万辆。

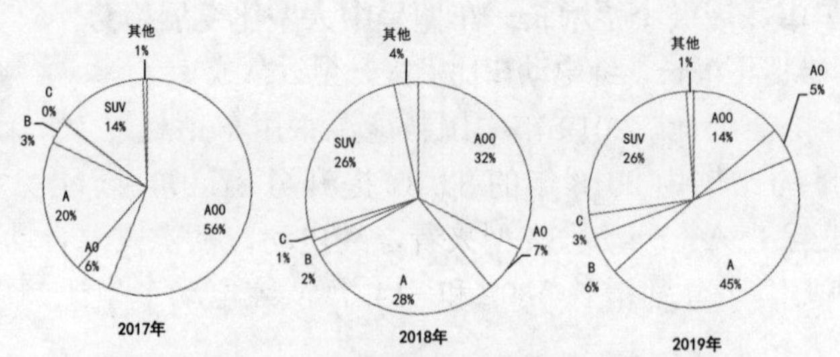

图 5　2015-2019 年新能源乘用车车型级别分布

数据来源：机动车上险数据

（二）新能源客车电动化比例较高，市场规模趋于稳定

1. 客车销量规模持续下滑，市场增量空间有限

2019 年新能源客车销量为 7.8 万辆，较 2016 年的 13.5 万辆下降近 42%，市场渗透率也由 2016 年的 28% 持续下降至 18%。分领域来看，2019 年新能源城市公交销量为 7.4 万辆，市场渗透率达 95%；新能源道路客车销量为 2896 辆，市场渗透率不足 6%。总体来看，新能源客车受制于产品续驶里程、技术经济性不足等因素，短期内难以满足长途客运需求，销量仍将集中在城市公交领域。但城市公交电动化替代市场基本饱和，新能源公交车增量空间有限。

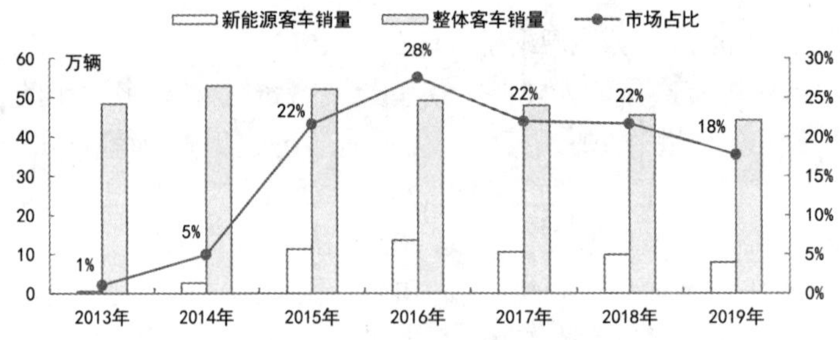

图 6　2013-2019 年新能源客车销量及市场占比

数据来源：中国汽车工业协会、机动车上险数据

2. 客车产业集中度较高，前十企业产量占比超七成

表 1　2019 年新能源客车前十企业产量分布（单位：辆）

企业名称	BEV 产量	PHEV 产量	FCV 产量	总计	占比
宇通客车	20559	720	232	21511	26.99%
中通客车	6538	166	55	6759	8.48%
中车时代	5595	1088	—	6683	8.39%
比亚迪	4644	—	—	4644	5.83%
福田汽车	2598	1204	41	3843	4.82%
苏州金龙	2936	551	30	3517	4.41%
厦门金旅	2934	276	121	3331	4.18%
厦门金龙	2285	696	1	2982	3.74%
南京金龙	2925	23	16	2964	3.72%
安凯客车	2468	68	5	2541	3.19%
合计	53482	4792	501	58775	73.75%
总计	73081	1340	5269	79690	100.00%

数据来源：机动车产量数据

根据机动车产量数据统计，2019 年中国有产量的新能源客车企业约 85 家，排名前十的企业产量合计 5.9 万辆，占整体新能源客车的 74%。其中，宇通客车产量超 2 万辆，占比近 27%，领先优势明显；中通客车、中车时代位居第二名至第三名，产量均超 6000 辆，占比均超 8%。排名前十的企业以纯电动客车为主，产量合计 5.3 万辆，占前十企业新能源客车总产量的 91%；主要企业也逐步加大了在插电式混合动力及燃料电池车型的生产布局。

3. 客车车长以 8-12 米为主，轻型客车占比小幅提升

从近年产量趋势来看，中国 8—12（含）米新能源客车市场占比快速提升，由 2015 年的 48.8% 持续提升至当前的 91.6%。从细分车长来看，2019 年中国 8—10（含）米、10—12（含）米新能源客车产量分别为 3.3 万辆和 4 万辆，占比分别为 41.1% 和 50.5%，占据市场主导地位。此外，由于城乡公交一体化发展，乡镇、农村客运市场对轻型客车的需求增加，6—8（含）米客车产量小幅回升，占比由 2017 年 2.9% 增长至 2019 年的 5.6%。

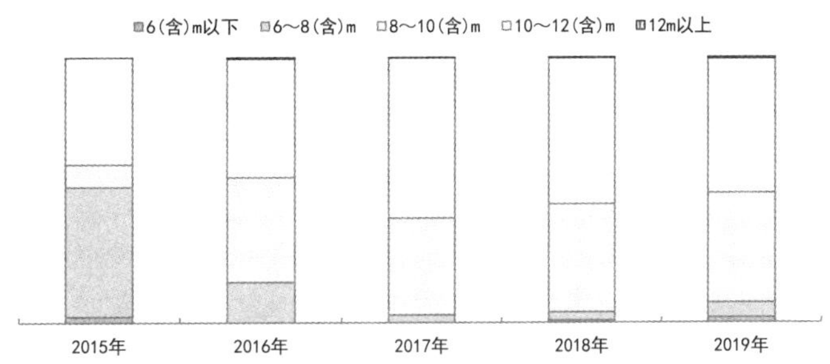

图 7 2015-2019 年细分车长新能源客车产量分布

数据来源：机动车产量数据

（三）新能源货车产量大幅降低，企业分布相对分散

1. 新能源货车产量下降明显，纯电动车型占据主导地位

图 8 2013-2019 年新能源货车产量及市场占比

数据来源：中国汽车工业协会、机动车产量数

从历年产量趋势来看，新能源货车产量在 2017 年迎来快速增长，此后企业生产积极性持续下降。据机动车产量数据统计，2019 年中国新能源货车产量为 7.4 万辆，同比下降 35%，占整体货车产量的比例由 2018 年的 4.1% 下降至 2.7%。分动力类型来看，纯电动车型长期占据新能源货车市场主导地位，2019 年纯电动货车产量超 7.2 万辆，占新能源货车总量的 97%；插电式混合动力货车开始发展，燃料电池车型逐步增多，产量分别由 2018 年的 3 辆和 909 辆增加至 242 辆和 1682 辆。

2. 货车企业分化较为严重，过半企业产量不足 50 辆

数据显示，2019 年中国有产量的新能源货车企业约 116 家，前十企业产量合计 5.2 万辆，占整体新能源货车产量的近 71%。

其中，奇瑞商用车产量超 1 万辆，占比近 14%，领先优势明显；东风汽车、吉利商用车、南京金龙、瑞驰汽车、昌河汽车等产量均超 6000 辆，占比均超 8%。排名前十的企业以轻型货车为

主，产量合计 4.6 万辆，占前十企业货车总产量的 88%。

表 2　2019 年新能源货车前十企业产量分布（单位：辆）

企业名称	微型	轻型	中型	重型	总计	占比
奇瑞商用车	—	10188	—	—	10188	13.76
东风汽车	2	6745	16	—	6763	9.13
吉利商用车	—	6724	—	—	6724	9.08
南京金龙	—	4989	23	1216	6228	8.41
瑞驰汽车	—	6220	—	—	6220	8.40
昌河汽车	1971	4164	—	—	6135	8.29
比亚迪	—	255	6	2836	3097	4.18
河北长安	—	2699	—	—	2699	3.65
郑州日产	—	2113	—	—	2113	2.85
福田汽车	82	1943	41	1	2067	2.79
合计	2055	46040	86	4053	52234	70.55
总计	3363	62549	2645	5481	74038	100.00

数据来源：机动车产量数据

3. 轻型货车占据主要地位，中重型货车开始起步

轻型货车长期占据中国新能源货车市场主要地位，2019 年新能源微型、轻型、中型、重型货车产量分别为 0.3 万辆、6.3 万辆、0.3 万辆和 0.5 万辆，轻型货车占比达 84.5%。同时，据 2019 年 1-11 批《新能源汽车推广应用推荐车型目录》统计，中型、重型新能源货车车型数量已分别达 145 个和 233 个，未来随车型逐步实现量产，市场份额有望进一步提升。

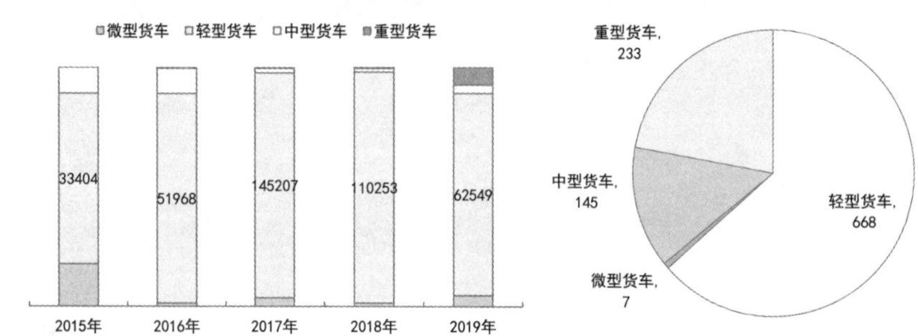

图 9　2015-2019 年细分吨位新能源货车产量占比及 2019 年推荐车型目录细分吨位车型分布

数据来源：机动车产量数据

三、动力类型：纯电动车型市场优势明显，合资企业插电式产品布局较多

（一）纯电动车型占据主导地位，近年市场占比均在八成以上

近年来，新能源汽车市场动力类型分布较为稳定，纯电动车型长期占据主导地位。2019 年，中国纯电动汽车、插电式混合动力汽车、燃料电池汽车销量分别为 97.2 万辆、23.2 万辆和 2737 辆，占比分别为 80.6%、19.2% 和 0.2%。据公安部数据统计，截至 2019 年底，中国纯电动汽车保有量达 310 万辆，占新能源汽车总保有量的 81%。

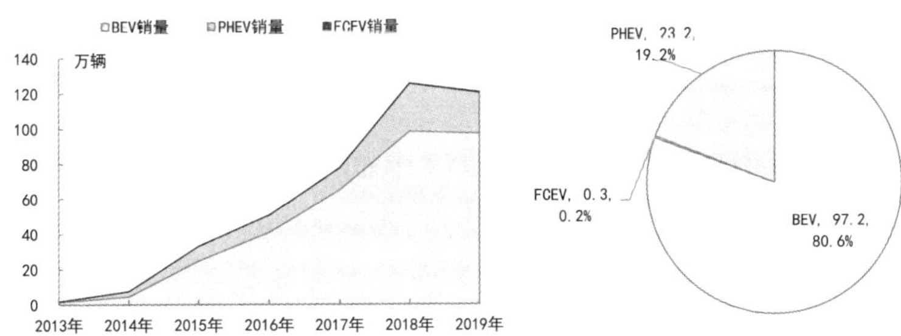

图 10 2013-2019 年历年细分动力类型新能源汽车销量分布及 2019 年细分动力类型新能源汽车销量占比

数据来源：中国汽车工业协会

(二) 插电式车型以乘用车为主，合资产品占比较高

当前插电式混合动力汽车主要集中在乘用车领域，2019 年中国插电式混合动力汽车销量为 23.2 万辆，其中插电式混合动力乘用车销量为 22.6 万辆，占比近 98%；商用车车型销量不足 1 万辆，应用规模较小。根据机动车产量数据统计，2019 年中国有产量的插电式混合动力乘用车企业约 25 家，包括 11 家中资企业和 14 家合资企业，产量占比分别为 49.7% 和 50.3%。从企业分布来看，比亚迪、华晨宝马、上汽大众、上汽集团四家企业产量均超过 1 万辆，合计占比近 70%。主要车型包括比亚迪（唐、宋、秦 Pro）、华晨宝马 BMW 5 系、X1、上汽大众帕萨特、上汽荣威 ei6、一汽丰田卡罗拉双擎 E+、广汽丰田雷凌、东风悦达起亚 K5 等，产量合计 12.3 万辆，占整体插电式混合动力乘用车产量的近 70%。

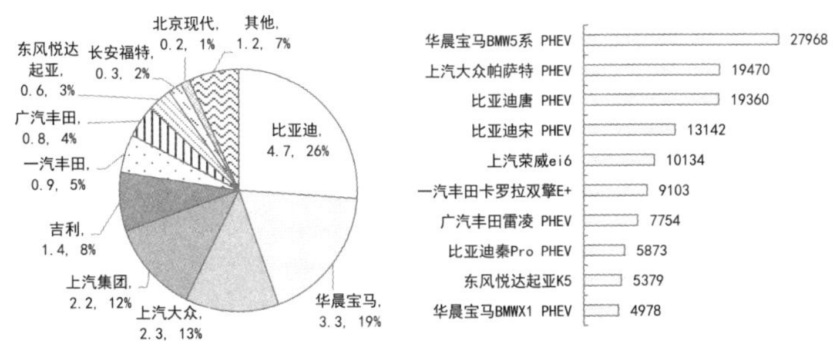

图 11 2019 年插电式混合动力乘用车前十企业及车型产量分布（单位：辆）

数据来源：机动车产量数据

(三) 燃料电池汽车重点布局商用车领域，并逐步加快示范应用

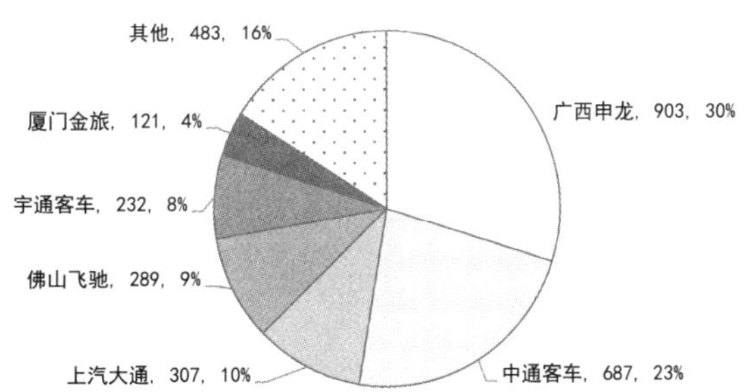

图 12 2019 年燃料电池汽车前十企业产量分布

数据来源：机动车产量数据、机动车上险数据

2019 年中国燃料电池汽车产量共 3022 辆，同比增长 87%。从车辆类型来看，中国燃料电池汽车主要集中在商用车领域，其中，燃料电池客车 1340 辆、燃料电池货车 1682 辆。从企业分布来看，2019 年中国有产量的燃料电池汽车企业共 23 家，其中广西申龙、中通客车、上汽大通、

佛山飞驰、宇通客车产量均超 200 辆，合计占比近 80%，车型主要为燃料电池城市客车、厢式运输车和保温车。

四、区域分布：消费市场逐步下沉，整体电动化水平依然较低

（一）前十省市销量占比达七成，乘用车及客车应用区域较广

据机动车上险数据统计，2019 年新能源汽车销量前十省市合计销量约 71.2 万辆，占全国整体新能源汽车销量的 70%。其中，广东新能源汽车销量达 20.4 万辆，占比超 20%，位居全国首位；北京、浙江、上海、山东销量均超 6 万辆，位居第二位至第五位。分车辆类型来看，新能源乘用车市场以广东、北京、浙江、上海、山东为主，销量均超 5 万辆，合计占比达 52%；新能源客车市场以广东、浙江、江苏、河南、北京为主，销量均超 4000 辆，合计占比达 39%；新能源货车市场分布相对集中，前十省市销量占比近九成，除广东、四川、江苏、福建、北京 5 个省市外，其余省市新能源货车销量不足 2000 辆，广东省一地新能源货车销量达 3.6 万辆，占比近 30%。

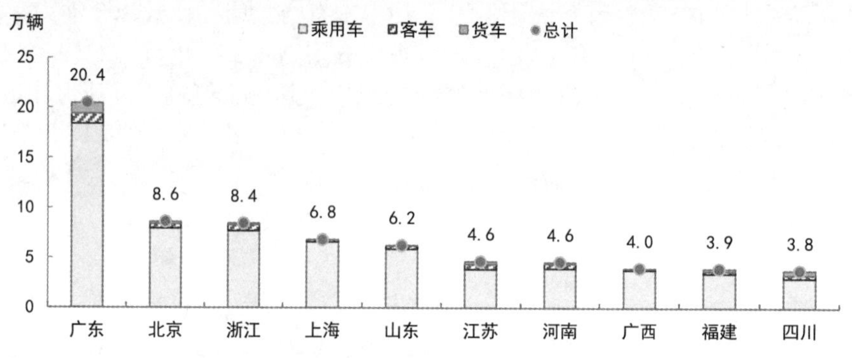

图 13　2019 年新能源汽车销量前十省市排名

数据来源：机动车上险数据

（二）主销区域由限购省市逐步向非限购地区转移

新能源汽车由于享受不限行、不限购等政策优惠，发展初期主要依靠限购省市带动市场增量。随着产品技术日益成熟，消费者接受度逐步提升，二、三、四线城市及非限购地区消费潜力日益凸显。2019 年限购省市（包括北京、上海、广州、深圳、天津、杭州、海南）新能源汽车销量为 40 万辆，占全国整体销量的比例约为 39%，较 2018 年下降 2 个百分点。但从城市排名来看，深圳、北京、广州、上海、杭州、天津六大限购城市仍是中国主要的新能源汽车市场，分别占据 2019 年新能源乘用车销量及整体新能源汽车销量前六位。

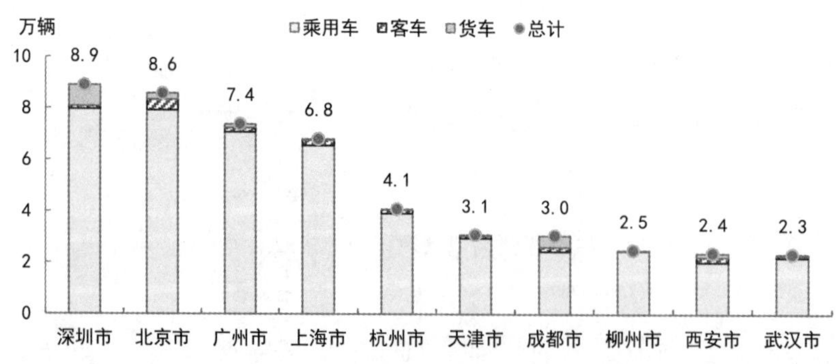

图 14　2019 年新能源汽车销量前十城市排名

数据来源：机动车上险数据

（三）全国电动化比率仍普遍较低，北上广保有量位居前列

截至 2019 年底，全国新能源汽车保有量前十省市合计约 244.4 万辆，占整体新能源汽车保有量的近 70%。其中，广东、北京、上海新能源汽车保有量均超 30 万辆，位居全国前三位；浙江、山东、河南、江苏、天津、河北、四川新能源汽车保有量均超 10 万辆，位居第四位至第十位。

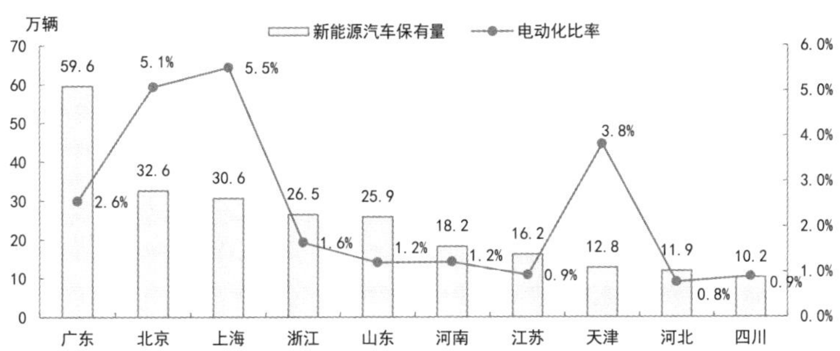

图 15　2019 年新能源汽车保有量前十省市及其电动化比率分布

数据来源：机动车保有量数据

从整体汽车保有量电动化比率来看，深圳电动化比率已近 8%，北京、上海电动化比率超 5%，其余省市电动化比率仍处于较低水平。

（中国汽车技术研究中心　刘可歆 刘万祥 方海峰）

注：转载自中国汽车技术研究中心、日产（中国）投资有限公司、东风汽车有限公司编著的《新能源汽车蓝皮书——中国新能源汽车产业发展报告（2020）》

2019 年中国新能源汽车细分市场发展

2019 年中国新能源汽车产业遭遇消费下滑、政策退坡、产品竞争力不足、使用环境不完善等多重问题，结束了持续近十年的高速增长，暂时进入调整阶段。企业方面，传统中资企业遭遇“滑铁卢”，全年销量大幅低于预期，造车新势力陷入融资难困境，但以特斯拉为代表的跨国车企迎来爆发式发展。技术方面，整车能耗、电池系统能量密度、续航里程等指标继续稳步提升，智能化技术得到更广泛应用。总体来看，中国新能源汽车产业起步较早、规模较大，在关键零部件产业布局、整车集成开发、公共领域推广等部分领域取得了先发优势，但行业整体竞争力较美日等发达国家仍有一定差距。

一、新能源乘用车行业进入调整

（一）行业增速大幅回落，部分企业增长势头放缓

2019 年新能源乘用车累计销售 106.0 万辆，增速由 2018 年的 82% 大幅下滑至 1%，未能维持高速增长态势，也成为制约整体市场增长的重要因素。其中排名前 10 的企业销量合计 69.9 万辆，占新能源乘用车总量的 68%。但比亚迪、北汽、上汽、江淮、奇瑞等前期领先企业销量出现下滑。

表 1　2019 年新能源乘用车销量排名前 10 企业（单位：万辆）

企业名称	销量	市场占比	同比增长率
比亚迪	22.1	20.9%	-3%
北汽新能源	14.3	13.4%	-6%
上汽集团	7.7	7.3%	-20%
吉利集团	7.0	6.6%	28%
上通五菱	6.0	5.7%	132%
江淮汽车	5.8	5.5%	-9%
奇瑞汽车	4.8	4.6%	-27%
广汽乘用车	4.2	4.0%	111%
长城汽车	4.0	3.7%	360%
上汽大众	3.9	3.7%	885%
合计	79.9	75.2%	11%
总计	106.0	100.0%	1%

数据来源：网络公开资料整理

（二）产品技术水平继续提升

2018 年二季度发布的《新能源汽车推广应用推荐车型目录》对新能源乘用车主要技术参数改变之后，中国新能源乘用车电池系统能量密度、能耗、续驶里程等核心技术水平逐渐提升。纯电动乘用车动力电池系统能量密度平均水平从 2018 年二季度的 133.7Wh/kg 提升到 2019 年底的 147.9Wh/kg，提升 11%；纯电动乘用车电耗水平持续提升，目录内车型能耗相对政策门槛比例由 2018 年二季度的 84.5% 下降到 2019 年底的 76.3%，优化幅度达到 10%；纯电动乘用车的平均续驶里程由 2018 年二季度的 284.7km 提升到 2019 年底的 362.6km，提升 27%。

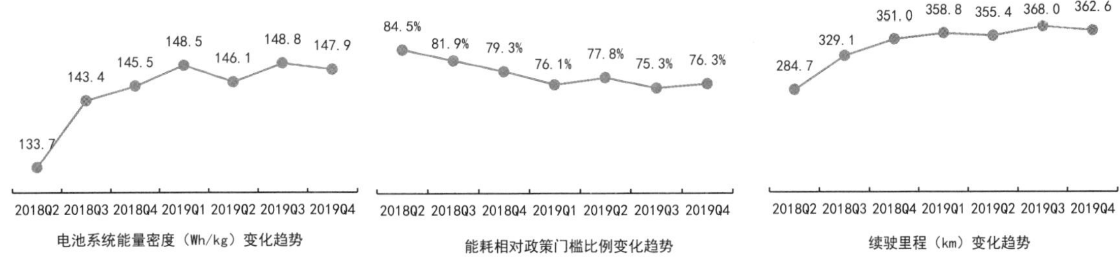

图 1 2018 年第 5 批 -2019 年第 11 批目录内车型主要技术参数提升情况

（三）部分中资企业发展放缓

2019 年，传统中资车企经营压力持续增加，减少了尚难盈利的新能源汽车产品投放，除广汽新能源成功实现年初设定的销量目标外，其他主要车企的目标完成率均不足 80%。

表 2 2019 年主要新能源乘用车企业销量目标完成情况（单位：万辆）

序号	企业	2019 年销量目标	2019 年实际销量	目标完成率
1	广汽新能源	4	4.2	105%
2	江淮汽车	8	5.8	73%
3	北汽新能源	22	14.3	65%
4	奇瑞新能源	10	4.8	48%
5	比亚迪	42	22.1	53%
6	长城汽车	10	4	40%
7	上汽乘用车	20	7.7	39%

数据来源：2019 年销量目标为中国汽车战略与政策研究中心整理；2019 年实际销量数据来自中国汽车工业协会

（四）跨国车企加快在华发展步伐

在“双积分”等政策的激励和鞭策下，跨国车企正逐步扩大中国新能源汽车布局，并加速新能源汽车产品投放。特斯拉、大众、宝马、丰田等跨国车企推出一系列畅销车型，市场份额也取得显著提升，已由 2018 年的 3% 提升至 2019 年的 17% 左右。

表 3 2019 年跨国企业新能源乘用车市场占有率情况（单位：万辆）

企业名称	分类	新能源乘用车推广量	在整体新能源乘用车市场中占比
特斯拉	独资	4.3	4.0%
华晨宝马	合资	3.3	3.1%
上汽大众	合资	3.2	3.0%
一汽 - 大众	合资	1.2	1.1%
上汽通用	合资	1.2	1.1%
广汽丰田	合资	1.0	0.9%
一汽丰田	合资	0.9	0.9%
东风悦达起亚	合资	0.7	0.6%
东风本田	合资	0.5	0.5%
广汽本田	合资	0.4	0.4%
北京现代	合资	0.4	0.3%
长安福特	合资	0.3	0.3%
沃尔沃	合资	0.2	0.2%
广汽三菱	合资	0.1	0.1%
宝马（进口）	进口	0.1	0.1%
其他		0.4	0.3%
合计		18.3	17.1%

数据来源：中国汽车战略与政策研究中心根据企业公布信息整理

（五）新势力企业经营分化显著

2019 年，新势力企业全年实现销量 6.6 万辆，同比增长 181%。但目前新势力企业在造车过程中不得不面对重资产、生产周期长、零部件采购成本高、抗风险能力差等问题，乐视、知豆、长江等“先行者”正慢慢淡出视野。进入 2019 年以来，曾经近百家新造车企业，实际量产的仅十家左右，在市场不振、政策退坡等因素影响下，导致企业短期盈利更加困难，进而导致资本冷场，企业融资难，现金流愈加紧张。

表 4　2019 年主要新能源乘用车企业销量目标完成情况（单位：辆）

企业名称	2018 年销量	2019 年销量	同比增长率
蔚来汽车	10938	20752	90%
威马汽车	3627	16823	364%
小鹏汽车	510	14191	2683%
合众汽车	1028	8962	772%
腾势汽车	1356	2753	103%
零跑汽车	0	1086	–
云度汽车	5912	637	-89%
国机智骏	0	524	–
前途汽车	59	95	61%
爱驰汽车	0	8	–
国能新能源	0	4	–
合计	23430	65835	181%

数据来源：机动车上险数据

二、新能源客车行业继续平稳发展，燃料电池客车迎来发展曙光

（一）客车行业集中度较高

2019 年新能源客车累计销售 9.7 万辆，同比下降 17%。前 10 名企业销量合计 5.9 万辆，占新能源客车总量的 74%。排名首位的宇通客车销量为 2.2 万辆，占比 27%，领先优势明显。

表 5　2019 年新能源客车销量排名前 10 名企业（单位：万辆）

企业名称	2019 年销量	新能源客车市场占比	同比增长率
宇通客车	2.2	23%	-11%
南京金龙	1.0	10%	13%
中通客车	0.8	8%	11%
中车时代	0.7	7%	13%
东风汽车	0.6	6%	-11%
比亚迪	0.6	6%	-54%
福田汽车	0.4	4%	110%
厦门金龙	0.4	4%	-30%
苏州金龙	0.4	4%	10%
上海申龙	0.3	3%	-42%
合计	7.3	76%	-11%
总计	9.7	100%	-17%

数据来源：中国汽车工业协会

（二）产品技术稳步提升

分析 2018 年二季度以来已发布的《新能源汽车推广应用推荐车型目录》内新能源客车主要技术参数变化情况，中国新能源客车电池系统能量密度、能耗、续驶里程等核心技术水平逐渐提升。非快充类纯电动客车动力电池系统能量密度平均水平从 2018 年二季度的 134.1Wh/kg 提升到 2019 年底的 156.1Wh/kg，提升 16%；非快充类纯电动客车平均单位载质量能量消耗量（Ekg）水平由 2018 年二季度的 0.181Wh/km•kg 下降到 2019 年底的 0.149Wh/km•kg，优化幅度达

到 18%；纯电动客车的平均续驶里程从 2018 年二季度的 320.2km 提升到 2019 年底的 416.1km，提升 30%。

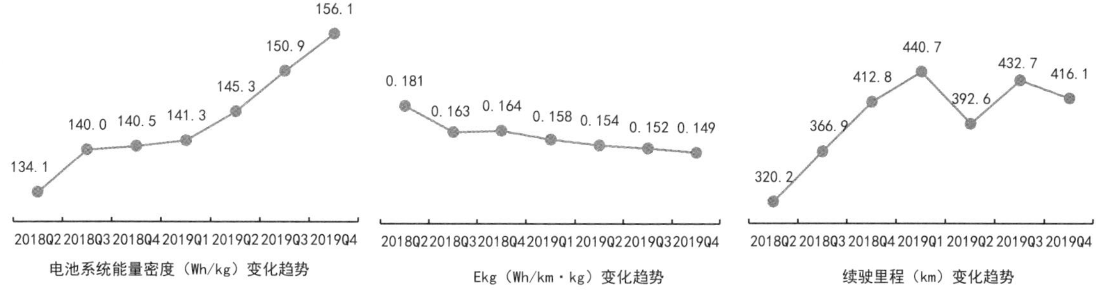

图 2　2018 年第 5 批 -2019 年第 11 批目录内车型主要技术参数提升情况

（三）客车开启智能化示范发展

2019 年多个智能网联公交项目已在国内落地，并启动示范运营。2019 年 5 月，3 辆自动驾驶公交车在中新天津生态城投入运营。2019 年 9 月，河南省政府和宇通客车联手打造的 5G 智能公交项目落地，4 辆宇通客车 L4 级自动驾驶客车开始在智慧岛开放公交道路开始试运行。2019 年 11 月，东风汽车研制的融合 5G 远程驾驶技术的自动驾驶小巴 Sharing-VAN 落地武汉 CBD 中央商务区开展示范运营。

（四）燃料电池客车发展加速

2019 年，中国燃料电池客车生产企业达到 17 家，比 2018 年增加 2 家；总产量为 1340 辆，同比增长 55%；产量超过百辆的企业有 4 家，市场集中度达到 63%，分别为上汽大通、宇通客车、佛山飞驰、厦门金旅。燃料电池系统功率逐步提高，上汽大通以 30kW 产品为主，宇通客车、厦门金旅以 50-60kW 产品为主，佛山飞驰兼有 30kW 和 60kW 两类产品。推广区域方面，上汽大通、宇通客车、佛山飞驰以企业所在地为主，厦门金龙主要在浙江省嘉兴市推广。

表 6　2019 年主要燃料电池客车生产企业产品推广情况

企业	产量（辆）	主要产品类别（按长度划分）	燃料电池系统额定功率（kW）	主要推广地
上汽大通	307	6m-8m	30	上海
宇通客车	232	10m-12m	50-60	河南郑州、河北张家口
佛山飞驰	189	8m-10m	30、60	广东佛山、广东云浮
厦门金龙	121	8m-10m	50-60	浙江嘉兴

数据来源：中国汽车战略与政策研究中心根据网络公开资料整理

三、货车电动化转型持续推进

（一）新能源货车市场规模显著下滑

2019 年新能源货车销售 4.9 万辆，同比下降 43%。排名前 10 名的企业销量合计 4 万辆，前 5 名企业销量合计 3 万辆，占比 62%。位居前三位的奇瑞商用车、吉利商用车、重庆瑞驰销量均超过 6 千辆，合计占比 47%，集中度较高。

表 7　2019 年新能源货车销量排名前 10 名企业（单位：万辆）

企业名称	2019 年销量	新能源货车市场占比	同比增长率
奇瑞商用车	1.0	20%	-55%
吉利商用车	0.7	14%	50%
重庆瑞驰	0.6	13%	3%
昌河汽车	0.4	9%	—
东风汽车	0.3	6%	-34%
比亚迪	0.3	6%	-61%
唐骏欧铃	0.2	5%	-61%
长安汽车	0.2	4%	-56%
郑州日产	0.2	4%	6093%
山东蓝诺	0.1	3%	—
合计	4	82%	-26%
总计	4.9	100%	-43%

数据来源：中国汽车工业协会

（二）产品技术水平持续提升

分析 2018 年二季度以来已发布的《新能源汽车推广应用推荐车型目录》内新能源货车技术参数变化情况，中国新能源货车电池系统能量密度、能耗、续驶里程等核心技术水平逐渐提升。动力电池系统能量密度平均水平从 2018 年二季度的 127Wh/kg 提升到 2019 年底的 141.8Wh/kg，提升 12%；纯电动货车平均 Ekg 水平从 2018 年二季度的 0.308Wh/km•kg 下降到 2019 年底的 0.265Wh/km•kg，优化幅度达到 14%；纯电动货车的平均续驶里程从 2018 年二季度的 275km 提升到 2019 年底的 315km，提升了 15%。

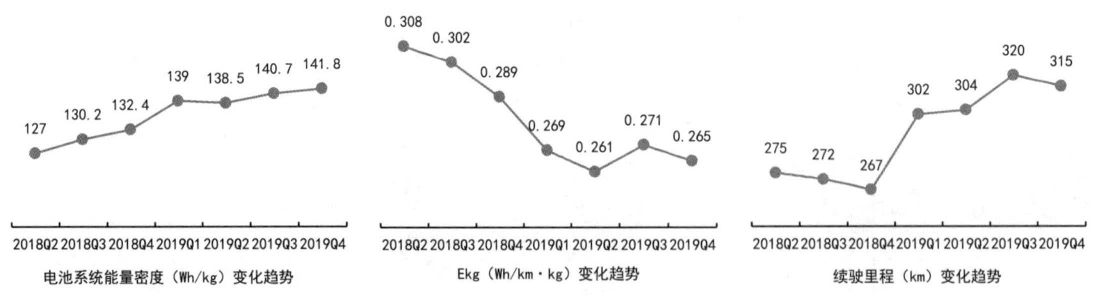

图 3　2018 年第 5 批 -2019 年第 11 批目录内车型主要技术参数提升情况

（三）主流企业持续推动电动化战略布局

在货车电动化发展趋势下，行业主流企业纷纷加快相关布局，加强新能源货车产品开发，如比亚迪、吉利商用车、奇瑞商用车等已开展战略规划，多元化围绕城市物流、环卫、城建物流以及机场、矿山、港口场地运输等领域加强新能源货车市场布局。

表 8 行业主要企业新能源货车已开展的战略布局

企业	已开展的战略布局
比亚迪	2015 年 4 月，比亚迪发布“7+4”战略，将在 7 大常规领域（城市公交、出租车、道路客运、城市商品物流、城市建筑物流、环卫车、私家车）和 4 大特殊领域（仓储、矿山、机场、港口）全面布局新能源汽车
吉利商用车	2016 年 10 月，吉利商用车成立远程汽车品牌，主打新能源商用车领域，为物流、客运等行业提供车型支持，并推出纯电动轻卡远程 E200；
	2019 年 11 月，吉利商用车与 CURO 集团、韩国浦项国际集团达成三方战略合作关系，推动新能源商用车海外市场布局
奇瑞商用车	2017 年 6 月，奇瑞商用车发布新能源 333 战略，将主要聚焦物流行业，推出物流车、货车及 7 座家商兼用车三类新能源车型，计划未来 5 年推出 22 款新能源产品
一汽解放	一汽解放计划在 2020 年面向市场投放 8 款 J6L 中型纯电动货车底盘，2 款 J6L 中型纯电动物流车，以及面向渣土市场和水运市场的两款 JH6/J6P 纯电动重型自卸车
宇通重工	2018 年 9 月，宇通重工年产 6 万辆纯电动商用车建设项目经获河南省发改委批准。该项目计划总投资 21 亿元，形成纯电动轻卡 5 万辆、纯电动中重卡 1 万辆生产能力

数据来源：中国汽车战略与政策研究中心根据网络公开资料整理

（四）行业探索商业化推广模式创新

行业内企业重点围绕新能源货车的应用场景和运行特征，开展商业化推广模式的创新，尤其是新能源重型货车，正在探索换电等模式的推广应用。货车作为承载货物运输任务的重要生产工具，使用频率高、运营里程长，在能源补给方面的短板下，其电动化发展将面临较大的挑战，且对高能耗的新能源重型货车推广应用也提出了更高的要求，而换电模式能够大幅减少新能源货车的能源补给时间，且车电分离的商业模式可降低用户一次性购车成本，能够进一步提升运营效率和整体的经济效益。如北京在“公转铁”的发展趋势下，探索“铁路市内远距离运输 + 新能源车两端短驳”的绿色运输创新模式，利用铁路完成干线长距离运输，两端采用新能源重型货车用于短途接驳，并充分结合换电模式，进一步提高整体的运输效率及经济性。以租代售的商业模式，可以帮助货运服务提供商节省投资成本，能够在短期内迅速扩大运输车队规模，降低经营风险。

此外，场区内新能源重型货车自动驾驶的示范应用，也成为新能源货车商业化推广创新发展的重要方向。如中国重汽、一汽解放等企业纷纷开展自动驾驶新能源重型货车的技术研发和产品开发，部分项目已在矿场、港口等场区内实现落地示范，推动探索新能源重型货车智能化货物运输的创新模式。

表 9 行业主要企业新能源货车已开展的战略布局

企业	已开展的战略布局
一汽解放	2019 年 9 月，在上海发布全球首款量产 L2 级别自动驾驶货车 J7
中国重汽	2018 年 4 月，自动驾驶电动货车豪沃 T5G 天津港试运行
	2020 年 1 月，与天津港、主线科技携手打造的无人驾驶电动集卡在天津港进行整船作业
北汽福田	2018 年 4 月，在北京顺义奥林匹克水上公园，以欧马可和图雅诺两款轻型车进行自动驾驶车辆示范运营
	2019 年 4 月，与华为开启 5G 时代货车全智能化体系建设
陕汽控股	2018 年 2 月，发布可实现区域自动驾驶 L3 级自动驾驶货车 X6000
上汽红岩	2018 年 1 月，无人驾驶集装箱载货车在珠海港口完成货物调运业务
	2019 年 8 月，5G 智能重型货车在上海洋山深水港发布，完成 5G+AI 智能化港区作业任务
嬴彻科技	2018 年 12 月，与上海国际汽车城汽车创新港联合发起成立了中国首家干线物流联合创新中心，加速货车自动驾驶技术的产业化进程
	2019 年 1 月，与临港集团与签署战略合作框架协议，将共同参与自动驾驶、智能网联及大数据应用、氢能源卡车等核心领域的建设，携手打造世界级自动驾驶产业集群
慧拓智能	2019 年 4 月，与大唐国际宝利煤矿、华威矿业签署三方战略合作协议，开展无人运输矿山整体解决方案
	2019 年 9 月，完成无人矿山整体解决方案，在矿区实现商业化落地运营

数据来源：中国汽车战略与政策研究中心根据网络公开资料整理

（中国汽车技术研究中心 周玮 杨家骐 吴征 王旭 李鲁苗）

注：转载自中国汽车技术研究中心、日产（中国）投资有限公司、东风汽车有限公司编著的《新能源汽车蓝皮书——中国新能源汽车产业发展报告（2020）》

2019 年新能源汽车市场发展特征

一、随着补贴的退坡，新能源汽车销量增速逐渐放缓

近年来乘用车市场整体销量下滑，但新能源汽车销量持续增长。虽然新能源汽车，或者说汽车的电气化、电动化被认为是未来的发展趋势，但最近十年新能源汽车销量的爆发式增长，并不完全是新能源汽车与燃油汽车两大技术路线自然竞争和用户自主选择的结果，新能源汽车补贴政策的推动和部分城市、省份对燃油汽车限牌有非常重要的作用。

随着补贴的退坡，新能源汽车销量的增速有所放缓。从 2019 年的数据看，新能源汽车的销量已经出现了下滑。

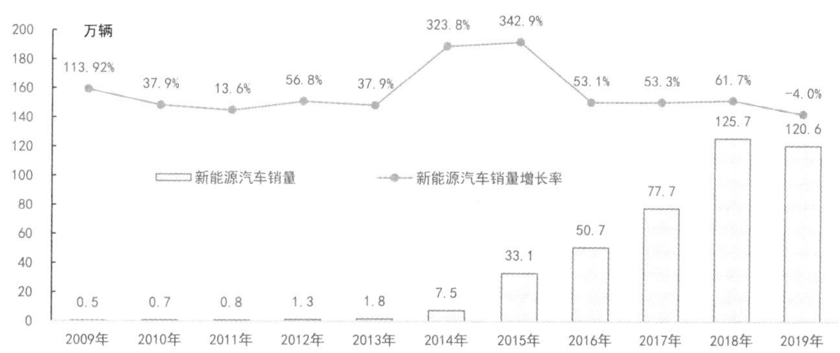

图 1　2009-2019 中国新能源汽车市场销量及增长率

数据来源：中国汽车工业协会

当前的新能源汽车补贴完全退坡后，如果没有后续补贴政策的出台，新能源汽车还将面临着另外一个问题：乘用车市场整体的低靡带来的更大挑战。在未来的几年内，乘用车市场如果没能恢复增长、带来新的需求，新能源汽车将在有限的市场空间里与燃油汽车进行存量博弈。

注：不包括地方补贴、不包括调整系数

图 2　新能源乘用汽车补贴路线图（以纯电动汽车为例）

二、新能源汽车续航里程迅速提高，销量结构快速变化

随着技术的不断发展，新能源汽车的续航里程快速提升，用户在购车时也越来越偏好长续航里程的车型。续航里程是影响用户购买新能源汽车（尤其是电动汽车）的重要因素，也是新能源汽车获取补贴标准的依据。近年来国家对于新能源汽车补贴政策，在整体补贴稳步退坡基础上，提高门槛，将补贴重心向高能量密度、高续航里程车型倾斜。

从新能源汽车尤其是纯电动乘用车市场结构上看，从 2016 年起，续航里程低于 200 公里以下车型份额逐步降低，相应地，250 公里续航以上车型份额逐步提升；自 2017 年开始，受补贴政策影响，续航大于 300 公里以上车型份额不断扩大；进入 2008 年，续航里程 400 公里以上车型的市场份额开始快速增长。2019 年的电动汽车续航里程普遍达到了 300 公里，近四成达到了 400 公里。

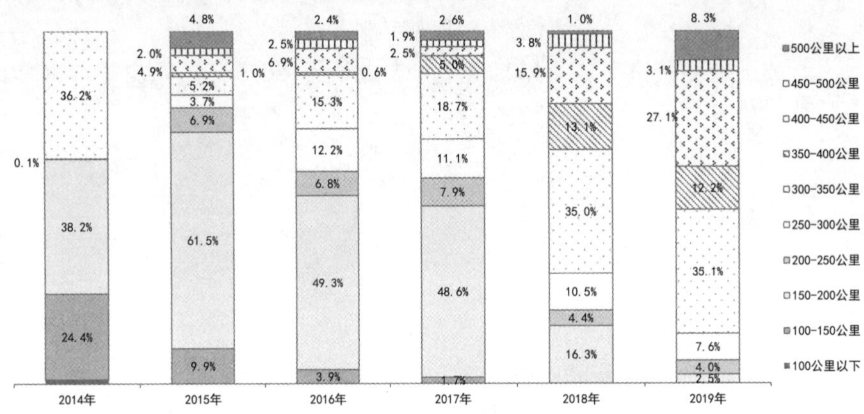

图 3　新能源汽车（电动）销售结构—续航里程

与此同时，在新能源汽车销售线索中，电动汽车的比例快速攀升，占到了新能源汽车整体的六成。这也是电动汽车续航里程不断提升、与燃油汽车差距逐渐缩小之后，用户选择的结果。

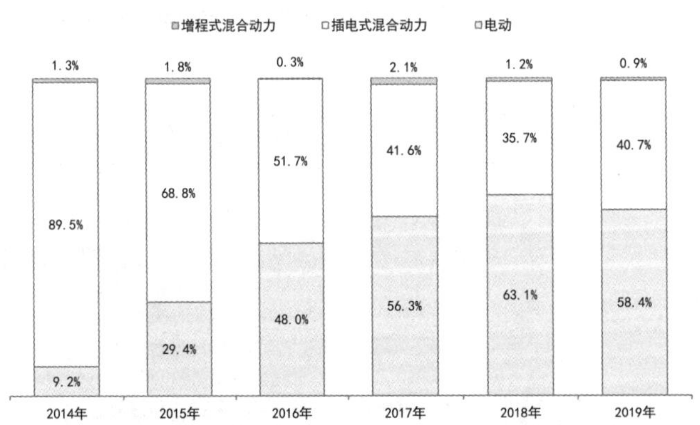

图 4　新能源汽车各能源类型占比趋势

新能源汽车补贴的政策，在前期推动了中国品牌在新能源汽车领域的快速发展。补贴政策为中国品牌带来了终端落地价格上的竞争优势，也将外国品牌拒之门外。但随着新能源汽车补贴的退坡，中国品牌的这一相对优势越来越弱。

2019 年，大众、丰田等主流外国品牌已经开始用插电式混合动力车型在中国新能源汽车市场掘开一个巨大的豁口，未来随着大众、丰田、本田等品牌的电动车型的投放，将会为中国品牌带来巨大的冲击。中国品牌新能源汽车如果无法提升自身的产品竞争力，十年间打造的新能源汽车市场环境将会拱手让人。

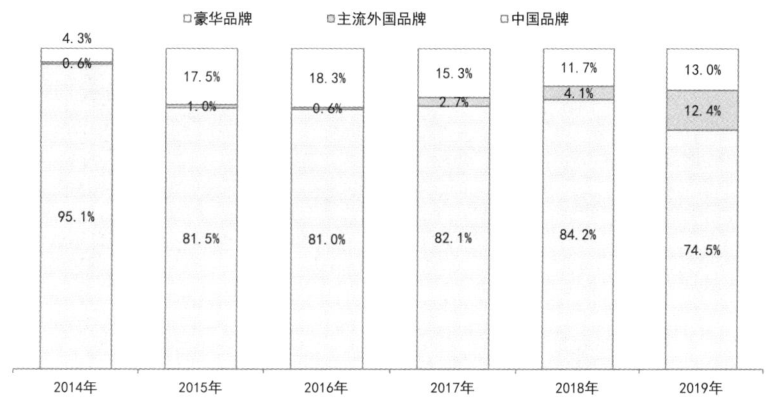

图 5 新能源汽车各品牌类别占比趋势

三、越来越多的用户开始在燃油汽车与新能源汽车之间进行选择

从用户在不同能源类型汽车之间的对比行为分布看，用户对新能源汽车的考量越来越多，在新能源汽车与燃油汽车之间的对比行为也越来越多。到 2019 年，用户关于新能源汽车的对比行为占整个乘用车市场对比行为的 4.1%，而在 2016 年同期这一占比不足 0.6%。

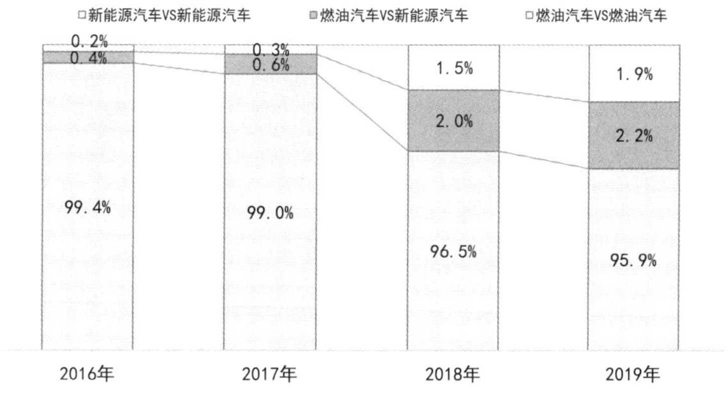

图 6 用户在不同能源类型汽车之间的对比行为占比趋势

从用户在不同能源类型汽车之间的对比行为分布看，无论中国品牌、主流外国品牌，还是豪华品牌，用户对其新能源汽车的对比行为占比均有很大提高，新能源汽车越来越多地被用户纳入购车的考虑范围。

虽然当前新能源汽车的体量还无法撼动燃油汽车的市场地位，但以新能源汽车发展的速度，未来将会给燃油汽车带来巨大的挑战，也会给乘用车市场的销量带来巨大的影响。

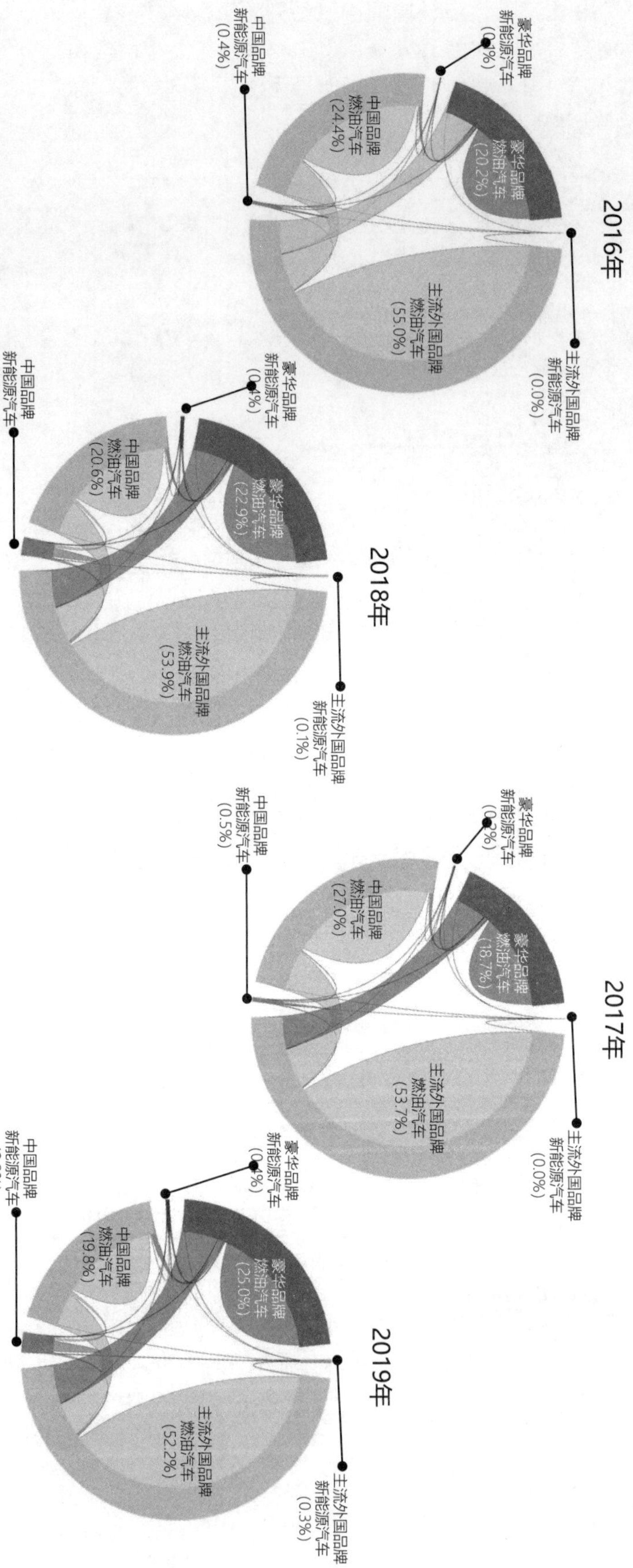

2016年

主流外国品牌新能源汽车(0.0%)

豪华品牌新能源汽车

豪华品牌燃油汽车(20.2%)

主流外国品牌燃油汽车(55.0%)

中国品牌燃油汽车(24.4%)

中国品牌新能源汽车(0.4%)

2017年

主流外国品牌新能源汽车(0.0%)

豪华品牌新能源汽车

豪华品牌燃油汽车(18.7%)

主流外国品牌燃油汽车(53.7%)

中国品牌燃油汽车(27.0%)

中国品牌新能源汽车(0.5%)

2018年

主流外国品牌新能源汽车(0.1%)

豪华品牌新能源汽车

豪华品牌燃油汽车(22.9%)

主流外国品牌燃油汽车(53.9%)

中国品牌燃油汽车(20.6%)

中国品牌新能源汽车(2.0%)

2019年

主流外国品牌新能源汽车(0.3%)

豪华品牌新能源汽车

豪华品牌燃油汽车(25.0%)

主流外国品牌燃油汽车(52.2%)

中国品牌燃油汽车(19.8%)

中国品牌新能源汽车(2.2%)

数据来源：汽车之家大数据 [2019]

图 7　用户对比行为在燃油汽车与新能源汽车中的分布

四、新能源汽车市场整体竞争格局

市场竞争格局图是汽车之家基于大数据的复杂网络原理开发的用于描述市场竞争格局、态势的数据分析工具。可以通过市场竞争格局图能够清晰的分析解读市场态势、车型之间的竞争关系。是整体用户“用脚投票”的结果：每一位用户购车时会有自己的考量，综合考虑各种因素从若干备选车型中选择最终购买的车型；每个用户的对比行为，就是将对比车型视为彼此竞争对手的行为；如果把整个市场所有的用户的对比行为进行统计分析，就可以还原市场真实的竞争关系。

除了分析市场态势、竞争关系外，竞争格局图中各车型的分布也可以视为市场上竞争圈的聚类。随着产品的不断细分，传统的级别划分标准已经不能详细完整的描述乘用车市场的特征了。基于市场竞争格局的聚类分析，可以将中国乘用车市场进一步细分为更小颗粒度的竞争圈，以便更准确聚焦、生动形象的展现整个乘用车市场的动态趋势。

新能源汽车市场迅速增长，但车型数量仍然相对较少、在整个乘用车市场中的销量占比很低，这也导致了新能源汽车的用户对比行为占比不高。体现在乘用车市场的整体竞争格局图上，新能源汽车会被淹没在燃油车之中、或被边缘化，较难判断其市场竞争态势。因此，有必要将新能源 汽车独立出来，单独进行竞争分析、制作竞争格局图。

在市场竞争格局图中，气泡代表在售车型，气泡大小代表该车型在本月的销售线索量，销售线索量与销量成正相关；气泡的位置代表竞争关系的远近，距离越近，竞争关系越强、市场定位越接近、用户的重合度越高；气泡之间的连线代表两个车型的对比次数，连线越粗，表明用户将两款车型进行对比的情况越多。

新能源汽车发展迅速，不断有新产品进入市场，老旧车型也在快速迭代，市场竞争格局也随之不断发生变化。

2017 年，在售的新能源车型还不多，用户的选择余地不大。新能源车型在市场竞争格局中主要集中呈现在三个聚集的群落。此时的入门新能源汽车竞争圈以基于燃油车平台改造的电动车型为主，虽然具有一定的价格优势，但其市场地位逐渐被中端新能源车型所取代。中端新能源汽车竞争圈是新能源汽车市场的核心，比亚迪与荣威的车型是主要的标杆。由于车型不多，电动汽车与插电式混合动力车型交叉竞争的情况较为普遍，并没有显著的区隔。豪华新能源汽车竞争圈中除了特斯拉 ModelS 和 ModelX 之外，虽然有很多插混车型存在，但市场表现不佳，主要是作为豪华车型的一个插电式混合动力版本存在，因此豪华新能源汽车竞争圈的车型较为分散。（如图 8 所示）

2018 年，入门新能源汽车竞争圈开启了产品迭代（如图 9 所示），多个品牌推出了全新纯电平台的产品，形成了一个与“油改电”的入门车型有所区隔的新的竞争圈，并逐渐取而代之。而中端新能源汽车竞争圈也随着新产品的不断投放开始分化，中端电动汽车与中端插混汽车形成两个彼此独立又存在关联的竞争圈。豪华新能源市场中的电动汽车由于捷豹 I-PACE 的上市，以及中国造车新势力蔚来与前途的率先上市形成了相对独立的竞争圈，而其他豪华品牌基于燃油车平台拓展的插电式混合动力车型规模也随之萎缩。2019 年，新能源汽车市场发生了更多的变化，也在竞争格局图中呈现出来。（如图 10 所示）

（汽车之家　刘雪杉）

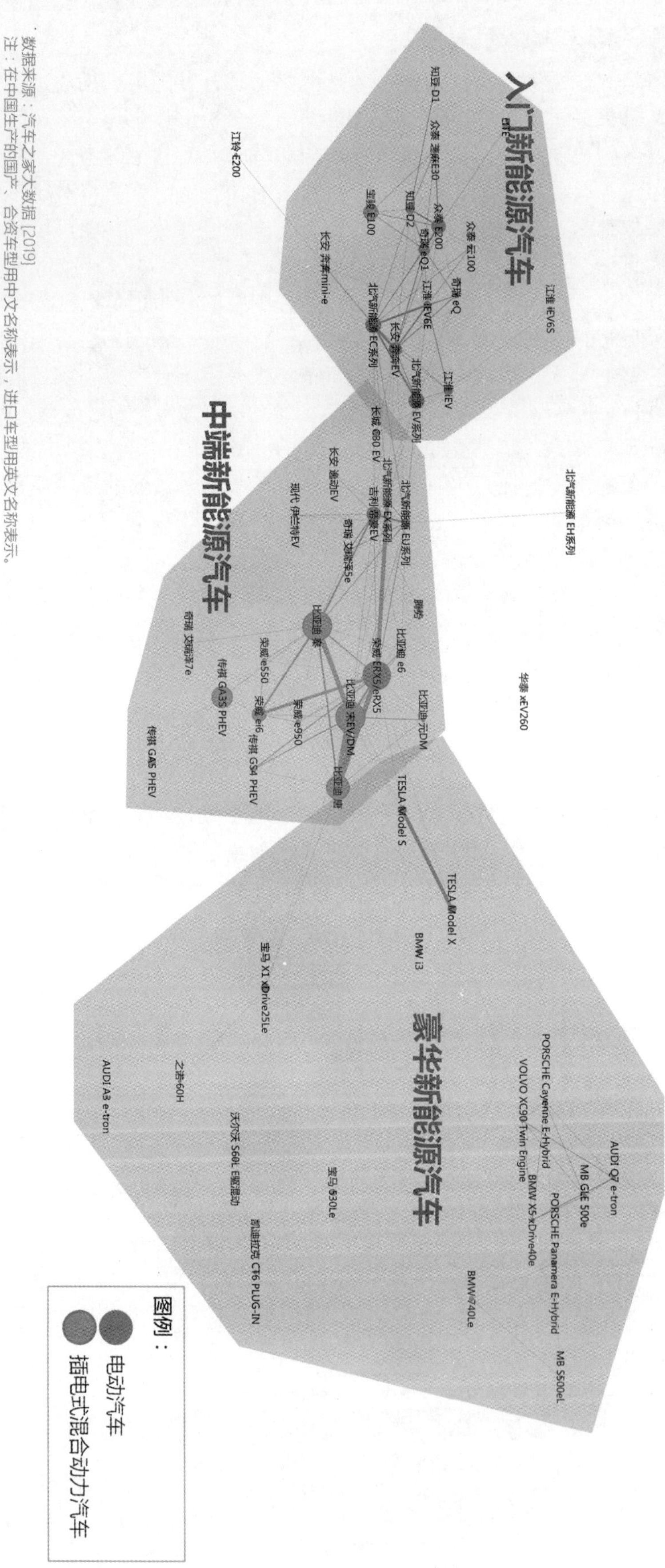

图 8　2017 年新能源乘用车市场竞争格局

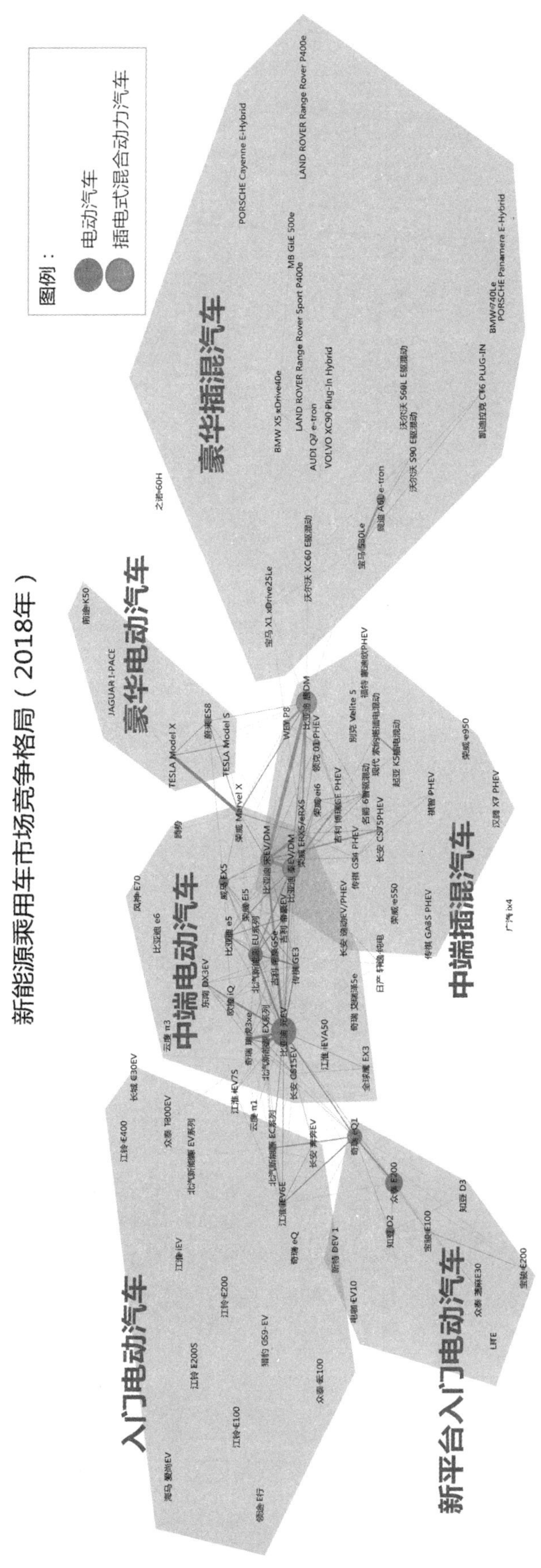

图 9　2018 年新能源乘用车市场竞争格局

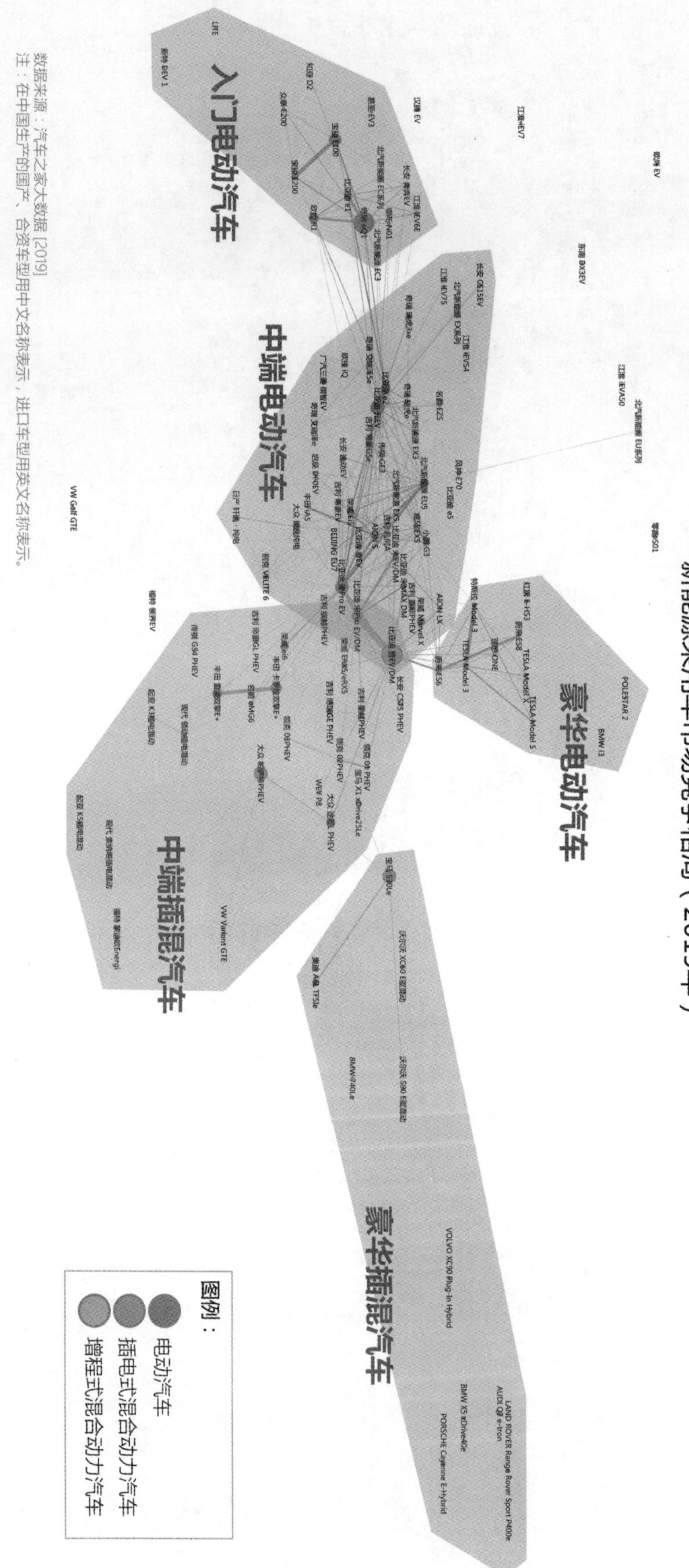

图 10　2019 年新能源乘用车市场竞争格局

2019 年中国新能源汽车充电设施

一、新能源汽车充电设施基本概念

新能源汽车充电设施是指为新能源汽车提供电能补给的各类充换电设施，主要包括分散式充电桩和集中式充换电站。在使用频次上，分散式充电桩高于集中式充换电站，较长充电时长为设施运营提供增值空间。

中国新能源汽车充电桩种类多样，其详细分类见图 1。按使用场景分类，可分为住宅、公交场、办公区域、出租车停车场、高速公路旁、城市公共区域等;按安装方式分类，可分为挂壁式、落地式（2B）；按充电接口分类，可分为一桩一充、一桩多冲方式（2C）；按充电方式分类，分为有线充电庄（分为交流充电桩、直流充电桩、交直流一体充电桩）、无线充电庄（2D）；还有大家熟知的按充电速度分类分为慢速充电桩、快速充电桩（2E）。

新能源汽车核心充电系统由“交流充电桩 + 车载充电机、直流充电桩”构成，各种充电系统能力对比见图 1。

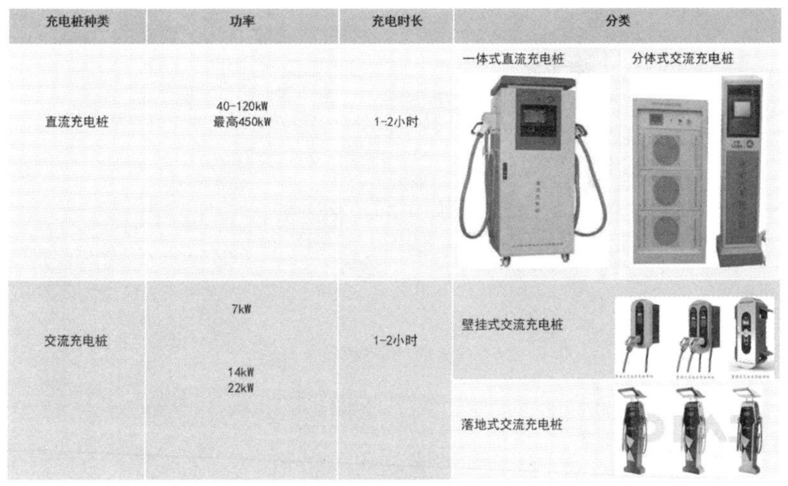

充电桩种类	功率	充电时长	分类
直流充电桩	40-120kW 最高450kW	1-2小时	一体式直流充电桩　分体式交流充电桩
交流充电桩	7kW 14kW 22kW	1-2小时	壁挂式交流充电桩 落地式交流充电桩

图 1　各种充电系统能力对比

二、影响新能源汽车充电设施市场的主要因素

影响新能源汽车充电设施市场主要包括以下六方面因素。

（一）政治因素

中国新能源汽车充电设施市场宏观环境利于行业发展：（1）中央层面相继出台 系列建设规划、奖励补贴、行业标准 等方面的政策，扶 持中国充电设施行业发展；（2）各省市也相继出台一系列建设规划、奖励补贴等政策。

（二）经济因素

下游市场带来的充电需求巨大：到 2021 年，中国新能源汽车产量将达到 500 万辆，未来充电设施市场空间广阔；当前中国新能源汽车使用成本低于燃油汽车，充电服务 费相对较低。

（三）社会因素

近年来随着雾霾天气的增加，保护环境、节约资源的意识日益深入人心；近年来中国新能源汽车用户不断增加，2019 年新能源汽车数量已经达到 583200 辆。

（四）技术因素

中国的交直流充电桩、双向充放电机等充电设备已经实现国产化；充电基础设施监控、计量计费等技术不断成熟；大数据、云平台技术支撑能源互联网发展。

（五）市场因素

近年来雾霾等环境污染问题日益引起人们对环境保护的高度重视，新能源汽车可减少有害物质排放，加之近年来新能源汽车使用性价比的提升，用户认可度逐渐提升。

（六）国家政策利好

中央及各地方政府极力支持新能源汽车充电桩市场的发展，从建设规划、奖励补贴、行业监管等方面出台一系列政策，用户充电需求大，近年来中国的新能源汽车用户量迅速增加，而充电桩作为新能源汽车必不可少的充电基础设施，庞大的充电需求，为充电桩市场发展奠定基础。

三、中国新能源汽车充电设施商业模式

（一）新能源汽车与传统汽车售后服务成本对比

1.“硬件销售 + 充电服务费 + 电力差价 + 增值服务”是未来充电设施市场的新型盈利模式

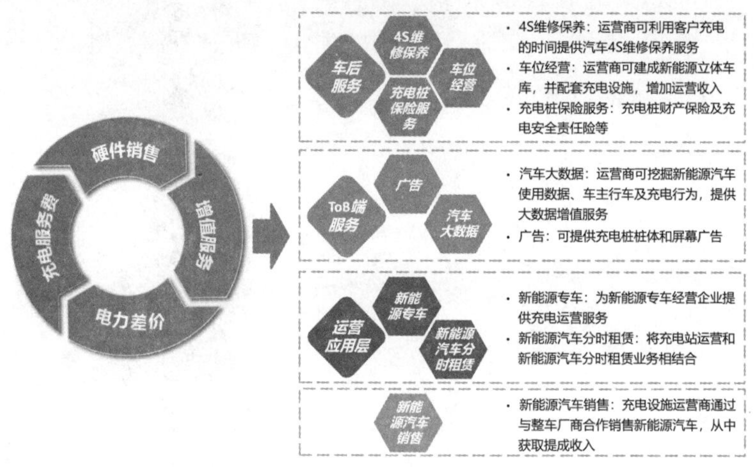

图 2　未来商业模式创新

2. 互联网 + 充电桩

缓解用户充电痛点，提升充 电体验，挖掘设施运营价值。充电桩连接的不仅仅是新能源汽车，而是能源数据流量的导入端口。作为数据门户的入口，互联网 + 充电桩模式，未来可以创造巨大的经济价值（见图 3）。

图 3　互联网 + 充电桩模式

3. 无线充电技术

也称作感应充电、非接触式感应充电，是利用近场感应，由供电设备（充电器）将能量传送至用电的装置，该装置使用接收到的能量对电池充电，并同时供其本身运作之用。充电技术升级——新能源汽车无线充电技术开创充电新生态，传统充电，指应用有线交流充电桩、直流充电桩或交直流一体充电桩对新能源汽车进行充电。

无线充电优点	安全性高	环境适应性强	电网压力小	单位投资效益高	节省道路空间	在城市空间中实用性高	建设时间短	减少电池重量	运营人力成本低
传统充电痛点	安全性低	环境适应性差	电网压力大	单位投资效益低	占用空间大	在城市空间中实用性低	建设时间长	增加电池重量	运营人力成本高

图 4 传统充电痛点及无线充电模式优点

4. 重资产转向重运营商业模式加速创新

充电桩商业模式多元化，整体运营模式呈现轻资产化趋势。目前中国充电桩商业模式已经由传统的运营商主导模式向多元化发展，包括车桩合作模式、众筹模式、电动汽车分时租赁模式、公交车公司 EPC 和地产公司 EPC 模式。

充电桩运营商更注重与其他主体共建共享，或逐步从前期投资环节退出，由重资产转向重运营，商业模式呈现轻资产化趋势。

①公交车公司充电桩 EPC：由公交公司做投资主体，工程和运维外包给充电桩运营商的商业模式。

②地产公司充电桩 EPC：由于新建住宅配建停车位应 100% 建设充电设施或预留建设安装条件，目前地产公司将新建地产内充电桩采购服务外包给充电桩运营商，或者引进第三方的充电桩运维企业获得运维管理分成等模式逐渐兴起。

③车企主导模式：车企采取“建设运营公共充电桩”或“销售 + 配套建设”的商业模式，在车辆售出后，公司提供充电设施的上门安装。

④众筹模式：众筹建桩是万帮早期提出的商业模式，通过“投资方 + 充电服务运营方 + 场地资源方”有效整合社会资源、分摊成本、合力共赢，解决了“有场地的没资金建桩，想建桩的没有场地”等问题。在不断完善众筹建桩的过程中，万帮又引入了“司机定向消费与众筹建桩”、“私桩共享与人人电站”等模式，为众筹建桩赋予了新的理念。

⑤车桩合作模式：车企和充电桩运营商合作，利用双方技术、资源优势，共同建设、运营公共充电桩，或“销售 + 配套建设”的商业模式。部分充电运营商还逐渐向新能源汽车产业链上下游延伸，涉足汽车租赁、销售、维修、电池、零部件等多个领域，实现车桩深度融合，培育充电市场。

⑥电动汽车分时租赁模式：充电运营商积极开拓公交、出租、环卫、物流等专用充电领域市场，特别是面向网约车、分时租赁车等营运车辆提供定向充电服务已经成为充电运营商的重要收入来源。

5. 盈利分化：集中式充电站收益高分散式充电桩盈利不佳

在传统商业模式下，充电服务费为运营商主要收入来源。中国充换电设施经营企业可向电动汽车用户收取电费及充换电服务费。其中公共充电设施享受大工业电价政策，党政机关、企事业单位和社会公共停车场中设置的充电设施用电执行“一般工商业及其他”类用电价格，另外大部分省市的政府部门目前仍对最高充电服务费价格进行限定。在产业发展初期，相关配套服务还不完善，商业模式也未成熟，充电服务费成为运营商主要收入来源。

集中式充电站：公交车等专用充电站、高客流量地区充电站盈利性较好，资本投资较为热情。在充电站运营方面，公交车等专用充电站项目客户稳定、充电需求稳定、投资回报可控，且此类项目的场地一般都是由用户或政府进行提供，无须运营商在场地问题上投入过多成本，因此盈利性较好；另外，在繁华商场、交通枢纽等地区客流量充足，虽然运营商需要支付较高的费用购买土地使用权，但高利用率仍然为充电站盈利提供保障，资本投资也较为热情。分散式公共充电桩：当前利用率普遍低于 15%，充电服务费难以覆盖前期高额成本及运营费用，充电桩运营行业盈利不佳。

6. 中国规划 2025 年百公里充电时长缩短至 10 分钟

中日签署备忘录加速大功率充电设备研发。根据《节能与新能源汽车技术路线图》，2020 年中国慢充功率将提高至 6.6kW 以上，快充每充电 15min 电动汽车可以行使里程大于 100km；2025 年慢充功率提高至 10kW，快充每充电 10min 可行驶超过 100km。

（二）国际比较：海外充电桩运营市场集中度高于国内，国外主要充电市场运营模式

1. 美国

运营商 + 车企共同主导，Chargepoint 充电桩市占率超 70%，快充桩兼容美国 SAE、日本 CHAdeMO 标准，充分实现互联互通；特斯拉和日产积极布局充电桩产业。特斯拉公司自成立之初，就开始在美国主要干道上的餐厅、商店、旅游景点、咖啡店、休息站、加油站周边等进行布局，建设面向自身产品用户的超级充电站。

与此同时，特斯拉公司也和电网公司合作，提供为用户在家庭停车位建设私人充电端口的服务。美国特斯拉超级充电站最早免费为用户充电，随着市场布局的逐步扩大和成熟，这种模式正在从免费模式转向收费模式。

2. 日本

政府 + 车企主导，充电设施统一运营；用户只能通过公共充电桩充电、利用率较高。在日本，政府和汽车企业主导充电设施建设和运营，三菱、丰田等出资设立了 NCS 公司（银行、电力企业参与）。

NCS 仅对充电设施进行管辖但不进行建设，不以盈利为目的，基本形成了充电桩建设政府补贴 + 车企资助、支付计算充电卡统一标准规范、自由发卡、灵活计费的建设运营模式。另外，日本充电市场的家庭私人充电桩建设需要通过物业和业主委员会同意，基本无法安装充电桩，新能源汽车用户只能通过公共充电桩进行充电，因此日本的公共充电桩利用率较高。

3. 欧盟

车企主导充电设施建设运营，平台运营商助力互联互通。2017 年底宝马、戴姆勒、福特、大众成立了合资公司 IONITY 在全欧洲建设快速充电网，目标是在 2020 年前于欧陆设置 400 座快速充电站。在欧洲，汽车企业除主动承担充电设施的建设运营工作之外，还以补贴或让利的形式扶持社会上的充电设施运营发展。

随着国家对新能源的引导性支持政策不断完善，新能源汽车技术路线、核心零部件及电池技术日臻成熟，新能源充电设施痛点问题逐步解决，并适度结合实际借鉴国外先进经验，中国新能源汽车充电设施前景是非常可期的。

（北汽福田汽车股份有限公司　任起龙 宋莹）

第五部类

DIWUBULEI | QICHEJINCHUKOU

2019 年中国汽车出口市场

一、汽车产品出口概况

2019 年，中国汽车出口仍然突破 100 万辆，但增速继续下滑。根据海关数据统计，2019 年，中国整车（含成套散件）出口 101.56 万辆，同比增长 0.7%，增速比 2018 年下降 9.2 个百分点，出口金额 160.17 亿美元，同比增长 6.1%，增速比 2018 年下降 4.8 个百分点。单车平均出口价格为 1.60 万美元，比 2018 年提升 0.1 万美元。其中，乘用车出口 66.01 万辆，同比下降 6.0%，出口金额 75.12 亿美元，同比下降 3.4%；商用车出口 35.55 万辆，同比增长 15.9%，出口金额 85.1 亿美元，同比增长 16.2%。汽车零部件出口金额 695.65 亿美元，同比下降 4.6%。

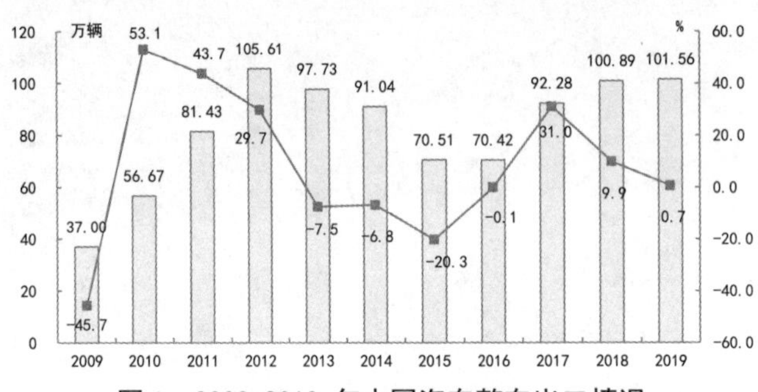

图 1　2009-2019 年中国汽车整车出口情况

数据来源：中国海关总署

二、汽车产品出口现状

（一）整车出口

分车型来看，产品结构持续优化，小轿车和载货车仍占主体地位。2019 年，乘用车出口量继续超过商用车，占整车出口总量的 65.0%，比 2018 年下降 4.6 个百分点。小轿车作为第一大出口车型，共出口 37.73 万辆，同比下降 26.1%，占整车出口总量的 37.2%；载货车位居第二，共出口 21.36 万辆，同比上升 6.6%，占商用车出口总量的 60.1%；以上两类车型出口量占整车出口总量的 58.2%，比 2018 年下降了 12.2 个百分点。

表 1　2019 年整车（分车型）出口情况（单位：万辆，亿美元，%）

车型		出口数量	同比	出口金额	同比
乘用车	小轿车	37.73	-26.08%	36.66	-21.42%
	四驱越野车	1.42	129.47%	2.08	108.11%
	9 座及以下小客车	24.38	66.10%	29.17	57.49%
	其他乘用车	2.48	-36.04%	7.21	-
	乘用车合计	**66.01**	**-5.98%**	**75.12**	-3.41%
商用车	客车	6.41	-2.44%	24.52	6.76%
	载货汽车	21.36	6.64%	35.36	27.65%
	特种车	3.96	1.28%	21.25	2.82%
	装有引擎的底盘	0.28	64.71%	1.23	40.14%
	其他商用车	3.54	-	2.69	-
	商用车合计	**35.55**	**15.87%**	**85.05**	**16.20%**
总计		**101.56**	**0.66%**	**160.17**	**6.10%**

数据来源：中国海关总署

分出口市场来看，仍集中在拉美、西亚、东南亚等发展中国家和地区。2019 年，受雪佛兰赛欧等外资品牌车型出口带动，墨西哥成为中国第一大出口市场，出口 11.41 万辆，同比增长 4.0%；智利位居第二，出口 7.68 万辆，同比增长 1.9%；沙特阿拉伯位居第三，出口 5.79 万辆，同比大幅增长 178.0%；菲律宾位居第四，出口 4.55 万辆，同比增长 60.8%；马来西亚位居第五，出口 4.23 万辆，同比大幅增长 324.3%。受中美贸易摩擦等不利因素的持续影响，2019 年中国对美国出口下降 40.7%，为 4.19 万辆。同时，由于美国对伊朗制裁加剧，中国对伊朗出口基本停滞，2019 年全年对伊朗出口仅为 1524 辆，出口金额 0.29 亿美元。

表 2 2019 年整车（分国别前 15 位）出口情况（单位：万辆，%）

排序	国家（地区）	出口数量	同比增长	出口金额	同比增长
1	墨西哥	11.41	4.0%	10.74	2.89%
2	智利	7.68	1.9%	7.23	4.76%
3	沙特阿拉伯	5.79	178.03%	9.83	109.64%
4	菲律宾	4.55	60.78%	8.42	24.1%
5	马来西亚	4.23	324.32%	6.52	149.94%
6	秘鲁	4.19	31.41%	3.72	23.79%
7	美国	4.01	-40.58%	8.64	-51.65%
8	俄罗斯	3.95	105.26%	7.12	60.79%
9	埃及	3.65	-16.69%	2.49	-17.97%
10	越南	3.65	-1.46%	5.49	17.06%
11	厄瓜多尔	3.51	-6.26%	3.22	-2.18%
12	阿尔及利亚	3.02	9.32%	2.49	0.63%
13	巴西	2.81	30.82%	3.29	48.04%
14	澳大利亚	2.63	80.11%	4.26	54.92%
15	白俄罗斯	2.23	195.13%	1.23	170.6%

数据来源：中国海关总署

表 3 2019 年中国主要汽车企业出口情况（单位：辆，%）

序号	企业名称	出口数量	同比增长
1	上海汽车集团股份有限公司	285054	19. 68
2	奇瑞汽车股份有限公司	96047	-21.84
3	东风汽车集团有限公司	85513	15. 94
4	北京汽车集团有限公司	79523	3. 27
5	中国长安汽车集团有限公司	67753	10.71
6	长城汽车股份有限公司	65175	38. 68
7	浙江吉利控股集团有限公司	57991	110. 62
8	安徽江淮汽车集团有限公司	45320	-39. 39
9	大庆沃尔沃汽车制造有限公司	44154	-20. 84
10	中国重型汽车集团有限公司	40009	6.31
11	厦门金龙汽车集团股份有限公司	25268	32. 28
12	广州汽车工业集团有限公司	24676	37.31
13	陕西汽车集团有限责任公司	21754	76. 65
14	中国第一汽车集团有限公司	17166	-60. 67
15	华晨汽车集团控股有限公司	13667	-68. 49
16	荣成华泰汽车有限公司	10611	-44.02
17	比亚迪汽车有限公司	10286	-14. 40
18	郑州宇通集团有限公司	7045	-2. 37
19	河北中兴汽车股份有限公司	3468	-2. 25
20	山东唐骏欧铃汽车制造有限公司	3205	-34. 99

数据来源：中国汽车工业协会

2019 年，中国对“一带一路”国家出口整车 74.02 万辆，占中国整车出口总量的 72.9%，同比提高 4.3 个百分点；整车出口额 100.15 亿美元，占中国整车出口总额的 62.5%。分企业来看，整车出口行业集中度有所提高。根据中汽协会统计，2019 年排名前十位的出口企业分别为上汽（28.51 万辆）、奇瑞（9.60 万辆）、东风（8.55 万辆）、北汽（7.95 万辆）、长安（6.78 万辆）、长城（6.52 万辆）、吉利（5.80 万辆）、江淮（4.53 万辆）、大庆沃尔沃（4.42 万辆）、重汽（4.00 万辆），合计出口量占出口总量的 84.6%，比 2018 年提高了 4.1 个百分点。其中，上汽、长城、吉利等企业出口均呈快速增长趋势，分别增长 19.7%、38.7% 和 110.6%，而奇瑞、江淮、大庆沃尔沃及华晨汽车等企业目标市场受到美国对伊制裁和中美贸易摩擦影响，则分别下滑 21.8%、39.4%、20.8% 和 68.5%。

合资企业外资品牌乘用车出口所占比例进一步提高。随着国内汽车市场增速放缓，通用等跨国公司进一步调整全球战略布局，充分利用中国工厂产能，乘用车出口规模不断扩大。2019 年，上汽通用、大庆沃尔沃、东风悦达起亚、本田（中国）、北京现代、长安福特及华晨宝马等合资企业乘用车出口占中国乘用车出口比重的 34.8%，比 2018 年提高 3.5 个百分点。

表 4　2019 年中国主要乘用车合资企业出口情况（单位：辆，%）

序号	企业名称	出口数量	同比增长	所占比例
1	上汽通用汽车有限公司	136831	-13.45	18.87
2	大庆沃尔沃汽车制造有限公司	44154	-20.84	6.09
3	东风悦达起亚汽车有限公司	38341	-	5.28
4	本田汽车（中国）有限公司	14107	10.29	1.95
5	北京现代汽车有限公司	12467	0.00	1.72
6	长安福特汽车有限公司	4777	90.70	0.66
7	华晨宝马汽车有限公司	1264	23.44	0.02
总计		251941	8.85	34.75

数据来源：中国汽车工业协会

（二）汽车零部件出口

2019 年，中国汽车零部件出口金额 695.65 亿美元，同比下降 4.6%。对大部分国家的零部件出口均出现下滑，对欧洲、北美、日本和韩国出口额占总出口额比例超过 63.3%。其中，美国仍是中国第一大出口市场，对美出口 147.11 亿美元，同比下降 23.4%，占中国汽车零部件出口总额的 21.1%，其次是日本，出口 62.83 亿美元，同比下降 11.6%，占比 9.0%，再次是韩国，出口 40.11 亿美元，同比增长 11.6%，占比 5.8%。

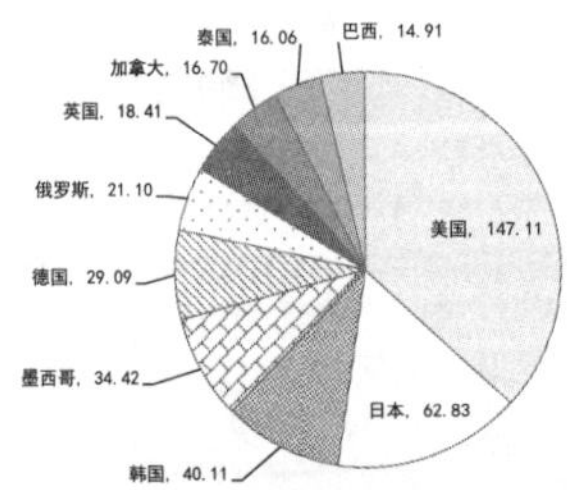

图 2　2019 年中国汽车零部件出口前十名国家

数据来源：中国海关总署

（中国汽车技术研究中心有限公司　凌云 刘艳 沈庆）

2019 年中国进口车市场

一、海关进口量延续下滑态势，季度走势波动巨大

2019 年中国累计进口汽车 108.6 万辆，同比下滑 2.0%，相比 2018 年全年，降幅收窄 6.8 个百分点；一季度和三季度出现下滑，而二季度和四季度出现增长，其中二季度大幅增长 73.4%，主要源自 2018 年同期关税下调预期形成的低基数。

2018 年，进口车市场稳步开局，受中美贸易摩擦、进口关税税率下调政策以及国产化的持续影响，2018 年全年进口量同比下滑 8.8%。受到宏观经济增速放缓，汽车消费预期走弱影响，在暂停对美国原产进口汽车加征关税的利好政策下，2019 年并未扭转进口量下滑局面，但降幅大幅收窄。2019 年，累计进口汽车 108.6 万辆，同比下滑 2.0%，相比 2018 年全年，降幅收窄 6.8 个百分点。

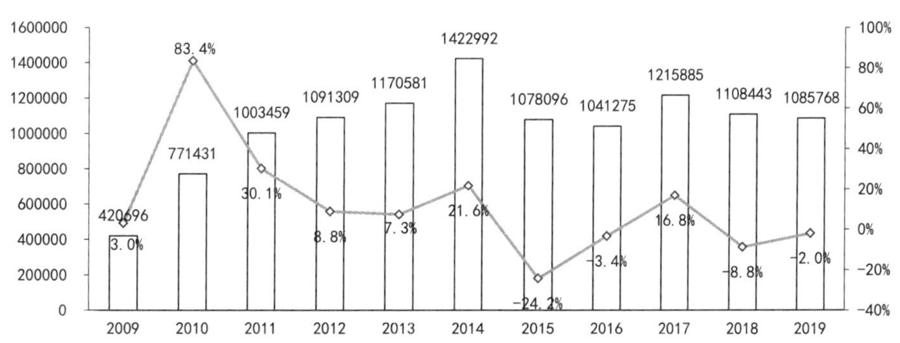

图 1　2009-2019 年海关进口量（单位：辆）

数据来源：中国进口汽车市场数据库，以下不再赘述

从季度走势来看，一季度进口量下滑 18.0%，二季度进口量增长 73.4%。二季度进口量高速增长源于 2018 年同期关税预期下调，厂商进口量大幅下降 45.1% 形成的低基数。此外，平行进口汽车在““国六””实施前集中报关，也助推了二季度进口量的高速增长。由于二季度的提前透支，三季度回归下滑态势同比大幅下降 34.4%。四季度由于基数原因以及平行进口车逆市增长，四季度进口量增长 13.6%。

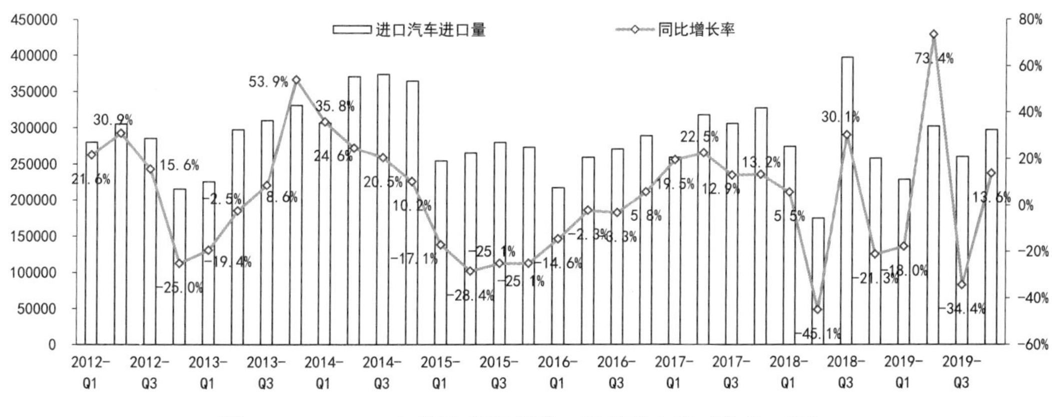

图 2　2012-2019 年分季度海关进口量季度走势（单位：辆）

二、终端需求小幅下滑，二季度呈现 20% 以上增长

在“国五”汽车处理力度加大以及去年同期低基数的双重作用下，进口车销售 93.8 万辆，同比小幅下降 1.8%，相比 2018 年降幅收窄 3.8 个百分点，其中第二季度销量同比增长 22.1%。

受高端进口汽车降价、增值税调整政策及国家积极推动消费升级带动，消费者观望情绪有所改善，2019 年进口汽车销售 83.8 万辆，同比下滑 1.8%，相比 2018 年全年 5.6% 的下滑，下滑幅度缩小 3.8 个百分点。在“国五”车处理力度加大以及去年同期低基数的影响下，进口汽车市场 6 月表现突出，销售 8.2 万辆，同比增长 28.9%。

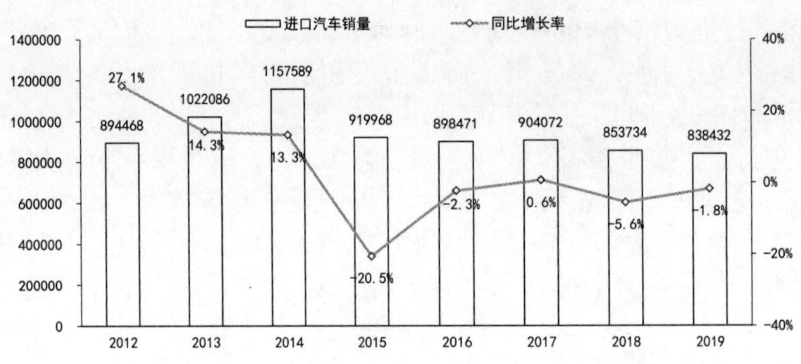

图 3　2012-2019 年进口汽车销量（单位：辆）

分季度来看，2019 年一季度进口汽车销量下滑 12.8%，环比下滑幅度加大 8.5 个百分点，下滑幅度明显加大。在 2018 年受关税调整和对美进口汽车加征关税的影响，在第二季度进口汽车销量大幅下降 17.5% 的背景下，2019 年二季度汽车销售 22.5 万辆，同比增长 22.1%。由于二季度的提前透支，三季度销量同比下滑 9%，7-9 月出现连续三个月的同比下滑。四季度仍处跌势，同比下滑 3.5%。

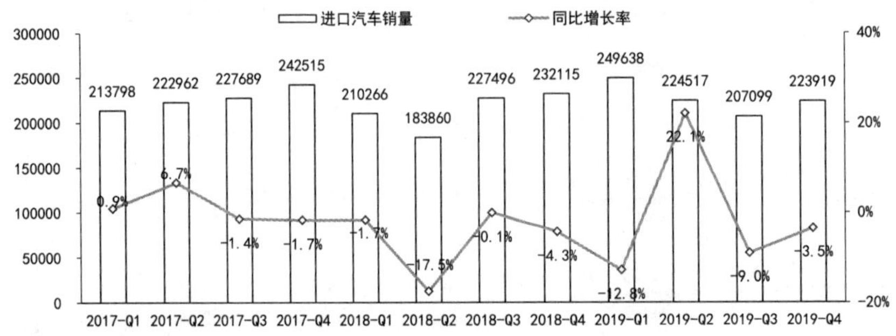

图 4　2017-2019 年分季度进口汽车市场销量（单位：辆）

三、品牌集中度有所上升，新能源和个性化品牌表现突出

前十品牌集中度 85%，半数出现下滑，其中路虎下滑幅度最大达 32.5%，奔驰同比下滑 23.4%，欧系品牌仍然保持进口车主力地位，但份额有所下滑，日系品牌份额回升至 34.5%，提升 7.3 个百分点；终端销售层面，雷克萨斯继续扩大领先优势，宝马、奔驰分列二三。

2019 年，进口车品牌集中度有所上升，进口量排名前十品牌共进口乘用车 90.3 万辆，在乘用车总进口量中占比达 85%，相较 2018 年的 82% 提升 3 个百分点。

从各品牌进口量表现来看，排名前十品牌中，半数出现下滑，其中路虎下滑幅度最大，达 32.5%，奔驰同比下滑 23.4%。雷克萨斯继续保持领先位置，同比增长 25.7%。丰田品牌总量增长 30.8%，跃居第四位。在 2018 年的低基数和 Model 3 销量快速增长的带动下，特斯拉销量同比增长 226.6%，是增速最快的品牌。

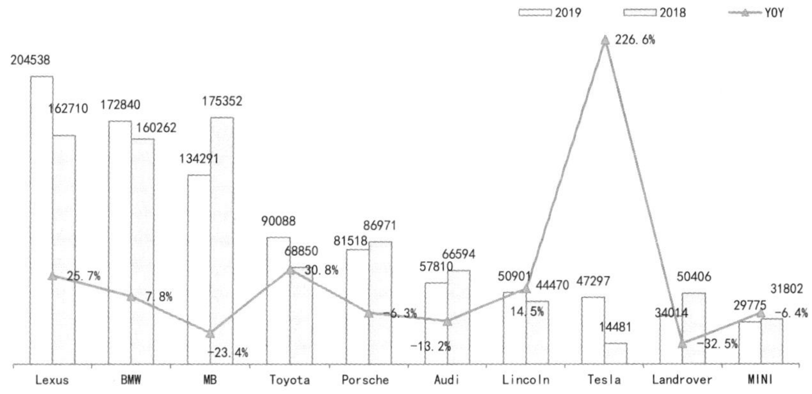

注：行业库存包含总经销商和经销商两部分库存。

图 5 2018-2019 年乘用车分品牌进口量与同比增速

从品牌来源国看，欧系品牌仍然保持主力地位，2019 年全年份额为 54.5%，较 2018 年下滑 10 个百分点，下滑幅度进一步加大；其中，受奔驰进口量下降影响，德系品牌份额较 2018 年大幅下滑 4.6 个百分点；英系进口量下降 2.5 个百分点，至 6.8%。在雷克萨斯的拉动下，作为第二大系别的日系份额回升明显，至 34.5%，较 2018 年上浮 6.8 个百分点。美系品牌占有 11.1% 的市场份额，主要受暂停加征关税和平行进口汽车集中报关拉动，韩系品牌彻底退出进口车行列。

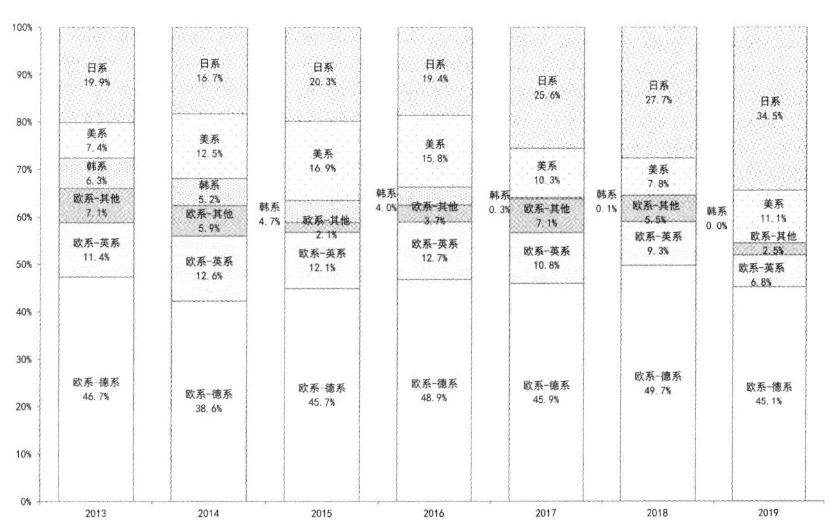

图 6 2013-2019 年分来源国海关进口量占比

数据来源：中国汽车流通协会经销商调研

四、三大车型均出现下滑，雷克萨斯 ES 以绝对优势位列进口量第一

从车型结构看，轿车进口 44.3 万辆，同比下滑 4.5%，在进口总量中占比为 41.6%；MPV 同比下滑 0.5%；SUV 进口 58.1 万辆，同比下滑 0.7%；雷克萨斯 ES 进口量远超其他车型，位列第一。

2019 年乘用车累计进口 106.3 万辆，同比下滑 2.3%。三大车型均呈现下滑态势，SUV 仍为主力车型，在乘用车占比为 54.6%。

在“国五”“国六”切换背景下，丰田 LAND CRUISER、三菱帕杰罗等平行进口主力车型加大报关，SUV 进口 58.1 万辆，同比下滑 0.7%；轿车进口 44.3 万辆，同比下滑 4.5%；MPV 进口 3.9 万辆，同比下滑 0.5%，在三大车型中降幅最小。

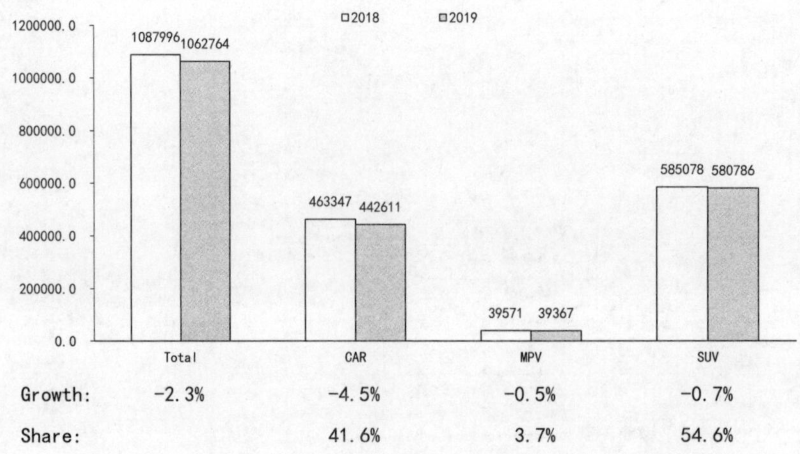

图 7　2018-2019 年乘用车分品牌进口量与同比增速（单位：辆）

2019 年，进口量前十名车型中，SUV 占七成，宝马 X5 成为 SUV 的领先车型。轿车中，两款产品表现出色，雷克萨斯 ES 以绝对优势位列第一，进口量超过 9 万辆，远超其他车型。今年新引入的特斯拉 Model 3，市场竞争力强，进口量排名位居第五。在“国五”“国六”切换政策影响下，以丰田 LAND CRUISER 为代表的平行进口热门车型进入前十。

表 1　2019 年分车型进口量排名（单位：辆）

排名	车型	销量
1	雷克萨斯 -ES	93,720
2	宝马 -X5	43,364
3	雷克萨斯 -RX	39,961
4	雷克萨斯 -NX	39,595
5	特斯拉 -Model 3	35,739
6	保时捷 -CAYENNE	32,973
7	丰田 -LANDCRUISER	30,830
8	保时捷 -MACAN	29,985
9	迷你 -MINI	29,775
10	奔驰 -GLE	29,428

数据来源：中国汽车工业协会

五、1.5-2.0L 仍是最大排量区间，但 3.0L 以上份额增长明显

2019 年，1.5-2.0L 排量区间以 43.2% 的份额稳居第一大排量区间，较 2018 年全年下降 3.6 个百分点，主要受奔驰 CLA 暂停进口，及其他排量区间抢占份额影响。

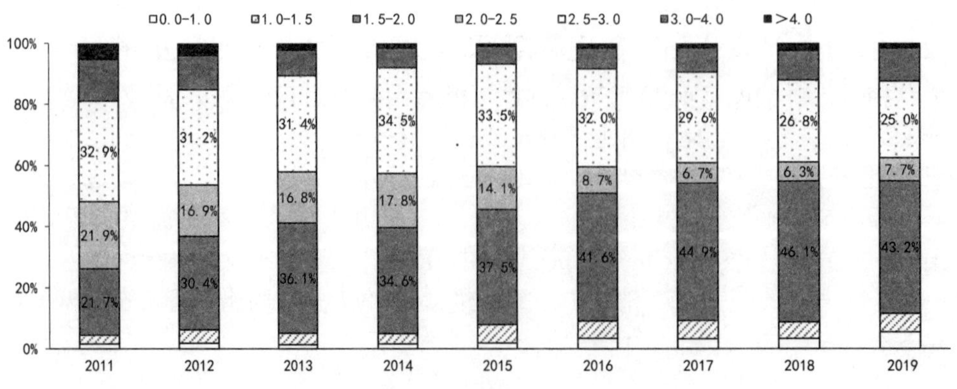

图 8　2011-2019 年进口汽车市场排量结构变化

1.5-2.0L 排量区间以 43.2% 的份额继续保持第一大排量区间，较 2018 年下降 3.6 个百分点；在部分省市“国六”政策提前实施影响下，大排量平行进口车型加大报关，3.0L 以上排量份额提升至 12.5%，较 2018 年提升 1.9 个百分点。

随着部分城市“国六”政策的提前实施，丰田 LAND CRUISER、PRADO、塞纳，日产途乐等日系平行进口主力车型加大进口，对 3.0L 以上排量区间拉动作用明显，份额扩大至 12.5%，相比 2018 年份额增长 1.9 个百分点。此外，在特斯拉 Model 3 等新能源车型带动下，1.0L 以下车型份额提升明显，至 5.5%。

（国机汽车股份有限公司 王存）

2019 年中国平行进口汽车市场

一、2019 年平行进口车逆势增长

2019 年平行进口车占进口车总量的 15.0%，占比创历史新高。全年平行进口汽车共 16.3 万辆，同比增长 16.8%，占进口总量的 15.0%，比 2018 全年占比提升 2.4 个百分点，月度走势波动明显。

从进口量看，2019 年平行进口汽车共 163200 辆，同比增长 16.8%，占进口总量的 15%，与 2018 全年相比提升 2.4 个百分点。其中“国六”排放标准实施及取消对美产进口车加征关税对平行进口的逆势增长贡献较大。

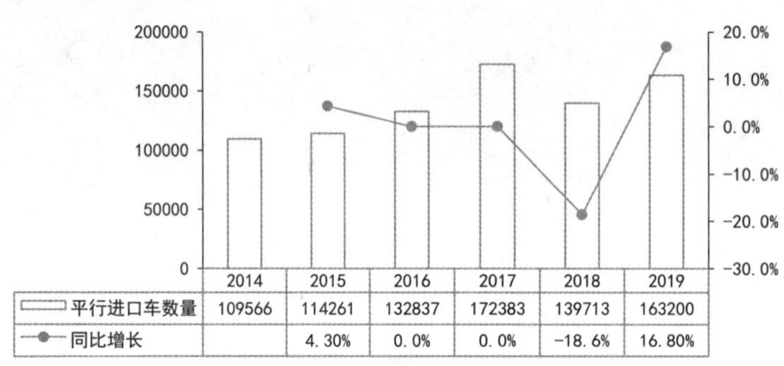

图 1　2014-2019 年中国平行进口汽车市场发展（单位：辆）

数据来源：中国进口汽车市场数据库，后文不再赘述

从月度走势来看，2019 年度平行进口量波动较大，形成大起大落的态势。“国六”排放标准的实施，促使二季度平行进口汽车规模大幅增加，下半年逐步恢复到正常水平。和去年关税下调形成鲜明的对比，二季度波谷相现。

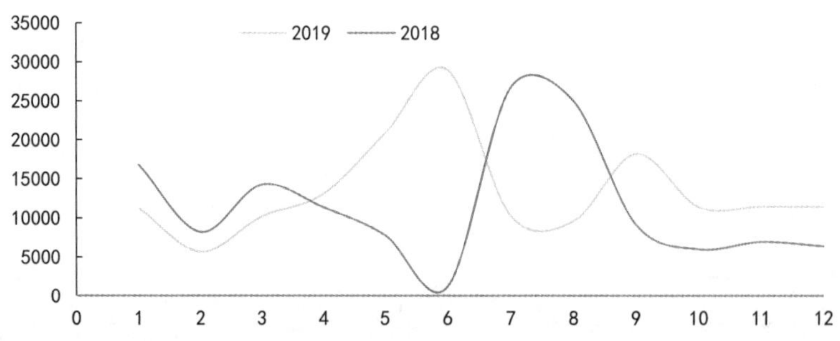

图 2　2018-2019 年中国平行进口汽车月度走势（单位：辆）

二、SUV 仍为主力车型，份额保持稳定，MPV 份额继续提升

2019 年，SUV 保持主力地位，市场份额 85%，与 2018 年持平，MPV 份额 10%，提升 2 个百分点，轿车份额下滑 2 个百分点。

2019 年，从车型结构看，SUV 依旧保持主力地位，市场份额 85%，与 2018 年持平，SUV 仍是进口汽车市场热销车型，受到消费者的欢迎。

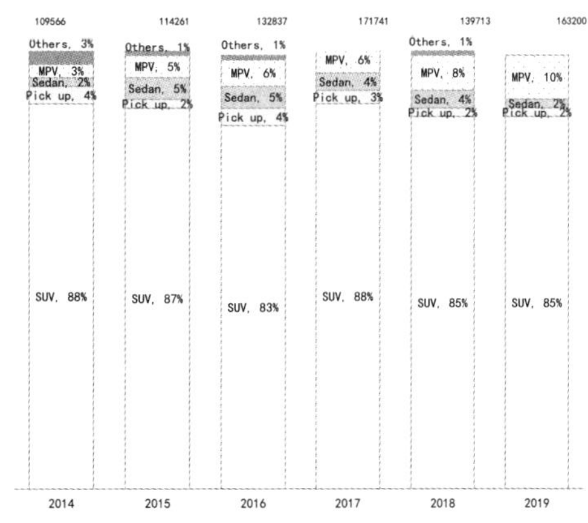

图 3 2014-2019 年平行进口车不同车型占比（单位：辆）

车型细分市场结构来看，平行进口 SUV 以 B、C 和 D 级为主，其中 C 级占比超过一半。2019 年 C 级 SUV 占比 52.6%，相比 2018 年全年下滑 6.6 个百分点；B 级 SUV 占比超过 30%，较 2018 年全年提升 7.6 个百分点，主要是普拉多和帕杰罗两款车的贡献，累计进口 3.5 万辆，占 B 级 SUV 的份额达到 82.2%。

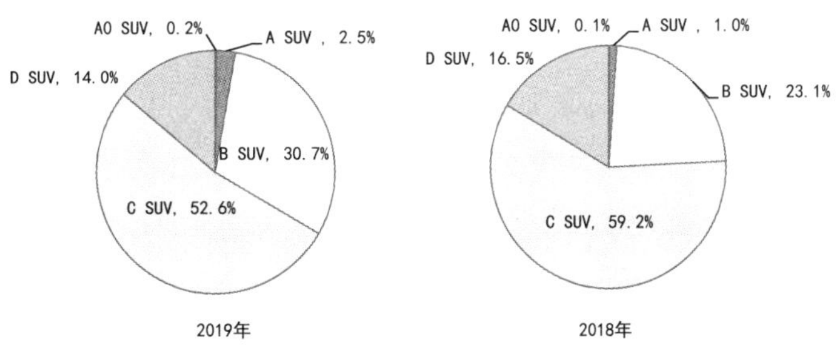

图 4 2018-2019 年平行进口 SUV 车型细分市场结构

平行进口 MPV 份额增长至 10%，连续两年份额提升较大，主要来自丰田 Sienna 的贡献，单一车型占 MPV 市场的 68.5%。2019 年，丰田 Sienna 进口达到 1.23 万辆，同比增长 98.6%。

三、大排量车型居多，3.0-4.0L 排量区间份额提升明显

2.0-4.0L 排量区间份额达到 87.1%；其中，2.0-3.0L 排量区间占比减少 6.4 个百分点，3.0-4.0L 排量区间提升 7.2 个百分点；其他排量区间份额相对平稳。

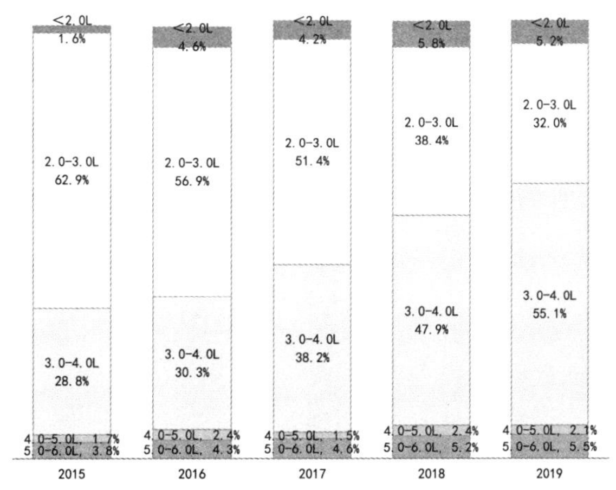

图 5 2015-2018 年平行进口汽车排量分布

由于大排量车型价格高，与中规车型价差优势较为明显，对消费者的吸引力较大，加上消费者对高端车型的偏好等因素，平行进口汽车的排量结构以大排量为主，2019 年，2.0—4.0L 排量区间份额达到 87.1%，相比 2018 年提升 6.8 个百分点；其中，2.0—3.0L 排量区间占比继续大幅减少；在 Land Cruiser 和 Patrol 的带动下 3.0—4.0L 排量区间份额大幅提升，占比达到 55.1%。

四、丰田品牌保持领先，前六品牌占比超过九成

丰田是份额最大的品牌，市场份额为 44.4%。2019 年前六大品牌结构有所变化，其中丰田、三菱份额分别提升 4 个和 6.2 个百分点，日产份额下滑 4.1 个百分点，品牌出现分化。

2019 年，丰田、日产、奔驰、宝马、路虎、三菱六大品牌占比为 90.6%，较 2018 年同期提升 0.6 个百分点。从品牌结构看，日系品牌分化明显，2019 年丰田品牌恢复明显，进口量达到 7.25 万辆，同比增长 28.3%，在平行进口汽车市场的份额提升 4 个百分点，达到 44.4%，处于绝对领先地位。三菱在帕杰罗的带动下，份额提升明显，由 3.6% 提升至 9.8%。日产途乐下滑 13.4%，导致日产品牌份额下滑 4.1 个百分点。2019 年路虎份额也有较大下滑，从 2018 年的 8.6% 下滑到 2019 年 4.1%，奔驰品牌份额与 2018 年持平，宝马份额小幅下滑 0.9 个百分点。

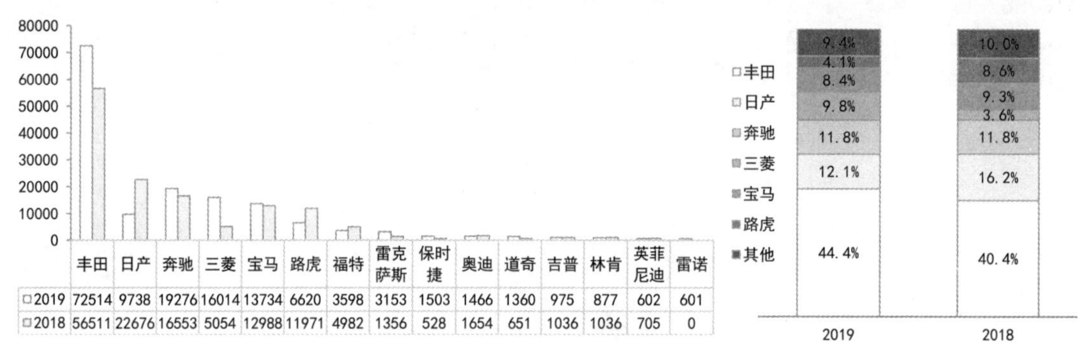

	丰田	日产	奔驰	三菱	宝马	路虎	福特	雷克萨斯	保时捷	奥迪	道奇	吉普	林肯	英菲尼迪	雷诺
2019	72514	9738	19276	16014	13734	6620	3598	3153	1503	1466	1360	975	877	602	601
2018	56511	22676	16553	5054	12988	11971	4982	1356	528	1654	651	1036	1036	705	0

图 6　2018-2019 年平行进口汽车品牌数量与结构分布（单位：辆）

数据来源：中国进口汽车市场数据库

2019 年，前十大车型前三位排名较稳定，丰田兰德酷路泽依旧保持排名第一，日产 Patrol 位列第二，丰田霸道排名第三。三菱帕杰罗由于基数低，所以增速显著。前十大车型中仅有日产途乐和路虎揽胜两款车型出现下滑。

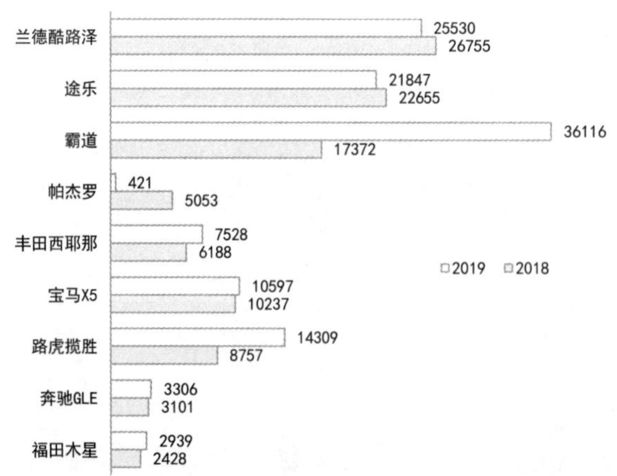

图 7　2019 年前十位车型平行进口量与同比增量（单位：辆）

五、天津港保持绝对主力地位，其他港口份额均在 7% 以下

2019 年，天津关区进口 10 万，份额达到 66%，以绝对优势位居第一，份额提升 3 个百分点，广州海关以 7% 的份额位居第二，较 2018 年下滑 3 个百分点，其他港口的份额均在 5% 以下。

从港口分布情况看，2019 年天津关区份额占比达到 66%。其他口岸单纯依靠财政补贴的方式并没有对进口企业产生持续的吸引力。广州海关占比有所下滑，回落到 7%，其他港口的份额均在 5% 以下，难以撼动天津港的优势地位。

表 1　2018-2019 年平行进口汽车港口分布（单位：辆）

	2019 年进口量	2019 年市场份额	2018 年市场份额	同比增速
天津海关	99745	66%	63%	3%
广州海关	10714	7%	10%	-3%
大连海关	7869	5%	5%	0%
宁波关区	7768	5%	3%	2%
长沙关区	6615	4%	2%	2%
南京海关	5650	4%	3%	1%
福州关区	3445	2%	4%	-2%
青岛海关	3195	2%	4%	-2%
深圳海关	1575	1%	0%	1%
上海海关	1089	1%	1%	0%
海口关区	991	1%	0%	1%
厦门关区	905	1%	1%	0%
黄埔关区	714	0%	2%	-2%
成都关区	536	0%	0%	0%
南宁关区	261	0%	1%	-1%
郑州关区	202	0%	0%	0%
重庆关区	184	0%	0%	0%
石家庄区	170	0%	0%	0%
满洲里关	108	0%	0%	0%
乌关区	9	0%	0%	0%
武汉海关	7	0%	0%	0%
北京关区	0	0%	0%	0%
西安关区	0	0%	0%	0%

六、美日成为平行进口汽车主要生产地

2019 年日本产的进口车占据平行进口车半壁江山以上，美产平行进口车份额为 27.5%，两国是平行进口汽车的主要生产地。2019 年，日本生产的进口汽车累计进口 9.57 万辆，同比增长 23.7%。其市场份额达到 58.6%，是平行进口汽车市场的绝对优势生产国。

2019 年，美产平行进口车达到 4.48 万辆，占平行进口车的份额为 27.5%，较 2018 年全年份额提升 1.5 个百分点，主要源于对美产进口车加征关税政策的取消。

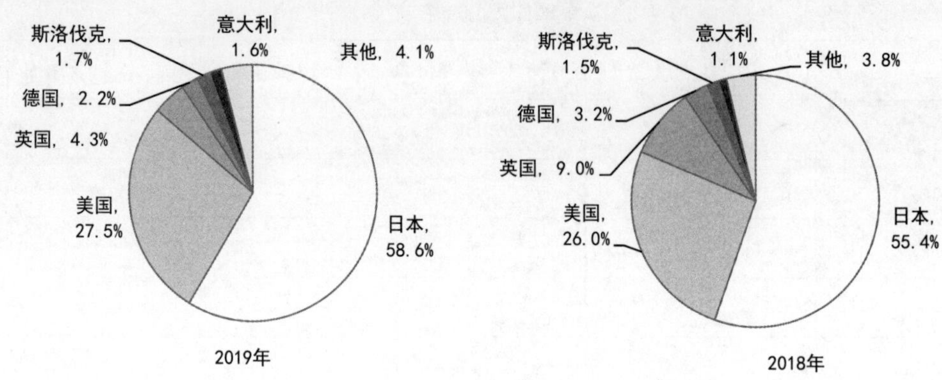

图 8　2018-2019 年平行进口汽车分产地情况

（国机汽车股份有限公司　王存）

第六部类

DILIUBULEI | ERSHOUCHESHICHANG

2019 年中国二手车市场综述

2019 年二手车市场虽然受到新车市场下滑，终端销售价格倒挂，“国六”排放切换等众多不利因素的影响，但在强大的保有量的支撑下，整体实现了正向增长。据中国汽车流通协会发布的数据，2019 年全国共交易二手车 1492 万辆，同比增长 7.96%，交易额近万亿元，为 9356.86 亿元，同比增长 8.76%（如图 1 所示）。

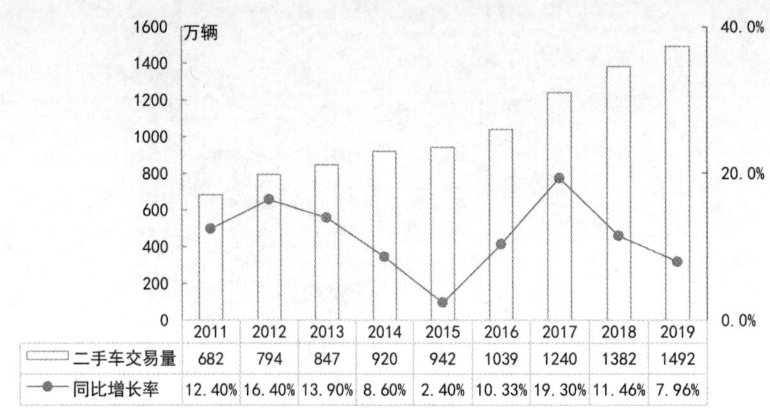

图 1　历年二手车交易量与增长率

一、二手车市场主要运行特点

据公安部发布的数据，2019 年底，全国汽车保有量达 2.6 亿辆，保有量净增 2122 万辆，其中 11 个城市超过 300 万辆，30 个城市超过 2200 万辆，66 个城市超过百万辆。无疑，这些城市家庭普及阶段已经完成，开始进入置换升级阶段。由于中国地域广阔，区域差异、城乡差异还很大，因此汽车消费由置换驱动始于从一、二线城市，开始向三四线城市、县乡农村扩散，这个过程可能会维持较长的一个周期。二手车市场将在此周期内实现结构性变化，逐渐完善和成熟。

（一）二手乘用车增速高于整体市场

从细分市场的交易情况来看，2019 年乘用车共交易 1142.54 万辆，同比增长 9.3%，高于整体二手车交易总量增长率 1.37 个百分点，二手乘用车占交易总量的 76.6%，比上年度的 75.6% 多出了 1 个百分点。商用车共交易 278.2 万辆，同比增长 3.4%，商用车占总交易量的 18.6%，与上年基本持平。

在乘用车中，轿车共交易 861.4 万辆，同比增长 4.8%，这个增长率明显低于整体市场。轿车占市场总量的 57.72%，相比上年度下降了 1.77 个百分点；MPV 交易 95.72 万辆，同比增长 22.42%，占交易总量的 6.41%，占比比上年度增长了 0.75 个百分点；SUV 交易 148.08 万辆，同比增长 30.4%，占交易总量的 9.92%，占比与上年相比增加了 1.7 个百分点；微客共交易 37.34 万辆，同比增长 20.06%，占交易总量的 2.5%（见表 1）。

表 1　2018-2019 年各车型占总交易量的份额表（单位：%）

车型分类	乘用车				商用车		其他车	农用车	挂车	摩托车
	轿车	MPV	SUV	微客	货车	客车				
2019 年	57.72	6.41	9.92	2.5	9.30	9.63	2.23	0.21	0.82	1.53
2018 年	59.49	5.66	8.22	2.25	8.85	10.62	2.79	0.18	0.58	1.37

（二）市场走势前低后高

2019 年的二手车市场有点大起大落，但总的趋势是前低后高，同时增长幅度与往年相比明显降低。如果按照季度划分的话，四个季度呈现四个特点。一季度是小幅增长，缓慢爬坡，二季度巨幅波动，三季度恢复平稳，四季度快速增长（如图 2 所示）。二季度 5 月、6 月等出现异常大起大落是由于部分区域提前实施“国六”，为了下半年经营经销商集中补库存，从而拉高了交易量。从图 2 不难看出，进入 9 月份，市场增速开始加快，连续 4 个月增长率都在 7% 以上，12 月更是达到了 168 万辆，同比增长 21.9%。

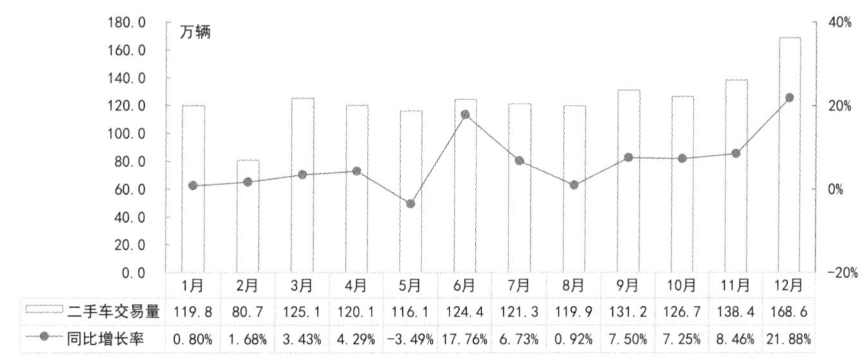

图 2　2019 年各月度交易量与同比增长率（%）

（三）各区域市场与上年相比变化不大

从各省市增长与下降的幅度来看，除山东外，都不是很大。对比 2018 年前十省市中有 6 个增长率均超过 10%，其中广东、江苏增长率超过了 20%。而进入 2019 年，增长率超过 10% 的减少了一半；出现负增长的区域仍然只有 3 个，但下降幅度也很小，下降最多的也仅有 3%（见表 2）。

表 2　2018-2019 年交易量排名前 10 位的区域表现

	2018 年		2019 年	
省市	累计交易（万辆）	同比增长率（%）	累计交易（万辆）	同比增长率（%）
广东	176. 81	21.52	187.54	6.07
浙江	124.57	12.01	133.25	6.97
四川	102.36	9.01	109.18	6.71
江苏	102. 32	16.00	98.88	-0.18
山东	99.05	20.64	123.33	20.48
河南	95. 05	14.04	92.16	-3.04
河北	72.89	-13.10	72.54	-0.48
北京	68.65	-3.96	69.7	1.53
辽宁	49.79	-8.21	55.85	12.18
上海	48.67	5.20	53.87	10.69

2019 年交易量排在前十位的省市座次略有变化。由于山东省彻底取消了二手车限迁，一举变为全国第一大二手车输入省，二手车市场空前活跃，全年完成了 123 万辆的交易，增长率全国排名第一位，达到了 20%，一举从第五跃升至全国第三。而原排名第三的四川和江苏，依次下调一个座次。

（四）一、二线城市份额下降，五线地区占比提高

据统计，2019 年二手车交易在各级别城市比例有一定的变化。其中一、二线城市交易量占到总交易量的一半以上，为 54.75%，无疑是二手车市场的主战场；三、四线城市占到总交易份

额的 34.69%；五线城市占 10.57%。但是如果与上年度对比发现，一、二线城市占比在下降，减少了 1.1 个百分点，而五线地区的份额有了 1 个百分点的提升（如图 3 所示）。

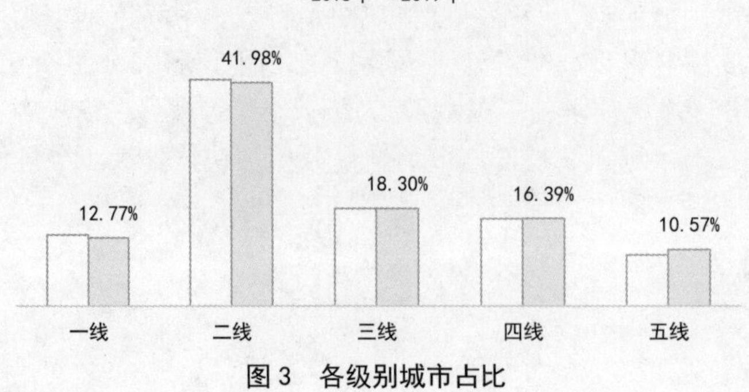

图 3　各级别城市占比

注：样本包含全国 338 个分级城市，其中一线城市 4 个，北京、上海、广州、深圳，二线城市 45 个，三线城市 70 个，四线城市 90 个，五线城市 129 个。

（五）跨区域流通创新高

据中国汽车流通协会对二手车跨区域交易的监测数据，2019 年二手车异地交易总量为 419.5 万辆，占总交易量的比例创历史地提升到了 27.9%，比 2018 年提升了 1.7 个百分点（如图 4 所示）。

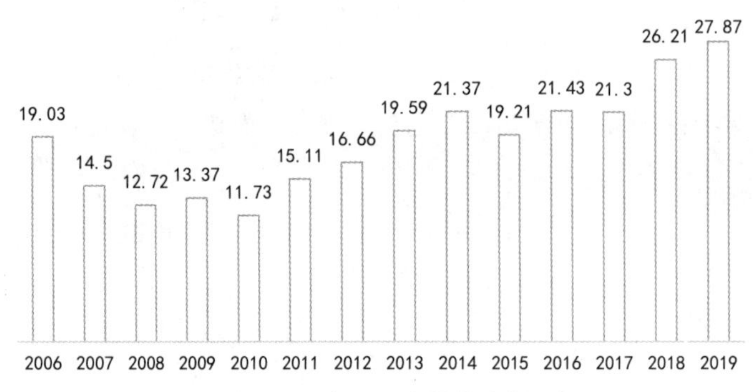

图 4　历年二手车转籍比例

从各月份跨区域交易比例变化图来看，6 月出现一个超高点，之后逐月下降，10 月、11 月恢复到以往 25% 左右的正常水平。之所以 6 月份出现跨区域交易的高点，主要是由于部分地区于 2019 年 7 月 1 日提前实施“国六”，珠三角、长三角、京津冀地区除北京外二手车迁入要求全部需符合“国六”排放标准。因此，这些区域的二手车经销商，为了保证下半年的正常经营，加大了补库存的力度，在拉高了 6 月二手车交易量的同时，也拉高了跨区域流通的比例（如图 5 所示）。

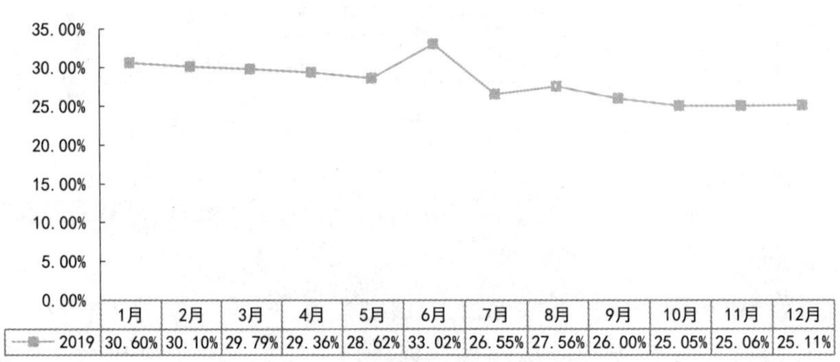

	1月	2月	3月	4月	5月	6月	7月	8月	9月	10月	11月	12月
2019	30.60%	30.10%	29.79%	29.36%	28.62%	33.02%	26.55%	27.56%	26.00%	25.05%	25.06%	25.11%

图 5　2019 年各月二手车转籍比例

2019 年，外迁比例最高的 5 个省市分别为：北京 57.87%，四川 38.69%，天津 37.32%，浙江 36.66%，上海 35.81%。

（六）低价位车占比明显下降

2019 年，二手车平均交易价格为 62702 元，比上年同期增长了 253 元。其中轿车平均交易价格为 6.47 万元，比上年同期微增 200 元；MPV 平均价格 7.49 万元，下降了 7700 元；SUV 平均价格为 9.36 万元，下降了 1.46 万元。

从二手车价格分布上看，3 万元及以下价格区间的车辆占比 29.49%，与上年同期相比有了明显下降，下降幅度达 8.7 个百分点；3—5 万元区间的车辆占比 20.65%，提高了 2.49 个百分点；5—8 万元价格区间与上年基本持平；8 万元以上二手车占比都有不同程度的提升。（如图 6 所示）。低价位二手车比例大幅下降，中高价位二手车比例提升，说明二手车市场与新车市场同步进入了消费升级阶段。

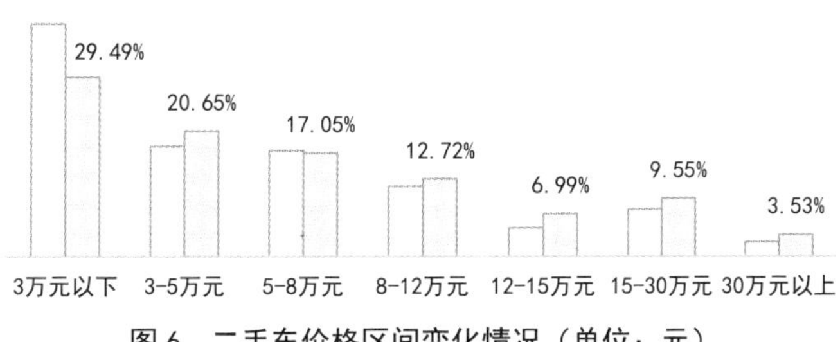

图 6 二手车价格区间变化情况（单位：元）

（七）准新车与“老爷车”比例都有提高

据统计，2019 年使用年限在 3 年以内的准新车共交易 369.9 万辆，比上年同期多出了 40 万辆，相比上年同期增长了 0.9 个百分点；使用年限在 3—6 年的“中年”车龄的车辆共交易 614.4 万辆，占总交易量的 41.2%，比上年同期下降了 1.4 个百分点；7—10 年车龄的车辆共交易 334.3 万辆，占总交易量的 22.4%，占比有 0.2 个百分点的下降；10 年以上的老旧车共交易 173.6 万辆，比上年增加了 23.3 万辆，占总交易量的 11.6%，比上年同期增加了 0.7 个百分点（如图 7 所示）。

图 7 各年龄段二手车比例

二、二手车市场存在的主要问题

（一）信息不透明情况仍然存在

虽然说广大消费者越来越懂车，二手车经营者逐渐披露二手车车况信息，但还有相当比例的车商给出的车辆信息一般都停留在首次注册年限上，其余信息多是车况极佳、车况良好之类含糊其词的描述，还有相当比例的车商都不披露。据中国汽车流通协会 2019 年二手车商营商环境调查显示，有三分之一不公开车况报告。二手车信息不透明的情况，是导致二手车市场不能完全释放潜能的重要原因之一。

（二）“国六”切换“大气污染重点防治区域”内的二手车市场影响较大

根据生态环境部的统一部署，2019 年 7 月 1 日，15 个省市新车注册登记提前实施“国六”排放标准，2020 年 7 月 1 日，全国全面实施“国六”标准。但长三角、珠三角、京津冀三个区域在新车注册登记实施“国六”排放标准的同时，二手车迁入也按“国六”要求。虽然这些区域为主要的二手车输出地，但同时也是消费地，这些区域输入车辆，一般以中高端为主，限“国六”以后，这些区域二手车经销商遇到困难。因为“国六”刚开始实施，“国六”二手车还很少，所以会影响到这些区域二手车的流入。

河北省可能是受影响较大的区域。因为河北省优质二手车源主要来自北京、天津，实施“国六”限迁后，只能消化自身产生的车源，与外界基本隔绝。因此，从市场数据上反映出这个区域由于严格的限迁，2018 年和 2019 年连续两年负增长。

（三）行业政策有待突破

影响二手车流通的限制性政策限迁、税收政策滞后、二手车商品属性问题仍然未得到彻底解决。

二手车限迁问题可以说是解决了一大半。但“国六”排放标准的切换，对于大气污染重点防治区域的珠三角、长三角、京津冀地区形成了新的限迁，严重影响了这些区域的二手车市场活力。行业强烈呼吁，取消对所有区域的二手车流通限制。如果全面取消限迁有难度，建议大气污染重点防治区域允许“国五”以上排放的车辆可以自由流通，以最大限度地满足二手车流通的实际需求。

二手车税收问题行业呼吁了多年，至今仍没有解决的时间表。加快改革现行二手车税收政策，解决现行税收政策导致的税赋不公问题，以及行业以个体经纪模式为主的小、散、弱状态，培育新型二手车经营主体，扶持大型二手车经销企业、连锁企业、电商平台以及 4S 集团二手车经营业务的成长，成为迫切之需。

二手车没有商品属性问题也是困扰二手车市场健康发展的重要障碍。按照现行规定，机动车一旦注册，一直到报废注销，始终绑定一位所有人，当车辆进入流通环节时，不再作为交通工具而只作为商品时，也必须按照在用车进行管理。如果车辆多次在中间商之间流通，也必须进行转移登记，转几次手，就要进行几次过户，制作几次牌证，使交易成本大幅度增加，影响流通效率。

（四）经营主体小散弱问题尚未得到改观

二手车经营主体小散弱问题是由多方因素造成的。第一个因素就是由于二手车市场仍然处于发展的初级阶段，行业结构还处于不断完善过程中，加上每年还有大量的从业者涌入，客观上形成了二手车经营主体以夫妻店、小作坊式的经营主体为主，且竞争异常激烈。

第二个因素是由于二手车增值税政策导致企业都按照经纪的方式开展业务，每辆车的收购都需要找一名员工来“背户”，不但增加了经营的难度，而且不利于大规模经营。

据中国汽车流通协会对二手车经销商 2019 年营商环境调查显示，经营规模月度销售额在 100 万元以下的企业场内车商占 82.6%，3 名以下人员企业占比 51.9%。

（中国汽车流通协会　罗磊）

2019 年中国二手车区域市场

2019 年北京市二手车市场

北京是全国汽车保有量最多的城市。北京市统计局、国家统计局北京调查总队发布的《北京市 2019 年国民经济和社会发展统计公报》显示，2019 年北京市机动车保有量为 636.5 万辆，比上年末增加 28.1 万辆。民用汽车 590.8 万辆，增加 16.2 万辆。其中，私人汽车 497.4 万辆，增加 18.4 万辆；私人汽车中轿车 303 万辆，减少 4.1 万辆。

从近几年北京市二手车交易量看，北京二手车市场虽有升有降，呈小幅波动状态，逐渐企稳。2019 年北京市二手车交易量为 696961 辆，同比增长 1.53%。

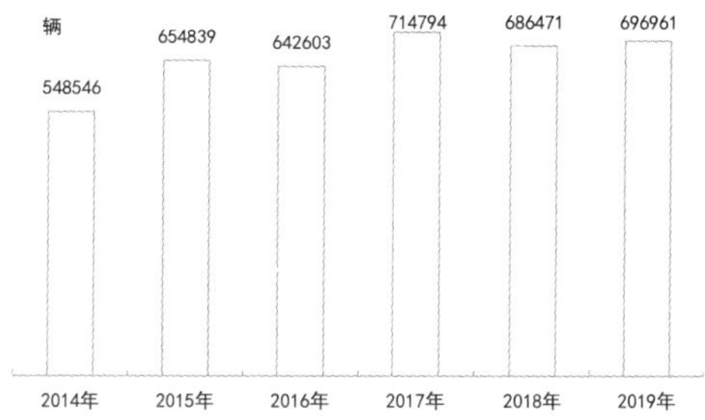

图 1　2014-2019 年北京市二手车交易量

从月度走势看，2019 年北京市二手车市场上半年好于下半年，前六个月基本维持了同比正增长，下半年除 12 月份外，均为负增长。

2018 年北京汽车市场在利好政策退出等综合因素负面影响下，新旧车交易均为小幅“双负”增长，呈现高开、中低、后企稳态势。数据显示，2018 年北京市新车累计同比增长 -7.01%，二手车同比增长 -0.16%，新旧车市场互为联动、相互影响。

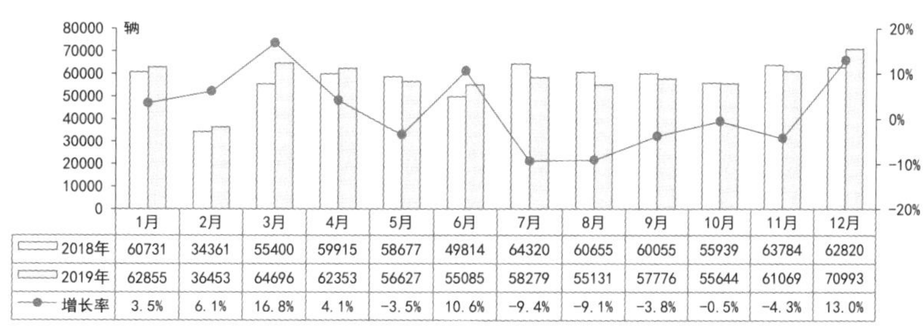

	1月	2月	3月	4月	5月	6月	7月	8月	9月	10月	11月	12月
2018年	60731	34361	55400	59915	58677	49814	64320	60655	60055	55939	63784	62820
2019年	62855	36453	64696	62353	56627	55085	58279	55131	57776	55644	61069	70993
增长率	3.5%	6.1%	16.8%	4.1%	-3.5%	10.6%	-9.4%	-9.1%	-3.8%	-0.5%	-4.3%	13.0%

图 2　2018-2019 年北京二手车月度销量与同比增速

数据显示，2019 年北京市分车型二手车销量增幅最大的是交叉车型，下滑最多的为 SUV 车型。MPV 去 2018 年相比变动不大，保持了微增长，增幅 0.4%。基本型轿车依然是负增长，但下降幅度较小，同比下降 2.6%。

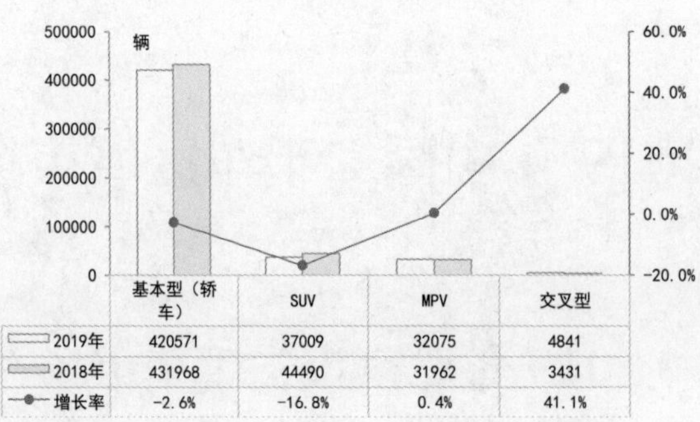

	基本型（轿车）	SUV	MPV	交叉型
2019年	420571	37009	32075	4841
2018年	431968	44490	31962	3431
增长率	-2.6%	-16.8%	0.4%	41.1%

图 3　2018-2019 年北京二手车分车型销量

2019 年北京二手车市场呈增长态势主要有两方面原因，一方面是“国六”排放标准实施，车商纷纷促销清库存有关；另一方面是二手车限迁政策进一步解禁支撑了二手车交易量的增长，2019 年北京转籍率为 57.11%，高于全国平均值 27.87%，为全国最高。中国汽车流通协会数据显示，北京二手车转出最多的地区为内蒙古、辽宁、山东、吉林和山西。

我国二手车市场还处于初级发展阶段，随着建立和完善相关政策制度，引导二手车市场健康发展，积极建立二手车流通渠道及二手车行业进一步互联网化，二手车市场的发展将迎来更多机遇。

2019 年上海市二手车市场

进入 12 月，由于 2020 年春节相比往年提前至 1 月，以致当月上海市二手车交易量较前几月的月度交易量出现了明显的增长。当月全市交易总量 53375 辆，环比上月增长 19.43%，同比上年增长 20.26%。12 月全市二手车交易中，市区号牌二手车过户交易量为 13524 辆，同比上年增长 10.34%。沪 C 号牌二手车交易量为 22957 辆，同比上年增长 10.70%（其中退牌上沪 C 号牌二手车交易量为 10511 辆，同比上年增长 9.51%）。转出市外二手车交易量为 16894 辆，同比上年下降 2.02%；占交易总量之比为 31.65%，同比上年减少了 7.2 个百分点。

2019 年上海市二手车累计交易量为 538040 辆，同比上年增长 10.68%；累计交易额 518.08 亿元，同比上年上升 2.88%；平均单价为 9.63 万元，同比上年下降 7.05%。

一、2019 年上海市二手车市场概况

2019 年上海市二手汽车交易总量 506426 辆，同比上年增长 10.17%。二手客车交易量 469193 辆，同比上年增长 10.48%（其中轿车交易量为 338126 辆，同比上年增长 8.83%）；二手货车交易量 37233 辆，同比上年上升 6.50%。二手摩托车交 13713 辆，同比上年增长 25.81%。其他类二手车辆交易量 17901 辆，同比上年增长 15.14%。

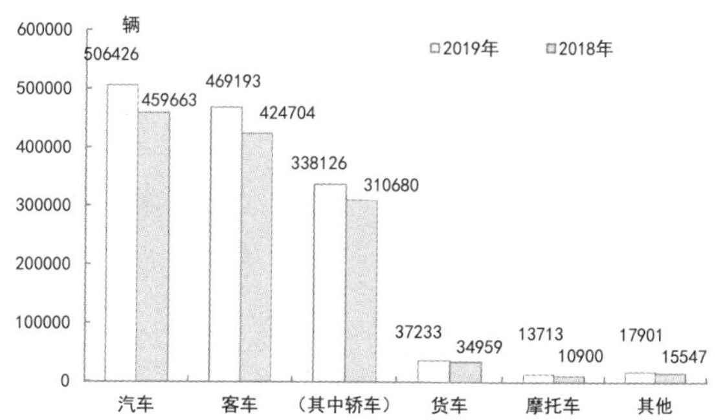

图 1　2018-2019 年上海市二手车分车型交易量

数据来源：上海二手车交易中心

2019 年上海二手车市场数据显示，私人车辆 387939 辆，占交易总量的 72.10%；单位车辆 150101 辆，占交易总量的 27.90%。国产车辆 467685 辆，占交易总量的 86.92%；进口车辆 70355 辆，占交易总量的 13.08%。非营运车辆 481383 辆，占交易总量 89.47%；营运车辆 51959 辆，占交易总量的 9.66%；特种车辆 4698 辆，占交易总量的 0.87%。

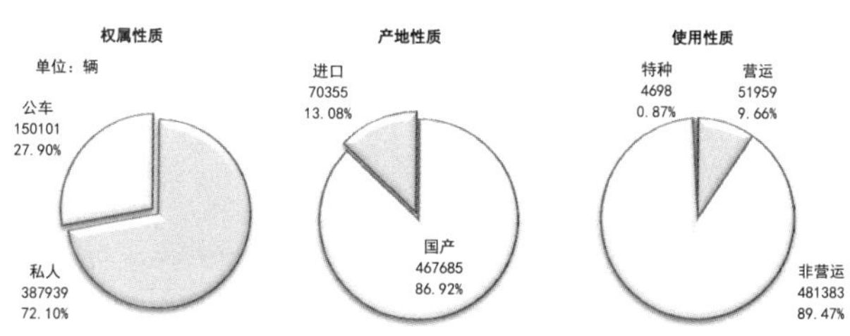

图 2　2019 年上海市二手车交易量特征

数据来源：上海二手车交易中心

消费者角度看，私人购买二手车430136辆，占交易年总量79.94%；单位购买二手车107904辆，占交易总量的20.06%。

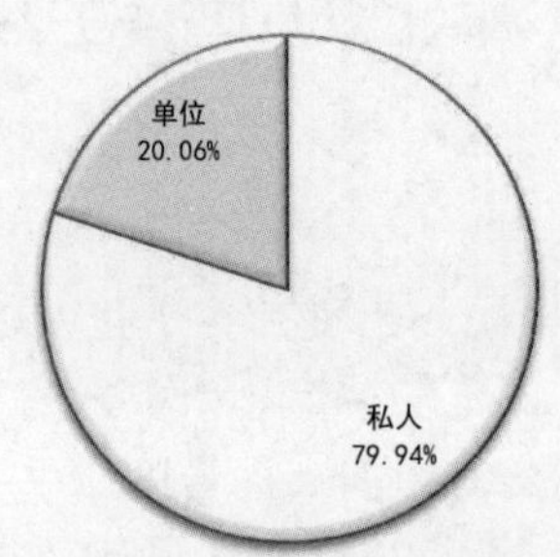

图3 2019年1-12月购车对象分析

数据来源：上海二手车交易中心

2019年上海市区号牌二手车过户交易量130723辆，同比上年上升5.76%；沪C号牌二手车交易量为214637辆，同比上年增长11.41%（其中退牌上沪C号牌二手车交易量为112983辆，同比上年增长2.75%）；转出市外二手车交易量为192669辆，同比上年增长13.44%；占交易总量之比为35.81%，同比上年上升了0.87个百分点。

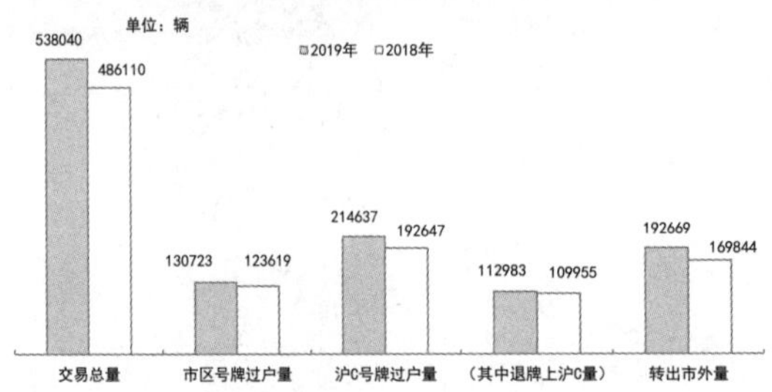

图4 2019年上海市二手车号牌交易特征

数据来源：上海二手车交易中心

从二手车使用年限看，使用年限3年内（含3年）的102398辆，占交易总量的19.03%，4—5年的87874辆，占交易总量的16.33%，6—7年的86742辆，占交易总量的16.12%，8—9年的86101辆，占交易总量的16.00%，10年及以上的174925辆，占交易总量的32.52%。

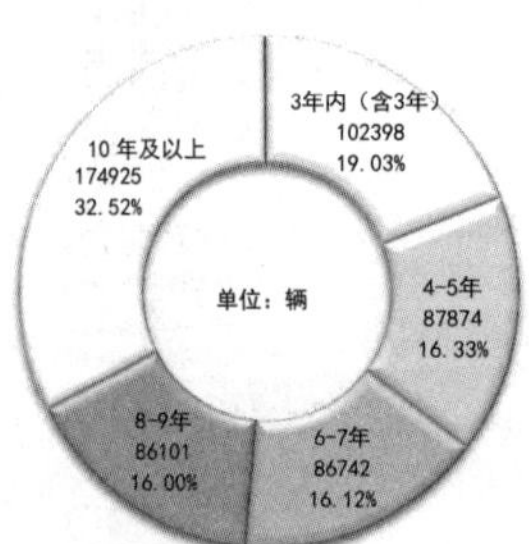

图5 2019年上海市二手车使用年限

数据来源：上海二手车交易中心

2019年，上海市二手车交易量最大的十款车型分别是帕萨特、明锐、POLO、GL8、朗逸、途观、英朗、途安、奥迪A6和福克斯，7款为大众旗下的车型。

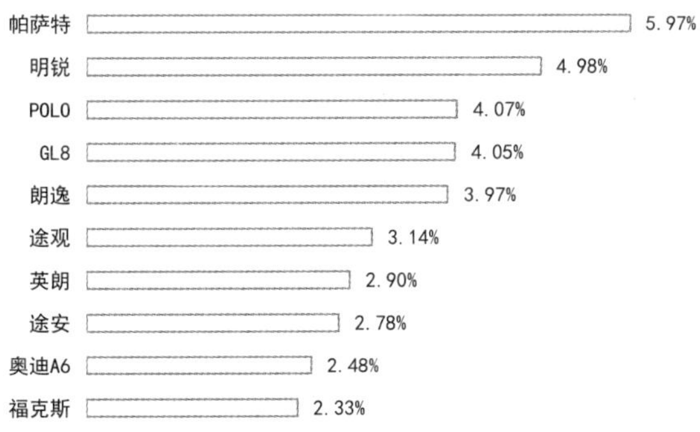

图 6　2019 年上海市二手车畅销车型

数据来源：上海二手车交易中心

二、2019 年上海市二手车市场特征

（一）总体呈现自然增长态势

受 7 月份起实施汽车“国六”新政刺激，6 月、7 月上海市转出市外二手车交易量同比上年呈现较大幅度增长，增幅分别达到 99.34%、43.01%，从而促使该两个月全市交易量同比上年分别增长 37.68%、24.47%。

（二）上海市转出市外二手车交易量出现下滑

自 7 月实施汽车“国六”新政后，部分省市重新开始实行限迁政策，二手车跨省市之间流通再度受阻，导致 7 月起上海市转出市外交易量及占比，持续出现下滑走势，占比由 2018 年最高时的 41.65%、2019 年 6 月的 49.39%、7 月的 36.77%，下降至 12 月的 31.65%。

表 1　2019 年上海市二手车转出流通（单位：辆）

转入地	数 量	市场份额
转出总量	192669	100%
山东	44438	23.06%
安徽	27058	14.04%
浙江	21167	10.99%
河南	15258	7.92%
江苏	9042	4.69%
广东	8647	4.49%
江西	8320	4.32%
辽宁	6831	3.55%

（三）二手车平均成交价格下跌

受新车销售疲软、价格持续下调的影响，2019 年各月成交的二手车平均单价始终在 10 万元 / 辆之内，同比上年各月均有一定幅度的下跌。

（上海二手车行业协会）

2019 年重庆市二手车市场

一、重庆市二手车市场概况

（一）行业经营情况

2019 年，重庆市坚持稳中求进工作总基调，深入贯彻新发展理念，落实高质量发展要求，深化供给侧结构性改革，持续打好“三大攻坚战”，大力实施“八项行动计划”，统筹推进稳增长、促改革、调结构、惠民生、防风险、保稳定，全市经济稳中有进，符合预期，经济高质量发展势头强劲。

同时，2019 年 1 月 28 日，国家发展改革委等十部委印发的《进一步优化供给推动消费平稳增长促进形成强大国内市场的实施方案（2019 年）》也明确提出，将有序推进老旧汽车报废更新和促进农村汽车更新换代；国家发改委 4 月中旬起草了《推动汽车、家电、消费电子产品更新消费促进循环经济发展实施方案（2019—2020 年）（征求意见稿）》，对推动汽车消费的有关政策规定作了进一步细化。

表 1　2019 年重庆市汽车流通行业数据汇总表（单位：辆）

序号	数据类别	2019 年	2018 年	同比增速
1	机动车保有量	6928022	6302075	9.93%
2	其中：汽车保有量	4632089	4196910	10.37%
3	再其中：乘用车保有量	4097803	3605014	13.67%
4	机动车新注册数量	760079	773940	-1.79%
5	其中：汽车新注册数量	543361	577382	-5.69%
6	再其中：乘用车新注册数量	495264	540855	-8.24%
7	二手车转移登记量	558818	443314	26.05%
8	其中：1. 市外转入登记量	53455	35009	52.69%
9	2. 市内转出登记量	112987	93160	21.28%
10	3. 市内直接转移登记量	392376	315145	24.51%

截至 2019 年底，重庆市机动车保有量 692.8 万辆、增长 9.93%，其中汽车保有量 463.2 万辆、增长 10.37%；全市机动车新注册 76 万辆、下降 1.79%，其中汽车新注册 54.3 万辆、下降 5.69%。全市二手车转移登记 55.88 万辆、增长 26.05%，其中市外转入 5.34 万辆、增长 52.69%。中国社科院 2020 年《经济蓝皮书》发布，现在中国每一百户家庭有 33 辆汽车，城镇居民的家庭汽车保留量是 40%，农村大概是 24%。

（二）市场分布情况

重庆市二手车行业始于 20 世纪 80 年代中期。1985 年 5 月，重庆市第一家二手车市场南坪旧车市场（现重庆市旧车交易市场的前身）建立，它是全国第一批建立的二手车市场。2014 年末全市共有 25 个二手车交易市场，其中主城区 7 个、远郊区县 18 个。

（三）就业情况

根据协会统计的数据显示，2018 年从业人员 59326 人，2019 年从业人员增加到 59825 人。还不包括现在的二手车电商平台的从业人员。二手车交易量总体在增长的同时，二手车从业人员的数量也在增长。

二、重庆市二手车市场结构

二手车交易市场作为单个独立的市场存在，经营主旨是提供固定场所和设施，并为客户提供办理二手车鉴定评估、转移登记、保险、纳税等手续。各市场建立二手车信息平台，平台涵盖车辆的维修保养、抵押贷款、保险、人员征信等信息，并提供相关信息的查询服务。因此，各二手车市场的交易普遍都在平稳运行。重庆主城区有 7 个市场，其他的市场均在远郊区，覆盖面较广，布局较零散，不能统一去规模化管理。行业的特殊性原因，纪经类企业仍是市场主体，由于国家相关行业标准的出台、市场消费需求以及业务服务提升，鉴定评估类企业占比有所上升。大家做的生意本质上都是一模一样的，收车、整备、卖车。所谓的经营模式的差异化体现并不明显。只能根据业务规模的大小来做分类，可分为以下几类。

①无门面的二手车商。俗称小黄牛。

②有小门面的二手车商。聚集在二手车交易市场内，这类占据的市场份额比最大。

③场内精品展厅二手车商。交易市场精品展厅区域或者交易市场内的独立展厅，依然依托于传统的有形市场。

④还有部分没有依托交易市场而独立运作的，在场外独立有展厅二手车商。这类大多数都是从交易市场内搬出去的，实力较强、有先进的生意头脑，很大程度上是因为交易市场的服务体系满足不了自身的发展要求，迫不得已才选择了在外成本更高的地段开店。但随着单店规模的不断扩大，管理成本、人员成本、资金成本以及各种隐性成本会急剧增加，也是骑虎难下，艰难生存。

⑤连锁二手车商，也称为 4S 店。有汽车品牌的优势，同时涉及更多的资本运作。

⑥虚拟的二手车电商。

三、重庆市二手车市场行业效益

租金和开票是传统市场的主要收入来源，一方面由于竟争环境的加剧，固有收入结构受到冲击；另一方面，车商和消费者对市场服务的多元化需求，也在倒逼市场由物业型向服务型转变。车源、客源、资金，是影响利润和规模的主要因素。

（一）交易日趋活跃，成交持续上升

表 2 2015-2019 年度重庆市二手车交易情况统计表

年份	成交量（辆）	增减（%）	成交金额（亿元）	增减（%）
2015	167103	-7.8%	116	23.5%
2016	211042	26.3%	149	25.8%
2017	237806	12.1%	170	14.0%
2018	266438	12.0%	181	6.6%
2019	300310	12.7%	205	13.8%

数据来源：重庆市车管所

（二）重庆市二手车经营情况

据二手车流通协会统计，2019 年全市二手车交易量 300310 辆，同比增长 12.7%，二手车交易额 205 亿元，同比增长 13.8%。

二手车线下体验 + 线上购买将是大势所趋，并且一定会成为消费者的首选。其实大家看到当年阿里巴巴从淘宝向天猫的转型和变化，实际上也意味着在整个商业生态的过程里，我们需要有真正的经营者来提升服务质量，提升服务效率，帮助消费者去改善购买体验，以获得真正的满意。二手车行业发展的背后必定离不开一个完善的产业链和生态体系的支撑，树立品牌，搭建体系，箭在弦上。

表 3　2018-2019 年二手车交易市场情况统计表

基本指标	单位	2019 年	2018 年	同比（%）
市场数量	个	81	78	3.85
资产总额	亿元	168.6	146.5	15.09
固定资产总额	亿元	7.25	6.35	14.17
负债总额	亿元	11.02	10.76	2.42
总营业面积	万平方米	358.68	306.86	16.89
交易大厅面积	万平方米	8.96	7.86	13.99
二手车交易额	亿元	205	181	13.8
市场营业收入	亿元	5.23	5.15	1.59
市场营业利润	亿元	0.142	0.14	1.87

数据来源：重庆市二手车流通协会

四、重庆市二手车行业贡献度

据统计，2019 年二手车全年交易量为 1492.28 万辆，同比增幅收窄至 7.96%，全年交易金额为 9356.86 亿元，同比增长 8.76%，这是 2016 年中国二手车交易量首次突破千万辆以来的最低年度增幅。

据国家统计局统计数据显示，2019 年 11 月重庆市汽车产量为 14.23 万辆，同比增长 25.93%，2019 年 12 月重庆市汽车产量为 15.75 万辆，同比增长 38.89%。2019 年 1-12 月重庆市汽车产量为 138.3 万辆，累计下降 19.91%。

中国是汽车大国，而重庆又是汽车大国的主力城市。从某种意义上讲，二手车市场的繁荣发展，正推动着中国汽车产业从速度发展向质量发展转变，从制造大国向汽车强国转变。从重庆汽车及二手车产业的有关数据与全国的相关数据对比分析，重庆市汽车产量在全国占比相对较大，汽车销量、二手车交易量、新车与二手车交易量占比、机动车及汽车保有量等在与全国的比较中，二手车流通对扩消费、稳增长具有重要的支撑作用。

（重庆市二手车流通协会　胥佳君）

2019年山东省二手车市场

一、二手车交易量的历史变化趋势

近五年，山东省二手车交易量变化趋势明显，自2016年开始每年以20%以上的速度在增长。与新车市场近五年受购置税等政策主导的情况类似，二手车市场近五年受到放开“限迁”、便利交易的利好政策影响明显，同时叠加2010年左右车市黄金时代首购人群消费升级的置换需要，和近年来人们对二手车接受度的提高，二手车市场逆势呈现出蓬勃发展的上扬势头，迥异于新车市场的曲折回环。

2016年之前，山东省二手车交易市场一直处于中低速增长阶段。2016年3月，政府工作报告提出“活跃二手车市场”，随即出台了《国务院办公厅关于促进二手车便利交易的若干意见》，山东省政府也相应出台了《山东省人民政府办公厅关于贯彻国办发〔2016〕13号文件 促进二手车便利交易的实施意见》，为行业发展提振信心，行业吹响了加速发展的号角，表现在当年增长率的大幅度跃升。2017年，解除“限迁”全国接力，山东省济宁、临沂、枣庄、日照、威海、烟台、泰安、滨州等地相继放开“限迁”。2018年，政府工作报告提出“全面取消二手车限迁”，8月中旬，山东省公安厅交警总队督导全省各地市全面放开“限迁”，进一步破除全省二手车行业的贸易壁垒（济南市除外）。2019年8月1日，为促销费扩内需，山东省人民政府发布了《关于大力拓展消费市场加快塑造内需驱动型经济新优势的意见》，重申将“全面取消二手车限迁政策”，巩固提升汽车消费，进一步激发二手车市场活力。

表1 山东省与全国的新旧车比例对比

	山东省汽车转移登记	山东省汽车新注册登记	山东省比例	全国比例
2016年	119.51	226.29	0.53	-
2017年	143.72	215.96	0.67	-
2018年	171.83	197.60	0.87	0.77
2019年	212.70	201.48	1.06	0.95
2018年	171.83	197.60	0.87	0.77
2019年	212.70	201.48	1.06	0.95

二手车市场在政策的推动下，呈现出了平稳、强劲的增长势头，即使在2018年全国车市走低的大环境下，仍然保有较强的增长动力，未来仍可期待。在新旧车关联度方面，近年来，全国汽车转移登记与注册登记业务量的比例由0.59上升至0.95，反映出二手车市场日益活跃，而山东省在2019年首次实现转移登记比新注册登记的反超，可见二手车上升势头迅猛。在美国，二手车与新车销量比为2.28:1，而山东省1.06:1的规模，在盘活存量市场、拉动增量市场方面仍存在有较大的增长空间。

二、2019年二手车市场分月度表现

2019年，山东省二手车行业除启动济宁、青岛二手车出口试点。8月1日的《山东省人民政府关于大力拓展消费市场加快塑造内需驱动型经济新优势的意见》鲁政字〔2019〕143号文又继续强调了“全面取消二手车限迁政策”，破除贸易壁垒。二手车市场全年表现比较平稳，没有新车市场的大起大落，传统销售旺季11月、12月继续冲顶新高。全年二手车交易量月度平均增幅在26.63%，优于全国市场同期表现。2019年，山东省首次实现转移登记比新注册登记的反超，

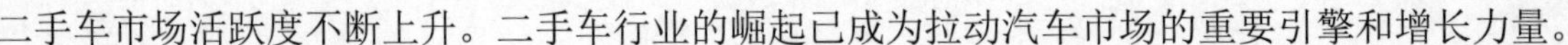

二手车市场活跃度不断上升。二手车行业的崛起已成为拉动汽车市场的重要引擎和增长力量。

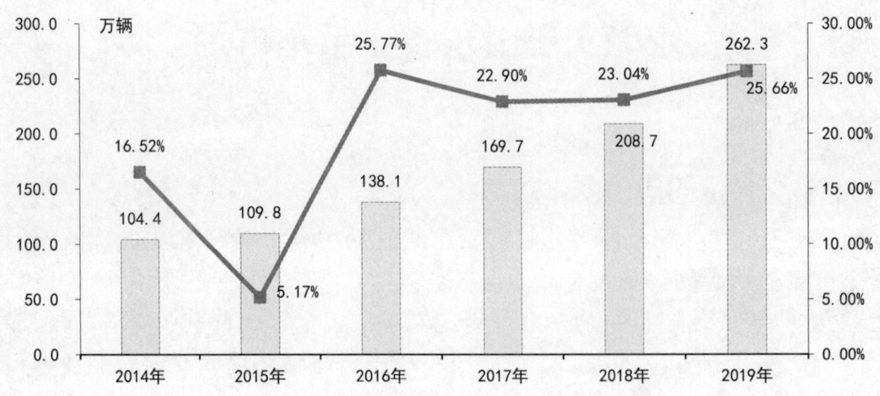

图 1　2019 年山东省二手车月度交易量及增速

三、2019 年二手车市场分城市表现

分城市来看，山东省 16 地市中，2019 年二手车交易量排名前十位的城市分别是：潍坊 30.13 万、临沂 30.10 万、青岛 26.51 万、济南 20.45 万、济宁 19.84 万、烟台 19.61 万、枣庄 17.66 万、德州 15.06 万、菏泽 14.17 万、淄博 11.43 万。年交易量增长率在 30% 以上的城市分别是：德州 93.63%（表现突出）、菏泽 39.38%、潍坊 38.37%、东营 35.68%、滨州 31.98%、泰安 31.95%。

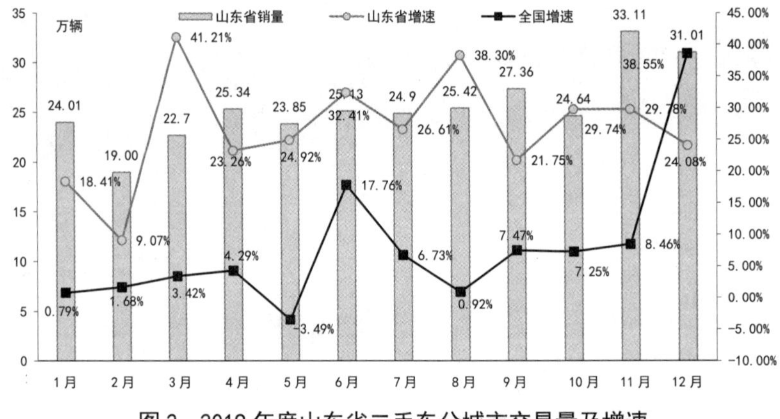

图 2　2019 年度山东省二手车分城市交易量及增速

（山东省汽车流通协会　任静）

2019年江苏省二手车市场

2019年，江苏省二手车流通市场得益于省内限迁政策的逐步放开，呈现平稳增长态势。部分有形市场结合城市规划调整得到升级改造，设施功能更加完善；信息化管理、多元化经营、网络化营销等有效举措在规模市场广泛应用；经纪、拍卖等二手车传统经营模式得到发展；一站式服务和在线交易审核逐步推广，便利交易政策进一步得到落实。

一、行业基本情况

（一）行业规模分析

据江苏省118家二手车交易市场统计，二手车交易总量132.1万辆，同比增长5.2%；交易金额777.9亿元，同比增长5%；从业人员14672人，同比增长8.9%。

（二）行业结构分析

1.区域发展尚不平衡

苏南地区（南京、无锡、常州、苏州、镇江）有77家之多，2019年交易93.9万辆，占江苏省71.4%;交易额582.1万元，占江苏省的74.9%，同比增长6.3%。苏北地区（徐州、连云港、淮安、盐城、宿迁）17家，2019年交易18.1万辆，占江苏省13.8%；交易额78.4万元，占江苏省的10.1%，同比下降19%。苏中地区（南通、扬州、泰州）24家，2019年交易19.6万辆，占江苏省的14.9%；交易额116.3万元，占江苏省的15%，同比增长19.8%。以上数据显示我省各区域因经济收入和汽车保有率不同，二手车市场的发展尚不平衡，苏中地区二手车交易额增长较快（详见表1）。

表1　二手车交易市场区域分布

地区	市场数	占比	同比	交易量（万辆）	占比	同比	交易额（亿元）	占比	同比
苏南	77	57.6%	2.7%	93.9	71.4%	9.7%	582.1	74.9%	6.3%
苏中	24	20.3%	0.0%	19.6	14.9%	-0.5%	116.3	15.0%	19.8%
苏北	17	14.4%	0.0%	18.1	13.8%	-12.1%	78.4	10.1%	-19%

2.中等规模市场增长明显

从统计数据反映，江苏省118家二手车交易市场中，年交易量3万辆以上的有10家，与上一年度持平；年交易量1—3万辆的有37家，同比增加15.6%；年交易量1万辆以下的有71家，同比减少4.1%（详见表2）。

表2　2019年二手车交易市场交易量规模结构

类别	较大规模	中等规模	小微规模
年交易量	3万辆以上	1-3万辆	1万辆以下
市场数	10家	37家	71家
占比	8.5%	31.4%	60.2%
同比	0	15.6%	-4.1%

3.半新汽车交易强劲

根据2019年提报数据分析，使用年限4—10年的二手车交易量占总交易量的54.3%，仍然是市场主流。但短龄车和长龄车的交易量增长明显，使用年限3年内和11年以上的二手车交易量已经分别增长 16.5% 和 10.3%。若按产地性质分，则国内生产车辆（含合资和中国品牌）在二手车交易中占比 85.0%，进口汽车交易量同比下降 8.8%（详见表 3）。

表 3　2019 年二手车交易类型分析

指标		数量（辆）	占比	同比
按使用年限分	3 年及以下	403985	30.7%	16.5%
	4—10 年	714622	54.3%	-2.2%
	11 年及以上	196771	15.0%	10.3%
按产地性质分	国产车	1116181	85.0%	7.3%
	进口车	196854	15.0%	-8.8%

二、行业发展特点

（一）消费升级势头强劲

得益于多地对省内二手车迁入标准由“国六”调整为“国五”或国四的利好政策，2019 年江苏省统计二手车交易 132.1 万辆，占全国交易量的 8.9%，2019 年江苏省二手车交易量接近于全年新增注册汽车量（135.8 万辆）。表明江苏省居民汽车消费升级换代势头强劲，在带动二手车市场快速发展的同时，中、高端品牌汽车消费市场日趋兴旺。

（二）竞价拍卖渐成主流

根据江苏省市场提报经营信息显示，驻场鉴定评估机构较上年度减少 12.5%，二手车鉴定评估业务多被品牌连锁的第三方检测服务机构承接。为加快库存车周转和降低成本，以二手车信息中介为主的经纪服务和直播推广得到较快发展。同时，因车源渠道向电商平台和 4S 店置换集中，形成了将个人车辆卖给二手车商的 C2B 和将 4S 店置换车辆卖给二手车商的 B2B，这种线上与线下相结合的竞价拍卖形式逐渐为消费者和行业所接受。

（三）社会贡献日益彰显

江苏省 118 家二手车交易市场提报数据显示，2019 年二手车交易过户 132.1 万台次，交易总金额 777.9 亿元，应交税金 5243.3 万元，吸纳从业人员 14672 人。据此分析平均每台次应缴税金 39.7 元（不含单位车辆处置增值税），同比提高 43.8%；每个市场平均吸纳从业人员 124 人，同比提高 6.9%，二手车行业社会贡献度有较大提升。

（四）行业管理水平得到提升

近年来，根据各地城市规划建设需要，部分二手车交易市场完成搬迁改建，在硬件方面向室内、多层、商场化发展，同时加强信息化管理和数字化市场的建设与升级。在商务厅指导下，省汽车流通协会建设的“江苏省汽车信息管理平台”，已经对接南京、无锡、常州、苏州、南通、连云港、扬州、镇江、泰州、宿迁等地 31 家市场的二手车交易服务数据，覆盖中等规模市场（年交易 1 万辆以上）的 68.8%。该平台提供的二手车交易服务和市场管理系统，能够帮助市场优化交易流程，提高工作效率，提升服务质量，为主管机关提供实时监测数据和可追溯信息，有效保护交易安全和二手车行业的高质量发展。

三、行业趋势预测

（一）传统二手车交易市场向商超化转变升级

随着消费的升级及人们生活品质的提高，传统的二手车市场形式和交易服务模式已不能满足消费者日益增长的消费体验需求。同时，随着新城市发展规划需要，传统二手车有形市场也在谋求转变，江苏省在建及即将新建的市场中，无不将商超化、规范化、品牌化、信息化作为转型升级方向，着力打造多业态融合的地标性汽车商贸服务综合项目。

（二）车源共享与竞合有序的流通模式正在形成

受中国车市下行和新车价格走低的影响，二手车行业的经营风险有所提高，部分二手车经营企业为降低营业风险，减少资金投入，更加重视车源共享、分段取酬、以服务好客户为导向的合作方式，车商联盟、合伙人制度、经纪中介、直播带货等多种模式正在改变单打独斗、坐店等客的传统方式，为行业发展注入活力。

（三）真实车况和定价机制日趋透明

近年来，江苏省大力推进二手车行业诚信建设，开展法律法规宣传和培训活动，引导二手车交易市场引入第三方检测机构，对商品车进行品质认证，打击隐瞒事故、篡改里程等违法行为。随着检测认证项目的普及、机动车历史维修记录信息的推广和拍卖定价方式的广泛应用，因为信息不透明而困扰行业发展的状况逐步得到有效改善，消费者权益逐步得到有效保护，诚信规范的二手车市场必将得到社会的普遍认同。

四、促进行业发展的意见与建议

（一）进一步破除二手车流通障碍，大力促进汽车消费增长

根据《省政府办公厅关于加快促进流通扩大商业消费的实施意见》（苏政办发〔2020〕59 号）中的“全面落实取消省内二手车限迁政策”要求，应督促苏州、南通、淮安、扬州四地尽快取消省内二手车限迁规定，确保政令畅通，保障江苏省二手车市场有序流通；协调长三角地区城市间降低二手车迁移标准，或对于省外迁入机动车由“国六”标准调整为“国五”标准，进一步扩大二手车流通范围；推进江苏省二手车出口试点工作，开拓二手车市场发展新领域，采取有效措施促进江苏省汽车消费增长和二手车健康可持续发展。

（二）进一步减轻二手车交易市场负担，不断优化营商环境

当前，江苏省备案二手车交易市场中设有机动车便民服务站，受当地车辆管理部门委托和授权，承担机动车转移登记业务，但其各项经费均由市场方承担。建议各地管理部门根据服务站承担委托业务的工作成绩，以购买服务或其他方式提供经费补贴，切实减轻企业负担，优化营商环境。

（江苏省汽车流通协会）

2019 年广东省二手车市场

一、二手车交易保持增长但增速放缓

（一）广东增速高于全国

据广东省汽车流通协会对全省两百余家二手车交易市场上报数据累计统计，并结合全省重点地区二手车过户数量，综合得出：2019 广东省二手车交易量为 233.2 万辆，同比增长 14.71%；二手车交易额为 1506 亿元，同比增长 21.6%。从整体来看，广东省 2019 年二手车交易量、交易额都有增长，但相比 2017、2018 年的情况来说，增速明显放缓。

对比全国整体情况，近三年广东的二手车交易量占全国总量比例都在逐年上升，而且年同比增长率都高于全国平均水平。2019 年广东占全国交易总量的比例为 15.63%，同比增长高于全国 6 个百分点。

总体来讲，广东省2019年二手车市场整体情况趋稳，虽然增速放缓，但相比汽车市场整体不景气，二手车行业有所增长实属不易。2019年5月广东出台《广东省完善促进消费体制机制实施方案》，多项举措促进汽车消费，特别是给予珠三角区域迎来未来四年内“国五”二手车互迁的重大利好，给广东省二手车行业注入了新的动力，政策效果也逐步显现。

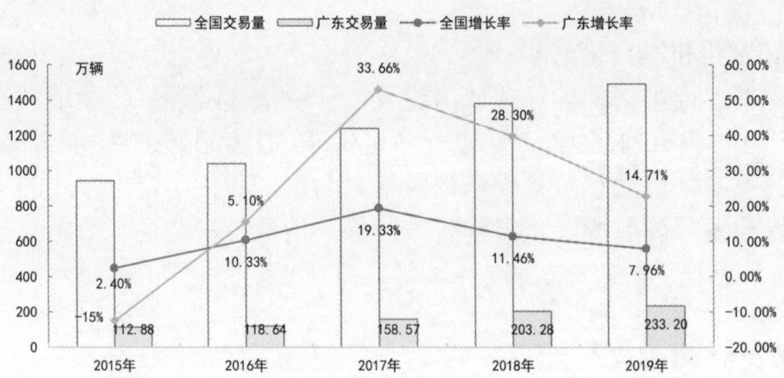

图1 2015-2019年全国及广东省二手交易量增长对比

（二）各地区增速普遍回落

2019年全省各地二手车交易情况：深圳、广州、东莞、佛山、惠州排名前五。其中，深圳为42.9万辆，同比增长6.38%，增速回落最为明显，占全省总量的比例下降了1.43%；广州为25.9万辆，同比增长13.37%，占全省总量的比例下降了0.11%；东莞为23.5万辆，同比增长19.61%，占全省总量的比例上升了0.44%；佛山为22.5万辆，同比增长13.64%，占全省总量的比例下降0.09%；惠州为12万辆，同比增长18.3%，占全省总量的比例上升了0.13%。

珠三角地区（深圳、广州、佛山、东莞、惠州、中山、珠海、江门、肇庆）2019年全年二手车交易量为161.4万辆，同比增长13.98%，占全省总量的比例下降了0.44%；非珠三角地区总交易量为71.6万辆，同比增长为16.23%，增长幅度略高于珠三角地区。

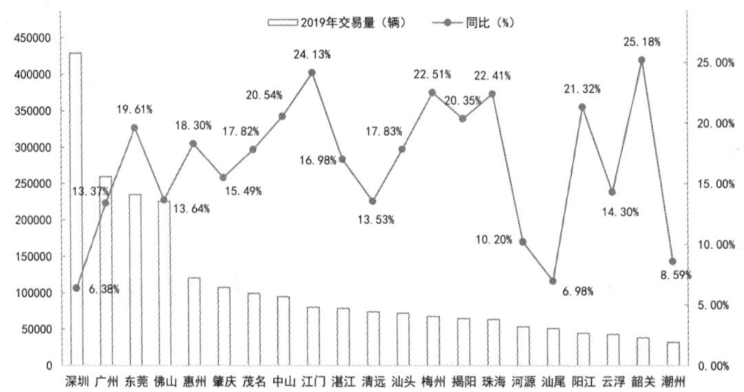

图2 2019年广东各地市二手车交易量及同比情况

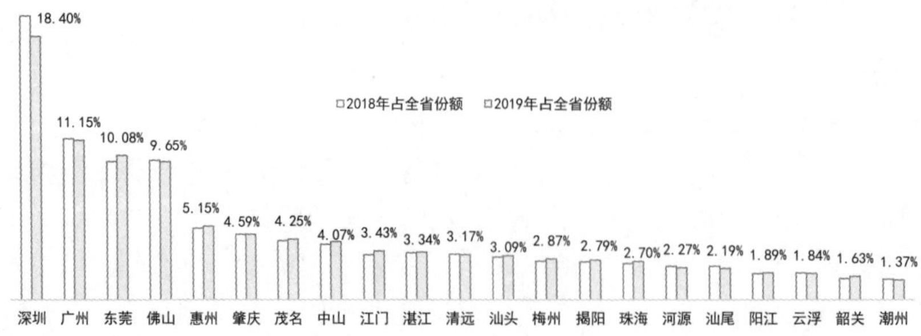

图3 2018-2019年广东各地市二手车交易量占总量比例变化速

（三）“国五”“国六”切换相对平稳

交易均价方面，2019 年我省二手车交易平均价格为 6.5 万元 / 辆，较去年提高 2.9%。交易车型结构方面，乘用车交易量为 192 万辆，占比 82%；商用车交易量为 31.6 万辆，占比 14%，其它车辆交易量为 9.6 万辆，占比 4%。

从交易量月度走势来看，2019 年呈现头尾走高，中间平稳的态势，1 月、12 月为全年单月交易量最高的两个月份，分别为 22.4 万辆和 23.7 万辆，其他月份普遍保持单月交易量在 20 万辆上下。在“国五”、“国六”切换过程中，受益于珠三角区域“国五”二手车互迁利好政策，二手车市场实现平稳过渡，与新车市场相比，没有出现强烈波动。

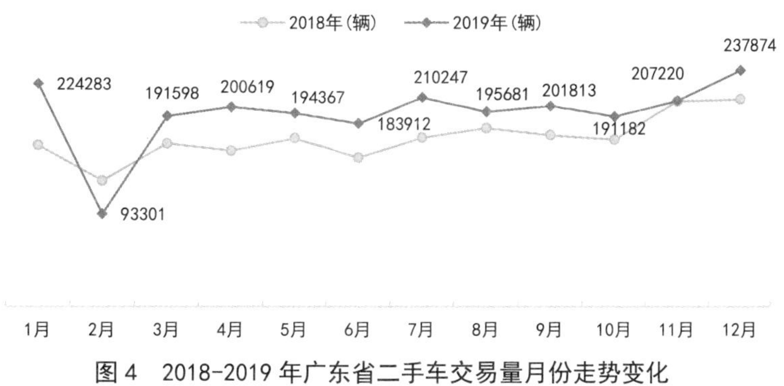

图 4　2018-2019 年广东省二手车交易量月份走势变化

（四）限迁影响二手车区域流通

交易流向方面，2019 年广东省二手车本地过户为 169 万辆，同比增长 15%，转出量（外迁）为 64.2 万辆，同比增长 13.8%。本地过户依然是占主流，占总交易量比例保持在 72% 以上。

从各地区的转出量同比增长率来看，广州微增 3.2%，深圳下降了 8.6%；东莞、肇庆、中山这几个珠三角地区转出量同比增长高达 51.3%、64.7%、70%，佛山、惠州、江门这几个地区转出量同比增率在 25%—35% 间，非珠三角地区大部分地市的转出量都有 20% 以上的增长。虽然实施“国六”对广东省二手车市场的影响比预期弱，但由于只允许“国五”二手车在珠三角互迁，影响了广州、深圳（外迁占广州交易量的 50%，占深圳交易量的 40%）这两个广东省最主要的二手车交易地区和车源地二手车外迁量，影响了二手车区域流通。

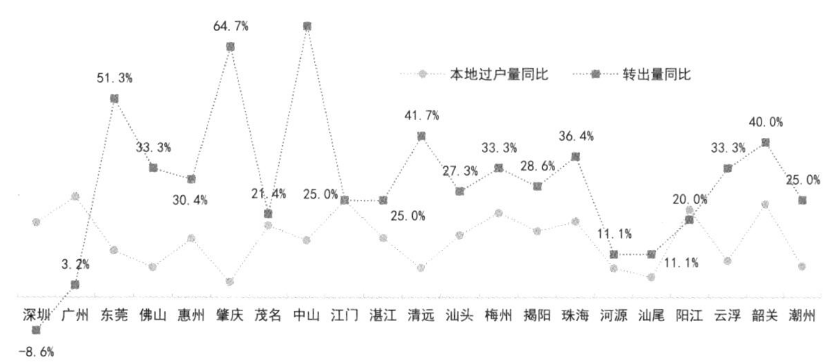

图 5　2019 年各地区二手车本地过户及转出量同比速

二、广东省汽车市场逐步向存量市场转化

（一）非珠三角地区刚需依然强劲

2019 年广东省千人保有量在 300 辆 / 千人以上的地区有东莞、中山、珠海、佛山、惠州，这几个城市在 2019 年的汽车零售同比都有不同程度的下降，下降的幅度在 3%—10% 区间，而二手车的交易量同比增长率却高于全省平均水平，增长幅度在 13%—25% 区间。而这几个城市的汽车零售量占全省总量的比重达到 40%，二手车交易量占全省总量的 30%。

而深圳、广州两地的千人保有量分别为255辆 / 千人、182辆 / 千人，在2019年的汽车零售量同比增长分别为-5.67%、15.3%，二手车交易量同比增长分别为6.38%、13.37%，而这两个城市汽车零售量占全省总量的比重达到26%，二手车交易量占全省总量的30%。

深圳广州由于外来人口多，而且限购政策也抑制了汽车保有量的增长，因此千人保有量较低，有部分的刚性购车需求外溢到东莞、佛山、惠州等地，拉高了当地的千人保有量。

从以上数据可以看出，占广东省汽车消费市场的70%，已经进入高保有量、低增长率的阶段，特别是在2019年汽车行业政策频出，市场波动较大的情况下，这些地区首购车的比例下降，新旧置换率、二手车交易量上升，存量市场的特征更加明显。相对于国外的成熟汽车市场，广东省的汽车存量增长空间依然很大，特别是三线、四线非珠三角地区，千人保有量都还不及150辆 / 人，汽车首购刚需依然强劲，只要经济稳步发展，这些区域的增长速度将会上升。

（二）二手车拉动新车销售作用显著

二手车流通越畅通，越能带动新车销售，用广州、深圳这两个限购城市来举例说明，可以看到通过以旧换新拉动新车销售的显著效果。广州2018年、2019年汽车上牌量分别为29万辆、34万辆，二手车交易量为22万辆和25万辆，但新增购车指标只有12万辆、16万辆，除去新能源汽车上牌量(约7.3万辆和8.4万辆)，通过以旧换新置换的汽车上牌量就达到9.7万辆和8.6万辆，置换率高达到44.7%和34.9%。深圳2018年、2019年汽车上牌量分别为35万辆、33万辆，二手车交易量为40万辆和42万辆，但新增购车指标只有8万辆、12万辆，除去新能源汽车上牌量（约12万辆和7.5万辆)，通过以旧换新置换的汽车上牌量就达到15万辆和13.5万辆，置换率高达到65.2%和52.9%。而且由于2019年提前实施“国六”后，珠三角限迁导致二手车交易量下降，也影响了广州深圳的汽车的以旧换新，置换率有所下降。

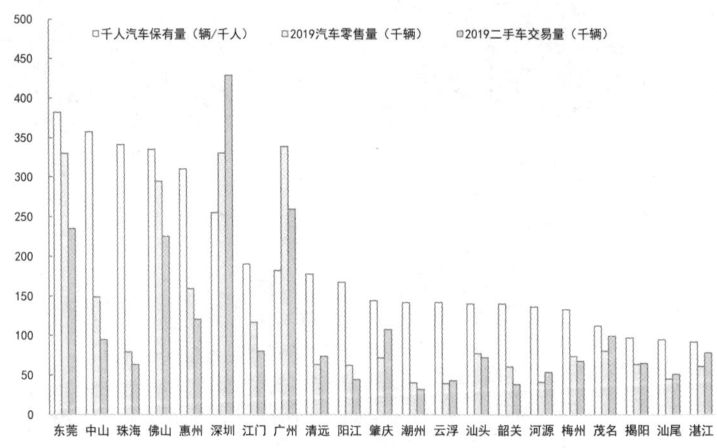

图6　2019年广东各地区汽车保有量、上牌量及二手车交易量

三、拉动汽车消费还需各方面“解限”和“助力”

汽车产业是广东省的支柱性产业，是稳增长、扩消费的关键领域。作为汽车产销大省，汽车消费占广东省社会消费零售总额的30%左右，新车、二手车销售量均位于全国前列。因此，进一步扩大汽车消费需求，鼓励汽车消费，对促进广东省经济发展具有重要意义。

而从2019年的车市整体情况来看，一方面，汽车行业受政策影响波动较大，限制性政策和措施在一定程度上也约束着行业的快速发展；另一方面广东省的珠三角经济发达地区已经出现存量市场特征，首购比例逐渐下降，盘活存量将成为拉动汽车销售的重要杠杆。

（广东省汽车流通协会）

第七部类

DIQIBULEI | QICHEHOUSHICHANG

2019 年中国售后零部件市场

2019 年中国新车产销持续负增长，市场重心逐步向售后市场转移。同时，汽车保有量已经达到 2.6 亿辆，汽车后市场越来越成为汽车产业的重要价值增长点，得到各方关注。在产业链层层承压下，务实、融合、修炼内功成为汽车售后零部件企业的共识，促使整个行业向理性、健康发展。

一、中国汽车售后零部件行业现状及发展特点

（一）市场重心逐步向售后市场转移

1. 全国汽车保有量达 2.6 亿辆

全国 66 个城市汽车保有量超过百万辆。公安部最新数据显示，截至 2019 年底，全国汽车保有量达 2.6 亿辆，与 2018 年底相比增长 8.8%（如图 1 所示）。私家车保有量 2.07 亿辆，首次突破 2 亿辆。

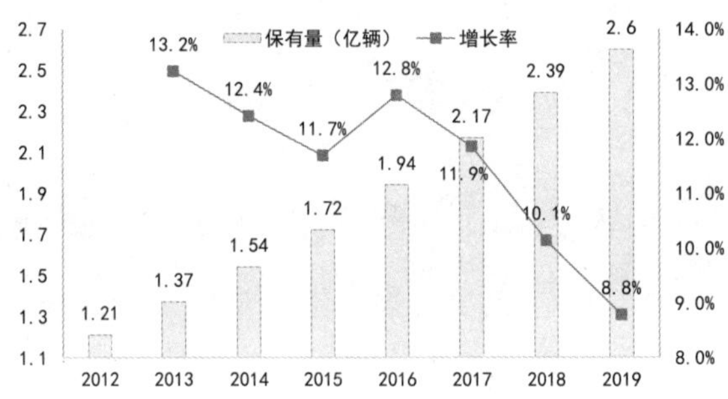

图 1　汽车保有量及增长率

数据来源：公安部

2019 年全国 66 个城市汽车保有量超过百万辆，30 个城市超 200 万辆（如图 2 所示），其中，北京、成都、重庆、苏州、上海、郑州、深圳、西安、武汉、东莞、天津等 11 个城市超 300 万辆。机动车驾驶人数量 4.35 亿，汽车驾驶人 3.97 亿人。

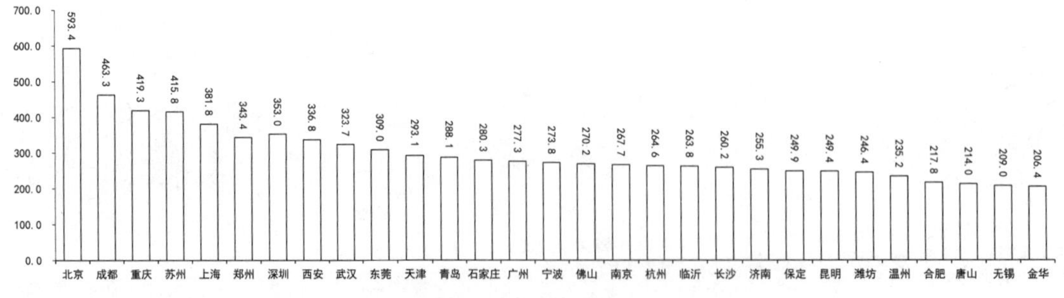

图 2　汽车保有量超过 200 万辆的城市（单位：万辆）

数据来源：公安部

随着汽车保有量、汽车驾驶人的快速增加以及汽车平均使用年限的延长，为中国汽车后市场提供了广阔的市场空间。深度开发和挖掘汽车后市场产业价值成为市场发展的重点。

2.2019 年汽车产销降幅增大，但继续蝉联全球第一

(1) 2019 年汽车产销降幅增大

根据汽车工业协会数据统计显示，2019 年汽车产销分别完成 2572.1 万辆和 2576.9 万辆，同比下降 7.5% 和 8.2%，产销降幅比上年分别增大 4.2% 和 5.4%，但汽车产销量继续蝉联全球第一。2001—2019 年汽车销量增长率整体分为两个阶段，2001—2010 年年均增速为 24%，2011—2018 年年均增速为 4.2%，2009 年达到最高峰为 46.1%；2018 年、2019 年连续呈现负增长，汽车市场下行压力增大（如图 3 所示）。

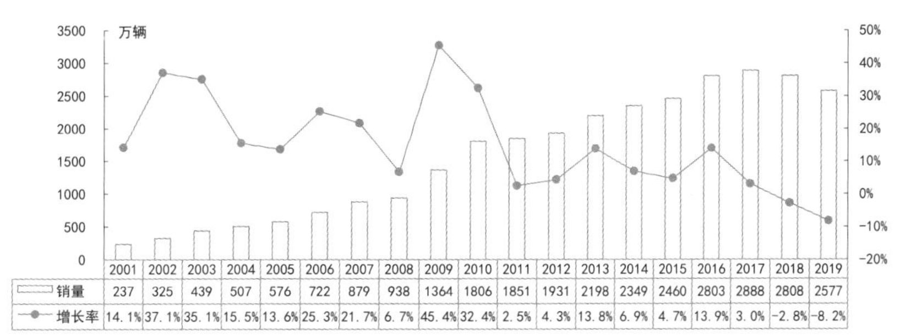

	2001	2002	2003	2004	2005	2006	2007	2008	2009	2010	2011	2012	2013	2014	2015	2016	2017	2018	2019
销量	237	325	439	507	576	722	879	938	1364	1806	1851	1931	2198	2349	2460	2803	2888	2808	2577
增长率	14.1%	37.1%	35.1%	15.5%	13.6%	25.3%	21.7%	6.7%	45.4%	32.4%	2.5%	4.3%	13.8%	6.9%	4.7%	13.9%	3.0%	-2.8%	-8.2%

图 3　2001-2019 年中国汽车销量及增长率

数据来源：中国汽车工业协会

(2) 乘用车产销量下滑是汽车总体市场下滑的主要因素

2019 年乘用车产销分为 2136 万辆和 2144.4 万辆，产销量同比分别下降 9.2% 和 9.6%，占汽车产销比重分别达到 83% 和 83.2%，相比 2018 年比重分别下降 3.4 和 1.2 个百分点。从乘用车销量增长率看 2009 年达到最高峰为 52.9%，2019 年的最低值为 -9.6%。乘用车作为消费主力的大幅下滑成为汽车总体市场下滑的最主要因素。

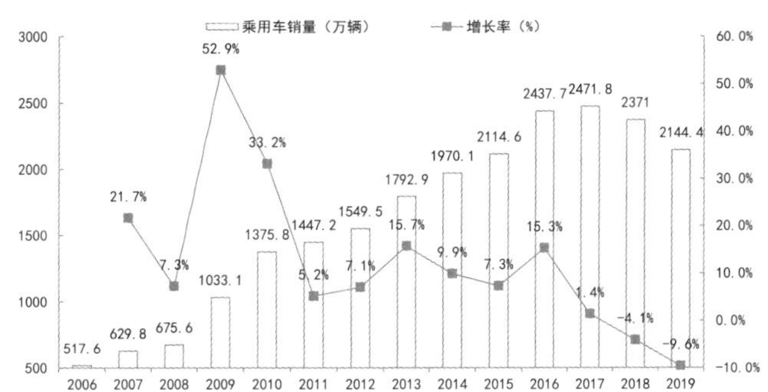

图 4　2019 年年乘用车销量及增长率

数据来源：中国汽车工业协会

(3) 新能源汽车产销同比下降，但保有量达 381 万辆，竞争加剧

2019 年新能源汽车产销分别为 124.2 万辆和 120.6 万辆，同比分别下降 2.3% 和 4.0%。截至 2019 年底，全国新能源汽车保有量达 381 万辆，占汽车总量的 1.46%，与 2018 年底相比，增加 120 万辆，增长 46.05%。其中，纯电动汽车保有量 310 万辆，占新能源汽车总量的 81.19%。新能源汽车增量连续两年超过 100 万辆，呈快速增长趋势。

2019 年 3 月，财政部等四部委印发《关于进一步完善新能源汽车推广应用财政补贴政策的通知》。降低新能源乘用车、新能源客车、新能源货车补贴标准，促进产业优胜劣汰，防止市场大起大落。新政策提升了续航里程和电池能量密度门槛，对比前两年的补贴金额，单台乘用车相比 2018 年补贴金额平均退坡超过 50%。在政策压力下，新能源汽车竞争压力增大。

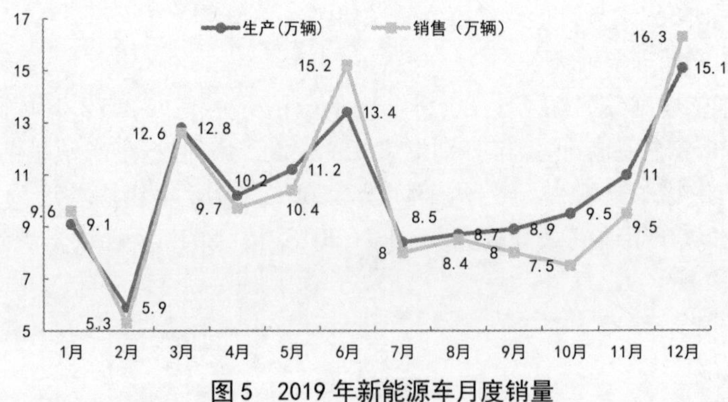

图 5　2019 年新能源车月度销量

数据来源：公安部

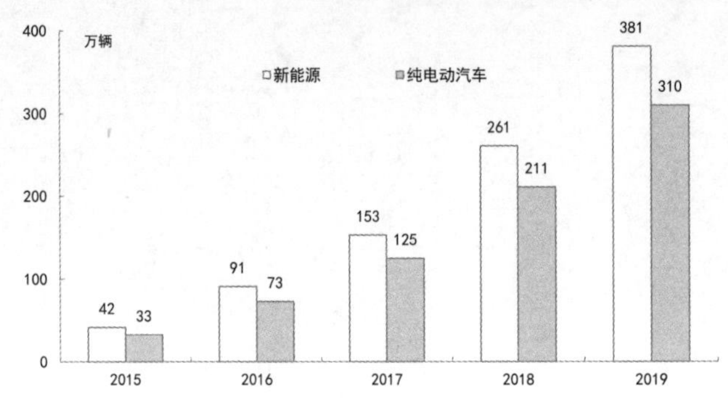

图 6　新能源及纯电动汽车保有量

数据来源：公安部

3. 汽车后服务市场规模超 1.4 万亿，容量大、成长性强、集中度低

（1）空间巨大并持续增长

2020 年 F 汽车后服务市场规模达 1.4 万亿元，将持续保持强劲的增长。随着汽车保有量和驾驶人员数的持续上涨，再加上消费升级，人们对汽车消费需求不断上升，汽车后服务市场空间巨大。

中国汽车后市场价值链分为汽车金融、保险、维修保养、租赁、用品、二手车 6 个领域，从体量上看，维修保养位列第二位，占汽车后市场 20% 的市场份额，仅次于汽车金融。

（2）散乱无序、集中度低

截至 2017 年底，全国有维修资质的经营企业共计 42.75 万家，其中授权的 4S 店 27000 家，2S、3S 店约 4 万家。综合来讲，4S 店占了整个市场份额的 68%，也就是说授权体系 67000 家维修企业无论保有客户，还是维修量占了近 68%，而三十几万家独立的维修企业占整个维修市场的 32%（数据来源：中国汽车维修协会）。技术垄断、配件体系众多、标准缺失、缺乏行业领导品牌是目前维修行业基本现状，导致汽车后服务市场集中度低，散乱无序。

（二）主机、4S 集团深度布局售后市场

1. 主机厂在独立售后市场持续投入，布局售后快修连锁乃至供应链品牌

随着新车销量下滑、反垄断等产业政策刺激，主机寻求转型及新的业务增长点，纷纷加强对后市场布局（见表 1）。2014 年是主机厂布局售后快修连锁的元年，上汽集团打响第一枪后，众多车企应声而动。

据统计，截至 2019 年共 11 家主机厂进入独立售后市场，布局超过 5300 家快修店。经过 5 年的尝试，加关注运营能力和车主服务。

表 1　主机厂布局售后统计表

主机	售后快修	成立时间	目前状况
上汽	车享家	2015 年	130 个城市 2500 家门店，其中直营店 1200 家；放慢脚步，战略重心提升单店运营能力
上汽通用	车工坊	2015 年	800 家门店，推出的汽车配件品牌—德科配件，覆盖市场 90% 的保养零件。
北汽集团	北汽好修养	2015 年	直营店、加盟店 120 余家
PSA	欧洲快修	2016 年	线下加盟网点 480 家，2019 年中国市场配件销售额突破 10 亿元
神龙汽车	汽车工匠	2016 年	截至 2019 年 12 月，注册会员数突破 30 万，累计签约门店超 420 家，其中，运营 208 家，覆盖 21 个省，104 个城市
广汽	大圣车服	2016 年	大圣车服平台 +4S 店 + 社区店模式，基本不再运营
广汽本田	喜悦快修店	2016 年	洗车、美容、保养业务，与旗下 4S 店形成 1+N 服务模式，目前有 5 家左右的快修店
东风日产	Okcare	2016 年	线下门店 20 余家
福特中国	Quick Lane	2015 年	日常保养服务，截至 2018 年底有 4 家直营门店
奇瑞	车贝健	2018 年	全国 7 个省份、100 个城市，开设 300 多家门店，有一种“后来者居上”的态势
宝马	城市快修中心	2008 年	机电保养、编程维修，依托 4S 店完成钣喷维修业务，2018 年底有 30 多家店

部分主机厂建立了自己的供应链品牌，如车享配、德科、欧洲维修品牌等，可以说从服务到供应链一应俱全，与后市场企业相比，主机厂布局快修店得益于资金、资源、先进管理、成熟体系等独特优势条件，成为后市场的重要力量。

2. 汽车经销商集团向售后市场要利润，布局售后连锁

（1）新车毛利转负，亏损经销商比例继续扩大

据中国汽车流通协会数据显示，汽车经销商新车毛利 2017 年为 5.5%、2018 年降至 0.4%、2019 年转为负；亏损经销商比例从 2017 年的 11.4%，扩大至 2018 年的 39.3%，2019 年比例持续扩大。

（2）经销商库存预警指数居高不下

2019 年有 12 个月汽车经销商预警指数位于荣枯线以上，其中 6 月份最低为 50.4%，接近荣枯线。经销商整年的库存压力都比较大。

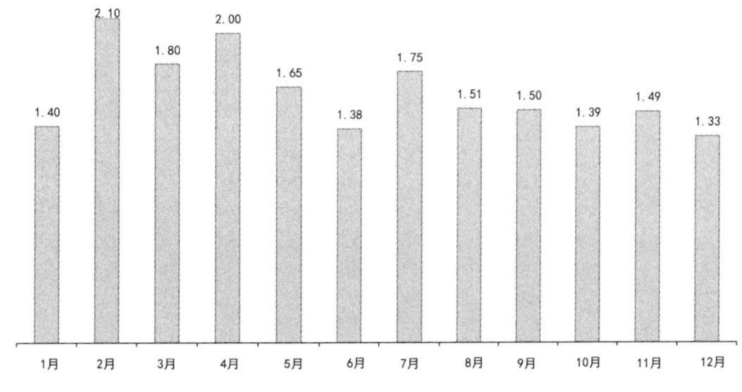

图 7　汽车经销商月度库存预警指数

数据来源：中国汽车流通协会

（3）汽车经销商集团布局售后连锁，做汽车全生命周期服务以提高利润

2013 年前后，汽车经销商集团布局售后连锁，以留住 4S 店流失的客户；2018 年中国汽车销量首次下滑，汽车经销商集团新车业务盈利能力普遍走弱，加紧布局快修连锁步伐，通过做汽车全生命周期服务以提高利润。总结部分汽车经销商集团布局的售后连锁经营现状见表 2，以直营、加盟、特许加盟等模式为主，经过 5 年的尝试，部分企业初具规模，而部分企业悄然退场。

表 2　部分汽车经销商集团布局售后统计

汽车经销商集团	售后连锁	特色	目前状况
宁波轿辰集团	轿辰驿站	2016 年 1 月推出，以“品牌 4S 店 + 钣喷专修服务”的事故维修产业配套。联手 CCCIS、大师钣喷，开启 DRP 落地中国的第一步	宁波区域，布局了 8 家钣喷快修连锁中心
河南威佳汽车集团	车快修	2010 年推出，快修快保业务覆盖市场 90% 以上车型，机修钣喷业务覆盖通用、大众、本田、丰田、日产、现代 6 大品牌全系列车型	现有门店 18 家
无锡商业大厦集团东方汽车	东方上工	2015 年成立，经历了从单店运营（社区店）到多店运营（社区店），从多店（社区店）到综合维修店，从无锡开店到跨区（南通）开店，从自营模式到加盟模式。定位于区域龙头型连锁服务企业	23 家直营连锁，经营状况良好
润华集团	润华汽服	2013 年成立，以保养、美容、保险、钣喷为主要经营服务项目的社区汽车服务连锁店模式	维修门店 26 家，其中济南 15 家，潍坊 8 家，济宁 3 家
中国和谐汽车	和谐修车	2013 年成立，三大目标：维修平台、网约车服务平台、新能源售后服务中心的稽核，获得拜腾、广汽、零跑、威马、江淮、合众、天际、爱驰在内的 8 个新能源品牌授权	88 家直营连锁，经营状况良好
世纪联合	快车道	2013 年成立，全面的汽车维修服务，包括维修及保养服务、零部件销售、汽车养护服务及二手车保修服务	4 家直营店，规模有收缩，营业状况良好
金阳光集团	金阳光连锁加盟	2015 年成立，售后综合品牌，加盟模式，与社会修理厂强强联合	1 家直营，23 家加盟，具体营业情况未知
永达集团	车易修	2013 年成立，专业豪华车维修中心	9 家直营店，规模收缩
山东远通汽车	壳牌喜力快保中心	2013 年成立，城市连锁快捷服务中心	2 家门店，规模收缩
沈阳大众企业集团	VV 汽车快修	2015 年成立，连锁加盟，以汽车养护为核心，集品牌管理、技术培训、经营指导、产品供应以及实体店服务为一体的综合性连锁企业	2 家门店，规模收缩
福建吉诺集团	吉诺车屋	2015 年成立，钣喷中心或大型综合维修厂，形成 1+N 的维修养护体系，通过区域性的直营、合作和全国范围内的加盟来发展店铺体系，打造互联网 + 线下网点的汽车后市场领域的“7-11”	停业
成都三和集团	三和快修	2000 年成立，加盟连锁店，以社区店为主，有部分综合修理厂	停业
庞大集团	庞大精配网	2020 年 3 月，庞大集团成立庞大精配网（天津）网络科技有限公司（简称“庞大精配网”）。经营范围包括汽车零配件零售、汽车及配件批发、汽车新车零售、五金产品批发、五金产品零售、润滑油零售等	-

数据来源：AC 汽车

（三）汽车零部件企业利润见薄，中国汽车售后零部件企业崛起

1. 中国零部件企业多而散、品牌弱、部分企业进入微利状态

（1）制造企业数量庞大

以主机厂配套企业为例，中国主机厂的背后有 13000 家规模以上汽车零部件制造企业，有 10 万家中小型企业；国产整车企业购买中国品牌零部件约占采购总额的 47.2%，而合资品牌整车企业仅占 20%。

（2）核心技术不足，品牌影响力未建立，议价能力弱

本土零部件缺乏核心技术，只能亦步亦趋地模仿别人的产品生产，成为外商海外加工厂。同时本土零部件缺乏自主品牌，议价能力弱，在竞争中缺乏话语权。

（3）产业链层层承压，汽车零部件企业利润见薄

据调查 2019 年主机厂配套企业销售价格年降 3%—30%，在人工、原材料、环保成本上升的情况下，零部件企业承受着微利生产。截至 2019 年 9 月 5 日，沪深股市 A 股中约 130 家国内汽车零部件上市公司已经发布了上半年财报。其中，净利润同比下滑的公司有 95 家，占比约 73.08%。只有不到三成的公司实现盈利，其中大多为微利，只有少数公司净利润指标上涨较大。

（4）新四化倒逼零部件企业不断创新、高质量发展

在低碳化、智能化、信息化、共享化的趋势下，电力驱动、混合动力电池等的快速增长，为传统零部件企业带来了颠覆性的压力，同时也提供了技术、品牌转型升级，走向供应链顶端的机会。特斯拉国产化及降价现实倒逼中国企业用创新带动高质量发展。

2. 中国制造前列零部件企业注重标准建设，对于售后市场具备优势

（1）积极参与标准研制和宣贯，软硬实力同步提升

前列零部件企业面对国际、国内市场竞争，深刻意识到标准就是竞争力，积极参加国际标准、国家标准及行业标准制定，很多企业标准已经领先国际、国家标准。2019 年中国汽车流通协会售后零部件分会在全行业开展汽车售后零部件行业服务质量采购方优选活动，共发布 123 家贯标优选企业。13.8% 的企业成为专业领域国家级检测中心单位，核心及安全部件制造企业 100% 通过 IATF16949 认证，非安全部件制造企业 100% 通过 IS09001 认证。

（2）同步开展主机厂与售后市场业务，管理能力与售后市场服务能力同步提升

中国零部件制造企业同步开展主机厂配套、国际售后、国内售后业务；在配套贴牌业务合作中，训练了体系化的管理能力，产品质量、服务保障、创新升级方面领先行业；在售后业务中训练了多品种、小批量、柔性化生产的能力，在售后市场独具优势。数据显示，在 2019 年汽车售后零部件服务质量采购方优选企业中，84% 的贯标企业同步开展配套与售后业务。

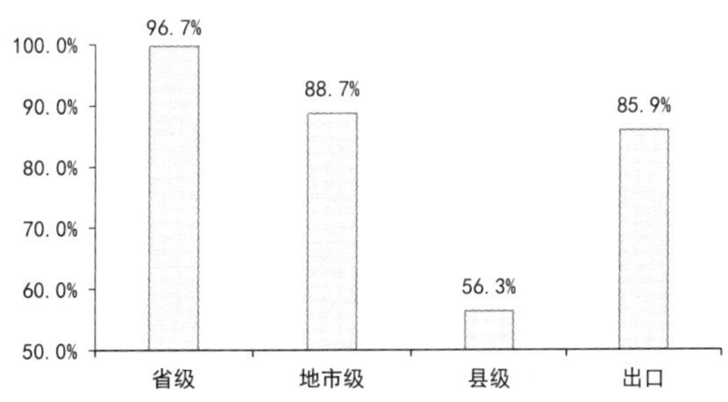

图 8　贯标制造企业渠道网络布设

数据来源：中国汽车流通协会售后零部件分会

（3）构建完善的国际、国内售后营销服务网络，产品与服务获得国内外市场认可

2019 年汽车售后零部件服务质量采购方优选企业中，56.3% 的企业国内渠道布设到县级，80% 的企业建立了较完善的营销体系，与经销商构建可持续发展的合作关系，力争产品与国际一线品牌并列销售，获得后市场的认可。85.9% 的企业涵盖国际化业务，业务遍及五大洲，代表性

客户涵盖 Advance Auto Parts、AutoZone、Bosch、Denso 等国际一线品牌，还有一批企业位居专业领域全球销量前列企业，例如：胜地、冠盛、昆山凯迪、毅合捷、金麒麟、信义、万航、凤凰、人本等。已然形成有车就有中国造零部件的格局。

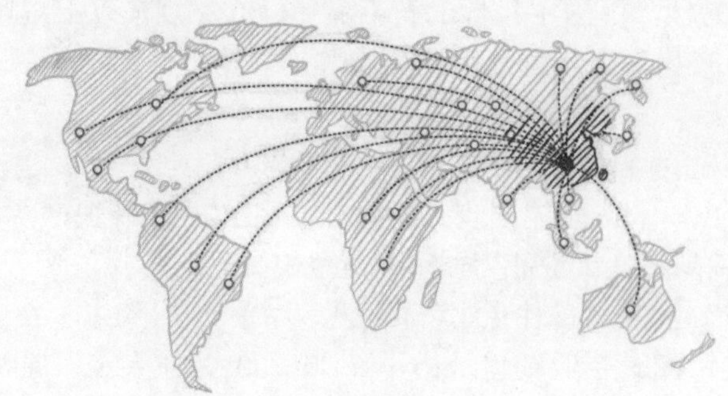

图 9 贯标企业国际化业务分布

数据来源：中国汽车流通协会售后零部件分会

（四）汽配流通模式持续变革，多方力量推动行业升级发展

1. 新旧模式各自发挥优势，由竞争走向竞合

2017 年最火的词是赋能，部分加盟平台、供应链平台、互联网平台凭借系统、数据、管理、流量、盈利项目等一套标准化的体系改造线下，为传统汽配经销服务企业赋能；传统汽配经销经历了两年多的加盟、联盟、认证等赋能模式，发现业务并没有实质性的提升，反而面对流量下滑的困境，于是传统汽配经销服务企业的区域市场深耕能力、近距离服务能力重新受到重视，因此，2019 年平台谈论更多的是融合，线上平台和传统汽配经销服务企业竞合发展。

2. 汽配城向汽车城或汽车产业园转变，经销商向服务商转变

（1）汽配电商进入汽车后市场，迫使汽配城及其汽配商做出转变

汽配城的业态逐渐完善，向集合汽车全产业链的一站式产业园或汽车商业综合体转变，并增加环评等服务。如北京的五方天雅汽车服务园，涵盖新车销售 / 二手车（互联网）城市展厅、汽车综合服务、汽车饰品百货、汽车零部件及商务办公 / 展示等五大服务板块，设立共享维修车间、共享钣喷中心，并协助近百家入园的维修企业拿到资质备案铜牌。

（2）汽配经销商构建立体化的销售模式，向服务商转型

汽配经销商凭借自己的销售链和供应链，自成小的生态圈，转型方式分为：一是形成联盟，包括同车型不同区域联盟、车型联合体，同盟间做库存共享、客户共享、甚至统仓统配；二是与大型经销商或平台合作仓储中心，甚至加入平台，成为合伙人；三是做本地的服务商，承接工厂的售后服务功能，为汽车维修厂提供产品、营销、售后服务。

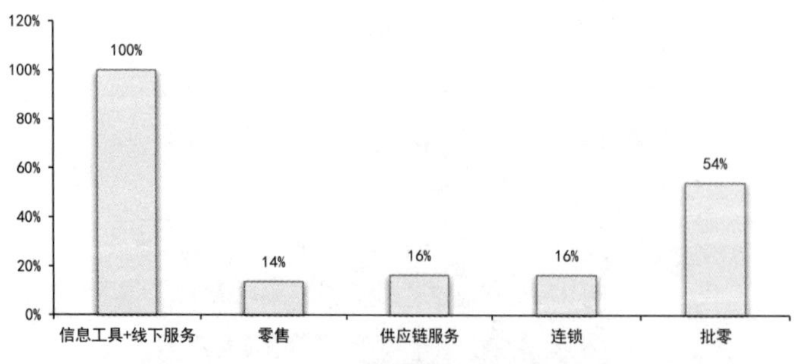

图 10 贯标经销服务企业销售模式

数据来源：中国汽车流通协会售后零部件分会

2019 年汽车售后零部件服务质量采购方优选企业特征分析显示，销售服务型企业借助信息

化工具，百分之百地建立线上线下立体化销售服务模式，其中 54% 的企业批零兼顾、14% 的企业为零售模式、16% 的企业为供应链服务模式、16% 的企业为连锁模式（如图 10 所示）；36.8% 的服务网络到达县级，76.3% 到达地市级，100% 布局到省级（如图 11 所示）。

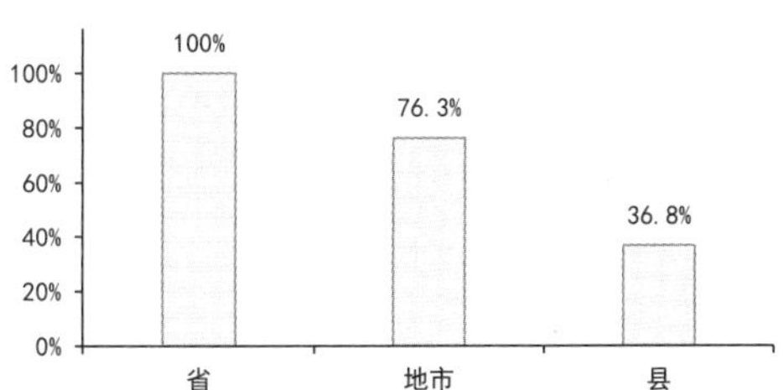

图 11 贯标经销服务企业渠道网络建设

数据来源：中国汽车流通协会售后零部件分会

3. 保险公司连接多方，深化汽车后市场布局

保险公司作为汽车后市场事故维修领域主要的配件订单发起方和买单方，利用车险、推修等核心优势作为切入点，整合多方资源布局车后市场。

在配件供应领域保险公司也做了较多探索。保险公司利用客户出险第一时间触达客户，到定损、维修均有参与的优势，比如邦邦汽服积极推动数字化建设及配件的防伪溯源建设，以保险为切入点推动两大体系建设。

4. 资本助力，加速汽配渠道整合

2019 年汽配供应链项目融资近 30 亿元人民币。全国性汽配连锁平台，如新康众、巴图鲁、快准车服、开思、车通云、三头六臂、好汽配、甲乙丙丁等平台持续完成融资，且融资能力都很强劲。区域汽配连锁也在发力，例如深耕北京市场的和汽、起家于四川市场的奔世达都首次完成融资。此外，以数据驱动的力洋、以物流驱动的找个件也完成了千万级人民币的融资。

据统计，以上企业融资金额近 30 亿元人民币。资本对供应链项目的持续关注，加速了汽配渠道整合。

（五）品质、快捷服务、数字化布局是汽车后服务市场核心关注点

1. 质量是汽车维修企业与消费者最关注的点

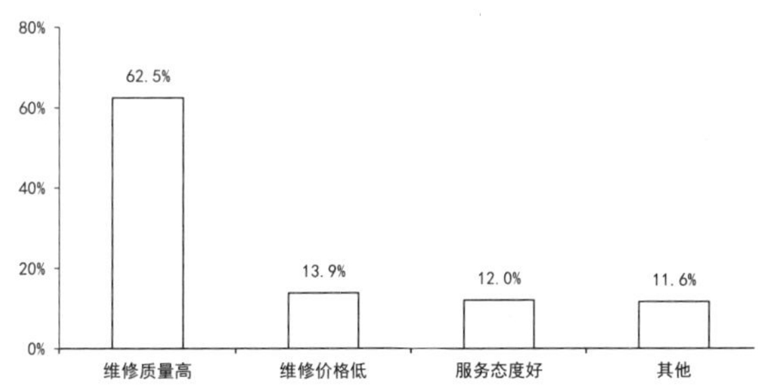

图 12 维修企业吸引客户关键点

数据来源：中国汽车流通协会售后零部件分会

2019 年对汽车维修企业汽配采购行为调研分析，参与调研的样本综合维修厂超过 51%，快修快保店超过 30%，质量保证是最希望配件供应商提供的服务（见表 3）；维修质量高是吸引客户最关键的点。

表 3　维修企业希望供应商提供服务

最希望配件供应商提供的服务	平均综合得分
质量保证	10.13
提供较全的产品，实现一站式采购、配送方便	7.94
快速报价	6.96
价格合理	5.83
专业的单项产品服务，辅助维修企业做出利润	5.42
按时交付	4.83
提供账期，先使用，后付款	4.23
产品模块化组合的盈利项目	2.69
技术培训	2.65
营销策略，协助集客、锁客	2.19
其他	0.15

数据来源：中国汽车流通协会售后零部件分会

2. 汽车维修企业对服务便捷性、快速反应要求比较高

目前维修企业主要配件采购渠道为汽配经销商，占比 87.5%；38.3% 的企业愿意等待的最长报价时间为 5 分钟，39.9% 的企业愿意等待 20 分钟；而对于配件交付时间，68.75% 的企业要求半日达。

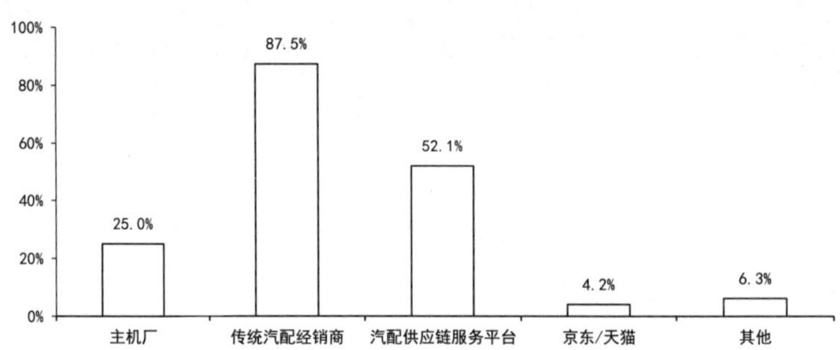

图 13　维修企业配件采购渠道

数据来源：中国汽车流通协会售后零部件分会

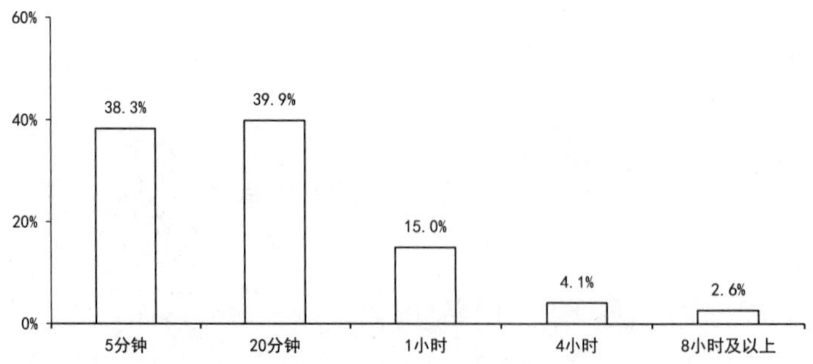

图 14　维修企业愿意等待的最长报价时间

数据来源：中国汽车流通协会售后零部件分会

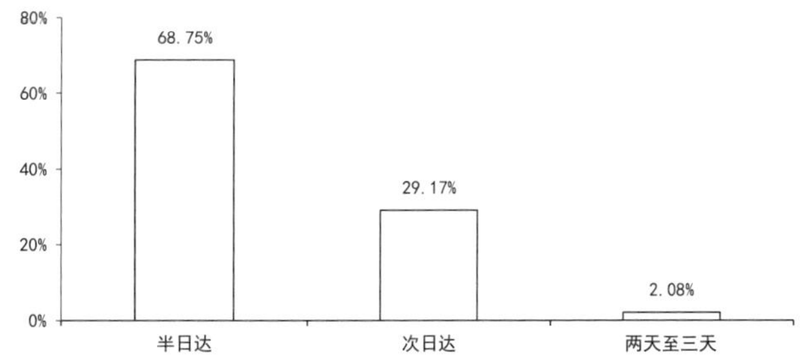

图 15 维修企业对配件交付的时间要求

数据来源：中国汽车流通协会售后零部件分会

3. 汽车后服务市场企业普遍意识到数字化的重要性

利用数字化能力触达客户，形成一套及时有效的反馈闭环机制。汽车后市场完成了从卖产品到卖解决方案的转变，而出发点就是消费者的需求。2019 年供应链普遍关注数字化，在把产品卖给汽车修理厂的同时，也关注修理厂的数字化，关注并解决修理厂的流量，这些终端的数据反向向上指导上游备货、生产，形成有效的闭环反馈机制，连贯的从 C 端到 B 端的产业互联网正在形成。

数字化的布局及产业互联网让成本更低、交期更准确，而且保证品质、提供服务，让产业链每一环节都能够各取所需，人尽其才，物尽其力。

（六）经济大考下，行业更注重内功修炼，对于规模扩张回归理性

近几年在资本的作用下，巨头携带资本和资源入场，加之车主用车频率高，配件、维修保养利润可观，供应链平台与维修连锁迅猛发展，规模扩张、网络扩张成为主旋律，也是吸引资本的关键点。随着 2018 年、2019 年连续两年的产销下滑、车主理性消费、人工场地等成本提高等因素行业进入存量市场，修炼内功成为多方共识，一方面通过数字化、标准化、体系化提升效率，开源节流降低成本，另一方面通过提升服务质量运营客户。

（七）国家系列政策及标准化建设推动行业高质量发展

汽车售后零部件行业标准化建设滞后，可追溯体系亟须建立，缺乏良币驱逐劣币的撬动点。配件商及维修商难以建立信任关系，建立售后市场配件标准、认证及可追溯体系是以零部件制造到终端消费者的全产业链全行业的迫切需求。

在中国汽车流通协会及其售后零部件分会牵头下，T/CADA12-2018《汽车售后零部件采购管理规范》、T/CADA13-2018《汽车售后零部件服务质量评价规范》两部团体标准于 2019 年 11 月 11 日发布。这两部标准是国家标准《汽车售后零配件市场服务规范》、团体标准《汽车售后零部件销售服务规范》《品牌价值评价 汽车售后零部件服务》的深化，整体实现标准从宏观到落地实行的推进。依照标准和贯标细则，2019 年面向行业开展汽车售后零部件行业服务质量采购方优选活动，推动行业品质服务升级。

二、中国汽车售后零部件行业竞争格局

（一）中国制造业增长整体放缓

1. 分析采购经理人指数，制造业增长态势放缓

对比中国、欧元区、美国采购经理人指数发现，中国综合采购经理人指数在 5 月、6 月、7 月跌破 50%，释放经济收缩信号，这主要是受到中美贸易战的影响。8 月起有了较高的反弹，此后采购经理人指数均位于 52% 以上，经济运行较好。从制造业采购经理人指数看，美国 2019 年制造业保持了较好的运行，采购经理人指数均在 50% 以上。而中国的制造业相对出现收缩的态势，有 8 个月处于 50% 以下，说明制造业整体增长态势放缓。

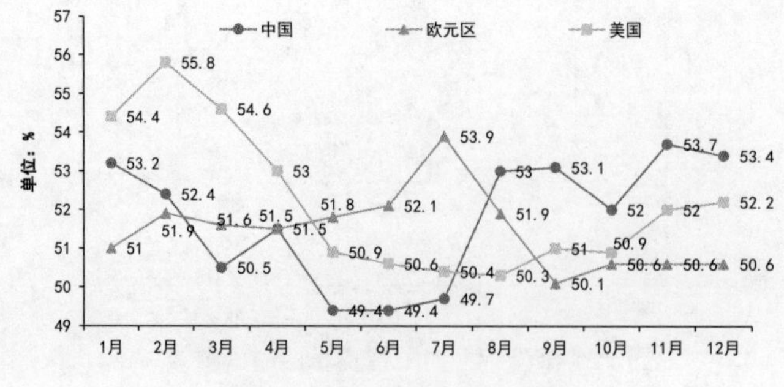

图 16　综合采购经理人指数

注：采购经理人指数是经济运行活动的重要评价指标，是经济变化的晴雨表，以 50% 作为经济强弱分界点，高于 50% 释放经济扩张信号，低于 50% 尤其使接近 40% 时有经济萧条的忧虑。

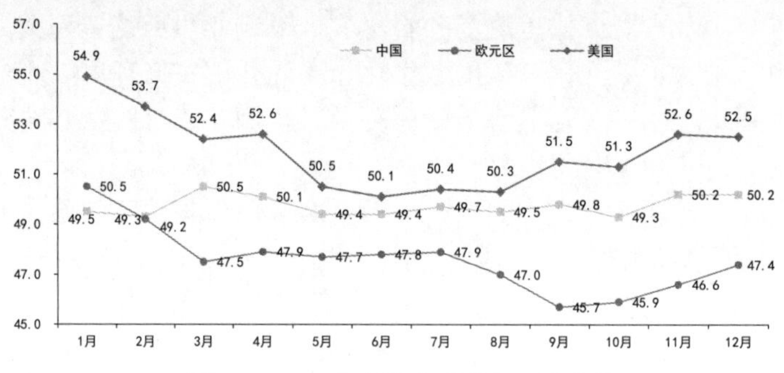

图 17　2019 年制造业采购经理人指数

2.2019 年汽车消费指数持续走低

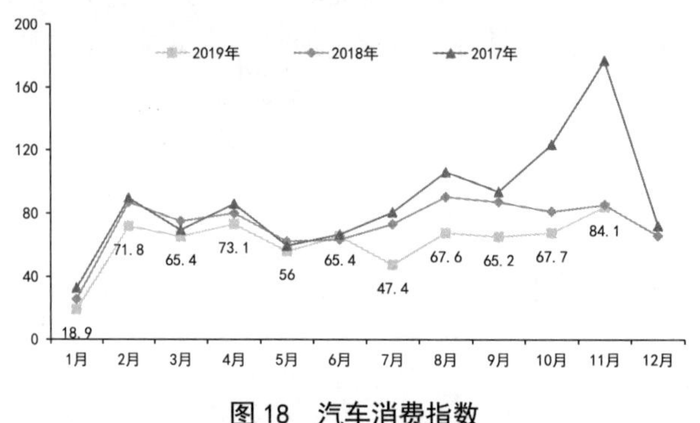

图 18　汽车消费指数

（二）中国汽车零部件产业集群化发展，整车厂与零部件供应商的关系趋向合作竞争

1、中国汽车零部件产业集群化发展，效益明显提高

经过十多年发展，中国汽车整车制造已形成东北、环渤海、珠三角、华中、西南和长三角等六大产业集群，汽车零部件企业围绕这六大产业集群布点。汽车零部件产业集群化，使分工更精细、更专业化、更容易实现规模化，使信息集中、更快捷，技术创新节奏更快、物流更容易组织，可使经济效益明显提高。

2. 整车厂商与零部件厂商之间的关系模式也在发生变更

多年的汽车后市场布局，汽车零部件公司正通过独立化、规模化、多系列的发展来进一步改变汽车零部件企业依存于单个整车装配企业的分工模式。整车厂商与零部件厂商之间的组织关系越来越趋向合作竞争，进而提高组织效率，发挥整车和零部件厂商各自的优势，提高整个供应链的整体竞争力。

（三）汽车售后零部件行业整合加剧，赛道出显

1. 各方加紧汽配供应链和维修网络布局

2020 年上汽车享家、通用车工坊、PSA 欧洲维修、北汽好修养，巴图鲁、开思、三头六臂、新康众，天猫、腾讯、途虎、京东京车会、苏宁车管家，E 养车、邦邦车服，以及配件联盟、区域配件连锁、维修连锁等各方将在各自立足领域深化供应链及维修网络布局。这些在后市场摸爬滚打生存下来的头部企业带动下，行业整合必将加剧，没有核心竞争力的、缺乏资金、缺乏升级发展能力的汽配经销商和维修企业将被收购或倒闭。

2. 线上线下各半，全国几大玩家与区域玩家相伴而生

汽车后市场重服务、流程多、链条长、地域差异大等特点，使得纯互联网模式不可能支撑消费者需求整合的“一家独大”，注定了线上线下各半的市场份额分界，行业专家预测将形成全国范围“几大玩家”与地区级“百花齐放”的汽车后市场格局。拥有扎实线下网络布局和经销商授权合作汽配服务企业，具备较强的整合优势。

3. 汽车后市场仍是资本布局的重点，资本助力汽配供应链、维修连锁独角兽企业出现

变革下的中国汽车后市场充满机遇与不确定性，魅力有增无减，深深吸引着国际、国内各方力量，也是资本重点关注的领域，在开疆拓土与修炼内功并进的情况下，资本助力独角兽企业出现。

（四）品牌、服务、内功成为从增量转为存量的汽车后市场玩家的必争之地

1. 消费者向前列品牌聚集，品牌产品和服务市场份额持续上升

从整车消费到后市场消费，消费者对于品牌的重视程度越来越高，导致汽车领域发展将进一步向前列品牌聚集。维修服务方面将仍以 4S 店面授权的后市场产品和服务为主导，而在 4S 店不能有效触达的中小型县市，授权式“汽车超市”模式有望成为新的后市场发展机遇所在；在汽车配件方面，品牌产品将进一步被消费者认知和选择，而无品牌产品的利润和市场份额逐渐被挤压。

2. 售后市场变为以流量和服务为主导的市场

在售后市场打法上，康众自上而下，以修理厂需求为出发点，系统化的产品输出，为用户提供解决方案；途虎自下而上，从电商来切入这个市场，获得了流量之后往上整合服务机构，再往上游供应链延伸。

无论哪种打法对流量和服务都成为加强修理厂黏性的关键。后市场的玩家对内具备较强运营能力，打磨顺应修理厂需求的解决方案；对外输送解决方案，为用户赋能，帮助修理厂升级发展，同时依靠终端数据指导上游产品开发的企业具备竞争力。

（中国汽车流通协会售后零部件分会　李彤梅 刘柏玲）

2019 年中国汽车售后服务监测

公《2019 年度中国汽车消费者口碑指数报告》是由中国汽车流通协会、中国汽车售后服务质量监测大数据平台编写及发布，为汽车行业提供消费者在选车、购车、用车、置换全生命周期各个环节体验的参考数值。

该指数是由中国汽车流通协会指导建设的中国汽车售后服务质量监测大数据平台（CADA 云数聚）发布。平台通过汽车消费者 360° 洞察体系，采集海量消费者体验数据，运用科学的计算模型，真实反映消费者体验结果，实时监测行业服务质量。

中国汽车消费者口碑指数是由汽车销售服务消费者口碑指数、汽车售后服务消费者口碑指数、汽车金融服务消费者口碑指数等多个指数组成。

《2019 年度中国汽车消费者口碑指数报告》（以下简称《报告》）采纳了来自中国汽车售后服务质量监测大数据平台（CADA 云数聚）的 47 万多条有效样本，共覆盖 1—5 线城市 256 个，从样本分布可以明显看出除了西藏之外，已经覆盖了全国全部省份。涵盖汽车品牌 69 个，包括豪华品牌 17 个、合资品牌 27 个、自主品牌 25 个。

从人群结构来看，81% 为男性，19% 为女性，年龄主要集中在 30—39 岁。从车龄来看，车龄为 1—3 年的用户样本占比最大，为 54.24%。

一、2019 年行业总体表现

《报告》显示，2019 年度汽车售后服务消费者口碑指数为 94.10 分，与 2018 年相比提升 2.51 分。五个维度表现均有提升，但是维修质量和维修时间，依然是服务弱项。

特别是维修时间维度得分较低，仅为 89.87 分，是经销商需要着重提升和改进的维度。

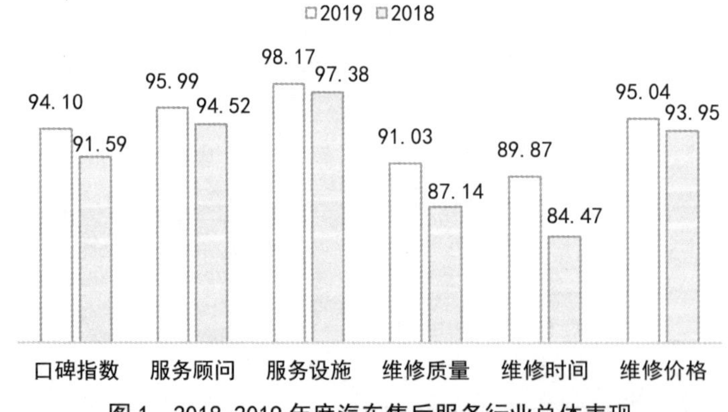

图 1　2018-2019 年度汽车售后服务行业总体表现

从年度整体消费者口碑指数来看，消费者满意率为 98.66%，忠诚率为 99.37%，推荐率为 99.50%，三项得分都比较高。而二级指标中 3 个重要指标的短板均为维修价格。

从整体来看，2019 年汽车售后服务消费者口碑指数的月度整体表现呈上升趋势。全年得分峰值为 11 月的 95.40 分，最低值为 1 月的 91.64 分。

而 2019 年三级指标得分低于 90 分的共计 7 个，维修时间维度 4 个，服务顾问解释告知 2 个、配件多种选择 1 个。这表明经销商做得还不到位，需要改进。

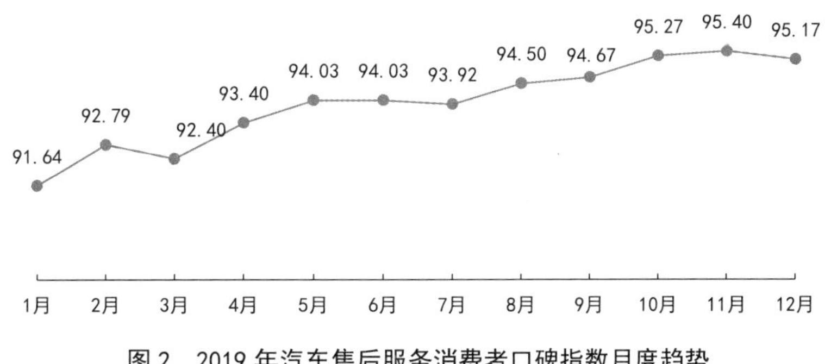

图 2 2019 年汽车售后服务消费者口碑指数月度趋势

二、各维度弱项分析

从服务设施维度来看，从 2017 年至 2019 年连续三年整体表现都比较优秀。“您进店时停车场车位是否充足”得分最低，为 94.66 分，说明整体表现优秀。

从服务顾问维度来看，得分最低的是对建议维修保养项目的解释说明情况，仅为 86.28 分。可见对于维修保养项目的解释说明有所欠缺，容易引起消费者的误解，如果恶性发展就会引起消费者对门店的不信任。此外，“服务顾问的态度”、“针对您提出的需求，服务顾问记录情况”以及“服务顾问给您的维修保养建议如何”表现较弱。

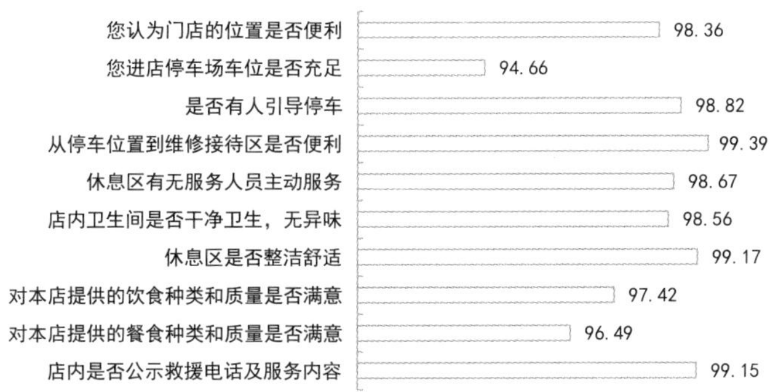

图 3 服务设施满意度

从维修质量维度来看，得分最弱的是交车时的服务告知情况，仅为 81.44 分。该项指标与维修保养的解释说明相似，得分低主要原因在于没有为消费者解释清楚做了哪些服务，为什么要做这些服务。因此，如果消费者对 4S 店的整体评价不够好，就需要维修质量维度整体提升。

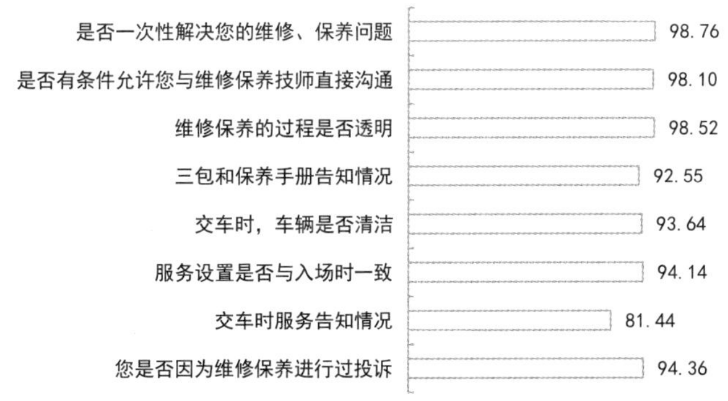

图 4 维修质量满意度

从时间维度来看，连续 3 年各等待环节都是消费者体验的弱项。维修时间三级指标中，“进入接待区后是否需要等待”得分最低，为 68.95 分，另外“维修工位是否需要等待”“完工后交车是否需要等待”、“付款结算时候是否需要等待”表现也都较弱。

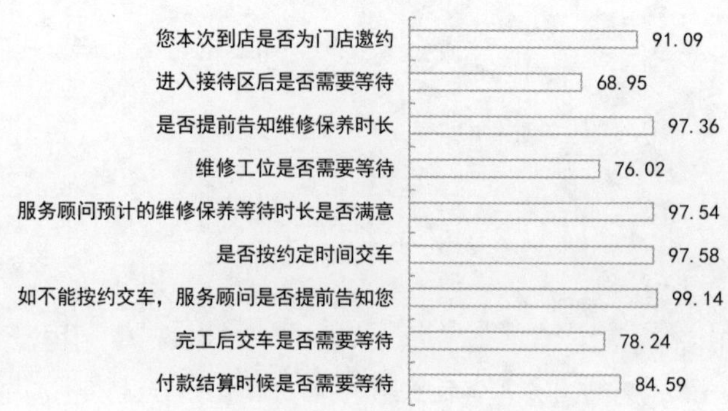

图 5　维修保养过程中的等待时长满意度

从服务价格维度来看，在维修价格三级指标中，“店内是否提供配件的多种选择（如原厂件、副厂配件、或修复配件）”得分最低，得分为 83.21 分；其余指标表现均较为优秀。

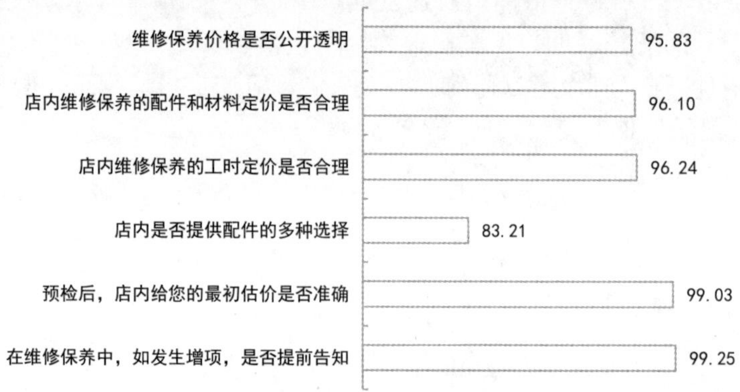

图 6　维修保养服务完成后的体验

2019 年的低分指标与 2018 年相比均有所提升，其中提升最为明显的是服务顾问在交车时“主动讲解告知服务”内容，提升了 21.66 分，这说明，经销商注意到了不足，并努力提升。从时间维度来看，提升也较为明显，但是和消费者的期望值依旧存在差距，依然需要再提升。

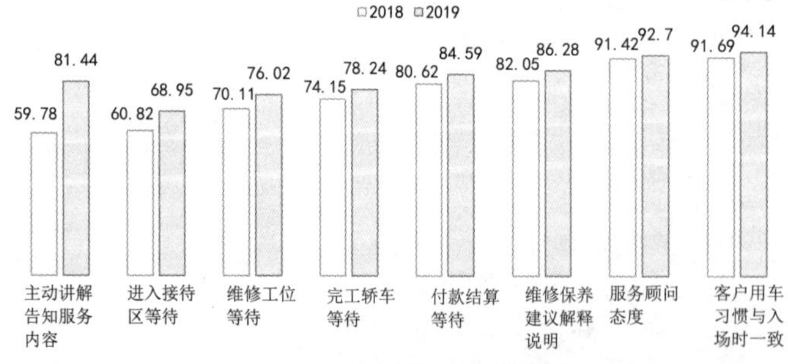

图 7　低分指标变化情况

消费者越来越不能接受等待。消费者能接受的等待时长逐渐缩短，2017 年为 19.27 分钟，2018 年为 17.97 分钟，2019 年为 14.21 分钟。如果不能够按时交车，消费者能够接受的等待时长逐年缩短。如果得不到提升，势必会造成客户流失。因此，4S 店在维修时间环节要不断地改进，尤其是进店就需要等待会使消费者感觉变差的情况需要提升。

车辆专业知识是消费者认为服务顾问最需要改善的技能。接受服务后，消费者认为服务顾问需要改善的内容占比最高为“车辆专业知识”占比高达 39.76%。这也就可以理解为对消费者的讲解告知不足，需提升。

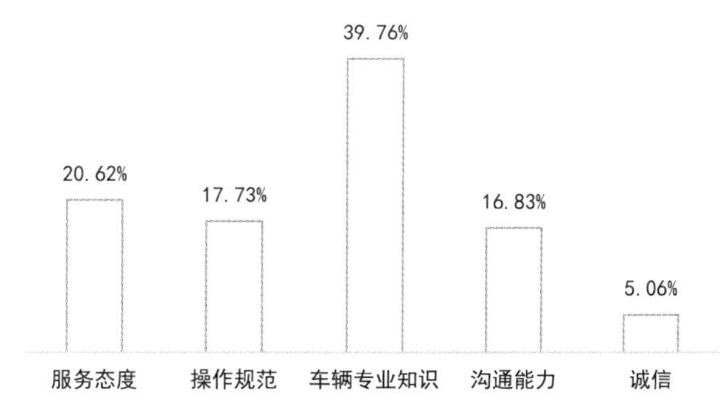

图 8　消费者认为服务顾问需改善的技能

报告显示，近 67% 的消费者能够接受实际价格超出预估价格 10% 的范围。在“无增项时，超出服务顾问预估价格多少不能接受”的探查中，有 29.74% 的消费认为价格无影响，随着超出预估价格占比的增加，能接受的消费者占比明显降低。

所以，从该维度来讲还是需要提升服务顾问的专业能力，估价准确度越高越能得到消费者的满意。

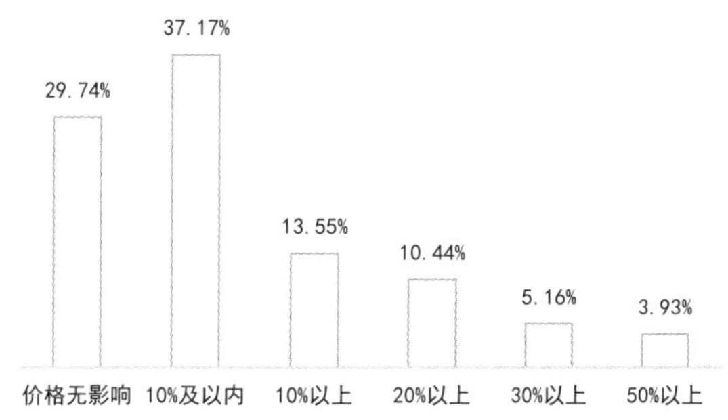

图 9　能接受超出预估价格的范围

有优惠活动更能吸引消费者，而赠送礼物是消费者最喜欢的优惠活动。选择赠送礼品的消费者为 43.73%，占比最高。

而从性别来看男性比女性选择赠送礼品的占比更大，从年龄来看 50—59 岁的消费者选择赠送礼品的比例最高。选择增值服务的用户占比也相对较高，为 29.93%，而选择价格折扣的为 26.7%，说明消费者希望得到看得见优惠。

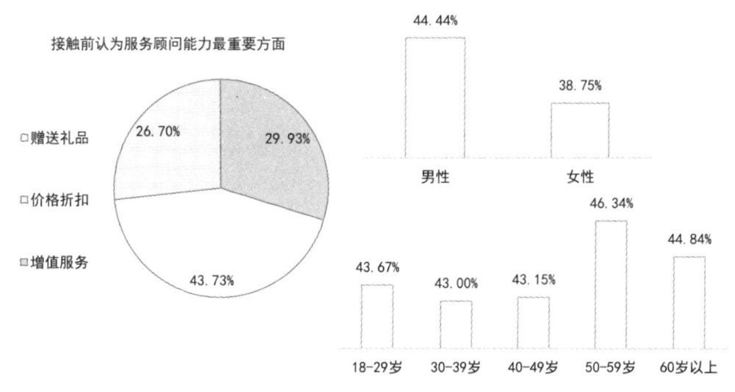

图 10　优惠活动选择倾向

从 2019 全年来看，投诉呈现波动趋势，3 月投诉率 10.1% 为年度最高；11 月投诉率 4.6% 为全年最低。

投诉处理方面，投诉处理结果满意率可提升空间较大，为 93.17%，还有近 7% 的用户表示不满意；在处理时效方面，满意率较高为98.48%，说明处理比较及时。

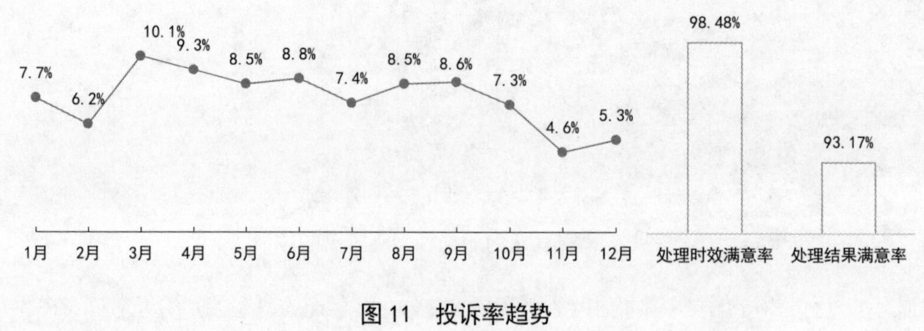

图11 投诉率趋势

从豪华、合资、自主三组品牌组分析。豪华品牌组的消费者口碑综合得分是93.7分，略低于2019年口碑指数94.1分。主要丢分项目在“服务顾问”“维修质量”“维修时间”上。值得注意的是，豪华组的“服务顾问”三级指标得分均低于行业水平。由于豪华车的消费群体对于服务期望值较高，《报告》建议豪华品牌厂家和经销商要加强对服务顾问的培训力度及实践层面的考核。本次调查还发现，豪华品牌在“交车时服务告知情况”指标得分低于行业均值近5分，值得品牌厂家和经销商关注。

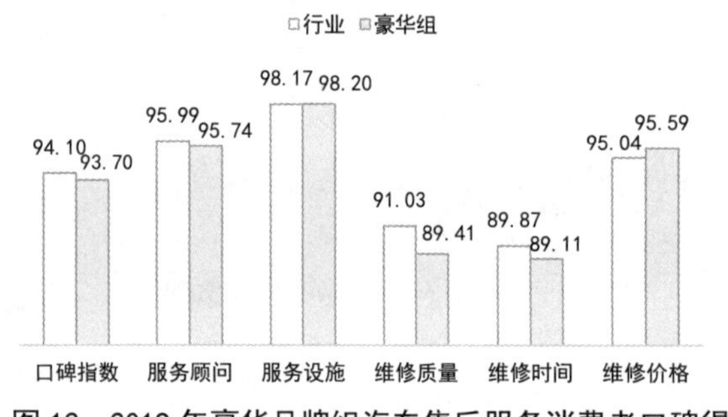

图12 2019年豪华品牌组汽车售后服务消费者口碑得分

2019年合资品牌组的消费者口碑得分是94.22分，略高于2019年度的口碑指数94.1分。但是在服务设施方面得分并不令人满意，低于行业平均值。不满意的主要原因集中在“门店的位置是否便利”“进店时停车场车位是否充足”“是否有人引导停车”“休息区有无服务人员主动服务”“对本店提供的饮料种类和质量是否满意”“对本店提供的餐食种类和质量是否满意”。

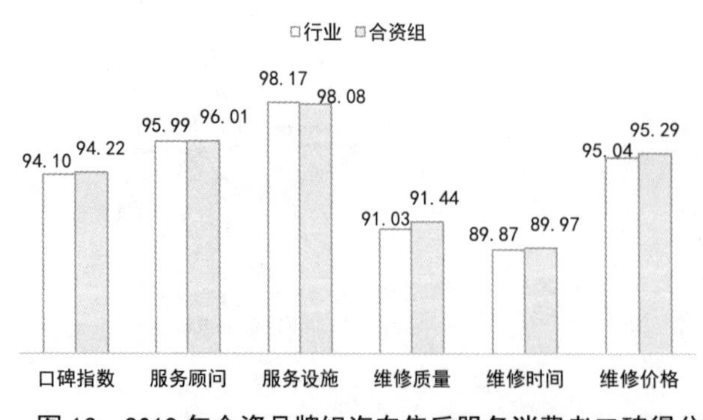

图13 2019年合资品牌组汽车售后服务消费者口碑得分

2019年度自主品牌组的消费者口碑得分是94.23分，高于2019年度的口碑指数94.1分。二级指标方面，自主品牌在服务顾问、服务设施、维修质量、维修时间方面得分高于行业，在维修价格方面得分低于行业，特别是在“店内是否提供配件的多种选择（如原厂件、副厂配件、或修复配件）”得分低于行业均值 5 分。

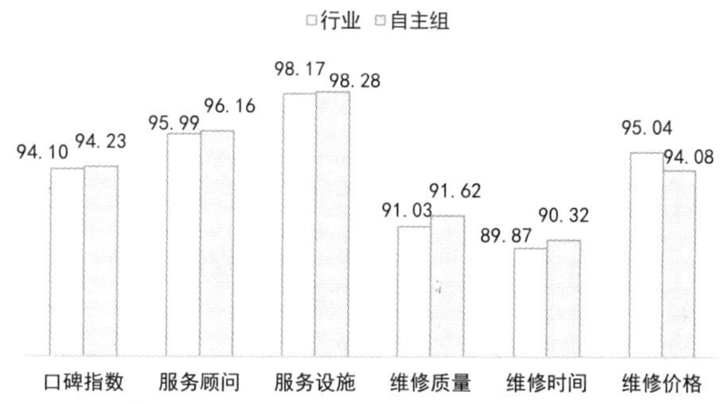

图 14　2019 年自主品牌组汽车售后服务消费者口碑得分

（中国汽车流通协会 CADA 云数聚）

2019 年中国汽车投诉状况

汽车消费者对厂商的依赖程度很高，从售前到售后都要与厂商打交道，对于车辆的维护保养以至报废各个环节都需要与厂商联系。随着高新科技的应用，汽车的技术含量不断提高，车辆的保有率快速提升，引发消费者的投诉案例随之增多。

车质网 2019 年共收到消费者针对汽车产品质量及服务问题有效投诉 88,163 宗，较 2018 年上涨 16.6%，其中共涉及 190 个国内汽车品牌的千余款车型。2019 年共有 141 个品牌受理了车质网发送的投诉，较 2018 年增加了 10 个品牌，其中投诉回复率达 100% 的品牌共 46 个，同比增加了 5 个。

一、年投诉量实现历史性突破，3 月份投诉量最高

2019 年，车质网接收到的有效投诉再次突破历史高点，但随着每年投诉基盘的不断增长，2019 年的投诉量增速出现明显减缓，预计未来一段时间内，国内汽车消费者实名客诉将进入新一轮增长周期前的调整期。

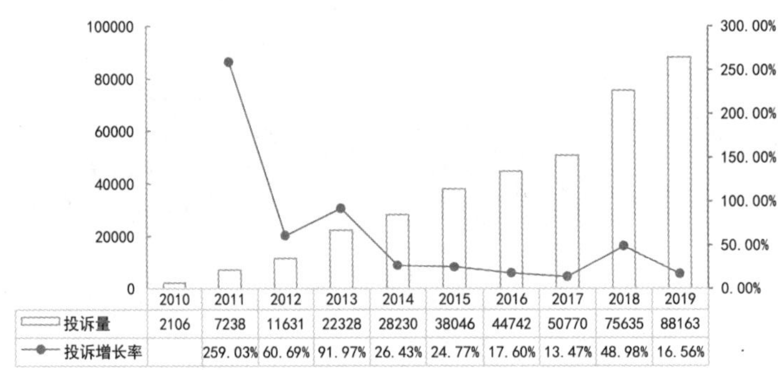

	2010	2011	2012	2013	2014	2015	2016	2017	2018	2019
投诉量	2106	7238	11631	22328	28230	38046	44742	50770	75635	88163
投诉增长率		259.03%	60.69%	91.97%	26.43%	24.77%	17.60%	13.47%	48.98%	16.56%

图 1　2011-2019 年投诉量及增长率对比

从 2019 年和 2018 年各月投诉量变化趋势来看，除 3 月份外，2019 年其余各月的投诉量均高于 2018 年，增长率呈现出先抑后扬的趋势，但在 10 月份后增速有所减缓。尽管 2019 年没有出现大规模集体投诉事件，但小范围投诉增多情况依然多发。如图所示，2019 年共有四个月的投诉量突破 8000 宗，连续刷新月投诉量历史最高纪录。受“3•15”影响，2019 年 3 月份的投诉量达到年内最高点，但与 2018 年同期相比，仍有 3.5% 的降幅。

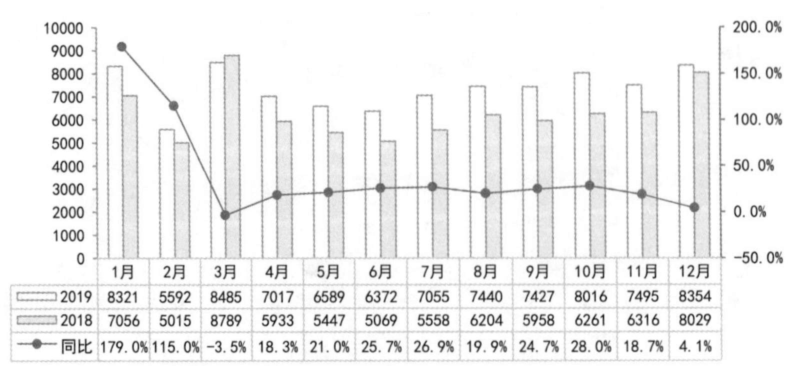

	1月	2月	3月	4月	5月	6月	7月	8月	9月	10月	11月	12月
2019	8321	5592	8485	7017	6589	6372	7055	7440	7427	8016	7495	8354
2018	7056	5015	8789	5933	5447	5069	5558	6204	5958	6261	6316	8029
同比	179.0%	115.0%	-3.5%	18.3%	21.0%	25.7%	26.9%	19.9%	24.7%	28.0%	18.7%	4.1%

图 2　2019 年 1-12 月份投诉量及增长率对比

二、自主品牌投诉占比持续提升 德系品牌投诉激增

车质网数据显示，2019 年自主、合资和进口品牌的投诉量均较 2018 年出现明显增长，其中自主品牌同比增幅要高于合资品牌。投诉量占比方面，合资品牌占比下降，自主品牌占比提升，进口品牌则保持不变。从近四年的品牌属性投诉占比变化趋势来看，自主品牌整体呈现出增长态势。

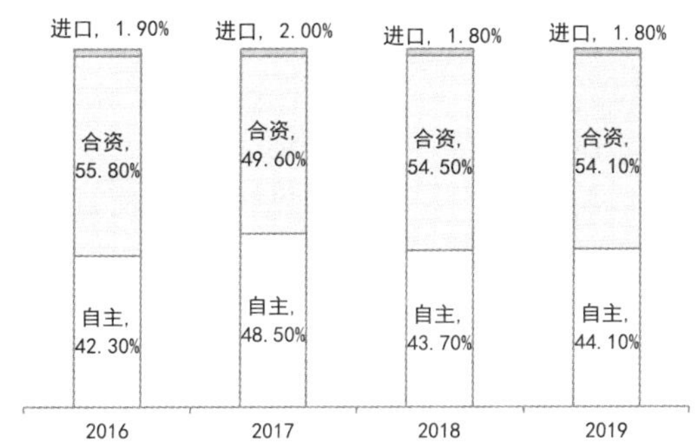

图 3 2019 年品牌属性投诉量占比

细分到国别统计数据显示，2019 年自主品牌投诉量达 38,871 宗，同比增长 17.5%，体量远大于其他各国别品牌。反观其他各国别品牌的投诉量，除日系品牌外，其余国别品牌的投诉量均较 2018 年出现不同程度的增长。其中，德系品牌的增幅最大，同比增长 58.4%，投诉量首次突破 10,000 宗。

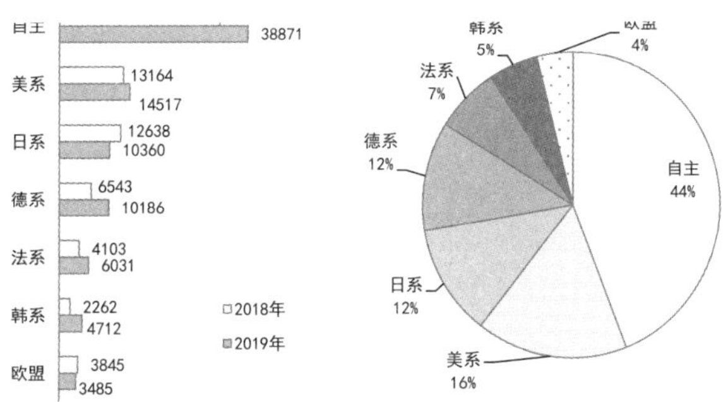

图 4 2019 年分国别投诉量占比

三、紧凑型车投诉量创历史新高 微型车增幅最大

表 1 2019 年车型属性投诉量

	2019 年	2018 年	2017 年	2016 年	2015 年	2014 年
SUV	38257	35364	19068	16443	10195	5212
紧凑型车	30836	26225	21045	19234	16386	15281
中型车	9808	7188	4907	4842	6436	3695
小型车	2452	2015	1741	2029	2515	2193
MPV	2025	1746	1974	647	594	271
中大型车	2023	1155	841	391	481	464
其他	1031	682	332	162	269	206
微面	660	670	535	501	788	562
微型车	940	478	357	308	283	262
大型车	86	64	86	62	67	61
跑车	45	48	58	35	32	23

2019 年，SUV 车型投诉持续保持增长，投诉量较 2018 年增长 8.2%。紧凑型车投诉量首次突破 30,000 宗，同比增长 17.6%，增幅高于同期 SUV 车型。值得注意的是，微型车的投诉量出现大幅增长，较 2018 年增长近一倍，投诉多集中在自主品牌纯电动车型中。此外，中型车的投诉量与 2018 年相比也出现较大涨幅，投诉量已逼近万宗。

四、包修期内车辆投诉占比最高　新车质量不容乐观

从车型年款的角度分析发现，2019 年共有 5 个车型年款的投诉量突破 10,000 宗，这在历年的投诉情况中是非常少见的。其中，2017 款车型的投诉量虽然较 2018 年出现明显下降，但依旧稳居各年款车型首位。此外，2019 款车型投诉量高达 11,853 宗，同比增幅超过 19 倍，而 2018 款车型的投诉量也出现了近一倍的增长。不难发现，2017 款及之后的年款车型投诉量普遍呈持续增长趋势，在某种程度上表明国内汽车市场自 2017 款车型开始，部分品牌的产品质量出现下滑，应引起相关厂家和消费者的高度关注。

表 2　2019 年车型年款投诉量

	2019 年	2018 年	2017 年	2016 年	2015 年	2014 年
2010 款	665	8362	647	947	1626	2267
2011 款	1852	1757	1458	1529	2383	2804
2012 款	4935	2180	2298	3391	5569	7265
2013 款	3890	4134	4935	5875	8722	8087
2014 款	5050	4935	5901	9029	10124	5235
2015 款	10852	11629	11361	13414	6465	275
2016 款	14402	15941	13891	8411	188	–
2017 款	17998	22413	8054	479	–	–
2018 款	16779	8674	307	–	–	–
2019 款	11853	587	–	–	–	–

具体到投诉问题时间段，2019 年有 80% 的投诉出现在车辆购买 3 年内，即汽车包修期内。其中，购车 1—3 年依旧是投诉最为集中的问题时间段，与 2018 年相比，投诉量和投诉占比均有所提升。此外，购车 1 年内的投诉占比之和接近总量的一半，投诉情况虽较 2018 年有所改善，但投诉占比依旧处于高位，新车质量问题不容忽视。

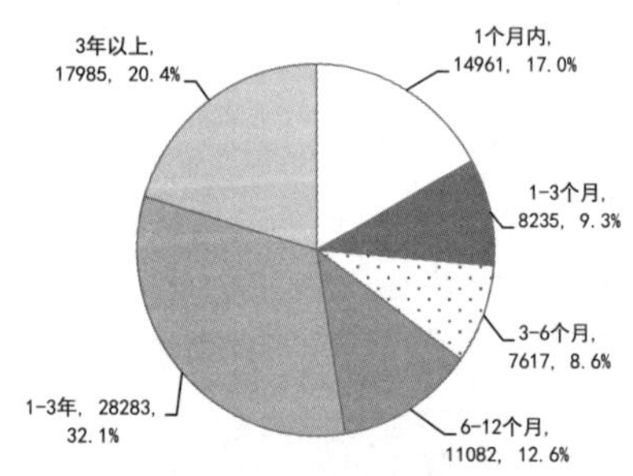

图 5　2019 年投诉问题时间段占比

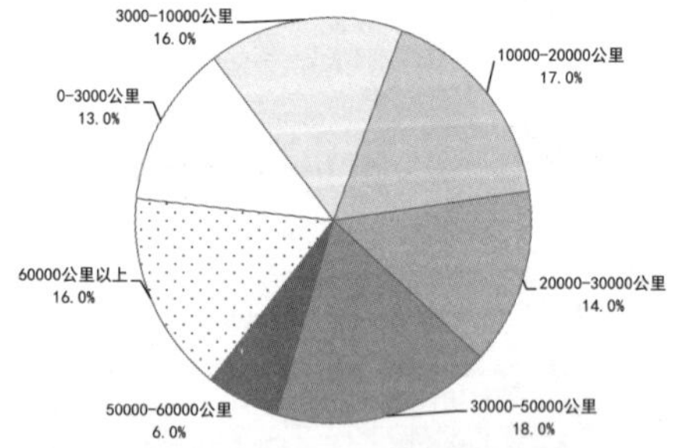

图 6　2019 年首次故障里程投诉量占比

据车质网 2019 年投诉数据显示，行驶里程在 50000—60000 公里以及 60000 公里以上的投诉占比同比有所提升，特别是 60000 公里以上出现故障的比例提高了 4 个百分点。值得注意的是，行驶里程在 20,000 公里以内的投诉占比较 2018 年出现明显回落，降低 8 个百分点，占比已不足一半。

五、9 省有效投诉超 3,500 宗 广东、江苏、山东仍为前三甲

从投诉区域上看，2019 年投诉超过 3,500 宗的地区共 9 个，较 2018 年增加 1 个。广东省、

江苏省以及山东省依旧是投诉量最为集中的地区，投诉占比之和接近总投诉量的三成。其中，广东省和山东省的投诉量和投诉占比较 2018 年均有所提升。此外，作为本年度新增省份，安徽省在 2019 年的投诉量达 3,637 宗，同比增长 9.2%。从这些地区的质量问题投诉来看，“变速箱异响”和“变速箱顿挫”依旧是排名前两位的投诉故障点，而“车身生锈”和“影音系统故障”的投诉量同比出现较大涨幅，排名分别升至第 3 位和第 6 位。而服务问题则主要集中在“不解决问题”、“无零配件”和“疑似设计缺陷”等问题中，投诉量普遍较 2018 年出现明显增长。

六、单纯质量问题投诉持续增长　综合问题关注度提升

车质网投诉类型分为质量问题投诉、服务问题投诉和综合问题投诉三大部分。在 2019 年车质网接到的投诉中，单纯质量问题投诉占比依旧最大，且投诉量较 2018 年增长 11.7%，但占比较 2018 年有所下降。单纯服务问题投诉量保持着高增速，投诉量和投诉占比均较 2018 年有所提升。值得注意的是，2019 年综合问题的投诉量首次破万，投诉占比也较 2018 年提高了 1.3 个百分点，侧面也表明了当前国内汽车企业以及经销商在售后服务水平方面仍亟待提升。

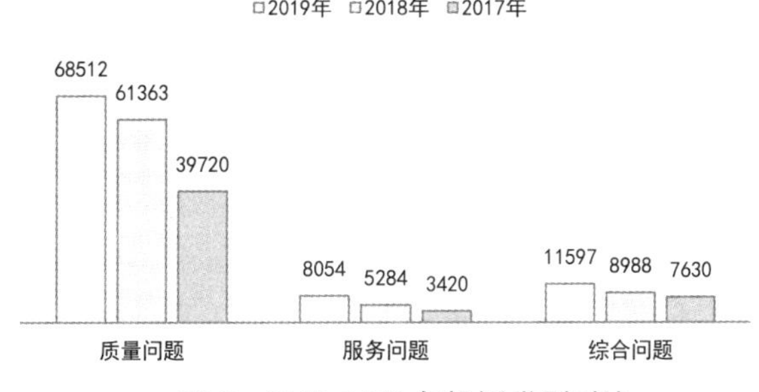

图 7　2017-2019 年投诉类别对比

七、车身附件及电器投诉占比最高 “车身生锈”成自主品牌顽疾

据车质网数据显示，2019 年车身附件及电器的投诉故障数再次超越发动机，重返八大系统首位，且投诉故障数创纪录地突破 4 万个，较 2018 年增加 11707 个，占比提升至 36%。此外，转向系统的投诉故障数同比也出现明显增加，与 2018 年相比增加 2333 个，占比提高 1 个百分点。相比之下，2019 年发动机问题的投诉故障数和占比均出现明显回落，其中投诉故障数减少 4139 个，占比降至 25%。除发动机外，离合器部分的投诉故障数同比也有所降低，除此之外，其余各系统的投诉故障数同比均出现不同程度的增加。

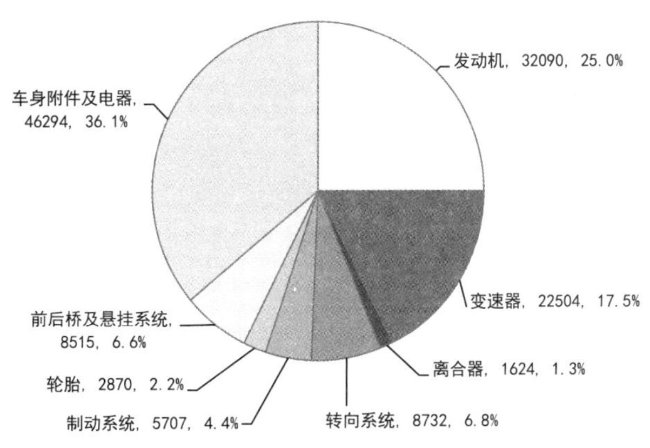

图 8　2019 年八大系统投诉故障数占比

如表 3 所示，在 2019 年质量问题 TOP20 排名中，变速箱和发动机问题依然占据主体，其中变速箱异响、变速箱顿挫和发动机异响问题高居排行榜前三位。从 TOP20 排名变化来看，大

部分故障点的排名均有所提升。车身生锈问题依旧高居排行榜前列，近五年来的投诉量呈现高速增长趋势，本年度排名提升至第四名，投诉量首次突破 4000 宗，再创新高。值得注意的是，2019 年车内异味问题投诉量增长较快，较 2018 年上涨 39.5%，排名跃升至排行榜第十位，德系品牌成为车内异味投诉的重灾区。此外，2019 年质量问题 TOP20 排行中出现了三个新的故障点，分别是“变速箱故障灯亮”、“车身共振”和“电瓶故障”。

表 3 2019 年质量问题 TOP20

	故障名称	故障数	占比
1	变速箱异响	5940	4.76%
2	变速箱顿挫	4935	3.95%
3	发动机异响	4400	3.52%
4	车身生锈	4048	3.24%
5	转向异响	3451	2.76%
6	发动机故障灯亮	3356	2.69%
7	影音系统故障	3161	2.53%
8	发动机抖动	3032	2.43%
9	发动机漏油	2870	2.30%
10	车内异味	2476	1.98%
11	发动机功率不足	2273	1.82%
12	制动异响	2110	1.69%
13	仪表台开裂	1988	1.59%
14	发动机噪音大	1931	1.55%
15	空调问题	1912	1.53%
16	发动机油耗高	1832	1.47%
17	减震器异响	1796	1.44%
18	变速箱故障灯亮	1770	1.42%
19	车身共振	1729	1.38%
20	电瓶故障	1712	1.37%

车质网数据显示，2019 年合资品牌的投诉故障数总量依旧最多，主要集中在发动机、变速箱、转向系统以及车身附件及电器部分，特别是车身附件及电器部分，同比增幅较大，较 2018 年上涨 35.1%。值得注意的是，自主品牌的投诉同样集中在以上几部分系统中，其中“转向系统”同比增幅最大，较 2018 年上涨 41.7%。此外，自主品牌在“车身附件及电器”部分的投诉依旧最多，2019 年投诉故障数突破 20,000 个。

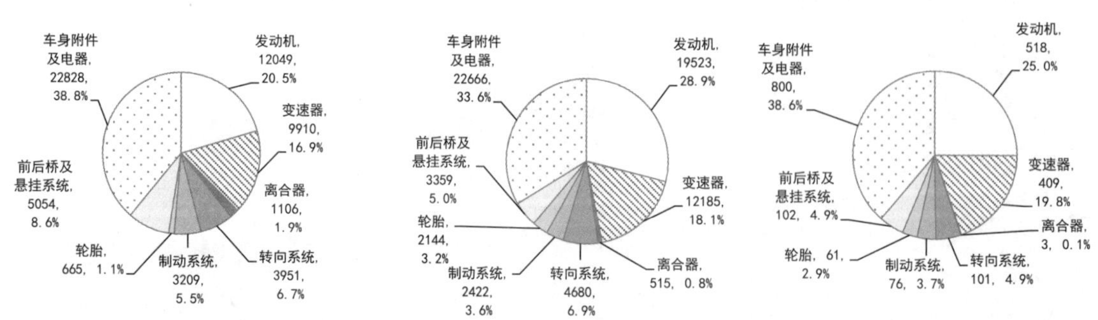

图 9 2019 年品牌属性八大系统投诉故障数对比

从各国别八大系统投诉占比情况来看，与 2018 年情况类似，法系和韩系品牌的发动机问题投诉占比依旧最高，而其他各国别品牌投诉占比最高的问题均集中在车身附件及电器部分。通过横向对比可以发现，韩系品牌在发动机问题方面的占比高达 54.33%，而欧系品牌在车身附件及电器部分的占比同样超过了 50%。此外，德系品牌在变速箱以及制动系统方面的投诉占比较高，领先于其他各国别品牌。

车身附件及电器 46294
前后桥及悬挂系统 8515
轮胎 2870
制动系统 5707
转向系统 8732
离合器 1624
变速器 22504
发动机 32090

自主	美系	日系	德系	法系	欧盟	韩系
20.50%	22.93%	27.77%	20.28%	39.86%	13.47%	54.33%
16.86%	19.48%	19.85%	25.41%	6.32%	24.07%	7.77%
1.88%	1.34%	0.23%	0.72%	0.23%	0.56%	0.81%
6.72%	8.11%	7.32%	4.94%	7.85%	3.73%	8.17%
5.46%	3.39%	4.00%	5.77%	2.39%	3.78%	1.46%
1.13%	1.85%	2.06%	2.43%	10.60%	1.03%	2.40%
8.60%	3.53%	6.80%	4.51%	9.62%	3.17%	2.82%

图 10　2019 年分国别八大系统故障数占比

从车型属性八大系统投诉量占比情况来看，紧凑型车、跑车及其他车型（卡车、客车及特种车辆等）的发动机系统故障占比最高，其余车型则主要集中在车身附件及电器部分。通过横向对比发现，微型车在车身附件及电器部分故障占比最高，达到了 53.5%；其次为中大型车，占比接近 50%。而发动机故障占比最高的为其他车型（卡车、客车及特种车辆等），MPV 车型则在前后桥及悬挂系统中的故障占比领先于其他各属性车型。

车身附件及电器 46294
前后桥及悬挂系统 8515
轮胎 2870
制动系统 5707
转向系统 8732
离合器 1624
变速器 22504
发动机 32090

紧凑型车	SUV	中型车	小型车	MPV	微面	中大型车	微型车	大型车	跑车	其他
23.32%	26.34%	22.39%	30.42%	20.71%	22.44%	18.76%	20.89%	23.89%	33.33%	45.26%
18.96%	16.67%	19.85%	15.98%	14.42%	20.73%	14.25%	2.40%	14.16%	22.22%	9.58%
1.51%	1.17%	0.26%	2.86%	2.70%	4.15%	0.16%	0.92%	0.00%	0.00%	2.37%
8.34%	6.04%	6.26%	5.88%	8.17%	5.37%	5.17%	9.98%	4.42%	2.22%	4.15%
3.90%	5.28%	2.96%	2.83%	5.35%	4.63%	4.23%	7.49%	0.88%	0.00%	4.55%
3.46%	1.50%	1.74%	1.16%	1.56%	0.85%	3.46%	0.46%	9.73%	6.67%	0.89%
6.33%	7.08%	4.59%	9.58%	10.67%	10.37%	4.89%	4.34%	6.19%	4.44%	8.10%
34.19%	35.93%	41.95%	31.29%	36.42%	31.46%	49.09%	53.51%	40.71%	31.11%	25.10%

图 11　2019 年车型属性八大系统故障数占比

八、“不解决问题”成消费者投诉焦点

数据显示，2019 年服务问题的投诉数为 21,118 个，较 2018 年有明显增加。其中服务态度问题依然占比最大，投诉数同比也出现较大增长，与 2018 年相比增加了 1719 个。从具体投诉问题来看，“不解决问题”、“不予索赔”和“态度蛮横”依旧是车主抱怨的焦点。此外，除“其他原因”外，其余服务问题的投诉数同比均出现一定增长，特别是配件争议问题，增幅超过 1 倍，占比提升超过 5 个百分点。

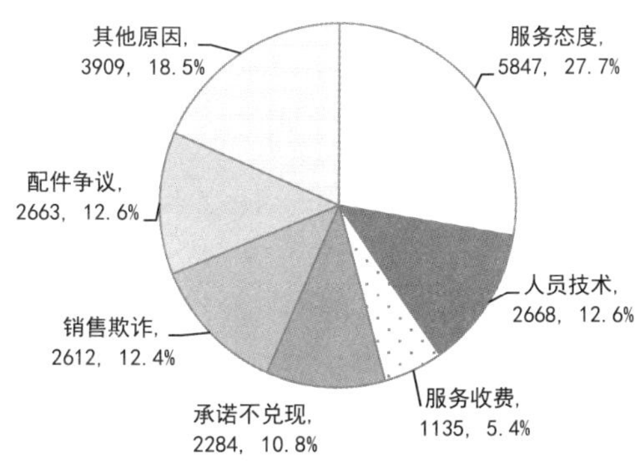

图 12　2019 年服务问题投诉数占比

从 2019 年品牌属性服务问题投诉数对比可以看出，自主、合资和进口品牌在“服务态度”

问题上的投诉占比最高。除此之外，合资品牌在“其他原因”方面的投诉占比同样较大，问题主要集中在“召回方案不合理”、“疑似设计缺陷”等问题上。相比之下，自主品牌和进口品牌则分别在“配件争议”和“销售欺诈”问题上占比较高。

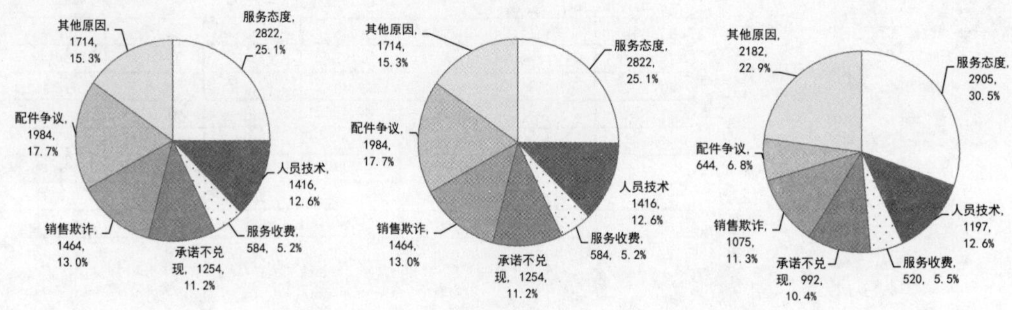

图 13　2019 年品牌属性服务问题投诉数对比

从各国别服务问题投诉数对比来看，除法系、韩系外，其余各国别品牌所涉及到的“服务态度”问题均在服务类投诉中占比最大。而通过各项服务问题横向比较发现，美系品牌“服务态度”问题投诉比例最高，渐成美系品牌顽疾；韩系品牌在“其他原因”方面的投诉占比高达 56.3%，远超其他各国别品牌，投诉焦点集中在“召回方案不合理”问题上。

		自主	美系	日系	德系	法系	欧盟	韩系
服务态度	5847	27.05%	35.94%	21.11%	29.94%	20.49%	34.64%	13.71%
其他原因	3909	14.21%	15.82%	9.01%	14.41%	9.84%	17.47%	6.32%
人员技术	2668	3.93%	5.55%	2.71%	5.68%	3.13%	3.01%	2.44%
配件争议	2663	11.81%	10.11%	7.94%	10.49%	7.89%	12.95%	5.41%
销售欺诈	2612	14.85%	13.19%	8.64%	20.50%	5.90%	14.46%	8.61%
承诺不兑现	2284	902.00%	7.24%	3.27%	6.08%	4.40%	10.24%	6.40%
服务收费	1135	18.94%	12.15%	47.31%	12.89%	48.26%	7.23%	57.12%

图 14　2019 年国别服务问题投诉数占比

从车型属性服务问题投诉数对比来看，除 MPV、微型车和其他车型（卡车、客车及特种车辆等）外，其他车型“服务态度”问题均在服务问题投诉中占比最高。通过横向比较发现，中型车在“服务态度”方面投诉比例最高，小型车其次。此外，微型车在“配件争议”方面投诉占比高达 59.2%，远超其他各车型，具体表现在“无零配件”问题上，投诉大部分集中在自主品牌纯电动车型中。

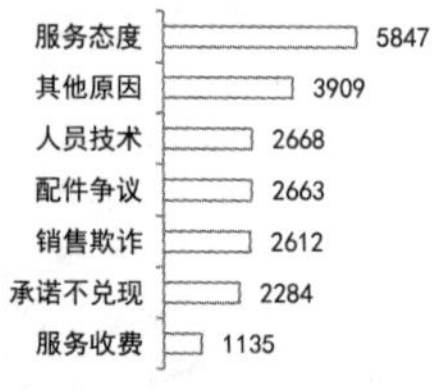

		紧凑型车	SUV	中型车	小型车	MPV	微面	中大型车	微型车	大型车	跑车	其他
服务态度	5847	26.10%	24.39%	33.28%	34.62%	30.90%	27.52%	31.84%	25.00%	38.46%	27.27%	28.45%
其他原因	3909	13.04%	11.66%	15.27%	18.27%	15.33%	16.78%	17.55%	7.86%	23.08%	18.18%	17.24%
人员技术	2668	4.67%	3.47%	3.26%	4.81%	5.35%	3.36%	4.08%	0.71%	0.00%	0.00%	5.17%
配件争议	2663	9.65%	10.03%	12.61%	10.90%	14.11%	6.04%	7.76%	12.86%	0.00%	18.18%	6.90%
销售欺诈	2612	11.64%	12.51%	14.32%	11.54%	23.36%	21.48%	22.45%	22.86%	7.69%	18.18%	25.86%
承诺不兑现	2284	5.35%	7.08%	10.98%	12.50%	7.79%	23.49%	7.35%	20.71%	23.08%	18.18%	12.93%
服务收费	1135	29.54%	30.87%	10.29%	7.37%	3.16%	1.34%	8.98%	10.00%	7.69%	0.00%	3.45%

图 15　2019 年车型属性服务问题投诉数占比

九、厂家回复数阶梯式递增　投诉回复率保持平稳

据车质网数据统计，2019 年共有 141 个品牌受理了车质网发送的客户投诉，与 2018 年相比增加了 10 个品牌。其中，针对投诉问题的回复数达到了 77,427 条，较 2018 年增加了 11,006 条，品牌回复率为 87.8%。可见，随着国内汽车投诉总量的不断攀升，车企（包括轮胎生产企业）对于消费者诉求的重视程度也日益提升。

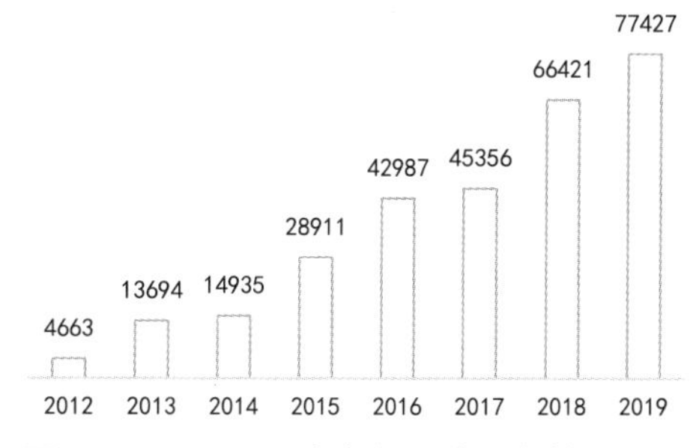

图 16 2012-2019 年投诉厂家回复情况对比

2019 年投诉回复率达到了 100% 的品牌共 46 个，较 2018 年增加了 5 个。以下是投诉回复率为 100% 的品牌榜单（排名不分先后）。

表 4 2019 年投诉回复率满意度达均值以上品牌

排名	品牌	满意度	排名变化
1	几何汽车	5	新上榜
1	厦门金龙	5	新上榜
1	日产（进口）	5	新上榜
1	SRM 鑫源新能源	5	新上榜
1	长安沃尔沃	5	新上榜
1	广汽中兴	5	新上榜
7	广汽讴歌	4.4	上升
8	大乘汽车	4.1	新上榜
9	凯迪拉克（进口）	3.9	上升
10	捷达	3.7	新上榜
11	新宝骏	3.6	新上榜
11	东风风光	3.6	新上榜
13	吉利汽车	3.5	上升
14	比亚迪	3.4	上升
14	上汽名爵	3.4	上升
14	东风风光	3.4	上升
17	长安跨越	3.3	下降
17	东风汽车	3.3	新上榜
17	汉腾汽车	3.3	上升
20	宝骏	3.2	新上榜
20	领克汽车	3.2	新上榜
22	上汽荣威	3.1	上升
22	长安轻型车	3.1	新上榜
22	上汽通用五菱	3.1	—
22	雷克萨斯	3.1	新上榜
22	沃尔沃（进口）	3.1	新上榜
22	捷途	3.1	新上榜
22	广汽传祺	3.1	新上榜

表 5　2019 年投诉回复率 100% 品牌

品牌	回复率	同比变化
宝沃汽车	100%	持续上榜
北京汽车	100%	持续上榜
北京越野	100%	持续上榜
北汽新能源	100%	持续上榜
LITE	100%	新上榜
比亚迪	100%	持续上榜
标致（进口）	100%	持续上榜
别克（进口）	100%	新上榜
东风本田	100%	新上榜
思铭	100%	持续上榜
东风风行	100%	持续上榜
东风小康	100%	持续上榜
东南三菱	100%	持续上榜
广汽传祺	100%	持续上榜
广汽丰田	100%	持续上榜
广汽三菱	100%	持续上榜
广汽集团	100%	持续上榜
广汽新能源	100%	持续上榜
海马汽车	100%	持续上榜
吉利汽车	100%	持续上榜
江铃集团新能源	100%	持续上榜
开瑞汽车	100%	持续上榜
凯翼汽车	100%	持续上榜
雷克萨斯	100%	持续上榜
领克汽车	100%	持续上榜
陆风汽车	100%	持续上榜
捷途	100%	持续上榜
威麟	100%	新上榜
瑞麒	100%	持续上榜
奇瑞新能源	100%	持续上榜
荣威	100%	持续上榜
名爵	100%	持续上榜
宝骏	100%	持续上榜
上汽通用五菱	100%	持续上榜
新宝骏	100%	新上榜
威马汽车	100%	持续上榜
雪佛兰（进口）	100%	新上榜
野马汽车	100%	持续上榜
一汽 - 大众	100%	持续上榜
一汽海马	100%	持续上榜
长安跨越	100%	持续上榜
哈弗	100%	持续上榜
WEY	100%	持续上榜
长城汽车	100%	持续上榜
欧拉	100%	新上榜
中顺	100%	新上榜

投诉回复率反映出的是厂家对于消费者诉求的重视程度，而处理过程及结果是否令人满意还要由消费者进行评判。2019 年车质网接到的投诉中已得到消费者评分的品牌超过 160 个，其中满意度评分达 3 分以上的品牌共 28 个，绝大部分为自主品牌。

从车质网投诉数据来看，尽管 2019 年并未发生大规模集体投诉事件，但小范围投诉异常增多情况依旧多发，促使 2019 年的总投诉量再次实现了历史性突破，将国内汽车消费投诉带入了一个全新的发展阶段。从部分小范围投诉异常增多事件中可以发现，普遍具有爆发性强、故障问题集中等特点，往往在短时间内对企业品牌口碑造成负面影响。但令人欣慰的是，随着车企对于消费者诉求的重视程度逐步提高，积极及时、有效地解决消费者提出的诉求，缓解消费者对于品牌产品的抱怨，这些小范围投诉异常增多事件大多在短时间内便得到了妥善解决，及时消除了对于车企的负面影响。

（中国法学会消费者权益保护法学研究会　郝庆丰）

2019 年中国汽车安全与召回状况

召回是后市场监管的重要手段，在改善产品质量，减少因产品缺陷而带来的安全伤害事故，维护公共安全、消费者权益，推动经济高质量发展等方面发挥着越来越重要的作用。根据《缺陷汽车产品召回管理条例》及其实施办法，2019 年全国汽车召回情况通告如下。

一、产业质量安全状况

2019 年，中国汽车产销量继续蝉联全球第一。但在转型升级过程中，受环保标准切换、新能源补贴退坡等因素影响，全国规模以上汽车制造企业利润总额比上年下降 15.9%。

汽车总产销量分别为 2572.1 万辆和 2576.9 万辆，分别比上年下降 7.5% 和 8.2%，其中，新能源汽车产销辆分别为 124.2 万辆和 120.6 万辆，下降 2.3% 和 4.0%。截至 2019 年底，全国汽车保有量 2.6 亿辆，其中私人汽车保有量 2.07 亿辆。新能源汽车保有量 381 万辆，占汽车总数的 1.46%。

全国消费者协会受理消费者汽车类投诉（含零部件）比上年增长 25.1%，主要涉及发动机、变速箱等主要部件，质量和安全问题占汽车投诉总量的 25.63%。国家缺陷信息采集平台全年收到消费者提供的汽车产品缺陷线索 14971 条，涉及发动机总成（占 30.42%）、传动系（占 19.02%）、电气设备（占 16.91%）、车身（占 13.56%）等。

二、召回实施情况

2019 年，共实施汽车召回 223 次，涉及车辆 652.97 万辆，召回次数比上年增加 1%，但召回数量减少 48%（如图 1 所示）。

截至 2019 年底，中国累计实施汽车召回 1992 次，涉及缺陷车辆 7578.01 万辆，生产者因召回而投入直接费用总计约 580 亿元。在保护消费者人身财产安全的同时，为消费者挽回了经济损失。

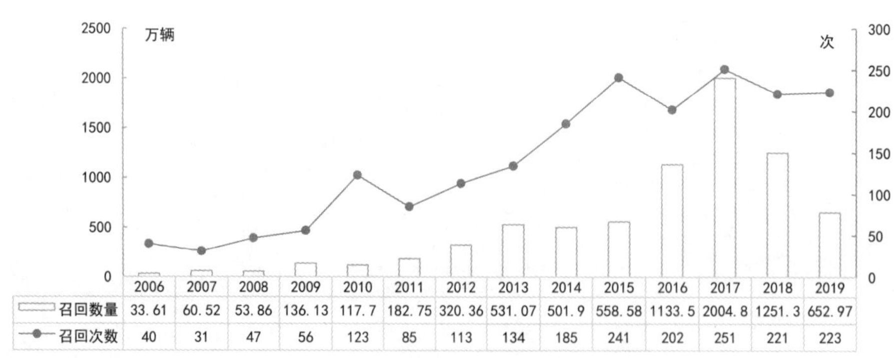

	2006	2007	2008	2009	2010	2011	2012	2013	2014	2015	2016	2017	2018	2019
召回数量	33.61	60.52	53.86	136.13	117.7	182.75	320.36	531.07	501.9	558.58	1133.5	2004.8	1251.3	652.97
召回次数	40	31	47	56	123	85	113	134	185	241	202	251	221	223

图 1　2006—2019 年汽车产品召回的次数与数量

从召回性质看，2019 年受市场监管总局缺陷调查影响而实施的召回次数占比较上年提高 4.69%，涉及缺陷车辆数量占比提高了 12.63%。

截至 2019 年底，受调查影响召回累计达 439 次，涉及缺陷车辆 4429.91 万辆，约占召回总量的 58%。2006—2019 年受调查影响召回次数与数量如图 2 所示。

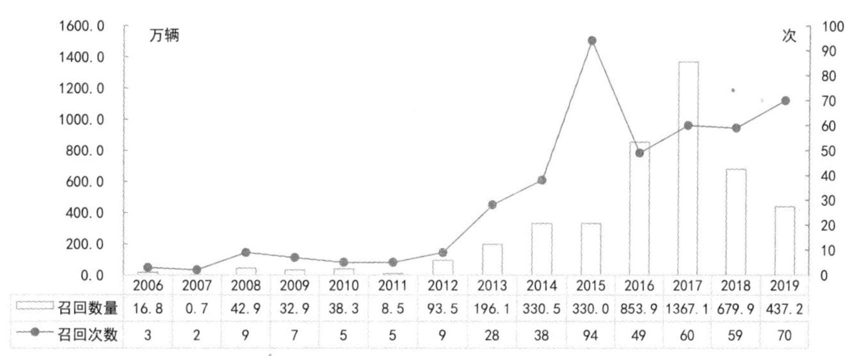

图 2　2006-2019 年受调查影响召回的次数与数量

从涉及总成看，气囊 / 安全带、发动机仍为主要缺陷产生部件。因气囊 / 安全带相关缺陷召回 46 次，涉及车辆 215.18 万辆；因发动机相关缺陷召回 47 次，涉及车辆 198.02 万辆；因悬架系统缺陷召回 7 次，涉及车辆 72.19 万辆；因电器设备相关缺陷召回 35 次，涉及车辆 65.50 万辆（见图 3）。

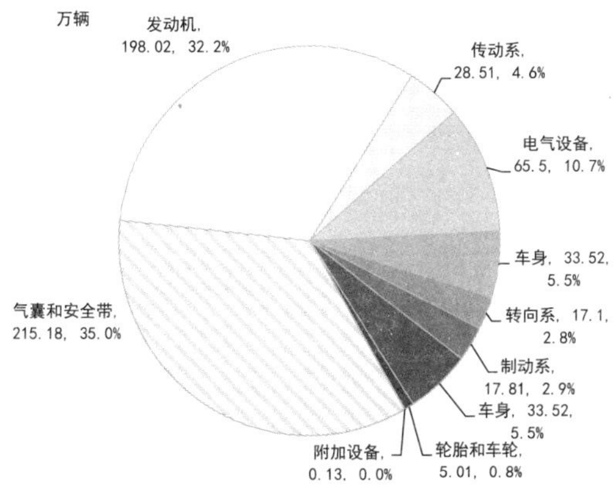

图 3　缺陷涉及总成召回数量分布

从缺陷原因看，因制造原因召回 166 次，召回汽车 415.82 万辆；设计原因召回 51 次，召回车辆 237.06 万辆；标识类原因召回 6 次，召回汽车 941 辆（见图 4）。

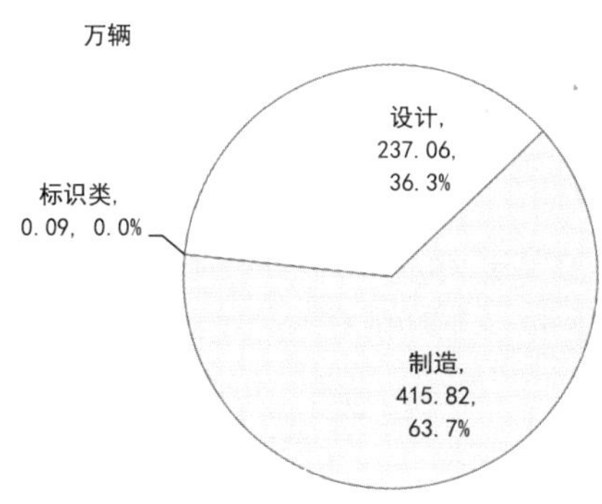

图 4　汽车产品缺陷原因分类召回数量及占比

从缺陷类型看，因标准符合性问题召回 23 次，涉及缺陷车辆 1.96 万辆，同比分别增加 156% 和 822%。标准符合性问题引发的召回虽有所增长，但不合理危险问题引发的召回仍占召回总量的 99% 以上。

（市场监管总局）

2019 年中国汽车金融发展综述

2019 年，世界经济在缓慢减速中度过了不平凡的一年。面对复杂的国际国内环境，中国经济保持了平稳运行，“六稳”并进，“三大攻坚战”取得超出预期的成果。1 月 17 日，国家统计局发布，2019 年中国国内生产总值 99 万亿元，同比增长 6.1%，人均 GDP 突破 1 万美元大关。全国居民人均消费支出 21559 元，比 2018 年实际增长 5.5%。同时，中美贸易争端逐渐深化，对两国经济乃至世界经济产生了深远的影响。

2019 年，中国金融行业的关键词仍然为“去杠杆”“防风险”，强化风险管控、完善监管链条、弥补监管短板，引导金融服务实体经济成为国家金融政策制定的目标与初衷。

2019 年对于汽车产业来说也是非同寻常的一年，国际贸易争端渐起、“国五”“国六”切换、新能源补贴退坡、银保监会严监管、个人征信管理加强……销量下探与服务提升成为当前行业的两大特点。中国汽车工业协会数据显示，2019 年汽车产销分别完成 2572.1 万辆和 2576.9 万辆，同比分别下降 7.5% 和 8.2%，产销量继续蝉联全球第一。2019 年全年二手车交易量达到 1492.28 万辆，同比增长 7.96%。中国车市总规模连续两年下跌。

2019 年，中国汽车金融业务贷款余额呈现稳定上升的趋势，零售金融需求与批发金融需求双增长。随着相关政策的出台、新技术的运用及企业产品服务的不断优化，汽车金融产业链条日益完善，不仅成为行业企业的重要利润来源，也成为助力整个汽车产业持续发展的核心驱动力。

一、汽车零售金融服务持续增长

近几年宏观经济下行，国内居民现金流压力增大；同时，90 后、00 后汽车消费群体增长，成为汽车消费最大的购买群体，大众对于汽车金融的接受度大幅提升。与此同时，广大汽车金融服务方不断优化产品，依据广大消费者的不同消费需求，设计推出更丰富的产品选择，能够满足消费者更多样化、个性化的需求。由此，汽车零售金融渗透率持续攀升，其市场规模继续保持高速增长的趋势。依据中国汽车流通协会会员企业调研统计，当前汽车零售金融渗透率已接近 45%，其中一些经济发达地区及更受市场认可的品牌，其零售金融渗透率已接近发达国家水平。

目前汽车零售金融产品主要包括新车贷款、二手车贷款、售后回租、直租等。从汽车零售金融产品服务方来看，主机厂金融公司与银行的汽车金融产品仍然是消费者的第一选择，其总规模已经突破 2 万亿元。汽车金融用户满意度及购买产品意向调研结果显示，消费者选择主机厂金融公司和银行的意向占比分别高达是 66.6% 及 51.5%。但是随着融资租赁企业的迅速发展，低首付、低门槛、高灵活性的租赁产品逐渐得到了很多消费者的青睐，初步估计 2019 年乘用车融资租赁市场规模将突破 1600 亿元。但是值得关注的是，目前国内的汽车融资租赁市场仍然以售后回租为主，直租占比并不高。此外，随着 P2P 叫停、互金业务受阻，更多的互联网金融企业进入汽车金融领域，成为汽车金融市场的补充力量。

二、汽车供应链金融服务日益完善

2019 年相关金融监管部门认真贯彻落实党中央、国务院部署的工作要求，积极加大金融支持国家战略和重点领域，为推动经济结构调整与转型升级提供了有力支撑。据中国人民银行统计数据显示，2019 年全国社会融资总规模突破 251 万亿元，同比增长 10.7%。汽车流通行业是资金密集型行业，全链条金融支持是汽车流通供应链得以高速流转的关键因素，政府政策的利好，参与主体的多样化，传导到汽车流通行业，为广大汽车流通企业提供了更高效更充足的金融支持。

目前，传统的厂商银三方库融模式仍然是汽车流通链条最主要的供应链金融服务，为全国近3万家授权4S店提供了库融资金支持，保障了全国汽车流通基本面的稳定。同时，金融机构与流通企业之间的两方授信业务，成为三方业务最大的资金补充渠道，弥补了企业的业务资金缺口及经营性流通资金缺口。此外，由于物联网、车联网、互联网、区块链等新科技在产业中的运用，存货质押融资、汽车合格证质押融资、回购担保、物流融资、法人账户透支等多样化供应链金融服务推向市场，为广大汽车流通企业提供了更多的选择，汽车供应链金融服务体系日趋完善。

目前的汽车供应链金融服务主要还是聚焦于新车销售流通环节。由于经营主体资质限制、经营规模限制、存货流动性限制等掣肘因素，二手车、零部件、精品、后市场的供应链金融服务需求仍未得到满足，这将是未来汽车供应链金融发展的重要方向。

三、保险业务与汽车金融深度融合

目前，中国汽车保险市场已进入成熟期，在汽车保有量持续增长的情况下，车险保费收入呈现上涨趋势，但增速已经趋缓。2019年，车险在财险保费收入中仍占据主要地位。根据中国银行保险业监督管理委员会数据，2019年1—12月，中国保险公司车险保单投保数量为4.97亿件，风险保障金额（保额）达到252.34万亿元。由于商车费改继续深化，新车费率下调，旧车费率持续下降，店端捆绑销售禁令以及新车销量下降等原因，2019年车险市场保费收入8188亿元，这是自2000年以来的最低增速。目前，4S店仍是汽车保险购买的主要渠道，渗透率逐年上升；服务好、理赔方便是其主要选择原因；但是4S店的续保率较低，价格太贵、促销赠送少是其主要流失原因。

除了车险业务外，保险已经呈现出了与汽车金融深度融合的趋势。一方面，在汽车零售金融领域，保险企业加强与经销商、融资租赁公司合作，基于消费者的个性化、定制化需求，创新产品开发，为消费者提供更多保险服务，如上门取送车险、玻璃险等；另一方面，保险公司也深入汽车供应链金融服务领域，创新服务，推出更多落地保险服务。比如，基于信用保证保险为广大流通企业提供“保险+资金”的新型供应链金融服务，聚焦融资租赁企业产品设计需求推出残值保险服务等。

此外，随着国民经济发展、人民生活水平提高，车主在汽车后市场维修保养观念方面逐渐成熟，其消费观念也从“以修为主”逐步转变为“以养为主”。汽车延保行业不断发展，人们对汽车延保的认识也在不断转变，消费者对汽车延保的接受程度也越来越高。目前中国汽车延保服务提供商主要包括汽车生产厂家、汽车经销商集团和第三方延保公司。

综观2019年汽车行业发展脉络，随着中国汽车市场进入存量市场竞争，汽车金融业也进入充分竞争阶段，并随着国家金融监管力度的持续增强，行业愈加规范，市场呈现出了一些的新的发展特点。

四、监管合规在一段时间内仍是行业主旋律

汽车金融行业的2019年是监管年、合规年。面临汽车销量下滑的凌冬，汽车金融成为整个汽车行业的关注焦点。各路资本纷纷杀入，行业快速增长，难免遭遇“成长痛”——业务模式不审慎、信息披露不充分、费用收取不合理、催收方式不合法等，逐渐浮出水面。基于国家“降杠杆、控风险、助实业”的金融监管方针，汽车金融相关领域纷纷出台行业政策，融资租赁管理办法出台、车险监管继续加强、商业保理门槛提高、融资性担保管理制度发布、央行二代征信落地、个人金融信息（数据）管理办法实施，行业进入强监管阶段。

同时，2019年汽车金融行业也爆发了一些热点事件，西安奔驰汽车金融服务费事件后全行业对于汽车金融服务费进行合规性大讨论、51信用卡违规催收后监管部门对于催收进行严厉监

管等，这不仅引起了行业内的注意，引发了全社会的高度关注，并且带来了相关监管部门对相关业务的整顿与合规。

表1 近年汽车金融行业部分监管政策

时间	政策
2017 年 12 月	《关于规范整顿“现金贷”业务的通知》
2018 年 3 月	中国互联网金融协会发布了《互联网金融逾期债务催收自律公约（试行）》
2018 年 4 月	银保监《融资担保公司监督管理条例》四项配套制度的通知
201 年 7 月	银保监会《中国银保监会办公厅关于商业车险费率监管有关要求的通知》
2019 年 1 月	银保监会《关于进一步加强车险监管有关事项的通知》
2019 年 4 月	银保监会《融资担保公司监督管理条例》
2019 年 5 月	中国银保监会《关于保险资金参与信用风险缓释工具和信用保护工具业务的通知》
2019 年 5 月	银保监会《关于开展“巩固治乱象成果 促进合规建设”工作的通知》
2019 年 8 月	国务院办公厅《关于加快发展流通促进商业消费的意见》
2019 年 10 月	银保监会《关于印发融资担保公司监督管理补充规定的通知》（国务院令第 683 号）
2019 年 10 月	中国人民银行《个人金融信息（数据）保护试行办法》
2019 年 11 月	银保监会《融资租赁业务经营监管管理暂行办法（征求意见稿）》

五、汽车金融已经进入充分竞争市场

汽车销售市场下行，汽车产业链利润来源更为依赖汽车金融。延续 2018 年的趋势，行业的不断发展，商业模式、专业人才储备等已经逐渐步入成熟期，垂直领域头部公司、行业巨头、传统金融机构将成为这一领域的绝对主角。除了银行、主机厂金融公司以外，2019 年保险企业深度融入汽车金融，头部融资租赁企业已经取得较为明显的先发优势。而随着互联网金融的监管态势，越来越多的互联网金融玩家也进入了汽车金融领域。汽车金融领域中小公司创业窗口在 2019 年越来越小，崛起的新企业数量并不可观。

从银行和主机厂汽车金融公司的现状来看，它们仍然将占据汽车金融行业金字塔的最上端。平安银行获得首张汽车金融牌照，中信银行探索尝试新能源汽车领域，中国银行开设国内首家“在线汽车银行”，招行信用卡打造同业内首家汽车场景连接平台……在信用卡、消费贷等个贷不良贷款压力加大的背景下，汽车金融贷款不良率相对较低，在银行看来是稀缺的优质资产；正在高速发展中的二手车金融、新能源车金融也成为银行零售转型的重要突破口。汽车金融公司则在开放全品牌、二手车业务、新能源车业务、新车上市同步产品、布局金融科技等方面着力。如已有过半汽车金融公司涉足二手车信贷业务，其中上汽通用金融、大众金融等还在试水多品牌二手车贷款；上汽财务、上汽通用、广汽汇理、大众金融、长安金融、宝马金融等均已开展新能源车业务。

高额、低频的汽车金融业务，要深入线下、交易场景中，线下门店、人员和配套服务是重要的护城河，这注定是一个前期投入大、成本高、以规模效应取胜的业务。近年来，汽车金融展业模式并没有重大的突破性变革，大量同质化产品涌入市场，在市场高速增长时期，谁都能分一杯羹。目前车市增速放缓、汽车金融竞争加剧，已经到了考验企业发展质量的关键时期。挑战的背后是机遇，精耕细作的公司可以抢占粗放经营公司的市场空间。

六、汽车金融业务呈现专业细分特点

市场需求的不断满足、新技术新手段的成熟运用、产业研发的不断加码，必然带来业务的专业化、智能化、个性化。在零售市场端，助贷模式风生水起，越来越多的互联网平台转变业务模式，一方面绕开融资难、资金贵、风控要求高、团队成本高等限制性条件，另一方面充分发挥互联网平台在客户引流、导流、转化上的优势，同时满足了金融机构与助贷机构双方的诉求，资金方负责资金供给与风险管理，助贷方负责客户引入与订单转化。

同时贷后资产管理的各个环节服务更加细化，专业的大数据风控、电催、GPS、不良资产处置服务商不断涌现，为汽车金融企业提供了更高效、更专业、更合规的服务选择。在金融科技方面，相关机构和平台也在不断通过科技驱动，促使汽车金融效率大幅提升，如百融云创通过外部数据服务的引入、反欺诈规则设计、信用评估模型及策略开发、风控决策管理系统应用，推动智能风控决策平台建设；京东金融车白条初审的审批结果已达毫秒级，还有自主专利的AI智能模型与生物探针等反欺诈技术；天易科技则从风控商向汽车金融全生态服务商转变，上线易车商智慧管理平台，增加4S店与车主的互动。

七、巨头纷纷布局汽车金融业务

宏观经济下行，房地产行业的黄金发展期已经过去，汽车作为中国老百姓的第二大家庭消费支出，已经成为大量资本巨头的下一个必争之地。在汽车金融领域，巨头运用新技术、创造新模式，已对传统企业发出了挑战。以BATJ为代表的互联网巨头在汽车金融领域均在不同程度上推进各自的汽车金融布局，试图在汽车金融的“红海”中抢占先机。弹个车、易鑫、毛豆、优信、花生好车的背后是各大互联网巨头的角力。同时，以平安集团为代表的金融巨头，更深入地参与到了汽车金融全链条的竞争当中，逐渐搭建起了银行、保险、租赁、普惠、科技等全领域的汽车金融服务生态圈闭环，并拿下行业内首张银行汽车金融牌照，成为行业先行者。

随着国内消费者对于车辆购买和驾车出行需求的日益提升，汽车产业链中最具话语权的主机厂巨头除了自有的主机厂金融公司业务外，纷纷布局融资租赁业务，据不完全统计，2019年除北汽和奔驰外，还有现代、一汽、威马、东风和丰田等5家汽车公司纷纷选择入场或继续加码融资租赁行业。7家汽车厂商合计注资租赁公司金额达65.15亿元。截至目前，有20个主机厂旗下设立共计26家融资租赁公司。

表2　2019年（部分）主机厂布局融资租赁情况

序号	主机厂	持股融资租赁公司	时间	动作
1	北汽、现代	北现租赁	1月29日	新成立
2	一汽	一汽租赁	3月1日	增资
3	北汽	中车信融融资租赁	3月14日	增资
4	威马	威马融资租赁（天津）	7月3日	新成立
5	北汽、奔驰	梅赛德斯－奔驰租赁	7月15日	增资
6	东风	东风南方融资租赁	10月23日	增资
7	丰田	丰田融资租赁	11月18日	增资
8	北汽	安鹏国际融资租赁（深圳）	12月3日	增资
9	北汽	中车信融融资租赁	12月3日	增资
10	北汽、奔驰	梅赛德斯－奔驰租赁	12月5日	增资

汽车金融在中国经过20年的发展，形成了较为成熟的竞争格局。2019年汽车金融逆势增长，取得了行业公认的成绩。但是，随着近几年经济形势和产业的变化，当前汽车金融也面临着前所未有的挑战，这对汽车金融行业企业提出了更高的要求。

（一）业务增长与业务合规的平衡

对融资、资本、风险管理、数据等监管越加严格。现有“宏观审慎评估体系”以及宏观审慎资本充足率评估标准，对融资租赁行业的准入清单、对网贷平台的规范，将不断使汽车金融公司、商业银行、融资租赁公司、互联网平台面临更大的经营压力。在此监管环境下，全流程合规成为企业必须遵循的展业原则，如何在合规经营的基础上不断放大业务规模和经营利润，这成为广大行业企业共同关注的课题。

（二）企业融资成本高

汽车金融可持续发展，很大程度上取决于公司是否能通过多样化融资渠道，保证资金长期稳定充足，并有效控制自身借款成本。目前除了国内市场主机厂汽车金融公司部分依赖政府贴息外，其余大部分的汽车金融企业则主要通过银行借款、发行债券、ABS等渠道获取资金，但由于融资主体资质限制、融资渠道不够丰富，其融资成本高已经成为很多行业企业的难题。也正是如此，越来越多的融资租赁企业选择了助贷业务模式。

（三）金融创新难

在新车销量下降的背景下，部分企业开启了金融创新。但是由于受限于汽车金融监管政策的要求，目前很多创新均基于首付、违约条件放宽等风险管理口径的调整，而不是对业务本身的创新，这是不可持续的。

另外，当前汽车金融产品基本能覆盖供应链端及零售端金融需求，企业的创新难度大，创新成本高。故当前的汽车金融产品和服务同质化严重，企业之间的竞争更主要的是市场和营销的竞争。

机遇与挑战并存，汽车金融行业正在迎来新的行业格局。在充分竞争背景下，毛利率下降是大概率事件。通过规模效应、精细化运营，来拓展利润空间；深耕细分领域，拓展产品和服务边界，将为企业赢得竞争提供更有力的支撑。展望未来，汽车金融行业的发展趋势将体现在征信数据合规化、业务模式多元化、资金构成多元化以及技术手段多样化。

（四）征信数据合规化

随着央行开放征信系统接入及征信二代的落地，互联网金融征信手段开始走上台面，所有用户产生的消费与社交信息，都会被视为评估用户资质和信用等级的参考指标。除此之外，新兴的区块链技术得到了金融企业的高度重视，其核心就是去中心化，全民参与的信任机制，可以对消费品、机构以及个人形成高度透明且可信的信用评估体系，未来作用至关重要。

（五）业务发展多元化

随着汽车产业的持续发展，汽车市场的逐步成熟，金融需求的不断满足，以及人们消费心理的转变，汽车金融业务将呈现出业务更加多元化的趋势。在供应链端，S2B2C模式将成为未来发展热点，平台通过对接外部资源或自营方式提供一站式供应链服务。新能源汽车的快速发展，也带来了B2B领域的金融需求，电池租赁、充电桩金融方案等，成为新能源汽车进入千家万户的重要推力。

在零售端，网约车业务与直租业务仍将是未来一段时间的热点，同时因为二手车市场的蓬勃发展，二手车金融成为所有资方关注的焦点。

（六）资金构成多元化

汽车金融行业企业的资金来源除了成立之初的资本金以外，大部分需要依靠自身力量去解决资金问题。在融资的过程中，除了成本因素以外，还需要考虑政策，市场等各种因素对于资金筹措的影响，因此资金筹措的多元化显得尤为必要。只有不断地拓宽融资渠道和加强融资能力才能保证公司正常的发展，避免公司的流动性风险。

在债项资金渠道上，目前大家首选的融资渠道还是银行，其融资成本最低，可为行业提供库存融资、应收账款融资、中长期流贷、外保内贷、银团贷款、商票、银票、信用证等多样化金融支持，但其受主体资质、授信额度、企业债务的限制较大。

此外，金融租赁公司、保理公司、信托公司、银行同业部门也可以为汽车金融企业提供资金支持。随着金融市场去杠杆和流动性趋紧的影响，ABS 作为标准化的直接融资已经成为越来越多汽车金融企业获得资金来源的重要渠道，并呈现出从场外私募 ABS 向更高流动性的场内公募 ABS 发展的趋势。

在股权融资渠道上，除了一级市场融资外，很多汽车金融企业完成二级市场 IPO。同时，由于互联网公司赴海外上市的趋势愈演愈烈，未来将会有更多汽车金融服务商赴海外寻求上市融资机会。

（七）技术手段多样化

近年来，为抓住市场机遇，推动服务渠道下沉，加强业务向纵深发展，提升核心服务能力，打破同质化竞争格局，互联网汽车金融平台、汽车金融公司及其他金融机构陆续开始布局金融科技，以进一步提高服务质效，抢占市场先机。云数据、区块链、人工智能、物联网、车联网等技术的提升，使得面部识别、OCR 识别、电子面签、电子合同、违约风险预警、机器人催收等自动化流程的实现速度与准确率大幅度提高，汽车金融效率提升、成本降低、客户体验升高。同时，互联网经过 20 多年的发展，传统征信数据不断完善的同时，也积累了大量如互联网金融数据、运营商数据、电商数据、社交数据等可以用于补充传统征信的外部数据，使得风险模型进一步优化，风控水平进一步提高。

整体来看，金融科技手段在业务模式、获客方式以及风控环节均有所助益，可以精确与优化金融产品定价、简化信贷业务流程、识别潜在优质客户、加强风险管控能力，提升用户服务体验，从而进一步增加客户黏性，拓展服务范围，进行多维化和个性化的汽车金融业务布局。

自 2019 年 12 月以来，国内突然暴发了新型冠状病毒感染的肺炎疫情。由于疫情的蔓延，整个国民经济发展备受冲击，汽车金融行业也不例外。国内汽车消费处于停滞状态，广大汽车金融企业经营遇到了极大困难。

一方面，全国汽车销售及租赁断崖式下跌，库存压力增大，企业销售回款及租金回款断流，以银票和授信为主的企业融资到期，企业债务履约遇到问题，金融机构压力增大；另一方面，汽车销售及租赁停滞期间，企业房屋租金、人员工资等持续支出，企业流动性压力增大，资金缺口大。

但随着政府相关扶持政策的落地，更多金融机构参与到汽车金融业务当中来，相信疫情带来的消极影响会逐渐消解，并恢复到正常水平。

（中国汽车流通协会金融分会）

2019 年中国汽车物流行业发展综述

中国汽车产业作为国民经济的支柱产业，2019 年总体需求不振，出现负增长局面，下行压力突出。汽车产业已经从快速成长期进入平稳发展阶段，短期增量增长逐步让位于长期存量调整，迎来转型升级的关键期。汽车物流行业作为汽车产业的重要支撑，受汽车市场下行和经济环境不景气的多重影响，2019 年面临业务结构调整，服务转型升级的新要求，行业基本情况主要表现在以下几个方面。

一、汽车物流市场发生变化

自 2018 汽车市场首次出现下滑后，2019 年汽车产销量持续大幅下滑，下行压力较大，根据中国汽车工业协会统计，2019 年汽车产销 2572.1 万辆和 2576.9 万辆，同比分别下滑 7.5% 和 8.2%。汽车市场全面进入调整期，下滑的市场对于汽车物流行业造成了一定的影响，物流市场的服务也在不断调整和变化。

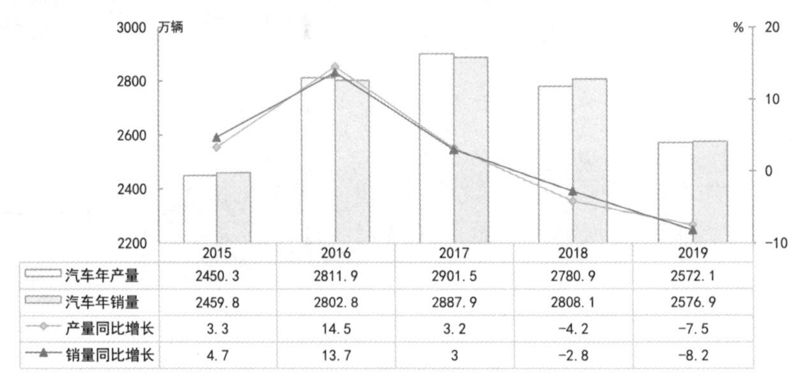

	2015	2016	2017	2018	2019
汽车年产量	2450.3	2811.9	2901.5	2780.9	2572.1
汽车年销量	2459.8	2802.8	2887.9	2808.1	2576.9
产量同比增长	3.3	14.5	3.2	-4.2	-7.5
销量同比增长	4.7	13.7	3	-2.8	-8.2

图 1　2015-2019 年中国汽车年产销量及其增长速度

数据来源：中国汽车工业协会

其中乘用车产销分别完成 2136 万辆和 2144.4 万辆，同比分别下降 9.2% 和 9.6%，占汽车产销的比重分别达到 83% 和 83.2%；受基建投资回升、国三汽车淘汰、新能源物流车快速发展、治超加严等利好因素拉动，2019 年商用车产销量形势好于乘用车，产销量分别为 436 万辆和 432.4 万辆，产量同比增长 1.9%，销量下降 1.1%。另外受退补政策影响，2019 年，新能源汽车产销分别完成 124.2 万辆和 120.6 万辆，同比分别下降 2.3% 和 4.0%。

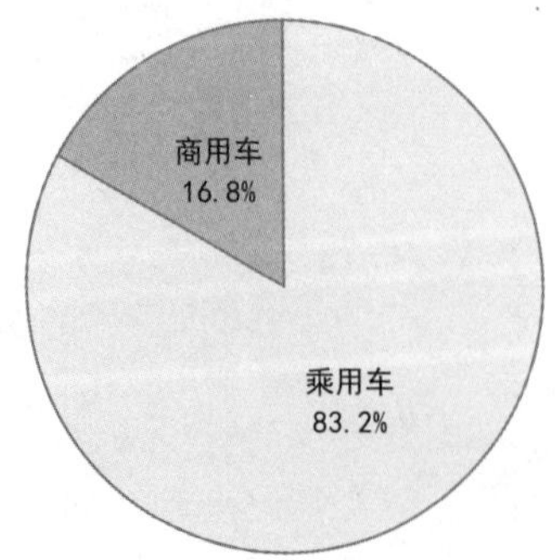

图 2　2019 年中国乘用车、商用车销量市场份额

数据来源：中国汽车工业协会

新车市场整体出现大幅度下降对汽车物流行业来说是巨大的挑战，通过增量市场带来的业务增长出现明显的下滑，逐步在向存量市场转变。汽车二手车市场增长速度变快，据中国汽车流通协会统计，2019 年二手车全年累计交易量为 1492.28 万辆，累计同比增长 7.96%（如图 3 所示），以围绕二手车市场的电商平台已经逐步受到消费者的认可，二手车物流业务格局已经打开。

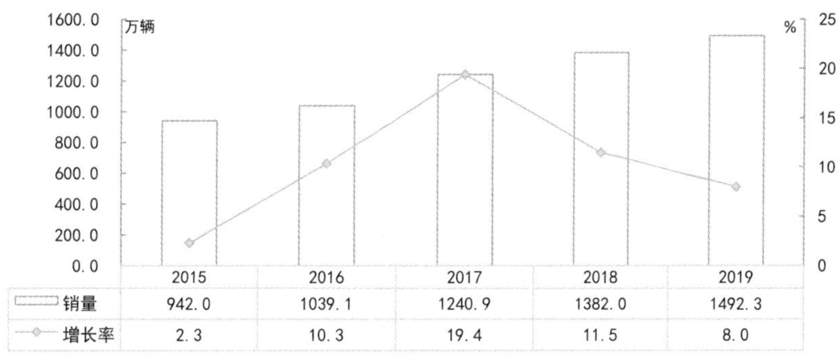

	2015	2016	2017	2018	2019
销量	942.0	1039.1	1240.9	1382.0	1492.3
增长率	2.3	10.3	19.4	11.5	8.0

图 3 2015-2019 年中国二手车市场交易量情况

数据来源：中国汽车流通协会

随着全国各地二手车限迁政策全面消解，跨城市交易的比例迅速攀升。2019 年二手车转籍比例达到 27.9%（见下图）。

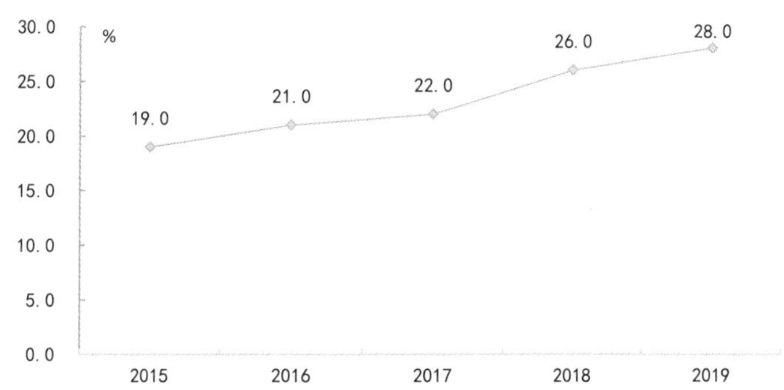

图 4 2015-2019 年中国二手车异地转移登记比例

数据来源：中国汽车流通协会

从汽车保有量来看，2019 年中国机动车保有量达 3.48 亿辆，其中汽车保有量达 2.6 亿辆，且私家车（私人小微型载客汽车）持续快速增长，2019 年达到 2.07 亿辆，这说明围绕汽车后市场的物流服务需求进一步扩大。

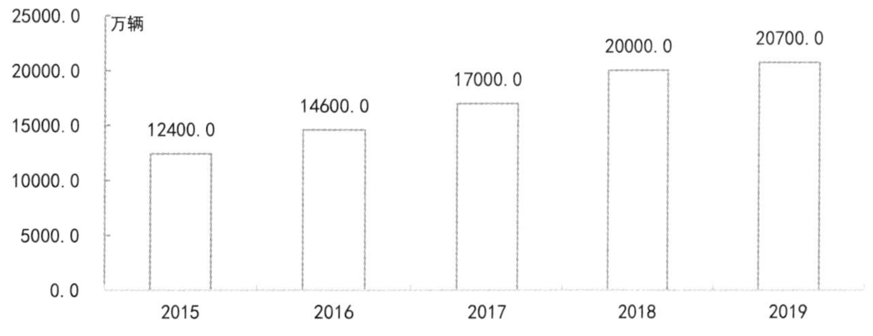

图 5 2015-2019 年中国私家车保有量情况

数据来源：公安部交管局统计

二、整车物流结构逐渐优化

2019 年，汽车整车物流行业在治超结束后，车辆运输车等运输装备继续优化，铁路和水路发展保持良好态势，综合运输体系越来越健全。

（一）治理后时代效果显著

自 2018 年车辆运输车治理工作取得了显著成效后，新的问题也凸显出来，2019 年上半年，“6+2”“7+2”等不合规装载普遍发生，严重扰乱了整车物流的市场秩序。随之，国家相关部委积极采取有效措施，交通运输部、公安部、工信部联合下发了《关于进一步加强车辆运输车超长违法运输行为治理的通知》，从强化源头装载监管，严格路面执法检查，加强违法信息共享，实施信用联合惩戒等四个方面加强治理，重点查处“6+2”“7+2”等车辆违法违规行为，并按季度统计处理违法信息，有效遏制了不合规装载的违法行为。中置轴车辆运输车在汽车整车公路运输中的优势得以凸显，运输装备不断升级，有效改善了全国汽车整车运输的市场环境。

（二）铁路运输发展迅猛

在近三年的治理工作背景下，汽车整车铁路运输量连年递增，2019 年完成汽车整车铁路运输量 657 万辆，较 2018 年增加 12%，作为国内铁路运输的主体承担者，拥有 1500 多辆 JSQ5 型和 18450 辆的 JSQ6 型铁路专业运输车辆，其中由 JSQ5 型改型的车辆可以完成面包车、中巴车和商务车等车辆的运输，服务范围进一步扩大。运输基本实现了规模化、快捷化，班专列比例已达到 60%，平均每周开行约 120 列，峰期每周开行 200 余列，充分发挥了铁路运输的规模优势。

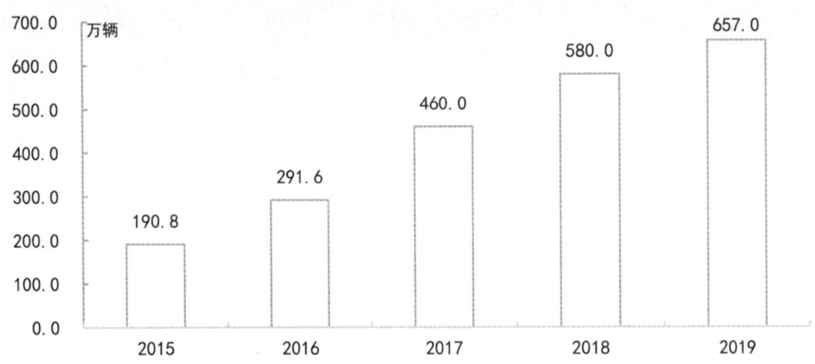

图 6　2015-2019 年中国汽车整车铁路运输量

数据来源：中铁特货运输有限责任公司

（三）水路运输保持稳定

汽车整车水路运输仍以滚装运输模式为主，少量采用集装箱运输，2019 年完成汽车整车滚装运输量 340 万辆，基本与 2018 年持平，其中沿海滚装 219 万，沿江滚装 121 万。从运力结构来看，全国江海滚装船舶共计 98 艘，其中江船 55 艘，沿海船 40 艘，远洋船 3 艘（执行远洋运输），江船主要以 800 车位的船型为主，海船主要以 2000 车位以上的船型为主，沿江航线主要为汉渝线、汉申线，沿海主要为渤海湾环型航线、海南线、上海至天津线、上海至大连线等区间航线、广州至天津、广州至大连两条沿海南北干线。

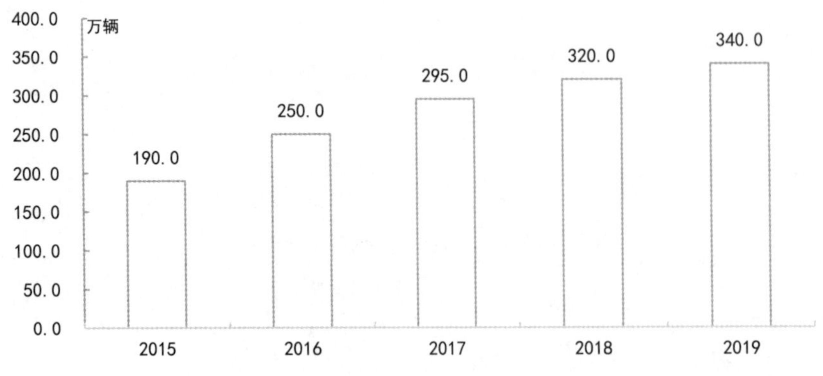

图 7　2015-2019 年中国汽车整车水路运输量

从滚转码头来看，传统滚装行业主要进口口岸仍以上海、天津、广州、大连为主，以武汉、重庆为主的沿江内贸水运口岸迅速崛起，烟台、东莞等沿海口岸内贸业务实现较大幅度增长，市场格局日趋合理化；码头服务也由传统的装卸业务向综合汽车物流服务模式转变，在传统装卸业务基础上，延伸仓储保管、分拨配送、改加装、信息管理等增值服务将有力增强码头的核心竞争力。

三、汽车供应链服务更加完善

（一）汽车供应链上下游延伸

汽车行业供应链是最典型的供应链组织结构模式，尤其是在零部件的生产与供应环节，供应链服务以主机厂为供应链的核心，从零部件生产企业到主机厂再到汽车经销商4S店，由主机厂进行协调管控，订单制生产销售模式能够大大降低供应链前后端的库存。

同时，主机厂和零部件供应商伙伴间合作持久，供应链关系更加牢固。汽车零部件供应端对于物流服务来说，需要更加专业化、系统化，利用自动化、智能化、信息化等先进技术，完成主机厂的要求做到准时制供应与库存管理，物流排序上线。

（二）汽车市场的不断扩展

中国机动车保有量高达3.48亿辆，这对于汽车后市场的服务需求越来越旺盛，汽车后市场涉及备件、维修、保养、金融、零部件电商等多个细分领域。

为了促进市场化，市场需求和公平竞争迫使后市场各方转型，主机厂、备件厂商、经销商、维修连锁店及互联网企业纷纷开展不同形式的售后服务市场拓展，主机厂建立了自己的独立备件品牌，如东风日产设立了Okcare品牌维修店，上汽集团“车享家”等快修连锁品牌已陆续运营；备件厂商和经销商试点转型，如博世下属的博世车联等；维修连锁的铺设多元化，如华胜连锁、康众汽配等；互联网企业也在汽车后市场中脱颖而出，如途虎等。这些都对后市场物流发展起到了积极的推动作用，同时在细分的后市场物流领域，目前未形成龙头企业，对于汽车物流企业来说是巨大的机遇。

四、汽车国际物流服务升级

汽车物流行业服务已经不在局限于国内物流服务，已经向国际业务服务拓展，积极布局和拓展国际市场，对推动行业发展起到了至关重要的作用。

（一）进出口物流服务深化

近几年，随着中国“一带一路”倡议的落地实施，汽车进出口不再依赖于传统海运，国际铁路运输得到了快速发展，例如，今年新的整车进出口陆港——西安港通过铁路4个月的整车进出口总量近1.4万台，是国内其他所有班列公司发运量总和的三倍，铁路进出口业务量增长迅速。

除铁路国际运输外，汽车物流行业在国际滚装运输方面也有新的突破，上汽安吉物流今年投入首艘专用于国际航线运输的船舶（上汽安吉凤凰号）入列东南亚航线，同时开通了中国至南美西航线，实现自营滚装国际航线运营。

（二）海外物流业务升级

近些年，中国主机厂，尤其是自主品牌更加注重海外业务，海外建厂数量不断增加，长城汽车在俄罗斯建立工厂；东南亚也成为自主品牌的必争之地，上汽、江铃、五菱、比亚迪、奇瑞等争先恐后在东南亚建厂，海外市场成为中国自主品牌新的业务增长点，随着主机厂海外布局，中国汽车物流企业也逐步走出国门，服务全球，例如，上汽集团已在海外建立了3个整车基地，海外制造基本上是整体产业链输出，供应链以及物流也逐步进入海外市场中，上汽安吉物流在海外建成了4家物流分公司，为上汽海外工厂进行服务。海外市场空间巨大，随着中国自主品牌、新能源企业在国际市场竞争力的增强，国际化物流服务能力也在逐步增强。

五、技术创新水平不断提升

技术创新仍是2019年汽车物流行业关注的热点，从行业技术创新方向来看，主要有三个特点。

①自动化、智能化、数据化、信息化的应用成为企业主要创新方向，无人车、无人机、无人仓等项目在行业内逐步应用，上汽通用等企业利用整车自动驳运AGV实现了整车无人转运，减少人工成本，提高效率，一汽物流开展了零部件自动化、立体仓库、自动驾驶等先进物流科技技术，开展了自动泊车系统实验。

②装备工具、包装等物流器具的优化和改善能够有力降本增效，在零部件物流领域，不断优化物流器具，如料架、汽车行李架、周转箱等，通过小的装备细节改进，持续优化物流服务，不断降本增效。

③基于新技术的供应链管理、物流金融服务在不断升级，区块链技术、云技术、大数据等互联网新技术在供应链管理中不断应用，中都物流通过合作，上线了集物流、结算与供应链金融三大服务于一体的区块链+汽车供应链服务平台。这些新技术与新装备的创新与应用给汽车物流行业发展注入了新的活力。

六、企业之间合作日益加深

汽车物流行业市场集中度较高、核心竞争力强，2019年，有5家企业入选“中国物流企业50强”，还有多家企业获评5A级物流企业，涌现了一批行业领军企业。同时，企业间良性竞争的市场格局已经形成，企业在竞争的基础上也在不断寻求合作共赢。

例如，长久物流先后与悦达投资、中国重汽、深长航等成立合资公司，今年又与格罗唯视成立合资公司，不断通过强强联合实现外延式发展。上汽安吉物流与零部件供应商企业的合作在不断升级，今年与上海联谊、华域车身、中国弹簧、上海实业交通等多家企业签订战略合作，延伸服务链，实现共谋发展。通过企业间合作逐步实现产业链的融合，业务链的延伸，不断提升企业的服务能力。

七、汽车物流标准不断完善

2019年，汽车物流标准工作持续推进，完成了《汽车售后服务备件仓储作业规范》，《汽车成套零部件出口包装和集装箱装箱作业规范》两项行业标准和《汽车整车物流多式联运设施设备配置要求》一项国家标准的报批工作，预计2020年发布实施；《汽车制造零部件物流标签规范》《汽车零部件出口KD包装质量检测规范》《汽车零部件托盘包装的打包要求》三项行业标准也将进入审查阶段，国家及行业标准的持续完善，将有力推动行业标准化发展。

（中国物流与采购联合会汽车物流分会　张晋姝）

2019 年中国汽车改装市场发展综述

自 2018 年 10 月，国务院办公厅发布了《完善促进消费体制机制实施方案（2018—2020 年）》后，2019 年中国汽车改装市场在文化发展和消费升级上，都展示出了明显的向上驱动力。

随着车主群体日趋低龄化，80 后、90 后、00 后群体逐渐成为汽车领域的消费主力。低龄车主更追求个性，不甘于雷同。加之近年来高速发展的汽车赛事运动的影响，以及汽车俱乐部规模不断扩大，类型区隔化发展，以及国家对汽车个性化改装、升级的鼓励，汽车改装市场专业化规范化的提升，使得中国的民用汽车改装市场呈现出蓬勃发展之势。

汽车改装从技术层面来看，包含车身外观改装、车辆动力改装、安全性能改装、舒适性改装以及对汽车智能方面的改装。

据统计，在欧美市场，高达 80% 的汽车改装比例占后市场 40% 的份额，而中国仅有 5% 的汽车改装市场，其份额在后市场中占比为 3%，可见中国的汽车改装市场还处于萌芽阶段。

一、利好政策激发改装市场发展活力

首先，在政策法规领域中，相继出台了符合国情的汽车改装领域的法律法规，明确规定了汽车各部分的改装范围与限制等。

2018 年 10 月 11 日，国务院办公厅发布了《完善促进消费体制机制实施方案（2018-2020 年）》。方案的第九条关于促进汽车消费优化升级中明确道“积极发展汽车赛事、旅游、文化、改装等相关产业”。

2019 年 9 月 1 日中华人民共和国公共安全行业标准中明确规定实车外观形状应与公告的机动车照片一致，但装有公告允许选装部件的以及乘用车在不改变车辆长度、宽度、和车身主体结构且保证安全的情况下进行改装。

配合法规放宽各项制约政策，修订符合改装法规的汽车年检标准，使改装行业逐步向规范化、标准化发展，促进了改装行业转型升级。

在汽车改装细分领域中也不断加强行业监管，制定专业性的改装技术规范，明确汽车改装行业监管的归口部门，规范市场，出台准入条件，建立汽车改装安全、质量与服务的统一标准。成立专门质检机构，对改装产品的生产企业与产品设立认证注册机制，列入国家相关归口部门认证的改装产品目录，并持续更新。对于改装厂，建立明确的软硬件审核与改装服务监管机制，明确改装与售后责任范围，对于通过审核要求的汽车改装厂家，给予其汽车改装合法经营权。

改装市场越来越重视人才培养，行业内不断加强与国外改装行业的交流与合作学习先进技术经验，增进国内汽车厂商与改装厂商的相互交流。鼓励院校设立相关专业，培养专业汽车改装人才，加强人才储备。对优秀的国内汽车改装厂商进行政策支持，起到行业示范作用，为提升中国汽车改装市场的整体技术水平与环境，推动汽车后市场健康稳定发展打下良好基础。截至目前全国近 20 所中高职院校已开设了汽车改装专业课程。

2019 年 11 月 28 日全国职业院校汽车改装产教融合技能标准认证联盟（以下简称“联盟”）的成立就是为了进一步响应国家号召、以市场需求为导向，加强院校与企业之间的联动，建立全面的“产、学、研、用”专业人才培训就业体系的重要途径。联盟成立后将联合全国职业技术院校、汽车及汽车后市场龙头企业，通过认证人才技能标准，全方位举办师资培训班、对口定向培训班、技能大赛，建设实训基地、开发课程、研发教具等方式，推动全国职业院校汽车改装专业建设，推进汽车改装教育与企业文化的有机结合，促进教育和产业联动发展。

更为广泛的后市场大渠道加大了对改装业务的需求，作为增项整车的经销商体系在加快探索实践；汽车维修厂、洗美养高端连锁服务企业也在逐步引入汽车改装项目，这样的成功经验将加强汽车改装业务的普及及可复制性，并逐步在全国推行。从 2020 GT Show 的专业数据分析中也可以看出，装饰店、4S 店以及维修厂对改装业务的需求占比与日俱增。

二、改装市场发展特点

根据改联网、GT Show、工匠派、Car4fun 以及 JK 车映画等五家自媒体的联合数据统计显示，在中国，改装消费市场集中在粤苏鲁浙京津沪地区，这些地区的占比高达 67%。

改装消费的主力人群中 18—30 岁的消费者较 2018 年下降 10%，而 30-40 岁的消费人群则呈上升趋势。

近 60% 的车主在拿到新车后就开始了改装计划，改装车主在选择改装项目的时候，会以提升车辆性能为第一诉求，追求的是高性能和驾驶乐趣，同时也在寻求车主的个性化表达，希望能创造艺术品。由于政策不明，部分轻改用户持观望状态，但也有一部分轻改用户加入了重改队列。相较于 2018 年，重度改装用户增加了 6%，轻度改装用户下降了 12%。

在改装的投入上，50% 车主们的预算空间集中在 3 万—5 万元，较 2018 年有了较大的增幅。改装投入 8 万元以上的消费者占比，也从 2018 年的不足 5% 增至 23%。令人意想不到的是：国产品牌认同度较 2018 年增长 15%，产品品质成了国产品牌的立命之本。

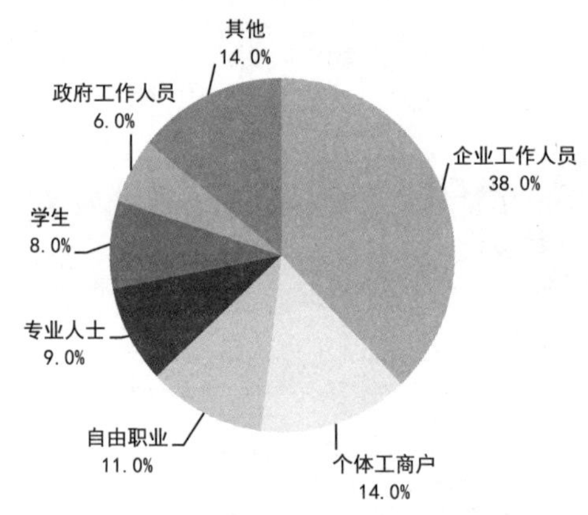

图 1 改装车主职业分布

数据来源：GT Show 合作媒体改装消费行为调研

数据显示，从改装车主的职业分布看，企业工作人员和专业人士的占比较 2018 年有显著增长，增幅超过 10%。

综上可见，在经济环境整体走弱的情况下，改装消费作为购车后的扩展消费领域有着强劲的动力。消费者呈年轻化的走势；消费行为更为理性，从原有的价格导向成长为品质导向；追求性能的提升与个性的表达是改装车主亘古不变的诉求，这一点无关年龄、收入、乃至性别的差别。

目前，中国正处在汽车定制产业的起步发展阶段，现有市场能够基本满足消费者的浅层需求。未来，高产品满意度和高复购率、推荐率将带来汽车改装的普及与推广。

（改联网创始人　吴中华）

2019 年中国汽车出行服务

2019 年中国移动出行市场

一、2019 年市场概况

网约车自崛起后，即进入到快速发展期，经过 6 年的快速增长，2019 年中国网约车进入行业调整期，市场规模到达 2249 亿元，逐步告别了 2018 年出现的行业乱象。与此同时，市场空间进一步缩小，全年增速从 2018 年的 28.3% 快速收窄至 1.1%，市场趋于稳定。

受新增用户及运力增速放缓的影响，导致行业出现短期收缩的情况；与此同时，随着拼车业务、顺风车业务的拓展，目前城际出行已经呈现出网约化的发展方向，再加上聚合平台 / 打车业务的兴起，以及汽车厂商开始投入高端出行业务，出租车与网约车正在相互融合中持续发展。

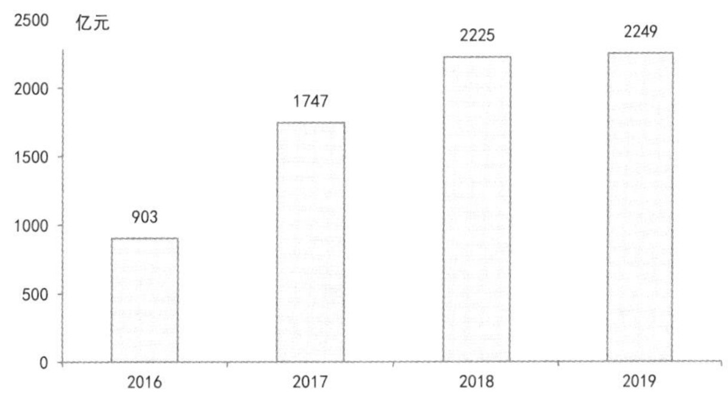

图 1　2016-2019 年网约车交易额

数据来源：威尔森出行行业监测

二、2019 年出行市场月度活跃用户分析

从月度活跃用户数据来看，2019 年全年网约车月活跃用户量呈现先增后降的趋势，从 1 月到 10 月，月活跃用户量从 7095 万人增长到 9295 万人，而 10 月份之后，用户量出现了一定程度的下滑，到 12 月，下滑到 8777 万人。

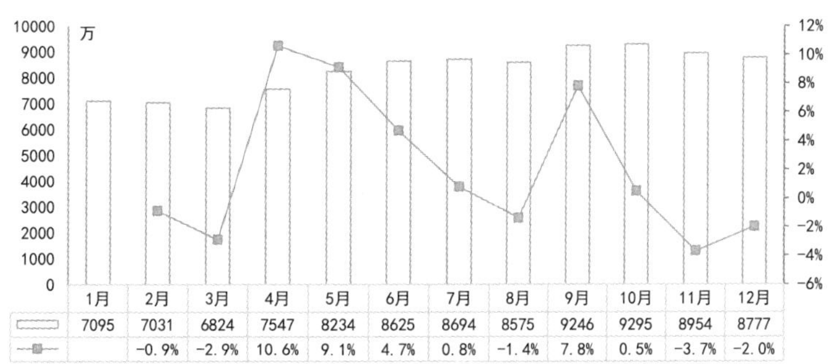

	1月	2月	3月	4月	5月	6月	7月	8月	9月	10月	11月	12月
（柱）	7095	7031	6824	7547	8234	8625	8694	8575	9246	9295	8954	8777
（线）		-0.9%	-2.9%	10.6%	9.1%	4.7%	0.8%	-1.4%	7.8%	0.5%	-3.7%	-2.0%

图 2　2019 年全国网约车市场用户月活趋势

数据来源：威尔森出行行业监测

其中 4 月环比增幅最为明显，高达 10.6%，随后连续四个月的时间里环比增幅逐渐回落，在 8 月出现短期环比下降，并在 9 月、10 月连续恢复环比增长的趋势后，11 月开始继续呈现环比下滑趋势。其中 11 月环比下降幅度最大，达到 3.7%。

具体到不同平台，各大平台在 2019 年呈现出稳步增长的发展态势，两极分化的现象依旧存在。其中滴滴出行一家独大，并且在 2019 年持续保持高歌猛进的趋势，其月度活跃用户量在 9 月突破 8000 万，稳居行业第一。

分别排在第二位的是曹操出行，在 2019 年第一季度出现短期下滑后，到了第二季度和第三季度实现了连续环比增长，但到了 9 月开始进入到平稳发展阶段。

首汽约车排名第三，但其在 2019 年前半程持续下滑，一直到 8 月开始出现了连续两个月的环比增长，进入 9 月后和曹操出行一致，进入到平稳发展的状态。值得关注的是 T3 出行，尽管其月度活跃用户量在行业中排名第四，但当各家其他平台在 9 月进入平缓发展时，只有 T3 出行表现出强劲的环比增长势头，并且在接近年底时逐渐走强。

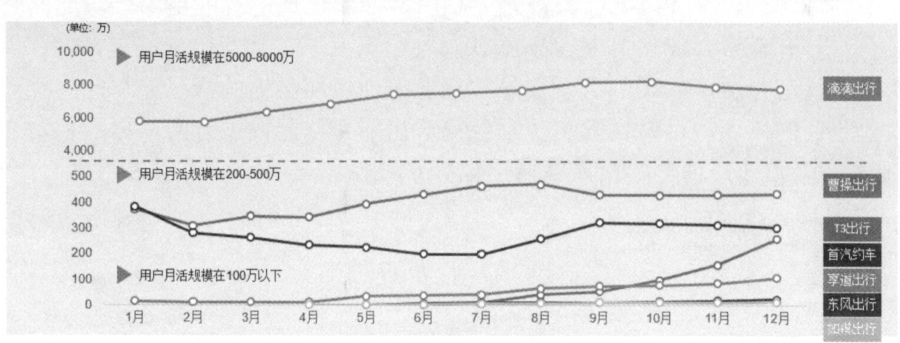

图 3 2019 年全国主要网约车平台用户规模趋势

数据来源：威尔森出行行业监测

网约车作为日常出行的方式，正在改变人们的出行选择，从一线城市迅速往三四线城市发展。未来的市场增长力会主来来自二三四线城市。

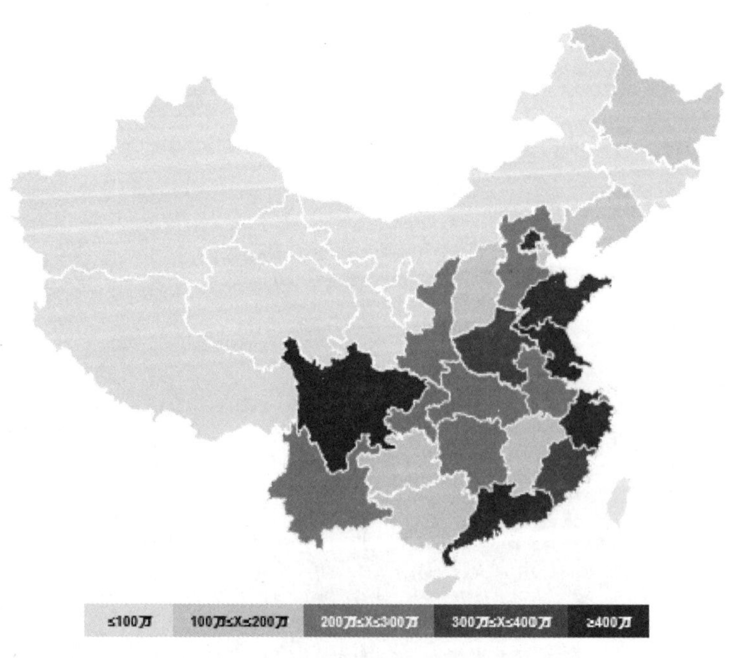

图 4 2019 年全国网约车市场用户规模分布

主要网约车平台在各省的用户份额分布方面，滴滴出行在全国各省保持一家独大的市场地位，而拥有汽车厂商背景的出行平台曹操出行、享道出行、T3 出行分别在浙江、上海、江苏区域市场上表现亮眼，而有着租赁公司背景的首汽出行在北京占据一定的用户份额。

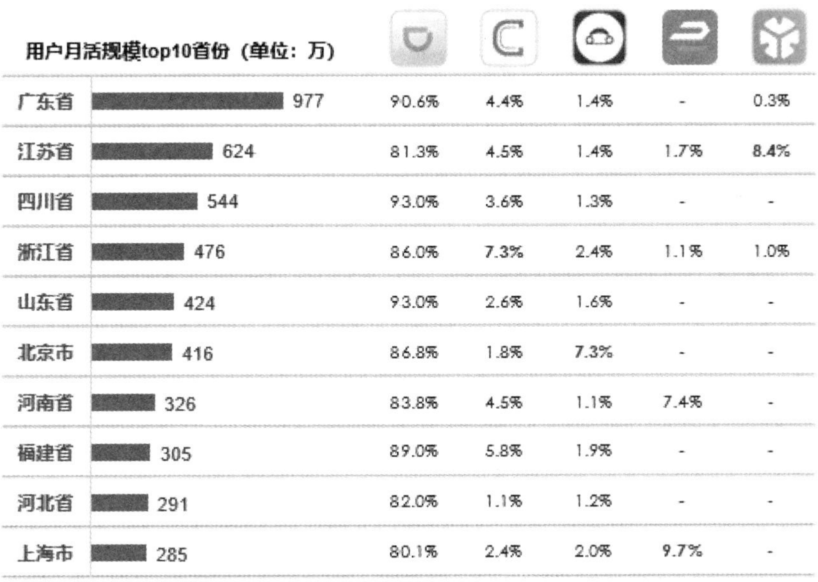

用户月活规模top10省份（单位：万）						
广东省	977	90.6%	4.4%	1.4%	-	0.3%
江苏省	624	81.3%	4.5%	1.4%	1.7%	8.4%
四川省	544	93.0%	3.6%	1.3%	-	-
浙江省	476	86.0%	7.3%	2.4%	1.1%	1.0%
山东省	424	93.0%	2.6%	1.6%	-	-
北京市	416	86.8%	1.8%	7.3%	-	-
河南省	326	83.8%	4.5%	1.1%	7.4%	-
福建省	305	89.0%	5.8%	1.9%	-	-
河北省	291	82.0%	1.1%	1.2%	-	-
上海市	285	80.1%	2.4%	2.0%	9.7%	-

注：前10省份占据网约车市场用户月活约62%的市场份额

图 5　2019 年主要网约车平台在各省用户份额分布

全国网约车平台市场竞争格局呈现稳定发展走势，滴滴出行以最高的量级保持领先地位，月活跃用户量和月活跃司机量都远高于其他平台。

（中国汽车流通协会互联新出行分会）

2019 年中国车联网发展

对于国内的车联网行业而言，从 Telematics 时代慢慢发展而来，逐渐形成了具有中国特色形势的车联网行业。最初的车联网被称为“汽车移动物联网”，之后很快被改为“车联网”。从2009 年算起，车联网竟已走过十个春秋，如今的车联网行业已然成为汽车智能信息技术上的中流砥柱。车联网已经上升到了国家战略。

十年时间，车联网产业逐步形成了推动智能交通，实现自动驾驶，促进信息消费等改革性的创新举措。从最早的联网车，车联网，人工呼叫中心介入的“安防车联网”再到“后装车联”“手机互联”“垂直车联网”直至如今的全新时代。

一、企业纷纷入场，占位置抢先机

据相关研究数据统计，2017 年全球车联网市场规模约为 525 亿美元，预计到 2022 年将增加至 1629 亿美元，CAGR 为 25.4%。2017 年中国车联网市场规模约为 114 亿美元，预计到 2022 年将增加至 530 亿美元，CAGR 为 36.0%。中国车联网产业正在以巨大的优势力量前进着。从 2018年 6 月发布的《国家车联网产业标准体系建设指南（总体要求）》开始，车联网产业将是未来汽车、电子、信息通信、道路交通运输等行业深度融合的新型产业，是全球创新热点和未来发展制高点。

在这个制高点上，传统互联网大佬们，如百度、阿里巴巴、腾讯等开始纷纷入场，同时华为也加入了这场行业竞赛，热衷于汽车智能研发的公司得到了更多的机会和追捧。

在中国，车联网的热潮尤其强烈，如雨后春笋般崛起的造车新势力车企为车联网行业带去了适宜的温床。拥有强大分支的车联网产业链涉及硬件、软件、云端、服务、生态等众多业态，从自动驾驶板块、车内模块板块到车机（QNX）板块、车机（第三方集成）板块、传统 TSP 服务板块和软件云及生态板块等，车联网的全面性为其吸引的不仅是互联网公司的青睐，汽车企业也纷纷想要摘得这个商机，至此互联网 + 车企的组合，就此诞生。

在 2019 百度 AI 开发大会上，Apollo 正式发布 Apollo5.0 的全新版本，在小度车载 OS 原有功能的基础上，“Apollo Go”无人驾驶技术首次亮相，不仅仅如此百度还公布了构建智能交通的两个关键技术之一——自主泊车（Valet Parking）的最新进展；百度 L4 级别自动驾驶路测已在全国 13 个城市进行测试，新增 438 项自动驾驶专利，位列全国第一；百度还与吉利达成战略合作，从博越 PRO 开始，吉利汽车将开始全面搭载融合小度车载交互系统的 GKUI19 系统。

阿里巴巴也乘胜追击，在全新 AliOS 2.0 系统后，旗下斑马 MARS 智能互联系统也迎来了它 3.0 版本。比起百度的无人驾驶，阿里巴巴更加关注提升用户的沉浸感，斑马系统的侧重点也逐渐偏向服务运营，在感知、交互、应用、平台、安全五个领域实现下一个突破性进化；腾讯则发布了 2019 车联网布局“1 场战略升级 +1 场战略合作”：战略升级来自腾讯车联新发布的生态车联网解决方案，这也是腾讯第一次提出“生态车联网”的概念，腾讯将打通全腾讯全平台的功能，为合作伙伴提供了一套轻量化、生态化、跨平台、跨终端的工具链。

不仅如此，车联网产业链下的细分产业链也正在不断扩张其版图，如专注于自动驾驶板块的 Waymo、通用 Cruise、Uber ATG；只专注于研发车机底层操作系统板块的均胜电子、哈曼、德尔福、德赛西威等，他们的市值规模被估值在 100 亿—500 亿元；还有像博泰车联网这类一直做自研开发的全生态系统的公司，主要基于探索下一代车联网智能硬件，智能操作系统，云端生态，支付等端到端车联网解决方案。

百花齐放的车联网在 2019 年迎来了难得的“高光时刻”，欣欣向荣的车联网产业链在国内新能源汽车市场的带动下，成为中国带动全球市场的改革，这是一种全新的突破，也是国内车联网市场的巨大突破。

2019 年 7 月 14 日，国内首个自动驾驶 5G 车联网示范区正式落地广州。对于汽车产业而言，5G 商用时代的到来，为产业打开了更为创新的空间，被称为“5G 元年”的 2019 年，也成了 4G 的风水岭，低功耗、低延时的 5G 特性也给车联网的未来带去了全新的变革。得益于 5G 技术的优势以及蒸蒸日上的新能源汽车市场规模，中国车联网产业也正式进入“快车道”。

根据华为预测，车联网是物联网高速领域内行业成熟度最高且连接数量最多的领域，预计 2020 年，中国车联网连接数量将达到 6000 万规模。而中国联通、中国移动作为 5G 技术推广的中间力量，在 2019 年 4 月，中国联通旗下车联网子公司联通智网便引入 9 家战略投资者，其中包含一汽、东风汽车、广汽等多家传统车企。

华为紧跟其后，也在 4 月与沃尔沃汽车达成战略合作，将智能车载交互系统嵌入华为应用商城，为中国用户打造本土化的智能车载应用服务平台。5 月，华为也正式升级其汽车业务，成立智能汽车解决方案部门，开启为车企做好“搬运工”的角色。华为的这一举措，被不少行业专家解读为，“真正的势力入局者的到来，不仅给车联网产业链带来了惊喜和创新，也为中国汽车快速发展带来更多机遇”。

据美国高通收集的数据显示，从 2018 年开始，60% 的新车将通过移动技术联网，到 2020 年中国车联网用户数将超过 4,000 万。这样的数据，对于中国车联网行业而言，无疑是喜讯，或许“第四次汽车工业革命”会以车联网全生态的形式展现在我们眼前。

二、过去和未来，手机映射创新的摇篮

如同当年的智能手机时代一般，车联网时代正以“出鞘之箭”融进消费者的日常生活。在当下，消费者熟知的车联网市场以两种不同的产品形式存在着，一为传统以车机底层操作系统为主导的车联网产品，二则是手机连接车机，以手机为主导的产品。无论是怎样的形式，万物互联都将是其终端的显示形式。而在目前的车机系统上，中国车联网行业领先全球，这一点毋庸置疑。从过去苹果推出 Carplay、谷歌发布了 Andriod auto，简单的手机映射功能可以很好地解决用户在驾驶过程中对于车机系统的需求，可这不是终点。在 2020 年苹果 WWDC 发布会，苹果满心欢喜地发布了全新 Carplay，然而可惜的是“这个全新”并没有给用户们带来惊喜，比起国内车机系统，比如博泰车联网目前不仅可以做到有高效的识别语音和手机绑定后的车机系统，还具备了手机摇一摇钥匙、手机导航定位找车、隔空互联，手机与汽车无线连接等功能，全新 Carplay 功能着实令人大失所望。

在中国年青一代用车人的眼中，互联网公司最大的卖点该是“懂得如何创造新鲜，定义未来”，新颖的升级运用才是立足的根本，苹果的全新发布，还停留在原地，可用户们已经走向远方。对于汽车而言，手机映射功能近乎可以成为每个厂家决战销售市场的武器。

当下，需要车联网行业去真正地解决汽车场景下人机交互、体验以及真正实现手机—车机数据打通的关键问题。面对这些，厂家们也自然积极，从 2019 年开始，传统车企终于开始出手，奥迪提升全新 connect 互联系统；本田与阿里巴巴和科大讯飞合作，共同开发第三代 HONDA CONNECT；福特则选择了百度合作开发拥有 AI 技术的新 SYNC 系统，国内的互联网科技公司纷纷被车企大佬们看中，这也是意料之中的事情。对于厂家而言，提升用户体验，提高市场的参与度，成了在车联网环境之下最大的变革，巨大的中国新能源汽车市场，显示出的巨大潜力令人惊讶，传统车企的决策者们也终于不得不拜倒在市场的利益面前，寻求合作，获得商机，让更多的选择涌入中国市场，也让车联网技术在竞争中留下最“精良”的部分。从过去到未来，创新和变通，永远都是车联网产业链中至关重要的部分，而这一点，国内市场做得很好。

三、语音和地图，论基础的重要性

创新可以制造出更多的可能性，那汽车场景下人机交互、体验以及真正实现手机 - 车机数据打通的关键问题，是创新可以解决的吗？行业给出了这样的答案，在来自一份国泰君安发布的《车联网产业专题报告》中提到："车联网产业涉及硬件、软件、云端、服务、生态等众多业态。而手机车联网的优势所在，在于地图和语音是车联网行业的基础技术，这一块中国车联网行业一直处在领先位置"。

语音和地图，似乎是日常生活中与消费者接触最多的两个场景。而在车联网行业，地图和语音作为车联网产品及服务的核心应用以及技术能力，是如同车联网的左膀右臂一般的存在。

目前用户们普遍使用的垂直互联网企业有科大讯飞、百度 Duros、思必驰、Nuance 等语音服务供应商，高德地图、百度地图、四维图新等地图服务商，当然还有像博泰这类自建地图、语音的车联网企业，它们都存在于我们的手机之中，且它们都代表着目前国内车联网语音及地图系统中的翘楚，坚持自主研发创新是它们的共同点，在它们看来，"在未来万物互联的时代，车机、手机、APP、耳机、家庭物联网之间需要做到开放和互通，主机厂将负责车联网平台，而语音平台则会交给供应商，地图导航功能将积累大量有价值的出行和车内数据相结合，跳脱出地图服务与导航软件的概念。"

对此，深耕车联网 10 年，涉猎过前后装车机、手机车联的博泰也曾表示："要拓展车联网的使用时间和空间，拓展使用用户以及生态开放优势"。这座车联网的万丈高楼，需要扎实且根基深厚的基础，然而这一切都建立在语音和地图服务之上。

（博泰车联网　陈雪峰）

第八部类

DIBABULEI | QICHEBAOFEI

2019 年报废汽车回收拆解行业发展综述

2019 年，报废机动车回收拆解行业迎来具有重大历史性意义的大事。6 月 10 日《报废机动车回收管理办法》(国务院令第 715 号)正式发布;12 月 16 日《报废机动车回收拆解企业技术规范》(GB22128-2019) 国家标准也随之发布，修订后的管理办法和技术规范对报废机动车回收拆解企业提出了更具体、更高层次的要求。综观 2019 年全行业在各项法律法规、规范的指引下，收获了一个丰收年。

一、2019 年全行业报废机动车回收拆解情况

(一) 汽车行业运行概况

1. 中国汽车保有量

公安部公布的数据显示，截止到 2019 年末中国机动车保有量 3.48 亿辆，其中汽车保有量达到 2.6 亿辆，同比 2018 年（扣除报废注销量）增长了 8.83%。预计到 2020 年汽车保有量将突破 2.8 亿辆，汽车保有量 8 年增长了近 2.3 倍，机动车新注册登记量年均复合增速超 14%。中国汽车产业高速发展期主要集中在 2005 年以后，汽车年销量从 575 万辆上升至 2808 万辆。

表 1　2012-2019 年中国机动车保有量一览表（单位：万辆）

年份	2012 年	2013 年	2014 年	2015 年	2016 年	2017 年	2018 年	2019 年
机动车保有量	24000	25000	26400	27900	29000	31000	32700	34800
汽车保有量	12100	13700	15400	17200	19400	21700	24000	26000
机动车新注册登记量	2593	2486	2777	3115	3267	3352	3172	2578
汽车销量	1930	2198	2349	2459	2802	2887	2808	2311

2. 中国民用新车注册量

2019 年全国民用新车注册量 2578 万辆，同比下降 3.5 个百分点。

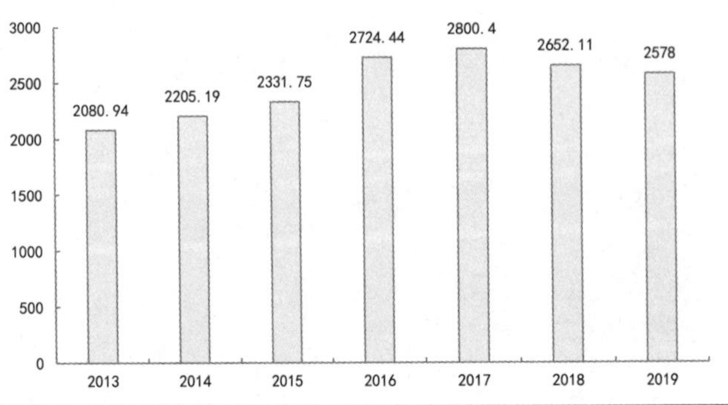

图 1　2013-2019 年中国新车注册量一览表

（二）报废机动车回收拆解行业走上法制化轨道

1. 迎来政策出台年

2019 年报废汽车回收拆解行业迎来了盼望已久的《报废机动车回收管理办法》（国务院令第 715 号）、《报废机动车回收拆解企业技术规范》，这对报废机动车回收拆解行业产生了重大影响。总量控制放开，新老企业重新资质认定；允许将报废机动车“五大总成”出售给再制造企业，提高回收价值；不再对报废机动车回收企业实行特种行业许可，实行“先照后证”制度；取消收购价格参照旧金属市场价格计价规定，实行市场主体自主协商定价；创新管理方式推行网上申请、网上受理，加强事中事后监管和部门联合执法，促使报废机动车回收行业进入发展快车道。

2. 再制造产业整装待发

2019 年《报废机动车回收管理办法》（国务院令第 715 号）的实施，为再制造产业打开一扇窗，给报废汽车回收拆解经营渠道开出半张通行证。

截止到 2019 年底，中国再制造产业仍处于起步探索阶段，对再制造产业所能带来的经济和社会综合效益有清楚认识的企业和投资者并不多。目前，中国从事汽车零部件再制造的企业很少，能够形成规模、具备再制造技术能力的企业不多。在市场上流通的汽车零部件，主要是汽车制造企业和零部件制造企业生产的新品，再制造产品占汽车零部件生产的比重很小。从产值上看，汽车零部件再制造企业正在形成规模。

二、报废机动车回收拆解行业发展情况

（一）全行业发展状况

1. 企业各省分布情况

截至 2019 年底，全国报废机动车回收拆解企业共 755 家，较 2018 年增加 7 家，同比增长 0.9%；回收网点 2271 个，同比下降 0.57%；经营场地总面积为 2248 万平方米，同比增长 196.1%；行业资产总额为 267.9 亿元，同比上升 20.1%；从业人员 24421 人，同比增长 6.2%。

表 2　2018-2019 年报废汽车回收拆解行业基本情况对比表

序号	类别	单位	2018 年		2019 年	
			数值	同比	数值	同比
1	企业数量	家	748	2.60%	755	0.90%
2	从业人员	人	22975	-3.00%	24421	6.20%
3	回收网点	个	2409	-23.30%	2271	-0.57%
4	场地面积	万平方米	2106	4.50%	2248	196.10%
5	资产总额	亿元	222.9	1.60%	267.9	20.10%

2019 年，受国家标准《报废机动车回收拆解企业技术规范》（GB22128-2019）的积极影响，报废机动车回收拆解企业积极按照标准要求，扩大企业经营面积，改善经营环境，场地面积增加 196.1%，资产总额随之扩大 20.1%。企业数量新增加 7 家，涨幅较窄。究其原因虽然《报废机动车回收管理办法》已出台，总量控制已取消，只要符合标准均可以申请资格，但是由于《报废机动车回收管理办法实施细则》征求意见未落地，因此很多欲进入行业的企业尚在等待中，增加量有限。

2. 行业经营效益

2019 年全国报废汽车回收拆解行业销售额 297.2 亿元，与 2018 年相比有较大幅度的增长，同比增长 369%，其中回用件销售额 108.9 亿元，同比增长 1124%；营业收入 296.8 亿元，同比上涨 121%；营业利润 31.6 亿元，同比上涨 2632%；纳税额 20.6 亿元，同比下降 28%。

表 3 报废汽车回收拆解行业经营效益情况（单位：亿元）

时间	销售额	其中：回用件销售额	营业收入	营业利润	纳税额
2018 年	63.4	8.9	134.3	-2.64	28.7
2019 年	297.2	108.9	296.8	31.6	20.6
同比	369%	1124%	121%	2632%	-28%

2019 年，在全行业报废汽车回收量大幅度增长的带动下，销售额、营业收入、营业利润等方面均有较好收益，但是在各项经济指标趋好的形势下，全行业纳税额却明显下降。由于报废机动车回收行业无法取得进项税发票，13% 增值税无法抵扣，高额的税收迫使企业铤而走险，想尽办法躲税、避税。如果给全行业税收政策扶持，报废机动车回收行业会为国家做出更大税收贡献。

（二）报废机动车回收拆解状况

2019 年全国回收报废机动车回收数量共计 223.3 万辆，同比下降 12.3%。其中，报废汽车回收 190.8 万辆，同比增长 8.9%；报废摩托车回收 32.5 万辆，同比下降 59%。

在回收的报废汽车中，乘用车 114.6 万辆，同比增长 69.8%；客车 21.2 万辆，同比下降 63.3%；载货车 43.2 万辆，同比增长 6.9%；专项作业车、三轮汽车、低速货车等其他车辆共计 11.8 万辆，同比增长 24.2%。除客车回收量下降外，乘用车、载货车等车型回收量均大幅度增加，为零部件、回用件的再利用和拆解料的供应提供了优质材料。

2019 年受摩托车回收量下降的拖累，报废机动车整体回收量较上年大幅度下降。

表 4 2018-2019 年报废机动车回收情况（单位：万辆）

<table>
<tr><th colspan="3" rowspan="2">类别</th><th colspan="2">2018 年</th><th colspan="2">2019 年</th></tr>
<tr><th>数值</th><th>同比</th><th>数值</th><th>同比</th></tr>
<tr><td rowspan="7">报废机动车回收量</td><td rowspan="5">报废汽车回收量</td><td>乘用车</td><td>67.5</td><td>28.6%</td><td>114.6</td><td>69.8%</td></tr>
<tr><td>客车</td><td>57.8</td><td>-12.8%</td><td>21.2</td><td>-63.3%</td></tr>
<tr><td>载货车</td><td>40.4</td><td>10.4%</td><td>43.2</td><td>6.9%</td></tr>
<tr><td>其他</td><td>9.5</td><td>763.6%</td><td>11.8</td><td>24.2%</td></tr>
<tr><td>小计</td><td>175.2</td><td>12.0%</td><td>190.8</td><td>8.9%</td></tr>
<tr><td colspan="2">摩托车回收量</td><td>79.4</td><td>-2.8%</td><td>32.5</td><td>-59。</td></tr>
<tr><td colspan="2">合计</td><td>254.6</td><td>6.9%</td><td>223.3</td><td>-12.3%</td></tr>
</table>

三、汽车报废行业存在的问题

（一）资质企业回收量依然偏低

中国每年应报废车辆中，进入正规回收渠道的车辆与国家有关部门公布的数字相去甚远，有近一半以上的报废汽车已经达到使用年限却没有报废。资质企业回收的报废车辆只占报废机动车市场份额的约 40%；以倒卖零部件、倒卖整车、倒卖拼装车等非法拆解渠道进入市场的约占 30%；还有另一部分已经达到报废使用年限却依然在道路上继续行驶的，约占 30%，给环境和道路安全都带来了很大的隐患。

目前，报废汽车回收拆解市场秩序较为混乱，大量应报废的汽车没有按规定交售给正规回收拆解企业。2019 年资质回收拆解企业报废汽车回收量仅占汽车保有量的 0.72%，明显低于发达国家 6%-7% 的水平。

（二）传统经营模式亟待变革

大部分报废机动车回收拆解企业精益化管理、精细化拆解水平不足，主要体现在三个层面。

一是业务流程电子化覆盖程度较低，在汽车报废手续流程办理上多采取全人工甚至纸质化的记录和统计方式，导致手续办理过程中错误率较高，在商务部业务平台信息提交后频繁修改，延迟了汽车报废手续的完成。

二是精细化拆解程度低，在拆解过程中手工粗犷式拆解普遍存在，自动化拆解设备及精细化拆解应用程度低，拆解的成品以废钢等大宗商品为主，回用件拆解率有待提高。

三是销售服务水平较低，在销售环节，企业多采用被动销售模式，以客户上门挑选为主要方式，企业主动销售意识尚未形成，销售渠道单一。

（三）异地收车给监管带来难度

在经济欠发达地区倒卖报废汽车情况依然存在，并在一些地区是半公开的，监管几乎不能到位。有些资质企业将回收到的报废汽车转手倒卖；异地企业跨地区收购报废车辆的常常是整批转手倒卖，给合法正规有资质的企业造成了很大的冲击和不良干扰。从企业反馈的信息中了解到，有的地区车辆管理部门对于异地车辆报废手续办理没经过核档，在车辆登记地归档时才发现这批车辆已经在异地被注销，相关部门无法查找车辆行驶轨迹，无法判定报废车辆属故障车、盗抢车等状况。对跨区域收车后批量倒卖管理存在较大漏洞。

（四）报废汽车拍卖跨地区拖运造成环境污染

今年以来，一些省市对报废汽车采取了拍卖或招投标的方式进行处理，由于拍卖或招投标的方式处理缺乏规范和限定投标范围，出现跨省市长途拖运，而且脱离监管，造成环境污染，其中出现了很多问题和乱象。

例如：某市公司将资质出借给非报废机动车回收企业参与湖北荆州拍卖，之后把车辆拉到江苏桃林县并堆放在农田里；某招标公司标的 27 万元的一批报废汽车，最后竟标到 127 万元，高于标的物近 5 倍成交，这批车辆卸掉可再制造零部件，将其车辆丢弃。对此报废机动车回收拆解行业及社会有识之士反映强烈，要求规范拍卖报废汽车行为，坚决打击跨地区收车乱象。

（五）数据应用仍显不足

大数据时代，数据化、智能化逐渐成为企业经营决策的重要前提，建立以数据链为核心的经营决策模式，是实现企业转型升级的基石。目前中国报废汽车回收拆解行业企业数据基础较为薄弱，数据思维意识不强，数据管理技术更是落后，在拆解建议、拆解产品管理等方面数据应用明显不足。

大部分企业尚未建立自己的拆解数据库，每类车型、品牌、配置的报废汽车再生资源含量、回用件重量、销售价格等尚未形成详细的基础数据，造成回收、拆解和销售环节的流程、“回用件”销售非标准化。企业内部的监督者无从判断每辆报废汽车的回收价格、拆解情况和零部件销售价格是否合理。没有大数据的支撑和标准化的流程，每个工作环节的员工可替代程度低，一旦员工更换工作岗位便容易导致该环节的瘫痪，给企业的管理、经营都会造成不同程度的影响。

（六）企业发展后劲不足

报废汽车回收拆解企业不同于一般废旧物资经营企业，属于环保型加工类公益性企业。拆解的报废机动车除可再生利用资源（废钢铁、废橡胶、废玻璃、废油等）外，还需要处理20%左右的废弃物（安全气囊、氟利昂、不可再利用的各类垃圾）。企业收购报废车辆得不到增值税发票无法进行销项税抵扣，造成税费负担过重，承担的税负压力一直高于公益性企业，影响了企业发展的后劲。

（七）环保隐患仍然存在

在拆解报废汽车的过程中产生的废油、废液以及汞、镉、铅等重金属，若处理不当，会对土地、水源和空气造成难以修复的环境污染。虽然经过几年的努力，报废汽车回收拆解企业环保作业水平已经得到较大提高，但是仍有部分企业无法达到环保标准，存在污染环境的风险。

（八）机动车生产企业参与度低

机动车生产者制造出的各种产品，对环境影响应最具备控制力，应当对其产品承担的资源环境责任从生产环节延伸到产品设计、流通消费、回收利用、废物处置等全生命周期，而不应仅限于制造阶段。

2019 年 4 月，国务院颁布《报废汽车回收管理办法》（国务院令第 715 号）已于 6 月 1 日开始实施，其中第五条明确提出国家鼓励汽车生产企业从事报废汽车回收活动，汽车生产企业按照国家有关规定承担生产者责任。但由于办法对制度实施过程中容易出现的责任认定分歧、资金落实、监管等问题涉及较少，落实仍有困难。

四、汽车报废行业发展特征

（一）老旧汽车淘汰更新加快促使回收量增长

随着中国各项法律法规的不断完善，市场经营环境的逐步优化，中国报废机动车回收拆解行业发展更加规范。2019 年《报废机动车回收管理办法》（国务院令第 715 号）、报废机动车回收拆解企业技术规范（GB22128-2019）等文件提出，将加快推进“国三”以下排放标准运营柴油货车提前淘汰更新，淘汰采用稀薄燃烧技术和“油改气”的老旧燃气车辆。各地也制定了系列营运柴油货车和燃气车辆提前淘汰更新目标及实施计划，如 2020 年底前，京津冀及周边地区、汾渭平原将淘汰国三及以下排放标准营运中型和重型柴油货车 100 万辆以上，部分城市已提前实施“国六”标准。

（二）汽车保有量提高带动机动车报废回收量攀升

据公安部最新数据显示，2019 年中国机动车保有量已达 3.48 亿辆，其中汽车 2.6 亿辆，同比增长 8.83%（见表 5）。

小型载客汽车保有量达 2.21 亿辆，同比增长 9.37。从分布情况看，全国有 66 个城市的汽车保有量超过百万辆，比 2018 年增加了 5 个城市，其中，30 个城市超 200 万辆，比 2018 年增加了 3 个，北京以 593.4 万辆的汽车保有量位列第一。另外成都、重庆、上海、苏州、郑州、深圳、西安、武汉、东莞、天津等 11 个城市超 300 万辆，青岛、石家庄、广州等 3 个城市接近 300 万辆。随着汽车保有量的大幅度增加，汽车报废量也将不断攀升，预计 2020 年全社会实际回收量将达到 600 万辆以上。

（三）车辆使用年限缩短促进报废量增长

中国目前报废车辆的车龄要早于欧洲（市场成熟），晚于日本（汽车轻量化）。从长远角度来看，由于环保的压力加大以及全社会环保意识的提高，中国的报废汽车使用年限会进一步缩短，预计平均车龄在 10-15 年之间。汽车更新速度的加快，会带来回收汽车的质量提高，可利用零部件逐渐增多。中国的汽车产量自 2009 年才出现质的飞速发展，因此中国报废汽车回收量在 2023 年左右将进入高峰期。

表 5 2019 年汽车保有量超过 200 万的城市（单位：万辆）

序号	城市	汽车保有量	序号	城市	汽车保有量
1	北京	593.4	16	佛山	273.8
2	成都	519.5	17	南京	270.2
3	重庆	463.3	18	杭州	267.7
4	苏州	419.3	19	临沂	264.8
5	上海	415.8	20	长沙	263.8
6	郑州	381.8	21	济南	260.2
7	深圳	343.4	22	保定	255.3
8	西安	343	23	昆明	249.9
9	武汉	336.8	24	潍坊	249.4
10	东莞	323.7	25	沈阳	246.4
11	天津	309	26	温州	235.2
12	青岛	293	27	合肥	217.8
13	石家庄	288.1	28	唐山	214
14	广州	280.3	29	无锡	209
15	宁波	277.3	30	金华	206.4

数据来源：公安部，华经产业研究院整理

（四）新型经营销售模式逐步建立

近年来，报废汽车回收拆解行业的电商企业不断涌现，诸如换糖客、拆车王、再生家、全仕宝等企业，均在报废汽车回收拆解领域探索切实可行的商业模式。未来中国报废汽车回收拆解行业“互联网 +”模式将进入实际应用阶段，通过以互联网、物联网、大数据等领先技术为驱动，信息化手段管理拆解与销售环节已成大势所趋。线上线下企业合作互动，有助于行业企业提高信息化水平，将线下物流、服务、大宗交易等优势，与线上商流、资金流、信息流融合，促使传统的报废汽车回收拆解企业在物理空间和时间维度上获得极大延展。企业在省与省、市与市之间形成小型联盟，通过联盟内部各企业的资源优势互补及区域产品需求，极大地打开汽车拆解零部件再制造产品市场的客户群，提升产业附加价值，提高企业销售利润，形成全渠道、全品类、全时段的新型企业发展模式。

表 6 2014-2019 年纯电动汽车在新能源汽车中的占比

年份	新能源汽车保有量（万辆）	纯电动汽车保有量（万辆）	纯电动汽车占比
2014 年	23	8	34.78%
2015 年	42	33	78.57%
2016 年	91	73	80.22%
2017 年	153	125	81.70%
2018 年	261	211	80.84%
2019 年	381	310	81.36%

（五）新能源汽车和动力蓄电池回收量显著增长

据公安部最新数据统计，截至 2019 年底，中国新能源汽车保有量达 381 万辆。动力电池是电动汽车的核心部件之一，纯电动乘用车动力电池使用寿命一般为 5-8 年；纯电动商用车由于充放电较为频繁，其动力电池的使用寿命略短，甚至会降到 2-3 年。通常来讲，电池容量降低到 80% 以下后，就不能满足动力汽车的要求，需要进行降低使用或资源化利用。同时伴随故障车、事故车等的出现，因此，未来 3 年内将会有批量纯电动汽车开始报废。基于纯电动汽车销售量预测，假定乘用车动力电池平均使用寿命为 6 年，平均重量 400 公斤，电动客车平均使用寿命 3 年，平均重量 1900 公斤，60% 进行梯级利用 4 年后再报废，预计 2020 年动力电池将报废 12 万—17 万吨，2025 年将报废 35 万吨。

2018 年 2 月 26 日，工业和信息化部、商务部等七部委联合印发了《新能源汽车动力蓄电池回收利用管理暂行办法》（工信部联节〔 2018 〕43 号），明确报废汽车回收拆解企业应负责回收报废汽车上的动力蓄电池。报废汽车回收拆解企业未来将会面临大量新能源车及动力蓄电池的回收，应该充分做好相应准备。

（六）危险废弃物贮存处置逐步规范化

自 2019 年以来，国家组成环保督察组对报废机动车回收拆解行业进行重点督察，督促报废机动车回收拆解企业越来越重视在拆解过程中产生的危险废弃物的贮存和处置。从以前的随意堆放、任意丢弃，到现在与有资质的处置企业签订危险废物转移协议，实现规范转移，并在污水处理、空气中二氧化碳、可吸入颗粒物、空气质量监控等方面逐步加强环保措施。各企业将从规范建立危险废物回收、贮存、销售、转移处置台账入手，按照生态环境部《排污许可证申请与核发技术规范——废弃资源加工工业》（征求意见稿）管理与技术要求（废机动车），建立排污许可制衔接环境影响评价管理制度，融合总量控制制度，为排污收费、环境统计、排污权交易工作提供统一的污染物排放数据。到 2020 年，完成覆盖所有固定污染源的排污许可证核发工作。在此基础上，将建立起覆盖报废机动车回收拆解企业环境监测网，从报废机动车入场进行检测开始，对拆卸下来的废油液、氟利昂、废铅酸电池、三元催化器等危险废物去向进行追踪监控。

（中国物资再生协会　高延莉）

第九部类

DIJIUBULEI | QICHELIUTONGHEXINQIYE

中国大型汽车经销商集团

国机汽车股份有限公司

国机汽车股份有限公司（以下简称“国机汽车”）是世界500强企业中国机械工业集团有限公司（以下简称“国机集团”）控股的A股上市公司，所属企业109家，员工9000余人。截至2019年底，公司注册资本14.57亿元，股本总数14.57亿股，其中，国机集团持股占比70.54%，社会公共股东持股占比29.46%。

2019年，国机汽车实现销售收入521.62亿元；利润总额超过7亿元，归属于上市公司股东的净利润5.38亿元。在中国汽车流通协会发布的“中国汽车经销商集团百强排行榜”上蝉联第七；在财富中国发布的中国上市公司500强排名中位居第201位。

国机汽车是一家行业领先的从事汽车贸易服务与汽车工程业务的大型中央企业。汽车贸易服务业务涵盖多品牌汽车进口贸易服务、汽车零售、整车及零部件出口、汽车租赁和二手车、汽车金融服务等领域；汽车工程业务涵盖“技术+服务”的工程设计、装备及系统供货和EPC工程总承包等业务，拥有国家颁发的工程勘察、设计、咨询、施工、制造、监理、环评等甲级资质证书26项，是中国国内实力最强的工业设计院和中国机械行业规模最大、拥有甲级资质最多的工程公司之一。

2019年，面对瞬息万变的市场风云和复杂多变的国际环境，国机汽车充分发挥“战略管理+运营支持”的集团化管理优势，不断整合资源、加强协同，持续为合作伙伴、为员工、为社会创造价值！

一、进口汽车贸易服务业务：核心业务深耕沉淀，创新业务开疆拓土

深耕传统优势业务领域，细作衍生业务与创新业务，汽车批售和贸易服务业务各项目均维持合作。中标特斯拉双港、保时捷物流服务项目，新签依维柯改装车批售合同，首创捷豹路虎进口保税贸易模式；捷豹路虎、福特、林肯等品牌的全链条菜单式服务不断深化；国产合资及自主品牌发挥协同优势借力新零售平台与31个品牌厂家开展金融服务；建立覆盖19个省、22个市的30个区域中心库和32个监管库的港口仓库网络体系。

二、汽车工程业务：科技创新驱动发展，业务规模稳中有升

新签合同额超百亿元，其中50%以上来自新市场、新领域，高端品牌客户市场和海外市场取得突破性进展，新签北京奔驰、华晨宝马等项目。自主研发的AGV系列产品具备行业领先水平；以A级评分通过VDA6.3过程审核实现项目管理流程和制造管理体系符合欧洲最严苛的标准要求，为进军欧洲本土市场做好必要准备；积极开拓三电业务、轨道交通业务等市场。

三、汽车零售服务业务：精细化管理不断加强，跨区域跨品牌全面整合

完善零售管理体系建设和集团化、精细化管控模式，开展售后续保专项提升，客户流失率明显下降；置换率、毛利率和事故车产值明显提升。拓展多家现有店面的三品牌、双品牌一体化新经营模式。

四、汽车租赁业务：积极发挥自身优势，服务范围进一步拓展

加强央企间合作，实现主业互补，新增中国融通等重点客户，与中石油运输公司达成战略合作意向，拓展生产、工程、运输等业务用车需求。积极拓展全国性网络，布局城市超过 30 个。

五、汽车融资租赁业务：持续开拓市场，业务稳定增长

成功发行第一期资产支持证券，成为上交所首单央企汽车融资租赁 ABS（Asset Backed Securities，资产支持证券），总发行规模 4.58 亿元，创造融资成本新低。

六、汽车出口业务：斩获二手车出口首批资质，整车出口稳步增长

获全国首批二手车出口试点企业资质，实现天津港第一单二手车出口项目。整车出口实现品牌和规模的稳步扩张，新增江淮等品牌出口授权，取得华晨、广汽等品牌 2020 年度授权。

中国永达汽车服务控股有限公司

永达汽车是在香港主板上市的大型集团企业，公司专注于汽车服务产业，包括汽车销售服务、新金融、二手车、新能源汽车业务板块，代理保时捷、宝马、奥迪、奔驰、雷克萨斯等多个国际知名豪华汽车品牌，服务网络遍布全国各地。率先在行业内形成学车、买车、卖车、租车、修车、验车等完整的汽车销售服务产业链，提供新车销售、汽车金融与保险、装潢用品、售后服务、平行进口车、二手车置换与销售、快修连锁、汽车零配件和养护品销售等服务，并通过线上线下一体化全方位的汽车产业链生态圈，打造高效、便捷的汽车生活服务平台。永达汽车先后获得中国企业 500 强、中国汽车经销商集团百强企业、全国文明单位等荣誉称号。

2019 年，永达的新车销量达到 197,382 辆，较 2018 年上升 11.6%；营业总收入 763.87 亿，较 2018 年上升 9.9%，位列 2020 年中国汽车经销商集团百强排行榜第四。截至 2019 年底已获厂方授权开业网点 208 家，2019 年新增运营授权网点共计 19 家（含 13 家自建和 6 家兼并收购），在上海实现宝马、保时捷、奔驰、奥迪和雷克萨斯等豪华品牌全覆盖。

中国整体乘用车在经历过高速增长期后增速将明显放缓，尤其体现在中高端品牌的销量表现上，但受消费升级需求和消费政策导向推动，中国豪华乘用车市场将持续增长，豪华车的渗透率在未来将持续提升。对比发达国家，中国的汽车千人保有量仍具有很大提升空间，随着豪华车销量的稳步增长，保有量将逐年提升，在以 4S 模式为主的中国豪华车维修市场里，豪华车经销商的维修业务收入在未来必将延续快速增长。

永达汽车坚持汽车销售服务主业不动摇，尤其是聚焦豪华汽车品牌领域的发展。坚持自建与收购兼并相结合的路径，稳健推进全国网络布局，重点推进保时捷、宝马、奔驰、雷克萨斯等豪华品牌网点的战略扩张。着力推动金融、二手车、新能源汽车业务的协同发展，并着重赋能汽车销售服务主业，满足客户消费趋势的变化需求。同时与时俱进，努力推进数字化建设；强化库存的科学管理；提升客户资产管理水平；积极起用青年人才，提升集团的综合竞争力。

在创新经营方面，在当前这个新媒体多渠道、多行业百舸争流的特殊时期，永达汽车作为中国十强汽车经销商集团积极试水新媒体营销创新模式，大力发展汽车新媒体事业。围绕“赋

能主业，促增长”“网红孵化，促声量”“模式创新，促突破”“内容提升，促专业”四个维度开展集团新媒体工作。永达不仅在汽车销售服务上融入新媒体元素，也将新媒体赋能于车主关怀中。

通过新媒体赋能，永达正致力于汽车销售产业线上与线下的互动、白天与黑夜的联动、政策与创新的驱动，盘活老客户存量、带动新客户增量、提升活动质量。永达汽车将进一步拥抱“云”和创新，基于互联网用户喜好与行为轨迹制造更多用户触点，借助新媒体平台实现用户精准触达，赋能汽车经销商开拓更广阔的营销思路和获客渠道。

欧龙汽车贸易集团有限公司

欧龙汽车贸易集团有限公司，成立于 1995 年 2 月，注册资金 5 亿元，2019 年营业收入 137.35 亿元，系区域领先的汽车经销商集团。其业务范围涵盖机动车驾驶学校、新车销售、汽车维修、配件销售、二手车业务、汽车俱乐部、汽车衍生服务及机动车检测等完整汽车产业链的专业化汽车及汽车服务企业。

一、网络布局

历经 25 年的发展，欧龙集团深入优化品牌组合，经营区域覆盖浙江、山东、江西、安徽等省市。截至 2019 年 12 月 31 日，欧龙集团经营 14 个知名品牌；38 家品牌经营店，其中豪华品牌 18 家经销店，占比 47%。代理迈巴赫、梅赛德斯 - 奔驰、捷豹路虎、英菲尼迪等豪华品牌，以及广汽丰田、广汽本田、东风本田、一汽 - 大众、一汽 - 大众捷达、长安福特、雪佛兰、领克、比亚迪和奇瑞等合资、自主品牌。

二、服务品牌

面对汽车行业由高速增长阶段转向高质量发展阶段的转换，欧龙精耕细作提升企业核心竞争力，向高质量发展。欧龙集团坚守经营理念，服务汽车行业；坚持“务实、责任、高效、创新”的行为准则开展诚信经营活动；持续打造“欧龙服务 & 臻心呵护”，值得客户信赖的欧龙服务品牌；不断提升欧龙汽车品牌的认知度与美誉度，用心为客户提供全生命周期的卓越体验。

三、主营业务

2019 年，欧龙集团新车销售 41885 辆，同比增长 4.86%；实现售后产值 11.76 亿元，同比增长 6.9%。截至 2019 年底，集团总资产 39.48 亿元；同比增长 12.57%；实现营业收入 137.35 亿元，同比增长 2.8%。

表 1　欧龙集团经营状况

年份	新车销量（辆）	售后产值（亿元）	营业收入（亿元）	资产总额（亿元）
2017 年	40602	9.79	130.88	33.29
2018 年	39945	11.00	133.61	35.07
2019 年	41885	11.76	137.35	39.48

四、经营特色

随着新零售业务的不断发展，欧龙汽车集团赶上了新零售革命的第一波浪潮。以用户为中心，通过信息技术打通数据流通、可视化及可追踪，实现数据网格化；从而驱动业务发展，打造全渠道消费场景，开展无缝服务体验，不断整合完善服务链。

（一）以用户为中心

在欧龙汽车新零售中，用户成了供需关系的核心。从为用户提供统一的产品 / 服务，向以用户为主导，提供定制化、人性化服务转换。

用户可以根据自己实际生活场景，个性化定制车辆，为客户提供差异化服务体验，实现千人千面的个性化配置。

（二）数据网格化

通过欧龙荟小程序、SVN 工具、垂直网站及直播等渠道，整合内外部数据，汇集成数据池，对数据进行采集、整理、分析和应用，把用户的线上、线下数据串联起来，通过全渠道的数据打通，捕捉客户行为轨迹，生成用户全息影像图，从而更好地服务用户。同时，网状连接的数据资产，让欧龙的整体决策也更加的有效。

（三）服务链整合

不同于传统，欧龙集团旗下各店不仅承接用户整车的全流程交付功能，并且为用户提供从学车、买车、养车、卖车、置换、金融、美容及年检的等用车全生命周期的增值服务，实现了对用户购车全流程的服务，提高了用户体验，从而为客户提供更好的服务和营造更好的消费体验。

五、企业文化

欧龙集团坚持“尊重人性，让员工实现自我价值，让客户更加信赖企业”。定期开展员工满意度调查，并结合不同层级的员工面访，了解员工需求，提升员工满意度。如在员工福利方面除了五险一金之外，集团每年开展千人游项目、员工体检、家属关怀、上门拜访家属员工等；积极开展欧龙篮球赛、欧龙好声音等项目，丰富员工业余生活；在职业发展层面，开展资深专家及管理岗位双通道晋级路径，开展欧龙管理学院，满足不同员工的职业发展规划。

六、社会公益

欧龙集团在关注自身发展、取得各项突破的同时，时刻未忘回报社会，积极开展环境保护，承担社会责任，踊跃参与社会公益事业，关爱弱势群体、开展爱心捐助。

在环境保护方面：环境保护是集团的核心价值之一。集团积极履行环境和社会责任落实到企业社会责任项目之中，积极倡导环境保护，开展“垃圾分类”及“三废”不落地专项活动，这种专项活动通过长期规划、企业文化宣导已深入体现在集团的日常运营中。

在社会实践方面，欧龙集团通过校企战略合作，开设“欧龙班”，累计提供 300 余人次实习岗位，让在校生真正了解汽车行业，为集团持续发展储备人才创造条件。

在爱心公益方面，推广“欧龙心公益”项目，已累计启动及捐助金额超过 530 万。包括连续十年资助衢州地区家庭经济困难中小学生，资助贫困大学生，援建希望小学；连续五年资助金华地区品学兼优却家庭贫困的大学生助学金项目；连续十年参与温州地区慈善大宴；开展台州地区“爱在阳光下，温暖每一天”5 周年营养午餐公益行动捐资，“春泥计划”营养午餐公益项目，“无声的世界，有声的关爱”关爱聋哑儿童公益活动等项目。

通过环境保护项目、社会实践和爱心公益活动，带动社会各界对特定群体倾注更多的关注和支持，为社会、为未来，多尽一份心，多出一份力，多承担一份社会责任，共享美好社会。

七、企业荣誉

欧龙集团的诚信经营和公益实践获得了来自行业协会、当地政府、主机厂及媒体的首肯，先后荣获“德国大众集团全球钻石胸针奖”、“中国汽车流通行业知名品牌”、“2020 最具竞争力经销商集团”、“2019 年度创新企业”、“2018 中国汽车流通行业杰出贡献奖”、“全国十佳汽车服务商”、“一汽－大众群星熠熠经销商集团”、“十佳社会责任经销商”及“十佳汽车营销集团”等荣誉。

在经营店方面，欧龙集团旗下店荣获“梅赛德斯奔驰 2019 年度最佳经销商奖、一汽－大众最佳客户满意度奖”及“五星级经销商、上汽通用汽车六星级授权品牌服务中心”等荣誉。

河北诚实实业集团

河北诚实实业集团始创于 1996 年，经过 23 年快速发展，业务范围涉及商用车、乘用车销售及服务、融资租赁、地产开发等多个领域，商用车业务遍及全国 16 省市，集团人员规模 2100 余人，年销售台次达 24584 台，营业额达 113.7 亿元。

诚实集团以诚诚恳恳做事，实实在在做人为企业立足的根本，以打造全国最大的商用车服务商为企业发展的愿景；以“家和”理念为企业内控管理的价值观。

连续多年被河北省工商行政管理局评为“重合同、守信用”单位，被多家银行授予“AAA”级企业。

2017 年，诚实集团以“诚实汽车”的商用车形象推向全国，营销体系由销量目标导向型向份额目标导向型转变，确保实现夯基础、谋长远、抢份额的战略目标；依托品牌优势及营销体系化建设，不断提升终端市场的开拓能力，客户开发能力和企业管理能力，通过网络布局不断完善、网络核心能力不断提升。

借力营销变革，开启环卫、搅拌、冷链、随车吊全品系销售，善谋者行远，解放自卸工程车辆以谋为先，科学规划营销节奏，精准匹配资源，2018 年诚实汽车保定分公司充分借助雄安新区区位优势，敏锐的市场洞察力和市场决策力，率先成立大客户部，截至 2020 年初大马力自卸车销量异军突起，全面助力雄安新区基础建设。

随着中国经济的高速发展，大数据、物联网、人工智能等新技术的应用，物流行业正在发生着深刻的变化，客户组织形态向法人化集中，更倾向于批量采购，需求更加注重品质化、体验化、个性化、多样化等特点，大客户营销成为商用车销售中的关键一环。

聚焦大客户营销，下沉终端用户，结合主导型客户开发的宝贵经验，客户挖掘、价值评估、客户画像、关系提升、方案设计、形成交易、排产交付、客户维护等 8 个环节，环环相扣，形成了《大客户开发与维护标准化流程》，作为指导下属分公司能力提升的重要工具之一。

通过标准化的开发与维护流程，建立开发维护大客户的长效机制、加强开发维护过程的联协管控，提升经销商的大客户营销能力。不管新老大客户开发人员，通过学习掌握大客户开发与维护标准化流程，规范客户开发动作，都能够提高大客户开发成功率，不断地促进大客户销量及关系提升。

天津捷通达汽车投资集团

天津捷通达汽车投资集团有限公司是一家以投资汽车4S店为主的集团化企业，主营汽车销售、售后服务、汽车配件、二手车、平行进口汽车、汽车租赁、汽车金融、保险代理等业务，注册资本1.5亿元。

捷通达立足天津、拓展云南，自2001年首家4S店正式运营以来，集团规模不断壮大，目前已拥有子公司86家，在天津、云南运营的4S店62家，拥有员工4500余名。集团旗下经营品牌包括宝马、奔驰、奥迪、红旗、大众、丰田、通用、东风标致、一汽奔腾、上汽荣威、广汽新能源、奇瑞以及新兴电动汽车品牌。2019年集团共计销售汽车59000余辆，维修汽车478000余辆，实现营业收入93亿元。

捷通达计划到2021年底，集团管理各类门店超100家，营业收入超120亿，努力打造京津冀首屈一指的汽车消费生活生态圈、成为云南领军的经销商集团以及经销商行业中最具吸引力的雇主品牌。

捷通达始终坚持“诚信 专业”的企业核心价值，下属各4S店持续为45万多名客户提供细致周到的服务，不断提升客户汽车生活价值。

捷通达集团积极倡导“勤奋、抗争、学习、创新”的企业精神，在捷通达人的共同努力下，集团历年来获得了多项行业荣誉，包括：“中国汽车流通行业经销商集团百强”“中国二手车经销商百强”“中国汽车流通行业社会公益榜样”“中国汽车流通行业成长力企业”“中国汽车流通行业优秀会员奖”。

捷通达集团和旗下4S店也获得了多项汽车品牌荣誉，包括：一汽集团功勋经销商、一汽－大众功勋投资人、德国大众集团钻石胸针奖、宝马卓越经销商、一汽－大众五星级卓越经销商、广汽丰田十佳经销商、凯迪拉克最佳售后五星等。

捷通达集团董事长获得了“改革开放40周年中国汽车经销服务行业杰出人物”“建国70周年汽车经销服务行业影响力人物”和庆祝建国70周年“天津慈善奖”等荣誉称号。赢得了行业内的一致好评。

捷通达精心营造“简单、激情、责任、兄弟姐妹情谊”的企业氛围，将实现员工和员工家人幸福作为根本目标，努力成为人才济济的捷通达。

捷通达开拓数字化转型之新，在数字化时代努力成为客户友好的捷通达；捷通达精益运营之本，稳步增长，努力成为被行业学效的捷通达。

捷通达近三年缴纳各项税收4.33亿元，积极支持环保事业、捐资助学，助力抗灾防疫，响应东西部扶贫并建立长效机制，努力成为社会公益的捷通达。

面对汽车产业的迅猛发展，捷通达集团秉持“尊重员工价值，坚持客户价值，保障股东利益”的经营理念，不断创新商业模式，塑造核心竞争力，逐步形成面向海外的开放式发展格局，竭力打造业内卓越运营典范，创造多彩汽车生活！

汽车经销商集团上市公司股比关系

1. 上海申华控股服份有限公司

2. 物产中大集团股份有限公司

物产中大集团股份有限公司

股东

股东	比例	持股数
浙江省国有资本运营有限公司	26.08%	13.2
浙江省交通投资集团有限公司	17.63%	8.92
中国证券金融股份有限公司	2.62%	1.33
香港中央结算有限公司（香港特别行政区企业）	1.42%	7174.67万
湖南华萱恒深十一号投资基金合伙企业	1.8%	9108.91万
马钢集团投资有限公司	2.99%	1.51
厦门国贸资产运营集团有限公司	3.13%	1.58
太平人寿保险有限公司-传统-普通保险产品	3.13%	1.59
中国国有企业结构调整基金股份有限公司	1.56%	7920.79万
物产中大集团股份有限公司-第一期员工持股计划	0.45%	2290万
兴证证券资管-兴业银行-兴证资管鑫众8号	0.48%	2453.41万
煌讯投资有限公司	0.5%	2518.08万
中央汇金资产管理有限责任公司	0.91%	4610.54万
浙江省财务开发有限责任公司	3.7%	1.87
厦门国贸控股集团有限公司	0.42%	2143.35万

控股

控股企业	比例	认缴金额
金华物产中大医疗健康投资有限公司	65%	50939.2009万人民币
物产中大公用环境投资有限公司	58.75%	57132.151555
浙江物产信息技术有限公司	100%	5000万人民币
物产中大云商有限公司	67%	20100万人民币
浙江中大集团投资有限公司	100%	50000万人民币
中大金石集团有限公司	100%	80000万人民币
物产中大医疗健康投资有限公司	100%	70404.002489
浙江中大元通实业有限公司	100%	54500万人民币
浙江物产物流投资有限公司	56.24%	27860.1197万人民币
浙江物产化工集团有限公司	90%	45000万人民币
浙江物产国际贸易有限公司	87.28%	43005.4564万人民币
浙江物产金属集团有限公司	57.17%	17151万人民币
浙江物产长乐实业有限公司	51%	3621万人民币
浙江新联民爆器材有限公司	23.28%	2997.6811万人民币
中大期货有限公司	95.1%	34236万人民币
浙江物产融资租赁有限公司	100%	241668.272万人民币
浙江物产中大医药有限公司	100%	10000万人民币
浙江物产元通汽车集团有限公司	100%	146256.0701万人民币

扫码查看全部

3. 四川浩物机电股份有限公司

股东

- 天津市浩物机电汽车贸易有限公司
15.18%　持股数：1.01
- 北方国际信托股份有限公司-易富证券投资单
0.48%　持股数：315.94万
- 宁夏宁金基金管理有限公司
1.13%　持股数：751.84万
- 天津市浩翎汽车贸易有限公司
22.22%　持股数：1.48
- 中国建设银行股份有限公司-华夏中证
0.55%　持股数：365.28万
- 天津市浩诚汽车贸易有限公司
7.92%　持股数：5267.22万
- 新疆硅谷天堂恒瑞股权投资合伙企业（有限合伙）
3.37%　持股数：2237.23万
- 申万宏源产业投资管理有限责任公司
8.96%　持股数：5954.77万
- 赵广莲
0.29%　持股数：191.19万
- 宁夏宁金基金管理有限公司
0.45%　持股数：300.33万
- 北方国际信托股份有限公司-汇富证券投资单
0.37%　持股数：245.47万
- 宁夏宁金基金管理有限公司
0.41%　持股数：274.56万
- 北方国际信托股份有限公司-旭富证券投资单
0.33%　持股数：222.51万

四川浩物机电股份有限公司

扫码查看全部

控股

- 内江峨柴鸿翔机械有限公司
100%认缴金额：2480万人民币
- 天津财富嘉绩投资合伙企业（有限合伙）
38.64%认缴金额：5800万人民币
- 上海景天蓝环保科技股份有限公司
25%认缴金额：500万人民币
- 内江金鸿曲轴有限公司
100%认缴金额：11000万人民币
- 内江浩德商贸有限公司
0.11%认缴金额：100万人民币
- 内江市鹏翔投资有限公司
100%认缴金额：69117.83万人民币

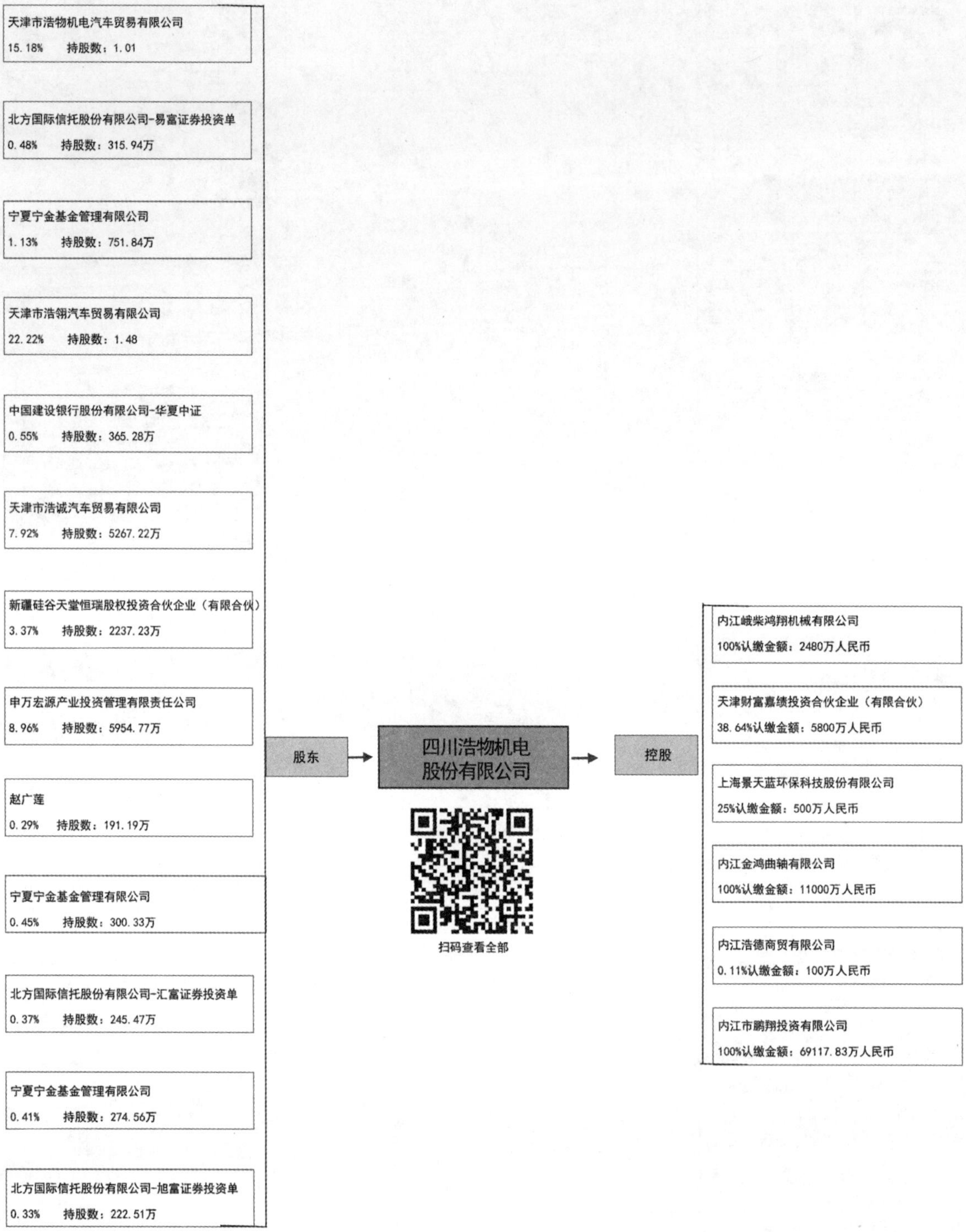

中国部分二手车商

现代首选二手车经营有限公司

现代首选二手车经营有限公司（以下称“现代首选”），成立于2008年，由北京汽车投资有限公司、现代汽车（中国）投资有限公司、北京现代汽车有限公司三方共同出资组建，是国家商务部审批通过的国内第一家汽车厂商合资的二手车经营公司。

自成立以来，现代首选一直致力于围绕北京现代整车厂商及经销商开拓各类厂商二手车业务。同时，现代首选也不断尝试与汽车电商平台、融资租赁公司、出行平台等第三方机构合作，开发探索新的二手车业务，不断扩大业务范围、经营规模和市场竞争力。经过十余年的探索和发展，现代首选已成长为一家多元化、专业化的大型综合二手车公司。

早在2011年，现代首选就开始帮助北京现代开展二手车置换业务，为北京现代授权经销商提供二手车置换系统、二手车销售支持、评估师驻店指导、二手车置换业务培训等一系列支持服务。2015年，现代首选又为北京现代创立了“北京现代首选认证二手车”品牌，搭建了二手车认证系统、制定了认证二手车110项检测项目及标准，协助经销商开展二手车认证业务，为消费者提供放心优质的北京现代认证二手车。

从2015年开始，为促进整车厂商的新车销售，提升北京现代二手车残值率和客户品牌忠诚度，现代首选又率先探索新的业务模式——保值回购及残值保障业务，其中包括与整车厂商合作的新车上市保值回购业务，以及与融资租赁公司合作的融资租赁保值回购业务。

与此同时，现代首选还陆续开展了各项出行业务，包括在北京、烟台等地开展经营性租赁业务，在成都开展网约车租赁业务，在西安、武汉开展共享汽车租赁业务。

2019年是现代首选迈入历史新篇章的一年。2019年7月，现代首选正式获得二手车出口企业资质，成为全国首批45家试点企业之一。8月，现代首选率先完成北京市的首单二手车出口，获得商务部外贸司的高度评价。目前，现代首选已具备高效完善的“收－整－签－检－出”二手车出口一体化服务能力，并通过积极开发海外客户，与中亚、东欧、非洲、中美洲等全球各地的客户建立了业务往来，取得意向订单5,000余单。

同时，现代首选在2019年重新梳理了公司的业务模式和业务板块，并制定了新的战略发展规划。公司未来将围绕二手车及出行业务，逐步打造完整的二手车产业生态链，业务覆盖厂商二手车业务、二手车车源制造（保值回购业务及出行业务）、二手车销售及出口等各环节。

截止至2019年末，现代首选的二手车业务已遍布全国31个省级行政区，已发展北京现代二手车置换和认证授权店600余家，覆盖全国250个城市。同时，现代首选已在烟台、沧州、郑州、武汉、长沙、西安、成都、大同、太原、泉州10个城市开设了分公司，开展二手车收购、销售及汽车租赁业务。

2019年，现代首选共销售新车及二手车3,600余辆；同时协助北京现代经销商，为超过1.6万名车主提供了二手车置换服务，为2万余名车主提供了车辆保值回购服务。此外，公司大力发展出行业务，使车队规模扩充到1,200余辆。

现代首选凭借多年来在二手车行业积累的优势，获得了广大业内人士和中国汽车流通协会的充分认可，连续多年获得多项荣誉奖项。2019 年，现代首选先后获得年度中国二手车流通行业模式创新奖、年度中国二手车流通行业优秀二手车经销商、年度中国汽车流通行业经营服务模式创新企业、年度二手车经销商百强企业、58 同城二手车品牌影响力奖等多项荣誉。

浙江百优卡二手车经营有限公司

一、公司概况

百优卡创建于 2007 年 12 月，主营低、中、高端二手车。是浙江省知名的二手车品牌连锁企业，是国内比较早进行品牌化运营的二手车连锁品牌之一。

截止 2020 年 12 月，百优卡已在全国开设 27 家二手车门店，其中直营门店有 5 家，加盟、合营门店 22 家，覆盖浙江、新疆、内蒙古、青海，山东，江西，湖南等地。

在企业文化建设上，百优卡致力于军事化、家庭化、学校化、职业化的“四化”建设，引入团队竞争机制、民主选举部门经理制度，给每位员工锻炼、培训、晋升的机会。并借鉴国内外同行业的各种学习教材并结合自身建立了一套相对完善的二手车经营管理培训手册和二手车门店运营体系。

2019 年，百优卡全国门店销售 14300 辆，平均库存周期 20 天，总销售额达到了 128700 万，其中零售销售量：11440 辆，零售销售额 102060 万元；批发销售量 2860 辆，批发销售额为 25740 万元。

二、发展历程

上个世纪九十年代，中国汽车市场刚刚起步，中国二手车行业正处于无序发展的阶段，市场脏、乱、差，信息不透明，使得消费者对二手车缺乏信心。到了 2000 年代，二手车行业发生了飞跃的变化。百优卡成立后，通过对行业进行的一些列革新以及多种创新经营模式，为客户提供专业性更强、诚信度更高的服务体验，为行业树立了新的标杆，推动了行业的健康、蓬勃发展。

经过不断地探索，百优卡从之前单一的收购模式逐渐发展成寄卖、收购、批发等、特价新车等多样化的业务模式，同时，为帮助门店提升附加收入，成立了金融事业部；为了促进销售，开创了二手车周末集市活动、私人定制服务等。

通过这些业务上的创新服务，确保产品价值和价格相匹配，让原车主和新车主都享受到公平合理的交易；而后制定了标准化 120 项认证体系，以严格的收购标准发现和剔除问题车辆，加上强大的售后整备力量和优质的服务体验，改变了消费者对二手车的传统认知，奠定了行业地位。

三、经营模式

从 2007 年成立至今，百优卡见证了行业从弱小到强大，见证了二手车交易量突破千万大关。百优卡始终坚持实体经营的基本思路，这是百优卡屹立行业的根本。

二手车行业不同于新车，具有一车一况的特殊性，也决定了二手车经营者必须要为消费者提供精细化服务。百优卡秉承以服务客户为目的的理念，打造以客户为中心的服务模式，为客户提供优质、有保证的二手车产品和随心所欲更换汽车的消费体验。这些为百优卡的发展奠定了基础。

2012 年百优卡经营模式一刀切，由传统的收购模式改为寄卖，寄卖就是帮助客户卖车，百优卡为买方和卖房搭建一个交易平台，让车况透明、价格透明，百优卡作为中间方提供交易服务赚取服务费。

（一）寄卖 1.0

在行业发展初期，影响销售最大的问题就是信息不透明带来的低收高卖、价格欺诈、隐瞒车况等潜规则。

百优卡实行寄卖模式后，就极大的解决了这一问题，最初的寄卖 1.0 阶段，百优卡就是一个交易平台，买方和卖方可以自由交易，百优卡作为中介方，把握中间的交易环节在交易，比如车况问题，每一天进入百优卡展厅的车都需要经过 120 项检测认证，检测的车况会原版的呈现给客户，打造真实、透明的交易平台。再比如透明价格，卖家卖多少钱，买家就花多少钱，然后给百优卡平台固定的交易服务费。

（二）寄卖 2.0

但是寄卖 1.0 的模式有非常明显的缺陷，虽说是第三方平台，解决了一些不透明的问题，但这个阶段的百优卡更像是一个信息中介，平台的价值仅仅是把交易环节相对透明一些。而且虽然有了 120 项检测认证报告，虽然有些小问题但是也不整备，美其名曰是原汁原味，但是这样大大降低了消费者的体验感。客户买回去的车还需要花时间去整理一番。另外，在 1.0 阶段还有一个巨大的漏洞就是价格。

因为是交易平台，对定价并没有太多的话语权，客户想卖多少平台就尽量的满足客户的需求然后尝试的帮助客户买。这样导致的原因就是百优卡的价格普遍都比较高。所以在寄卖 2.0 的时候，百优卡开始增加一些服务项目，第一是定价，平台掌握定价权。百优卡成立了定价中心，根据每一台车的实际情况，结合新车、市场、同行交易数据等要素综合给出一个合理的卖价。价格虚高会影响销售周期。第二点是整备，每一台进入展厅的车都需要非常精细化的整备，让每一台二手车展示在展厅的时候都非常的漂亮，也无形之中让客户对百优卡产品的信任度上升。第三是增加了收购业务，百优卡寄卖模式的变革是一刀切的，改变之后一切收购业务全部取消，导致有些客户主动上门想谈收购,但是由于公司模式的缘故只能拒之门外。客户体验也非常不好。所以在第二季度重新增加了瘦过业务，以寄卖为主、收购为辅的方式，因为这样的调整也进一步拓宽了业务的体量。

（三）寄卖 3.0

在寄卖 3.0 阶段，百优卡进一步拓宽了业务的范围，成立了新车事业部，为门店补充车源；成立了金融事业部，为门店金融业务提供更多的便利；成立客服中心，通过客户满意度的调查来促进经营的改善。

（四）合伙人模式

2019 年，百优卡试运营合伙人模式，发挥百优卡在门店运营、团队管理、文化建设等方面的优势，让有非常强业务能力但是在团队管理等方面比较弱的老板加入进来，资源整合、优势互补。

2019 年 1 月百优卡第一家以合伙人模式运营的门店中基店成立，在门店经营管理的分工上，百优卡负责运营，合伙人团队负责业务，两者有机结合，中基店成立第一个月就实现了就亏为盈，第三个月就实现了 0-100 的突破。

中国主要二手车市场

成都宏盟二手车交易市场管理有限公司

成都宏盟二手车交易市场管理有限公司（以下简称“成都宏盟”）成立于2009年，地处四川省成都市汽车消费核心商圈，占地面积300亩，入驻车商达680余家，场内常年展销车辆逾7000辆。成都宏盟长期专注于二手车交易市场的专业化、规范化运营，与国内外知名企业在多个领域达成战略合作，业务涵盖检测认证、交易拍卖、市场管理、车管服务、汽车金融、汽车新媒体、二手车出口等汽车全产业链，是四川省二手车行业发展的先驱代表和行业领导者。

2019年市场交易情况总体趋于稳定，市场交易活跃度增幅有所放缓，二手车交易均价有所上升，市场销售车型结构变化呈大型化、高端化发展趋势。在用车需求规模和跨区域流通方面，因四川省地区经济发展不均衡，通过“强省会、大成都”战略推动成都都市圈发展，进而推动汽车市场需求，当地市场规模在全省占据绝对优势，本地市场的二手车跨区域流通比例相对较高。目前，成都宏盟实现年交易汽车超30万辆，年交易额逾500亿元，连续7年荣膺中国二手车交易市场百强排行榜第2名。2019年成都宏盟在继续保持业内领先地位的同时，成都宏盟愈加重视服务转型和客户体验提升："车驾管"业务齐头并进，业务量稳步增长；"宏盟放心车专区"建成营业，为消费者提供全程、贴心、专业、便捷、可信的人性化服务，客户满意度全面提升；世警会期间，成都宏盟应邀参展，在世界面前展现企业品牌形象；成功策划各类展销活动，进一步提升市场人气和凝聚力。

同时，成都宏盟积极探索市场转型升级和经营模式的提质创新，主动对标国家政策，率先开拓二手车出口版图，加快推进企业品牌的全球化大流通布局。2019年5月5日，国家商务部、海关总署和公安部共同召开二手车出口专题会议，正式启动中国二手车出口工作，成都宏盟获批成为中国首批二手车出口试点企业之一。随即，成都宏盟成立全资子公司——四川宏盟中拓，深入推进和开展二手车出口相关工作。凭借线下海量车源，成都宏盟围绕二手车出口，通过开放合作，汇聚各界资源，发挥整合优势，积极开拓二手车出口新渠道，围绕东南亚、独联体、中东、南美、非洲等海外市场，建立了完善的国内采购网络、海外销售网络及售后服务网点，与跨境电商平台、二手车经销商集团、综保区港口、国内外代理公司、海外经销商等建立了长期、持续、稳定的合作，并提供金融、物流、检测评估等多层次的一站式二手车出口服务，推动中国二手车出口健康、有序、持续发展。

2019年7月25日，中国首个二手车出口国际专列从成都国际铁路港通过“海铁联运”的方式至目的地国家柬埔寨。成都宏盟创造了“中国首个二手车出口国际专列”和中国二手车出口试点企业“第一家在境外建立海外二手车服务基地”的壮举。2019年9月5日，成都宏盟积极响应国家政策，组织并率先实现中国首批出口柬埔寨的新能源二手车。该批车辆的发运对于促进中国二手车出口贸易快速、高质量发展，具有跨时代的里程碑意义。

2019年9月21日，成都宏盟应邀参加第十六届“中国——东盟博览会”、“中国——东盟商务与投资峰会”，获得国际的广泛关注。9月22日，在“陆海新通道”投资贸易专场推介会上，成都宏盟与共发国际（柬埔寨）集团签署合作协议，双方共同宣布达成国际战略合作，共同建设宏盟 & 柬埔寨金银湾汽车文化产业园。

哈尔滨汽车交易市场有限公司

哈尔滨汽车交易市场有限公司是由哈尔滨投资集团责任有限公司出资建设的东北地区规模最大、设施最完备、信息化程度最高、服务体系最完善的汽车园区。市场于 2011 年 10 月 1 日对外营业，占地面积 24.7 万平方米，建筑面积 3.8 万平方米，设有“十大功能区”。

1. 交易办理区

拥有 5000 平方米的交易办理区，9000 平方米的办公楼，交易大厅内设办公室 22 间、营业窗口 30 个，公安、交通、税务、环保、牌照厂等相关部门入驻，提供车辆过户、交易发票、车辆年检、车辆评估、国税代收代缴、咨询等一站式服务。

2. 精品交易区

建有 26 间精品展厅，总建筑面积 15000 平方米，可停放车辆千余辆，每个展厅面积在 400-600 平方米不等，展厅内设施齐全，能让百姓在轻松优雅、宽敞明亮的环境下欣赏到世界各大品牌高中档汽车。

3. 普通交易区

面向大众、车型齐全，建有普通店面 136 间，每间店面约 30 平方米，可容纳各种车辆 1000 余台，能满足各个不同层次消费者的需求。

4. 微型面包车交易区

为微型面包车专营区，本区可容纳此类车辆 500 余台，各种品牌应有尽有。

5. 货车交易区

本区主要为客车及各种型号的货车交易区域，总占地面积约 3 万平方米，可停放交易车辆 400 余台，是黑龙江省最大、最集中的大货车交易区。

6. 集市型交易区

本区为广大车主和客户自主交易提供了一个车辆交易场所，可容纳交易车辆 300 余台。

7. 车检服务区

本区主要建有 5000 平方米的汽车检测站及查验拓号区，拥有专业的技术人员和先进的仪器设备，能够为车辆提供安全技术检测、综合性能检测、尾气环保检测等完善的检测服务，保障百姓的安全。

8. 汽车金融业务办理区

“金融超市”于 2018 年 8 月正式挂牌营业，以国内首创二手车交易市场引进金融超市模式，建立从售前的品牌运营管理、新车及二手车消费贷款、以租代购、车商库存融资，到售后的保险、延保、汽车检测一站式的汽车交易链条闭环服务。目的在于增强客户购车体验感，提供一站式、公开透明化服务，规范行业市场。增强市场综合竞争优势，促进车商与客户的黏合度。是打造金融服务与二手车产业结合的有力举措。

9. 拍卖区

为了促进黑龙江省二手车资源更加有序发展，2017 年市场与哈尔滨龙源拍卖有限责任公司合作，共同开展黑龙江省唯一的二手车即时拍项目。现已建成能够实现现场与网络同步拍卖的多功能拍卖厅，可以让竞买人与委托人足不出户参与机动车拍卖竞价，受到省内外各界的广泛关注。并在 2017 年共同承办了首场黑龙江省省直公务用车制度改革取消车辆拍卖会。并在哈尔滨汽车交易市场园区内进行现场评估、拍卖，累计展样、拍卖 1000 余台，获得了省市有关合作单位的一致好评。

10.“多媒体宣传平台”

市场积极探索,利用“微信公众平台”建立“掌上车市”,几千台车辆实时供消费者浏览。以“抖音短视频”“快手”等视频新媒体官方账号发布市场资讯，曾与哈尔滨市交通广播电台合作，在市场设立直播间，开通了“925诚信二手车热线”。多媒体、多平台全方位宣传市场，立体打造市场的形象。

市场现入驻二手车经销、经纪公司共358家，场内常年日展示车辆4300台左右。自营业以来市场结合行业特点,按照“先发展后规范”“边发展边规范”“规范着发展”渐进式的经营策略,初步实现了引领我市二手车行业规范发展、诚信经营的目的，已逐步发展成为东北地区最大的二手车交易市场。

市场始终秉承“服务、规范、创新、发展”的经营理念。通过现代化的场地设施、精良的专业团队、规范的业务流程、人性化的交易环境，为广大商户打造集车辆展示、交易、查询、检测及配套服务一体的综合性服务平台。并为消费者提供一站式的购车体验，满足了消费者多样化、多层次的购车需求。

腾运旧机动车交易市场股份有限公司

保定市腾运旧机动车交易市场股份有限公司成立于1999年9月，是保定市政府批准设立最早，也是目前保定市最大的旧机动车交易市场。市场历经二十多年的努力与发展，已具有一定的规模和实力。

目前，市场占地面积15万平方米，进驻的二手车商户达400多家，日上市车辆达3000多辆，年成交车辆达70000余量。市场内功能设备齐全，交易环境优越，目前已形成以二手车交易服务为主，集车辆年检、新车上照，旧车过户、车辆转入转出、加押解押、违章查询与解除、车辆寄存寄售，保险代理，车辆金融服务、车辆质保评估、驾驶员培训及车辆售后服务于一体的综合型一站式车管便民服务体系。

目前市场主体区域划分为东院、中院和西院三个区域。东院主设停车场，便于前来办理业务的客户停放车辆；中院主设车管业务办理区和中高端车辆交易区，其东南部7000多平方米的二手车精品展厅是整个市场的“金字塔”和“代言人”，西院主设中低端轿车、客车、货车及散户车辆交易区。

以上所有区域均采用商超化的管理服务模式，各个交易区域都拥有完备的车辆ERP出入库系统，进入市场的交易车辆都将通过203项符合“国家标准”的“行”认证专业初检测，信息透明，更有质保、延保和市场担保重重保障，真正实现了市场实时化、智能化的全面管理。

公司着眼向“全面服务型”的市场方向发展，积极打造消费者信得过的二手车服务品牌，不断创新发展模式。首先，公司自主研发了先进的车辆手续录入系统和开票系统，利用这个系统商户可以随时随地采集并录入客户车辆信息，真正方便了客户车管业务的办理；其次，公司还成立了客服中心，提供给客户一个二手车帮买帮卖平台，通过“腾运认证二手车”网上公共平台帮助客户将车辆线上直销、线下实体展销，真正让客户买好车、卖高价。与此同时，市场还自主开发并注册了保定人的车管家“直隶腾运车帮”微信公众号，随时随地为客户提供网上车管业务预约服务——上门提车帮办车管业务、全程专人陪同指导帮办车管业务、贵宾接待，真正让客户体会腾运服务的贴心与周到，在办理业务时更是有宾至如归的感觉。

我市场在不断完善服务体系和提升服务能力的同时还积极响应汽车流通协会及同行业各部门的号召，积极参加同行业各部门组织的交流学习会议，取长补短，不断完善自我。2019 年，我市场先后荣获“全国二手车市场百强企业排名第 27 名”、“中国汽车流通行业优秀会员奖”、“全国二手车交易市场 5A 级诚信单位”、“中国二手车流通行业模式创新奖”及“二手车流通企业经营管理规范贯标工作杰出贡献单位”等荣誉。

“诚信为本，实力为先，全心全意为客户服务”，放眼未来，腾运将继续秉承“客户至上，服务至上”的经营理念，坚持“公开、公正、公平、合法”的交易原则，以客户需求为导向，以为客户提供优质服务为己任，注重科技创新，认真总结学习“百强二手车市场巡回”交流会议的先进观点和服务理念，认真贯彻学习习近平总书记 2020 年在企业家会议上的重要讲话精神，充分认识到保市场主体就是保社会生产力，坚定信心，迎难而上，深入研究区域性二手车市场发展的特点，挖掘二手车消费需求的潜力，不断完善自我、“赋能自我”，为推动保定地区以至全国各地二手车行业的汽车流通，为规范和促进保定地区以至全国各地的二手车交易活动做出贡献。

“科技创新，提升服务”，腾运将继续发挥自己的优势，努力让自己跻身全国二手车交易市场先进行列，成为保定地区以至全国各地二手车行业业界的精英和翘楚。

宝利捷旧机动车交易市场经营管理有限公司

广州市宝利捷旧机动车交易市场经营管理有限公司（以下简称“宝利捷二手车市场”），是 2001 年 9 月经广东省经贸委批准、2002 年 3 月经广州市工商局审批成立的，位于广州大道南这个二手车交易的“黄金通道”上。开设有总场、分场，总占地面积约 4 万平方米，驻场二手车商户约 500 家，常年在库销售二手车约 4000 辆，分别定位高、中、低档，市场内经销的二手车涵盖并满足了不同层次消费者的各种需求。宝利捷二手车市场可为车商及客户提供二手车买卖、新旧车置换、车辆合法性查验、转移登记、鉴定评估、代客过户上牌等一站式服务。是广州市占地面积、交易量、销售额都首屈一指的二手车专业市场，也是改革开放 40 年中国最具有影响力的十大二手车交易市场之一。从 2006 年起连续十四年被广州市工商行政管理局评为“广州市守合同重信用单位”。

据广东省汽车流通协会的数据显示，2019 年广东省二手车交易量为 233.1 万辆，同比增长 14.7%；二手车交易额为 1506 亿元，同比增长 21.6%。宝利捷二手车市场 2019 年交易量为 6 万辆，二手车交易额约为 75 亿元，同比增长均高于我省平均水平，位列“中国二手车交易市场百强排行榜”广东地区之首。

由于汽车行业受到环保政策的影响，““国六””排放标准陆续在全国实施，因此 2019 年是““国五”、“国六”” 切换的重要年份，受益于珠三角区域““国五”” 二手车互迁利好政策，宝利捷二手车市场以及全体商户都实现了平稳过渡。

国家商务部也于 2019 年公布二手车限迁政策全面取消，这项措施极大提升了二手车市场的开发，增加了流通性，服务范围更加广阔的同时也提高了市场的声誉度，同时带动了维修、保险、汽车配件等行业，消费者则获得了更多的选择。宝利捷二手车市场也跟随政策，全面优化市场环境，让市场商户更加规范，让消费者更加放心。

宝利捷二手车市场自成立以来，以打造“二手车行业的龙头企业”为奋斗目标，秉承“服务第一、质量第一、信誉第一”的经营理念，倾心专注于二手车行业的发展。作为广州市第一家经省公安厅授权，在二手车专业市场建设成立的机动车登记服务站，日办理业务量近 300 台，全年办理业务量超过 6 万台。

为市场内商户及广大市民提供便捷的一站式过户服务，真正实现了广州市二手车辖区内转移和迁出的一站式服务。也是广州市过户量、迁出量名列前茅的服务站。其专业的过户服务，高效的工作效率，获得了广州市车管所和广大过户车主的高度认可。

随着互联网的发展，电子商务的普及，在“互联网 +”的大背景下，宝利捷在经营模式和管理上也不断转型、升级和创新，将经营的重点由经营商户的管理向车辆交易辅助服务与管理内容上转变。

利用传统二手车市场车源丰富、服务配套、功能齐全、业务办理快速的优势，创新经营模式，打造和建立了信息透明、内容真实的宝利捷二手车网络信息和交易服务平台。

配合二手车交易流程，完善经营管理监督机制，建立了一套切实可行的包括售前、售中、售后相结合的投诉监督反馈机制。

增添了二手车金融信贷、金融保险、汽车美容、汽车检测和售后维修等专业服务内容，更要求市场经销商在经营中提供认证二手车、明码标价、七天无理由退换、一定时间和里程的质量保证等服务内容，致力营造一个安全、诚信、快速、便捷的交易环境。

广西广隆二手车市场

广隆二手车市场成立于 2014 年 6 月，目前已拥有安吉广隆二手车市场及北湖广隆汽车产业园两个市场，容载车商 500 户，展车近 5000 台。其中安吉广隆占地 53 亩，拥有 200 户车商，北湖广隆占地 108 亩，有 3500 个库位，拥有机动车检测站、车管服务站、装备维修中心等配套硬件，以及辅助和促进交易的服务产品体系，让买卖更便捷。

广隆始终秉承服务优先的经营理念，不断创新和探索，将市场作为二手车产业的路由器和孵化器，通过智能管控和数字建设，构建完善的车商、消费者、服务商等各种经营活动的平台载体，资源聚合以及服务分发器。

2019 年，广隆二手车市场年交易量为 25000 多台，连续三年获中国市场百强企业，另外还获得南宁市创业孵化基地、南宁市文明诚信示范市场等授牌。广隆市场一直致力于帮助车商解决经营上的各类问题和需求，2019 年更是在数字化建设上，对整个服务体系进行迭代升级，使服务效率更高，交易流程顺畅。

首先，广隆二手车市场全新升级了出入库管理系统，完成商品车在入库、检测起至销售、出库、开票、贷款等环节，通过固定线索跟踪记录市场商户车商流通进程。同时对市场商户画像、证件及档案信息，客流管理，实时查看市场每个铺面具体状况，让市场车辆管理更安全便捷。还可通过多台电脑联机运行，以实现无纸化办公、即时数据交流。系统采用多用户分权操作，多人协同工作，各司其职、各负其责。

在智能管理系统下，市场进一步完善自有购车平台，广隆汽车网、微信公众号、小程序和

APP 等终端，市场员工及车商均可以通过系统平台功能，实现内部管理信息化建设、商品车智慧管理、一键开票系统等目标，极大提高了市场车辆流通数据统计效率，以及各维度分析输出。

消费者也可在各个终端平台上查询车辆详细信息、4S 店维保记录，了解如何办理车管过户、贷款、保险及售后等业务，足不出户，就能了解购车全过程，并一键预约试驾，大大降低了由于信息不对称造成的时间成本损耗。

场内设立“广隆认证车中心”，对商品车和寄售车辆进行全方位检测认证，在保证车况透明的情况下，提供兜底服务，让客户买车更放心省心，该服务并结合线上平台对外宣导，打造广隆品牌服务，提升市场形象。市场为更好发挥路由器的功能，从服务体系中细分出“车小二”和“车三万”项目，整合金融、客户线索、车源等资源，通过人人车、58 同城二手车、汽车之家等平台，对买卖车线索进行收集、转化和管理，帮助车商促成交易，为顾客提供一对一“帮买帮卖”和完善的售后服务。

在售后方面，市场建立客服中心，通过 CRM 系统去处理市场内所有业务和服务的咨询、买卖、用车及客诉需求，建立线索转化和售后管理全流程标准，做到有求必应，快速响应，加强用户运营，深化品牌服务建设。

市场将对线上平台采集到的数据进行统一化管理，所有数据实时传送互动及展示，及时掌握二手车流通趋势及销售额，智能预测供求关系，因地适宜制定相关政策及计划，指导市场运营方向。通过数据化管理，增控增值业务（金融、保险、检测、质保、拍卖等）的目标和进度，并根据对数据的采集和分析，指导业务调整方向，往更适用车商的方向优化。

在人才教育方面，市场与广西人才市场、深圳车脑学院等达成战略合作，开设“二手车评估能力培训班”“销售技能提升班”“店长管理班”“互联网营销班”等课程，助力广隆二手车人才孵化基地的实施，提升车商评估鉴定、管理和销售技巧，让经营更专业，效率更高。

广隆二手车市场以“规范行业，规范交易”为执行标准，为车商和消费者提供诚信文明的交易场景，提供认证体系、金融扶持、线索运营、培训教育、多维营销等各类功能服务，打造专业规范的汽车综合服务平台

第十部类

DISHIBULEI | ZHENGCEFAGUIHEBIAOZHUN

2019年汽车行业相关政策法规

发布时间	政策名称	发文机关	原文
法律法规			
2019年1月2日	《中华人民共和国车辆购置税法》	国家税务总局	
2019年2月25日	《报废机动车回收管理办法（修订草案）》	中华人民共和国商务部	
2019年8月15日	《关于新时期支持科技型中小企业加快创新发展的若干政策措施》	科技部	
行业管理			
2019年1月7日	《柴油货车污染治理攻坚战行动计划》	生态环境部、国家发展和改革委员会、工业和信息化部、公安部、财政部、交通运输部、商务部、国家市场监督管理总局、国家能源局、国家铁路局、中国铁路总公司	
2019年2月13日	《城市公共汽电车车辆专用安全设施技术要求》	交通运输部	
2019年3月19日	关于进一步加强新能源汽车产品召回管理的通知	国家市场监督管理总局	
2019年3月20日	关于在部分地区开展甲醇汽车应用的指导意见	工业和信息化部、国家发展和改革委员会、科学技术部、公安部、生态环境部、交通运输部、国家卫生健康委员会、国家市场监督管理总局	
2019年5月29日	关于建立机动车保险条款、费率违法违规举报制度的通知	中国银保监会	

（续表 1）

发布时间	政策名称	发文机关	原文
2019 年 6 月 4 日	关于发布《收费公路车辆通行费车型分类》等 12 项交通运输行业标准的公告	交通运输部	
2019 年 7 月 3 日	《自由贸易试验区外商投资准入特别管理措施（负面清单）(2019 年版)》 2019 年第 26 号令	国家发展和改革委员会 商务部	
2019 年 7 月 17 日	关于修改《道路运输车辆技术管理规定》的决定（中华人民共和国交通运输部令 2019 年第 19 号）	交通运输部	
2019 年 7 月 17 日	关于修改《机动车维修管理规定》的决定（中华人民共和国交通运输部令 2019 年第 20 号）	交通运输部	
2019 年 8 月 8 日	关于全面清理规范地方性车辆通行费减免政策的通知	交通运输部 国家发展改革委 财政部	
2019 年 8 月 20 日	关于进一步加强车辆运输车超长违法运输行为治理的通知	交通运输部 公安部 工业和信息化部	
2019 年 8 月 27 日	关于对原产于美国的汽车及零部件恢复加征关税的公告	国务院关税税则委员会	
2019 年 9 月 2 日	《关于进一步促进汽车平行进口发展的意见》	商务部	
2019 年 9 月 2 日	《关于加快发展流通促进商业消费的意见》	国务院	
2019 年 10 月 9 日	关于进一步规范新能源汽车事故报告的补充通知	市场监管总局质量发展局	

（续表 2）

发布时间	政策名称	发文机关	原文
2019 年 10 月 31 日	关于加快推进二手车出口工作有关事项的通知	商务部办公厅 公安部办公厅 海关总署	
2019 年 11 月 4 日	关于加快培育共享制造新模式新业态 促进制造业高质量发展的指导意见	工业和信息化部	
2019 年 11 月 8 日	新能源汽车动力蓄电池回收服务网点建设和运营指南公告	工业和信息化部	
2019 年 11 月 29 日	《危险货物道路运输安全管理办法》	交通运输部 工业和信息化部 公安部 生态环境部 应急管理部 国家市场监督管理总局	
2019 年 12 月 26 日	《报废机动车回收拆解企业技术规范》	商务部市场体系建设司	
发展规划			
2019 年 4 月 1 日	关于加快推进工业节能与绿色发展的通知	工业和信息化部、国家开发银行	
2019 年 5 月 31 日	《关于印发绿色出行行动计划（2019—2022 年）的通知》	交通运输部、中央宣传、 国家发展改革委、工业和信息化部、公安部、财政部、生态环境部、住房城乡建设部、国家市场监督管理总局、国家机关事务管理局、中华全国总工会、中国铁路总公司	
2019 年 7 月 1 日	《鼓励外商投资产业目录（2019 年版）》	国家发展改革委、商务部	
2019 年 7 月 2 日	《贯彻落实《关于促进储能技术与产业发展的指导意见》2019-2020 年行动计划》	国家发展改革委办公厅、科技部办公厅、工业和信息化部办公厅、能源局综合司	
2019 年 9 月 20 日	《交通强国建设纲要》	国务院办公厅	

2019 年汽车行业相关标准

标准法规		
发布时间	标准代号	标准名称
2019 年 1 月 10 日	T/CAB CSISA0010-2019	家用汽车拆解评价规范
2019 年 1 月 28 日	T/SCQJNY 0001-2019	在用汽油车安装压缩天然气汽车专用装置技术条件
2019 年 2 月 22 日	T/ZZB 0961-2019	汽车风窗玻璃洗涤器
2019 年 3 月 6 日	T/CAS 331-2019	电动汽车充电桩安装服务规范
2019 年 3 月 6 日	T/CSAE 102-2019	电动汽车充电桩安装服务规范
2019 年 3 月 11 日	T/GDES 23-2019	汽车发动机氢氧增强动力节油器
2019 年 3 月 15 日	JT/T 1178.2-2019	营运货车安全技术条件 第 2 部分：牵引车辆与挂车
2019 年 3 月 21 日	T/ZZB 1028-2019	汽车发动机可变排量机油泵
2019 年 3 月 25 日	GB/T 37336-2019	汽车制动鼓
2019 年 3 月 25 日	GB/T 37337-2019	汽车侧面柱碰撞的乘员保护
2019 年 3 月 25 日	GB/T 37340-2019	电动汽车能耗折算方法
2019 年 4 月 1 日	T/ADBM 009-2019	汽车美容、装潢、养护服务企业服务规范及评价
2019 年 4 月 4 日	GB 5920-2019	汽车及挂车前位灯、后位灯、示廓灯和制动灯配光性能
2019 年 4 月 11 日	T/ZZB 1070-2019	电动汽车用减速器总成
2019 年 4 月 11 日	T/ZZB 1074-2019	汽车空调（HFC-134a）用蒸发器
2019 年 4 月 25 日	T/CAAMTB 16-2019	电动汽车用动力蓄电池产品模组规格尺寸
2019 年 4 月 25 日	T/CSAE 99-2019	汽车紧固件用耐热钢技术条件
2019 年 4 月 25 日	T/CSAE 104-2019	汽车外饰涂层实验室氙弧灯老化试验方法
2019 年 4 月 25 日	T/CSAE 105-2019	汽车整车大气暴露试验评价方法
2019 年 4 月 25 日	T/CSAE 106-2019	特殊过程 汽车零部件涂装生产系统评估规范
2019 年 4 月 28 日	T/LADA 016-2019	在用汽油车加装压缩天然气汽车专用装置技术条件
2019 年 5 月 10 日	GB/T 5624-2019	汽车维修术语
2019 年 5 月 10 日	GB/T 37474-2019	汽车安全气囊系统误作用试验的方法和要求

（续表 1）

标准法规		
发布时间	标准代号	标准名称
2019 年 5 月 22 日	T/ZZB 1115-2019	汽车发动机热端部件 - 冲压排气歧管
2019 年 6 月 27 日	T/CAS 358-2019	二手载货汽车及挂车出口检验规范
2019 年 7 月 10 日	T/CSAE 113-2019	汽车整车气动 声学风洞风噪试验 车内 风噪测量方法
2019 年 7 月 10 日	T/CSAE 114-2019	汽车动力总成冷却能力环境风洞试验方法
2019 年 7 月 18 日	T/CQCNG 1-2019	在用汽油车加装压缩天然气专用装置技术条件
2019 年 7 月 30 日	T/GDGM 0002-2019	绿色设计产品评价技术规范 低合金钢制液化气体汽车罐车
2019 年 8 月 1 日	T/TJQX 005-2019	电动汽车驱动电机维修实训设备技术规范
2019 年 9 月 6 日	T/XYMES 001-2019	电动汽车整车控制器
2019 年 9 月 6 日	T/XYMES 002-2019	电动汽车高压线束技术要求
2019 年 9 月 6 日	T/XYMES 003-2019	电动汽车高压配电盒
2019 年 10 月 14 日	GB 15083-2019	汽车座椅、座椅固定装置及头枕强度要求和试验方法
2019 年 10 月 14 日	GB 16735-2019	道路车辆 车辆识别代号（VIN）
2019 年 10 月 14 日	GB 16737-2019	道路车辆 世界制造厂识别代号（WMI）
2019 年 10 月 14 日	GB 18564.1-2019	道路运输液体危险货物罐式车辆 第 1 部分：金属常压罐体技术要求
2019 年 10 月 16 日	T/ZZB 1234-2019	汽车蓄电池用电线束接头
2019 年 10 月 16 日	T/ZZB 1236-2019	汽车减振器用轴承及其单元
2019 年 10 月 17 日	GB/T 38146.1-2019	中国汽车行驶工况 第 1 部分：轻型汽车
2019 年 10 月 17 日	GB/T 38187-2019	汽车电气电子可靠性术语
2019 年 10 月 18 日	GB/T 12673-2019	汽车主要尺寸测量方法
2019 年 10 月 18 日	GB/T 13881-2019	道路车辆 牵引车与挂车之间气制动管连接器
2019 年 10 月 18 日	GB/T 19836-2019	电动汽车仪表
2019 年 10 月 18 日	GB/T 28046.2-2019	道路车辆 电气及电子设备的环境条件和试验 第 2 部分：电气负荷
2019 年 10 月 18 日	GB/T 38117-2019	电动汽车产品使用说明 应急救援
2019 年 10 月 18 日	GB/T 38146.2-2019	中国汽车行驶工况 第 2 部分：重型商用车辆
2019 年 10 月 18 日	T/GHDQ 37-2019	高寒地区燃料电池电动汽车车载氢系统技术条件
2019 年 10 月 18 日	T/GHDQ 38-2019	高寒地区燃料电池电动汽车车载氢系统试验方法
2019 年 10 月 18 日	T/CSAE 116-2019	电动汽车用锂离子蓄电池 单体拆解技术规范

（续表 2）

标准法规		
发布时间	标准代号	标准名称
2019 年 10 月 30 日	T/ZZB 1282-2019	汽车柴油机纸质滤芯柴油细滤器
2019 年 11 月 16 日	T/NHAAI 2-2019	汽车关键零部件生产过程防护指南
2019 年 11 月 18 日	DB37/T 3713-2019	电动汽车充电设备 EMF 测量方法规范
2019 年 11 月 18 日	DB37/T 3714-2019	电动汽车充电设备监督规范
2019 年 11 月 18 日	DB37/T 3715-2019	电动汽车充电设备无线电骚扰测量方法规范
2019 年 11 月 18 日	DB37/T 3716-2019	电动汽车充电站选址的一般要求
2019 年 11 月 18 日	DB37/T 3717-2019	电动汽车充电站验收规范
2019 年 11 月 18 日	DB37/T 3718-2019	电动汽车充电站运营服务管理规范
2019 年 11 月 22 日	T/CAAMTB 03-2019	汽车用橡胶和塑料密封条
2019 年 11 月 27 日	T/ZZB 1380-2019	汽车废气再循环电动阀
2019 年 11 月 27 日	T/ZZB 1394-2019	汽车 AT 变速箱行星齿轮总成
2019 年 11 月 27 日	T/ZZB 1397-2019	汽车用转向管柱上组合开关
2019 年 11 月 27 日	T/ZZB 1404-2019	专用汽车取力器
2019 年 12 月 1 日	T/GDC 36-2019	电动汽车智能充电系统 第 1 部分： 甲醇增程式移动充电系统
2019 年 12 月 4 日	T/CSAE 122-2019	燃料电池电动汽车低温冷起动性能 试验方法
2019 年 12 月 4 日	T/CSAE 123-2019	燃料电池电动汽车 密闭空间内氢泄漏 及氢排放试验方法和安全要求
2019 年 12 月 10 日	GB/T 38283-2019	电动汽车灾害事故应急救援指南
2019 年 12 月 17 日	GB 4785-2019	汽车及挂车外部照明和光信号装置的安装规定
2019 年 12 月 17 日	GB 18296-2019	汽车燃油箱及其安装的安全性能要求和试验方法
2019 年 12 月 20 日	T/CAB 0049-2019	绿色设计产品评价技术规范 汽车用机油滤清器
2019 年 12 月 20 日	T/NHAAI 3-2019	佛山市南海区汽车企业品牌建设指南
2019 年 12 月 20 日	T/NHAAI 4-2019	佛山市南海区汽车企业品牌评价指南
2019 年 12 月 20 日	T/ZZB 1445-2019	汽车备胎升降器总成
2019 年 12 月 20 日	T/ZZB 1471-2019	汽车空调控制器
2019 年 12 月 26 日	T/ZZB 1472-2019	汽车发动机塑料进气歧管总成
2019 年 12 月 30 日	T/ZSA 64-2019	网络预约出租汽车车载卫星导航定位终端

新能源汽车地方补贴和推广政策

<table>
<tr><th>省市</th><th>补贴政策</th><th>新能源汽车推广规划</th></tr>
<tr><td rowspan="2">北京市</td><td>2019 年 3 月 26 日至 2019 年 6 月 25 日过渡期期间，对纯电动汽车（纯电动公交车、纯电动环卫车、行政事业单位使用财政性资金购买的纯电动汽车除外）、燃料电池汽车按照中央与地方 1:0.5 比例安排市级财政补助</td><td>2020 年底，到期报废的巡游出租汽车全部更换为纯电动车，约 2 万辆</td></tr>
<tr><td>自 2019 年 6 月 26 日起，取消对纯电动汽车的市级财政补助，燃料电池汽车按照中央与地方 1:0.5 比例安排市级财政补助</td><td>2020 年底前实现邮政、城市快递（4.5 吨以下）基本为电动车</td></tr>
<tr><td rowspan="2">上海市</td><td>纯电动乘用车单车补贴金额 =Min｛里程补贴标砖，车辆带电量 ×500 元｝× 电池系统能量密度调整系数 × 车辆能耗调整系数</td><td>2020 年新能源汽车推广数量不低于 6 万辆，更新公务车中新能源比例大于 80%</td></tr>
<tr><td>自（专）用桩共享改造的物业给予 500 元 / 桩</td><td>2022 年，出租、物流、环卫、邮政等行业新能源车多行业实现新增车辆全面电动化</td></tr>
<tr><td rowspan="2">天津市</td><td rowspan="2">新能源汽车按照中央财政补贴 1 ： 1 比例进行配套补贴</td><td>2019 年，全市各区确保完成 100 个小区 1000 台公共充电桩建设</td></tr>
<tr><td>在公务用车、公交、邮政快递、出租、环卫等八大领域推广应用新能源汽车，其中，公共领域 11500 辆、私人领域 500 辆</td></tr>
<tr><td rowspan="2">广西壮族自治区</td><td>各市新能源汽车推广应用实行“以奖代补”政策</td><td>2020 年底，全区新能源汽车保有量比攻坚行动前增长 100%，达到 14.6 万辆以上</td></tr>
<tr><td>新能源汽车生产企业研发的新产品，列入国家《节能与新能源汽车示范推广应用工程推荐车型目录》的，对每款车型，自治区财政给予 50 万元的一次性奖励</td><td>增量汽车电动化率从攻坚行动前的 6% 提高到 12% 以上</td></tr>
<tr><td rowspan="3">海南省</td><td>纯电动乘用车单车补贴金额 =Min{ 里程补贴标准，车辆带电量 ×500 元 }× 电池系统能量密度调整系数 × 车辆能耗调整系数</td><td>2019-2020 年海南新建充电桩 6.5 万个，至 2020 年累计达到 7.0 万个；2021-2025 年海南新建充电桩 26.7 万个，至 2025 年累计达到 33.7 万个；2026-2030 年海南新建充电桩 60.3 万个，至 2030 年累计达到 94.0 万个</td></tr>
<tr><td>对于非私人购买或用于营运的新能源乘用车，按照相应补贴金额的 0.7 倍给予补贴。</td><td>2020 年，各级政府机关及国有企事业单位公务用车、公交车、巡游出租车等公共服务领域全省实现清洁能源化</td></tr>
<tr><td>新能源商用车补贴 1 万—9 万元</td><td>2030 年，私人用车领域新增和更换新能源汽车占比 100%</td></tr>
<tr><td rowspan="2">河北省</td><td rowspan="2">新能源公交车和公共服务领域用新能源汽车按照中央财政补贴标准 1:1 的比例，其他领域按照 1:0.5 的比例</td><td>2020 年，全省推广应用新能源汽车最低 3 万辆（标准车），力争 5.5 万辆（标准车），累计推广新能源汽车 30 万辆（标准车）</td></tr>
<tr><td>推动省、市党政机关配备公务用车新增或更换机要通信用车选用新能源车比例为 100%，更新或新增的公交车中，新能源公交车比例不低于 85%</td></tr>
<tr><td>福建省</td><td>按照国家同期补贴标准 1:1 对新能源汽车推广应用予以配套补助</td><td>2020 年，全省城市公交车全部更新为新能源汽车，城市环卫和物流等城市专用车新能源汽车占比达到 50% 以上</td></tr>
</table>

（续表 1）

省市		补贴政策	新能源汽车推广规划
云南省		新增和更新的公务用车和公共领域乘用车（含巡游出租、网约、租赁、驾培及考试等乘用车）原则上全部使用新能源汽车	2020 年，在全省推广新能源汽车销量 11 万辆，在昆明、曲靖、玉溪、楚雄、红河、大理、丽江等 7 州市推广量占到全省推广总数的 80%
		2020-2021 年，省财政对各州市按新能源乘用车实际推广和引导个人购买使用量奖励州市	到 2020 年，全省规划建成 350 座集中式充换电站、16.3 万个以上分散式充电桩
河南省		根据项目投入运营的氢燃料电池汽车数量及配套设施建设情况给予一定比例的奖励	新增、更新公务车辆新能源汽车占比不低于 50%
		2020 年年底前对电动汽车充换电服务费实行政府指导价，2025 年年底前对电动汽车集中式充换电设施用电免收需量（容量）电费	新增公交车、市政环卫用车全部使用新能源汽车
		对新能源汽车充电站、燃料电池加氢站、总装机功率 600kw（千瓦）以上或集中建设 20 个以上充电桩的公共用途充电桩群，省财政按照主要设备投资总额的 30% 给予奖励	2020 年，新能源汽车产能达到 30 万辆、带动整车产能突破 250 万辆，网联汽车新车占比达到 50％
山东省		以每辆车最高补助 8 万元标准，对节能和新能源公交车给予运营补助	至 2022 年，山东省计划将推广量提升至 50 万辆
		纯电动乘用车、插电式混合动力（含增乘式）乘用车：每辆按中央财政补助标准 1：1 给予补助，且中央财政和本市财政补助总额最高不超过车辆销售价格的 60%	到 2022 年，充电基础设施保有量达到 10 万个以上
重庆市		对全市范围内公交、出租车、网约车、分时租赁、物流、环卫专用直流充电设施以及高速公路服务区公用直流充电设施，给予 400 元 / 千瓦建设补贴	新增和更换市政环卫车、市政工程车、邮政快递车，原则上使用新能源汽车
		新能源汽车其技术指标符合 2018 年补贴要求但不符合 2019 年补贴要求的，按照 2018 年市级补贴标准的 0.1 倍执行，符合 2019 年补贴要求的按照 2018 年市级补贴标准的 0.6 倍执行	到 2022 年，全市建成公用快充桩超过 4000 个，公用快充桩单枪功率不低于 60 千瓦
广东省	广州市	燃料电池汽车按照不超过国家补贴 1：1 的比例进行补贴，纯电动汽车按照不超过国家补贴 1：0.5 的比例进行补贴，对插电式混合动力（含增程式）汽车按照不超过国家补贴 1：0.3 的比例进行补贴，且国家补贴和地方补贴资金总额最高不超过车辆销售价格（国家补贴＋地方补贴＋消费者支付金额）的 60％	2025 年，新能源汽车超过 60 万辆；新能源汽车公用充电桩超过 15 万个
	深圳市	符合 2018 年技术指标要求但不符合 2019 年技术指标要求的销售上牌车辆，按照财建〔2018〕18 号对应标准 0.1 倍的 50% 给予补贴。符合 2019 年技术指标要求的销售上牌车辆按 2018 年对应标准 0.6 倍的 50% 给予补贴	
		对直流充电设备给予 400 元 /kW 建设补贴；对 40kW 及以上交流充电设备给予 200 元 /kW 建设补贴，40kW 以下交流充电设备给予 100 元 /kW 建设补贴	
浙江省	杭州市	纯电动客车、插电式混合动力（含增程式）客车、纯电动专用车（主要是：邮政、物流、环卫等）、燃料电池车，按照国家补助标准，给予 1:1 的配套补助。纯电动乘用车给予 3 万元补助，插电式混合动力（含增程式）乘用车给予 2 万元的补助	到 2020 年底前，城市建成区公交、环卫、邮政快递、机场领域车辆使用新能源或清洁能源汽车比例达 80% 以上。到 2022 年底前，城市建成区公交车辆除应急保障车外全部使用新能源或清洁能源汽车
	绍兴市	对新能源客车（不含公交车）、新能源专用车和货车、燃料电池车，按中央财政补贴资金 1：1 比例的额度给予补助；对新能源公交车按实际购车价格的 40% 给予补助	

（续表 2）

省市		补贴政策	新能源汽车推广规划
四川省	成都市	在中央财政补贴基础上，给予中央财政单车补贴额50% 的市级配套补贴。巡游出租车 4.2 万元 / 辆、网络预约出租车 1.25 万元 / 辆	2021 年，成都市公交车新增和更新车辆原则上全部为新能源汽车。2022 年，具备条件的市（州）政府所在地城市及县（市、区）公交车新增和更新车辆全部为新能源汽车。在公路客运、出租、环卫、邮政快递、城市物流配送、机场、港口等领域的应用，党政机关更新公务用车的，除特殊情况外，应优先选用新能源汽车
	内江	按中央财政单车补贴额的 50% 给予市级配套补贴，上牌新能源汽车后，在自用车位安装建设充电桩，给予每个充电桩 600 元一次性补贴	
安徽省		续航在 400 公里以上的纯电动车，补贴金额 2.25 万元。仅对补贴前零售价在 30 万元以下的车型进行补贴，“换电车型”除外	2020 年新能源汽车产销量达到 15 万辆左右。加快推进城市建成区新增和更新的公交、环卫、邮政、出租、通勤、轻型物流配送车辆使用新能源或清洁能源汽车，使用比例达到 80%；港口、机场、铁路货场等新增或更换作业车辆主要使用新能源或清洁能源汽车。2020 年底前，合肥及有条件的城市建成区公交车全部更换为新能源汽车
江苏省		纯电动乘用车 2.5 万元 / 辆；插电式混合动力乘用车（含增程式）1.5 万元 / 辆；纯电动客车 20 万元 / 辆；插电式混合动力（含增程式）客车 10 万元 / 辆；超级电容、钛酸锂快充纯电动客车 6 万元 / 辆；纯电动专用车按电池容量每千瓦时 800 元，最高 6 万元 / 辆；燃料电池乘用车 8 万元 / 辆；燃料电池商用车 20 万元 / 辆。此外，清洁能源汽车（LNG 客车、货车）2 万元 / 辆。裸车、电池分离销售的，按车辆、电池成本比例享受财政补贴。对充换电服务运营单位承建的充换电设施费用，省财政给予 15% 补贴	新增和更新的公交、环卫、邮政、出租、通勤、轻型物流配送车辆使用新能源或清洁能源汽车，2020 年底前使用比例达到 80%；2019 年 7 月 1 日起，港口、机场、铁路货场及城市建成区内的其他企业新增或更换作业车辆和非道路移动机械应主要使用新能源或清洁能源
湖北省		对购置的新能源汽车免征车辆购置税。免征车辆购置税的新能源汽车是指纯电动汽车、插电式混合动力（含增程式）汽车、燃料电池汽车	2020 年底，建设充电站 410 座，充电桩约 19 万个
		纯电动乘用车单车补贴金额 =Min{ 里程补贴标准，车辆带电量 ×550 元 }× 电池系统能量密度调整系数 × 车辆能耗调整系数。对于非私人购买或用于营运的新能源乘用车，按照相应补贴金额的 0.7 倍给予补贴	到 2022 年末，实现全省新增与更换公交车中，新能源公交车占 85% 以上
湖南省		纯电动乘用车（续驶里程≥ 150km）和插电式混合动力乘用车，按照相应补贴金额的 1:1 倍给予补贴	2020 年底前，14 个市州本级（湘西州为吉首市）城市公交车全部更换为新能源车；2021 年前，全省各县（市、区）将 2016 年底以前的传统燃油城市公交车更新为新能源公交车；2022 年底前，全省所有公交车均为新能源公交车；2024 年底前，全省公交车全面实现电动化（含燃料电池汽车）
		省内新能源汽车运营企业开展分时租赁（含微公交）、专车运营、出租车运营等集中推广一次性达到一定数量的，给予一次性省级奖补。超出推广量部分，每增加一辆新能源乘用车，增加奖补 1 万元；增加的新能源专用车，按电池容量每千瓦时 540 元增加奖补，每辆车最高补助不超过 2 万元	
陕西省		2019 年，对单位和个人购买新能源汽车的，以享受的中央补贴为基数，公共服务领域（包括公交领域，巡游出租车领域，环卫用车、救护车和校车）的单车按 1 ：0.5 给予地方补贴，非公共服务领域的单车按 1 ：0.3 给予地方补贴	2020 年底，全省推广新能源汽车 10 万辆以上，其中，新能源公交车达到 7000 辆以上，占到全省公交车保有量的 50%；公务车新能源汽车采购量不低于 30%。全省新能源汽车累计销售 50 万辆以上。公共停车场具备充电条件的车位不低于 10%。
辽宁省	大连	2019 年补贴标准在 2018 年基础上平均退坡 50%，至 2020 年底前退坡到位	2020 年起，市内四区每年更新或新增的巡游出租车全部采用新能源或清洁能源汽车，其中，新能源汽车占比不低于 50%；全市新接入平台的网约车全部使用新能源汽车，且在 2025 年前，实现全市网约车全部采用新能源汽车

第十一部类

DISHIYIBULEI | TONGJISHUJU

表 1　历年公路线路年末里程（单位：万公里）

年份	公路里程	# 高速公路
1978	89.02	–
1980	88.83	–
1981	89.75	–
1982	90.70	–
1983	91.51	–
1984	92.67	–
1985	94.24	–
1986	96.28	–
1987	98.22	–
1988	99.96	0.01
1989	101.43	0.03
1990	102.83	0.05
1991	104.11	0.06
1992	105.67	0.07
1993	108.35	0.11
1994	111.78	0.16
1995	115.70	0.21
1996	118.58	0.34
1997	122.64	0.48
1998	127.85	0.87
1999	135.17	1.16
2000	167.98	1.63
2001	169.80	1.94
2002	176.52	2.51
2003	180.98	2.97
2004	187.07	3.43
2005	334.52	4.10
2006	345.70	4.53
2007	358.37	5.39
2008	373.02	6.03
2009	386.08	6.51
2010	400.82	7.41
2011	410.64	8.49
2012	423.75	9.62
2013	435.62	10.44
2014	446.39	11.19
2015	457.73	12.35
2016	469.63	13.10
2017	477.35	13.64
2018	484.65	14.26
2019	501.25	14.96

表 2 公路线路年末里程（2019 年底）（按地区分）（单位：公里）

地区	总计	等级公路合计						等外公路
			高速	一级	二级	三级	四级	
总计	5012496	4698725	149571	117061	405345	446107	3580640	313771
北京	22366	22366	1168	1494	4024	4059	11621	-
天津	16132	16132	1295	1221	2912	1130	9574	-
河北	196983	193001	7476	6844	21312	21027	136342	3982
山西	144283	142660	5711	2768	15874	20029	98277	1622
内蒙古	206089	199362	6633	8443	18778	30408	135100	6727
辽宁	124767	117943	4331	4152	18478	31200	59780	6825
吉林	106660	101967	3584	2204	9760	9226	77192	4693
黑龙江	168710	144966	4512	3038	12361	34028	91027	23744
上海	13045	13045	845	553	3664	2623	5359	-
江苏	159937	157954	4865	15260	23878	16286	97665	1983
浙江	121813	121710	4643	7383	10673	9205	89807	103
安徽	218295	217791	4877	5377	11676	22111	173750	503
福建	109785	93753	5347	1477	11148	8814	66968	16032
江西	209131	195458	6144	2765	11862	15764	158923	13673
山东	280325	279931	6447	11562	26512	31972	203438	394
河南	269832	248155	6967	4007	27813	21474	187895	21677
湖北	289029	281422	6860	6465	23936	11330	232830	7607
湖南	240566	226590	6802	2232	15298	5953	196306	13976
广东	220290	214923	9495	11534	19152	19764	154977	5368
广西	127819	118793	6026	1591	13789	8950	88437	9026
海南	38107	37878	1163	459	1930	1577	32748	229
重庆	174284	155186	3233	953	8777	5697	136526	19098
四川	337095	318092	7523	4310	16652	14653	274954	19003
贵州	204723	170883	7005	1397	9280	6937	146264	33840
云南	262409	231741	6003	1546	12770	10265	201158	30668
西藏	103951	91762	38	582	1055	11704	78384	12189
陕西	180070	166132	5593	1919	10121	15117	133382	13937
甘肃	151443	146377	4453	763	10538	13492	117130	5066
青海	83761	71955	3451	589	8717	4997	54201	11806
宁夏	36576	36535	1788	1939	4015	5850	22944	41
新疆	194222	164263	5293	2236	18590	30463	107680	29959

表 3　历年公路营运汽车拥有量

年份	汽车总计（万辆）	载客汽车		载货汽车			
		辆数（万辆）	客位（万客位）	辆数（万辆）	# 普通载货汽车	吨位（万吨）	# 普通载货汽车
1990	31.30	10.76	468.92	20.22	19.82	131.61	127.06
1995	27.49	13.73	480.61	13.75	13.12	103.13	94.56
2000	702.82	216.81	2524.45	486.02	475.24	1667.70	1573.73
2005	733.22	128.40	1859.28	604.82	580.28	2537.75	2282.15
2006	802.58	161.92	2312.41	640.66	598.43	2822.69	2343.13
2007	849.22	164.73	2428.81	684.49	648.01	3135.69	2643.74
2008	930.61	169.64	2560.36	760.97	720.18	3686.20	3139.76
2009	1087.35	180.79	2799.71	906.56	859.27	4655.23	4002.80
2010	1133.32	83.13	2017.09	1050.19	996.43	5999.82	5223.23
2011	1263.75	84.34	2086.66	1179.41	1116.36	7261.20	6273.51
2012	1339.89	86.71	2166.55	1253.19	1184.58	8062.14	6963.29
2013	1504.73	85.26	2170.26	1419.48	1080.75	9613.91	5008.34
2014	1537.93	84.58	2189.55	1453.36	1091.32	10292.47	5241.45
2015	1473.12	83.93	2148.58	1389.19	1011.87	10366.50	4982.50
2016	1435.77	84.00	2140.26	1351.77	946.03	10826.78	4843.83
2017	1450.22	81.61	2099.18	1368.62	902.90	11774.81	4868.40
2018	1435.48	79.66	2048.11	1355.82	816.76	12872.97	4791.21
2019	1165.49	77.67	2002.53	1087.82	489.77	13587.00	4479.25

表 4 公路营运汽车拥有量（2019 年底）（按地区分）

地 区	合计（辆）	载客汽车		载货汽车			
		辆	客位	辆	# 普通载货汽车	吨位	# 普通载货汽车
总 计	11654925	776710	20025278	10878215	4897736	135870040	44792452
北 京	160975	75357	843196	85618	51234	810984	467806
天 津	109621	8976	376782	100645	22355	1393248	224658
河 北	1181799	22140	670683	1159659	338686	15272752	2799957
山 西	502946	14798	364765	488148	95773	7749965	1255567
内蒙古	266599	10970	383598	255629	115605	2779970	860908
辽 宁	499399	27925	843056	471474	171623	6479982	1706073
吉 林	215358	13278	442581	202080	82065	2315017	842111
黑龙江	356471	16330	525638	340141	179748	4097449	1844251
上 海	269275	45105	657842	224170	69791	3084619	722662
江 苏	807316	50561	1546142	756755	435929	8764714	3643984
浙 江	307902	20758	745566	287144	119708	4012782	1426622
安 徽	669591	22597	710023	646994	264680	8116936	2484810
福 建	209822	14606	434916	195216	77342	2889542	872745
江 西	331904	13222	401818	318682	148961	4074467	1545109
山 东	1070084	20088	731724	1049996	294662	14730152	3602525
河 南	823452	35627	1106215	787825	285937	10134524	2561323
湖 北	332336	31468	783717	300868	164671	3797213	1656175
湖 南	241517	36836	928752	204681	110261	2762488	1192058
广 东	525923	38040	1633810	487883	216394	6753869	2314557
广 西	346568	25312	811446	321256	208121	3687052	1920199
海 南	32569	5685	194535	26884	15418	324954	126951
重 庆	283370	19821	457177	263549	163086	2761777	1313148
四 川	539762	48267	1131913	491495	346159	4886624	2562539
贵 州	125304	27068	635077	98236	78528	907246	667947
云 南	393450	46084	785794	347366	292741	2646540	1838175
西 藏	53238	4756	87900	48482	39818	527957	405754
陕 西	249264	19015	563639	230249	97149	3147057	1121092
甘 肃	253516	18906	422592	234610	191237	1570160	939732
青 海	74895	3630	108760	71265	53856	565337	334134
宁 夏	108016	4660	150077	103356	32192	1336406	338603
新 疆	312683	34824	545544	277859	134006	3488257	1200277

注：1. 从 2013 年起，公路营运载客汽车不再包含公路运输管理部门管理并注册登记的公共汽车和出租汽车，统计口径发生调整，数据与上年同期不可比。

2. 从 2013 年起，公路营运载货汽车包括货车、牵引车和挂车，统计口径发生调整，数据与上年同期不可比。

表 5-1　历年全社会货运量（单位：万吨）

年份	总计	铁路	公路	水运	# 远洋	民航	管道
1952	35605	13217	17247	5141	–	0.2	–
1957	89990	27421	46762	15806	–	0.8	–
1962	92185	35261	38909	18013	–	1.8	–
1965	133253	49100	59995	24155	–	2.5	–
1970	167913	68132	72929	26848	–	3.7	–
1975	251593	88955	117633	38968	–	4.7	6032
1978	319431	110119	151602	47357	3659	6.4	10347
1980	310841	111279	142195	46833	4292	8.9	10525
1985	745763	130709	538062	63322	6627	19.5	13650
1986	853557	135635	620113	82962	7228	22.4	14825
1987	948229	140653	711424	80979	7984	29.9	15143
1988	982195	144948	732315	89281	8530	32.7	15618
1989	988435	151489	733781	87493	9027	31.0	15641
1990	970602	150681	724040	80094	9408	37.0	15750
1991	985793	152893	733907	83370	10567	45.2	15578
1992	1045899	157627	780941	92490	11191	57.5	14783
1993	1115902	162794	840256	97938	12508	69.4	14845
1994	1180396	163216	894914	107091	13421	82.9	15092
1995	1234938	165982	940387	113194	15251	101.1	15274
1996	1298421	171024	983860	127430	14213	115.0	15992
1997	1278218	172149	976536	113406	20287	124.7	16002
1998	1267427	164309	976004	109555	18892	140.1	17419
1999	1293008	167554	990444	114608	22621	170.4	20232
2000	1358682	178581	1038813	122391	22949	196.7	18700
2001	1401786	193189	1056312	132675	27573	171.0	19439

（续表）

年份	总计	铁路	公路	水运		民航	管道
					# 远洋		
2002	1483447	204956	1116324	141832	29896	202.1	20133
2003	1564492	224248	1159957	158070	34002	219.0	21998
2004	1706412	249017	1244990	187394	39469	276.7	24734
2005	1862066	269296	1341778	219648	48549	306.7	31037
2006	2037060	288224	1466347	248703	54413	349.4	33436
2007	2275822	314237	1639432	281199	58903	401.8	40552
2008	2585937	330354	1916759	294510	42352	407.6	43906
2009	2825222	333348	2127834	318996	51733	445.5	44598
2010	3241807	364271	2448052	378949	58054	563.0	49972
2011	3696961	393263	2820100	425968	63542	557.5	57073
2012	4100436	390438	3188475	458705	65815	545.0	62274
2013	4098900	396697	3076648	559785	71156	561.3	65209
2014	4167296	381334	3113334	598283	74733	594.1	73752
2015	4175886	335801	3150019	613567	74685	629.3	75870
2016	4386763	333186	3341259	638238	79769	668.0	73411
2017	4804850	368865	3686858	667846	76030	705.9	80576
2018	5152732	402631	3956871	702684	76969	738.5	89807
2019	4713624	438904	3435480	747225	83243	753.1	91261

注：1. 从 1984 年起，公路运输包括私营运输完成的数量；从 2008 年起，公路运输量统计范围原则上为营运车辆。水路运输量统计范围为在交通运输主管部门审批、备案、从事营业性旅客和货物运输生产的船舶（以下各表同）。

2. 1993 年及以后年份，铁路货物运输指标口径有调整，增加了行包运量（以下各表同）。

3. 本资料从 2012 年开始，将 1980 年以前的公路、水路货运历史数据按部门口径进行了调整（以下各表同）。

表 5-2 货运量构成

总计	铁路	公路	水运		民航	管道
				# 远洋		
	7.677	76.732	13.899	1.582	0.015	1.677

表6 各地区全社会货运量（2019年）（单位：万吨）

地 区	总计	铁路	公路	水运
总 计	4713624	438904	3435480	747225
北 京	22808	484	22325	–
天 津	50093	9888	31250	8955
河 北	242445	26823	211461	4160
山 西	192192	91321	100847	24
内蒙古	188450	77576	110874	–
辽 宁	178253	21199	144556	12498
吉 林	43193	5962	37217	14
黑龙江	50475	12073	37623	780
上 海	121124	487	50656	69981
江 苏	262749	7501	164578	90670
浙 江	289011	4450	177683	106878
安 徽	368248	7997	235269	124982
福 建	134419	4840	87317	42263
江 西	150950	5065	135554	10331
山 东	309533	25650	266124	17758
河 南	219024	10905	190883	17235
湖 北	188133	5480	143549	39105
湖 南	189740	4554	165096	20090
广 东	358397	10282	239744	108371
广 西	183036	8405	142751	31881
海 南	18456	1133	6770	10552
重 庆	112970	1911	89965	21094
四 川	177283	7718	162668	6896
贵 州	83402	5523	76205	1674
云 南	122727	4886	117145	696
西 藏	4025	55	3969	–
陕 西	154749	44751	109801	197
甘 肃	63610	5366	58228	16
青 海	15057	3335	11722	–
宁 夏	42511	8151	34360	–
新 疆	84423	15133	69290	–
不分地区	92139	–	–	124

注：不分地区数据包括水运完成124.37万吨，民航完成753.14万吨，管道完成91261.36万吨。

表 7-1　历年全社会货物周转量（单位：亿吨 / 公里）

年份	总计	铁路	公路	水运		民航	管道
					# 远洋		
1957	1825.76	1345.90	62.39	417.39	-	0.08	-
1962	2252.29	1721.08	75.09	455.97	-	0.15	-
1965	3485.42	2698.69	110.04	676.44	-	0.25	-
1970	4590.12	3495.95	153.95	939.85	-	0.35	-
1975	7594.20	4255.64	248.12	2827.83	-	0.60	262.00
1978	9928.19	5345.19	350.27	3801.76	2487.00	0.97	430.00
1980	11628.64	5717.53	342.87	5076.49	3532.00	1.41	491.00
1985	18365.11	8125.66	1903.00	7729.30	5329.00	4.15	603.00
1986	20147.44	8764.78	2118.00	8647.90	5948.00	4.76	612.00
1987	22228.51	9471.49	2660.40	9465.10	6576.00	6.52	625.00
1988	23825.71	9877.59	3220.40	10070.40	6966.00	7.32	650.00
1989	25591.71	10394.18	3374.80	11186.80	7689.00	6.93	629.00
1990	26207.56	10622.38	3358.10	11591.90	8140.86	8.18	627.00
1991	27986.49	10971.99	3428.00	12955.40	8990.40	10.10	621.00
1992	29217.57	11575.55	3755.40	13256.20	9034.00	13.42	617.00
1993	30646.81	12090.90	4070.50	13860.80	9133.90	16.61	608.00
1994	33435.48	12632.00	4486.30	15686.60	10267.70	18.58	612.00
1995	35908.88	13049.48	4694.90	17552.20	11938.00	22.30	590.00
1996	36589.79	13106.16	5011.20	17862.50	11254.00	24.93	585.00
1997	38384.69	13269.88	5271.50	19235.00	14874.70	29.10	579.21
1998	38088.71	12560.08	5483.38	19405.80	14920.28	33.45	606.00
1999	40567.64	12910.30	5724.30	21262.80	17014.40	42.34	627.90
2000	44320.51	13770.49	6129.40	23734.20	17073.00	50.27	636.15
2001	47709.94	14694.14	6330.44	25988.89	20873.00	43.72	652.75
2002	50685.85	15658.42	6782.46	27510.64	21733.00	51.55	682.78
2003	53859.18	17246.65	7099.48	28715.76	22304.77	57.90	739.39
2004	69445.04	19288.77	7840.86	41428.69	32255.00	71.80	814.92
2005	80258.10	20726.03	8693.19	49672.28	38552.00	78.90	1087.70
2006	88839.85	21954.41	9754.25	55485.75	42577.30	94.28	1551.17
2007	101418.81	23797.00	11354.69	64284.85	48686.00	116.39	1865.89
2008	110300.49	25106.29	32868.19	50262.74	32850.60	119.60	1943.68
2009	122133.31	25239.17	37188.82	57556.67	39524.12	126.23	2022.42
2010	141837.42	27644.13	43389.67	68427.53	45999.00	178.90	2197.19
2011	159323.62	29465.79	51374.74	75423.84	49355.40	173.91	2885.44
2012	173804.46	29187.09	59534.86	81707.58	53412.10	163.89	3211.04
2013	168013.80	29173.89	55738.08	79435.65	48705.37	170.29	3495.89
2014	181667.69	27530.19	56846.90	92774.56	55935.06	187.77	4328.28
2015	178355.90	23754.31	57955.72	91772.45	54236.09	208.07	4665.35
2016	186629.48	23792.26	61080.10	97338.80	58074.60	222.45	4195.87
2017	197372.65	26962.20	66771.52	98611.25	55083.86	243.55	4784.13
2018	204686.24	28820.99	71249.21	99052.82	51926.58	262.50	5300.72
2019	199394.33	30181.95	59636.39	103963.04	54057.47	263.20	5349.75

表 7-2 货周构成

铁路	公路	水运		民航	管道
			# 远洋		
15.137	29.909	52.139	27.111	0.132	2.683

表 8 各地区全社会货物周转量（2019 年）（单位：亿吨 / 公里）

地 区	总计	铁路	公路	水运
总 计	199394.33	30181.95	59636.39	103963.04
北 京	1089.40	813.72	275.68	-
天 津	2662.45	517.07	599.36	1546.01
河 北	13563.38	4937.18	8027.16	599.04
山 西	5466.48	2774.75	2691.60	0.13
内蒙古	4689.49	2734.98	1954.51	-
辽 宁	8921.43	1231.62	2662.54	5027.27
吉 林	1802.73	539.90	1262.77	0.06
黑龙江	1615.08	814.38	795.15	5.56
上 海	30324.90	14.60	839.18	29471.12
江 苏	9947.68	333.37	3234.82	6379.49
浙 江	12391.92	236.11	2082.11	10073.71
安 徽	10245.79	753.52	3267.59	6224.68
福 建	8292.13	194.06	962.48	7135.60
江 西	3860.27	564.58	3040.32	255.38
山 东	10166.42	1524.67	6746.20	1895.55
河 南	8658.54	2146.45	5299.76	1212.33
湖 北	6132.40	938.73	2268.11	2925.55
湖 南	2593.58	855.38	1316.65	421.55
广 东	27373.67	301.45	2563.96	24508.26
广 西	3989.18	752.84	1470.88	1765.46
海 南	1648.03	16.77	40.80	1590.46
重 庆	3614.15	208.18	952.59	2453.38
四 川	2710.83	877.71	1527.55	305.57
贵 州	1235.32	641.64	548.48	45.19
云 南	1552.05	519.41	1015.20	17.44
西 藏	154.38	39.91	114.47	-
陕 西	3482.15	1750.15	1731.42	0.59
甘 肃	2496.28	1516.69	979.56	0.03
青 海	398.43	272.10	126.33	-
宁 夏	650.99	213.60	437.39	-
新 疆	1948.19	1146.43	801.76	-
不分地区	5716.61	-	-	103.66

注：不分地区数据包括水路完成 103.66 亿吨 / 公里，民航完成 263.20 亿吨 / 公里，管道完成 5349.75 亿吨公里。

表9 历年全社会客运量（单位：万人）

年份	总计	铁路	公路	水运	民航
1957	63821	31262	23772	8780	7
1962	122154	75003	30737	16397	17
1965	96334	41245	43693	11369	27
1970	130056	52455	61812	15767	22
1975	192969	70465	101350	21015	139
1978	253993	81491	149229	23042	231
1980	341785	92204	222799	26439	343
1985	620206	112110	476486	30863	747
1986	688211	108579	544259	34377	996
1987	746422	112479	593682	38951	1310
1988	809592	122645	650473	35032	1442
1989	791374	113805	644508	31778	1283
1990	772682	95712	648085	27225	1660
1991	806048	95080	682681	26109	2178
1992	860855	99693	731774	26502	2886
1993	996634	105458	860719	27074	3383
1994	1092882	108738	953940	26165	4039
1995	1172596	102745	1040810	23924	5117
1996	1245357	94797	1122110	22895	5555
1997	1326094	93308	1204583	22573	5630
1998	1378717	95085	1257332	20545	5755
1999	1394413	100164	1269004	19151	6094
2000	1478573	105073	1347392	19386	6722
2001	1534122	105155	1402798	18645	7524
2002	1608150	105606	1475257	18693	8594
2003	1587497	97260	1464335	17142	8759
2004	1767453	111764	1624526	19040	12123
2005	1847018	115583	1697381	20227	13827
2006	2024158	125656	1860487	22047	15968
2007	2227761	135670	2050680	22835	18576
2008	2867892	146193	2682114	20334	19251
2009	2976898	152451	2779081	22314	23052
2010	3269508	167609	3052738	22392	26769
2011	3526319	186226	3286220	24556	29317
2012	3804035	189337	3557010	25752	31936
2013	2122992	210597	1853463	23535	35397
2014	2032218	230460	1736270	26293	39195
2015	1943271	253484	1619097	27072	43618
2016	1900194	281405	1542759	27234	48796
2017	1848620	308379	1456784	28300	55156
2018	1793820	337495	1367170	27981	61174
2019	1760436	366002	1301173	27267	65993

表 10　各地区全社会客运量（2019 年）（单位：万人）

地　区	总计	铁路	公路	水运
总　计	1760436	366002	1301173	27267
北　京	62977	14825	48151	–
天　津	17679	5332	12206	141
河　北	44733	13013	31719	1
山　西	22305	8153	14010	142
内蒙古	12158	5640	6518	–
辽　宁	70266	15137	54599	530
吉　林	31599	8623	22881	94
黑龙江	29751	11223	18212	317
上　海	16442	12834	3168	441
江　苏	120298	23739	94475	2084
浙　江	101893	24309	72799	4785
安　徽	59275	13410	45643	222
福　建	45761	12741	31199	1821
江　西	58069	11938	45933	198
山　东	68920	17325	49581	2014
河　南	109297	17709	91281	307
湖　北	87432	17216	69584	632
湖　南	101428	15626	84162	1641
广　东	142326	38699	101012	2614
广　西	47085	11777	34539	770
海　南	14187	3085	9366	1736
重　庆	60153	8407	50990	756
四　川	91668	17352	72387	1930
贵　州	93756	7196	84255	2305
云　南	38381	6553	30681	1147
西　藏	1365	345	1020	–
陕　西	70761	11461	59015	285
甘　肃	42133	5969	36085	80
青　海	6313	1148	5071	94
宁　夏	5754	666	4905	183
新　疆	20276	4550	15726	–
不分地区	65993	–	–	–

注：不分地区数据为民航完成客运量 65993 万人。

表 11 历年全社会旅客周转量（单位：亿人公里）

年份	总计	铁路	公路	水运	民航
1957	496.55	361.30	88.07	46.38	0.80
1962	1085.56	859.01	141.46	83.92	1.17
1965	697.04	478.99	168.20	47.37	2.48
1970	1031.05	718.19	240.06	71.01	1.79
1975	1434.55	954.09	374.48	90.59	15.39
1978	1743.06	1093.22	521.30	100.63	27.91
1980	2281.34	1383.16	729.50	129.12	39.56
1985	4435.39	2416.14	1724.88	178.65	115.72
1986	4896.51	2586.71	1981.74	182.06	146.00
1987	5415.47	2843.06	2190.43	195.92	186.06
1988	6209.38	3260.31	2528.24	203.92	216.91
1989	6074.56	3037.41	2662.11	188.27	186.77
1990	5628.35	2612.64	2620.32	164.91	230.48
1991	6178.32	2828.05	2871.74	177.21	301.32
1992	6949.38	3152.24	3192.64	198.38	406.12
1993	7858.00	3483.30	3700.70	196.40	477.60
1994	8591.42	3636.04	4220.30	183.50	551.58
1995	9001.90	3545.70	4603.10	171.80	681.30
1996	9164.80	3347.60	4908.79	160.57	747.84
1997	10055.48	3584.86	5541.40	155.70	773.52
1998	10636.74	3773.42	5942.81	120.27	800.24
1999	11299.74	4135.94	6199.20	107.30	857.30
2000	12261.09	4532.59	6657.42	100.54	970.54
2001	13155.13	4766.82	7207.08	89.88	1091.35
2002	14125.64	4969.38	7805.77	81.78	1268.70
2003	13810.50	4788.61	7695.60	63.10	1263.19
2004	16309.08	5712.17	8748.38	66.25	1782.28
2005	17466.74	6061.96	9292.08	67.77	2044.93
2006	19197.21	6622.12	10130.85	73.58	2370.66
2007	21592.58	7216.31	11506.77	77.78	2791.73
2008	23196.70	7778.60	12476.11	59.18	2882.80
2009	24834.94	7878.89	13511.44	69.38	3375.24
2010	27894.26	8762.18	15020.81	72.27	4039.00
2011	30984.03	9612.29	16760.25	74.53	4536.96
2012	33383.09	9812.33	18467.55	77.48	5025.74
2013	27571.65	10595.62	11250.94	68.33	5656.76
2014	28647.13	11241.85	10996.75	74.34	6334.19
2015	30058.90	11960.60	10742.66	73.08	7282.55
2016	31258.46	12579.29	10228.71	72.33	8378.13
2017	32812.80	13456.92	9765.18	77.66	9513.04
2018	34218.15	14146.58	9279.68	79.57	10712.32
2019	35349.24	14706.64	8857.08	80.22	11705.30

表 12　各地区全社会旅客周转量（2019 年）（单位：亿人 / 公里）

地　区	总计	铁路	公路	水运
总　计	35349.24	14706.64	8857.08	80.22
北　京	263.68	158.90	104.78	–
天　津	287.40	208.52	78.67	0.22
河　北	1311.11	1089.54	221.47	0.09
山　西	395.57	236.69	158.82	0.06
内蒙古	313.25	211.61	101.64	–
辽　宁	945.22	656.85	282.36	6.01
吉　林	424.89	276.15	148.59	0.14
黑龙江	429.00	289.37	139.27	0.35
上　海	226.94	117.69	108.49	0.77
江　苏	1565.76	863.90	698.19	3.67
浙　江	1128.60	743.26	378.39	6.95
安　徽	1164.81	824.33	340.17	0.30
福　建	588.89	396.25	189.99	2.66
江　西	984.24	739.72	244.25	0.28
山　东	1337.98	831.04	492.56	14.39
河　南	1798.68	1099.00	699.03	0.66
湖　北	1200.36	803.51	392.09	4.76
湖　南	1442.96	1006.05	433.47	3.45
广　东	2125.72	1023.05	1092.97	9.71
广　西	817.45	481.29	332.66	3.50
海　南	130.36	52.61	73.66	4.08
重　庆	487.95	239.24	242.98	5.73
四　川	872.68	433.20	437.66	1.82
贵　州	832.94	353.97	471.47	7.50
云　南	441.48	187.92	251.27	2.30
西　藏	45.31	18.08	27.23	–
陕　西	803.83	523.62	279.71	0.50
甘　肃	647.07	419.11	227.83	0.13
青　海	128.23	78.09	50.05	0.10
宁　夏	87.04	40.93	46.01	0.10
新　疆	414.53	303.15	111.38	–
不分地区	11705.30	–	–	–

注：不分地区数据为民航完成旅客周转量 11705.30 亿人 / 公里。

表 13-1 历年民用汽车拥有量（载客）（单位：万辆）

年份	民用汽车总计	载客汽车	大型	中型	小型	微型
2005	3159.66	2132.46	82.13	131.65	1618.35	300.32
2006	3697.35	2619.57	87.34	137.00	2083.40	311.83
2007	4358.36	3195.99	93.82	140.52	2646.47	315.18
2008	5099.61	3838.92	100.39	143.19	3271.14	324.19
2009	6280.61	4845.09	107.95	145.80	4246.90	344.44
2010	7801.83	6124.13	116.44	146.07	5498.36	363.25
2011	9356.32	7478.37	126.54	147.41	6827.54	376.88
2012	10933.09	8943.01	128.13	131.78	8302.63	380.47
2013	12670.14	10561.78	131.38	117.06	9951.46	361.87
2014	14598.11	12326.70	139.61	112.06	11748.19	326.84
2015	16284.45	14095.88	140.07	89.66	13580.48	285.66
2016	18574.54	16278.24	146.03	83.82	15813.84	234.55
2017	20906.67	18469.54	152.94	78.95	18038.69	198.96
2018	23231.23	20555.40	158.33	75.40	20135.22	186.46
2019	25376.38	22474.27	160.58	72.08	22069.74	171.88

注：1. 小轿车包括在载客汽车中（下表同）。

2. 从 2002 年起，载客汽车和载货汽车的其中分项、其他汽车统计口径有调整与以前年份不可比（下表同）。

表 13-2 历年民用汽车拥有量（载货）（单位：万辆）

年份	载货汽车	重型	中型	轻型	微型	其他汽车
2005	955.55	168.07	236.66	484.51	66.31	71.66
2006	986.30	174.01	235.39	532.13	44.76	91.49
2007	1054.06	186.74	243.46	587.22	36.63	108.31
2008	1126.07	200.84	249.73	644.96	30.54	134.62
2009	1368.60	315.08	262.21	765.33	25.97	66.92
2010	1597.55	394.80	269.75	911.88	21.12	80.14
2011	1787.99	460.58	267.80	1042.07	17.54	89.96
2012	1894.75	472.51	229.20	1179.65	13.40	95.33
2013	2010.62	501.97	196.40	1300.02	12.23	97.75
2014	2125.46	533.67	188.09	1385.77	17.93	145.95
2015	2065.62	530.05	148.87	1375.79	10.90	122.95
2016	2171.89	569.48	138.69	1455.29	8.43	124.41
2017	2338.85	635.41	130.68	1566.30	6.46	98.28
2018	2567.82	709.53	124.39	1728.53	5.37	108.00
2019	2782.84	761.70	116.27	1900.76	4.11	119.27

表 14-1　民用车辆拥有量（载客）（2019 年底按地区分）（单位：辆）

地　区	民用汽车					
		载客汽车	大型	中型	小型	微型
总　计	253763816	224742709	1605772	720775	220697376	1718786
北　京	5903203	5366635	63090	76579	5214191	12775
天　津	3088821	2712720	27397	11987	2652436	20900
河　北	16478515	14298140	67476	21981	13943243	265440
山　西	7105470	6312389	36061	12156	6136147	128025
内蒙古	5767446	5073147	30429	12055	4977457	53206
辽　宁	8610930	7578137	74963	40179	7412893	50102
吉　林	4511058	4021008	36095	13417	3937016	34480
黑龙江	5161132	4447690	51000	20983	4346147	29560
上　海	4138172	3784954	49528	24377	3701734	9315
江　苏	19126648	17778933	115196	39492	17537154	87091
浙　江	16612669	15083021	74983	31984	14875509	100545
安　徽	9078296	7818586	56774	24736	7707187	29889
福　建	6803273	5983444	35619	22012	5893693	32120
江　西	6012116	5186049	30279	14010	5121363	20397
山　东	23337330	20613493	132432	40073	20143066	297922
河　南	16120867	14284766	79243	36459	14040709	128355
湖　北	8610585	7623437	61550	27683	7516481	17723
湖　南	8705947	7851365	61625	42031	7719141	28568
广　东	23263833	20809590	175057	51381	20507658	75494
广　西	6739356	5874095	39170	16510	5779550	38865
海　南	1372361	1195628	16665	5719	1168283	4961
重　庆	4616034	4161692	31158	10856	4113067	6611
四　川	11969455	10779664	77013	21928	10587508	93215
贵　州	5321457	4635923	31072	18940	4569764	16147
云　南	7420946	6334439	31592	20724	6234230	47893
西　藏	558845	368993	4345	2885	359596	2167
陕　西	6759584	6080086	42727	17211	5967135	53013
甘　肃	3432959	2818873	23927	10768	2774002	10176
青　海	1196082	995767	9302	5782	975694	4989
宁　夏	1579101	1233963	9857	3676	1214091	6339
新　疆	4361325	3636082	30147	22201	3571231	12503

表 14-2 民用车辆拥有量（载货）（2019 年底按地区分）（单位：辆）

地 区	载货汽车					其他汽车
		重型	中型	轻型	微型	
总 计	27828371	7616985	1162689	19007600	41097	1192736
北 京	475856	63044	18747	392433	1632	60712
天 津	356639	80829	10095	264072	1643	19462
河 北	2109993	720158	44230	1344139	1466	70382
山 西	763988	308373	12682	441738	1195	29093
内蒙古	664736	206046	14735	443380	575	29563
辽 宁	992033	326852	44449	620376	356	40760
吉 林	469195	152675	18251	298033	236	20855
黑龙江	683939	205386	41883	436284	386	29503
上 海	330656	207525	45725	77406		22562
江 苏	1260241	502322	111817	645753	349	87474
浙 江	1474716	258393	38975	1172328	5020	54932
安 徽	1215185	413896	31702	769221	366	44525
福 建	793208	140999	20085	630946	1178	26621
江 西	794179	270823	38214	485004	138	31888
山 东	2630406	847058	79942	1701534	1872	93431
河 南	1768531	577577	39725	1150378	851	67570
湖 北	934813	238996	58071	637454	292	52335
湖 南	817745	177028	49257	591116	344	36837
广 东	2375049	424006	111290	1819485	20268	79194
广 西	832104	209384	49717	571723	1280	33157
海 南	169507	18313	11281	139830	83	7226
重 庆	433342	117714	24918	290701	9	21000
四 川	1142515	283224	62548	796490	253	47276
贵 州	660626	92595	29205	538795	31	24908
云 南	1055188	160987	49817	844302	82	31319
西 藏	184762	41834	18633	124211	84	5090
陕 西	633252	175731	16462	440753	306	46246
甘 肃	592059	107833	25829	458232	165	22027
青 海	190360	34615	7412	148252	81	9955
宁 夏	333375	78713	8209	246292	161	11763
新 疆	690173	174056	28783	486939	395	35070

表 15-1　历年私人汽车拥有量（载客）（单位：万辆）

年份	汽车总计	载客汽车				
			大型	中型	小型	微型
1990	81.62	24.07	–	–	–	–
1995	249.96	114.15	–	–	–	–
2000	625.33	365.09	–	–	–	–
2005	1848.07	1383.93	7.61	50.88	1079.78	245.66
2006	2333.32	1823.57	11.19	56.20	1491.18	265.00
2007	2876.22	2316.91	7.91	55.73	1984.29	268.98
2008	3501.39	2880.50	8.57	57.97	2533.28	280.68
2009	4574.91	3808.33	8.72	59.96	3436.26	303.39
2010	5938.71	4989.50	9.34	61.00	4593.46	325.70
2011	7326.79	6237.46	9.99	62.34	5823.62	341.52
2012	8838.60	7637.87	8.26	55.43	7226.48	347.71
2013	10501.68	9198.23	6.95	46.95	8810.51	333.83
2014	12339.36	10945.39	7.70	42.10	10590.75	304.83
2015	14099.10	12737.23	8.27	28.89	12432.26	267.81
2016	16330.22	14896.27	4.99	24.84	14645.61	220.83
2017	18515.11	17001.51	4.58	22.17	16788.42	186.35
2018	20574.93	18930.29	4.48	20.39	18731.80	173.62
2019	22508.99	20710.58	4.21	18.99	20527.27	160.11

表 15-2　历年私人汽车拥有量（载货）（单位：万辆）

年份	载货汽车					其他汽车
		重型	中型	轻型	微型	
1990	57.48	–	–	–	–	–
1995	131.83	–	–	–	–	–
2000	259.09	–	–	–	–	–
2005	452.11	62.50	100.34	243.29	45.98	12.04
2006	494.91	64.23	108.64	288.94	33.09	14.84
2007	539.45	68.89	110.44	332.69	27.43	19.86
2008	596.39	73.28	115.68	384.12	23.31	24.50
2009	753.40	108.73	129.59	494.97	20.12	13.17
2010	931.52	141.44	140.52	632.77	16.78	17.69
2011	1067.43	164.28	144.52	744.39	14.24	21.90
2012	1175.63	168.13	128.51	867.64	11.35	25.09
2013	1275.49	174.39	111.85	978.73	10.52	27.95
2014	1352.78	182.68	104.90	1050.60	14.59	41.20
2015	1330.65	173.86	86.62	1060.70	9.47	31.22
2016	1401.16	184.82	79.77	1129.13	7.45	32.79
2017	1478.40	193.98	73.22	1205.66	5.54	35.19
2018	1605.10	208.78	68.59	1323.25	4.48	39.55
2019	1753.66	218.11	63.07	1469.04	3.44	44.76

表 16-1 私人车辆拥有量（载客）（2019 年底按地区分）（单位：辆）

地 区	民用汽车	载客汽车				
			大型	中型	小型	微型
总 计	225089941	207105834	42064	189886	205272746	1601138
北 京	4970320	4717731	4243	45822	4655706	11960
天 津	2594256	2406918	1157	4276	2383941	17544
河 北	15188580	13670955	5770	7165	13400254	257766
山 西	6408168	5924462	613	2402	5797082	124365
内蒙古	5303895	4806266	1311	4252	4748507	52196
辽 宁	7506316	6969005	6711	16729	6897347	48218
吉 林	4080761	3737087	3969	4408	3695186	33524
黑龙江	4635658	4134149	5093	7858	4092831	28367
上 海	3212720	3202744	1038	6945	3185906	8855
江 苏	16398878	15796636	273	7400	15711270	77693
浙 江	14592078	13680734	701	6155	13591653	82225
安 徽	7942598	7306172	557	4374	7272863	28378
福 建	5905080	5380036	376	3566	5346021	30073
江 西	5377720	4914575	182	1371	4893764	19258
山 东	20923855	19281707	4008	15190	18983111	279398
河 南	14719546	13564300	481	3883	13435531	124405
湖 北	7723529	7082548	360	3590	7061939	16659
湖 南	8079589	7381844	618	5713	7348967	26546
广 东	20371539	19005316	2100	17132	18922645	63439
广 西	6133993	5530417	309	3905	5487988	38215
海 南	1179078	1050849	155	1186	1046121	3387
重 庆	4033031	3784795	173	1210	3778192	5220
四 川	10586770	9853454	433	2692	9770926	79403
贵 州	4874477	4328870	225	1439	4312073	15133
云 南	6815692	5900694	288	1858	5852816	45732
西 藏	478161	318478	54	541	315849	2034
陕 西	6092424	5632752	214	1134	5580119	51285
甘 肃	2909110	2485981	100	1297	2476448	8136
青 海	996389	857593	57	1017	853024	3495
宁 夏	1431650	1151958	166	1133	1144444	6215
新 疆	3624080	3246808	329	4243	3230222	12014

表 16-2 私人车辆拥有量（载货）（2019 年底按地区分）（单位：辆）

地 区	载货汽车					其他汽车
		重型	中型	轻型	微型	
总 计	17536550	2181089	630733	14690350	34378	447557
北 京	235033	4242	1887	228217	687	17556
天 津	180866	12390	2987	164782	707	6472
河 北	1486855	325564	31877	1128031	1383	30770
山 西	472023	114063	6355	350493	1112	11683
内蒙古	484666	102917	7988	373256	505	12963
辽 宁	524382	80355	24100	419705	222	12929
吉 林	336164	74431	13452	248068	213	7510
黑龙江	493191	97135	30904	364826	326	8318
上 海	7431	3386	1798	2247	–	2545
江 苏	573503	173053	46299	353856	295	28739
浙 江	897193	32865	12153	847671	4504	14151
安 徽	618530	35382	12815	570011	322	17896
福 建	516944	27295	10495	478031	1123	8100
江 西	453571	38698	20416	394344	113	9574
山 东	1599526	126193	41209	1431064	1060	42622
河 南	1123755	104618	26200	992166	771	31491
湖 北	620493	87219	38032	494985	257	20488
湖 南	678239	113568	40109	524238	324	19506
广 东	1338558	93615	51192	1175826	17925	27665
广 西	589899	84909	34717	469071	1202	13677
海 南	125774	8621	9084	108005	64	2455
重 庆	241687	9546	9876	222259	6	6549
四 川	714084	60853	32183	620825	223	19232
贵 州	533837	40077	19261	474471	28	11770
云 南	899932	98855	39858	761157	62	15066
西 藏	157808	35884	17121	104743	60	1875
陕 西	443243	78112	11236	353619	276	16429
甘 肃	414302	45313	17278	351577	134	8827
青 海	134662	11846	5141	117611	64	4134
宁 夏	273703	46415	6543	220592	153	5989
新 疆	366696	13669	8167	344603	257	10576

表 17-1 历年民用汽车新注册情况（载客）（单位：万辆）

年份	民用汽车总计	载客汽车				
			大型	中型	小型	微型
2005	528.63	415.75	9.95	10.53	371.21	24.06
2006	573.04	467.87	9.54	8.28	438.22	11.83
2007	607.92	500.00	9.11	7.21	477.25	6.44
2008	763.18	622.68	11.28	6.40	592.81	12.19
2009	1245.95	1024.86	11.50	6.95	979.45	26.96
2010	1528.82	1254.69	14.82	7.65	1208.63	23.59
2011	1624.25	1369.45	16.33	7.65	1324.48	21.00
2012	1772.50	1524.88	16.35	7.10	1487.59	13.84
2013	2030.94	1752.30	16.89	8.12	1717.38	9.91
2014	2205.19	1936.68	15.14	7.96	1905.07	8.50
2015	2331.75	2120.28	19.10	6.71	2086.20	8.27
2016	2724.44	2464.81	19.48	5.98	2433.87	5.48
2017	2800.40	2480.24	17.15	4.67	2450.74	7.69
2018	2652.11	2313.94	15.58	3.95	2287.65	6.77
2019	2544.59	2184.59	13.34	3.58	2164.81	2.85

表 17-2 历年民用汽车新注册情况（载货）（单位：万辆）

年份	载货汽车					其他汽车
		重型	中型	轻型	微型	
2005	102.40	16.29	17.56	63.96	4.60	10.47
2006	92.53	13.91	14.77	61.69	2.16	12.65
2007	91.76	15.52	15.79	59.10	1.36	16.16
2008	116.82	23.67	18.53	73.33	1.28	23.68
2009	214.84	50.06	24.27	139.12	1.38	6.25
2010	263.76	76.96	23.86	161.48	1.46	10.37
2011	244.26	72.69	17.31	153.56	0.70	10.53
2012	238.62	56.01	13.98	168.19	0.44	9.00
2013	268.99	73.90	13.34	181.44	0.31	9.65
2014	254.23	63.06	10.44	180.55	0.18	14.28
2015	204.33	45.50	7.23	151.38	0.22	7.14
2016	250.73	64.94	7.71	177.96	0.12	8.90
2017	308.76	98.01	6.70	203.79	0.26	11.40
2018	323.88	96.71	4.96	222.05	0.17	14.29
2019	343.49	104.14	5.58	233.75	0.02	16.52

表 18-1 民用汽车新注册情况（载客）（2019 年底按地区分）（单位：辆）

地 区	民用汽车	载客汽车				
			大型	中型	小型	微型
总 计	25445941	21845871	133357	35844	21648138	28532
北 京	582708	458135	5771	6620	445254	490
天 津	248718	210253	1113	435	207023	1682
河 北	1552974	1249172	4395	1430	1236440	6907
山 西	638800	516754	2807	796	512778	373
内蒙古	382731	320919	1863	401	318528	127
辽 宁	578507	505767	3265	761	501583	158
吉 林	322328	283522	2472	439	280566	45
黑龙江	371713	320713	3495	479	316679	60
上 海	467437	435515	3497	981	430644	393
江 苏	1953759	1773998	8160	1589	1762302	1947
浙 江	1696149	1491850	7938	1867	1480408	1637
安 徽	1079574	926400	5504	1087	919460	349
福 建	686566	599581	2987	1192	595027	375
江 西	715960	621877	3143	583	618014	137
山 东	2007068	1635033	8388	1323	1623323	1999
河 南	1750881	1497789	7117	2424	1482660	5588
湖 北	986056	859580	4707	1152	853532	189
湖 南	1003701	906096	7296	1689	896810	301
广 东	2553114	2245660	17154	2300	2222762	3444
广 西	733484	628569	2569	867	624922	211
海 南	144923	121376	3045	558	117629	144
重 庆	569971	516998	2356	538	513905	199
四 川	1300174	1137529	6856	1228	1128614	831
贵 州	654726	572095	3481	1185	567301	128
云 南	750624	611721	3399	927	606913	482
西 藏	5827	3670	7	35	3628	–
陕 西	774587	658505	4892	963	652399	251
甘 肃	299284	239121	1938	577	236566	40
青 海	99566	78270	794	212	77255	9
宁 夏	122287	89620	557	129	88898	36
新 疆	411744	329783	2391	1077	326315	–

表 18-2 民用汽车新注册情况（载货）（2019 年底按地区分）（单位：辆）

地 区	载货汽车					其他汽车
		重型	中型	轻型	微型	
总 计	3434877	1041421	55776	2337472	208	165193
北 京	119479	9677	2441	107361	–	5094
天 津	35883	10904	470	24509	–	2582
河 北	292741	111915	2741	178083	2	11061
山 西	117805	58026	934	58842	3	4241
内蒙古	59267	13399	522	45332	14	2545
辽 宁	69930	27878	1375	40677	–	2810
吉 林	36828	10828	541	25458	1	1978
黑龙江	48881	15027	815	33039	–	2119
上 海	29539	19662	2824	7053	–	2383
江 苏	166244	68137	6686	91414	7	13517
浙 江	194305	48916	3452	141927	10	9994
安 徽	145775	51790	1958	92025	2	7399
福 建	83149	19008	1121	63020	–	3836
江 西	89744	33641	1812	54283	8	4339
山 东	357778	143478	5211	209086	3	14257
河 南	240563	86289	2250	152015	9	12529
湖 北	116757	35567	2650	78524	16	9719
湖 南	92385	19231	2243	70897	14	5220
广 东	294836	76629	5006	213088	113	12618
广 西	101160	23932	1264	75964	–	3755
海 南	22737	3361	461	18915	–	810
重 庆	50269	15333	1291	33645	–	2704
四 川	155897	39834	2680	113383	–	6748
贵 州	80049	9930	879	69240	–	2582
云 南	134685	18178	633	115874	–	4218
西 藏	2094	504	73	1517	–	63
陕 西	108285	33945	1771	72565	4	7797
甘 肃	57714	7704	552	49458	–	2449
青 海	20261	2384	264	17613	–	1035
宁 夏	31473	8633	222	22618	–	1194
新 疆	78364	17681	634	60047	2	3597

表 19　历年机动车及汽车驾驶员情况（单位：万人）

年份	机动车驾驶员	汽车驾驶员
1978	–	192. 45
1980	–	245. 23
1985	–	462. 14
1990	1635. 85	790. 96
1995	3501. 52	1673. 39
2000	7655. 56	3746. 51
2005	13069. 52	8017. 76
2006	14213. 87	9317. 24
2007	15363. 88	10567. 15
2008	17336. 56	12276. 80
2009	19167. 58	13740. 73
2010	20068. 47	15129. 89
2011	22817. 62	17416. 76
2012	25250. 83	20028. 52
2013	26955. 93	21742. 70
2014	29892. 32	24812. 07
2015	32853. 05	28012. 99
2016	35876. 98	30328. 77
2017	36016. 94	31658. 20
2018	41030.16	36923.42
2019	43636. 74	39752. 86

表 20-1 机动车及汽车驾驶员情况（2019 年底按地区分）（单位：人）

地 区	机动车驾驶员	汽车驾驶员
总 计	436367423	397528574
北 京	11630923	11459915
天 津	4807786	4802708
河 北	23129761	22731949
山 西	10442446	10322473
内蒙古	7971175	7557794
辽 宁	13701861	13011405
吉 林	7791654	7293644
黑龙江	9384477	9050838
上 海	7900603	7768749
江 苏	29674690	28015192
浙 江	23286000	22310633
安 徽	16190938	15349306
福 建	13427357	11056464
江 西	14458165	11827664
山 东	31377818	30575727
河 南	29644370	28471878
湖 北	17420249	15997858
湖 南	16538825	14237262
广 东	41373910	36910091
广 西	15171939	11753156
海 南	2593553	2120049
重 庆	9243675	7966119
四 川	24181330	20446080
贵 州	10390921	8346865
云 南	14840120	11076830
西 藏	565691	562565
陕 西	11708752	11050146
甘 肃	6704292	5691807
青 海	1759978	1554677
宁 夏	2343272	2129491
新 疆	6710892	6079239

表 20-2 机动车及汽车驾驶员情况（2018 年底按地区分）（单位：人）

地 区	机动车驾驶员	汽车驾驶员
总 计	410301633	369234248
北 京	11203394	11158976
天 津	4563273	4558625
河 北	21607797	21167378
山 西	9765989	9635110
内蒙古	7628705	7184056
辽 宁	13238925	12523595
吉 林	7446022	6943449
黑龙江	8835735	8484135
上 海	7514652	7378706
江 苏	28734313	26418297
浙 江	22017418	20975217
安 徽	15049740	14079733
福 建	12599981	10173717
江 西	13760852	11130878
山 东	29400293	28507597
河 南	27694987	26389146
湖 北	16373265	14672265
湖 南	15590676	13105311
广 东	37557811	33066249
广 西	14359174	10772206
海 南	2508766	1938549
重 庆	8727563	7344324
四 川	22800501	18960423
贵 州	9642194	7536872
云 南	13877125	10116423
西 藏	502435	477011
陕 西	10945188	10258433
甘 肃	6313125	5251374
青 海	1622831	1453208
宁 夏	2191461	1977365
新 疆	6227442	5595620

表 21-1 进口汽车保有量（载客）（2019 年底按地区分）（单位：辆）

地 区	民用汽车	载客汽车				
			大型	中型	小型	微型
总 计	12116195	12044208	8129	16185	11897513	122381
北 京	778528	769147	740	822	761896	5689
天 津	178768	177133	134	344	174281	2374
河 北	362689	359659	255	333	353531	5540
山 西	204192	203280	396	407	198332	4145
内蒙古	288903	286749	328	446	283116	2859
辽 宁	481504	477417	633	604	473357	2823
吉 林	179122	177957	178	291	176419	1069
黑龙江	214346	211791	320	444	209974	1053
上 海	512971	508611	416	609	505139	2447
江 苏	1028904	1025917	503	1529	1004198	19687
浙 江	1293590	1286786	360	1219	1267925	17282
安 徽	253644	252467	130	294	249022	3021
福 建	436092	434208	171	634	426714	6689
江 西	172954	171367	137	167	169792	1271
山 东	700499	696803	654	1427	682916	11806
河 南	404321	402803	386	683	398695	3039
湖 北	324997	323661	202	550	320968	1941
湖 南	361407	360044	170	345	356965	2564
广 东	1631582	1624288	558	1183	1612684	9863
广 西	217015	216328	100	438	213626	2164
海 南	70430	70159	107	167	69374	511
重 庆	245070	243324	54	167	242161	942
四 川	557872	555412	231	470	550290	4421
贵 州	163570	163004	82	203	161525	1194
云 南	287759	285678	143	585	281037	3913
西 藏	33545	33245	36	112	33072	25
陕 西	315032	313594	161	456	310150	2827
甘 肃	105266	104748	141	293	103809	505
青 海	44275	43819	94	232	43420	73
宁 夏	71065	70244	88	145	69650	361
新 疆	196283	194565	221	586	193475	283

表 21-2 进口汽车保有量（载货）（2019 年底按地区分）（单位：辆）

地 区	载货汽车					其他汽车
		重型	中型	轻型	微型	
总 计	63383	25328	449	37584	22	8604
北 京	7379	1	38	7339	1	2002
天 津	1555	770	10	775	–	80
河 北	2792	510	17	2265	–	238
山 西	840	30	8	802	–	72
内蒙古	2023	58	20	1945	–	131
辽 宁	3804	464	80	3259	1	283
吉 林	1057	80	12	962	3	108
黑龙江	2338	754	35	1549	–	217
上 海	3107	2837	26	244	–	1253
江 苏	2757	1687	9	1060	1	230
浙 江	6644	4974	14	1653	3	160
安 徽	1113	591	4	518	–	64
福 建	1811	1274	4	533	–	73
江 西	1411	1046	2	363	–	176
山 东	3408	970	25	2409	4	288
河 南	1403	295	9	1096	3	115
湖 北	1243	492	6	745	–	93
湖 南	1097	408	7	681	1	266
广 东	7015	5106	37	1871	1	279
广 西	526	179	3	344	–	161
海 南	252	16		236	–	19
重 庆	866	445	5	416	–	880
四 川	2260	699	17	1543	1	200
贵 州	455	65	7	383	–	111
云 南	1907	702	6	1199	–	174
西 藏	282	2	1	276	3	18
陕 西	1294	295	6	993	–	144
甘 肃	367	30	3	334	–	151
青 海	319	9	4	306	–	137
宁 夏	749	206	6	537	–	72
新 疆	1309	333	28	948	–	409

表 22 国内生产总值（本表按当年价格计算）（单位：亿元）

年份	国民总收入	国内生产总值	第一产业	第二产业	第三产业	农林牧渔业	工业
1980	4587.6	4587.6	1359.5	2204.7	1023.4	1371.6	2014.9
1981	4933.7	4935.8	1545.7	2269.1	1121.1	1559.4	2067.7
1982	5380.5	5373.4	1761.7	2397.7	1214.0	1777.3	2183.0
1983	6043.8	6020.9	1960.9	2663.0	1397.0	1978.3	2399.1
1984	7314.2	7278.5	2295.6	3124.8	1858.1	2316.0	2815.9
1985	9123.6	9098.9	2541.7	3886.5	2670.7	2564.3	3478.3
1986	10375.4	10376.2	2764.1	4515.2	3096.9	2788.6	4000.8
1987	12166.6	12174.6	3204.5	5274.0	3696.2	3232.9	4621.3
1988	15174.4	15180.4	3831.2	6607.4	4741.8	3865.2	5814.1
1989	17188.4	17179.7	4228.2	7300.9	5650.6	4265.8	6525.7
1990	18923.3	18872.9	5017.2	7744.3	6111.4	5061.8	6904.7
1991	22050.3	22005.6	5288.8	9129.8	7587.0	5341.9	8138.2
1992	27208.2	27194.5	5800.3	11725.3	9668.9	5866.2	10340.5
1993	35599.2	35673.2	6887.6	16473.1	12312.6	6963.3	14248.8
1994	48548.2	48637.5	9471.8	22453.1	16712.5	9572.1	19546.9
1995	60356.6	61339.9	12020.5	28677.5	20641.9	12135.1	25023.9
1996	70779.6	71813.6	13878.3	33828.1	24107.2	14014.7	29529.8
1997	78802.9	79715.0	14265.2	37546.0	27903.8	14440.8	33023.5
1998	83817.6	85195.5	14618.7	39018.5	31558.3	14816.4	34134.9
1999	89366.5	90564.4	14549.0	41080.9	34934.5	14768.7	36015.4
2000	99066.1	100280.1	14717.4	45664.8	39897.9	14943.6	40259.7
2001	109276.2	110863.1	15502.5	49660.7	45700.0	15780.0	43855.6
2002	120480.4	121717.4	16190.2	54105.5	51421.7	16535.7	47776.3
2003	136576.3	137422.0	16970.2	62697.4	57754.4	17380.6	55363.8
2004	161415.4	161840.2	20904.3	74286.9	66648.9	21410.7	65776.8
2005	185998.9	187318.9	21806.7	88084.4	77427.8	22416.2	77960.5
2006	219028.5	219438.5	23317.0	104361.8	91759.7	24036.4	92238.4
2007	270704.0	270092.3	27674.1	126633.6	115784.6	28483.7	111693.9
2008	321229.5	319244.6	32464.1	149956.6	136823.9	33428.1	131727.6
2009	347934.9	348517.7	33583.8	160171.7	154762.2	34659.7	138095.5
2010	410354.1	412119.3	38430.8	191629.8	182058.6	39619.0	165126.4
2011	483392.8	487940.2	44781.4	227038.8	216120.0	46122.6	195142.8
2012	537329.0	538580.0	49084.5	244643.3	244852.2	50581.2	208905.6
2013	588141.2	592963.2	53028.1	261956.1	277979.1	54692.4	222337.6
2014	642097.6	641280.6	55626.3	277571.8	308082.5	57472.2	233856.4
2015	683390.5	685992.9	57774.6	282040.3	346178.0	59852.6	236506.3
2016	737074.0	740060.8	60139.2	296547.7	383373.9	62451.0	247877.7
2017	820099.5	820754.3	62099.5	332742.7	425912.1	64660.0	278328.2
2018	914327.1	919281.1	64745.2	364835.2	489700.8	67558.7	301089.3
2019	988528.9	990865.1	70466.7	386165.3	534233.1	73567.1	317108.7

（续表）

年份	建筑业	批发和零售业	交通运输、仓储和邮政业	住宿和餐饮业	金融业	房地产业	其他	人均国内生产总值（元）	人均国民总收入（元）
1980	196.3	193.8	213.4	47.4	85.8	96.2	368.2	468	468
1981	208.0	231.2	220.8	54.1	91.7	99.8	403.3	497	496
1982	221.6	171.5	246.9	62.3	130.6	110.6	469.5	533	533
1983	271.7	198.7	275.0	72.5	168.9	121.6	535.2	588	591
1984	317.9	363.6	338.6	96.8	230.6	162.0	637.3	702	705
1985	419.3	802.5	421.8	138.3	293.9	214.8	765.8	866	868
1986	527.3	852.7	499.0	163.2	401.2	297.5	846.1	973	973
1987	667.5	1059.7	568.5	187.1	506.2	381.9	949.8	1123	1122
1988	811.8	1483.6	685.9	241.4	658.9	472.8	1146.8	1378	1377
1989	796.1	1536.4	812.9	277.4	1079.9	565.1	1320.7	1536	1537
1990	861.7	1269.2	1167.2	301.9	1144.1	660.9	1501.7	1663	1667
1991	1017.7	1834.8	1420.5	442.3	1195.2	762.2	1853.1	1912	1916
1992	1417.9	2405.4	1689.2	584.6	1482.1	1099.1	2309.8	2334	2336
1993	2269.9	2817.0	2174.3	712.1	1903.5	1376.9	3207.8	3027	3021
1994	2968.8	3774.0	2788.2	1008.5	2557.9	1905.6	4516.1	4081	4073
1995	3733.7	4779.4	3244.7	1200.1	3211.5	2349.4	5662.8	5091	5009
1996	4393.0	5600.5	3782.6	1336.8	3700.7	2611.9	6844.5	5898	5813
1997	4628.3	6328.4	4149.1	1561.3	4179.2	2914.5	8490.9	6481	6406
1998	4993.0	6914.3	4661.5	1786.9	4318.2	3427.7	10143.7	6860	6749
1999	5180.9	7492.2	5175.9	1941.2	4489.7	3674.5	11827.0	7229	7134
2000	5534.0	8159.8	6161.9	2146.3	4842.2	4140.9	14092.9	7942	7846
2001	5945.5	9120.8	6871.3	2400.1	5202.8	4705.8	16982.6	8717	8592
2002	6482.1	9996.8	7494.3	2724.8	5555.8	5334.5	19818.6	9506	9410
2003	7510.8	11171.2	7914.8	3126.1	6045.7	6157.0	22753.8	10666	10600
2004	8720.5	12455.8	9306.5	3664.8	6600.2	7152.1	26754.6	12487	12454
2005	10400.5	13968.5	10668.8	4195.7	7486.0	8482.7	31742.1	14368	14267
2006	12450.1	16533.4	12186.3	4792.6	9972.3	10320.9	36910.8	16738	16707
2007	15348.0	20941.1	14605.1	5548.1	15200.0	13714.0	44561.5	20494	20541
2008	18807.6	26186.2	16367.6	6616.1	18345.6	14600.3	53169.3	24100	24250
2009	22681.5	29004.6	16522.4	6957.0	21836.8	18760.5	60002.6	26180	26136
2010	27259.3	35907.9	18783.6	7712.0	25733.1	23326.6	68654.7	30808	30676
2011	32926.5	43734.5	21842.0	8565.4	30747.2	27780.7	81082.2	36302	35963
2012	36896.1	49835.5	23763.2	9536.9	35272.2	30751.9	93041.6	39874	39782
2013	40896.8	56288.9	26042.7	10228.3	41293.4	35340.4	105847.3	43684	43329
2014	45401.7	63170.4	28534.4	11228.7	46853.4	38086.4	119618.5	47173	47233
2015	47761.3	67719.6	30519.5	12306.1	56299.8	42573.8	136856.5	50237	50047
2016	51498.9	73724.5	33028.7	13607.8	59964.0	49969.4	156744.3	54139	53922
2017	57905.6	81156.6	37121.9	15056.0	64844.3	57086.0	179086.3	60014	59967
2018	65493.0	88903.7	40337.2	16520.6	70610.3	64623.0	204145.2	66006	65650
2019	70904.3	95845.7	42802.1	18039.5	77077.1	69631.5	225889.2	70892	70725

表 23　居民人均可支配收入和指数

年份	全国居民人均可支配收入		城镇居民人均可支配收入		农村居民人均可支配收入	
	绝对数（元）	指数(1978=100)	绝对数（元）	指数(1978=100)	绝对数（元）	指数(1978=100)
1978	171.2	100.0	343.4	100.0	133.6	100.0
1980	246.8	131.6	477.6	127.0	191.3	139.0
1985	478.6	213.2	739.1	160.4	397.6	268.9
1990	903.9	243.8	1510.2	198.1	686.3	311.2
1995	2363.3	347.6	4283.0	290.3	1577.7	383.6
2000	3721.3	500.7	6255.7	382.3	2282.1	489.6
2001	4070.4	543.8	6824.0	414.1	2406.9	512.3
2002	4531.6	610.4	7652.4	469.1	2528.9	539.2
2003	5006.7	666.3	8405.5	510.6	2690.3	564.9
2004	5660.9	725.1	9334.8	549.0	3026.6	606.1
2005	6384.7	803.4	10382.3	600.9	3370.2	646.6
2006	7228.8	896.2	11619.7	662.5	3731.0	697.6
2007	8583.5	1015.4	13602.5	742.2	4327.0	767.7
2008	9956.5	1112.2	15549.4	803.5	4998.8	833.1
2009	10977.5	1234.8	16900.5	881.0	5435.1	908.3
2010	12519.5	1363.3	18779.1	948.5	6272.4	1012.1
2011	14550.7	1503.3	21426.9	1028.1	7393.9	1127.4
2012	16509.5	1662.5	24126.7	1126.8	8389.3	1248.1
2013	18310.8	1797.1	26467.0	1205.4	9429.6	1364.5
2014	20167.1	1940.5	28843.9	1287.1	10488.9	1490.5
2015	21966.2	2084.4	31194.8	1371.5	11421.7	1602.3
2016	23821.0	2216.1	33616.2	1448.0	12363.4	1702.1
2017	25973.8	2378.4	36396.2	1541.6	13432.4	1825.5
2018	28228.0	2532.1	39250.8	1627.6	14617.0	1945.3
2019	30732.8	2679.7	42358.8	1708.4	16020.7	2066.0

表 24　2019 年分月汽车销售完成情况

产品名称	1月	2月	3月	4月	5月	6月	7月	8月	9月	10月	11月	12月
汽车总计	2367278	1481602	2520013	1980497	1912565	2056446	1808472	1957572	2270682	2284170	2456879	2658306
其中：国内制造	2341100	1464798	2492752	1957724	1888395	2033056	1787602	1932282	2253654	2272886	2439896	2642323
CKD	26178	16804	27261	22773	24170	23390	20870	25290	17028	11284	16983	15983
总计中：乘用车	2021089	1219497	2019443	1574877	1561172	1727910	1527912	1652908	1930637	1927669	2056669	2213089
其中：柴油汽车	5749	4848	10178	9629	5858	8544	5544	5942	7558	7385	6865	7129
汽油汽车	1910626	1153386	1881014	1456767	1444249	1565782	1438381	1551499	1831458	1836739	1946642	2058365
其他燃料汽车	104714	61263	128251	108481	111065	153584	83987	95467	91621	83545	103162	147595
其中：基本型乘用车（轿车）	986208	579500	949279	791234	784275	862987	737710	777145	931760	898229	962592	1026462
多功能乘用车（MPV）	129554	88432	151605	95063	107906	97676	85725	98509	127466	130495	123241	147816
运动型多用途乘用车（SUV）	878880	530187	867835	647777	642570	739298	672492	747398	840906	868510	935442	991171
交叉型乘用车	26447	21378	50724	40803	26421	27949	31985	29856	30505	30435	35394	47640
总计中：商用车	346189	262105	500570	405620	351393	328536	280560	304664	340045	356501	400210	445217
其中：柴油汽车	237333	183608	348634	275323	233011	204730	185700	202896	221454	231226	251674	258288
汽油汽车	92451	69533	135054	114771	97970	91977	79490	93880	107634	111320	122490	141408
其他燃料汽车	16405	8964	16882	15526	20412	31829	15370	7888	10957	13955	26046	45521
其中：客车	32867	19437	42876	36307	35025	42515	38148	38778	38262	35477	48666	63177
其中：客车非完整车辆	1788	1225	2039	2664	2076	2863	2722	2836	1888	1974	3899	3199
货车	313322	242668	457694	369313	316368	286021	242412	265886	301783	321024	351544	382040
其中：半挂牵引车	42122	34968	68497	54047	53655	57108	35461	32855	38937	46046	55003	46189
货车非完整车辆	50648	35617	75816	56065	49318	45572	37005	41072	44981	44620	43724	40612

说明：由于调整的数据在累计中体现，故各月数据相加与全年累计略有出入。

表 25 2019 年全国乘用车品牌销量情况（单位：辆、%）

车型	2019 年	2018 年	同比增长
一汽－大众	2045982	2036972	0.44
新宝来	333528	245818	35.68
新宝来 1.5L	310269	168039	84.64
新宝来 1.4T	23256	1726	1249.74
新宝来 1.6L	3	17	-82.35
全新一代宝来 1.4T	0	8090	-100.00
全新一代宝来 1.5L	0	67946	-100.00
速腾	307323	309902	-0.83
速腾 1.4T	164057	138725	18.26
速腾 1.2T	71727	21463	234.19
速腾 1.6L	71539	149714	-52.22
探岳	179428	20235	786.72
探岳 2.0T	151080	20235	646.63
探岳 1.4T	28348	0	0.00
迈腾	169241	228990	-26.09
迈腾 2.0T	134271	0	0.00
迈腾 1.4T	28543	27481	3.86
迈腾 1.8T	6427	153904	-95.82
迈腾 2.0L	0	47605	-100.00
奥迪 A4L	167689	167923	-0.14
奥迪 A4L 2.0T	165943	163475	1.51
奥迪 A4L 1.4T	1746	4448	-60.75
奥迪 A6L	130139	153273	-15.09
奥迪 A6L 2.0T	122137	69771	75.05
奥迪 A6L 3.0	3495	13943	-74.93
奥迪 A6L 1.8T	2856	45330	-93.70
奥迪 A6L 2.0T（PHEV）	605	2890	-79.07
奥迪 A6L 2.5	1046	21337	-95.10
奥迪 A6L 2.8	0	2	-100.00
Q5	135800	123426	10.03
Q5 2.0T	135800	123426	10.03
探歌	126859	49342	157.10
探歌 1.4T	126778	49212	157.62
探歌 1.2T	81	130	-37.69
高尔夫 A7	101851	139813	-27.15
高尔夫 A7 1.4T	69003	88938	-22.41
高尔夫 A7 1.2T	16557	750	2107.60
高尔夫 A7 1.6L	15235	47312	-67.80
高尔夫 A7 2.0T	1056	2813	-62.46
捷达	105161	327686	-67.91
捷达 1.5T	78132	227813	-65.70

（续表 1）

车型	2019 年	2018 年	同比增长
捷达 1.4T	27029	99627	-72.87
捷达 1.6L	0	246	-100.00
奥迪 A3	84600	92192	-8.23
奥迪 A3 1.4T	50524	35142	43.77
奥迪 A3 两厢 1.4T	32371	54718	-40.84
奥迪 A3 2.0T	946	1073	-11.84
奥迪 A3 两厢 2.0T	759	1253	-39.43
奥迪 A3 1.8T	0	6	-100.00
Q3	62561	73729	-15.15
Q3 1.4T	50120	55836	-10.24
Q3 2.0T	12441	17893	-30.47
捷达 VS5	36705	0	0.00
捷达 VS5 1.4T	36705	0	0.00
Q2	39211	9762	301.67
Q2 1.4T	37377	9762	282.88
Q2（BEV）	1834	0	0.00
捷达 VA3	12384	0	0.00
捷达 VA3 1.5L	12384	0	0.00
CC	23807	16065	48.19
CC 2.0T	23802	9284	156.38
CC 1.8T	5	6781	-99.93
高尔夫 Sportsvan	14110	37057	-61.92
高尔夫 Sportsvan 1.4T	12225	28834	-57.60
高尔夫 Sportsvan 1.6L	1370	8223	-83.34
高尔夫 Sportsvan 1.2T	515	0	0.00
E-BORA（BEV）	1140	0	0.00
E-BORA（BEV）	1140	0	0.00
蔚领	11521	41759	-72.41
蔚领 1.5L	7571	26699	-71.64
蔚领 1.4T	3860	15053	-74.36
蔚领 1.6L	90	7	1185.71
探影	2255	0	0.00
探影 1.5L	1621	0	0.00
探影 1.4T	634	0	0.00
E-GOLF（BEV）	669	0	0.00
E-GOLF（BEV）	669	0	0.00
上汽大众	2001777	2065077	-3.07
New Lavida 朗逸	533186	503825	5.83
朗逸 1.6L	57131	275437	-79.26
朗逸 1.5L	284352	99990	184.38
e-Lavida（BEV）	7707	0	0.00

（续表 2）

车型	2019 年	2018 年	同比增长
朗逸 CNG	1849	2983	-38.02
朗逸 1.4T	173860	90382	92.36
朗行 1.4T	8287	34872	-76.24
朗行 1.6L	0	161	-100.00
桑塔纳	255836	276411	-7.44
新桑塔纳 1.5L	224859	102334	119.73
新桑塔纳 CNG	16403	19227	-14.69
新桑塔纳 1.6L	6981	99721	-93.00
新桑塔纳浩纳 1.5L	4657	2449	90.16
新桑塔纳 1.4L	2931	44587	-93.43
新桑塔纳浩纳 1.6L	5	7843	-99.94
新桑塔纳浩纳 1.4T	0	250	-100.00
Tiguan 途观	228951	303374	-24.53
途观 L 二驱 2.0T	174742	189156	-7.62
途观二驱 1.4T	18882	46158	-59.09
途观 L 四驱 2.0	9551	27135	-64.80
途观二驱 1.8T	10407	29720	-64.98
途观 L 二驱 1.4T	4202	6362	-33.95
途观 L 二驱 1.4T（PHEV）	11167	2697	314.05
途观四驱 1.8T	0	525	-100.00
途观四驱 2.0T	0	289	-100.00
途观 L 二驱 1.8T	0	1332	-100.00
新帕萨特	214061	179028	19.57
新帕萨特 2.0T	139405	26816	419.86
新帕萨特 1.4T	34405	28295	21.59
新帕萨特 1.4T（PHEV）	20559	1477	1291.94
新帕萨特 1.8T	19692	122437	-83.92
新帕萨特 3.0V6	0	3	-100.00
Tharu 途岳	138235	24873	455.76
途岳二驱 1.4T	121275	21737	457.92
途岳四驱 2.0T	16960	3136	440.82
凌渡	101505	134746	-24.67
凌渡 1.4T	101505	134074	-24.29
凌渡 1.8T	0	65	-100.00
凌渡 2.0T	0	607	-100.00
Teramont	84003	86182	-2.53
Teramont 四驱 2.0T	50905	60722	-16.17
Teramont 二驱 2.0T	13516	20116	-32.81
Teramont X 四驱 2.0T	11448	0	0.00
Teramont X 二驱 2.0T	3285	0	0.00
Teramont 四驱 2.5T	3816	5344	-28.59

（续表 3）

车型	2019 年	2018 年	同比增长
Teramont X 四驱 2.5T	1033	0	0.00
明锐	66806	105673	-36.78
新明锐 1.5L	38341	16157	137.30
新明锐 1.2T	17235	34114	-49.48
新明锐 1.4T	7884	15043	-47.59
明锐旅行车 1.4T	2722	3008	-9.51
明锐旅行车 1.2T	613	1590	-61.45
新明锐 1.6L	11	35759	-99.97
明锐旅行车 1.6L	0	2	-100.00
T-Cross	63495	0	0.00
T-Cross 二驱 1.4T	31734	0	0.00
T-Cross 二驱 1.5L	31761	0	0.00
波罗	73688	140442	-47.53
新波罗两厢 1.5L	73444	92720	-20.79
CROSS POLO 两厢 1.5L	228	1132	-79.86
POLO GTI	16	205	-92.20
新波罗两厢 1.4L	1	36315	-100.00
CROSS POLO 两厢 1.4L	0	109	-100.00
CROSS POLO 两厢 1.6L	0	313	-100.00
新波罗两厢 1.6L	-1	9648	-100.01
Kamiq	52660	37143	41.78
Kamiq 1.5L	51377	37143	38.32
柯米克运动版 1.2L	1283	0	0.00
昕锐	48083	58849	-18.29
昕锐 1.5L	47936	17040	181.31
昕锐 1.6L	143	35020	-99.59
昕锐 1.4L	4	6789	-99.94
Kodiaq	40067	51230	-21.79
Kodiaq 二驱 2.0T	36917	46022	-19.78
Kodiaq 四驱 2.0T	3150	3238	-2.72
Kodiaq 二驱 1.8T	0	1970	-100.00
Karoq	38026	31071	22.38
Karoq 二驱 1.4T	37975	30705	23.68
Karoq 二驱 1.2T	51	366	-86.07
速派	23737	42234	-43.80
新速派 1.4T	16345	26886	-39.21
新速派 2.0T	5848	1316	344.38
新速派 1.8T	1544	14032	-89.00
辉昂	14019	24471	-42.71
辉昂 2.0T	13913	24059	-42.17
辉昂 3.0T	106	412	-74.27

（续表 4）

车型	2019 年	2018 年	同比增长
途安	16420	39725	-58.67
新途安 1.4T	16182	33738	-52.04
新途安 1.5L	40	0	0.00
途安 1.4T	0	89	-100.00
途安 1.6L	198	5814	-96.59
新途安 1.6L	0	19	-100.00
新途安 1.8T	0	65	-100.00
昕动	7487	10468	-28.48
昕动 1.5L	7301	1088	571.05
昕动 1.4L	99	840	-88.21
昕动 1.6L	52	8355	-99.38
昕动 1.4T	35	185	-81.08
晶锐	1512	7224	-79.07
新晶锐 1.4L	1458	7023	-79.24
新晶锐 1.6L	54	201	-73.13
野帝	0	8108	-100.00
野帝二驱 1.4T	0	7339	-100.00
野帝二驱 1.6L	0	88	-100.00
野帝四驱 1.8T	0	681	-100.00
上汽通用	1600098	1969617	-18.76
别克英朗	279280	261920	6.63
新英朗 GT 1.3T	147113	128898	14.13
新英朗 GT 1.0T	132164	133011	-0.64
新英朗 GT 1.5L	3	10	-70.00
别克 GL8	148121	144308	2.64
全新一代 GL8 2.0T	79535	72055	10.38
新 GL8 2.0T	62869	207	30271.50
新 GL8 2.5L	5717	72045	-92.06
科鲁泽	141795	0	0.00
科鲁泽 1.3T	97745	0	0.00
科鲁泽 1.0T	44050	0	0.00
别克昂科威	132568	201776	-34.30
昂科威四驱 2.0T	68600	106829	-35.79
昂科威二驱 1.5L	63968	94899	-32.59
昂科威四驱 1.5L	0	48	-100.00
别克新君威	123587	100378	23.12
别克新君威 1.5T	116447	88943	30.92
别克新君威 2.0T	7121	10730	-33.63
别克新君威 1.8L	19	704	-97.30
科沃兹	101765	252108	-59.63
科沃兹 1.5L	72228	249214	-71.02

（续表 5）

车型	2019 年	2018 年	同比增长
新科沃兹 1.3T	5	0	0.00
新科沃兹 1.0T	29527	0	0.00
科沃兹 1.0T	5	2894	-99.83
凯迪拉克	97082	139460	-30.39
凯迪拉克 XTSNB 2.0T	42234	0	0.00
凯迪拉克 ATS-L 2.0T	26020	0	0.00
CT6 2.0	22567	15703	43.71
CT5 2.0T	6191	0	0.00
CT6 3.0	68	458	-85.15
CT6 2.0（PHEV）	2	1062	-99.81
雪佛兰新赛欧	90173	154141	-41.50
新赛欧三厢 1.5L	89641	104293	-14.05
新赛欧三厢 1.3L	532	39144	-98.64
新赛欧三厢 1.4L	0	10704	-100.00
威朗	74183	192174	-61.40
威朗三厢 1.5L	42683	146519	-70.87
威朗 NB 1.3T	16020	0	0.00
威朗 NB 1.0T	6804	0	0.00
威朗三厢 1.5T	7540	39866	-81.09
威朗两厢 1.5L	673	3947	-82.95
威朗两厢 1.5T	463	1842	-74.86
雪佛兰迈锐宝	74741	129458	-42.27
迈锐宝 1.3T	30578	0	0.00
迈锐宝 2.0T	28401	1414	1908.56
迈锐宝 1.5T	15762	127894	-87.68
迈锐宝 1.8L（HEV）	0	123	-100.00
迈锐宝 2.5L	0	27	-100.00
雪佛兰探界者	50471	71497	-29.41
雪佛兰探界者二驱 1.5T	39708	54013	-26.48
雪佛兰探界者四驱 2.0T	10762	17111	-37.10
雪佛兰探界者四驱 1.5T	1	373	-99.73
凯迪拉克 XT5	57317	73400	-21.91
凯迪拉克 XT5 二驱 2.0L	36535	44945	-18.71
凯迪拉克 XT5 四驱 2.0L	15225	18525	-17.81
凯迪拉克 XT5 四驱 2.0T（HEV）	5557	9930	-44.04
凯迪拉克 XT4	47054	15183	209.91
凯迪拉克 XT4 二驱 2.0T	44439	13319	233.65
凯迪拉克 XT4 四驱 2.0T	2615	1864	40.29
别克新君越	39937	69709	-42.71
新君越 2.0T	30039	34957	-14.07
新君越 1.5T	8736	33570	-73.98

（续表 6）

车型	2019 年	2018 年	同比增长
新君越 1.8（HEV）	1162	1182	-1.69
兰多	26553	11807	124.89
沃兰多 1.3T	26553	11807	124.89
别克 GL6	26020	36642	-28.99
GL6 1.3T	26020	36642	-28.99
全新一代雪佛兰创酷	14115	0	0.00
全新一代雪佛兰创酷二驱 1.3T	8252	0	0.00
全新一代雪佛兰创酷二驱 1.0T	5863	0	0.00
凯迪拉克 XT6	11053	0	0.00
凯迪拉克 XT6 四驱 2.0T	7182	0	0.00
凯迪拉克 XT6 二驱 2.0T	3871	0	0.00
Velite 5	3351	7688	-56.41
别克 K228（BEV）	3342	5000	-33.16
Velite 5 1.5L（PHEV）	9	2688	-99.67
雪佛兰科鲁兹	10538	46531	-77.35
雪佛兰科鲁兹 1.5L	8991	44551	-79.82
科鲁兹两厢 1.4T	0	15	-100.00
科鲁兹两厢 1.5L	217	872	-75.11
雪佛兰科鲁兹 1.4T	1330	1093	21.68
别克昂科拉 GX	9159	0	0.00
别克昂科拉 GX 二驱 1.3T	8988	0	0.00
别克昂科拉 GX 四驱 1.3T	171	0	0.00
别克阅朗	8362	25031	-66.59
阅朗 1.3T	7878	22646	-65.21
阅朗 1.0T	484	2385	-79.71
雪佛兰创界	5461	0	0.00
雪佛兰创界二驱 1.3T	4624	0	0.00
雪佛兰创界四驱 1.3T	837	0	0.00
凯越	9150	13396	-31.70
新凯越三厢 1.3L	9150	13395	-31.69
别克昂科旗	5565	0	0.00
别克昂科旗四驱 2.0T	4443	0	0.00
别克昂科旗二驱 2.0T	1122	0	0.00
全新一代别克昂科拉	6194	0	0.00
全新一代别克昂科拉二驱 1.3T	5723	0	0.00
全新一代别克昂科拉二驱 1.0T	471	0	0.00
别克昂科拉	6028	15177	-60.28
昂科拉二驱 1.4T	6027	15176	-60.29
昂科拉四驱 1.4T	1	1	0.00
雪佛兰 Trax	462	6346	-92.72
雪佛兰 Trax 二驱 1.4T	462	6336	-92.71

（续表 7）

车型	2019 年	2018 年	同比增长
雪佛兰 Trax 四驱 1.4T	0	10	-100.00
乐风 RV	13	1487	-99.13
乐风两厢 1.5L	13	1487	-99.13
吉利	1361560	1500838	-9.28
帝豪	290862	246933	17.79
帝豪 1.5L	164831	204969	-19.58
帝豪 1.4T	57027	0	0.00
帝豪 1.8L	32554	10176	219.91
帝豪（BEV）	28450	31426	-9.47
帝豪（PHEV）	5123	362	1315.19
帝豪 1.5T	2877	0	0.00
博越	232327	255695	-9.14
博越 1.8T	191679	216298	-11.38
博越 1.5T	17388	0	0.00
博越 2.0	15511	33836	-54.16
博越 2.4	7749	5561	39.35
缤越	137528	23361	488.71
缤越 1.5T	136325	23361	483.56
缤越 1.5T（PHEV）	1203	0	0.00
帝豪 GS	112777	157638	-28.46
帝豪 GS 1.4T	83804	80749	3.78
帝豪 GS 1.8L	13618	50501	-73.03
帝豪 GSE（BEV）	10806	7484	44.39
帝豪 GS 1.5T	4549	0	0.00
帝豪 GS 1.3T	0	18904	-100.00
远景 X3 1.5L	94935	116944	-18.82
远景 X3 1.5L	94935	116944	-18.82
缤瑞	83548	33084	152.53
缤瑞 1.0T	41102	355	11478.03
缤瑞 1.4T	42446	32729	29.69
远景 X6	81934	113309	-27.69
远景 X6 1.4T	60079	36993	62.41
远景 X6 1.8L	17745	53623	-66.91
远景 X6 2.0L	3160	900	251.11
远景 X6 1.3T	950	21793	-95.64
远景	79994	143851	-44.39
吉利远景 1.5	79994	143851	-44.39
领克 03	52887	9258	471.26
领克 03 1.5T	52672	9258	468.93
领克 03 1.5T（PHEV）	215	0	0.00
领克 01	51636	89405	-42.24

（续表 8）

车型	2019 年	2018 年	同比增长
领克 01 2.0T	48345	84875	-43.04
领克 01 2.0T（PHEV）	3291	4530	-27.35
嘉际	32961	0	0.00
嘉际 1.5T	29291	0	0.00
嘉际 1.5T（PHEV）	3670	0	0.00
远景 S1	26394	67908	-61.13
远景 S1 1.5L	23511	30905	-23.92
远景 S1 1.4T	2883	37003	-92.21
星越	23944	0	0.00
星越 2.0T	12230	0	0.00
星越 1.5T	10944	0	0.00
星越 1.5T（PHEV）	770	0	0.00
博瑞	23626	44299	-46.67
博瑞 GE 1.5T	14650	14329	2.24
博瑞 1.8T	5926	13764	-56.95
博瑞 GE（PHEV）	3046	10474	-70.92
博瑞 2.4L	4	5732	-99.93
领克 02	23543	21751	8.24
领克 02 1.5T	23171	21751	6.53
领克 02 1.5T（PHEV）	372	0	0.00
几何 A	12662	0	0.00
几何 A（BEV）	12662	0	0.00
远景 X1	2	11911	-99.98
远景 X1 1.3L	2	11911	-99.98
金刚	0	16960	-100.00
吉利金刚 1.5	0	16960	-100.00
帝豪 GL	0	148531	-100.00
帝豪 GL 1.4T	0	84631	-100.00
帝豪 GL 1.5T（PHEV）	0	67	-100.00
帝豪 GL 1.8L	0	63833	-100.00
上汽通用五菱	1241966	1662536	-25.30
五菱宏光	374878	476537	-21.33
五菱宏光 1.5L	352392	435882	-19.15
五菱宏光 1.2L	22486	40655	-44.69
五菱荣光 V	159806	157887	1.22
五菱荣光 V	154476	134660	14.72
五菱荣光 V 1.2L	5330	23227	-77.05
宝骏 510	158138	361403	-56.24
宝骏 510 二驱 1.5T	158138	361403	-56.24
宝骏 730	98221	111507	-11.91
宝骏 730 1.5L	98221	111355	-11.79

（续表 9）

车型	2019 年	2018 年	同比增长
宝骏 730 1.8L	0	152	-100.00
宝骏 530	83079	116324	-28.58
宝骏 530 二驱 1.5T	78376	104600	-25.07
宝骏 530 二驱 1.8L	4703	11724	-59.89
五菱荣光	60318	68727	-12.24
五菱荣光 1.2L	29886	8283	260.81
五菱荣光 1.5L	30432	60444	-49.65
宝骏 360	62284	106099	-41.30
宝骏 360 1.5L	62284	106099	-41.30
宝骏 E100	60050	25888	131.96
宝骏 E100	60050	25888	131.96
宝骏 310	47124	151663	-68.93
宝骏 310 1.5L	29972	37329	-19.71
宝骏 310 1.2L	17152	114334	-85.00
五菱之光	42938	78035	-44.98
五菱之光 1.2L	42938	78035	-44.98
宝骏 RM-5	31253	0	0.00
宝骏 RM-5 1.5T	31253	0	0.00
宝骏 RS-3	20335	0	0.00
宝骏 RS-3 1.5T	20335	0	0.00
宝骏 RS-5	22457	0	0.00
宝骏 RS-5 1.5T	22457	0	0.00
宝骏 RC-6	16717	0	0.00
宝骏 RC-6 1.5T	16717	0	0.00
宝骏 630	4368	6192	-29.46
宝骏 630 1.5L	4368	6192	-29.46
宝骏 610	0	1	-100.00
宝骏 610 1.5L	0	1	-100.00
五菱征程	0	2	-100.00
五菱征程 1.8L	0	2	-100.00
五菱之光 V	0	2271	-100.00
五菱之光 V 1.2L	0	2271	-100.00
东风日产	1159108	1156006	0.27
轩逸	470806	481216	-2.16
新轩逸 1.6	289719	315779	-8.25
十四代轩逸 1.6L	124255	0	0.00
轩逸 1.6	48353	158952	-69.58
新轩逸（BEV）	8109	5520	46.90
新轩逸 1.8	370	965	-61.66
奇骏	207776	207951	-0.08
新奇骏二驱 2.0L	185234	152398	21.55

（续表 10）

车型	2019 年	2018 年	同比增长
新奇骏四驱 2.5L	15502	0	0.00
新奇骏二驱 2.5L	7040	55553	-87.33
逍客	179773	175045	2.70
新逍客二驱 2.0L	179773	175045	2.70
新天籁	98545	112694	-12.56
七代天籁 2.0	97852	0	0.00
新天籁 2.0L AT	679	0	0.00
新天籁 2.5L AT	14	0	0.00
新世代天籁 2.0	0	111152	-100.00
新世代天籁 2.5	0	1542	-100.00
骐达	76195	59738	27.55
新骐达 1.6L	76001	59738	27.22
骐达 1.6T	194	0	0.00
新蓝鸟	53089	37751	40.63
新蓝鸟 1.6	53089	37751	40.63
劲客	47784	35864	33.24
劲客两驱 1.5L	47784	35864	33.24
楼兰	23547	27865	-15.50
楼兰两驱 2.5	21649	25375	-14.68
楼兰四驱 2.5（HEV）	1897	2489	-23.78
楼兰两驱 2.5（HEV）	1	1	0.00
新阳光	1583	7622	-79.23
新阳光 1.5	1583	7622	-79.23
骊威	5	8854	-99.94
新骊威 1.6	5	8854	-99.94
西玛	5	1406	-99.64
西玛 2.5	5	1406	-99.64
长城	911468	915039	-0.39
哈弗 H6	386405	452552	-14.62
哈弗 H6 二驱汽油 1.5	352698	451176	-21.83
哈弗 H6 四驱柴油	30101	2	
哈弗 H6 四驱汽油 1.5	3606	1371	163.02
哈弗 H6 二驱柴油	0	3	-100.00
哈弗 F7	140770	17109	
哈弗 F7 二驱 1.5	127182	15217	
哈弗 F7 四驱 2.0	13588	0	0.00
哈弗 M6	118811	73018	62.71
哈弗 M6 二驱 1.5	118811	73018	62.71
VV6	57724	18460	212.70
VV6 二驱 2.0	54551	15555	250.70
VV6 四驱 2.0	3173	2905	9.23

（续表 11）

车型	2019 年	2018 年	同比增长
哈弗 H2	37893	106120	-64.29
哈弗 H2 二驱 1.5	37438	105855	-64.63
哈弗 H2 四驱 1.5	455	265	71.70
欧拉 R1（BEV）	28498	0	0.00
欧拉 R1（BEV）	28498	0	0.00
F5	26893	23463	14.62
F5 二驱 1.5	26893	23463	14.62
哈弗 H4	27341	43017	-36.44
哈弗 H4 二驱 1.5	27341	43017	-36.44
VV5	21997	62968	-65.07
VV5 二驱 1.5	21952	0	0.00
VV5 四驱 2.0	45	1718	-97.38
VV7	19678	54671	-64.01
VV7 二驱 2.0	19469	54671	-64.39
VV7 二驱（PHEV）	209	0	0.00
哈弗 H9	13434	14635	-8.21
哈弗 H9 四驱汽油 2.0	11334	10341	9.60
哈弗 H9 四驱柴油 2.0	2100	4294	-51.09
哈弗 H7	12451	21391	-41.79
哈弗 H7 二驱	12451	21391	-41.79
欧拉 IQ（BEV）	10367	3515	194.94
欧拉 IQ（BEV）	10367	3515	194.94
长城 C30	3106	5976	-48.03
长城 C30 1.5L	3106	4246	-26.85
长城 C30（BEV）	0	1730	-100.00
哈弗 H5	2822	7705	-63.37
哈弗 H5 四驱汽油	1363	3732	-63.48
哈弗 H5 四驱柴油	890	1959	-54.57
哈弗 H5 二驱汽油	569	2014	-71.75
哈弗 H1	2634	5938	-55.64
哈弗 H1 二驱 1.5	2634	5938	-55.64
P8（PHEV）	644	3387	-80.99
P8（PHEV）	644	3387	-80.99
哈弗 H8	0	1114	-100.00
哈弗 H8 二驱汽油	0	317	-100.00
哈弗 H8 二驱柴油	0	70	-100.00
哈弗 H8 四驱汽油	0	609	-100.00
哈弗 H8 四驱柴油	0	118	-100.00
长安	820724	874352	-6.13
CS75	193227	140066	37.95
CS75 1.5T	121133	136759	-11.43

（续表 12）

车型	2019 年	2018 年	同比增长
CS75Plus 2.0T	70011	0	0.00
CS75 1.8T	1360	1360	0.00
CS75 1.5（PHEV）	723	1947	-62.87
CS35	141701	131417	7.83
全新 CS35 1.6L	122666	0	0.00
CS35 1.6L	19035	131417	-85.52
逸动	124024	125717	-1.35
逸动 1.6L	67511	58245	15.91
逸动 DT 1.6L	32299	40505	-20.26
逸动（BEV）	23148	5255	340.49
逸动 XT1.6L	1066	20943	-94.91
逸动（PHEV）	0	769	-100.00
CS55	112202	165102	-32.04
CS55 1.5T	112202	165102	-32.04
CX70	53885	80241	-32.85
CX70A 1.6	46314	0	0.00
CX70 1.6	7571	80241	-90.56
欧诺	27295	56035	-51.29
欧诺 1.3	27295	56035	-51.29
CS85	22676	183	12291.26
CS85 2.0T	22676	183	12291.26
CS15	22772	31249	-27.13
全新 CS15	15178	77	19611.69
CS15 1.5	4917	26608	-81.52
CS15（BEV）	2677	4564	-41.35
睿骋 CC	21875	29735	-26.43
睿骋 CC 1.5T	21875	29735	-26.43
欧尚	17908	22773	-21.36
欧尚 1.5	9616	16067	-40.15
欧尚（BEV）	5094	6706	-24.04
欧尚长行 1.5	3198	0	0.00
第三代悦翔	14953	7430	101.25
第三代悦翔	14953	7430	101.25
F202	11764	0	0.00
F202	11755	0	0.00
F202（BEV）	9	0	0.00
COS1°	11394	7885	44.50
COS1°	11394	7885	44.50
欧尚 A800	8251	15353	-46.26
欧尚 A800	8251	15353	-46.26
CS95	7498	6804	10.20

（续表 13）

车型	2019 年	2018 年	同比增长
CS95 2.0T	7498	6804	10.20
星光 4500	6668	12338	-45.96
星光 4500 1.3	6668	11753	-43.27
星光 4500（BEV）	0	585	-100.00
睿行 S50	6123	0	0.00
睿行 S50	6123	0	0.00
新长安之星	4612	1642	180.88
新长安之星 1.2	4612	1642	180.88
科尚	3989	435	817.01
科尚 1.5T	3989	435	817.01
科赛 5	2587	0	0.00
科赛 5 1.6L	2587	0	0.00
奔奔	2334	15992	-85.41
新奔奔（BEV）	2334	10970	-78.72
奔奔 1.4L	0	3225	-100.00
奔奔迷你（BEV）	0	1797	-100.00
科赛 3	2057	0	0.00
科赛 3 1.5L	2057	0	0.00
悦翔 V7	731	2315	-68.42
悦翔 V7 1.6L	731	2315	-68.42
S023（BEV）	17	0	0.00
S023（BEV）	17	0	0.00
尼欧 II（BEV）	99	1043	-90.51
尼欧 II（BEV）	99	1043	-90.51
睿行 ES30(BEV)	36	0	0.00
睿行 ES30(BEV)	36	0	0.00
睿骋	46	466	-90.13
睿骋 1.8T	46	466	-90.13
悦翔 V3	0	8359	-100.00
悦翔 V3 1.4L	0	8359	-100.00
欧力威	0	2917	-100.00
欧力威（BEV）	0	2917	-100.00
凌轩	0	7895	-100.00
凌轩 1.6L	0	7895	-100.00
长安之星 3	0	960	-100.00
长安之星 3 1.2	0	960	-100.00
东风本田	800089	720689	11.02
思域	243966	218132	11.84
思域 1.5T	231965	212492	9.16
思域 1.0T	12001	5640	112.78
新 CR-V	213298	143696	48.44

（续表 14）

车型	2019 年	2018 年	同比增长
新 CR-V 两驱 1.5T	182109	99907	82.28
新 CR-V 两驱 2.0L（HEV）	28172	28203	-0.11
新 CR-V 四驱 1.5T	2307	14736	-84.34
新 CR-V 四驱 2.0L（HEV）	710	850	-16.47
XR-V	147203	168250	-12.51
XR-V 1.5L	95808	51043	87.70
XR-V 1.8L	51395	117207	-56.15
INSPIRE	56266	8085	595.93
INSPIRE 1.5T	56266	8085	595.93
享域	49874	0	0.00
享域 1.0T	49874	0	0.00
艾力绅	31630	50095	-36.86
艾力绅 2.4L	31630	50095	-36.86
URV	27840	45865	-39.30
URV 二驱 2.0L	12793	1736	632.92
URV 二驱 1.5T	8798	10332	-14.85
URV 四驱 2.0T	6166	16857	-63.42
URV 二驱 2.0T	83	16940	-99.51
JADE	15409	41714	-63.06
JADE 1.8L	14739	39034	-62.24
JADE 1.5L	670	2680	-75.00
竞瑞	6629	17550	-62.23
竞瑞 1.5L	6629	17550	-62.23
哥瑞	6460	17651	-63.40
哥瑞 1.5L	6460	17651	-63.40
X-NV（BEV）	1507	0	0.00
X-NV（BEV）	1507	0	0.00
CR-V	7	-7	-200.00
CR-V 四驱 2.4L	7	-7	-200.00
思铂睿	0	9658	-100.00
思铂睿 2.0L	0	9658	-100.00
广汽本田	770884	741377	3.98
雅阁	223706	176770	26.55
雅阁 1.5T	181244	105063	72.51
雅阁 2.0L	42462	70460	-39.74
雅阁 2.4L	0	1247	-100.00
凌派	154053	113107	36.20
凌派三厢 1.0T	151496	46564	225.35
凌派三厢 1.8L	2557	66543	-96.16
缤智	117064	141600	-17.33
缤智二驱 1.5L	103452	80006	29.31

（续表 15）

车型	2019 年	2018 年	同比增长
缤智二驱 1.8L	13612	61594	-77.90
飞度	110380	129179	-14.55
飞度两厢 1.5L	110380	129179	-14.55
冠道	71552	80848	-11.50
冠道 1.5T	52733	47223	11.67
冠道 2.0T	18819	33625	-44.03
奥德赛	44481	45498	-2.24
奥德赛 2.0L	24584	0	0.00
奥德赛 2.4L	19897	45498	-56.27
锋范	22992	44751	-48.62
锋范 1.5L	22992	44751	-48.62
皓影	9007	0	0.00
皓影二驱 1.5T	9005	0	0.00
皓影二驱 2.0（HEV）	2	0	0.00
讴歌 RDX	6957	604	1051.82
讴歌 RDX 2.0T	6957	604	1051.82
讴歌 CDX	6776	6612	2.48
讴歌 CDX 1.5T	5329	5684	-6.25
讴歌 CDX 二驱 2.0L	1447	928	55.93
VE-1	1316	100	1216.00
VE-1（BEV）	1316	100	1216.00
世锐	1547	100	1447.00
世锐（PHEV）	1547	100	1447.00
讴歌 TLX	1053	2208	-52.31
讴歌 TLX 2.4L	1053	2208	-52.31
一汽丰田	729233	718560	1.49
卡罗拉	357798	376065	-4.86
卡罗拉 1.2L	272828	246918	10.49
卡罗拉（HEV）	61239	81858	-25.19
卡罗拉 1.6L	14773	47268	-68.75
卡罗拉 1.8L（PHEV）	8958	0	0.00
卡罗拉 1.8L	0	21	-100.00
全新 RAV4	125977	144481	-12.81
全新 RAV4 2.0L	92664	130297	-28.88
RAV4 二驱 2.0L	20987	0	0.00
AV4 四驱 2.0L	5882	0	0.00
全新 RAV4 2.5L	4690	14184	-66.93
RAV4 四驱 2.5L	1093	0	0.00
RAV4 二驱 2.5L	661	0	0.00
AVALON	62329	0	0.00
AVALON 2.5L （HEV）	26121	0	0.00

（续表 16）

车型	2019 年	2018 年	同比增长
AVALON 2.5L	20893	0	0.00
AVALON 2.0L	15315	0	0.00
新威驰	59329	63003	-5.83
新威驰 1.5L	56058	55979	0.14
新威驰 1.3L	3271	7024	-53.43
IZOA	52989	29077	82.24
IZOA 2.0L	52989	29077	82.24
普拉多	35401	34656	2.15
普拉多 3.5L	35401	34656	2.15
威驰 FS	25032	34829	-28.13
威驰 FS 1.5L	24834	34041	-27.05
威驰 FS 1.3L	198	788	-74.87
皇冠	10378	36442	-71.52
皇冠 2.0T	10378	36442	-71.52
锐志	0	6	-100.00
锐志 2.5L	0	6	-100.00
北京现代	715000	810177	-11.75
领动	141494	217711	-35.01
领动 1.6L	74574	160919	-53.66
领动 1.4T	65715	56792	15.71
领动 1.6L（PHEV）	1205	0	0.00
IX35	131894	143464	-8.06
全新 IX35 2.0	127209	134682	-5.55
全新 IX35 1.4	4685	2872	63.13
IX35 2.0	0	5910	-100.00
菲斯塔	108089	24898	334.13
菲斯塔 1.6	107276	22482	377.16
菲斯塔 1.4	813	2416	-66.35
悦动	97893	75646	29.41
全新悦动 1.6L	88381	60461	46.18
悦动 1.6L	9480	15182	-37.56
全新悦动 1.4L	32	3	966.67
IX25	50059	76195	-34.30
IX25 1.6	46548	69658	-33.18
IX25 1.4	3511	6537	-46.29
瑞纳	51397	42651	20.51
全新瑞纳 1.4	51397	42651	20.51
名图	40709	102678	-60.35
名图 1.8	38130	86561	-55.95
名图 1.6	2579	16117	-84.00
悦纳	37549	37286	0.71

（续表 17）

车型	2019 年	2018 年	同比增长
悦纳 1.4	37537	37273	0.71
悦纳 1.6	12	13	-7.69
途胜	32966	63027	-47.70
新途胜 1.6	32775	61472	-46.68
新途胜 2.0	191	1555	-87.72
新胜达	15561	4942	214.87
新胜达 2.0	15561	4940	215.00
新胜达 2.4	0	2	-100.00
昂希诺	4196	6593	-36.36
昂希诺（BEV）	683	0	0.00
昂希诺 1.6	3513	6593	-46.72
索纳塔	2416	6693	-63.90
索纳塔 1.6T	1247	3126	-60.11
索纳塔 2.0L（PHEV）	1065	830	28.31
索纳塔 2.0L	104	2737	-96.20
伊兰特	777	379	105.01
新伊兰特（BEV）	777	379	105.01
朗动	0	8014	-100.00
朗动三厢 1.6L	0	8014	-100.00
广汽丰田	682008	580008	17.59
雷凌	221629	192697	15.01
雷凌 1.2T	168984	148632	13.69
雷凌 1.8L（HEV）	44787	42730	4.81
雷凌 1.8L（PHEV）	7723	0	0.00
雷凌 1.8L	135	1335	-89.89
新凯美瑞	185245	163046	13.62
新凯美瑞 2.0L	82442	66612	23.76
新凯美瑞 2.5	75323	72315	4.16
新凯美瑞 2.5（HEV）	27480	24119	13.94
汉兰达	98506	104856	-6.06
汉兰达 2.0T	98506	104856	-6.06
致炫	69922	54335	28.69
致炫 1.5	69677	53655	29.86
致炫 1.3	245	680	-63.97
C-HR	59461	22720	161.71
C-HR 2.0L	59461	22720	161.71
致享	45202	41355	9.30
致享 1.5L	44728	40441	10.60
致享 1.3L	474	914	-48.14
iA5（BEV）	2043	0	0.00
iA5（BEV）	2043	0	0.00

（续表 18）

车型	2019 年	2018 年	同比增长
ix4	0	999	-100.00
ix4（BEV）	0	999	-100.00
奇瑞	610697	549479	11.14
捷途 X70	127524	40009	218.74
捷途 X70 二驱 1.5T	127524	40009	218.74
T1A	73892	0	0.00
T1A 1.6	57378	0	0.00
T1A 1.5	16514	0	0.00
艾瑞泽 GX	71614	10278	596.77
艾瑞泽 GX 1.5L	71614	10278	596.77
新款瑞虎 5（T17）	60981	54352	12.20
新款瑞虎 5 二驱 1.5L	58355	52823	10.47
新款瑞虎 5 二驱 2.0L	2626	1529	71.75
艾瑞泽 5	51479	104452	-50.72
艾瑞泽 5 1.5	41281	88256	-53.23
艾瑞泽 5 1.5T	7952	12785	-37.80
艾瑞泽 5（BEV）	2246	3411	-34.15
瑞虎 8	42602	50553	-15.73
瑞虎 8 二驱 1.5L	33972	50553	-32.80
瑞虎 8 二驱 1.6L	8630	0	0.00
瑞虎	35595	84736	-57.99
瑞虎二驱 1.6L	34535	81163	-57.45
瑞虎（BEV）	257	50	414.00
瑞虎二驱 2.0L	803	3523	-77.21
QQ	24291	37632	-35.45
新 QQ（BEV）	21133	29020	-27.18
新 QQ 1.0	3158	8012	-60.58
新 QQ 1.5	0	600	-100.00
小蚂蚁（BEV）	18268	17947	1.79
小蚂蚁（BEV）	18268	17947	1.79
星途（M32T）	15994	0	0.00
星途 1.6T	14508	0	0.00
星途 1.6L	1486	0	0.00
瑞虎 7(T15)	14759	27744	-46.80
瑞虎 7 二驱 1.5L	12532	26751	-53.15
瑞虎 7 二驱 2.0L	2227	993	124.27
E3	12271	10925	12.32
E3 1.5L	12271	9156	34.02
E3 1.6L	0	1769	-100.00
捷途 X90	11501	0	0.00
捷途 X90 二驱 1.5T	11501	0	0.00

（续表 19）

车型	2019 年	2018 年	同比增长
凯翼 X3(CX51)	9848	8333	18.18
凯翼 X3 二驱 1.6L	9848	0	0.00
凯翼 X5	8490	8427	0.75
凯翼 X5 二驱 1.5L	8245	7213	14.31
凯翼 X5 二驱 2.0L	245	1214	-79.82
瑞虎 3X	6514	10329	-36.93
瑞虎 3X（BEV）	3403	10329	-67.05
瑞虎 3X 二驱 1.5L	3111	0	0.00
开瑞 K60	5694	27113	-79.00
开瑞 KM23 二驱 1.5L	5626	23331	-75.89
K60（BEV）	68	3782	-98.20
艾瑞泽 EX	5310	0	0.00
艾瑞泽 EX 1.5L	3659	0	0.00
艾瑞泽 EX（BEV）	1651	0	0.00
开瑞 K50	4543	20991	-78.36
开瑞 K50 1.5L	4543	20373	-77.70
开瑞 K50（BEV）	0	618	-100.00
瑞虎 5	3355	16349	-79.48
瑞虎 5 二驱 2.0L	2354	15725	-85.03
瑞虎 5 二驱 1.5T	1001	624	60.42
Q22L 开瑞优优加长	1779	3115	-42.89
Q22L 1.3L	1263	80	1478.75
Q22L 1.2L	516	3035	-83.00
Q22 开瑞优优	1707	5376	-68.25
Q22 1.2L	1635	5376	-69.59
Q22 1.0L	67	0	0.00
Q22 1.1L	5	0	0.00
微电动（BEV）	1189	1355	-12.25
微电动（BEV）	1189	1355	-12.25
风云	1205	7414	-83.75
风云 两厢 1.5L	1205	7414	-83.75
T19	242	0	0.00
T19 2.0	240	0	0.00
T19 1.5	2	0	0.00
QQ3	49	0	0.00
QQ3	49	0	0.00
艾瑞泽 7	0	355	-100.00
艾瑞泽 7 1.6	0	143	-100.00
艾瑞泽 7 1.5	0	212	-100.00
凯翼 V3（MC22）	1	1150	-99.91
凯翼 V3 二驱 1.5L	1	1150	-99.91

（续表 20）

车型	2019 年	2018 年	同比增长
E5	0	240	-100. 00
E5 1. 5L	0	240	-100. 00
凯翼 C3	0	151	-100. 00
凯翼三厢 1. 5L	0	151	-100. 00
开瑞优雅二代	0	153	-100. 00
优雅二代 1. 5L	0	153	-100. 00
北京奔驰	567306	485006	16. 97
奔驰 -E	157504	146032	7. 86
奔驰 E2. 0	157033	145028	8. 28
奔驰 E3. 0	471	1004	-53. 09
奔驰 -GLC	142857	118350	20. 71
奔驰 -GLC 2. 0L	142857	118350	20. 71
奔驰 -C	154614	156566	-1. 25
奔驰 C1. 5	124047	29888	315. 04
奔驰 C1. 6	22156	30558	-27. 50
奔驰 C2. 0	8411	96120	-91. 25
奔驰 -A	68815	3055	2152. 54
奔驰 A1. 3	68452	3055	2140. 65
奔驰 A2. 0	363	0	0. 00
奔驰 -GLA	39273	61003	-35. 62
奔驰 -GLA 1. 6L	37508	54349	-30. 99
奔驰 -GLA 2. 0L	1765	6654	-73. 47
奔驰 -GLB	3985	0	0. 00
奔驰 -GLB 1. 3L	3985	0	0. 00
奔驰 -EQC(BEV)	258	0	0. 00
奔驰 -EQC(BEV)	258	0	0. 00
华晨宝马	545524	466134	17. 03
宝马 5 系	163436	145972	11. 96
530 2. 0	80106	76807	4. 30
525 2. 0	55181	48017	14. 92
530 3. 0（PHEV）	27587	13248	108. 24
540 3. 0L	554	1115	-50. 31
528 2. 0	8	6759	-99. 88
520 2. 0	0	11	-100. 00
535 3. 0L	0	16	-100. 00
X3	121383	38393	216. 16
X3 四驱 2. 0	121383	38393	216. 16
宝马 3 系	109133	134594	-18. 92
325 2. 0	49789	0	0. 00
320i 2. 0	59303	129621	-54. 25
330i 2. 0	35	2508	-98. 60

（续表 21）

车型	2019 年	2018 年	同比增长
318i 1.5	6	2464	-99.76
X1	97349	97389	-0.04
X1 二驱 1.5T	47379	49403	-4.10
X1 二驱 2.0	29442	23020	27.90
X1 四驱 2.0	15943	16872	-5.51
X1 四驱 1.5（PHEV）	4585	8094	-43.35
宝马 1 系	44947	41211	9.07
118 1.5	27906	38960	-28.37
120 1.5	8543	0	0.00
120 2.0	6733	2086	222.77
125 2.0	1765	165	
X2	5592	0	0.00
X2 二驱 1.5	4510	0	0.00
X2 二驱 2.0	726	0	0.00
X2 四驱 2.0	356	0	0.00
宝马 2 系	3643	8494	-57.11
218 1.5	3608	8078	-55.34
220 2.0L	35	416	-91.59
之诺 60H	41	81	-49.38
之诺 60H（PHEV）	41	81	-49.38
上海股份	673255	701885	-4.08
荣威 i5	158945	58182	173.19
荣威 i5 1.5L	125095	28158	344.26
荣威 Ei5（BEV）	30550	26008	17.46
荣威 i5 1.5T	3300	4016	-17.83
MG ZS	110483	94854	16.48
MG ZS 二驱 1.5L	81535	86903	-6.18
MG ZS 二驱（BEV）	17185	0	0.00
MG ZS 二驱 1.0T	9159	7951	15.19
MG ZS 二驱 1.3T	2604	0	0.00
荣威 RX5	119457	220064	-45.72
荣威 RX5 二驱 1.5T	109581	187786	-41.65
荣威 RX5 二驱 1.5（PHEV）	8897	22711	-60.83
荣威 RX5 二驱（BEV）	519	4497	-88.46
荣威 RX5 四驱 2.0T	75	771	-90.27
荣威 RX5 二驱 2.0T	385	4299	-91.04
荣威 Rx5 Max	39632	0	0.00
荣威 Rx5 Max 二驱 1.5T	34142	0	0.00
荣威 Rx5 Max 二驱 2.0T	4223	0	0.00
荣威 Rx5 Max 四驱 1.5T（PHEV）	752	0	0.00
荣威 Rx5 Max 四驱 2.0T	515	0	0.00

（续表 22）

车型	2019 年	2018 年	同比增长
荣威 RX3	39418	53938	-26.92
荣威 RX3 二驱 1.6L	39200	49647	-21.04
荣威 RX3 二驱 1.3T	218	4291	-94.92
MG3	15565	10254	51.79
MG3 1.5L	15528	10040	54.66
MG3 1.3L	37	214	-82.71
MG i5	11227	0	0.00
MG i5 1.5L	11227	0	0.00
MG HS	40637	12810	217.23
MG HS 二驱 1.5T	28083	9388	199.14
MG HS 二驱 2.0T	10287	2396	329.34
MG HS 二驱 1.5T（PHEV）	696	0	0.00
MG HS 四驱 2.0T	1571	1026	53.12
MG RX5	7025	4719	48.87
MG RX5 二驱 1.5T	4632	3268	41.74
MG RX5 四驱 2.0T	2365	1152	105.30
MG RX5 二驱 2.0T	28	299	-90.64
荣威 MARVEL X（BEV）	2184	3419	-36.12
荣威 MARVEL X 二驱（BEV）	1917	2894	-33.76
荣威 MARVEL X 四驱（BEV）	267	525	-49.14
荣威 950	1244	3248	-61.70
荣威 950 1.4T（PHEV）	1241	2807	-55.79
荣威 950 1.8T	2	303	-99.34
荣威 950 2.0T	1	139	-99.28
MG GS 锐腾	2145	11321	-81.05
MG GS 二驱 1.5T	1983	10737	-81.53
MG GS 四驱 2.0T	138	378	-63.49
MG GS 二驱 2.0T	24	131	-81.68
MG GS 四驱 1.5T	0	75	-100.00
MG6	61073	94901	-35.65
MG6 三厢 1.5T	58660	0	0.00
MG6 三厢 1.5T（PHEV）	1034	0	0.00
MG6 三厢 1.0L（PHEV）	1379	4222	-67.34
荣威 i6	44830	73902	-39.34
荣威 i6 1.6L	27410	5	548100.00
荣威 i6 1.5T（PHEV）	5229	0	0.00
荣威 i6 1.5T	4467	39437	-88.67
荣威 i6 1.0T（PHEV）	7701	33347	-76.91
荣威 i6 1.0T	23	1113	-97.93
荣威 RX8	8130	13256	-38.67
荣威 RX8 二驱 2.0T	5483	7080	-22.56

（续表 23）

车型	2019 年	2018 年	同比增长
荣威 RX8 四驱 2.0T	2647	6176	-57.14
荣威 X8	2729	0	0.00
荣威 X8 四驱 2.0L	2329	0	0.00
荣威 X8 二驱 2.0L	400	0	0.00
荣威 360	1168	33061	-96.47
荣威 360 1.5L	1166	33059	-96.47
荣威 360 1.4T	2	2	0.00
MG360	1114	5830	-80.89
MG360 1.5L	1114	5830	-80.89
荣威 350	0	1144	-100.00
荣威 350 1.5L	0	1144	-100.00
eMG 1.0L（PHEV）	0	4	-100.00
eMG 1.0L（PHEV）	0	4	-100.00
MG X5	0	36	-100.00
MG X5 二驱 2.0L	0	6	-100.00
MG X5 四驱 2.0L	0	30	-100.00
MG GT	6251	6940	-9.93
MG GT1.5T	5358	2608	105.44
MG GT1.4T	5	81	-93.83
MG GT1.5L	888	4251	-79.11
比亚迪	453335	502002	-9.69
宋	85470	40693	110.04
宋 pro 1.5T	79466	0	0.00
宋 2.0T	4350	33371	-86.96
宋 1.5T	1654	7322	-77.41
宋 MAX	63018	141068	-55.33
宋 MAX 1.5T	63018	141068	-55.33
元（BEV）	61900	35699	73.39
元（BEV）	61900	35699	73.39
唐	35796	24932	43.57
唐四驱 2.0T	35796	24932	43.57
唐（PHEV）	34014	37146	-8.43
唐四驱 2.0T（PHEV）	34014	37146	-8.43
E5（BEV）	29311	46213	-36.57
E5（BEV）	29311	46213	-36.57
秦燃油	26100	7919	229.59
秦 Pro 1.5T	18641	7919	135.40
全新秦 1.5L	7459	0	0.00
F3	21390	47573	-55.04
F3 三厢 1.5L	19847	41124	-51.74
F3 三厢 1.6L	1543	6449	-76.07

（续表 24）

车型	2019 年	2018 年	同比增长
秦（BEV）	19159	10527	82.00
秦 -e（BEV）	15868	10527	50.74
全新秦（BEV）	3291	0	0.00
秦（PHEV）	16930	47425	-64.30
秦（PHEV）	16930	47425	-64.30
宋 DM(PHEV)	16067	39318	-59.14
宋 Pro DM 1.5T(PHEV)	9371	0	0.00
宋 DM 1.5T(PHEV)	6696	39318	-82.97
e1（BEV）	7470	0	0.00
e1（BEV）	7470	0	0.00
e2（BEV）	7319	0	0.00
e2（BEV）	7319	0	0.00
宋（BEV）	7462	4316	72.89
宋 -e（BEV）	4248	4316	-1.58
宋 pro（BEV）	3214	0	0.00
唐（BEV）	6931	0	0.00
唐（BEV）	6931	0	0.00
S2（BEV）	5984	0	0.00
S2（BEV）	5984	0	0.00
宋 MAX（PHEV）	5157	0	0.00
宋 MAX DM 1.5T（PHEV）	5157	0	0.00
e3（BEV）	1649	0	0.00
e3（BEV）	1649	0	0.00
F0	0	793	-100.00
F0 1.0L	0	793	-100.00
腾势（BEV）	2089	1974	5.83
腾势（BEV）	2089	1974	5.83
G6	119	0	0.00
G6 2.0L	119	0	0.00
E6（BEV）	0	6508	-100.00
E6（BEV）	0	6508	-100.00
速锐	0	2876	-100.00
速锐 1.5L	0	2876	-100.00
S7	0	860	-100.00
S7 二驱 1.5T	0	279	-100.00
S7 二驱 2.0T	0	581	-100.00
元	0	6162	-100.00
元 1.5T	0	6162	-100.00
广汽乘用车	384578	535168	-28.14
传祺 GS4	105169	246636	-57.36
传祺 GS4 二驱 1.5T	96715	196299	-50.73

（续表 25）

车型	2019 年	2018 年	同比增长
传祺 GS4 1.3T	6293	38884	-83.82
传祺 GS4 1.5L（PHEV）	1796	10922	-83.56
传祺 GS4 四驱 1.5T	365	516	-29.26
传祺 GS4（BEV）	0	15	-100.00
传祺 GS3	72607	89310	-18.70
传祺 GS3 1.5L	43001	70231	-38.77
传祺 GS3 1.5T	24985	0	0.00
传祺 GS3 1.3T	4621	19079	-75.78
传祺 GS5 系列	47054	14598	222.33
传祺 GS5 二驱 1.5T	47045	14597	222.29
传祺 GS5 二驱 1.8T	9	0	0.00
传祺 GS5 四驱 1.8T	0	1	-100.00
传祺 GM6	35663	1976	1704.81
传祺 GM6 1.5T	35663	1976	1704.81
Aion S（BEV）	31929	0	0.00
Aion S（BEV）	31929	0	0.00
传祺 GS8	28096	61773	-54.52
传祺 GS8 二驱 2.0T	22504	47549	-52.67
传祺 GS8 四驱 2.0T	5592	14224	-60.69
传祺 GM8	23097	30769	-24.93
传祺 GM8 2.0T	23097	30769	-24.93
传祺 GA6	14950	12975	15.22
传祺 GA6 1.5T	14943	12854	16.25
传祺 GA6 1.8T	7	121	-94.21
传祺 GA4	9308	36266	-74.33
传祺 GA4 1.3T	5653	1830	208.91
传祺 GA4 1.5L	3655	11828	-69.10
传祺 GA4 1.3L	0	22608	-100.00
传祺 GE3	7030	8852	-20.58
传祺 GE3（BEV）	7030	8852	-20.58
传祺 GS7	6184	25350	-75.61
传祺 GS7 二驱 2.0T	4047	15482	-73.86
传祺 GS7 二驱 1.8T	2008	9269	-78.34
传祺 GS7 四驱 2.0T	129	599	-78.46
Aion LX（BEV）	1313	0	0.00
Aion LX（BEV）	1313	0	0.00
传祺 GA8	1771	4115	-56.96
传祺 GA8 1.8T	1128	2580	-56.28
传祺 GA8 2.0T	643	1535	-58.11
传祺 GA3 系列	407	2548	-84.03
传祺 GA3 1.6	250	2268	-88.98

（续表 26）

车型	2019 年	2018 年	同比增长
传祺 GA3S 1.5（PHEV）	156	256	-39.06
传祺 GA3 1.3T	1	24	-95.83
东风悦达	297046	371262	-19.99
智跑	85708	89493	-4.23
智跑四驱 2.0L	85709	82286	4.16
智跑二驱 2.0L	-1	7207	-100.01
焕驰	78902	43837	79.99
焕驰 1.4L	78902	43837	79.99
奕跑	35618	20626	72.68
奕跑二驱 1.4L	35618	20626	72.68
东风悦达新 K3	31996	0	0.00
东风悦达新 K3 1.5L	17578	0	0.00
东风悦达新 K3 1.4L	14111	0	0.00
东风悦达新 K3 1.5L（PHEV）	307	0	0.00
KX CROSS	19714	63682	-69.04
KX CROSS 1.4L	19714	63682	-69.04
新 E 代福瑞迪	10162	4611	120.39
新 E 代福瑞迪 1.6L	10162	4611	120.39
KX5	6192	5951	4.05
KX5 二驱 1.6	5530	2370	133.33
KX5 二驱 2.0	662	3581	-81.51
全新一代傲跑	7414	0	0.00
悦达全新一代傲跑 1.6L	7414	0	0.00
K3	6831	77920	-91.23
K3 1.6L	6831	77920	-91.23
凯绅	4769	19337	-75.34
凯绅 1.8L	4647	18308	-74.62
凯绅 1.6T	122	1029	-88.14
赛拉图	3752	6495	-42.23
赛拉图 1.6L	3752	6495	-42.23
K5	3989	14537	-72.56
新 K5 2.0L（PHEV）	1868	3712	-49.68
新 K5 1.6	922	1988	-53.62
新 K5 2.0	637	6681	-90.47
K5 2.0L	562	2156	-73.93
K2	990	19604	-94.95
新 K2 三厢 1.4L	988	18279	-94.59
新 K2 三厢 1.6L	2	1325	-99.85
华骐（BEV）	676	979	-30.95
华骐（BEV）	676	979	-30.95
KX3	304	2162	-85.94

（续表 27）

车型	2019 年	2018 年	同比增长
KX3（BEV）	194	0	0.00
KX3 二驱 1.6	67	2115	-96.83
KX3 二驱 2.0	43	47	-8.51
KX7	29	2027	-98.57
KX7 二驱 2.0L	23	991	-97.68
KX7 四驱 2.0T	6	186	-96.77
KX7 二驱 2.0T	0	666	-100.00
KX7 二驱 2.4L	0	148	-100.00
KX7 四驱 2.0L	0	33	-100.00
KX7 四驱 2.4L	0	3	-100.00
一汽轿车	217527	205377	5.92
奔腾 X40	42025	57039	-26.32
奔腾 X40 1.6L	41769	56982	-26.70
奔腾 X40（BEV）	256	57	349.12
马自达 CX-4	51335	65182	-21.24
马自达 CX-4 2.0L	48990	62592	-21.73
马自达 CX-4 2.5L	2345	2590	-9.46
奔腾 T77	45424	8295	447.61
奔腾 T77 1.2T	45424	8295	447.61
阿特兹	45692	49877	-8.39
阿特兹 2.5L	34516	28315	21.90
阿特兹 2.0L	11176	21562	-48.17
奔腾 B30	18820	12172	54.62
奔腾 B30（BEV）	11970	611	1859.08
奔腾 B30 1.6L	6850	11561	-40.75
奔腾 T33	6163	0	0.00
奔腾 T33 1.6L	6163	0	0.00
奔腾 T99	4458	0	0.00
奔腾 T99 2.0L	4458	0	0.00
新特 GA10(BEV)	1826	2825	-35.36
新特 GA10(BEV)	1826	2825	-35.36
奔腾 X80	1333	4446	-70.02
奔腾 X80 2.0L	1203	2472	-51.33
奔腾 X80 1.8T	130	1974	-93.41
奔腾 B50	451	4692	-90.39
新奔腾 B50 1.4L	307	2375	-87.07
新奔腾 B50 1.6L	144	2317	-93.79
奔腾 B70	0	849	-100.00
奔腾 B70 1.8L	0	67	-100.00
奔腾 B70 2.0L	0	782	-100.00
东风小康	222523	261547	-14.92

（续表 28）

车型	2019 年	2018 年	同比增长
风光 580	79384	110975	-28.47
风光 580 二驱 1.5	49690	82468	-39.75
风光 580 二驱 1.8L	18689	28507	-34.44
东风小康 580 1.5L	10754	0	0.00
东风小康 580 1.5L（PHEV）	251	0	0.00
风光 S560	59417	60101	-1.14
风光 S560 1.8L	54718	60069	-8.91
风光 S560 1.5T	4699	32	14584.38
风光 330	24000	30646	-21.69
风光 330 1.5L	24000	30646	-21.69
东风小康 K 系	23663	23970	-1.28
东风小康 K1.3L	19870	16837	18.01
东风小康 K1.0L	3793	7133	-46.82
东风小康 C 系	16540	13449	22.98
东风小康 C1.3L	16540	13449	22.98
风光 ix5	16256	8689	87.09
风光 ix5 二驱 1.5T	13335	4576	191.41
风光 ix5 二驱 1.5L	2795	4113	-32.04
风光 ix5 二驱 2.0L	126	0	0.00
风光 F517	1258	28	6888.89
风光 F517 二驱 2.0L	1258	27	7300.00
EC36（BEV）	419	7200	-94.18
EC36（BEV）	419	7200	-94.18
风光 370	1374	4399	-68.77
风光 370 1.5 汽油	1374	4399	-68.77
EC35（BEV）	4	0	0.00
EC35（BEV）	4	0	0.00
风光 370N	208	2090	-90.05
风光 370N 1.5L	208	2090	-90.05
长安福特	183987	377763	-51.30
福睿斯	63389	150360	-57.84
福睿斯 1.5L	63389	150360	-57.84
新一代福克斯	41644	19011	119.05
新一代福克斯 1.5L	40535	18326	121.19
新一代福克斯 1.0L	1109	685	61.90
锐界	32862	59892	-45.13
锐界 2.0T	32609	59178	-44.90
锐界 2.7L	253	714	-64.57
蒙迪欧	17938	45405	-60.49
新致胜 1.5T	13350	15764	-15.31
新致胜 2.0L	3503	29641	-88.18

（续表 29）

车型	2019 年	2018 年	同比增长
新致胜 1.5L（PHEV）	1085	0	0.00
翼虎	8875	31149	-71.51
翼虎 1.6L	8218	0	0.00
翼虎 2.0T	657	3308	-80.14
福克斯	9088	47563	-80.89
新福克斯 1.6L	9088	47563	-80.89
金牛座	6706	8293	-19.14
金牛座 2.7L	6706	8293	-19.14
翼博	2671	16090	-83.40
翼博 1.5L	2280	15140	-84.94
翼博 1.0T	380	856	-55.61
翼博 2.0L	11	94	-88.30
锐际	565	0	0.00
锐际 2.0T	565	0	0.00
林肯	249	0	0.00
林肯 1.6L	249	0	0.00
华晨	176385	233031	-24.31
金杯 X30L	43606	40595	7.42
金杯 X30L 1.4L	43606	40595	7.42
斯威 G01	32064	23095	38.84
斯威 G01 1.5T	32064	23095	38.84
金杯 X30	27367	19128	43.07
金杯 X30 1.4L	27367	19128	43.07
中华 V3	17903	12185	46.93
中华 V3 二驱 1.5L	14118	11695	20.72
中华 V3 二驱 1.6L	3511	0	0.00
中华 V3 二驱 1.5T	274	490	-44.08
金杯新快运	15258	0	0.00
金杯新快运 2.0L	15258	0	0.00
斯威 X7	14104	29797	-52.67
斯威 X7 二驱 1.5T	10132	20890	-51.50
斯威 X7 二驱 1.8L	3972	8907	-55.41
中华 V7	5648	12670	-55.42
中华 V7 1.6T	3694	12670	-70.84
中华 V7 1.8T	1954	0	0.00
斯威 X3	5081	6003	-15.36
斯威 X3 二驱 1.5L	5081	4688	8.38
斯威 X3 二驱 1.5T	0	25	-100.00
斯威 X3 二驱 1.6	0	1290	-100.00
斯威 G05	2986	0	0.00
斯威 G05 1.5T	2986	0	0.00

（续表 30）

车型	2019 年	2018 年	同比增长
观境	2720	0	0. 00
观境二驱 1. 5T	2720	0	0. 00
阁瑞斯	2803	19503	-85. 63
阁瑞斯 2. 0	2118	18559	-88. 59
阁瑞斯 2. 4	468	574	-18. 47
阁瑞斯 2. 7	217	370	-41. 35
金杯 750	1938	10379	-81. 33
金杯 750 1. 5L	1938	8335	-76. 75
金杯 750 1. 6L	0	2044	-100. 00
H530	1022	2201	-53. 57
H530 1. 6L CNG	879	1270	-30. 79
H530 1. 6L	143	929	-84. 61
H530 1. 5T	0	2	-100. 00
华颂 7	1184	1069	10. 76
华颂 7 2. 0T	1184	1069	10. 76
中华 V6	275	14611	-98. 12
中华 V6 二驱 1. 5T	275	14611	-98. 12
CROSS	144	3072	-95. 31
CROSS 1. 6L	144	1056	-86. 36
CROSS 1. 5L	0	2016	-100. 00
S30	0	534	-100. 00
S30 二驱 1. 5	0	534	-100. 00
H330	124	13794	-99. 10
H330 1. 5L	83	12546	-99. 34
H330 1. 6L	41	1248	-96. 71
S70	27	673	-95. 99
S70 1. 5	27	673	-95. 99
F50	1990	1933	2. 95
F50 1. 6L	1990	1933	2. 95
S35	122	317	-61. 51
S35 二驱 1. 5	122	317	-61. 51
H3	19	3097	-99. 39
H3 1. 5T	14	3045	-99. 54
H3 1. 5L	5	52	-90. 38
骏捷	0	5637	-100. 00
骏捷 FRV 1. 5L	0	4896	-100. 00
骏捷 FRV 1. 6L	0	720	-100. 00
骏捷 FSV 1. 5L	0	2	-100. 00
骏捷 FSV 1. 6L CNG	0	19	-100. 00
H230	0	8078	-100. 00
H230 1. 5L	0	8078	-100. 00

（续表 31）

车型	2019 年	2018 年	同比增长
H220	0	3600	-100.00
H220 1.6L	0	3600	-100.00
V5	0	1060	-100.00
V5 二驱 1.5	0	944	-100.00
V5 二驱 1.6	0	116	-100.00
江淮	162374	197520	-17.79
瑞风 M3	24490	30746	-20.35
瑞风 M3	24490	30746	-20.35
瑞风 S4	22374	1573	1322.38
瑞风 S4 1.5T	22374	1573	1322.38
IEV6E（BEV）	18383	43155	-57.40
IEV6E（BEV）	18383	43155	-57.40
瑞风 S3	12982	34470	-62.34
瑞风 S3 1.5L	12982	34470	-62.34
蔚来 ES6（BEV）	11970	0	0.00
蔚来 ES6（BEV）	11970	0	0.00
瑞风 M4	11677	14146	-17.45
瑞风 M4	11677	14146	-17.45
嘉悦 A5	8153	0	0.00
嘉悦 A5 1.5T	8153	0	0.00
瑞风 S2	9833	13527	-27.31
瑞风 S2 1.5L	9833	13527	-27.31
蔚来 ES8（BEV）	8169	12807	-36.21
蔚来 ES8（BEV）	8169	12807	-36.21
瑞风 S5	7093	17635	-59.78
瑞风 S5 1.5T	7093	17635	-59.78
IEV7S（BEV）	4192	5540	-24.33
IEV7S（BEV）	4192	5540	-24.33
思皓 E20X（BEV）	3875	0	0.00
思皓 E20X（BEV）	3875	0	0.00
IEVS4（BEV）	4381	0	0.00
IEVS4（BEV）	4381	0	0.00
IEV7L（BEV）	4198	0	0.00
IEV7L（BEV）	4198	0	0.00
和悦 A30	3477	2986	16.44
和悦 A30 1.5L	3477	2986	16.44
IEVA50（BEV）	2824	2049	37.82
IEVA50（BEV）	2824	2049	37.82
瑞风 S7	1686	6787	-75.16
瑞风 S7 1.5T	1686	6787	-75.16
瑞风 M5	898	2250	-60.09

（续表 32）

车型	2019 年	2018 年	同比增长
瑞风 M5	898	2250	-60.09
瑞风 A60	896	179	400.56
瑞风 A60 2.0	896	179	400.56
风 S2mini	288	909	-68.32
瑞风 S2mini 1.3L	288	909	-68.32
瑞风 R3	392	8550	-95.42
瑞风 R3	392	8550	-95.42
瑞风 M6	109	91	19.78
瑞风 M6	109	91	19.78
IEVA60（BEV）	34	0	0.00
IEVA60（BEV）	34	0	0.00
IEV7（BEV）	0	119	-100.00
IEV7（BEV）	0	119	-100.00
大庆沃尔沃	161907	169555	-4.51
XC60	95716	98030	-2.36
XC60 四驱 2.0L	71430	82387	-13.30
XC60 二驱 2.0L（PHEV）	12436	4522	175.01
XC60 二驱 2.0L	6555	6694	-2.08
XC60 四驱 2.0L（柴油）	5295	4427	19.61
S90	48512	52312	-7.26
S90 2.0T	45064	50937	-11.53
S90 2.0T(PHEV)	3448	1375	150.76
S60L	14263	19213	-25.76
S60L 2.0L	14016	8418	66.50
S60L 1.5L	247	10691	-97.69
S60L（PHEV）	0	104	-100.00
S60	3416	0	0.00
S60 2.0L	3365	0	0.00
S60（PHEV）	51	0	0.00
众泰汽车	152983	255393	-40.10
T300	53217	43665	21.88
T300 二驱 1.5T	53213	43235	23.08
T300（BEV）	4	430	-99.07
君马 Seek5	28330	8706	225.41
君马 Seek5 1.5T	28330	8706	225.41
T600	19726	30418	-35.15
T600 二驱 1.5L	19219	29436	-34.71
T600 二驱 2.0L	353	190	85.79
T600 二驱 1.8L	154	792	-80.56
T700	18991	37828	-49.80
T700 二驱 1.8T	12984	33217	-60.91

（续表 33）

车型	2019 年	2018 年	同比增长
T700 二驱 2.0T	6007	4611	30.28
T500	16187	36268	-55.37
T500 二驱 1.5T	16187	36268	-55.37
君马 S70	8045	12815	-37.22
君马 S70 1.5T	8045	12815	-37.22
众泰 Z700	2507	2580	-2.83
众泰 Z700 1.8T	2507	2580	-2.83
Z300	1913	7327	-73.89
Z300 1.5L	1433	1115	28.52
Z300 1.6L	480	6212	-92.27
众泰 Z500	1672	1861	-10.16
众泰 Z500 1.5T	1386	1728	-19.79
众泰 Z500（BEV）	286	133	115.04
E200（BEV）	1609	18865	-91.47
E200（BEV）	1609	18865	-91.47
SR7	382	9050	-95.78
SR7 二驱 1.5T	382	9050	-95.78
众泰 V10	245	389	-37.02
众泰 V10（BEV）	245	389	-37.02
众泰 Z100	117	610	-80.82
众泰 Z100 1.0L	117	610	-80.82
众泰云 100（BEV）	42	6501	-99.35
众泰云 100（BEV）	42	6501	-99.35
江南	0	299	-100.00
江南 0.8L	0	299	-100.00
众泰云 TT（BEV）	0	802	-100.00
众泰云 TT（BEV）	0	802	-100.00
芝麻 E30（BEV）	0	4842	-100.00
芝麻 E30（BEV）	0	4842	-100.00
大迈 X5	0	8606	-100.00
大迈 X5 二驱 1.5T	0	3653	-100.00
大迈 X5 二驱 1.6L	0	4953	-100.00
SR9	0	11918	-100.00
SR9 二驱 2.0T	0	11918	-100.00
大迈 X7	0	12043	-100.00
大迈 X7 二驱 1.8T	0	2976	-100.00
大迈 X7 二驱 2.0T	0	9067	-100.00
北汽股份	150716	126604	19.05
D50	97967	48695	101.18
全新 D50（BEV）	80164	22996	248.60
全新 D50 1.5L	17088	20090	-14.94

（续表 34）

车型	2019 年	2018 年	同比增长
D50（BEV）	715	5508	-87.02
D50 1.5L	0	101	-100.00
绅宝智达	25041	25883	-3.25
智达 1.5	25041	25883	-3.25
绅宝 X25	15686	18353	-14.53
X25（BEV）	13117	13306	-1.42
X25 1.5	2569	5047	-49.10
绅宝智行	10907	11531	-5.41
绅宝智行 1.5T	7567	11018	-31.32
绅宝智行（BEV）	3340	513	
D20	801	683	17.28
D20 1.3L	543	114	376.32
D20 1.5L	258	569	-54.66
B40	302	52	480.77
B40 2.4	302	52	480.77
D80	9	0	0.00
D80（BEV）	9	0	0.00
威旺 M50	3	5672	-99.95
威旺 M50 1.5	3	5659	-99.95
威旺 M50 1.3	0	13	-100.00
D70	0	6329	-100.00
D70 1.8T	0	6323	-100.00
D70 2.0T	0	3	-100.00
D70 2.3T	0	3	-100.00
威旺 M20	0	6453	-100.00
威旺 M20 1.2	0	6453	-100.00
绅宝 X55	0	42	-100.00
X55 1.5	0	42	-100.00
威旺 306	0	2911	-100.00
威旺 306（BEV）	0	204	-100.00
威旺 306 1.3	0	2707	-100.00
长安马自达	133608	166299	-19.66
昂科塞拉	98553	121051	-18.59
昂科塞拉 三厢 1.5L	74919	98763	-24.14
昂科塞拉 三厢 2.0L	15934	9296	71.41
昂科塞拉 二厢 1.5L	4904	7083	-30.76
昂科塞拉 二厢 2.0L	2796	5909	-52.68
CX-5	33579	44256	-24.13
CX-5 二驱 2.0L	27309	36442	-25.06
CX-5 二驱 2.5L	6270	7814	-19.76
CX-8	1476	992	48.79

（续表 35）

车型	2019 年	2018 年	同比增长
CX-8 二驱 2.5L	1476	992	48.79
广汽三菱	133016	144018	-7.64
欧蓝德	84960	105621	-19.56
欧蓝德二驱 2.0L	52875	63900	-17.25
欧蓝德四驱 2.4L	29720	41155	-27.79
欧蓝德二驱 2.4L	2365	566	317.84
奕歌	26512	5738	362.04
奕歌二驱 1.5L	25763	5137	401.52
奕歌四驱 1.5L	749	601	24.63
劲炫	19871	29789	-33.29
劲炫二驱 2.0L	13777	18386	-25.07
劲炫二驱 1.6L	6094	11402	-46.55
劲炫四驱 2.0L	0	1	-100.00
祺智	1673	2870	-41.71
祺智（BEV）	848	389	117.99
祺智二驱 1.5L	825	2481	-66.75
东风神龙	113579	253359	-55.17
标致 4008	18089	31859	-43.22
标致 4008 1.6T	16807	30009	-43.99
标致 4008 1.8T	1281	1850	-30.76
标致 4008 1.2T	1	0	0.00
爱丽舍	20577	39365	-47.73
爱丽舍 1.6L	20577	39365	-47.73
天逸	16090	23340	-31.06
天逸 C5 AIRCROSS 1.6T	13382	17210	-22.24
天逸 C5 AIRCROSS 1.8T	2708	6130	-55.82
标致 408	10299	27080	-61.97
标致 408 1.6T	8876	19873	-55.34
标致 408 1.2T	1241	2877	-56.86
标致 408 1.8L	180	4330	-95.84
标致 408 2.0L	2	0	0.00
标致 308	11549	36168	-68.07
标致 308 1.6L	5791	33768	-82.85
标致 308 1.2T	5742	2035	182.16
标致 308 1.6T	16	365	-95.62
标致 5008	8820	20588	-57.16
标致 5008 1.6T	5499	10057	-45.32
标致 5008 1.8T	3321	10531	-68.46
C3-XR	5383	15978	-66.31
C3-XR 二驱 1.2T	2369	271	774.17
C3-XR 二驱 1.6L	3012	15704	-80.82

（续表 36）

车型	2019 年	2018 年	同比增长
C3-XR 二驱 1.6T	2	3	-33.33
标致 508L	5004	0	0.00
标致 508L 1.8T	4142	0	0.00
标致 508L 1.6T	862	0	0.00
标致 301	4845	16287	-70.25
标致 301 1.6L	4845	16287	-70.25
C6	2429	3925	-38.11
C6 1.8T	2232	3306	-32.49
C6 1.6T	197	619	-68.17
标致 3008	2634	3719	-29.17
标致 3008 二驱 1.6T	2633	1267	107.81
标致 3008 二驱 2.0L	1	2452	-99.96
C4L	1409	830	69.76
C4L 1.2T	1216	242	402.48
C4L 1.6T	191	226	-15.49
C4L 1.8L	2	362	-99.45
富康 ES500	1200	330	263.64
富康 ES500（BEV）	1200	330	263.64
C4 世嘉	1022	24197	-95.78
C4 世嘉 1.6L	1008	24130	-95.82
C4 世嘉 1.2T	11	62	-82.26
C4 世嘉 1.6T	3	5	-40.00
C5	725	5070	-85.70
C5 三厢 1.6T	651	4697	-86.14
C5 三厢 1.8T	74	376	-80.32
云逸 C4 AIRCROSS	2643	1162	127.45
云逸 C4 AIRCROSS 1.2T	1363	444	206.98
云逸 C4 AIRCROSS 1.6T	1280	718	78.27
标致 2008	837	3417	-75.50
标致 2008 二驱 1.2T	149	288	-48.26
标致 2008 二驱 1.6L	687	3127	-78.03
标致 2008 二驱 1.6T	1	2	-50.00
标致 308S	20	25	-20.00
标致 308S 1.6T	15	20	-25.00
标致 308S 1.2T	5	5	0.00
标致 508	4	19	-78.95
标致 508 1.6T	3	7	-57.14
标致 508 1.8T	1	11	-90.91
东风柳汽	116153	128437	-9.56
菱智	63405	62269	1.82
菱智 1.6L	57855	52914	9.34

（续表 37）

车型	2019 年	2018 年	同比增长
菱智 2.0	4782	8866	-46.06
菱智（BEV）	768	488	57.38
风行 T5	45304	0	0.00
风行 T5 二驱 1.6L	45202	0	0.00
风行 T5 二驱 2.0L	102	0	0.00
景逸 S50	7444	7008	6.22
景逸 S50（BEV）	5234	2881	81.67
景逸 S50 1.5	1150	2780	-58.63
景逸 S50 1.6	1060	1347	-21.31
景逸 X5	0	44807	-100.00
景逸 X5 二驱 1.6	0	44541	-100.00
景逸 X5 二驱 2.0	0	266	-100.00
景逸 X6	0	14352	-100.00
景逸 X6 二驱 1.6	0	13755	-100.00
景逸 X6 二驱 2.0	0	597	-100.00
东风启辰	117591	132068	-10.96
启辰 D60	73969	64872	14.02
启辰 D60 1.6L	69021	64872	6.40
启辰 D60（BEV）	4948	0	0.00
启辰 T70	14637	36765	-60.19
启辰 2.0L	11140	26889	-58.57
启辰 1.6L	3488	6747	-48.30
启辰 1.4T	9	3129	-99.71
启辰 T60	16294	2726	497.73
启辰 T60 二驱 1.6L	16192	2726	493.98
启辰 T60（BEV）	102	0	0.00
启辰 T90	10559	22936	-53.96
启辰 T90 2.0L	10162	22483	-54.80
启辰 T90 二驱 1.4T	397	453	-12.36
启辰 M50V	2132	4768	-55.29
启辰 M50V 1.6L	1434	2895	-50.47
启辰 M50V 1.5L	698	1873	-62.73
中国一汽	106667	72651	46.82
红旗 H5	49889	22960	117.29
红旗 H5 1.8L	49889	22960	117.29
红旗 HS5	29284	0	0.00
红旗 HS5 四驱 2.0T	15098	0	0.00
红旗 HS5 二驱 2.0T	14186	0	0.00
红旗 EV（BEV）	8343	0	0.00
红旗 EV 二驱（BEV）	8138	0	0.00
红旗 EV 四驱（BEV）	205	0	0.00

（续表 38）

车型	2019 年	2018 年	同比增长
红旗 H7	8627	10065	-14. 29
红旗 H7 1. 8L	5301	5128	3. 37
红旗 H7 2. 0	2806	4317	-35. 00
红旗 H7 3. 0	277	281	-1. 42
红旗 H7 2. 5	133	175	-24. 00
红旗 H7 2. 0（PHEV）	110	164	-32. 93
红旗 HS7	4007	0	0. 00
红旗 HS7 3. 0T	4007	0	0. 00
森雅 R7	2449	22718	-89. 22
森雅 R7 1. 6L	2419	22709	-89. 35
森雅 R7（BEV）	30	9	233. 33
佳宝	683	3375	-79. 76
佳宝 V80 1. 5	495	1418	-65. 09
佳宝 V80 1. 0L	90	0	0. 00
佳宝 V60 1. 0L	56	1356	-95. 87
佳宝 V80（BEV）	42	601	-93. 01
森雅 R8	62	0	0. 00
森雅 R8 1. 6L	62	0	0. 00
森雅 R9	3307	13530	-75. 56
森雅 R9 1. 6L	3307	13530	-75. 56
红旗 V501	16	3	433. 33
红旗 V501 6. 0L	16	3	433. 33
东风乘用车	77066	95311	-19. 14
风神 AX7	36470	45829	-20. 42
AX7 二驱 1. 6T	30591	14347	113. 22
AX7 二驱 2. 0	5879	31482	-81. 33
风神奕炫	18485	0	0. 00
东风风神奕炫 1. 5T	18105	0	0. 00
东风风神奕炫 1. 0T	380	0	0. 00
E70（BEV）	14972	8197	82. 65
E70（BEV）	14972	8197	82. 65
风神 A60	1882	4007	-53. 03
风神 A60 1. 6L	1882	4007	-53. 03
风神 AX3	1469	2440	-39. 80
AX3 二驱 1. 5	1469	2440	-39. 80
风神 AX5	1161	4545	-74. 46
风神 AX5 二驱 1. 4T	1161	4545	-74. 46
风神 AX4	2008	6327	-68. 26
风神 AX4 二驱 1. 6L	1770	6162	-71. 28
风神 AX4 二驱 1. 4T	238	165	44. 24
风神 A30	15	319	-95. 30

（续表 39）

车型	2019 年	2018 年	同比增长
风神 A30 1.5L	15	319	-95.30
风神 L60	375	1646	-77.22
风神 L60 1.8L	375	1585	-76.34
风神 L60 1.6L	0	61	-100.00
风神 A9	229	257	-10.89
风神 A9 1.8T	229	257	-10.89
风神 H30	0	21744	-100.00
风神 H30crossover1.6	0	21744	-100.00
广汽菲克	73907	125181	-40.96
指南者	35946	63074	-43.01
指南者二驱 1.3T	22669	0	0.00
指南者二驱 1.4T	9239	55085	-83.23
指南者四驱 1.3T	1825	0	0.00
指南者二驱 2.0L	1246	166	650.60
指南者四驱 1.4T	862	6814	-87.35
指南者四驱 2.4T	105	1009	-89.59
自由光	17321	31020	-44.16
自由光二驱 2.0T	7973	1132	604.33
自由光四驱 2.0T	5630	1916	193.84
自由光二驱 2.0L	3651	19353	-81.13
自由光四驱 2.4L	65	4109	-98.42
自由光二驱 2.4L	2	4510	-99.96
大指挥官	14730	13466	9.39
大指挥官四驱 2.0T	11347	11338	0.08
大指挥官二驱 2.0T	3126	2128	46.90
大指挥官二驱 2.0T（PHEV）	257	0	0.00
自由侠	5784	17240	-66.45
自由侠二驱 1.3T	1957	0	0.00
自由侠二驱 1.4T	3274	16593	-80.27
自由侠二驱 2.0L	414	94	340.43
自由侠四驱 2.0L	106	553	-80.83
自由侠四驱 1.3T	33	0	0.00
悦界	101	0	0.00
悦界二驱 1.5L（PHEV）	101	0	0.00
菲翔	22	354	-93.79
菲翔 1.4T	22	354	-93.79
致悦	3	27	-88.89
致悦 1.4T	3	27	-88.89
上汽大通	60543	30971	95.48
上汽 MAXUS G50	28659	316	8969.30
上汽 MAXUS G50 1.5L	26845	298	8908.39

（续表 40）

车型	2019 年	2018 年	同比增长
上汽 MAXUS G50 1.3L	1601	18	8794.44
上汽 MAXUS G50（BEV）	213	0	0.00
上汽 MAXUS G10	24240	24541	-1.23
上汽 MAXUS G10 2.0	14475	13559	6.76
上汽 MAXUS G10 1.9	9476	9035	4.88
上汽 MAXUS G10（BEV）	218	180	21.11
上汽 MAXUS G10 2.4	71	1767	-95.98
上汽 MAXUS D60	4648	0	0.00
上汽 MAXUS D60 二驱 1.5L	4648	0	0.00
上汽 MAXUS D90	2996	6114	-51.00
上汽 MAXUS D90 四驱 2.0	2000	3907	-48.81
上汽 MAXUS D90 二驱 2.0	996	2207	-54.87
北汽银翔	54501	158783	-65.68
幻速 S2/S3	16585	55391	-70.06
幻速 1.5	16585	55391	-70.06
幻速 S7	14690	34002	-56.80
幻速 S7 1.5T	14690	34002	-56.80
幻速 S5	8605	37040	-76.77
幻速 S5 1.3T	8605	37040	-76.77
幻速 H3	6895	20180	-65.83
幻速 H3 1.5	6895	20180	-65.83
幻速 H2	3544	6935	-48.90
幻速 H2 1.5	3544	6935	-48.90
威旺 206	2000	700	185.71
威旺 206 1.3L	2000	700	185.71
幻速 S6	1794	2607	-31.19
幻速 S6 1.5T	1794	2607	-31.19
幻速 H5	383	1382	-72.29
幻速 H5 1.3	383	1382	-72.29
幻速 H6	5	546	-99.08
幻速 H6 1.5	5	546	-99.08
江铃股份	53458	0	0.00
领界	47892	0	0.00
领界 1.5T	47892	0	0.00
撼路者	2483	0	0.00
撼路者 2.0T	2483	0	0.00
Tourneo	1532	0	0.00
Tourneo 2.0T	1532	0	0.00
驭胜	1551	0	0.00
驭胜 2.0T	1551	0	0.00
北京宝沃	54528	32911	65.68

（续表 41）

车型	2019 年	2018 年	同比增长
BX5	39343	21671	81.55
BX5 1.8T	39343	21671	81.55
BX7	14787	10431	41.76
BX7 2.0L	14787	10431	41.76
BX6	398	809	-50.80
BX6 2.0T	398	809	-50.80
捷豹路虎	53247	67791	-21.45
发现神行	26373	30171	-12.59
发现神行 2.0T	26373	30171	-12.59
捷豹 XEL	11552	11061	4.44
捷豹 XEL 2.0T	11552	11061	4.44
极光	7466	10310	-27.58
极光 2.0T	7466	10310	-27.58
捷豹 XFL	5528	14049	-60.65
捷豹 XFL 2.0T	5360	13814	-61.20
捷豹 XFL 3.0L	168	235	-28.51
E-PACE	2328	2200	5.82
E-PACE 2.0T	2328	2200	5.82
北汽新能源	44314	107262	-58.69
EU300（BEV）	12434	0	0.00
EU300（BEV）	12434	0	0.00
EC180（BEV）	12873	91954	-86.00
EC180（BEV）	12873	91954	-86.00
EU5（BEV）	9468	0	0.00
EU5（BEV）	9468	0	0.00
EX3（BEV）	8939	0	0.00
EX3（BEV）	8939	0	0.00
LITE（BEV）	600	565	6.19
LITE（BEV）	600	565	6.19
EV300（BEV）	0	506	-100.00
EV300（BEV）	0	506	-100.00
华泰	38567	120682	-68.04
圣达菲	30963	76158	-59.34
新圣达菲 2 驱 1.5T	20191	53438	-62.22
新圣达菲 (BEV)	5618	16370	-65.68
圣达菲 2XEV360（BEV）	3667	1489	146.27
圣达菲 2 驱 2.0L	1289	4051	-68.18
圣达菲 2 驱 2.0 柴油	198	810	-75.56
路盛 S1iEV360（BEV）	3921	1738	125.60
路盛 S1iEV360（BEV）	3921	1738	125.60
路盛 E80	1691	9646	-82.47

（续表 44）

车型	2019 年	2018 年	同比增长
路盛 E80 1.5T	1691	9646	-82.47
华泰（BEV）	1865	29938	-93.77
EV160（BEV）	1865	29938	-93.77
盛 E70	127	3202	-96.03
路盛（BEV）	127	3202	-96.03
北汽越野车	36018	32619	10.42
B40	20165	24406	-17.38
B40 2.4	20165	24406	-17.38
B80	15853	8213	93.02
B80 2.8	15853	8213	93.02
昌河	33576	60719	-44.70
昌河 M50	7567	15479	-51.11
昌河 M50 1.6	7567	15479	-51.11
北斗星（自主）	8195	10521	-22.11
北斗星 1.4L	8019	10521	-23.78
北斗星（BEV）	176	0	0.00
昌河 A6	6543	9292	-29.58
昌河 A6 1.5L	6543	9292	-29.58
威旺 M60	5725	0	0.00
威旺 M60 1.5L	5725	0	0.00
Q35	4147	11011	-62.34
Q35 1.5L	4121	10967	-62.42
Q35 1.5T	26	44	-40.91
EC100（BEV）	766	0	0.00
EC100（BEV）	766	0	0.00
Q25	633	1528	-58.57
Q25 1.5L	633	1528	-58.57
北斗星Ⅱ代	0	3316	-100.00
北斗星Ⅱ代 1.4L	0	3316	-100.00
EV3（BEV）	0	216	-100.00
EV3（BEV）	0	216	-100.00
昌河 M70	0	5526	-100.00
昌河 M70 1.5	0	5526	-100.00
昌河 M60	0	3576	-100.00
昌河 M60 1.5	0	3576	-100.00
福瑞达	0	254	-100.00
福瑞达 1.4L	0	254	-100.00
东风英菲尼迪	35035	28868	21.36
QX50	23445	11056	112.06
QX50 四驱 2.0T	13391	4032	232.12
QX50 二驱 2.0T	10054	7024	43.14

（续表 43）

车型	2019 年	2018 年	同比增长
英菲尼迪	11590	17811	-34.93
英菲尼迪 Q50L 2.0T	11590	17811	-34.93
东南	30642	89279	-65.68
DX3	12796	61490	-79.19
DX3 1.5L	11262	58765	-80.84
DX3（BEV）	1534	2725	-43.71
翼舞	7341	4108	78.70
翼舞 1.5L	7341	4108	78.70
DX5	5446	0	0.00
DX5 1.5	5446	0	0.00
DX7	4703	17089	-72.48
DX7 1.5L	4703	17089	-72.48
菱悦	216	875	-75.31
菱悦 1.5	216	875	-75.31
菱致	140	1799	-92.22
菱致 1.5	140	1799	-92.22
电咖（BEV）	0	3918	-100.00
电咖（BEV）	0	3918	-100.00
福建奔驰	28180	27439	2.70
V 级	16262	16649	-2.32
V 级 2.0T	16262	16649	-2.32
威霆	11918	10790	10.45
新威霆 2.0L	11918	10790	10.45
海马汽车	25015	41386	-39.56
小鹏 G3（BEV）	16609	371	
小鹏 G3（BEV）	16609	371	
8S	4828	0	0.00
8S 1.6T	4828	0	0.00
S5	2065	23514	-91.22
S5 1.6L	1476	11533	-87.20
S5 1.5T	589	11981	-95.08
爱尚（BEV）	1158	10139	-88.58
爱尚（BEV）	1158	10139	-88.58
M3	339	6405	-94.71
M3 1.5L	339	6052	-94.40
M3（BEV）	0	353	-100.00
M6	16	957	-98.33
M6 1.5T	8	358	-97.77
M6 1.6L	8	599	-98.66
观致汽车	25897	62045	-58.26
观致 3	12411	15623	-20.56

（续表 44）

车型	2019 年	2018 年	同比增长
观致 3 1.6L	10750	15424	-30.30
观致 3 1.5T	1653	0	0.00
观致 3 二厢 1.6L	7	153	-95.42
观致 3 1.6T	1	27	-96.30
观致 3 二厢 1.6T	0	19	-100.00
观致 5 SUV	13453	46040	-70.78
观致 5 SUV 1.6T	13453	46040	-70.78
观致 3 SUV	28	166	-83.13
观致 3 SUV 1.6T	28	166	-83.13
观致 3 GT	5	216	-97.69
观致 3 GT 1.6L	5	216	-97.69
威马	16876	0	0.00
威马 EX5（BEV）	16627	0	0.00
威马 EX5 二驱（BEV）	16627	0	0.00
威马 EX6（BEV）	249	0	0.00
威马 EX6 二驱（BEV）	249	0	0.00
长安铃木	17638	40906	-56.88
启悦	12853	14845	-13.42
启悦 1.6L	12853	14845	-13.42
维特拉	3299	13222	-75.05
维特拉 1.4T	3299	13222	-75.05
骁途	1466	5385	-72.78
骁途 1.6L	1466	5385	-72.78
雨燕	18	7307	-99.75
雨燕 1.5L	18	7307	-99.75
锋驭	2	53	-96.23
锋驭 1.6L	2	53	-96.23
天语	0	75	-100.00
天语二厢 1.6	0	75	-100.00
新奥拓	0	19	-100.00
新奥拓 1.0L	0	19	-100.00
北汽（广州）	16960	5769	193.99
绅宝智道	8959	2351	281.07
绅宝智道 1.5T	8959	2351	281.07
EU 系列	6998	1967	255.77
EU 系列（BEV）	6998	1967	255.77
绅宝 X65	1000	303	230.03
绅宝 X65 2.0T	1000	303	230.03
EX 系列	3	1148	-99.74
EX 系列（BEV）	3	1148	-99.74
江铃新能源	13360	0	0.00

（续表 45）

车型	2019 年	2018 年	同比增长
江铃 E200（BEV）	8963	0	0.00
江铃 E200（BEV）	8963	0	0.00
江铃 E300（BEV）	3363	0	0.00
江铃 E300（BEV）	3363	0	0.00
江铃 E400（BEV）	999	0	0.00
江铃 E400（BEV）	999	0	0.00
江铃 E180（BEV）	32	0	0.00
江铃 E180（BEV）	32	0	0.00
江铃 E160（BEV）	3	0	0.00
江铃 E160（BEV）	3	0	0.00
本田（中国）	14107	12791	10.29
锋范	14107	12791	10.29
锋范 1.5L	14107	12791	10.29
东风雷诺	15593	50112	-68.88
科雷傲	8745	32715	-73.27
科雷傲二驱 2.0L	6484	0	0.00
科雷傲四驱 2.5L	706	0	0.00
科雷傲二驱 2.5L	1555	32715	-95.25
科雷嘉	5737	17397	-67.02
科雷嘉二驱 2.0L	5737	17397	-67.02
科雷缤	1111	0	0.00
科雷缤二驱 1.3L	1111	0	0.00
郑州日产	16740	27531	-39.20
途达	10919	12549	-12.99
途达四驱 2.5L	8841	9846	-10.21
途达二驱 2.5L	2078	2703	-23.12
NV200	4117	9181	-55.16
NV200 1.6	4117	9181	-55.16
帅客	964	2637	-63.44
帅客（BEV）	502	1176	-57.31
帅客 1.6	462	1461	-68.38
风度	463	2194	-78.90
风度 2.0 二驱	351	888	-60.47
风度 2.0L 四驱	112	1306	-91.42
锐骐（BEV）	277	631	-56.10
锐骐（BEV）	277	631	-56.10
风度 MX5	0	312	-100.00
风度 MX5 二驱 1.4T	0	299	-100.00
风度 MX5 二驱 2.0L	0	13	-100.00
风度 MX3	0	27	-100.00
风度 MX3 二驱 1.4L	0	24	-100.00

（续表 46）

车型	2019 年	2018 年	同比增长
风度 MX3 二驱 1.6L	0	3	-100.00
福田	12895	18582	-30.60
蒙派克	7419	7756	-4.35
蒙派克	7419	7756	-4.35
伽途 V	2858	2586	10.52
伽途	2858	2586	10.52
伽途 ix	2159	6951	-68.94
伽途 ix 1.5	2159	6951	-68.94
萨瓦纳	459	1289	-64.39
萨瓦纳	459	1289	-64.39
东风股份	9465	19226	-50.77
俊风（BEV）	9465	19226	-50.77
俊风（BEV）	9465	19226	-50.77
潍柴汽车	9941	13724	-27.56
U70	3053	0	0.00
U70 1.5	3053	0	0.00
英致 727	2250	4740	-52.53
英致 727 1.5	2250	4740	-52.53
英致 G5	1506	3330	-54.77
英致 G5 1.5	1506	3330	-54.77
英致 G3	1558	2717	-42.66
英致 G3 1.5	1558	2717	-42.66
英致 737	1574	2937	-46.41
英致 737 1.5	1574	2937	-46.41
湖南猎豹	15969	63861	-74.99
CS10	3016	16559	-81.79
CS10 二驱 2.0L	2178	8110	-73.14
CS10 二驱 1.5T	838	8449	-90.08
迈途	3753	9511	-60.54
迈途二驱 1.6T	3753	9511	-60.54
CS9	3928	1139	244.86
CS9 二厢 1.5T	3559	125	
CS9（BEV）	369	1014	-63.61
Q6	1380	3756	-63.26
Q6 四驱 2.4L	1246	3418	-63.55
Q6 二驱 2.4L	134	338	-60.36
CS9（SUV）	3892	32857	-88.15
CS9（SUV）二驱 1.5L	3892	30413	-87.20
CS9（SUV）（BEV）	0	2444	-100.00
C5（BEV）	0	39	-100.00
C5（BEV）	0	39	-100.00

（续表 47）

车型	2019 年	2018 年	同比增长
四川野马	8142	19124	-57.43
T60	6215	0	0.00
T60 二驱 1.5L	6215	0	0.00
EC60 博骏（BEV）	792	0	0.00
EC60 博骏（BEV）	792	0	0.00
野马 i3/i5（BEV）	647	0	0.00
野马 i3/i5（BEV）	647	0	0.00
E32（BEV）	95	1831	-94.81
E32（BEV）	95	1831	-94.81
T70	152	6809	-97.77
T70 二驱 1.5L	152	6809	-97.77
斯派卡	117	5399	-97.83
斯派卡 1.5L	117	5399	-97.83
T80	117	2036	-94.25
T80 二驱 1.5L	117	2036	-94.25
E70（BEV）	7	3049	-99.77
E70（BEV）	7	3049	-99.77
易捷特新能源	3237	0	0.00
雷诺 -e 诺（BEV）	3014	0	0.00
雷诺 -e 诺（BEV）	3014	0	0.00
东风风光 E1（BEV）	36	0	0.00
东风风光 E1（BEV）	36	0	0.00
东风启辰 e30（BEV）	154	0	0.00
东风启辰 e30（BEV）	154	0	0.00
东风风神 EX1（BEV）	33	0	0.00
东风风神 EX1（BEV）	33	0	0.00
北汽有限	4782	8151	-41.33
交叉乘用车	2738	4774	-42.65
交叉乘用车	2738	4774	-42.65
勇士	2044	3374	-39.42
勇士	2044	3374	-39.42
域胜 007	0	3	-100.00
域胜 007	0	3	-100.00
贵航莲花	4614	2409	91.53
云雀 Q1	4614	2409	91.53
云雀 Q1 1.4L	4614	2409	91.53
北汽（镇江）	4855	20768	-76.62
昌河 Q7	4192	9557	-56.14
昌河 Q7 1.5T	4192	9557	-56.14
BJ20	663	10444	-93.65
BJ20 1.5T	663	10444	-93.65

（续表 48）

车型	2019 年	2018 年	同比增长
EX260（BEV）	0	767	-100.00
EX260（BEV）	0	767	-100.00
海马新能源	2476	1013	144.42
8S	1473	0	0.00
8S 1.6T	1473	0	0.00
荣达（BEV）	1003	11	
荣达（BEV）	1003	11	
海马 F7	0	1002	-100.00
海马 F7 1.5T	0	1002	-100.00
重庆比速	4779	25320	-81.13
T5	3625	21392	-83.05
T5 二驱 1.5T	3625	21392	-83.05
T3	1044	3525	-70.38
T3 二驱 1.3T	1044	3525	-70.38
M3	110	403	-72.70
M3 1.5	110	403	-72.70
云度汽车	2566	7344	-65.06
Π1 Pro 远行版（BEV）	1262	0	0.00
Π1 Pro 远行版（BEV）	1262	0	0.00
Π3 Pro 远行版（BEV）	541	0	0.00
Π3 Pro 远行版（BEV）	541	0	0.00
Π1 360(BEV)	504	2156	-76.62
Π1 360(BEV)	504	2156	-76.62
Π3 Pro(BEV)	133	1051	-87.35
Π3 Pro(BEV)	133	1051	-87.35
Π1 Pro(BEV)	126	1676	-92.48
Π1 Pro(BEV)	126	1676	-92.48
Π1(BEV)	0	1226	-100.00
Π1(BEV)	0	1226	-100.00
Π3(BEV)	0	1235	-100.00
Π3(BEV)	0	1235	-100.00
新龙马	2370	3555	-33.33
EX80	2165	2262	-4.29
EX80 1.5	2165	2262	-4.29
启腾 M70	205	1293	-84.15
启腾 M70 1.3L	205	419	-51.07
启腾 M70（BEV）	0	874	-100.00
知豆	2095	15336	-86.34
知豆 D2S（BEV）	2095	0	0.00
知豆 D2S（BEV）	2095	0	0.00
知豆 D2	0	14880	-100.00

（续表 49）

车型	2019 年	2018 年	同比增长
D2（BEV）	0	14880	-100.00
知豆 D3	0	456	-100.00
D3（BEV）	0	456	-100.00
重庆力帆	2580	31790	-91.88
迈威	474	9148	-94.82
迈威二驱 1.5L	474	4311	-89.00
迈威（BEV）	0	32	-100.00
迈威二驱 1.8L	0	4805	-100.00
力帆 820	629	1732	-63.68
力帆 820 1.8L	619	310	99.68
力帆 820（BEV）	10	1198	-99.17
力帆 820 2.4L	0	223	-100.00
力帆丰顺	292	1425	-79.51
力帆丰顺 1.3L	292	1409	-79.28
力帆丰顺（BEV）	0	16	-100.00
X70	349	5864	-94.05
X70 二驱 1.8L	349	5864	-94.05
X50	231	1232	-81.25
X50 二驱 1.5L	231	1232	-81.25
X80	247	1485	-83.37
X80 2.0T	247	1485	-83.37
力帆 620	216	4007	-94.61
力帆 620 1.5	160	201	-20.40
力帆 620（BEV）	54	3773	-98.57
力帆 620 1.6	2	0	0.00
力帆 620 1.8	0	33	-100.00
轩朗	55	2046	-97.31
轩朗 1.5L	41	0	0.00
轩朗 1.8L	14	2046	-99.32
乐途	2	331	-99.40
乐途 1.5L	2	331	-99.40
力帆 520	58	4	1350.00
力帆 520 1.3	26	2	1200.00
力帆 520 1.6	24	2	1100.00
力帆 520 1.5L	8	0	0.00
力帆 330	19	1110	-98.29
力帆 330 1.3L	16	268	-94.03
力帆 330（BEV）	3	842	-99.64
力帆 720	5	37	-86.49
力帆 720 1.5L	4	13	-69.23
力帆 720 1.8L	1	24	-95.83

（续表 50）

车型	2019 年	2018 年	同比增长
X60	2	2895	-99.93
X60 二驱 1.8L	2	2895	-99.93
力帆 530	1	465	-99.78
力帆 530 1.3	1	463	-99.78
力帆 530 1.5L	0	2	-100.00
力帆 520i	0	9	-100.00
力帆 520i 1.3L	0	8	-100.00
江铃控股	2450	75813	-96.77
陆风	2450	18800	-86.97
陆风二驱 1.6L	2217	0	0.00
陆风（BEV）	131	0	0.00
陆风四驱 2.0T	75	0	0.00
陆风二驱 2.0T	27	18800	-99.86
江铃 E100（BEV）	0	10551	-100.00
江铃 E100（BEV）	0	10551	-100.00
江铃 E200（BEV）	0	32513	-100.00
江铃 E200（BEV）	0	32513	-100.00
江铃 E160（BEV）	0	1358	-100.00
江铃 E160（BEV）	0	1358	-100.00
驭胜	0	6892	-100.00
驭胜 2.0T	0	6892	-100.00
撼路者	0	5699	-100.00
撼路者 2.0T	0	5699	-100.00
江西五十铃	1678	3000	-44.07
五十铃	1678	3000	-44.07
五十铃 二驱 1.9	1045	2353	-55.59
五十铃 四驱 3.0	367	647	-43.28
五十铃 二驱 2.0	266	0	0.00
天津一汽	3992	18791	-78.76
骏派 D60	1043	5163	-79.80
骏派 D60 1.5L	946	4891	-80.66
骏派 D60 1.8L	97	272	-64.34
骏派 A50	879	8511	-89.67
骏派 A50 1.5L	875	8511	-89.72
骏派 A50 1.0T	4	0	0.00
威志 V5	100	40	150.00
威志 V5 1.5L	100	40	150.00
威志 V2	120	1080	-88.89
威志 V2 两厢 1.3L	120	1080	-88.89
骏派 D80	1153	767	50.33
骏派 D80 1.2T	1153	767	50.33

（续表 51）

车型	2019 年	2018 年	同比增长
骏派 CX65	694	2836	-75.53
骏派 CX65 1.5L	691	2836	-75.63
骏派 CX65 1.0T	3	0	0.00
骏派 A70	2	392	-99.49
骏派 A70 1.6L	2	225	-99.11
骏派 A70（BEV）	0	167	-100.00
夏利	1	2	-50.00
东风裕隆	891	6959	-87.20
纳智捷 U5	600	2482	-75.83
纳智捷 U5（BEV）	587	0	0.00
纳智捷 U5 二驱 1.6	13	2482	-99.48
纳智捷 URX	96	0	0.00
纳智捷 GPM-URX 1.8T	96	0	0.00
裕路	87	180	-51.67
裕路 EV2（BEV）	87	180	-51.67
纳智捷优 6	64	3655	-98.25
纳智捷优 6 二驱 1.8	64	3655	-98.25
纳智捷 LCS	44	109	-59.63
纳智捷 LCS 1.6L	44	109	-59.63
纳智捷 5	0	118	-100.00
纳智捷 5 1.8T	0	118	-100.00
纳智捷大 7MPV	0	415	-100.00
纳智捷大 MPV 2.0	0	408	-100.00
纳智捷大 MPV 2.2	0	7	-100.00
广东福迪	543	1414	-61.60
揽福	543	1414	-61.60
揽福 1.9L	438	1130	-61.24
揽福 2.0L	105	284	-63.03
长安标致雪铁龙	2055	3867	-46.86
DS7	1617	2244	-27.94
DS7 1.6T	1617	2244	-27.94
DS6	298	591	-49.58
DS6 1.6T	298	591	-49.58
DS5	84	630	-86.67
DS5 1.6T	67	161	-58.39
DS5 LS 1.6T	17	469	-96.38
DS4S	56	402	-86.07
DS4S 1.6T	56	402	-86.07
一汽海马	1965	25171	-92.19
福美来	473	4419	-89.30
福美来 1.6L	473	4419	-89.30

（续表 52）

车型	2019 年	2018 年	同比增长
S7	541	13809	-96.08
S71.8T	541	13809	-96.08
福美来专车版	8	379	-97.89
福美来专车版	8	379	-97.89
S5H	100	3720	-97.31
S5H 二驱 1.6T	100	3720	-97.31
福美来 F7	791	2636	-69.99
福美来 F7 1.5T	791	2636	-69.99
E3（BEV）	52	208	-75.00
E3（BEV）	52	208	-75.00
成都大运	59	0	0.00
S171（BEV）	59	0	0.00
S171（BEV）	59	0	0.00
庆铃	148	30	393.33
竞技者	148	30	393.33
竞技者 2.8	148	30	393.33
航天成功	87	168	-48.21
航天新星	87	168	-48.21
航天新星 1.2	80	60	33.33
航天新星 1.3	7	103	-93.20
航天新星 1.0	0	5	-100.00
金华青年	0	308	-100.00
迈迪 i3（BEV）	0	308	-100.00
迈迪 i3（BEV）	0	308	-100.00
南京金龙	0	169	-100.00
创业者（BEV）	0	169	-100.00
创业者（BEV）	0	169	-100.00
江西大乘	0	4006	-100.00
大乘	0	4006	-100.00
大乘二驱 2.0L	0	4006	-100.00
保定长客	0	8757	-100.00
睿行 S50	0	8757	-100.00
睿行 S50	0	8757	-100.00
康迪	0	6964	-100.00
全球鹰 K 系列	0	3900	-100.00
K17（BEV）	0	600	-100.00
K12（BEV）	0	1203	-100.00
K27（BEV）	0	1699	-100.00
K22（BEV）	0	398	-100.00
全球鹰 K28	0	3064	-100.00
K28（BEV）	0	3064	-100.00

表 26　2019 年整车（分车型）出口情况

车型		出口数量（万辆）	同比增长	出口金额（亿美元）	同比增长
乘用车	小轿车	37.73	-26.08%	36.66	-21.42%
	四驱越野车	1.42	129.47%	2.08	108.11%
	9 座及以下小客车	24.38	66.10%	29.17	57.49%
	其他载人机动车（包括成套散件）	2.48	-36.04%	7.21	-
	乘用车合计	66.01	-5.98%	75.12	-3.41%
商用车	客车	6.41	-2.44%	24.52	6.76%
	载货汽车	21.36	6.64%	35.36	27.65%
	特种车	3.96	1.28%	21.25	2.82%
	汽车底盘	0.28	64.71%	1.23	40.14%
	商用车合计	35.55	15.87%	85.05	16.20%
汽车合计		101.56	0.66%	160.17	6.10%

表 27　2019 年整车（分国别前 15 位）出口情况

序号	国家（地区）	出口数量（万辆）	同比增长	出口金额（亿美元）	同比增长
1	墨西哥	11.41	4.0%	10.74	2.89%
2	智利	7.68	1.9%	7.23	4.76%
3	沙特阿拉伯	5.79	178.03%	9.83	109.64%
4	菲律宾	4.55	60.78%	8.42	24.1%
5	马来西亚	4.23	324.32%	6.52	149.94%
6	秘鲁	4.19	31.41%	3.72	23.79%
7	美国	4.01	-40.58%	8.64	-51.65%
8	俄罗斯	3.95	105.26%	7.12	60.79%
9	埃及	3.65	-16.69%	2.49	-17.97%
10	越南	3.65	-1.46%	5.49	17.06%
11	厄瓜多尔	3.51	-6.26%	3.22	-2.18%
12	阿尔及利亚	3.02	9.32%	2.49	0.63%
13	巴西	2.81	30.82%	3.29	48.04%
14	澳大利亚	2.63	80.11%	4.26	54.92%
15	白俄罗斯	2.23	195.13%	1.23	170.6%

表 28　2019 年中国主要汽车企业出口情况

序号	企业名称	出口数量（辆）	同比增长 (%)
1	上海汽车集团股份有限公司	285054	19. 68
2	奇瑞汽车股份有限公司	96047	-21.84
3	东风汽车集团有限公司	85513	15. 94
4	北京汽车集团有限公司	79523	3. 27
5	中国长安汽车集团有限公司	67753	10.71
6	长城汽车股份有限公司	65175	38. 68
7	浙江吉利控股集团有限公司	57991	110. 62
8	安徽江淮汽车集团有限公司	45320	-39. 39
9	大庆沃尔沃汽车制造有限公司	44154	-20. 84
10	中国重型汽车集团有限公司	40009	6.31
11	厦门金龙汽车集团股份有限公司	25268	32. 28
12	广州汽车工业集团有限公司	24676	37.31
13	陕西汽车集团有限责任公司	21754	76. 65
14	中国第一汽车集团有限公司	17166	-60. 67
15	华晨汽车集团控股有限公司	13667	-68. 49
16	荣成华泰汽车有限公司	10611	-44.02
17	比亚迪汽车有限公司	10286	-14. 40
18	郑州宇通集团有限公司	7045	-2. 37
19	河北中兴汽车股份有限公司	3468	-2. 25
20	山东唐骏欧铃汽车制造有限公司	3205	-34. 99

表 29　2019 年全国二手车交易经营情况（单位：辆，元）

车种		交易金额	交易数量				
		全年	全年	直接交易	委托交易	本地过户	转籍
总计		93568588	14922761	9458413	5464348	10763677	4159083
乘用车	基本型	55765720	8614045	5470985	3143060	6044669	2569376
	MPV	7172096	957162	407503	549659	670058	287104
	SUV	13856984	1480771	1143838	336933	1054909	425862
	交叉型	1197221	373465	301900	71565	287872	85593
商用车	货车	7930574	1368647	797802	570845	1023412	345235
	客车	6768919	1413625	883989	529636	1105216	308409
其他车型		448571	332767	267487	65280	264164	68603
低速载货汽车、三轮汽车		60877	31991	27056	4935	27976	4015
挂车		256124	122269	48413	73856	95944	26325
摩托车		111502	228019	109440	118579	189457	38561

表 30　2019 年二手乘用车分区域交易经营情况（单位：辆）

省份	总计	乘用车合计	其中：基本型乘用车	其中：多功能型 MPV	其中：运动型多用途 SUV	其中：交叉型乘用车
总计	14922791	11425473	8614045	957162	1480801	373465
华北地区	2259728	1630029	1352552	84425	146644	46408
北京	696961	494496	420571	32075	37009	4841
天津	340423	215216	186405	8396	16619	3796
河北	725428	500041	436838	16061	36673	10469
山西	245429	215321	162426	8390	27351	17154
内蒙古	251487	204955	146312	19503	28992	10148
东北地区	1059369	828031	610319	51803	137434	28475
辽宁	558545	410403	319426	18755	61822	10400
吉林	255023	201039	161171	6866	22006	10996
黑龙江	245801	216589	129722	26182	53606	7079
华东地区	4982415	3871361	2891993	393916	471903	113549
上海	538671	472868	371100	83728	16147	1893
江苏	988793	786784	560898	78721	126287	20878
浙江	1332535	980376	859201	47705	56671	16799
安徽	331179	260197	190092	6483	37413	26209
福建	184287	154617	140003	6820	5215	2579
江西	373686	310084	194443	32557	52928	30156
山东	1233264	906435	576256	137902	177242	15035
中南地区	3639853	2787738	2115743	220140	376061	75794
河南	921584	636062	482214	53925	87531	12392
湖北	258546	191031	138205	13983	34226	4617
湖南	200501	161468	124328	11311	15998	9831
广东	1875378	1517559	1135666	123632	215572	42689
广西	276635	203688	178065	8142	12106	5375
海南	107209	77930	57265	9147	10628	890
西南地区	2024196	1534049	1140029	131090	190537	72393
重庆	297120	192052	178975	3840	6031	3206
四川	1091849	844210	604859	71549	121709	46093
贵州	234915	187908	124885	14608	35370	13045
云南	364385	284199	220496	36759	18068	8876
西藏	35927	25680	10814	4334	9359	1173
西北地区	957230	774265	503409	75788	158222	36846
陕西	264681	236802	137346	37673	50686	11097
甘肃	382434	317782	193903	18912	82462	22505
青海	78030	51189	40583	2051	7465	1090
宁夏	71497	48456	37649	2361	7225	1221
新疆	160588	120036	93928	14791	10384	933

表 31 2019 年二手商用车及其他车辆分区域交易经营情况（单位：辆）

省份	总计	商用车合计	其中：货车	其中：客车	其他车	低速载货汽车和三轮汽车	挂车	摩托车
总计	14922791	2782272	1368647	1413625	332767	31991	122269	228019
华北地区	2259728	511613	319428	192185	69122	8273	29088	11603
北京	696961	152307	110660	41647	43594	298	4839	1427
天津	340423	121021	62755	58266	1119	639	2325	103
河北	725428	187346	115739	71607	11129	2845	17877	6190
山西	245429	21764	14455	7309	3340	523	2810	1671
内蒙古	251487	29175	15819	13356	9940	3968	1237	2212
东北地区	1059369	183873	88251	95622	31623	2073	8115	5654
辽宁	558545	125611	62252	63359	15260	337	4240	2694
吉林	255023	36260	14734	21526	13374	1169	1293	1888
黑龙江	245801	22002	11265	10737	2989	567	2582	1072
华东地区	4982415	952988	421976	531012	61896	5150	42046	48974
上海	538671	40292	32555	7737	7842	77	6666	10926
江苏	988793	182242	61450	120792	13950	1172	1834	2811
浙江	1332535	306967	97416	209551	16972	437	2916	24867
安徽	331179	56671	27190	29481	1606	935	10417	1353
福建	184287	27436	11896	15540	1037	225	470	502
江西	373686	43988	31343	12645	10720	1445	1278	6171
山东	1233264	295392	160126	135266	9769	859	18465	2344
中南地区	3639853	664118	274346	389772	74820	4762	25608	82807
河南	921584	206957	62214	144743	44269	1670	18357	14269
湖北	258546	58331	23834	34497	4136	393	626	4029
湖南	200501	36341	15356	20985	1492	580	249	371
广东	1875378	276765	141569	135196	21380	749	4353	54572
广西	276635	60191	20176	40015	2957	1126	1804	6869
海南	107209	25533	11197	14336	586	244	219	2697
西南地区	2024196	332426	183102	149324	72608	5109	8265	71739
重庆	297120	87246	41343	45903	943	384	2716	13779
四川	1091849	145216	73770	71446	57186	3540	4254	37443
贵州	234915	30049	24966	5083	7202	561	822	8373
云南	364385	62375	37573	24802	5095	508	348	11860
西藏	35927	7540	5450	2090	2182	116	125	284
西北地区	957230	137254	81544	55710	22698	6624	9147	7242
陕西	264681	12675	8459	4216	8710	1126	3907	1461
甘肃	382434	48267	36736	11531	8262	2474	3307	2342
青海	78030	23409	11499	11910	373	2068	729	262
宁夏	71497	17051	11076	5975	2444	685	1008	1853
新疆	160588	35852	13774	22078	2909	271	196	1324

表 32　历年二手车分车型交易经营情况（单位：辆）

车型年份		2011	2012	2013	2014	2015	2016	2017	2018	2019
乘用车	基本型	2354787	2731601	3049402	3514309	5641412	6280245	7370077	8222020	8614045
	MPV	169484	189009	224699	278754	354856	588956	723401	781916	957162
	SUV	78150	110873	166847	203328	472859	681462	867993	1135577	1480801
	交叉型	78226	75371	83390	121528	307673	329567	354206	310977	373465
商用车	货车	640673	654750	668186	767389	1068628	1003825	1116871	1222764	1368647
	客车	703882	784405	773975	902688	1176462	1062143	1332199	1467793	1413625
其他车型		119454	85533	75259	90774	113171	175379	358904	385226	332767
低速载货汽车、三轮汽车		20945	13950	10520	9730	16362	20602	25431	25291	31991
挂车		42745	39843	45233	36812	84249	117794	109585	80418	122269
摩托车		123968	106003	105790	127587	185315	132276	142183	189927	228019
总计		4332314	4791368	5203300	6052899	9417088	10392249	12400850	13821909	14922791

第十二部类

DISHIERBULEI | FULU

表 1 2019 年上市新车（燃油车）

上市日期	制造商	品牌	车系	类型	变速箱	最低指导价（元）	最高指导价（元）
1 月 2 日	广汽乘用车	传祺	传祺 GM6	MPV	MT6	109, 800	-
1 月 2 日	广汽乘用车	传祺	传祺 GM6	MPV	TIP6	119, 800	159, 800
1 月 13 日	奇瑞汽车	捷途	捷途 X90	SUV	MT6	79, 900	110, 900
1 月 13 日	奇瑞汽车	捷途	捷途 X90	SUV	TIP8	94, 900	128, 900
1 月 13 日	奇瑞汽车	捷途	捷途 X90	SUV	DCT7	128, 900	141, 900
1 月 17 日	长安汽车	长安	科尚	MPV	MT6	96, 800	129, 800
1 月 22 日	江铃汽车	福特	领界	SUV	MT6	109, 800	-
1 月 22 日	江铃汽车	福特	领界	SUV	CVT	121, 800	167, 800
2 月 28 日	上汽大通	迈克萨斯	大通 G50	MPV	MT6	86, 800	91, 800
2 月 28 日	上汽大通	迈克萨斯	大通 G50	MPV	DCT7	109, 800	156, 800
3 月 1 日	长安汽车	长安	欧尚长行	MPV	MT5	68, 900	82, 900
3 月 6 日	长安汽车	长安	长安 CS85 Coupe	SUV	TIP8	136, 900	169, 900
3 月 11 日	吉利汽车	吉利	嘉际	MPV	DCT7	119, 800	148, 800
3 月 11 日	吉利汽车	吉利	嘉际	MPV	TIP6	109, 800	137, 800
3 月 21 日	上汽通用	雪佛兰	科鲁泽	A 级轿车	MT6	89, 900	-
3 月 21 日	上汽通用	雪佛兰	科鲁泽	A 级轿车	DCT6	104, 900	109, 900
3 月 21 日	大乘汽车	大乘	大乘 G60	SUV	MT5	59, 900	69, 900
3 月 22 日	一汽丰田	丰田	亚洲龙	B 级轿车	TIP8	208, 800	244, 800
3 月 27 日	四川汽车	野马	博骏	SUV	MT5	57, 800	75, 800
3 月 27 日	四川汽车	野马	博骏	SUV	CVT	84, 800	89, 800
3 月 28 日	比亚迪汽车	比亚迪	宋 MAX DM	MPV	DCT6	149, 900	196, 900
3 月 30 日	东风柳汽	Forthing	风行 T5L	SUV	MT6	89, 900	99, 900
3 月 30 日	上海汽车	MG	MG EZS	SUV	AT1	119, 800	149, 800
4 月 8 日	奇瑞汽车	开瑞	开瑞 K60S	SUV	MT5	49, 900	63, 900
4 月 10 日	东风本田	本田	享域	A 级轿车	MT6	99, 800	-
4 月 10 日	东风本田	本田	享域	A 级轿车	CVT	112, 300	136, 800
4 月 11 日	上汽通用五菱	宝骏	宝骏 RS-5	SUV	MT6	96, 800	-
4 月 11 日	上汽通用五菱	宝骏	宝骏 RS-5	SUV	CVT	104, 800	132, 800
4 月 11 日	上汽大众	大众	途铠	SUV	TIP6	127, 900	139, 900
4 月 11 日	上汽大众	大众	途铠	SUV	DCT7	147, 900	159, 900
4 月 12 日	长城汽车	哈弗	哈弗 F7x	SUV	DCT7	119, 900	134, 900
4 月 16 日	大乘汽车	大乘	大乘 G60s	SUV	MT6	71, 900	-
4 月 16 日	大乘汽车	大乘	大乘 G60s	SUV	TIP8	81, 900	121, 900

（续表 1）

上市日期	制造商	品牌	车系	类型	变速箱	最低指导价（元）	最高指导价（元）
4 月 16 日	大乘汽车	大乘	大乘 G60s	SUV	MT6	69, 900	-
4 月 16 日	大乘汽车	大乘	大乘 G60s	SUV	TIP8	79, 900	119, 900
4 月 16 日	奇瑞汽车	星途	星途 TX	SUV	DCT7	125, 900	175, 900
4 月 26 日	华晨汽车	金杯	观境	SUV	MT5	75, 900	102, 900
5 月 10 日	吉利汽车	吉利	星越	SUV	DCT7	135, 800	148, 800
5 月 10 日	吉利汽车	吉利	星越	SUV	TIP8	155, 800	195, 800
5 月 10 日	吉利汽车	吉利	星越 PHEV	SUV	DCT7	188, 800	359, 900
5 月 10 日	上汽大众	大众	途昂 X	SUV	DCT7	359, 900	-
5 月 24 日	沃尔沃亚太	沃尔沃	沃尔沃 XC40	SUV	TIP8	264, 800	385, 800
5 月 26 日	一汽轿车	红旗	红旗 HS5	SUV	TIP6	183, 800	249, 800
5 月 28 日	吉利汽车	吉利	缤越 PHEV	SUV	DCT7	139800	159800
6 月 23 日	吉利汽车	吉利	帝豪 GL PHEV	A 级轿车	DCT7	142800	154800
7 月 8 日	海马汽车	海马	海马 8S	SUV	MT6	79, 900	91, 900
7 月 8 日	海马汽车	海马	海马 8S	SUV	TIP6	89, 900	125, 900
7 月 11 日	上汽通用	别克	昂科拉 GX	SUV	CVT	155, 900	175, 900
7 月 12 日	一汽轿车	红旗	红旗 HS7	SUV	TIP8	349, 800	459, 800
7 月 12 日	长安汽车	长安	科赛 5	SUV	MT5	69, 900	79, 900
7 月 18 日	上汽通用	凯迪拉克	凯迪拉克 XT6	SUV	TIP9	469, 700	549, 700
7 月 18 日	上汽大通	迈克萨斯	大通 D60	SUV	MT6	93, 800	-
7 月 18 日	上汽大通	迈克萨斯	大通 D60	SUV	DCT7	167, 800	-
7 月 18 日	上汽通用	凯迪拉克	凯迪拉克 XT6	SUV	TIP9	419, 700	439, 700
7 月 23 日	汉腾汽车	汉腾	汉腾 V7	MPV	MT6	79, 900	95, 900
7 月 23 日	汉腾汽车	汉腾	汉腾 V7	MPV	TIP6	99, 900	135, 900
7 月 26 日	北京汽车	北京	智达 X3	SUV	MT5	49, 900	65, 900
7 月 26 日	北京汽车	北京	智达 X3	SUV	TIP4	59, 900	75, 900
7 月 26 日	北京汽车	北京	智达 X3	SUV	MT6	59, 900	75, 900
7 月 26 日	北京汽车	北京	智达 X3	SUV	CVT	85, 900	95, 900
7 月 30 日	东风渝安	东风	风光 580 Pro	SUV	CVT	105, 900	120, 900
8 月 1 日	长安汽车	欧尚	科赛 3	SUV	MT5	59, 900	68, 900
8 月 1 日	长安汽车	欧尚	科赛 3	SUV	DCT5	72, 900	76, 900
8 月 2 日	吉利汽车	领克	领克 03+	A 级轿车	TIP8	185, 800	228, 800
8 月 3 日	一汽轿车	一汽	奔腾 T33	SUV	MT5	69, 800	84, 800
8 月 3 日	一汽轿车	一汽	奔腾 T33	SUV	TIP6	88, 800	99, 800

（续表 2）

上市日期	制造商	品牌	车系	类型	变速箱	最低指导价（元）	最高指导价（元）
8 月 14 日	北京现代	现代	伊兰特 领动 PHEV	A 级轿车	DCT6	157800	178800
8 月 16 日	长安福特	福特	福克斯 ACTIVE	SUV	TIP8	139, 800	153, 800
8 月 19 日	吉利汽车	吉利	博瑞 GE	B 级轿车	TIP6	146, 800	-
8 月 28 日	上海汽车	荣威	荣威 RX5 MAX	SUV	MT6	118, 800	128, 800
8 月 28 日	上海汽车	荣威	荣威 RX5 MAX	SUV	TIP6	138, 800	158, 800
9 月 5 日	华晨鑫源	斯威	斯威 G05	SUV	MT5	69, 900	79, 900
9 月 5 日	华晨鑫源	斯威	斯威 G05	SUV	TIP6	89, 900	103, 900
9 月 5 日	上汽通用	雪佛兰	创界	SUV	CVT	139, 900	169, 900
9 月 5 日	上汽通用	雪佛兰	创界	SUV	TIP9	179, 900	-
9 月 5 日	上汽通用五菱	宝骏	宝骏 RM-5	MPV	MT6	86, 800	88, 800
9 月 5 日	上汽通用五菱	宝骏	宝骏 RM-5	MPV	CVT	98, 800	120, 800
9 月 5 日	上汽通用五菱	宝骏	宝骏 RC-6	B 级轿车	MT6	84, 800	93, 800
9 月 5 日	上汽通用五菱	宝骏	宝骏 RC-6	B 级轿车	CVT	96, 800	123, 800
9 月 5 日	一汽大众	捷达	捷达 VS5	SUV	MT5	84, 800	91, 800
9 月 5 日	一汽大众	捷达	捷达 VS5	SUV	TIP6	95, 800	112, 800
9 月 5 日	长城汽车	WEY	WEY VV7 GT	SUV	DCT7	191, 800	205, 800
9 月 9 日	东风乘用车	东风	奕炫	A 级轿车	MT5	69, 900	74, 900
9 月 9 日	东风乘用车	东风	奕炫	A 级轿车	DCT6	79, 900	100, 900
9 月 15 日	长安汽车	欧尚	科赛 GT	SUV	TIP8	132, 800	154, 800
9 月 16 日	一汽大众	捷达	捷达 VA3	A 级轿车	MT5	65, 800	72, 800
9 月 16 日	一汽大众	捷达	捷达 VA3	A 级轿车	TIP6	83, 800	92, 800
9 月 26 日	东南汽车	东南	东南 DX5	SUV	MT5	69, 900	79, 900
9 月 26 日	东南汽车	东南	东南 DX5	SUV	CVT	89, 900	99, 900
10 月 8 日	奇瑞汽车	星途	星途 LX	SUV	DCT7	125, 900	150, 900
10 月 11 日	华晨宝马	宝马	宝马 X2	SUV	DCT7	266, 800	309, 800
10 月 11 日	华晨宝马	宝马	宝马 X2	SUV	TIP8	329, 800	-
10 月 21 日	广汽丰田	丰田	致炫 X	A0 级轿车	CVT	89, 800	103, 800
10 月 25 日	东风雷诺	雷诺	科雷缤	SUV	MT6	99, 800	-
10 月 25 日	东风雷诺	雷诺	科雷缤	SUV	DCT7	109, 800	144, 800
10 月 25 日	一汽丰田	丰田	荣放 HEV	SUV	ECVT	224, 800	258, 800
10 月 29 日	上汽通用五菱	宝骏	宝骏 RS-3	SUV	MT6	71, 800	79, 800
10 月 29 日	上汽通用五菱	宝骏	宝骏 RS-3	SUV	CVT	81, 800	89, 800
11 月 1 日	一汽轿车	一汽	奔腾 T99	SUV	TIP8	149, 900	189, 900

（续表 3）

上市日期	制造商	品牌	车系	类型	变速箱	最低指导价（元）	最高指导价（元）
11 月 5 日	比亚迪汽车	比亚迪	秦 燃油版	A 级轿车	MT5	64, 900	71, 900
11 月 5 日	比亚迪汽车	比亚迪	秦 燃油版	A 级轿车	CVT	74, 900	81, 900
11 月 18 日	上汽通用	凯迪拉克	凯迪拉克 CT5	B 级轿车	TIP10	279, 700	339, 700
11 月 20 日	江淮汽车	江淮	嘉悦 A5	A 级轿车	MT6	84, 800	98, 800
11 月 20 日	江淮汽车	江淮	嘉悦 A5	A 级轿车	CVT	94, 800	115, 800
11 月 20 日	上汽通用	别克	昂科旗	SUV	TIP9	299, 900	359, 900
11 月 20 日	上汽通用	别克	昂科旗 Avenir	SUV	TIP9	379, 900	-
11 月 22 日	北京奔驰	梅赛德斯奔驰	AMG A 级 L	A 级轿车	DCT7	399, 800	419, 800
11 月 22 日	东风渝安	东风	风光 iX7	SUV	TIP6	125, 900	215, 900
11 月 22 日	江铃汽车	陆风	荣曜	SUV	DCT7	79, 900	99, 900
11 月 22 日	上汽大众	斯柯达	柯米克 GT	SUV	TIP6	125, 900	132, 900
11 月 22 日	上汽大众	斯柯达	柯米克 GT	SUV	DCT7	132, 900	139, 900
11 月 25 日	潍柴汽车	潍柴	潍柴 U70	SUV	MT6	69, 900	110, 900
11 月 28 日	奇瑞汽车	捷途	捷途 X95	SUV	MT6	99, 900	111, 900
11 月 28 日	奇瑞汽车	捷途	捷途 X95	SUV	DCT7	119, 900	152, 900
11 月 29 日	北京奔驰	梅赛德斯奔驰	GLB 级	SUV	DCT7	314, 800	354, 800
11 月 29 日	汉龙汽车	旷世	旷世	SUV	TIP8	159, 800	243, 800
11 月 29 日	长安汽车	欧尚	欧尚 X7	SUV	MT6	77, 700	87, 700
11 月 29 日	长安汽车	欧尚	欧尚 X7	SUV	DCT7	87, 700	117, 700
11 月 30 日	广汽本田	本田	皓影	SUV	MT6	169, 800	235, 800
12 月 4 日	一汽大众	大众	探影	SUV	MT5	114, 900	-
12 月 4 日	一汽大众	大众	探影	SUV	TIP6	124, 900	142, 900
12 月 4 日	一汽大众	大众	探影	SUV	DCT7	147, 900	159, 900
12 月 9 日	奇瑞汽车	捷途	捷途 X70M	SUV	MT6	64, 900	73, 900
12 月 18 日	一汽大众	大众	迈腾 GTE	B 级轿车	DCT6	253, 900	268, 900
12 月 19 日	东风裕隆	纳智捷	纳智捷 URX	SUV	TIP6	143, 600	155, 600
12 月 19 日	长安福特	福特	锐际	SUV	AT8	189, 800	204, 800
12 月 20 日	北汽福田宝沃	宝沃	宝沃 BX3	SUV	MT6	96, 800	-
12 月 20 日	北汽福田宝沃	宝沃	宝沃 BX3	SUV	TIP6	111, 800	130, 800
12 月 23 日	吉利汽车	吉利	ICON	SUV	DCT7	132, 020	-
12 月 27 日	北京汽车	北京	BJ90	SUV	TIP7	988, 000	1, 288, 000

表 2　2019 年上市新车（新能源）

上市日期	制造商	品牌	车系	类型	变速箱	最低指导价（元）	最高指导价（元）
1 月 3 日	长江汽车	零跑	零跑 S01	A0 级轿车	AT1	119, 900	159, 900
1 月 10 日	东风渝安	东风	风光 580 PHEV	SUV	ECVT	164, 900	-
1 月 27 日	北汽新能源	北京	北汽 EX5	SUV	AT1	169, 900	199, 900
2 月 15 日	长安汽车	长安	尼欧Ⅱ	A00 级轿车	AT1	44, 800	56, 800
3 月 9 日	一汽丰田	丰田	卡罗拉 双擎 E+	A 级轿车	ECVT	197, 800	220, 800
3 月 11 日	吉利汽车	吉利	嘉际 PHEV	MPV	DCT7	159, 800	169, 800
3 月 11 日	广汽丰田	丰田	雷凌 双擎 E+	A 级轿车	ECVT	193, 800	208, 800
3 月 22 日	一汽丰田	丰田	亚洲龙 双擎	级轿车	ECVT	226, 800	289, 800
3 月 26 日	江铃集团新能源	易至	易至 EV3	A00 级轿车	AT1	66, 800	83, 800
3 月 28 日	比亚迪汽车	比亚迪	唐 EV	SUV	AT1	289, 900	359, 900
4 月 2 日	比亚迪汽车	比亚迪	比亚迪 e1	A0 级轿车	AT1	79, 900	-
4 月 9 日	江淮汽车	江淮	江淮 iEVA60	B 级轿车	AT1	179, 500	189, 500
4 月 10 日	力帆汽车	理想智造	理想 ONE	SUV	AT1	328, 000	-
4 月 11 日	吉利汽车	几何	几何 A	A 级轿车	AT1	150, 000	190, 000
4 月 12 日	沃尔沃亚太	极星	Polestar 2	A 级轿车	AT1	298, 000	460, 000
4 月 12 日	比亚迪汽车	比亚迪	比亚迪 e1	A00 级轿车	AT1	59, 900	79, 900
4 月 15 日	上汽通用	别克	微蓝	A 级轿车	AT1	165, 800	185, 800
4 月 16 日	北汽新能源	北京	北汽 EX3	SUV	AT1	123, 900	163, 900
4 月 16 日	江淮汽车	江淮	江淮 iEV S4	SUV	AT1	129, 500	159500
4 月 16 日	天际汽车	天际	天际 ME7	SUV	AT1	366, 800	381, 800
4 月 16 日	大乘汽车	大乘	大乘 E20	A00	AT1	69, 800	-
4 月 16 日	大乘汽车	大乘	大乘 G60E	SUV	AT1	121, 800	-
4 月 27 日	广汽乘用车	传祺	埃安	A 级轿车	AT1	139, 800	205, 800
4 月 29 日	广汽本田	本田	奥德赛 HEV	MPV	ECVT	229, 800	323, 800
5 月 7 日	九龙汽车	大马	艾菲 EF9	MPV	AT1	430, 000	-
5 月 11 日	长安汽车	长安	逸动 ET	A 级轿车	AT1	132900	142900
5 月 31 日	特斯拉中国	特斯拉	Model 3	B 级轿车	AT1	328, 000	-
6 月 11 日	长安汽车	长安	睿行 ES30	A00 级轿车	AT1	66, 800	69, 800
6 月 17 日	比亚迪汽车	比亚迪	比亚迪 S2	SUV	AT1	89, 800	109, 800
7 月 10 日	上汽大通	迈克萨斯	大通 EG50	MPV	AT1	169, 800	213, 800
7 月 19 日	北汽新能源	北京	北汽 EC5	SUV	AT1	99, 900	119, 900
8 月 2 日	汉腾汽车	汉腾	幸福 e+	A00 级轿车	AT1	59, 800	69, 800
8 月 18 日	一汽轿车	红旗	红旗 E-HS3	SUV	AT1	225, 800	265, 800
8 月 19 日	雷丁汽车	雷丁	雷丁 i3	A00 级轿车	AT1	49, 800	75, 800
8 月 22 日	比德文汽车	比德文	比德文 E3	A00 级轿车	AT1	49, 800	148, 900
8 月 23 日	上汽大众	大众	朗逸 EV	A 级轿车	AT1	148, 900	-
8 月 25 日	江铃汽车	福特	领界 EV	SUV	AT1	182, 800	206, 800
8 月 25 日	奇瑞汽车	奇瑞	瑞虎 e	SUV	AT1	109, 900	143, 900
8 月 28 日	上海汽车	荣威	荣威 RX5 MAX	SUV	DCT6	149, 800	189, 800
9 月 2 日	比亚迪汽车	比亚迪	比亚迪 e2	A0 级轿车	AT1	89, 800	119, 800

（续表）

上市日期	制造商	品牌	车系	类型	变速箱	最低指导价（元）	最高指导价（元）
9月2日	东风启辰	启辰	启辰 D60 EV	A级轿车	AT1	137,800	153,800
9月5日	东风雷诺	雷诺	e诺	SUV	AT1	61,800	71,800
9月5日	东风悦达起亚	起亚	起亚 K3 PHEV	A级轿车	DCT6	166,800	175,800
9月5日	广汽丰田	丰田	iA5	A级轿车	AT1	169,800	192,800
9月5日	吉利汽车	领克	领克 02 PHEV	SUV	DCT7	169,700	199,700
9月5日	吉利汽车	领克	领克 03 PHEV	A级轿车	DCT7	168,700	198,700
9月5日	奇瑞汽车	捷途	捷途 X70S EV	SUV	AT1	149,800	169,800
9月11日	东风本田	本田	艾力绅 混动	MPV	ECVT	294,800	328,800
9月19日	北汽新能源	北京	北汽 EU7	B级轿车	AT1	159,900	175,900
9月28日	江淮大众	思皓	思皓 E20X	SUV	AT1	128,000	138,000
10月17日	广汽乘用车	传祺	埃安 LX	SUV	AT1	249,600	279,600
10月22日	东风启辰	启辰	启辰 e30	SUV	AT1	61,800	74,800
10月24日	比亚迪汽车	比亚迪	比亚迪 E3	A级轿车	AT1	103,800	199,800
10月25日	比亚迪汽车	比亚迪	宋 MAX EV	MPV	AT1	179,800	199,800
10月29日	国机智骏	智骏	智骏 GC1	A00级轿车	AT1	68,800	83,800
10月29日	国机智骏	智骏	智骏 GC2	A00级轿车	AT1	65,800	81,800
10月29日	国机智骏	智骏	智骏 GX5	SUV	AT1	115,800	139,800
10月29日	一汽大众	大众	e-宝来	A级轿车	AT1	136,800	168,800
10月30日	东风本田	思铭	思铭 X-NV	SUV	AT1	169,800	179,800
11月4日	北京现代	现代	昂希诺 EV	SUV	AT1	172,800	198,800
11月5日	长安汽车	长安	欧尚长行 EV	MPV	AT1	169,800	-
11月7日	北汽昌河	昌河	北斗星 EC100	A00级轿车	AT1	45,800	49,800
11月7日	广汽菲克	Jeep	指挥官 PHEV	SUV	ECVT	309,800	322,800
11月8日	北京奔驰	梅赛德斯奔驰	奔驰 EQC	SUV	AT1	563,800	606,800
11月11日	赛麟汽车	赛麟	迈迈	A00级轿车	AT1	158,800	168,800
11月18日	一汽大众	奥迪	奥迪 Q2L e-tron	SUV	AT1	226,800	237,300
11月22日	上海汽车	MG	MG eHS	SUV	TIP10	189,800	219,800
11月22日	长城汽车	WEY	WEY VV7 PHEV	SUV	DCT7	219,800	256,800
11月22日	北京奔驰	梅赛德斯奔驰	E级 eL	C级轿车	TIP9	509,800	-
11月22日	比亚迪戴姆勒	腾势	腾势 X EV	SUV	AT1	319,800	357,800
11月22日	比亚迪戴姆勒	腾势	腾势 X PHEV	SUV	DCT6	289,800	319,800
11月22日	东风渝安	东风	风光 E1	SUV	AT1	61,800	149,800
11月22日	东风渝安	东风	风光 E3 增程版	SUV	AT1	139,800	159,800
11月22日	上海汽车	荣威	荣威 RX5 MAX PHEV	SUV	CVT	195,800	235,800
11月22日	威马汽车	威马	威马 EX6 Plus	SUV	AT1	239,900	-
11月28日	东风启辰	启辰	启辰 T60 EV	SUV	AT1	138,800	156,800
11月30日	广汽本田	本田	皓影 HEV	SUV	ECVT	209,800	252,800
12月10日	长安汽车	长安	长安 E-Pro	SUV	AT1	106,900	126,900
12月12日	雷丁汽车	雷丁	雷丁 i9	SUV	AT1	115,800	-
12月19日	爱驰汽车	爱驰	爱驰 U5	SUV	AT1	197,900	292,100

表 3　2019 中国汽车经销商集团百强

排名	公司名称	营业总收入（亿元）	总销量（台，含二手车）
1	广汇汽车服务集团股份公司	1704.56	1225060
2	中升集团控股有限公司	1240.43	527100
3	利星行汽车	856.51	258316
4	永达集团	763.87	238677
5	恒信汽车集团股份有限公司	592.74	288340
6	上海汽车工业销售有限公司	581.06	422068
7	国机汽车股份有限公司	521.62	167069
8	浙江物产元通汽车集团有限公司	469.70	297570
9	大昌行集团有限公司	436.60	144503
10	江苏万帮金之星车业投资集团有限公司	419.70	111235
11	北京北汽鹏龙汽车服务贸易股份有限公司	381.47	61202
12	北京运通国融投资集团有限公司	361.45	131565
13	中国正通汽车服务控股有限公司	351.38	118921
14	广物汽贸股份有限公司	337.61	313434
15	长久汽车投资有限公司	335.72	184341
16	深圳市东风南方实业集团有限公司	324.68	242942
17	贵州通源集团	278.39	91533
18	利泰集团有限公司	232.84	144032
19	庞大汽贸集团股份有限公司	222.55	113385
20	山东远通汽车贸易集团有限公司	219.71	121923
21	浙江宝利德股份有限公司	216.02	54790
22	广汽商贸有限公司	200.59	139636
23	四川华星汽车集团有限公司	198.08	57236
24	润华集团股份有限公司	179.14	118115
25	仁孚汽车（中国）有限公司	173.83	42377
26	河南威佳汽车贸易集团有限公司	172.59	114695
27	中国美东汽车控股有限公司	162.10	53739
28	森那美汽车实业有限公司	154.89	36238
29	北京奥吉通投资（集团）有限公司	152.16	63302
30	北京惠通陆华汽车销售有限公司	151.46	43621
31	湖南永通集团有限公司	140.72	71512
32	欧龙汽车贸易集团有限公司	137.35	46348
33	广东鸿粤汽车销售集团有限公司	132.64	46156

（续表 1）

排名	公司名称	营业总收入（亿元）	总销量（台，含二手车）
34	中国和谐汽车控股有限公司	130.02	36604
35	北京祥龙博瑞汽车服务（集团）有限公司	127.57	54951
36	远方汽车贸易集团有限公司	124.28	61449
37	厦门建发汽车有限公司	115.17	22578
38	湖南兰天集团有限公司	114.46	70102
39	河北诚实实业集团有限公司	113.74	29027
40	万友汽车投资有限公司	105.59	99841
41	力天集团有限公司	105.38	20486
42	蓝池集团有限公司	104.70	83222
43	保定轩宇汽车集团有限公司	99.18	37570
44	宁波轿辰集团股份有限公司	98.46	41328
45	山东广潍集团有限公司	98.45	78611
46	新丰泰集团控股有限公司	95.25	33456
47	天津捷通达汽车投资集团有限公司	94.74	60540
48	华宏汽车集团有限公司	94.69	45991
49	厦门信达国贸汽车集团股份有限公司	94.06	41806
50	临沂易通汽贸有限公司	92.61	62815
51	绿地汽车服务（集团）有限公司	91.52	36966
52	广东合诚集团有限公司	82.82	40320
53	安徽亚夏实业股份有限公司	80.10	52368
54	上海览海汽车发展有限公司	78.41	33135
55	湖南九城投资集团有限公司	76.00	54274
56	重庆商社汽车贸易有限公司	75.67	50175
57	沈阳大众企业集团有限公司	75.61	48470
58	无锡商业大厦集团东方汽车有限公司	73.14	33652
59	山西大昌汽车集团有限公司	72.20	35448
60	上海申华晨宝汽车有限公司	71.90	21478
61	江苏明都汽车集团有限公司	70.90	37704
62	广州南菱汽车股份有限公司	69.80	44370
63	重庆百事达汽车有限公司	68.48	43667
64	北京嘉华基业投资有限公司	65.04	21825
65	湖南力天汽车集团有限公司	63.13	22946
66	广西玉柴物流集团有限公司	61.49	22209
67	红旭集团股份公司	61.34	34533

（续表 2）

排名	公司名称	营业总收入（亿元）	总销量（台，含二手车）
68	湖南申湘汽车星沙商务广场有限公司	60.78	38498
69	广东庆丰汽车集团有限公司	58.33	20801
70	苏州华成集团有限公司	58.29	31245
71	业乔投资（集团）有限公司	58.00	17670
72	江苏天泓汽车集团有限公司	57.49	35807
73	常州外事旅游汽车集团有限公司	57.34	32200
74	河北省国和投资集团有限公司（汽车业务）	57.24	35580
75	成都三和企业集团有限公司	54.82	24067
76	广东新协力集团有限公司	54.06	50434
77	山东银座汽车有限公司	52.73	19511
78	江苏伟杰投资实业有限公司	51.80	18800
79	陕西省汽车贸易公司	51.76	65397
80	广东有道汽车集团股份有限公司	51.10	39272
81	河南锦鸿汽车集团有限公司	50.52	32679
82	五洲汽车商贸集团有限公司	50.46	37044
83	泉州华奥汽车销售集团	46.71	17713
84	吉林省华阳集团有限公司	46.63	21966
85	山东大友集团有限公司	45.70	22133
86	武汉建银华盛集团股份有限公司	43.99	20197
87	裕隆（中国）汽车投资有限公司	43.30	26592
88	重庆金菱汽车（集团）有限公司	42.68	28177
89	江苏海鹏投资集团有限公司	40.89	27331
90	江西国力汽车集团有限公司	40.15	30908
91	北京巴士海依捷汽车服务有限责任公司	39.71	18939
92	江苏华海汽车销售集团有限公司	38.18	27026
93	江苏益昌集团有限公司	35.62	15496
94	辽宁惠华新业贸易集团有限公司	35.18	18123
95	上海协通集团汽车管理有限公司	34.13	18871
96	四川新东信企业管理有限公司	33.87	10700
97	河南宏冠达实业集团有限公司	30.69	27834
98	东风鸿泰汽车销售有限公司	29.97	31247
99	浙江禾众汽车企业管理集团有限公司	29.89	18299
100	国北汽车控股有限公司	29.02	13015

表4 2019中国汽车经销商百强卓越经销店

经销商名称	所属集团
长沙美东雷克萨斯汽车销售服务有限公司	中国美东汽车控股有限公司
厦门美东汽车销售服务有限公司	中国美东汽车控股有限公司
吴江庆丰雷克萨斯汽车销售服务有限公司	广东庆丰汽车集团有限公司
南通东方嘉宇雷克萨斯汽车销售服务有限公司	无锡商业大厦集团东方汽车有限公司
常州外汽永豪汽车销售服务有限公司	常州外事旅游汽车集团有限公司
江苏华海和成汽车销售有限公司	江苏华海汽车销售集团有限公司
北京英华五方汽车销售服务有限公司	北京嘉华基业投资有限公司
广州长悦雷克萨斯汽车销售服务有限公司	广汽商贸有限公司
佛山市汇恒雷克萨斯汽车销售服务有限公司	利泰集团有限公司
江西华宏名驰汽车有限公司	华宏汽车集团有限公司
义乌欧龙汽车销售服务有限公司	欧龙汽车贸易集团有限公司
泰州市海驰汽车销售服务有限公司	江苏海鹏投资集团有限公司
株洲九城汽车销售服务有限公司	湖南九城投资集团有限公司
岳阳市美宝行汽车销售服务有限公司	中国美东汽车控股有限公司
镇江东方美亚雷克萨斯汽车销售服务有限公司	无锡商业大厦集团东方汽车有限公司
江西华宏星汽车有限公司	华宏汽车集团有限公司
清远美东雷克萨斯汽车销售服务有限公司	中国美东汽车控股有限公司
嘉兴合信汽车销售服务有限公司	大昌行集团有限公司
达州市美威行汽车销售有限公司	四川新东信企业管理有限公司
怀化永通汽车销售服务有限公司	湖南永通集团有限公司
江西华宏众汽车有限公司	华宏汽车集团有限公司
衡阳市美宝行汽车销售服务有限公司	中国美东汽车控股有限公司
丹东业乔宏星汽车销售服务有限公司	业乔投资（集团）有限公司
广州市南菱广盛汽车有限公司	广州南菱汽车股份有限公司
宿迁天泓雷克萨斯汽车销售服务有限公司	江苏天泓汽车集团有限公司
怀化永通华峰汽车销售服务有限公司	湖南永通集团有限公司
宁波轿辰众捷汽车销售服务有限公司	宁波轿辰集团股份有限公司
成都怡星仁孚汽车服务有限公司	仁孚汽车（中国）有限公司
张家口联润美迪汽车销售有限公司	河北诚实实业集团有限公司
常德华运通丰田汽车销售服务有限公司	湖南永通集团有限公司
北京花园桥雷克萨斯汽车销售服务有限公司	北京巴士海依捷汽车服务有限责任公司
深圳广物君奥汽车销售服务有限公司	广物汽贸股份有限公司
湖南永通华诚汽车销售服务有限公司	湖南永通集团有限公司
海盐禾众汽车销售服务有限公司	浙江禾众汽车企业管理集团有限公司
广州市南菱汽车城汽车销售有限公司	广州南菱汽车股份有限公司
江西长久世达汽车销售服务有限公司	长久汽车投资有限公司
长治市大昌汽车销售服务有限公司	山西大昌汽车集团有限公司
临沂通宝行汽车销售服务有限公司	临沂易通汽贸有限公司
上海协通丰田汽车销售服务有限公司	上海协通集团汽车管理有限公司
西安钧盛雷克萨斯汽车销售服务有限公司	新丰泰集团控股有限公司
广州市大吉汽车销售服务有限公司	广州南菱汽车股份有限公司
临沂佳骏汽车销售服务有限公司	临沂易通汽贸有限公司
遵义仁孚汽车服务有限公司	仁孚汽车（中国）有限公司
无锡神龙汽车销售服务有限公司	无锡商业大厦集团东方汽车有限公司
苍南宝隆汽车销售服务有限公司	五洲汽车商贸集团有限公司
沈阳汇升汽车销售有限公司	沈阳大众企业集团有限公司
石家庄宝翔行汽车销售服务有限公司	北京嘉华基业投资有限公司
本溪汇丰汽车销售服务有限公司	沈阳大众企业集团有限公司
清远市南菱星晖汽车有限公司	广州南菱汽车股份有限公司
济南大友宝汽车销售服务有限公司	山东大友集团有限公司

（续表）

经销商名称	所属集团
佛山市广物君乐汽车销售服务有限公司	广物汽贸股份有限公司
温州市力捷汽车销售服务有限公司	力天集团有限公司
义乌市东昌汽车销售服务有限公司	力天集团有限公司
梧州市广物汽车销售服务有限公司	广物汽贸股份有限公司
曲靖宝捷汽车销售有限公司	天津捷通达汽车投资集团有限公司
泰安金岳骏捷汽车销售服务有限公司	山东新岳海汽车控股有限公司
北京运通博裕丰田汽车销售服务有限公司	北京运通国融投资集团有限公司
泰安金岳嘉信汽贸有限公司	山东新岳海汽车控股有限公司
湖南九城上通汽车销售服务有限公司	湖南九城投资集团有限公司
常州外汽东本汽车销售服务有限公司	常州外事旅游汽车集团有限公司
临沂力虎汽车销售服务有限公司	力天集团有限公司
上海协通百联汽车销售服务有限公司	上海协通集团汽车管理有限公司
天津市美利丰汽车销售服务有限公司	天津捷通达汽车投资集团有限公司
南通嘉华汽车销售服务有限公司	江苏益昌集团有限公司
徐州一豪雷克萨斯汽车销售服务有限公司	常州外事旅游汽车集团有限公司
辽宁奥通汽车销售服务有限公司	
山西大昌宏源汽车销售服务有限公司	山西大昌汽车集团有限公司
天津荣宝行汽车销售服务有限公司	天津捷通达汽车投资集团有限公司
潍坊广宝汽车销售服务有限公司	山东广潍集团有限公司
天津通达津宝汽车维修服务有限公司	天津捷通达汽车投资集团有限公司
江苏天泓凯帝汽车服务有限公司	江苏天泓汽车集团有限公司
余姚轿辰雷克萨斯汽车销售服务有限公司	宁波轿辰集团股份有限公司
温州华科欧龙汽车销售服务有限公司	欧龙汽车贸易集团有限公司
贵州万友汽车销售服务有限公司	万友汽车投资有限公司
湘潭市宝盛汽车销售服务有限公司	湖南九城投资集团有限公司
甘肃新丰泰汽车销售服务有限公司	新丰泰集团控股有限公司
深圳深业雷克萨斯汽车销售服务有限公司	大昌行集团有限公司
贵州万福汽车销售服务有限公司	万友汽车投资有限公司
宁波轿辰宝晨汽车销售服务有限公司	宁波轿辰集团股份有限公司
广州本田汽车第一销售有限公司	广汽商贸有限公司
温州力宝行汽车销售服务有限公司	力天集团有限公司
广东粤奥汽车销售服务有限公司	广物汽贸股份有限公司
北京森华通达汽车销售服务有限公司	北京嘉华基业投资有限公司
临海市祥龙汽车有限公司	欧龙汽车贸易集团有限公司
成都三和丰田汽车销售服务有限公司	成都三和企业集团有限公司
滨州宝通汽车销售服务有限公司	远方汽车贸易集团有限公司
兰州新丰泰汽车销售有限责任公司	新丰泰集团控股有限公司
辽宁惠华集团朝阳汽车销售服务有限公司	辽宁惠华新业贸易集团有限公司
陕西新丰泰迎宾汽车销售服务有限公司	新丰泰集团控股有限公司
成都三和汽车技术有限公司－英菲	成都三和企业集团有限公司
成都合力创汽车销售服务有限公司	北京惠通陆华汽车销售有限公司
广州合亿汽车贸易有限公司	大昌行集团有限公司
江西华美汽车服务有限公司	华宏汽车集团有限公司
北京运通嘉奥汽车销售服务有限公司	北京运通国融投资集团有限公司
广西鑫广达博远汽车销售服务有限公司	长久汽车投资有限公司
武汉市神龙鸿泰汽车销售服务有限公司沌口分公司	东风鸿泰汽车销售有限公司
江苏天泓华奥汽车销售服务有限公司	江苏天泓汽车集团有限公司
广西南奥汽车销售服务有限公司	长久汽车投资有限公司
苏州宏泰汽车销售服务有限公司	苏州华成集团有限公司
南通益昌汽车销售服务有限公司	江苏益昌集团有限公司

表 5　2019 年中国二手车经销商百强

排名	企业名称
1	深圳市澳康达名车广场有限公司
2	厦门动力原汽车服务有限公司
3	上海车煌资产管理有限公司
4	广东千里发名车汇二手车经营有限公司
5	北京尚车汽车销售有限公司
6	东莞市中亿二手车经纪有限公司
7	杭州百优卡网络科技有限公司
8	西安大诚行二手车经销有限公司
9	宁波鄞州泛洋盛二手车经纪有限公司
10	杭州协合汽车服务有限公司
11	广东骏威龙汽车贸易有限公司
12	东莞市进达二手车经销有限公司
13	佛山市迈卡易汽车销售服务有限公司
14	京北会科技集团股份有限公司
15	浙江元通二手车有限公司
16	杭州良森汽车销售服务有限公司
17	上海华驭二手机动车经营有限公司
18	郑州美驰二手机动车经纪有限公司
19	上海博珏汽车服务有限公司
20	宁波互生升汽车经纪有限公司
21	北京伯浩天旧机动车经纪有限公司
22	华宏质选二手车有限公司
23	安徽明鑫汽车贸易有限公司
24	上海美天迈二手车经营有限公司
25	上海睿选汽车销售有限公司
26	杭州帅车网络科技有限公司
27	北京甘鑫胜金旧机动车经纪有限公司
28	长沙市创世界二手车销售有限公司
29	河北东创汽车服务有限公司
30	福建省煌晟汽车贸易有限公司
31	青岛中信达名车广场
32	车王（中国）二手车经营有限公司
33	重庆纪泰汽车销售有限公司
34	青岛卡乃驰恒程致远汽车销售服务有限公司
35	烟台市淘车帮二手车交易市场有限公司
36	现代首选二手车经营有限公司
37	长沙大驾光临二手车经纪有限公司
38	唐山小松旧机动车交易有限公司
39	成都捌陆品值二手车经销有限公司
40	长沙瑞祥汽车贸易有限公司
41	武汉卡乃驰金三鑫汽车销售服务有限公司
42	重庆市环宇汽车销售有限责任公司
43	宁波卡乃驰车俱会汽车销售服务有限公司
44	湖南三川汽车销售有限公司
45	贵州新利达汽车服务有限公司
46	重庆市杰程汽车经纪有限公司
47	长沙县星沙镇鸿顺二手车
48	苏州博豪汽车贸易有限公司
49	贵州艾欧柒汽车服务有限公司
50	深圳博豪汽车销售服务有限责任公司

（续表）

排名	企业名称
51	广潍集团精品二手车展厅
52	沈阳市奥驰二手车有限公司
53	宁波中基优车信息科技有限公司
54	锦州市众盛合汽车销售服务有限公司
55	石家庄万选商贸有限公司
56	济南中泰尊选汽车销售有限公司
57	温州浙业二手车交易有限公司
58	南京首佳汽车销售服务有限公司
59	长沙献文名车行
60	宁波港城名车经纪有限公司
61	佛山广物汇和汽车服务有限公司
62	贵阳车柏乐二手车服务有限公司
63	重庆天翔汽车经纪有限公司
64	贵州新七强汽车服务有限公司
65	重庆柳博汽车销售服务有限公司
66	贵州鸿溢宝驰汽车服务有限公司
67	贵阳顺捷二手车经营有限公司
68	大同市平城区同辉二手名车广场有限责任公司
69	武汉永诚兴业机动车鉴定评估有限公司
70	四川海川伟业汽车销售有限公司
71	贵阳花溪新浩峰汽车贸易有限公司
72	壹车壹品汽车服务有限公司
73	贵阳远恒丰汽车服务有限公司
74	南通艾普汽车销售有限公司
75	湖北博尼汽车商贸有限公司
76	重庆豪恩汽车销售有限公司
77	贵阳地奥汽车销售有限公司
78	贵州车智鉴汽车服务有限公司
79	遵义市大金和汽车贸易有限公司
80	海南诚成互生汽车销售服务有限公司
81	河北荣恒汽车销售有限公司
82	贵阳白云过富二手车服务有限公司
84	贵州省毕节市四禾贸易有限公司
85	南宁威佳汽车服务有限公司
86	贵州好居车汽车销售有限公司
87	贵州业飞汽车服务有限公司
88	上海隆顺二手机动车经营有限公司
89	成都汇众二手车经纪有限公司
90	南宁市车力都二手车交易有限公司
91	成都卡卡二手车经营有限公司
92	贵阳云拓汽车服务有限公司
93	贵阳花溪杨健恒泰车行
94	长春金鑫名车
95	洛阳天利汽车销售有限公司
96	长沙市天心区车趣二手车行
97	上海岳瀚旧机动车经纪有限公司
98	成都天宝二手车经销有限公司
99	湖南壹零二手车销售服务有限公司
99	常熟市大龙旧机动车经销有限公司
100	烟台嘉裕二手车交易有限公司

表 6 全国汽车流通行业协（商）会合作组织

单位名称	地址	电话	传真
中国汽车流通协会	北京市海淀区西三环北路 72 号世纪经贸大厦 A 座 23 层	010—53561247	010—53561248
天津市汽车流通行业协会	天津市南开区长江道 495 号（奥迪 4S 店后院一楼）	022—27651386	022—27651386
上海市汽车服务行业协会	上海市徐汇区东安路 239 号四楼	021—64181869	021—64181869
上海市汽车销售行业协会	上海市虹口区唐山路 535 号 2 楼	021—65370515	021—65370515
重庆市汽车商业协会	重庆市渝北区红锦街 2 号加州总商会大厦 11 － 8	023—68808116	-
黑龙江省汽车流通行业协会	黑龙江省哈尔滨市道里区经纬五道街 16 号	0451—84227211	0451—84227211
黑龙江省汽车商会	黑龙江省哈尔滨市道外区先锋路 2 号 6 号楼百强车管所 3 层	0451-87606081	0451-84801208
吉林省汽车流通协会	吉林省长春市皓月大路 1058 号	0431—81087327	0431—81087327
沈阳汽车流通协会	吉林省沈阳市浑南新区三义街 6—1 号（天水 E 城 1603）	024—23663298	024—23663298
河北省汽车流通行业协会	河北省石家庄市北二环东路 68 号亚龙花园对过	0311—85665630	-
山东省汽车流通协会	山东省济南市槐荫区经十西路 239 号润华商务奔驰 2 楼 201 室	0531—87985346	0531—87985346
山西省汽车流通商会	山西省太原市小店区长风街 125 号百盛大厦 A 坐 30 层	0351—7998328	0351—7998328
江苏省汽车交易管理协会	江苏省南京市秦淮区中山东路 402 号新时代大厦六楼	025-84783692	025—84519060
湖北省汽车流通协会	湖北省武汉市江汉北路 8 号金茂大楼 1404 室、武汉市江岸区解放大道 1511 号化工大厦 1103	027-84867777	027-85803330
贵州省汽车汽配行业商会	贵州省贵阳市南明区四方河山水黔城七组团 8-1-604 号	0851—5101868	-
湖南省汽车商会	湖南省长沙市蔡锷南路 119 号五号楼 511 室	0731-84406578	0731-84406562
福建省汽车流通协会	福建省福州市鼓楼区东浦路湖前大井 138 号	0591-87725717	0591-87725716
乌鲁木齐市新市区汽车流通商会	新疆维吾尔自治区乌鲁木齐鲤鱼山北路 1 号赛博特国际汽车城 E 区 6 栋 304 号	0991—6678906	0991—6678906
广东省汽车流通协会	广东省广州市越秀区水荫路 52 号大院 9 号楼 802 室	020-37600301	020-37608331
陕西省汽车行业协会	陕西西安市高新区沣惠南路 20 号华晶广场 B 座 1106 室	029-82600326	029-62669076
江西省汽车流通协会	江西省南昌市清云谱区迎宾大道 1086 号	0791-85295056	-
宁夏汽车流通行业协会	宁夏回族自治区银川市兴庆区绿地 21 城 C 区 10 号	0951-7653075	0951-5602122
广西汽车流通协会	广西省南宁市白沙大道 30 号	0771-4892611	0771-4892622
长春市汽车流通协会	吉林省长春市普阳街 3083 号	0431-87666867	
白山市汽车流通协会	吉林省白山市北安大街 362 号	0439-8607966	0439-3235566
大连市汽车流通协会	辽宁省大连市沙河口区中山路 480 号	0411-39795566	0411-33979599
潍坊市汽车协会	山东省潍坊市胜利东街 287 号	0536—8566360	-
寿光市汽车行业协会	山东省潍坊市寿光市圣城西街 666 号	0536-5500060	0536-5675111
珠海汽车流通协会	广东省珠海大道南屏科技园华科汽车展览中心二楼	0756-8829048	0756—8917111
佛山市机动车经营行业协会	广东省佛山市禅城区佛山大道中 38 号佛山车城主楼 2 楼	0757-83831122	0757-83816608
宁波市汽车流通协会	浙江省宁波市江东区江南路 168 号 C 区 306	0574-55127799	0574-55127696
三明市汽车流通协会	福建省三明市乾龙新村 229 幢闽中汽车城综合楼三楼	0598-8219388	0598-8298808
广州市汽车服务业协会	广东省广州市黄浦大道西 668 号赛马场汽车城东区 22 号 2 楼	020-22224388	020-37584039
太原市汽车流通行业协会	山西省太原市新建路 68 号	-	0351—4220496
深圳市汽车经销商商会	广东省深圳市深南大道 3007 号国际科技大厦 1807—1808	0755—83279667	0755—83279645
济宁市汽车销售服务业协会	山东省济宁市红星中路 22 号	0537—2348506	0537—2348506
郑州市汽车流通行业协会	河南省郑州市花园北路西南角河南汽车贸易中心院内红楼二楼东	0371-63219666	-

表 7　中国汽车相关科研机构

单位名称	地址	电话	网址
中国汽车工业经济技术信息研究所	北京市海淀区北洼西里 19 号二层 A211 室	010-88121615	www.cnauto.com.cn
中国北方车辆研究所	北京 969 信箱 11 分箱	010-83808617	www.noveri.com.cn
清华大学汽车研究所	北京市海淀区清华园	010-62772515	-
北京市汽车研究所	北京市丰台区方庄南路 9 号院	010-67625111	www.bari.cn
北京特种机械研究所	北京市海淀区西四环北路 149 号	010-68386082	-
中国汽车技术研究中心	天津市东丽区先锋东路 68 号	022-84370000	www.catarc.ca.cn
天津市内燃机研究所	天津市南开区卫津路 92 号	022-27406447	-
天津市汽车研究所	天津经济技术开发区西区江泰路 26 号	022-58801537	-
中国第一汽车集团公司技术中心	吉林省长春市绿园区创业大街 1063 号	0431-82021262	www.rdc.faw.com.cn
机械工业第九设计研究院	吉林省长春汽车经济技术开发区创业大街 1958 号	0431-85125000	www.cjxjy.com
长春汽车车轮研究所	吉林省长春市宽城区青年路 4 号	0431-85805348	-
长春汽车工程研究发展中心	吉林省长春市东盛大街亚泰大街 2218 号		-
上海汽车工业总公司工程研究院	上海市逸仙路 50 号	021-65315097	-
上海交通大学发动机研究所	上海市东川路 800 号闵行机械楼群		-
泛亚汽车技术中心有限公司	上海市浦东新区龙东大道 3999	021-28902890	www.patac.com.cn
汉阳专用汽车研究所	湖北省武汉经济技术开发区沌阳大道 55 号	027-84398500	-
武汉市汽车研究所	湖北省武汉市汉阳区二桥东村 67 号	027-84841686	-
武汉市汽车车身附件研究所	湖北省武汉市硚口区古田五路 17 号（武汉三新材料孵化器 4-1 号）	027-82318175	www.whcfs.org
东风汽车工程研究院	湖北省武汉经济技术开发区东风大道特 1 号产品设计楼 1 层 102 室	027-84306945	-
沈阳轻型汽车研究所	吉林省沈阳市铁西区兴工北街 67 号	024-23383296	-
中国重型汽车集团公司技术发展中心	山东省济南市英雄山路 165 号		-
青岛重型专用汽车研究所	山东省青岛市四方区瑞昌路 141 号	0532-84962366	-
山东交通学院山东内燃机研究所	山东省济南市历城区桑园路 52 号	0531-88601738	-
机械工业第二设计研究院	浙江省杭州市下城区石桥路 338 号	0571-88151964	www.msi-cuc.com
重庆大学汽车工程学院汽车摩托车工程技术研究中心	重庆大学 A 区理科楼 5 楼	023-65106243	-
广西汽车拖拉机研究所	广西省柳州市鱼峰区阳旭路东 2 号	0772-83310533	-
中国北方发动机研究所	天津市北辰区永进道 96 号	022-58707675	-
洛阳拖拉机研究所	河南省洛阳市涧西区西苑路 39 号	0379-62690029	www.lts.ac.cn
四川省汽车产业技术研究院	四川省成都成龙大道二段 888 号总部经济港 F1—F2 栋	028-84813710	www.chengdu-aia.cn
中保研汽车技术研究院有限公司	北京市朝阳区李家坟 5 号祥龙博瑞东坝汽车园区	010-85563077	www.ciri.ac.cn
清华大学苏州汽车研究院	江苏省苏州市吴江区联杨路 139 号	0512-63936800	www.tsari.tsinghua.edu.cn
长春工业大学汽车工程研究院	吉林省长春市南湖校区办公楼 1426 室	0431-85716285	www.qcgcyjy.ccut.edu.cn
广汽研究院	广东省广州市番禺区化龙镇金山大道东路 668 号广汽研究院	020-22933888	www.gaei.cn
中国汽车工程研究院	重庆市北部新区金渝大道 9 号	023-68824060	www.caeri.com.cn
同济大学汽车学院汽车仿真技术研究所	上海市嘉定区曹安公路 4800 号．同济大学汽车学院	021-69583715	-
北京理工大学汽车研究所	北京海淀区中关村南大街 5 号	010-68911516	-
东风设计研究院	湖北省武汉经济技术开发区东风三路一号东合中心 A 座	027-84899482	-
国汽（北京）智能网联汽车研究院	北京市北京经济技术开发区荣华南路 13 号院 7 号楼 1-4 层 101	010-57705900	www.china-icv.cn
中国重汽集团设计研究院	山东省济南市高新区华奥路 777 号中国重汽科技大厦 13 层	0531-58062517	www.zqsjy.cn
国联汽车动力电池研究院	北京市怀柔区雁栖经济开发区兴科东大街 11 号	010-82255385	www.glabat.com
国汽（北京）汽车轻量化技术研究院	北京市顺义区仁和镇顺西南路 50 号 1 幢 108 室	010-50911079	-
吉林大学青岛汽车研究院	山东省青岛市李沧区楼山路 1 号	0532-68981166	www.jluauto.com

表 8　中国设置汽车相关专业高校

大学	院系	相关专业	地址	电话	网址
清华大学	车辆与运载学院	新能源汽车、新型动力、内燃动力、交通能源、汽车设计、汽车动力学、汽车安全、产业战略、智能汽车、车路协同、智慧信号、智能出行、特种车辆、特种动力、新型装备等	北京市海淀区清华园	010-62772515	www.tsinghua.edu.cn
浙江大学	能源工程学院	车辆工程	浙江省杭州市浙大路38号	0571-87951466	www.zju.edu.cn
同济大学	汽车学院	车辆工程、动力机械及工程、载运工具运用工程	上海市长安路4800号	021-69589204	www.tongji.edu.cn
山东大学	机械工程学院	机械制造及其自动化、机械设计及理论、机械电子工程、车辆工程	山东省济南市经十路17923号	0531-88395114	www.sdu.edu.cn
天津大学	机械工程学院	车辆工程、工业设计	天津市南开区卫津路92号	022-27406842	www.tju.edu.cn
湖南大学	机械与运载工程学院	车辆工程 、能源与动力工程	湖南省长沙市岳麓区麓山南路麓山门	0731-88822825	www.hnu.edu.cn
东北大学	机械工程与自动化学院	车辆工程、机械电子工程	吉林省沈阳市和平区文化路三巷11号	024-83687313	www.neu.edu.cn
福州大学	机械工程及自动化学院	车辆工程、机械工程、机械电子工程	福建省福州市福州大学城乌龙江北大道2号	0591-22866262	www.fzu.edu.cn
长安大学	汽车学院	交通运输系、车辆工程系、交通安全系、机电与动力工程系、物流工程系、汽车服务工程系	陕西省西安市南二环中段	029-82334458	www.xahu.edu.cn
吉林大学	汽车工程学院	工业设计（汽车造型）、工业设计（车身工程）、车身工程、设计艺术学、流体力学和工业设计工程	吉林省长春市人民大街5988 号	0431-85094027	www.jlu.edu.cn
东南大学	机械工程学院	车辆工程	江苏省南京江宁开发区东南大学路2号机械工程学院	025-52090520	www.seu.edu.cn
武汉大学	动力与机械学院	机械设计及理论、车辆工程	湖北省武汉市武昌区八一路299号	027-68756019	www.whu.edu.cn
重庆大学	汽车工程学院	车辆工程	重庆市沙坪坝区沙正街174号	023-65106243	www.cqu.edu.cn
北京理工大学	机械与车辆工程学院	车辆工程	北京市海淀区中关村南大街5号	010-68944115	www.bit.edu.cn
山东理工大学	交通与车辆工程学院	车辆工程、交通运输、交通工程	山东省淄博市张店区新村西路266号	0533-2786837	www.sdut.edu.cn
华东理工大学	机械与动力工程学院	机械制造及其自动化、虚拟样机与系统仿真、传感测控、车辆工程	上海市梅陇路130号	021-64252954	www.ecust.edu.cn
华南理工大学	机械与汽车工程学院	车辆工程	广东省广州市天河区五山路381号19号楼	020-87112488	www.scut.edu.cn

（续表 1）

大学	院系	相关专业	地址	电话	网址
华北理工大学	机械工程学院	工业工程、车辆工程	河北省唐山市曹妃甸新城渤海大道 21 号	021-64252954	www.ncst.edu.cn
上海理工大学	机械工程学院	车辆工程、机械工程	上海市军工路 516 号	021-55277040	www.usst.edu.cn
重庆理工大学	车辆工程学院	能源与动力工程（汽车发动机）、车辆工程、装甲车辆工程、汽车服务工程、车身造型设计	重庆市巴南区红光大道 69 号	023-62563098	www.cqut.edu.cn
天津理工大学	机械工程学院	汽车电子工程、新能源科学与工程	天津市西青区宾水西道 391 号	022-60214133	www.tjut.edu.cn
河南理工大学	机械与动力工程学院	车辆工程	河南省焦作市高新区世纪大道 2001 号	0391-83987511	www.hpu.edu.cn
安徽理工大学	机械工程学院	车辆工程	安徽省淮南市泰丰大街 168 号	0554-26668842	www.aust.edu.cn
湖南理工学院	机械工程学院	材料成型及控制工程专业	湖南省岳阳市湘北大道	0730-28640001	www.hnist.cn
哈尔滨理工大学	机械与动力工程学院	车辆工程	黑龙江省哈尔滨市南岗区学府路 52 号	0451-86390114	www.hrbust.edu.cn
武汉理工大学	汽车工程学院	热能与动力工程	湖北省武汉市珞狮路 122 号	027-87859017	www.whut.edu.cn
南京理工大学	机械工程学院	车辆工程	江苏省南京市孝陵卫 200 号	025-84315446	www.njust.edu.cn
太原理工大学	机械与运载工程学院	车辆工程	山西省太原市迎泽西大街 79 号	0351-26018818	www.tyut.edu.cn
长沙理工大学	汽车与机械工程学院	车辆工程、汽车服务工程	湖南省长沙市（雨花区）万家丽南路 960 号	0731-85258617	www.csust.edu.cn
青岛理工大学	机械与汽车工程学院	车辆工程、汽车服务工程、交通运输、交通工程	山东省青岛市黄岛区嘉陵江路 777 号	0532-85071060	www.qtech.edu.cn
哈尔滨工业大学（威海）	汽车工程学院	车辆工程、能源与动力工程、交通运输、交通工程	山东省威海市文化西路 2 号哈工大院内研究院一号楼南楼	0631-85687001	www.hit.edu.cn
安徽工业大学	机械工程学院	机械工程、车辆工程	安徽省马鞍山市马向路安工大东校区	0555-82315351	www.ahut.edu.cn
河北工业大学	机械学院车辆工程系	机械电子工程、车辆工程	天津市北辰区西平道 5340 号	022-60202050	www.hebut.edu.cn
浙江工业大学	机械工程学院	机械电子工程、车辆工程、工业工程	浙江省西湖区留和路 288 号	0571-88320114	www.zjut.edu.cn
沈阳工业大学	机械工程学院	车辆工程、新能源科学与工程、机械工程	辽宁省沈阳市铁西区兴华南街 58 号	024-25691488	www.sut.edu.cn

（续表 2）

大学	院系	相关专业	地址	电话	网址
长春工业大学	机电工程学院	车辆工程	吉林省长春延安大街 2055 号	0431-85717349	www.ccut.edu.cn
北京航空航天大学	交通科学与工程学院	车辆工程、载运工具运用工程、动力机械及工程、新能源汽车工程	北京市海淀区学院路 37 号	010-82316330	www.buaa.edu.cn
南京航空航天大学	能源与动力学院	车辆工程、机械设计及理论	江苏省南京市白下区御道街 29 号	025-84892448	www.nuaa.edu.cn
北京交通大学	机械与电子控制工程学院	车辆工程、能源与动力工程	北京市海淀区上园村 3 号	010-62256622	www.njtu.edu.cn
上海交通大学	机械与动力工程学院	车辆工程、新能源科学与工程	上海市华山路 1954 号	021-54740000	www.sjtu.edu.cn
西安交通大学	机械工程学院	机械电子工程、机械设计及理论、车辆工程	陕西省西安市咸宁西路 28 号	029-82665750	www.xjtu.edu.cn
大连交通大学	机车车辆工程学院	车辆工程	辽宁省大连市沙河口区黄河路 794 号	0411-84106969	www.djtu.edu.cn
兰州交通大学	新能源能与动力工程学院	新能源科学与工程	甘肃省兰州市安宁区安宁西路 88 号	0931-84938023	www.lzjtu.edu.cn
西南交通大学	机械工程学院	车辆工程	四川省成都市高新区西部园区西南交通大学	028-87600114	www.swjtu.edu.cn
重庆交通大学	机电与车辆工程学院	车辆工程	重庆市南岸区学府大道 66 号	023-62651999	www.cqjtu.edu.cn
山东交通学院	汽车工程学院	车辆工程专业、车辆工程（校企合作）、交通运输专业、能源与动力工程专业、汽车服务工程专业、汽车运用与维修技术	山东省济南市长清大学科技园海棠路 5001 号	0531-80687622	www.sdjtu.edu.cn
河南科技大学	车辆与交通工程学院	车辆工程、能源与动力工程、交通运输	河南省洛阳市西苑路 48 号河南科技大学校本部 77 号	0379-64231480	www.haust.edu.cn
北京科技大学	机械工程学院	机械工程、车辆工程、物流工程、工业设计	北京市海淀区学院路 30 号	010-62332365	www.ustb.edu.cn
华中科技大学	机械科学与工程学院	智能机械与机构创新设计、新能源汽车设计理论与方法、专用汽车设计与控制技术	湖北省武汉市洪山区珞喻路 1037 号	027-87542101	www.hust.edu.cn
北京信息科技大学	机电工程学院	机械设计制造及其自动化、工业设计、工业工程、车辆工程	北京市海淀区清河小营东路 12 号	010-82426906	www.bim.edu.cn
上海工程技术大学	机械与汽车工程学院	车辆工程、载运工具（汽车）运用工程	上海市龙腾路 333 号	021-67791000	www.sues.edu.cn
中国农业大学	工学院	车辆工程	北京市海淀区清华东路 17 号农大主楼 327	010-62736428	www.cau.edu.cn

表9 国内汽车生产企业

省份	单位名称	地址	电话	网址
北京市	北京汽车股份有限公司	北京市朝阳区东三环南路 25 号	010-56635828	www.baicmotor.com
	北京奔驰汽车有限公司	北京市亦庄经济开发区博兴路 8 号	010-67824888	www.bbac.com.cn
	北京现代汽车有限公司	北京市顺义区林河工业开发区顺通路 18 号	010-89490088	www.beijing-hyundai.com.cn
	北汽福田汽车股份有限公司	北京市昌平区沙河镇沙阳路	010-80722999	www.foton.com.cn
	北京新能源汽车股份有限公司	北京市大兴区采育镇经济开发区采和路 1 号	010-53970788	www.bjev.com.c
	北京宝沃汽车有限公司	北京市密云区西统路 188 号	400-688-1919	www.borgward.com.cn
	北京福田戴姆勒汽车有限公司	北京市怀柔区红螺东路 21 号	400-890-0977	www.aumantruck.com
	北京汽车制造厂有限公司	北京市顺义区仁和镇双河路南侧	0317-25605398	www.baw.com.cn
	北京中资燕京汽车有限公司	北京市房山区阎中大街 9 号	010-89313888	www.yanjingauto.com
天津市	天津一汽夏利汽车股份有限公司	天津市西青区京福公路 578 号一区	022-23807000	www.tjfaw.com
	天津一汽丰田汽车有限公司	天津市经济开发区第九大街 81 号	022-66230666	www.tftm.com.cn
	一汽华利（天津）汽车有限公司	天津市西青区京福公路 576 号	025-69592000	-
	天津美亚新能源汽车有限公司	天津市滨海高新区滨海科技园康泰大道 6 号	022-60913228	-
	天津比亚迪汽车有限公司	天津市武清区汽车零部件产业园天福路 2 号	022-82191888	-
	国能新能源汽车有限责任公司	天津滨海高新区滨海科技园日新道 188 号 1 号楼 1047 号	022-58955885	www.nevs.com
	天津美亚汽车制造有限公司	天津市滨海高新区滨海科技园康泰大道 6 号 1 号厂房	022-60913228	-
河北省	长城汽车股份有限公司	河北省保定市朝阳南大街 2266 号	0312-82197859	www.gwm.com.cn
	河北中兴汽车制造有限公司	河北省保定市建国路 860 号	400-6032-000	www.zxauto.com.cn
	河北长征汽车制造有限公司	河北省邢台市邢台县羊范龙冈经济开发区	0319-82591508	www.hebczqc.com
	上汽唐山客车有限公司	河北省唐山市唐海县曹妃甸新区临港产业园区十里海南路 29 号	0315-28791911	-
	河北诚诺新能源汽车有限公司	河北省承德市双滦区悦城华府 1 号综合楼 1606 室	0314-84320078	-
	河北中达凯专用车股份有限公司	河北省廊坊市永清县永清工业园区益田西路 20 号院内	0316-25691313	www.hbzdk.com.cn
	河北兴远专用车制造有限公司	河北省张家口市蔚县经济开发区工业街 9 号	0313-27198008	www.hbxyzyc.cn
山西省	山西省汽车工业集团有限责任公司	山西省太原市体育路 215 号	0351-27689031	-
	大运汽车股份有限公司	山西省运城空港经济开发区机场大道 1 号	0359-82537537	www.dayunmotor.com
内蒙古	北奔重型汽车集团有限公司	内蒙古自治区包头市装备制造产业园区兵工东路 9 号	0472-83119000	www.beiben.cn

（续表 1）

省份	单位名称	地址	电话	网址
内蒙古	内蒙古北方重型汽车股份有限公司	内蒙古自治区包头市稀土高新技术产业开发区	0472-82642409	www.chinanhl.com
	内蒙古赢丰汽车有限公司	内蒙古自治区东胜区装备制造基地通北三街 8 号	0477-83156838	-
	通辽市三峰电动汽车制造有限公司	内蒙古自治区通辽市科左中旗保康镇庄妃花园小区北数第 4 家	-	-
	内蒙古永欣旺新能源汽车有限公司	内蒙古自治区巴彦淖尔市临河区临河农村一分场	0478-27924999	-
	特雷克斯北方采矿机械有限公司	内蒙古自治区包头稀土高新技术产业开发区	0472-2642702	-
辽宁省	沈阳华晨汽车有限公司	辽宁省沈阳市高新区浑南产业区 55 号	024-31698624	-
	广汽日野（沈阳）汽车有限公司	辽宁省沈阳经济技术开发区开发大路 2 号	024-25779812	www.ghsmcchina.com
	沈阳飞机工业（集团）有限公司	辽宁省沈阳市皇姑区陵北街 1 号	024-86595919	www.sac.com.cn
	华晨雷诺金杯汽车有限公司	辽宁省沈阳市大东区东望街 39 号	024-31666666	www.renault-brilliance.com
	华晨宝马汽车有限公司	辽宁省沈阳市大东区山嘴子路 14 号	024-84556000	www.bmw-brilliance.cn
	辽宁曙光汽车集团股份有限公司	辽宁省丹东市振兴区鸭绿江大街 889 号	0415-84139272	www.sgautomotive.com
	丹东黄海汽车有限责任公司	辽宁省丹东市振兴区鸭绿江大街 889 号	0415-86224302	www.hhbuses.com
	沈阳华龙客车制造有限公司	辽宁省沈阳市大东区小河沿路 144 号	024-67913108	-
	上汽通用（沈阳）北盛汽车有限公司	辽宁省沈阳市大东区北大营街 15 号	024-88345678	-
吉林省	中国第一汽车集团公司	吉林省长春市绿园区东风大街 83 号	0431-85736138	www.faw.com.cn
	一汽客车有限公司	吉林省长春市经济开发区昆山路 3969 号	0431-84626519	www.fawbcc.com.cn
	一汽 - 大众汽车有限公司	吉林省吉林省长春市汽车产业开发区安庆路 5 号	0431-85990888	www.faw-vw.com
	一汽解放汽车有限公司	吉林省吉林省长春市汽车开发区东风大街 2259 号	0431-85732115	www.fawjiefang.com.cn
	一汽轿车股份有限公司	吉林省长春高新区蔚山路 4888 号	0431-85781535	www.fawcar.com.cn
	一汽专用汽车有限公司	吉林省长春市经济开发区兴隆大路 6333 号	0431-8459911	www.fawzq.com.cn
	一汽吉林汽车有限公司	吉林省吉林市高新开发区东山街 2888 号	0432-84641301	www.fawmc.com
	中国第一汽车集团有限公司新能源汽车分公司	吉林省净月经济开发区净月分团 72 号地锦竹西路 538 号	0431-81928083	www.faw-ev.com.cn
	长春一汽华凯汽车有限公司	吉林省长春市北湖科技开发区龙湖大路与中科大街交汇处高科技中心 B 区 532-A 室	0431-81179867	-
黑龙江省	一汽哈尔滨轻型汽车有限公司	黑龙江省哈尔滨市哈南工业新城核心区松花路 60 号	0451-85712029	www.yqhq.com
	哈飞汽车股份有限公司	黑龙江省哈尔滨市平房区烟台路 1 号	0459-28108188	-
	哈尔滨通联客车有限公司	黑龙江省哈尔滨市哈南工业新城核心区哈南第八大道 7 号	0451-58582059	-
	大庆沃尔沃汽车制造有限公司	黑龙江省大庆市高新区新兴大街 2 号	0459-28108188	-

（续表 2）

省份	单位名称	地址	电话	网址
上海市	上海汽车工业（集团）总公司	上海市武康路 390 号	021-22011888	www.saicgroup.com
	上海汇众汽车制造有限公司	上海市浦东南路 1493 号	021-58201188	www.shac.com.cn
	上海汽车集团股份有限公司	中国（上海）自由贸易试验区松涛路 563 号	021-22011888	www.china-sa.com
	上海通用汽车有限公司	上海市浦东金桥申江路 1500 号	021-28902890	www.saic-gm.com
	上海大众汽车有限公司	上海市安亭洛浦路 63 号	021-59561888	www.csvw.com
	上汽大通汽车有限公司	上海市杨浦区军工路 2500 号	021-60569999	www.saicmaxus.com
	上海申沃客车有限公司	上海市颛桥镇光中路 18 号	021-24160000	www.sunwinbus.com
	特斯拉（上海）有限公司	浦东新区南汇新城镇同汇路 168 号 D203A		www.tesla.cn
	上海万象汽车制造有限公司	上海市松江区书海路 999 号	021-67600664	www.tesla.cn
	中大汽车集团股份有限公司	上海市嘉定区沪宜公路 1158 号 15 楼	18921863879	–
江苏省	南京汽车集团有限公司	江苏省南京市中央路 331 号	025-83437788	www.nanqi.com.cn
	南京长安汽车有限公司	江苏省南京市溧水区永阳街道毓秀路 85 号	025-57219888	–
	长安马自达汽车有限公司	江苏省南京市江宁技术开发区苏源大道 66 号	025-51186221	www.changan-mazda.com.cn
	南京依维柯汽车有限公司	江苏省南京市玄武区黑墨营路 100 号	025-89627112	www.naveco.com.cn
	南京徐工汽车制造有限公司	江苏省南京市雨花台区铁心桥	0516-52891223	www.xcmgauto.com
	东华汽车实业有限公司	江苏省南京市鼓楼区芦席营 68 号	025-83556080	–
	金龙联合汽车工业（苏州）有限公司	江苏省苏州工业园区苏虹东路 288 号	0512-69565131	www.higer.com
	东风悦达起亚汽车有限公司	江苏省盐城市开放大道 18 号	0515-88279453	www.dyk.com.cn
	扬州亚星商用车有限公司	江苏省扬州市邗江汽车产业园潍柴大道 6 号	0514-87708303	www.yaxingcv.com
	南京南汽专用车有限公司	江苏省南京市秦淮区大明路 9 号	025-58058877	www.nqzyc.com
	奇瑞捷豹路虎汽车有限公司	江苏省常熟经济技术开发区路虎路 1 号	0512-52967000	www.cheryjaguarlandrover.com
	江苏敏安电动汽车有限公司	江苏省淮安经济技术开发区迎宾大道 8 号 503 室	0517-80889818	–
	徐州徐工汽车制造有限公司	江苏省徐州高新技术产业开发区珠江东路 19 号	0516-83189581	www.xcmgauto.com
	江苏仪征汽车制造厂	江苏省真州镇前进路 293 号	0514-83442882	–
	江苏五洲龙汽车有限公司	江苏省盐城经济技术开发区东环南路 69 号新能源园区 4 幢 202		–
	一汽解放汽车有限公司无锡锡柴汽车厂	江苏省无锡市滨湖区湖山路 43 号	0510-85996793	www.wxdew.com
	南京知行新能源汽车技术开发有限公司	江苏省南京经济技术开发区红枫科技园 A3 栋 201 室	025-26959200	www.byton.cn

（续表 3）

省份	单位名称	地址	电话	网址
浙江省	浙江吉利控股集团有限公司	浙江省杭州市滨江区江陵路1760号	4008-86-9888	www.geely.com
	浙江豪情汽车制造有限公司	浙江省临海市头门港新区吉利大道88号	0576-25161188	-
	浙江合众新能源汽车有限公司	浙江省嘉兴市桐乡市梧桐街道同仁路988号	0573-89806207	www.hozonauto.com
	威马汽车制造温州有限公司	浙江省温州市瓯江口产业集聚区管委会行政中心1号楼156室	0577-56607081	www.wm-motor.com
	东风裕隆商用汽车有限公司	浙江省萧山临江工业园区第二农垦场	0571-22969972	-
	东风能迪（杭州）汽车有限公司	浙江省杭州市沈半路171号	0571-88018875	www.dnd-motor.com
	浙江众泰汽车制造有限公司	浙江省永康市经济开发区北湖路9号	0579-89297306	-
	浙江零跑科技有限公司	浙江省杭州市滨江区物联网街451号1楼、6楼	0571-87235715	www.leapmotor.com
安徽省	安徽江淮汽车集团股份有限公司	安徽省合肥市东流路176号	0551-62296031	www.jac.com.cn
	奇瑞汽车股份有限公司	安徽省芜湖市经济技术开发区长春路8号	0553-27533303	www.chery.cn
	安徽安凯汽车股份有限公司	安徽省合肥市葛淝路1号	0551-62297706	www.ankai.com
	奇瑞商用车（安徽）有限公司	安徽省芜湖经济开发区长春路16号	0553-5842130	-
	陕汽淮南专用汽车有限公司	安徽省淮南经济技术开发区吉兴路	0554-83306011	www.sqhnzyc.com
福建省	东南（福建）汽车工业有限公司	福建省福州市闽侯县青口东南汽车城	0591-22766566	www.soueast-motor.com
	厦门金龙联合汽车工业有限公司	福建省厦门市集美区金龙路9号	0592-26371685	www.king-long.com.cn
	厦门金龙旅行车有限公司	福建省厦门市湖里区湖里大道69号（办公楼）	0592-25608960	www.xmjl.com
	福建省汽车工业集团云度新能源汽车股份有限公司	福建省莆田市涵江区江口镇石西村荔涵大道729号	0594-7597777	www.yudoauto.com
	中国重汽集团福建海西汽车有限公司	福建省永安市埔岭99号	0598-83819556	www.zqhaixi.com
	福建新龙马汽车股份有限公司	福建省龙岩经济开发区工业西路5号	0597-25203530	www.newlongma.com
江西省	江铃汽车股份有限公司	江西省南昌市青云谱区迎宾北大道509号	0791-85266178	www.jmc.com.cn
	江铃控股有限公司	江西省南昌市迎宾中大道319号	0791-83806666	www.landwind.com
	江西昌河汽车股份有限公司	江西省景德镇市珠山区新厂东路208号	0798-28462044	www.changheauto.com
	江铃陆风汽车有限责任公司	江西省南昌市迎宾中大道2111号江铃国际大厦12-14层	400-8833-666	www.landwind.com
	江西江铃集团新能源汽车有限公司	江西省南昌经济技术开发区庐山北大道（蛟桥镇）	0791-87378988	www.jmev.com
	江西博能上饶客车有限公司	江西省上饶经济开发区凤凰西大道18号	0793-28469576	www.srkc.com.cn
	九江昌河汽车有限责任公司	江西省九江市经济技术开发区前进西路555号	0798-28462768	-
山东省	中国重型汽车集团有限公司	山东省济南市高新技术产业开发区华奥路777号	0531-58062000	www.cnhtc.com.cn
	中国重汽集团济南卡车股份有限公司	山东省济南市市中区党家庄镇南首	0531-58067001	www.cnhtcpurch.com

（续表 4）

省份	单位名称	地址	电话	网址
山东省	中国重汽集团济南豪沃客车有限公司	山东省章丘市潘王路 19777 号	0531-58061218	www.cnhtcbus.co
	中国重汽集团青岛重工有限公司	山东省青岛高新技术产业开发区锦荣路 369 号	0532-284855297	www.sinotrukqingdao.com
	中通客车控股股份有限公司	山东省聊城市经济开发区黄河路 261 号	0635-28518080	www.zhongtongauto.com
	北汽福田公司诸城车辆厂	山东省诸城市经济开发区福田工业园	0536-26171839	rowor.foton.com.cn
	上汽通用东岳汽车有限公司	山东省烟台经济开发区长江路 118 号	0535-26966666	-
	荣成华泰汽车有限公司	山东省荣成市观海中路 111 号	0631-27589288	-
	一汽解放青岛汽车有限公司	山东省青岛市青岛汽车产业新城解放大道 100 号	0532-55659232	www.qdfaw.com
	日照中兴汽车有限公司	山东省日照市东港区菏泽北路 6 号	0633-82225531	-
	山东时风商用车有限公司	山东省高唐县汇鑫路 2 号	0635-83956490	-
	北汽黑豹（威海）汽车有限公司	山东省威海市文登经济开发区珠海东路 35 号	0631-28082179	www.heibao.cn
	山东国金汽车制造有限公司	山东省淄博市高新区政通路 135 号高创园 E 座 518 室	0533-23911789	www.guojinauto.com
	青岛中汽特种汽车有限公司	山东省青岛市城阳区祺阳路 1 号	0532-87869236	www.qt-group.com
	聊城中通新能源汽车装备有限公司	山东省聊城市经济技术开发区中华北路 9 号	0635-28518030	www.zhongtongnev.com
河南省	郑州日产汽车有限公司	河南省郑州市郑东新区莲湖路 3 号	0371-56199267	www.zznissan.com.cn
	郑州宇通集团有限公司	河南省郑州高新开发区长椿路 8 号	0371-66718262	www.yutong.com
	海马汽车有限公司	河南省郑州经济技术开发区航海东路 1689 号	0371-58622611	www.haima.com
	海马新能源汽车有限公司	河南省郑州经济技术开发区航海东路 1689 号	0371-58622611	www.haima.com
	河南森源重工有限公司	河南省长葛市魏武路 16 号	0374-26108087	www.senyuanhi.com
	洛阳中集凌宇汽车有限公司	河南省洛阳市洛龙区科技园区关林大道西段	0379-65937666	www.lingyu.com
	河南森源电动汽车有限公司	河南省许昌市示范区中原电气谷核心区留学人员创业园创业服务大楼	0374-26108087	www.senyuanev.com
湖北省	东风汽车有限公司	湖北省武汉市武汉经济技术开发区东风大道 10 号	027-84283677	www.dfl.com.cn
	东风汽车股份有限公司	湖北省襄阳市高新区东风汽车大道劲风路 3 幢	027-84287977	www.dfac.com
	宜昌中兴汽车有限公司	宜昌市猇亭区迎宾大道 8 号	0717-26622018	www.gaczx.cn
	神龙汽车有限公司	湖北省武汉市武汉经济技术开发区	027-84290395	www.dpca.com.cn
	东风小康汽车有限公司	湖北省十堰市东环路 1 号	0719-28310986	www.dffengguang.com.cn
	东风本田汽车有限公司	湖北省武汉经济技术开发区车城东路 283 号	027-84286114	www.wdhac.com.cn
	东风雷诺汽车有限公司	湖北省武汉市经济技术开发区黄金口产业园	027-84301561	www.dongfeng-renault.com.cn

（续表 5）

省份	单位名称	地址	电话	网址
湖北省	东风商用车有限公司	湖北省湖北省十堰市张湾区车城路 2 号	0719-28885555	www.dfcv.com.cn
	东风特汽（十堰）专用车有限公司	湖北省十堰经济开发区龙门沟工业园龙门二路 7 号	0719-28287260	www.dftq.net
	东风特种商用车有限公司	湖北省十堰市张湾区大炉子路 26 号	0719-28207003	-
	武汉中誉汽车有限公司	湖北省武汉市经济技术开发区 2 号工业区枫树四路	027-84258888	www.zhongyugroup.com
	湖北三江航天万山特种车辆有限公司	湖北省孝感市北京路 69 号	0712-82959682	www.wstech.com.cn
	华夏阳光湖北新能源汽车有限公司	湖北省襄阳市高新区追日路 2 号创业服务中心 408 室	0710-83128562	-
湖南省	湖南长丰猎豹汽车有限公司	湖南省永州市冷水滩区猎豹北路 68 号（原冷水滩城南张家铺）	0746-8662555	www.cfgcn.com
	常德中车新能源汽车有限公司	湖南省常德经济技术开发区德山镇株木山村乾明路 96 号	0736-7307508	www.bus-neoplan.com
	广汽三菱汽车有限公司	湖南省长沙经济技术开发区漓湘中路 15 号	0731-88198888	www.gmmc.com.cn
	湖南江南汽车制造有限公司	湖南省长沙经济技术开发区漓湘路 19 号	0731-88283055	www.zotye.com
	湖南凌岳新能源汽车有限公司	湖南省衡阳市珠晖区酃湖乡红卫农场内	-	-
	广汽菲亚特克莱斯勒汽车有限公司	湖南省长沙经济技术开发区映霞路 18 号	0731-89989101	www.gacfca.com
广东省	广州汽车集团股份有限公司	广东省广州市越秀区东风中路 448--458 号成悦大厦 23 楼	020-83151139	www.gagc.com.cn
	广汽丰田汽车有限公司	广东省广州市南沙区黄阁镇市南大道 8 号	020-39398888	www.gac-toyota.com.cn
	广汽日野汽车有限公司	广东省广州市从化明珠工业园区	020-32328888	www.ghmcchina.com
	广州汽车集团乘用车有限公司	广东省广州市番禺区金山大道东路 633 号	020-39206114	www.gacmotor.com
	珠海广通汽车有限公司	广东省珠海市金湾区三灶镇金湖路 16 号 1 号厂房 A 区	-	www.yinlongcdz.com
	广州汽车集团客车有限公司	广东省广州市白云区石沙路 451 号	020-36416399	www.gacbus.com
	本田汽车（中国）有限公司	广东省广州经济技术开发区东区开创大道 363 号	020-32288855	www.hondachina.com.cn
	珠海中诚新能源汽车有限公司	广东省珠海市唐家湾镇金同街 2039 号厂房一楼	-	-
	广州广日专用汽车有限公司	广东省广州高新技术产业开发区科学城科林路 1 号	020-82261308	www.gzepi-grisun.com
	东风日产乘用车公司	广东省广州市花都区风神大道 8 号	020-86888888	www.dongfeng-nissan.com.cn
	深圳东风汽车有限公司	广东省惠州大亚湾西区龙海一路 96 号	0755-27525261	www.sz-dfl.com
	广州小鹏汽车制造有限公司	广东省广州中新广州知识城九佛建设路 333 号 247 室	020-66806680	www.xiaopeng.com
	长安标致雪铁龙汽车有限公司	广东省深圳市龙华新区观澜观光路 1226 号	0755-23586389	www.ds.com.cn
	广州广汽比亚迪新能源客车有限公司	广东省广州市从化经济开发区明珠工业园明珠大道北 6 号	020-87868111	www.gb-bus.com
	恒大法拉第未来智能汽车（中国）集团有限公司	广东省广州市南沙区海滨路 171 号 9 楼	-	-

（续表 6）

省份	单位名称	地址	电话	网址
广西省	东风柳州汽车有限公司	广西省柳州市屏山大道 286 号	0772-83281316	www.dflzm.com
	上汽通用五菱汽车股份有限公司	广西省柳州市河西路 18 号	0772-83750185	www.sgmw.com.cn
	桂林客车工业集团有限公司	广西省桂林市苏桥经济开发区苏桥（工业）园广州街 9 号	0773-25836863	-
	广西汽车集团有限公司	广西省柳州市河西路 18 号	0772-83750442	www.wuling.com.cn
	柳州微型汽车厂	广西省柳州市河西路	0772-83750442	-
	广西申龙汽车制造有限公司	广西省南宁市邕宁区蒲兴大道 99 号	0771-26781955	www.gxyzgreen.com
	广西玉柴新能源汽车有限公司	广西省玉林市玉柴新城玉柴路西侧 6 号	0775-83102938	-
海南省	一汽海马汽车有限公司	海南省海口市金盘工业开发区	0898-66820333	www.hnmazda.com
重庆市	重庆长安汽车股份有限公司	重庆市江北区建新东路 260 号	023-67594008	www.changan.com.cn
	庆铃汽车（集团）有限公司	重庆市九龙坡区中梁山协兴村 1 号	023-65262233	www.qingling.com.cn
	重庆长安铃木汽车有限公司	重庆市巴南区鱼洞镇	023-66283285	www.changansuzuki.com
	上汽依维柯红岩商用车有限公司	重庆市经济技术开发区黄茅坪 B04 号地块	023-63112999	www.sih.cq.cn
	长安福特汽车有限公司	重庆市北部新区鸳鸯镇长福西路 1 号	023-67485389	www.ford.com.cn
	重庆瑞驰汽车实业有限公司	重庆市江北区复盛镇盛泰路 111 号	023-88216031	ruichiev.suning.com
	北京现代汽车有限公司重庆分公司	重庆市江北区鱼嘴镇现代大道 18 号	023-88562784	-
	重庆比速汽车有限公司	重庆市合川区土场镇银翔新城银翔大道 206 号	023-42661366	www.bisu-auto.com
	重庆理想智造汽车有限公司	重庆市北碚区蔡家岗镇凤栖路 12 号	400-686-0900	www.lixiang.com
	重庆众泰汽车工业有限公司	重庆市璧山区众泰路 1 号	400-8875858	www.cqzotye.cn
	力帆实业（集团）股份有限公司	重庆市两江新区金山大道黄环北路 2 号	023-61663050	www.lifan.com
四川省	四川汽车工业集团有限公司	四川省成都市经济技术开发区（龙泉驿区）北京路	028-85052391	www.yemaauto.com
	四川一汽丰田汽车有限公司	四川省成都市龙泉驿区经济技术开发区经开区南三路 222 号	028-88435012	www.sftm.com.cn
	四川现代汽车有限公司	资阳市雁江区城南工业集中发展区现代大道 1 号	028-26119003	www.schmc.com.cn
	一汽（四川）专用汽车有限公司	四川省成都经济技术开发区龙泉驿区汽车城大道 116 号	028-84556211	www.ssmvp.com
	四川野马汽车股份有限公司	四川省成都经济技术开发区（龙泉驿区）北京路 625 号	028-65987866	www.yemaauto.cn
	跑诗达新能源汽车有限公司	四川省成都市天府新区新兴街道天工大道 1280 号	028-62818245	www.polestar.com
	成都长江汽车有限公司	四川省成都市简阳市简阳工业集中发展区东区杨村坝	028-27010000	-
	四川比速汽车有限公司	四川省南充市嘉陵区南充新能源汽车产业园	023-42661366	-
	神龙汽车有限公司成都分公司	四川省成都经济技术开发区（龙泉驿区）汽车城大道一段 8 号	027-84290395	-

（续表 7）

省份	单位名称	地址	电话	网址
云南省	北汽云南瑞丽汽车有限公司	云南省德宏州瑞丽市畹町镇畹江路 99 号	0692-26669771	www.baicrl.com
	东风云南汽车有限公司	云南省昆明市嵩明县杨林经济技术开发区空港大道 6 号	0871-28181718	-
	云南五龙汽车有限公司	云南省昆明市高新区昌源北路 1388 号	0871-68331603	www.ynwlqc.com
	一汽红塔云南汽车制造有限公司	云南省曲靖市麒麟区南宁北路	0874-83140718	www.faw-hongta.com.cn
	云南合润奇瑞新能源汽车股份有限公司	云南省玉溪市红塔区研和工业园区	15887725570	-
	昆明客车制造有限公司	云南省昆明市西山区海口工业园区管委会二楼 206 号	0871-68223695	-
	江西江铃集团新能源汽车有限公司昆明分公司	云南省昆明市嵩明县杨林经济技术开发区空港大道 10 号	0871-67957617	-
贵州省	贵州安远新能源汽车有限公司	贵州省黔西南州安龙县龙广镇环城南路 11 － 1 号	13885916484	-
	贵州菲豹汽车制造有限公司	贵州省遵义市汇川区高坪镇工业园区内	0851-28917868	-
	贵州丹寨九鼎车辆制造有限公司	贵州省黔东南苗族侗族自治州丹寨县金钟开发区	0855-83940516	www.gzdzjdcl.com
	贵州航天特种车有限责任公司	贵州省遵义市播州区鸭溪镇金刀村	0851-28726900	www.httzc.com
陕西省	陕西汽车控股集团有限公司	陕西省西安市经开区泾渭工业园	029-86955952	www.sxqc.com
	陕汽集团商用车有限公司	陕西省宝鸡市高新开发区高新大道 172 号	0917-83370896	www.hsqc.com.cn
	比亚迪汽车有限公司	陕西省西安市高新区新型工业园亚迪路 2 号	029-88889999	www.bydauto.com.cn
	金龙汽车（西安）有限公司	陕西省西安经济技术开发区泾渭新城西金路西段 29 号	029-68947818	www.xianhiger.com
	陕西通家汽车股份有限公司	陕西省宝鸡市高新开发区汽车工业园孔明大道	0917-28765620	www.tongjiaauto.cn
	陕西通力专用汽车有限责任公司	陕西省宝鸡市岐山县蔡家坡镇蔡五路 8 号	0917-28569176	www.sxtongli.com
	陕西帝亚新能源汽车有限公司	陕西省渭南市高新技术产业开发区秦裕路 1 号	0913-28123163	-
	陕西蔚蓝新能源汽车有限公司	陕西省商洛市商州区杨峪河镇四合村	13991925068	www.weilanev.com
	西咸新区亿龙智能电动汽车股份有限公司	陕西省西咸新区秦汉新城周陵街办贺家东村 105 号	15929783108	-
	西安立丰新能源有限公司	陕西省西安市临潼区万年路中段路北 53 号	029-83886009	-
	华辇房车制造有限公司	陕西省宝鸡市岐山县蔡家坡镇东二路中段	0917-28569319	www.huanianfangche.com
	西安西沃客车有限公司	陕西省西安市阎良区经济开发区人民西路 109 号	029-68013000	-
甘肃省	兰州知豆电动汽车有限公司	甘肃省兰州市兰州新区中川镇空港循环经济园	0931-82146696	-
	兰州亚太新能源汽车有限公司	甘肃省兰州市兰州新区长江大道以北、昆仑山大道以东	0931-28479596	www.ytyccar.com
宁夏	南京金龙（宁夏）新能源汽车有限公司	宁夏灵武市羊绒园区三号路北侧嘉源路西侧（宁夏合丰源绒业有限公司院内）	025-56206717	-

表 10　大型汽车交易市场

名称	地址	电话
北京北辰亚运村汽车交易市场	北京昌平区北七家镇立汤路东侧（近地铁天通苑北站）	13910703249
北京酷车小镇	北京市朝阳区金蝉西路甲一号	010-67389668
金港汽车公园	北京市朝阳区金盏乡金盏大道 1 号	010-84334018
欧德宝汽车交易市场	北京市昌平区昌平路 347 号	010-84992171
北京国际汽车贸易服务园区	北京石景山古城西路 63 号	010-88921513
北京东方基业国际汽车城有限公司	北京市朝阳区姚家园路东口甲 1 号	010-51193333
北京市旧机动车交易市场有限公司	北京市丰台区南四环西路 123 号	010-83638888
新发地汽车交易市场	北京市丰台区南四环中路 260 号	010-87501812
天津滨海盛世国际汽车园	天津市津南区葛沽镇滨海汽车园	022-88717666
天津滨海国际汽车城	天津市滨海新区保税区天保大道 86 号	022-25762296
天津空港国际汽车园发展公司	天津自贸区（空港经济区）保航路 1 号航空产业支持中心	022-59096088
上海外高桥汽车交易市场有限公司	上海市外高桥保税区富特西一路 459 号 A 座	021-58666600
洲业投资（上海）有限公司	上海市闵行区中春路 7001 号明谷科技园 E 楼十三层	021-51132533
重庆汽博中心	重庆市渝北区金渝大道 99 号	023-89186250
重庆协信汽车公园有限公司	重庆市巴南区南彭街道南东路 1 号三单元 310	023-67029890
重庆保税港区开元国际汽车城	重庆市江北区海尔路 319 号	023-67632828
中国西部汽车城股份有限公司	四川省成都市佳灵路 53 号	028-85060394
成都宏盟二手车交易市场管理有限公司	四川省成都市双流区西航港街办大件路白家段 17 号	028-67039555
成都鑫博泰集团	四川省成都市武侯区府城大道西段 399 号天府新谷 8 号楼 2 单元 13 楼 1305	028-62610977
昆明车立方汽车交易市场	云南省昆明市官渡区金源大道 1 号世纪金源时代购物中心	0871-28589190
云南车行天下汽车服务有限公司	云南省昆明市北市区北辰大道中段	0871-25821733
云南世博汽车市场有限公司	云南省昆明市盘龙区白龙路 429 号	0871-25103999
昆明凯旋利车博汇	云南省昆明市官渡区广福路与官南大道交叉口南 200 米	0871-84644216
临沧国际汽车城	云南省临沧市临翔区临翔旗山花园 1 号楼	0883-82651222
大理泛亚汽车城	云南省大理市苍山路东 539	0872-82323876
昆明经开区国际汽车城	云南省昆明市经开区出口加工区海关大楼 4 楼 405 室	0871-28362699
深圳市深业车城	广东省深圳市罗湖区清水河三路 18	0755-22315520
珠海市众大利物资车业有限公司	广东省珠海市梅华西路 2370 号众大利二手车交易大楼	0756-28589388
深圳平方汽车城开发有限公司	广东省深圳市南山区兴海大道 1 号	0755-26887666
花都汽车城	广东省广州市花都区新华街车城大道 1 号	0756-36867700
佛山国际车城	广东省佛山市禅城区佛山大道中 83 号佛山国际车城	0757-82266288
华南汽车城	广东省佛山市南海区文华北路 4 号	400-910-0707
湛江车城服务有限公司	广东省湛江市赤坎区人民大道北 57 号	0759-83481081
湛江海田国际车城发展有限公司	广东省湛江市赤坎区海天路 16 号大埠综合楼 3 楼	0759-28217775
湖南大中南汽车经营有限公司	湖南省长沙经济技术开发区中南汽车世界博展路	0731-84088800
开利星空长沙国际汽车城	湖南省长沙市望城区雷锋大道 1389 号	4000-000-288
株洲汽车城	湖南省株洲市荷塘区红港路 1 号	0731-28861515
湖南弘高二手车市场交易管理有限公司	湖南省长沙市天心区芙蓉南路凯逸中央园著西北 120 米（原暮云国际汽车城）	0731-88890010

（续表 1）

名称	地址	电话
长沙麓谷汽车世界投资开发有限公司	湖南省长沙高新开发区文轩路 27 号麓谷企业广场科技金融大厦 22 层	0731-88982583
柳州风驰旧机动车交易市场	广西壮族自治区柳州市西环路 10 号	0722-82869996
广西圣路鑫资产管理有限公司	广西壮族自治区南宁市青秀区佛子岭路 6 号 c 座 5 楼	0771-25782329
玉林国际汽车城	广西壮族自治区玉林市玉州区常乐路	0775-83281188
贵州凯里汽车城	贵州省黔东南苗族侗族自治州凯里市凯开大道	0855-28585111
遵义宝源汽车市场	贵州省遵义市长沙路汽车城 A 区 1 层	0851-23139855
黔北国际汽车博览城	贵州省遵义市播州区遵南大道	400-818-0066
六盘水市旧机动车交易市场	贵州省六盘水市钟山大道德坞社区	0858-28329371
杭州汽车城	浙江省杭州市石祥路 589 号	0571-28887381
浙江世纪汽车市场	浙江省杭州市萧山区兴园路 118 号	0571-82836938
杭州理想车城有限公司	浙江省杭州市余杭区南苑街道迎宾路 588 号	0571-86157333
温州汽车城	浙江省温州市瓯海大道于蛟凤路 358 号温州汽车城管理处	0577-86086888
温州力天汽车梦工场	浙江省温州市龙湾区沙城街道	0577-56607779
浙江长三角汽车城	浙江省嘉兴市海宁市长安镇天盐线浙江长三角赛车场附近	0571-87570999
浙江元通国际汽车广场	浙江省绍兴市袍江工业区中兴大道与康宁路交叉口	0575-88153030
浙江金恒德汽车用品城	浙江省杭州市余杭区金恒路 68 号 19 幢 6 楼	0571-89019802
嘉兴市汽车商贸园投资有限公司	浙江省嘉兴市广益路 1338 号	0573-82670001
青口汽车城	福建省福州市闽侯县祥通路 15 号	0591-83343446
海峡金港汽车文化广场（福州）股份有限公司	福建省福州市闽侯县青口投资区新榕路 3 号汽车用品市场	0591-22070591
嘉华汽车城	海南省海口市美兰区琼山大道 289 号	0898-36326777
海南万物汽车城运营有限公司	海南省海口市迎宾大道 26 号	0898-68966669
江西恒望集团	江西省南昌市望城新区璜溪大道 19 号 505 室	0791-87770888
九江国际汽车城	江西省九江市濂溪区九瑞大道 171 号	0792-28361620
江西赣东北汽车园有限公司	江西省上饶市叶挺大道 101 号	0793-28361111
上饶市二手车交易市场	江西省上饶市三清山大道 70 号	15179388196
国购淮北汽车产业园	安徽省合肥市南一环与徽州大道交口世纪云顶 A 座 1709	15956915977
安徽国际汽车城	安徽省合肥市瑶海区北二环双七路 22 号	15156996966
六安国际汽车城	安徽省六安市经济技术开发区 G312	0564-83995666
芜湖汽车城	安徽省芜湖市弋江北路附近	0553-82870555
太仓市森茂汽车城开发有限公司	江苏省太仓市太平北路 55 号 -23	0512-53125235
睢宁洲业国际汽车城	江苏省徐州市睢宁县东环路西中央大街北侧	021-51132533
新沂洲业国际汽车城	江苏省徐州市新沂县原苏北农贸市场地块	021-51132533
江苏中驰二手车市场有限公司	江苏省南京市江宁区宏运大道 1468 号	025-52152222
连云港振兴汽车城	江苏省连云港市海州区新浦街道	0518-25012225
沛县洲业国际汽车城	江苏省沛县南路南侧，西环路东侧	021-51132533
武汉竹叶山中环商贸城汽车市场	湖北省武汉市江岸区金桥大道特 1 号	027-82295712
松滋洲业国际汽车城	湖北省松滋市贺炳炎大道	0716-26655777
山东天齐华迅汽车园区发展有限公司	山东省淄博市桓台县果周路以南、柳泉北路以西	0533-26277001

（续表 2）

名称	地址	电话
烟台汽车交易广场	山东省烟台市机场路 40 号	0535-26013151
济南鲁南二手车交易市场有限公司	山东省济宁高新区东外环与鸿广路交界东南角	13954783151
青岛保税港区国际汽车展示交易中心有限公司	山东省青岛市黄岛区保税港区东京路 51 号	0532-85758080
陆海汽车交易市场	山东省青岛市市北区萍乡路 55 号	0532-88959999
山东梁山华通二手车交易市场	山东省济宁市梁山县四通路	0537-27769687
山东泺口旧机动车交易市场	山东省济南市天桥区无影山北路北首 2 号	0531-83168188
西安汽车自选市场	陕西省西安莲湖区劳动北路 15 号	029-88702966
中国西部国际车城	西安市未央区西宝高速疏导路 58 号	029-82378075
河南田川博泰汽车产业园有限公司	河南省郑州经济技术开发区南三环与鹏程大道交汇处	0371-60965557
泌阳洲业国际汽车城	河南省驻马店市泌阳县铜山湖大道温泉路交汇处	021-51132533
洛阳市林安商贸有限公司	河南省洛阳市洛龙区龙门大道 292 号	0379-65555908
焦作市汽车交易市场	河南省焦作市山阳区迎宾路	0391-83566888
哈尔滨国际汽车城	黑龙江省哈尔滨道里区机场路 161 号	0451-84899900
哈尔滨申华汽车产业园有限公司	黑龙江省哈尔滨市南岗区学府路 316 号	0451-58567856
大庆北方汽车城有限公司	黑龙江省大庆市让胡路区西强路 40 号	0459-25963666
长春华港机动车市场开发有限公司	吉林省长春市绿园区西环城路 6778 号	0431-87971363
长春市汽贸商城	吉林省长春市正阳街 81 号 3-3 室	0431-86109402
大连领航家汽车城经营管理有限公司	辽宁省大连甘井子区西北路 872 号大连亿丰汽车城 D 区 4 楼千兆集团	0411-39993993
大连北市汽车城	辽宁省大连市南关岭街 777 号	13942622881
大连保税区国际车城	辽宁省大连市大连保税区国际车城 B 座	0411-87303026
沈阳国际汽车城	辽宁省沈阳市苏家屯区会展路 9 号	13332477377
大连迈世汽车城	辽宁省大连市西岗区香周路 103 号 4 楼	0411-83994020
亿丰大连汽车城	辽宁省大连市甘井子区西北路 872 号亿丰大连汽车城	18900980111
山西汇众汽车家园有限公司	山西省太原市万柏林区晋祠路 110 号	0351-26550305
太原旧机动车交易中心	山西省太原市尖草坪区金桥东街 8 号	0351-83290901
山西万国二手车交易市场	山西省太原市集阜东路与集阜路三巷交叉口西南 150 米	0351-25245830
怀特宝车城	河北省石家庄富强大街与东风路交口	0311-66505555
城美国际汽车城	河北省燕郊 102 过道电厂桥向东 2000 米路南	0316-85758881
唐山兴瑭旧机动车交易市场有限公司	河北省唐山开越路王盼庄立交桥东北侧	0315-82887703
鄂尔多斯铜川汽车博览园	内蒙古自治区鄂尔多斯市东胜区铜川北二环路与铜川一路交汇处西北	0477-82233666
内蒙古恒信精功投资有限公司	内蒙古自治区乌兰察布市集宁区新丰镇路矿机宾馆 3 楼	0474-84852051
呼伦贝尔二手车交易市场	内蒙古自治区呼伦贝尔市鄂温克旗海伊公路东侧汽车城	13789709777
天恒基汽车城	新疆维吾尔自治区乌鲁木齐市头屯河区头屯河路 2345 号	0991-83101738
青海省汽车交易市场	青海省西宁市五一路 4 号	0971-28177108
定西和盟二手车交易市场有限公司西部汽车城	甘肃省定西市（南川开发区）定临公路与滨河西路交汇处	18653013355
万商国际汽车城	青海省银川市永宁县望远工业园区内	0951-27838888
恒亿达二手车市场	青海省银川清河北街国际汽车城二期	0951-28421777

表 11 汽车零配件市场

名称	地址	电话
北京四元桥汽车配件市场	北京市朝阳区北四环东路北侧	010-64393155
北京大南郊汽车配件市场	北京市房山区良乡地区东沿村	022-60406669
北京市回龙观北郊汽车配件市场	北京市昌平区回龙观二拨子开发区	010-80798936
北京草桥汇丰汽车配件市场	北京市丰台区草桥东路 27 号	010-51751999
北京十八里店汽配城	北京市朝阳区十八里店大洋路商业街	010-67473868
北京城环城国际汽车配件城	北京市朝阳区南四环东路 69 号	010-51102828
北京家和家美小武基汽配城	北京市朝阳区十八里店乡小武基	010-87370909
南法信汽配市场	北京市顺义区顺平路 558 号	010-69476699
密云汽车配件批发市场	北京市密云区西大桥路 57. 61 号	010-69097088
天津实达汽配城	天津市滨海新区新北路 4556 号	022-65159969
天津滨海汽配城	天津市塘沽区津塘公路 4912 号	022-25352621
天津北方汽贸园	天津市北辰区铁东北路	022-86879555
石家庄市机动车配件中心批发市场	河北省石家庄市北外环路 88 号	0311-86837015
邯郸市中原汽车配件商城	河北省邯郸市渚河路 137 号	0310-83162111
石家庄南二环汽车配件大市场	河北省石家庄市翟营南大街 658 号	0311-87693222
河北唐齿汽配城	河北省唐山市胜利路 2 号	0315-27235556
盘锦华联汽配城	辽宁省盘锦市兴隆台区兴隆台	0427-27266911
沈阳东北机动车配件批发市场	辽宁省沈阳市皇姑区昆山西路 238 号	024-86051555
大连北市汽车城	辽宁省大连市甘井子区南关岭街道 777 号	0411-82135953
齐齐哈尔市德丰汽车配件城	黑龙江省齐齐哈尔市南苑开发区	0452-26164111
黑龙江鸡西市汽贸城	黑龙江省鸡西市金三角开发区	021-69573033
山西蓝海汽车配件大世界	山西省太原市许坦西街 118 号	0351-27635160
山西海天汽配城	山西省太原市五龙口街 666 号	0351-84687111
山东临沂汽摩配城	山东省临沂市工业大道北段	0539-28370288
潍坊北王汽配城	山东省潍坊市潍洲路	0536-82115555
山东汽车配件城	山东省济南市张庄路 132 号	0531-87515588
淄博市鲁中汽车配件市场	山东省淄博市张店区张房路 1 号（市人防办办公楼）	0533-82722851
滕州市汽车配件城	山东省滕州市荆河西路西转盘	0632-25676313
山东潍坊汽车配件商城	山东省潍坊市奎文区鸢飞路 480 号	0536-28806244
青岛汽车配件城	山东省青岛市四方区洛阳路 1 号	0532-84961496
山东聊城天昊置业服务有限公司汽车	山东省聊城市建设西路西首服务中心	0635-8465969
威海韩国之窗汽配广场	山东省威海市文登经济开发区	0631-83907597
上海东方汽配城	上海市曹安路 1926 号	021-59184868
上海吴中汽配城	上海市闵行区吴中路 1099 号	021-54476500
上海嘉定汽配科技城	上海市嘉定区宝安公路 3799 号	021-59150909
上海国际汽配贸易中心	上海安亭国际汽车城嘉安公路	021-59154668
上海新阳光汽配市场	上海市宝山区逸仙路 1611 号	021-65427211
上海黎安汽摩配市场	上海市闵行区七莘路 1149 号	021-54530636
上海国际汽车城汽车市场	上海市嘉定区安亭镇墨玉路 29 号	021-59569111
上海曹安汽车用品（汽配）市场	上海市江桥曹安路 2738 弄	021-51048000
上海鑫世纪汽配城	上海市古浪路 1681 号	021-63637603
上海奉贤汽车配件市场	上海市奉贤南桥运河路 376 号	021-57424799
无锡市广益商城汽配市场	江苏省无锡市江海东路 58 号	-

（续表）

名称	地址	电话
泰州锦天汽配港	江苏省姜堰市经济开发区职业介绍中心大楼 5 楼	0523-82077666
常熟国际汽配城	江苏省常熟市青墩塘路 198 号	0512-52308902
南通永兴国际车城	江苏省南通市城港路 187 号	0513-85601456
中国·义乌汽车用品汽车配件专业街	浙江省义乌城北路 205 号	0579-25598506
杭州汽车城	浙江省杭州市石祥路 589 号杭州国际	0571-28879576
杭州浙江汽配城	浙江省杭州市新塘北路 353-361 号	0571-86463388
绍兴圆通汽车汽配城	浙江省杭州市沈半路 195 号	0575-88019398
嘉兴市汽车商贸园	浙江省嘉兴市中环南路 999 号	0573-82670333
南京新伊汽配商城	浙江省南京市雨花台区宁南大道 9 号	-
常州市中凉亭汽摩配件交易市场	浙江省南京市玄武区墨香路 9 号	025-85356908
宁波国际汽车城	浙江省宁波市江南路 346-355 号	0574-87908892
徐州汽配城	江苏省徐州市三环东路	0516-83362616
合肥汽配城	安徽省合肥市长江东路 714 号	0551-84228890
河南汽车配件物流贸易园	河南省郑州市老 107 国道与南三环交叉口	0371-66891018
郑州国产汽车配件市场	河南省郑州市管城区南曹乡姚庄	0371-66736111
兰州汽车配件城	甘肃省兰州市城关区排洪南路 313 号	0931-84860541
兰州通宝汽配市场	甘肃省兰州市七里河区西津西路 859 号	0931-82920622
银川汽配城	宁夏回族自治区银川市丽景南街汽配城 1-1，1-2 号	0951-84095688
宁夏国际汽车城	宁夏回族自治区银川市清河北街（北门金三角）	0951-83888918
西宁市昆仑汽车配件城	青海省西宁市昆仑路 37 号	0971-26143095
西安汽车配件市场	陕西省西安市环城西路北段 368 号	029-83100019
新疆华凌国际汽车用品（配件）进出口中心	新疆维吾尔自治区乌鲁木齐市河滩北路 38 号	0871-27369701
新疆赛伯特国际汽车城	新疆维吾尔自治区乌鲁木齐市鲤鱼山路 20 号	0991-26180008
江西省洪城汽车配件城	江西省南昌市迎宾中大道 1399 号	0791-5760066
武汉万国汽配城	湖北省武汉市东西湖区东西湖大道 146-148 号	0792-8171596
武汉太平洋汽车配件城	湖北省武汉市硚口区解放大道 545 号	027-83883196
中国（十堰）汽配城	湖北省十堰市白浪中路 50 号	0719-28255878
武汉万泰汽配城	湖北省武汉市硚口区解放大道 665 号	027-83888735
长沙市高桥友谊汽配大市场	湖南省长沙市二环线赤新路立交桥西南角	0731-82613797
中南汽车世界	湖南省长沙经济技术开发区博	0731-84088011
湖南星沙汽车配件城	湖南省长沙市世界之窗斜对面	0731-84065798
湖南省三湘南湖大市场汽配城	湖南省长沙市芙蓉区五里牌	0731-84711812
贵州太慈桥汽车配件城	贵州省贵阳市太慈桥花溪大道北 466 号	0851-25101868
昆明东聚汽车配件城	云南省昆明市官渡区关雨路晓东村	0871-27369701
广州市广源湛隆汽配广场	广东省广州市广园中路 283 号	020-86562988
广州永福国际汽车用品广场	广东省广州市永福路 35 号之二	020-61313136
广州三元汽配城	广东省广州市三元里大道 715 号	020-37222677
广州汽车配件用品全球采购港	广东省广东省广州经济技术开发区宝石路 11 号留学人员广州创业园	020-62682265
广州倚云汽车用品广场	广东省广州市永福路 79 号	020-87725772
广园致友汽配城	广东省广州市广园东路 1540 号	020-37220880
深圳劲力汽配城	广东省深圳市宝安新城广深路劲力大厦	0755-27494168
深圳市深南汽配专业大市场	广东省深圳市福田区农林路	0755-83707089
佛山市粤丰汽车配件批发市场	广东省佛山市南海区桂丹路	0757-86489115

2019 年国内汽车展览

【第十六届海南国际汽车展览会】

3 月 14 — 17 日，2019 第十六届海南国际汽车展览会在海南国际会展中心举办。车展展出面积超 7 万平方米，全国主流汽车品牌厂家参展，汇聚百余个汽车品牌，上千款热销车型，覆盖海南汽车市场销售品牌的 98% 以上。2019 第十六届海南国际车展由中国汽车工业协会主办，海南共好国际会展集团股份有限公司和海南洋浦共好国际展览有限公司共同承办。

【第九届中国汽车技术展览会】

3 月 27 — 29 日，2019 第九届中国汽车技术展览会在重庆国际博览中心举行。展会设置“轻量化技术及材料”“智能制造”“关键零部件”“新能源”“智能网联”五大板块，进一步细分为超过 15 个主题展示专区。系统化、一站式展示汽车制造从设计开发、材料、装备、零部件到整车的全产业链创新技术产品。

【第二十届沈阳汽车交易博览会暨百姓购车节】

4 月 4 — 8 日，2019 沈阳汽车交易博览会在沈阳国际展览中心举办。车展展出总面积达 8 万平方米，启用了沈阳国际展览中心 4 个场馆，是 2019 年沈阳及东北地区开年第一场国际车展，包括传统合资、国产、进口、超跑、豪华等 100 余个品牌，近千款车型悉数亮相。作为沈阳上半年第一场的大型国际车展，沈阳春季车展也是前沿技术在国内的最新展示平台之一。结合本土产业优势，联合沈北新区“新能源汽车核心零部件产业基地”项目，吸引了国内外新能源汽车领域新产品、新技术、新能源整车和关键零部件及产业链产品参展。

【2019 年杭州国际汽车博览会】

4 月 11 — 15 日，2019 年杭州国际汽车博览会在杭州国际博览中心举办车展展出总面积 3 万多平方米，聚集国内外主流汽车品牌，覆盖了轿车、跑车、SUV、MPV、新能源车、豪华车等汽车全产业链产品。2019 第一季度上市的多款车型，也都在本届杭州车展期间同杭州汽车爱好者见面。为期 5 天的展会时间里，共有来自杭州市区及周边地区的 3.5 万人次观展，现场累计订购车辆 1580 台，销售金额突破 2.8 亿元。

【第十八届上海国际汽车工业展览会】

4 月 16 — 25 日，2019 上海国际车展在国家会展中心开幕，来自 20 个国家和地区的 1000 余家海内外知名车商踊跃参展。以“共创・美好生活”为主题的上海国际车展由中国汽车工业协会、中国国际贸易促进委员会等主办，展出总面积超过 36 万平方米。车展首次设立未来出行展区，涵盖新能源、车联网、无人驾驶解决方案、芯片、高精定位和地图等跨界融合，致力引领汽车行业的未来发展趋势。

【第十七届华中国际汽车展览会】

5 月 29 日— 6 月 2 日，2019 第十七届华中国际汽车展览会在武汉国际博览中心举办。车展首次启用武汉国际博览中心 9 个室内展馆及室外广场，展出面积超 10 万平方米、90 余个知名汽车品牌参展、近 1000 款新车亮相。第十七届华中国际车展由商务部外贸发展事务局、中国机械国际合作股份有限公司、湖北日报传媒集团、尚格会展股份有限公司共同主办。

【第二十三届深港澳国际汽车博览会暨新能源及智能汽车博览会】

6 月 1 — 9 日，2019 第二十三届深圳 - 香港 - 澳门国际汽车博览会暨新能源及智能汽车博览会在深圳会展中心举办，展出面积共计 13 万方平米，启用了深圳会展中心全部展馆和室外活动等区域，共吸引中外车企 106 家，展出车型 1026 辆，概念车型 13 款，现场新闻发布会 51 场。

【第十八届中国沈阳国际汽车工业博览会】

6月5日—10日，2019第十八届中国沈阳国际汽车工业博览会暨中国沈阳国际新能源汽车及智慧出行产业博览会、中国东北国际房车旅游博览会在沈阳国际展览中心开幕。吸引了国内外百余个汽车品牌、全球车企巨头再聚沈城，展出车辆千余台。展出总面积18万平方米，启用沈阳国际展览中心全部展馆（八大展馆）及室外展示、活动区域。

【第十五届北京国际节能与新能源汽车及充电桩展览会】

6月6—8日，2019第十五届北京国际节能与新能源汽车及充电桩展览会在中国国际展览中心（老馆）举办。展会汇聚国内外节能与新能源商用车、乘用车整车、关键零部件及充电桩行业相关的最新技术、产品及运营模式，邀请来自新能源整车厂、电动车公司、物流公司、邮政、公共建桩单位、公交公司、电力公司、市政、高速公路集团、园区、政府采购部门等新能源汽车制造企业及充电设施建设和应用主体，积极展开技术交流和商务合作。

【第十一届呼和浩特国际车展暨新能源产业博览会】

6月6—10日，2019第十一届呼和浩特国际车展暨新能源产业博览会在内蒙古国际会展中心举行，展会共吸引80个国内外汽车品牌、新能源及智能汽车品牌、汽车零部件等市场客商共同参展，现场展出新款燃油车超过600余台、新能源汽车近50台，其展出总面积达80000平方米。

【北京国际汽车智能驾驶暨车联网技术展览会】

6月28—30日，2019北京国际智能驾驶及车联网技术展览会在北京亦创国际会展中心（中国智造2025展示中心）举办。北京国际智能驾驶及车联网技术展览会（以下简称CEE）是森展国际展览有限公司旗下的知名展览品牌，是全球规模最大的智能驾驶、车联网技术解决方案的展示平台之一，也是亚洲第二大智能驾驶技术专业展。

【第九届中国（上海）国际客车技术展览会】

7月3—5日，2019年国际客车技术展览会在上海新国际博览中心举办。展会规模超过3万平方米，汇聚来自27个国家和地区的260多家领军企业。

【第十三届上海国际节能与新能源汽车产业博览会】

7月3—5日，EVChina2019上海国际节能与新能源汽车产业博览会在上海新国际博览中心举办。EVChina2019 年展会总面积超过4万平方米，主要围绕节能与新能源汽车整车、电池、电机、电控（三电）和充电设施、关键零部件及材料等领域。

【第十届西安国际汽车工业展览会】

7月3—8日，2019中国西安国际汽车工业展览会在曲江会展中心举办。展会汇聚70个品牌，700余款车型。展会由西安市人民政府、中国国际贸易促进委员会汽车行业分会及中国汽车工业协会主办。

【2019中国（北京）国际新能源汽车博览会】

7月6—9日，北京·国家会议中心共同举办“2019中国（北京）国际新能源汽车博览会”，包含“第四届中国（北京）国际电动车博览会（EVTec China 2019）”“第三届中国（北京）国际电动车充电技术展览会（EVCTec China 2019）”“第十四届中国国际电池产品及原辅材料、零配件、机械设备展示交易会（Battery China 2019）”三大主题展会。展会以展览展示、新品发布、研讨、试乘试驾、团购等活动为平台，展览面积达到35000平方米，汇集来自全球的300家展商，全面展示了国内外新能源汽车行业全产业链的新动态、新技术、新工艺、新产品。

【第十六届中国（长春）国际汽车博览会】

7月12—21日，2019长春汽博会在长春国际会展中心举办。展会由中国汽车工业协会、中国汽车工程学会、中国汽车流通协会、中国国际贸易促进委员会长春市委员会主办。长春汽博会把巩固、发扬、弘扬汽车文化作为增强展会内涵、提升整体实力的重要内容，坚定不移地走“文化路”、打“文化牌”，始终注重把展览展示与汽车文化交流紧密结合起来，组织开展丰富多彩、形式各异的汽车文化活动，普及汽车文化知识。

【第十九届新疆国际汽车工业博览会】

7月24－29日，2019第十九届新疆国际汽车工业博览会在新疆国际会展中心举办。吸引了100多家参展品牌，200余家参展企业，千余量展车，基本涵盖市面上主流自主、合资、豪华、商用车品牌。2019第十九届新疆国际汽车工业博览会由中国汽车工业协会、中国国际贸易促进委员会新疆分会、乌鲁木齐人民政府主办。

【第二十二届哈尔滨国际车展】

8月3－15日，2019哈尔滨国际车展在哈尔滨国际会展中心举办。车展展出面积12.5万平方米，共吸引12个国家和地区的419家厂商参展，展出车辆926台。哈尔滨国际汽车工业展览会（哈尔滨国际车展），是由中国汽车工业协会、中国汽车工程学会、哈尔滨市人民政府、哈尔滨长城国际展览有限公司等单位共同主办的国际性行业展会。

【第二十四届大连国际汽车展览会】

8月14－18日，由中国国际贸易促进委员会大连市分会、大连国际商会展览公司承办的2019第二十四届大连国际汽车展览会在大连星海会展中心和大连世界博览广场举办。展会以“加强产销融合、促进汽车消费、拉动经济增长、展示汽车文化”为主题，将吸引12个国家、380多家汽车企业参展，展会规模达12万平方米。

【第十届中国西部（兰州）国际汽车博览会暨新能源及智能汽车博览会】

8月28日－9月2日，兰州国际车展在甘肃国际会议展览中心举办。展会由中国机械国际合作股份有限公司、深圳市联合车展管理有限公司、甘肃会展中心有限责任公司主办。

【第二十二届成都国际汽车展览会】

9月5－14日，第二十二届成都国际车展在西部国际博览中心举行。展会涵盖11个展馆及部分室外展场，展会总规模较去年增长30%，宝马、奔驰、奥迪、雷克萨斯、长城、北汽、红旗、上汽通用五菱等原有参展品牌均大幅提升参展面积，带来多款车型和创新技术。车展启用“智汇蓉城·乐驾V来”全新主题，由成都市人民政府和中国国际贸易促进委员会汽车行业分会联合主办。

【第十四届南昌国际汽车展览会暨首届新能源·智能汽车展】

9月12－15日，2019第十四届南昌国际汽车展览会暨新能源·智能汽车展｜江西房车露营展在南昌绿地国际博览中心举办，展出面积达5万余平方米，70余个汽车品牌参加展会，是2019年江西省规模及影响力超燃的专业室内车展。

【第五届长沙国际新能源汽车及充电站设施展览会】

9月28－30日，2019第五届长沙国际新能源汽车及充电站设施展览会在长沙国际会展中心继续举办。车展设立了乘用车展区、商用车物流车展区、核心零部件展示专区、充换电展区、试乘试驾体验区等六大功能展区。

【第四届中国商用车博览会】

10月16－19日，第四届中国商用车博览会在重庆巴南盛大开幕。展会面积达到30万平方米、2000余户参展商家，中国商用车全部全系品牌，涵盖了轻重卡车、专用车、新能源汽车、工程机械、特种车、汽车零部件、电商平台等商用车，同时，还有奔驰、德国曼、沃尔沃等进口商用车及商用车后市场中轮胎、机油、尿素、汽车用品、智能科技应用产品、保险、金融、汽车科技、汽车服务等。展会总销售额达19.26亿元，39家商用车销售及物流运输等相关企业签约落户，将为巴南区新增产值64.1亿元。

【第十六届安徽国际汽车展览会】

9月30日－10月5日，2019第十六届安徽国际汽车展览会在合肥滨湖国际会展中心举办。车展汇聚70多个汽车品牌，展出车辆1000余辆，展会总规模12万平方米，届时，将启用主展馆、5号、6号、7号、8号、9号、10号馆及户外北广场，面积达12万平方米，覆盖会展中心所有场馆以及户外北广场。

【2019中国（石家庄）汽车工业展览会】

10月3－7日，2019中国（石家庄）汽车工业展览会（以下简称“车展”）将在石家庄国际会展中心（正定）举办。车展总面积超过6万平方米，分为汽车整车展区、新能源、智能汽车及造车新势力展区、汽车零部件展区、户外展区、汽车文化展区等，有100多个国内外主流乘用车品牌参与，现场展出数百款主流及豪华车型。同时，石家庄本地汽车零配件、用品及商用车企业也集中展示了河北汽车工业制造的最高水平。

【第十三届中国国际汽车商品交易会】

10 月 13 － 15 日，上海第十三届中国国际汽车商品交易会在上海虹桥国家会展中心举行。展会共吸引了 11 个国家和地区的 1500 多家企业参展，其中包括日本、韩国、墨西哥等国际展团，总展出面积逾 12 万平方米。

【第七届中国国际节能与新能源汽车展览会】

10 月 22 － 25 日，2019 国际新能源和智能网联汽车大会暨第七届中国国际节能与新能源汽车展览会在顺义新国展举行。展会围绕节能汽车、环保汽车、新能源汽车整车、电池、电机、电控和充电设施等领域，通过“整车展区”、“关键零部件展区”、“推广应用城市展区”、“充电桩和 BMS 技术服务展区”、“智能网联汽车展示专区”、“创新工程展区”、“车内空气质量评价成果展示专区”、“试乘试驾体验区”等九大特色展区，全面展示节能汽车、环保汽车、智能网联汽车、新能源汽车、关键零部件和配套设施发展的最新成果。

【第十六届西南（昆明）国际汽车博览会】

10 月 24 － 28 日，2019 中国西南（昆明）国际汽车博览会在滇池会展中心举办。总展出面积达 12 万平方米，共吸引参展商 102 家，展示车辆 1023 台，现场新闻发布会 33 场。车展由中国国际贸易促进委员会汽车行业分会、云南日报报业集团、云南省汽车商会主办。

【第十二届郑州国际汽车展览会暨新能源 · 智能网联汽车展览会】

10 月 31 日－ 11 月 4 日，2019 第十二届郑州国际汽车展览会暨新能源智 • 联网联汽车展览会在郑州国际会展中心举行。车展全面启用郑州国际会展中心室内一、二层展馆以及室外广场，整体规划为整车、新能源 • 智能汽车、特价车、房车及二手车等主题展示专区。

【2019 中国国际商用车展（CCVS)】

11 月 1 － 4 日，2019 中国国际商用车展（CCVS）在武汉国际博览中心举办。展会展出面积 8 万平方米，吸引专业观众超过 4 万人次，展会主题为“智能驱动，绿色发展”。展会在工业和信息化部的支持下，由中国国际贸易促进委员会汽车行业分会主办。

【第二十届武汉国际汽车展览会】

11 月 12 － 17 日，第二十届武汉国际汽车展览会在武汉国际博览中心开幕。武汉国际车展展出面积达 14 万平方米。聚合 125 家品牌，300 余家参展商，一汽 - 大众、一汽丰田、东风日产、东风本田等主流车商 20 余款新品纷纷借武汉国际车展平台亮相。车展由中国机械工业联合会、中国国际贸易促进委员会汽车行业分会主办。

【第十七届中国（广州）国际汽车展览会】

11 月 22 日－ 12 月 1 日，2019 第十七届中国（广州）国际汽车展览会在中国进出口商品交易会展馆举行。2019 年广州车展的主题是“新科技，新生活”，在面积达 22 万平方米的展馆中，首发车 38 台，其中跨国公司首发车 10 台，概念车 30 台，其中国际品牌展出 17 台，国内品牌展出 13 台，展车总数达 1050 台。国内外参展车企共展出新能源汽车 182 台，其中国外企业展车 70 台。

【第十二届中国 - 东盟（南宁）国际汽车展览会】

12 月 5 － 9 日，2019 第十二届中国—东盟（南宁）国际汽车展览会暨新能源智能汽车展览会在南宁国际会展中心举办，由中国—东盟博览会秘书处、中国机械国际合作股份有限公司、南宁尚格会展股份有限公司主办，使用 12 个室内展馆及会展广场，展览面积约 6 万平方米。200 个展商、近 100 个国内外主流汽车品牌高规格参展，集中展示乘用车、新能源车、房车、二手车、智能汽车、电动车、商用车以及汽车后市场等体现国内车企的领先技术和产品。

【第十五届中国（长沙）国际汽车博览会暨新能源汽车 · 智能汽车展览会】

12 月 11 － 16 日，第十五届中国（长沙）国际汽车博览会暨新能源汽车 • 智能汽车展览会在长沙新国际会展中心举办。展出总面积达 10 万平方米。共吸引全球 80 多个汽车品牌的 1000 多辆展车参展。车展由长沙市人民政府、中国汽车工业协会联合主办。

2019 年国内汽车赛事

【2019 中国拉力锦标赛 CRC】

2 月 25 日，2019 年中国汽车拉力锦标赛在长白山拉开序幕，经过甘肃省张掖市、河南宝丰站、福建漳州站、浙江龙游、福建东山等各分站赛的比赛，于 12 月 8 日圆满落下帷幕。斯巴鲁中国车队的林德伟和乐柯鹏以 1 小时 32 分 40 秒获得总成绩冠军，驾驶斯柯达 FABIA R5 新赛车的陈德安和潘宏宇以 1 小时 35 分 03 秒夺得亚军。斯巴鲁车队的另一名车手范高翔则成功卫冕年度冠军。

中国汽车拉力锦标赛是由中国汽车运动联合会及举办地人民政府联合主办的全国性汽车拉力赛事。自 2003 年 8 月中汽联推出首届全国汽车场地锦标赛以来，参赛车队、赛事规模在逐年扩大。

【2019CSR 中国汽车短道拉力锦标赛】

10 月 12 日，2019 年中国汽车短道拉力锦标赛在山西朔州拉开序幕，经过山西朔州、辽宁阜新站等各分站赛的比赛，于 11 月 30 日圆满落下帷幕。在辽宁阜新站，娄焯一夺得单一品牌 A 组冠军；刘正善获得单一品牌 B 组冠军；公开两驱组和公开四驱组冠军分别由赵树兵、刘彦华获得。

【2019 中国汽车场地越野锦标赛 COC】

6 月 15-17 日，红旗小镇杯 2019 辽宁阜新中国汽车场地越野锦标赛（COC）在阜新市新邱区举行，比赛为期三天，是 2019 赛季 COC 的揭幕战。12 月 16 日，在阜新举行的中国 2019 中国汽车场地越野锦标赛总决赛落下帷幕。阜新百年国际赛道城车队的李丽在女子组决赛中发挥出色，她驾驶的赛车在赛道上一路狂飙，是唯一一名成绩在 6 分钟以内并夺得冠军的女车手。李丽的队友李志勇则在柴油改装组决赛中展示出过人实力。他驾驶途乐 Y60 型赛车用时短于所有同组别车手为阜新百年国际赛道城车队拿到第二个冠军。

中国汽车场地越野锦标赛，简称 COC，是国家体育总局汽车摩托车运动管理中心、中国汽车摩托车运动联合会主办的国家 A 级汽车赛事。COC 创办于 2003 年，每年在中国境内举办不少于 10 场比赛，单场比赛参赛车手不少于 100 名，赛事参与人员超过 1000 人，是中国汽车运动快速发展的重 要推手，也是中国越野车手成长的摇篮。

【2019 壳牌喜力国际汽联 F4 中国锦标赛】

4 月 14 日，壳牌喜力国际汽联 F4 中国锦标赛（简称 F4）在珠海揭幕，2019 赛季共设 7 站，分别在珠海、成都、北京、上海、宁波五大城市的顶级赛道上演了共 17 回合的较量，最终于 12 月 11 日落下帷幕。新西兰小将克拉克成为 2019 赛季的车手总冠军。

国际汽联 F4 中国锦标赛是由国际汽车联合会授权，中国汽车摩托车运动联合会主办，铭泰赛车运动有限公司承办的方程式赛事。FIA F4 锦标赛的引入标志着中国有了与国际接轨的方程式赛事。

【2019 超吉联赛吉速挑战赛】

4 月 28 日，2019 吉利帝豪 GL 超吉联赛在深圳开启，在昆明、上海、青岛、西安、乌鲁木齐等地举办吉速体验营选拔全民车手和开展汽车运动文化体验活动，而在珠海、秦皇岛、上海等城市举行吉速挑战赛。历经 6 个月，辗转 9 座城，10 月 20 日 2019 吉利帝豪 GL 超吉联赛在宁波站进行了年度总决赛。杨晨顺夺得总决赛冠军，高然、徐庚分获亚军和季军。

【2019 China GT 中国超级跑车锦标赛】

3 月 15 日，2019 赛季 China GT 中国超级跑车锦标赛在马来西亚雪邦赛道揭幕，于 10 月 18 日在上海站收官。GT3 组，First Team AAI 的 Nick Yelloly 登顶组别之巅；GTC 组，YC Racing 周碧煌豪夺总冠；单一品牌组，YCRT 吴佩收获年度车手冠军；GT4 组，Phantom Pro Racing 魅影车队谢安和 Alex Fontana 成就车队车手双料年度冠军。

China GT 中国超级跑车锦标赛是经国家体育总局和中国汽车摩托车运动联合会批准，并列入年度全国体育竞赛计划及中国汽联赛历的系列赛事。China GT 中国超级跑车锦标赛分为两个组别：

GT3 组和 GTC 组。China GT 致力于提升中国本土赛事品质，推广赛车文化，并在不同领域对中国赛车运动进行了革新。

【2019CDC 中国汽车飘移锦标赛】

6 月 2 日，CDC 中国汽车飘移锦标赛在厦门站揭幕，历时 7 个月，于 12 月 15 日在武汉站收官。中国汽车飘移锦标赛（简称 CDC）的前身为全国汽车飘移系列赛（简称 CDS），是经过国家体育总局和中国汽车运动联合会批准并列入年度全国体育竞赛计划及中汽联赛历的正规比赛，2010 年至今已在全国各重点城市举办多场飘移赛事。根据中汽联未来汽车运动发展的指导思想，加快中国飘移品牌赛事的打造，由中国汽车运动联合会批准，从 2013 赛季开始，全国汽车飘移系列赛升级为中国汽车飘移锦标赛。

【2019CTCC 中国房车锦标赛】

5 月 22 日，2019CTCC 中国房车锦标赛在广东肇庆拉开序幕，历时 6 个多月，于 12 月 15 日在武汉打响收官之战。杨帆首次加冕年度车手总冠军。

CTCC 中国房车锦标赛是中国赛车运动第一品牌，国际汽联唯一支持国家级房车赛事，是被纳入国家体育总局年度比赛计划的 A 类体育赛事。CTCC 中国房车锦标赛前身为 CCC 全国汽车场地锦标赛（简称全锦赛），正式成立于 2004 年。将风靡全球的赛车运动正式引入中国，在全国引起了强烈反响。

【2019 中国环塔（国际）拉力赛】

5 月 19 日，2019 中国环塔（国际）拉力赛在阿克苏市电影小镇举行开幕式，比赛为期 13 天，全赛程预计 5000 公里，共分 9 个赛段，途径雅丹地貌、塔克拉玛干沙漠腹地、戈壁及昆仑雪山等新疆典型的地形地貌。最终，北京越野世家车队成功实现环塔“三连冠”。

环塔拉力赛被誉为中国“达喀尔”，自 2005 年创办以来，迄今已举办十二届，已经发展成为国内最大的汽车、摩托车、卡车同场竞技的权威品牌越野赛事。环塔拉力赛作为亚洲顶级越野拉力赛，在 2014 年度开始加入国际汽联赛历，同世界一级方程式锦标赛、世界房车锦标赛、拉力越野世界杯赛等国际著名赛事共同列入国际赛事序列。

【2019 中国全地形车锦标赛】

2019 赛事由“3+1”的模式构成，“3”站传统模式的全锦赛，会增加大众参与的环节以及内容，“1”站全地形车嘉年华活动，完全为大众参与模式，结合举办地城市的特点，将竞赛模拟、车手特技、驾车体验、综合娱乐、亲子游艺等全部以全地形车嘉年华形式呈现。

中国全地形车锦标赛是中国全地形车行业内唯一国家 A 级赛事，是检验全地形车产品、促进行业内外交流合作、推动全地形车运动发展、展现行业最新成果的重要平台，历届全地形车锦标赛都以专业的赛事组织运营和高超的竞技水平著称，在全球全地形车领域都享有很高的声誉。

【2019 丝绸之路国际汽车拉力赛】

7 月 16 日，2019 年丝绸之路国际汽车拉力赛参赛选手及车辆在历经 10 天 5000 多公里的挑战和探险之旅后，抵达终点站敦煌，并在敦煌国际会展中心广场举行收车仪式。最终，在汽车组的比赛中，卡塔尔车手阿提亚一路领先，获得本届丝绸之路拉力赛所有赛段的冠军。摩托车组的比赛中，英国车手山姆·桑德兰拿下总冠军。而来自俄罗斯的卡玛兹大师队则包揽了卡车组的前三名，斯巴洛夫最终夺冠。

2019 年丝绸之路汽车拉力赛由国家体育总局和俄罗斯体育部主办，于 7 月 6 日从俄罗斯伊尔库茨克出发，自北向南穿越蒙古国进入中国，赛程总计 5008 公里，其中包含 2593 公里的特殊赛段，穿越 3 个国家的全新线路。

【2019 中国量产车性能大赛（CCPC)】

8 月 25 日，2019 中国量产车性能大赛（CCPC）首站在新疆克拉玛依举办。12 月 8 日，2019 大赛收官之站在内蒙古牙克石高寒站落下帷幕。2019 中国量产车性能大赛分别在新疆克拉玛依、云南昆明嵩明嘉丽泽以及呼伦贝尔牙克石三大“高温”“高原”“高寒”极限环境场地举行。斯柯达旗舰 SUV 柯迪亚克 GT 一举夺得性能综合赛、单移线测试、定圆测试、蛇形绕桩 4 个单项冠军，并将组别综合冠军收入囊中。

中国量产车性能大赛（CCPC）是由中国汽车技术研究中心与国家体育总局汽车摩托车运动管理中心联合打造的国家级专业汽车赛事。首次将量产车真实性能展示在公众面前，是中国汽车的“奥运会”，为国内各品牌量产车开创了汽车比赛的全新模式。今年是CCPC大赛的第三届，参赛企业与车型数量再创新高，竞争更为激烈。除连续多年出征的长安汽车、广汽本田、上汽通用、一汽－大众、奥迪等老牌劲旅，今年更有广汽传祺、东风裕隆纳智捷等品牌的实力车型首度加入战局。

【国际汽联电动方程式锦标赛】

3月23日，2018-2019国际汽联电动方程式锦标赛三亚站比赛挥旗开赛，最终中国车队DS钛麒车队的法国籍车手让－埃里克·维尔涅赢得本站冠军。

FE是由国际汽车运动联合会（FIA）举办的一项与F1齐名的最新世界顶级赛事，是新能源汽车领域的F1。以其抢眼的环保理念、符合世界汽车不可阻挡的发展趋势的模式，目前已吸引了全球众多厂商加入，包括奥迪、宝马、雷诺、捷豹、蔚来汽车、DS Virgin等10支车队，奔驰也宣布了将在2018年加入FE。国际汽联电动一级方程式大赛自2014年9月13日在中国北京鸟巢举办全球第一赛季开场赛以来，已经先后拓展到纽约、巴黎、伦敦、柏林、罗马、蒙特利尔等全球顶级城市。FE因其绿色环保特性，受到国际顶级汽车制造商、政府和赞助商的热烈青睐。

【2019中国－东盟国际汽车拉力赛】

2019年拉力赛以“陆海新通道”重要节点城市南宁为始发站，以新加坡为终点，通过车轮记录“西部陆海新通道”这一交通走廊的发展缩影，见证“一带一路”取得的重要成果。9月11日在广西南宁体育中心举行发车仪式，9月25日中国－东盟国际汽车拉力赛收官。

从南宁发车后，车队先后沿中国广西靖西、凭祥，越南河内、荣市，老挝万象，泰国孔敬、曼谷、春蓬、合艾，马来西亚槟城、吉隆坡、新山一路向南到达终点新加坡，总行程近5000公里，共计18天。根据道路条件及场地状况共进行了8场集结赛、5场定速赛及4场场地赛（其中包括两场卡丁车赛）。

2019赛季，拉力赛分别与越南体育总局国际合作司、老挝体育与教育部公众体育司、泰国国家旅游局、马来西亚旅游促进局、马来西亚旅游中心等各国政府部门、机构举办交流会，同时与五菱汽车、碧桂园等近20家中国驻外名企展开合作，向途经的各个国家、城市宣传和推广中国与东盟国家的优秀体育文化、旅游资源。在中国－东盟建立战略伙伴关系16周年的重要节点，充分发挥顶级赛事的“体育+”作用，让赛事与城市文化交流激情碰撞，进一步加强了中国与东盟国家和地区的友好往来。

【2019长春全国汽车短道挑战赛】

3月30日的长春际华园赛车场拉开序幕，来自各地的百余名专业赛车手将在未来两天内展开速度大比拼。比赛采用内外道双环平面交叉赛道，总长度1.5公里，为全沙石路面。赛事分为两驱组和四驱组两个组别，每个组别按照资格赛、16进8、8进4和4强决赛展开。其中，每名选手比赛两轮，以最快一轮的成绩进行排序。决赛则根据比赛用时和受罚时间累加后的成绩进行最终排名。

在最终各组别的决赛中，高祥、黄茂贵与李大威分获两驱组个人赛的冠亚季军；在四驱个人赛中，王翔获得冠军，岳彩磊和刘彦华分获二三名。在两驱组队赛中，赤晓正午阳光车队夺得冠军，德安汽车运动车队和加油客德丰运动拉力车队斩获二三名；四驱组队赛的冠军被北京龙翔赛车俱乐部摘得，吉航赛车队与居然之家飞虎队分别夺得亚季军。

2019 百强经销商集团最佳雇主专项调研

一、最佳雇主专项调研的背景与模型介绍

（一）调研数据体系

最佳雇主品牌包括外部品牌和内部品牌两部分，本次调研以内部雇主形象的认知度进行分析，帮助集团拓展外部“最佳雇主”形象。

图 1 调研数据体系

（二）评选维度

三大模块调研分析共涵盖五大维度，其中“员工敬业度”超过 30% 权重。员工“满意度”分析，升级为“体验度”对标。

图 2 最佳雇主评选维度

（三）受访者数据样本说明

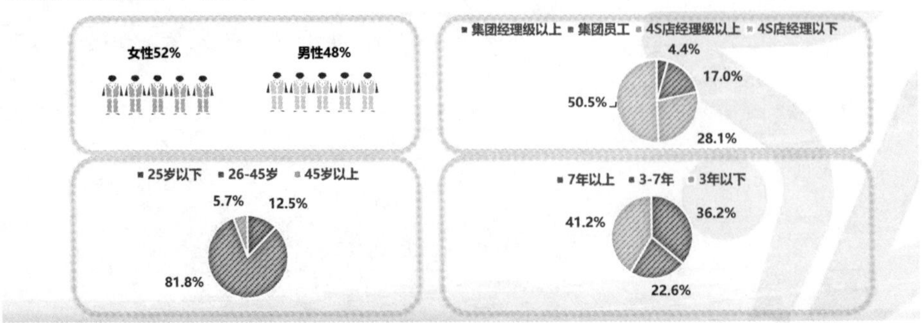

图 3 受访者数据样本说明

2019 年度百强人力资源数据覆盖全国 100 家经销商集团，共计 6038 家 4S 店。参与 2019 年最佳雇主调研的集团共 81 家，员工样本量为 16,850 条，平均每个集团有 208 人参与。

(四) 最佳雇主篇 - 整体表现

相比 2018 年，员工体验度及文化价值观的认同感有所下降，其他三项维度略有升高。最佳雇主在文化价值观、学习成长、员工体验上表现最为突出。

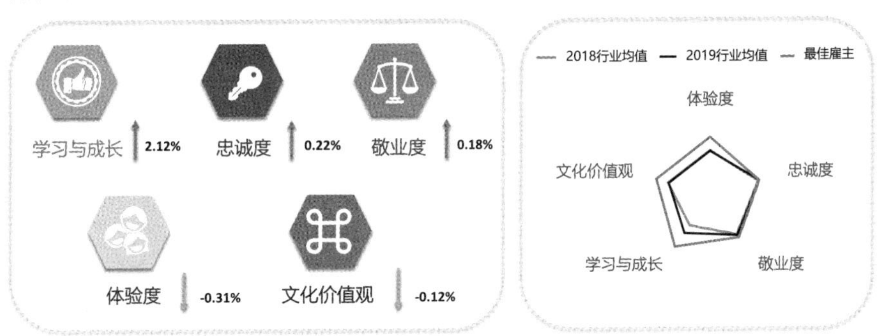

图 4 最佳雇主 - 整体表现

二、2019 最佳雇主调研数据分析

(一) 员工体验度

本次调研中集团员工体验的满意度普遍低于下属 4S 店员工体验度。“人性化制度”认可度上，集团和单店的离散度最高，同时整体体验度分数较低的被调查者，98% 以上对“直属主管认可度”的评价表示不满。

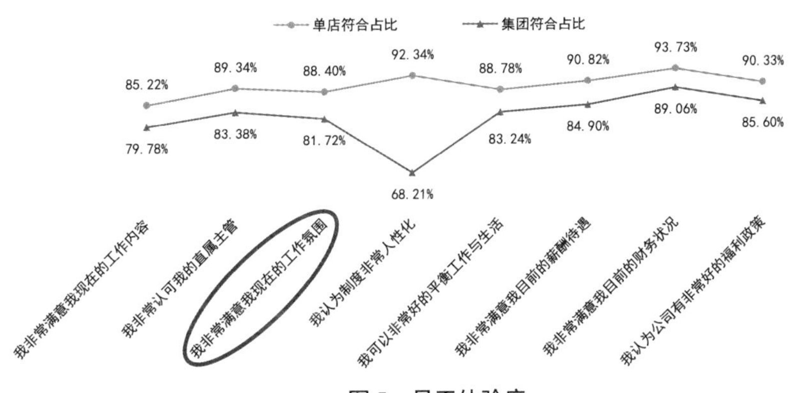

图 5 员工体验度

本期调研的 81 家集团中，社会保险覆盖率达到 100%，住房公积金、非法定假日的带薪假期、免费体检、免费午餐覆盖率为 90% 以上，外部补贴、非技能培训等福利占到 70% 以上。其中最佳雇主除基础福利覆盖面较广外，在培训、家属福利等员工体验上投入更多。

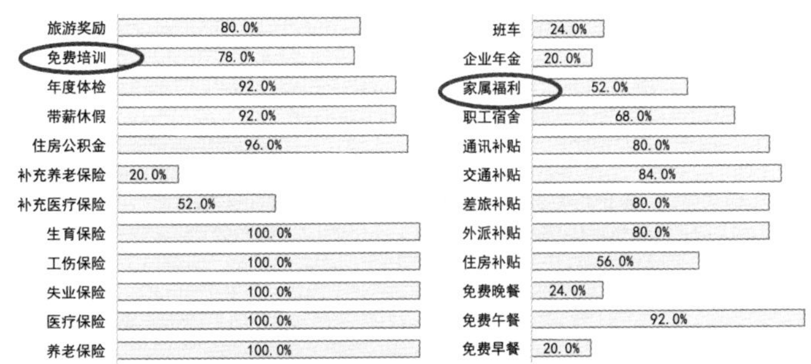

图 6 员工体验度

（二）员工忠诚度

员工忠诚度通过员工调研问卷、集团HR调研数据以及百强对标综合评价，百强集团综合竞争力指标中，员工流失率亦为非常重要的人效指标。

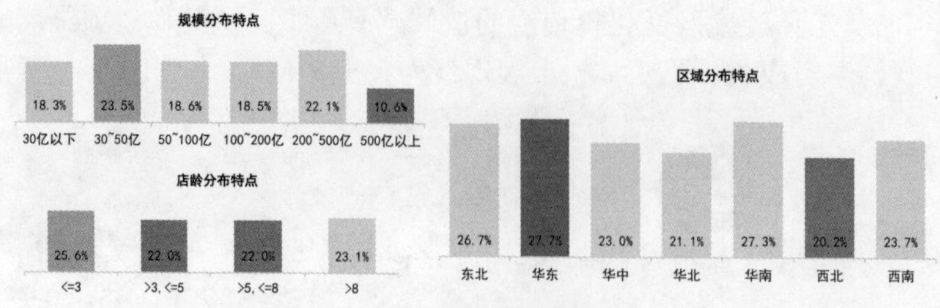

图7 员工忠诚度

员工忠诚度通过员工调研问卷、集团HR调研数据以及百强对标综合评价，最佳雇主的员工忠诚度明显高于其他集团。

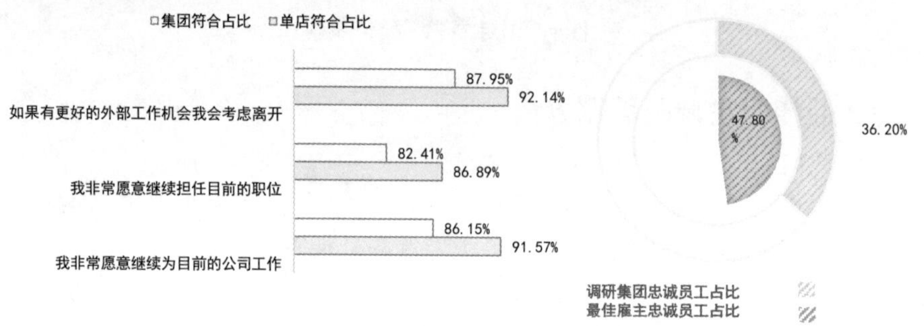

图8 员工忠诚度

（三）员工敬业度

员工敬业度体现出员工愿意为公司付出，愿意创造价值的程度，本期调研中，最低分数项为“愿意为公司品牌形象建设出力”的意愿度。

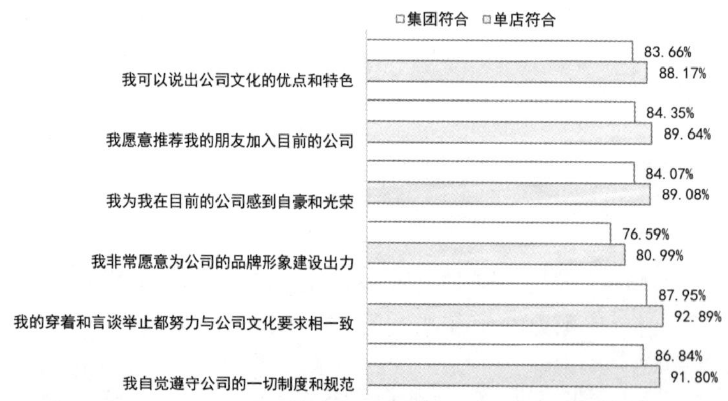

图9 员工愿意为公司付出的意愿度

最佳雇主在销售顾问、服务顾问的能力表现上，略高于百强集团均值，虽然为了员工体验度的提升，人均人工成本略高，但总人数由于效能提升略低，显示出了最佳雇主高投入高产出的特征。

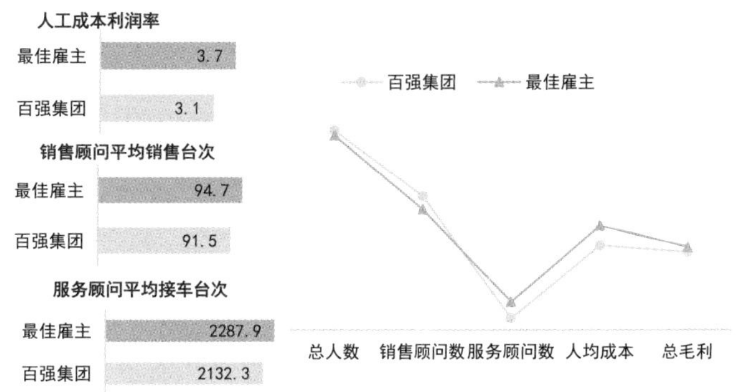

图 10 员工敬业度

(四) 学习与成长

对于人才培养的关注度与投入度已经成为百强集团的重点项目，但员工对于培训的有效性的认可程度在调研中表现不到 50% 。最佳雇主的员工晋升率超过其他百强集团的 2 倍，在培训投入上，最佳雇主更在一线员工与中层（主管、班组长）等一线管理者的培养投入更大。

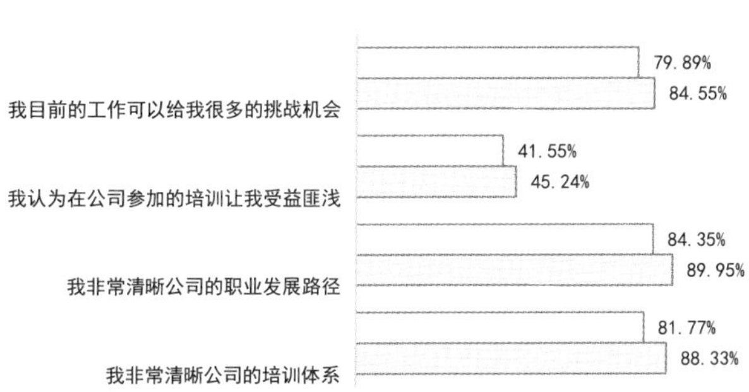

图 11 员工培养

最佳雇主的员工晋升率超过其他百强集团的 2 倍，在培训投入上，最佳雇主对一线员工与中层（主管、班组长）等一线管理者的培养投入更大。

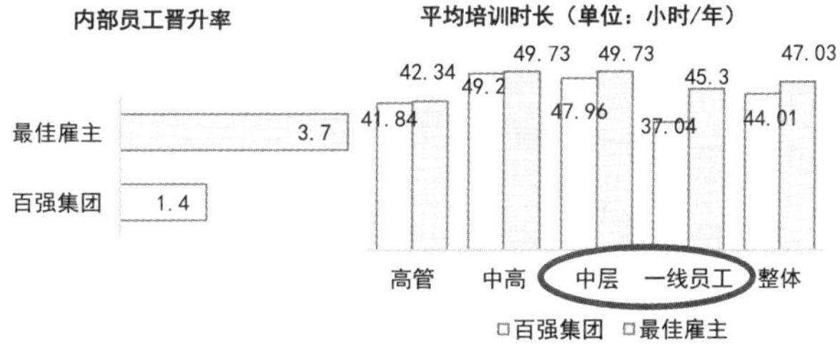

图 12 员工晋升

(五) 文化价值观

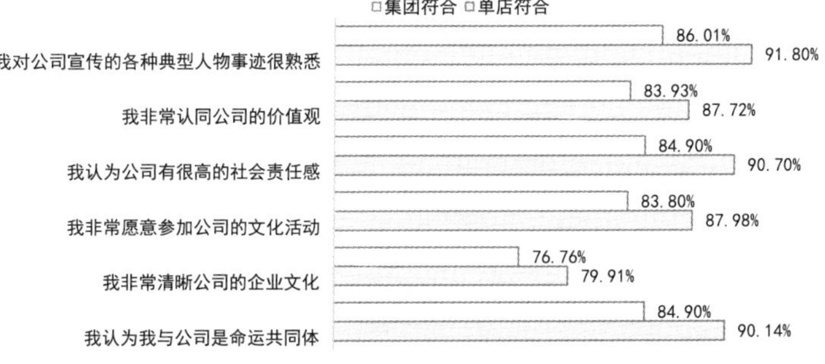

图 13 文化价值观

对文化价值观的了解表现出员工对公司的认知程度，以及对于公司品牌形象与自我价值关联的紧密性。

图 14　最佳雇主调研中企业文化出现频率最高的关键词